中华现代学术名著丛书

胡惟庸党案考

吴晗 著

中华现代学术名著丛书

胡惟庸党案考

吴晗 著

图书在版编目(CIP)数据

胡惟庸党案考/ 吴晗著 .—北京：商务印书馆，2015
(2021.12 重印)
(中华现代学术名著丛书)
ISBN 978-7-100-11736-4

Ⅰ.①胡… Ⅱ.①吴… Ⅲ.①中国历史—明代—文集
Ⅳ.①K248.07-53

中国版本图书馆 CIP 数据核字(2015)第 263098 号

权利保留，侵权必究。

中华现代学术名著丛书

胡惟庸党案考

吴晗 著

商 务 印 书 馆 出 版
(北京王府井大街36号　邮政编码100710)
商 务 印 书 馆 发 行
北京通州皇家印刷厂印刷
ISBN 978-7-100-11736-4

2015 年 12 月第 1 版	开本 880×1240	1/32
2021 年 12 月北京第 2 次印刷	印张 22　插页 1	

定价：110.00 元

出版说明

出版"中华现代学术名著丛书",为本馆一大夙愿。自1897年始创起,本馆以"昌明教育,开启民智"为己任,有幸首刊了中华现代学术史上诸多开山之著、扛鼎之作;于中华现代学术之建立与变迁而言,既为参与者,也是见证者。作为对前人出版成绩与文化理念的承续,本馆倾力谋划,经学界通人擘画,并得国家出版基金支持,终以此丛书呈现于读者面前。唯望无论多少年,皆能傲立于书架,并希冀其能与"汉译世界学术名著丛书"共相辉映。如此宏愿,难免汲深绠短之忧,诚盼专家学者和广大读者共襄助之。

商务印书馆编辑部

2010年12月

出版说明

百年前,张之洞尝劝学曰:"世运之明晦,人才之盛衰,其表在政,其里在学。"是时,国势颓危,列强环伺,传统频遭质疑,西学新知亟亟而入。一时间,中西学并立,文史哲分家,经济、政治、社会等新学科勃兴,令国人乱花迷眼。然而,淆乱之中,自有元气淋漓之象。中华现代学术之转型正是完成于这一混沌时期,于切磋琢磨、交锋碰撞中不断前行,涌现了一大批学术名家与经典之作。而学术与思想之新变,亦带动了社会各领域的全面转型,为中华复兴奠定了坚实基础。

时至今日,中华现代学术已走过百余年,其间百家林立、论辩蜂起,沉浮消长瞬息万变,情势之复杂自不待言。温故而知新,述往事而思来者。"中华现代学术名著丛书"之编纂,其意正在于此,冀辨章学术,考镜源流,收纳各学科学派名家名作,以展现中华传统文化之新变,探求中华现代学术之根基。

"中华现代学术名著丛书"收录上自晚清下至20世纪80年代末中国大陆及港澳台地区、海外华人学者的原创学术名著(包括外文著作),以人文社会科学为主体兼及其他,涵盖文学、历史、哲学、政治、经济、法律和社会学等众多学科。

吴 晗

(1909—1969)

凡 例

一、"中华现代学术名著丛书"收录晚清以迄20世纪80年代末,为中华学人所著,成就斐然、泽被学林之学术著作。入选著作以名著为主,酌量选录名篇合集。

二、入选著作内容、编次一仍其旧,唯各书卷首冠以作者照片、手迹等。卷末附作者学术年表和题解文章,诚邀专家学者撰写而成,意在介绍作者学术成就,著作成书背景、学术价值及版本流变等情况。

三、入选著作率以原刊或作者修订、校阅本为底本,参校他本,正其讹误。前人引书,时有省略更改,倘不失原意,则不以原书文字改动引文;如确需校改,则出脚注说明版本依据,以"编者注"或"校者注"形式说明。

四、作者自有其文字风格,各时代均有其语言习惯,故不按现行用法、写法及表现手法改动原文;原书专名(人名、地名、术语)及译名与今不统一者,亦不作改动。如确系作者笔误、排印舛误、数据计算与外文拼写错误等,则予径改。

五、原书为直(横)排繁体者,除个别特殊情况,均改作横排简体。其中原书无标点或仅有简单断句者,一律改为新式标点,专名号从略。

六、除特殊情况外,原书篇后注移作脚注,双行夹注改为单行夹注。文献著录则从其原貌,稍加统一。

七、原书因年代久远而字迹模糊或纸页残缺者,据所缺字数用"□"表示;字数难以确定者,则用"(下缺)"表示。

目　录

元帝国之崩溃与明之建国 …………………………………… 1
明教与大明帝国 ……………………………………………… 77
胡惟庸党案考 ………………………………………………… 123
明成祖生母考 ………………………………………………… 172
明代靖难之役与国都北迁 …………………………………… 192

朱元璋的统治术 ……………………………………………… 216
明代的军兵 …………………………………………………… 271
明初的学校 …………………………………………………… 331
历史上的国民身份证——传·过所·路引 ………………… 358

元代之钞法 …………………………………………………… 369
元明两代之"匠户" ………………………………………… 404
记大明通行宝钞 ……………………………………………… 426
烟草初传入中国的历史 ……………………………………… 442

元代之社会 …………………………………………………… 448
晚明仕宦阶级的生活 ………………………………………… 557

《朝鲜李朝实录》中之李满住 …………………………………… 567
读史杂记——《明史》 …………………………………………… 600
《明史》小评 ……………………………………………………… 615
《金瓶梅》的著作时代及其社会背景 …………………………… 624

吴晗先生学术年表 ……………………………………… 赵克生 668
从创造到普及：吴晗先生的学术贡献 ……… 张显清　赵克生 677

元帝国之崩溃与明之建国

一

14世纪中叶勃发的民族革命,经过了二十年(1348至1368)的长期战争,方才告一结束。战争所波及的地带,北至和林,东至高丽,南至两广,西至陕甘,无一地不受蹂躏。战争的主角,最初是被统治的南人、汉人向统治者的蒙古、色目人进攻,夺取当地的政权形成群雄割据的局面。后来这些割据者的向外发展,引起各个利益的冲突,陷于混乱的互相残杀的吞并战中,同时对方的统治阶级也发生内部的政变,也同样地互相吞并,发生内战。这样,一方面是统治者和被统治者不断地在苦战,一方面统治者因内部分化而发生内战,被统治者也因个别发展而互相吞并,结果,双方的实力俱因内战外战而减削,许多有势力的领袖都自然地被淘汰,被吞并,形成一个混乱的分裂的局面。最后,统治者因内讧而失去抵抗的能力,被统治者的无数集团则为一后起的有力的革命领袖所吞并,一蹴而将盘踞中原百余年的蒙古族逐出塞外,建立了一个统一的汉族自治的大帝国。这一次大混战的发动,动机是民众不堪经济的政治的压迫而要求政权的让与,最后才一转而喊出民族革命的口号。在革命开始时,外表上蒙着极浓厚的宗教的迷信的罩袍,绝大多数的革命领袖和群众都是白莲教和弥勒教的信徒,举行着种种仪式,宣传弥勒下世救民疾苦的口号。一方面又假托是宋的后人,把这次革命解释为宋的复国运动。一直到朱元璋出来,他本人及其军队虽然曾隶属于上述的团体,可是一到了能独立行动的时候,他便决然地舍弃这双重的矛盾的策略——肤浅的欺骗的神话宣传和已经失去时效的冒牌的复宋掩护旗帜,更进一步赤裸裸地提出这一次革命的目标是民族的解放,汉族应由汉人治理。这一鲜明的转变,更掀起了过去百多年被剥削被压迫的民族仇恨,得到知识分子和一般民众的深切同情,地主们也因利益的保全而加入合作,十年中便完成了他们的使命,把整个汉族从蒙古人铁蹄之下解放出来。可是从另一方面看,二十年混战的结果虽然完成了民族革命的伟业,而在实质上,分析双方所含的因子,官吏地主商人完全拥护旧势力,和蒙古皇室及贵族站在同一战线。在反面,革命的领袖及其群众却完全是另一阶级,贫农、佃户、流民,组成了以推翻统治者为共同目标的革命势力。阶级意识的潜伏性划分了双方的群众,农民和地主冲突的尖锐化发动了这一次战争。统治者是代表地主利益的,革命集团所代表的却是农民的利益,所以在表面上,尽管是揭出政治的民族的解放口号,而在实质上,却完全是农民和地主的斗争。到后期民族意识的自觉,使革命集团的口号从政治经济的被压迫,转而侧重于民族地位的歧视方面去,因此,民族革命虽然完全成功,这一群领导者却已忘记了当初起事时的动机和目标,外族的压迫虽已解除,同族同种间的畸形的经济社会组织,却并未因之而有所改变。并且,这一群成功的领袖,都因他们的劳绩从下层爬到最上层,从平民变成新贵族,从农民变成大地主,代替他们所打倒的蒙古、色目人的贵族地主的地位,以暴易暴,农民所受的剥削,日积月累,愈来愈厉害,统治者的榨取技术,经过长期的训练,却愈来愈高明。这一口号的转变,虽然在当时是革命成功的主要手段,可是,同时也因为这转变,忽略了革命之所以发生的背景和最初所指出的社会病态,不能对最切要的土地问题加以彻底的解决,这是一个严重的失败。

二

蒙古人在中国失去政权,被逐回到蒙古去,与其说是被汉族用武力所推翻,不如说是元帝国的自然崩溃。

元代的社会组织,是畸形的,不健全的。在文化方面,蒙古族比汉族落后,在人口方面,蒙古族和汉族的比例正如苍鹰之和大鹏同笼,他们单凭了武力的优越来控制一切。皇室、贵族、僧侣、官吏、商人、地主所组成的统治阶级,和用以维持政权的巨额军队,一切的费用均由被征服的汉、南人负担。汉、南人的生命财产由统治者任意处分,在政治上享受差别待遇,在同为被征服者的色目人之下。汉、南人的一部分被强迫作奴隶,世世子孙都为政府及其主人服役。统治阶级一方面是大地主,拥有全国最大部分的土地,汉、南人除一小部分例外,都被逼失去土地降为贫农及佃户。国内最大的商业经营都被操纵在回鹘人手中,他们更替蒙古贵族经营惊人的高利贷,挤取汉、南人的血汗。一方面下令没收军器马匹,不许集党结合,各地遍驻戍军,武装弹压,用以防止汉、南人的叛乱。①

---

① 详见《社会科学》第一卷第三期拙著《元代之社会》一文。

可是，正因为对于汉、南人钳制之过分精密，一方面不待说深深种下民族间被歧视的仇恨，一方面则统治者因之松懈了警备征服地的情绪，耽溺于生活服用之享受，放恣任性的政治行为，替自己掘下待终的坟墓。

元世祖（1260 至 1294）继承先人未竟的遗志，继续用武力统一中国，是一个雄才大略励精图治的英主。元代的一切规模都由他开始奠定。他在位的几十年中是元代的极盛时代，同时也由他的登极而种下帝国崩溃和覆亡的因素。

按蒙古族的习惯，合罕（即皇帝）的产生须由库利尔台（Khuriltai）选举。库利尔台在蒙古语中为聚会之义，凡国家有重大事件，须召集贵族大臣开库利尔台决定之。除选举合罕外，凡出征外国，颁布法令均有召集库利尔台之举。据可信记载，蒙古族自俺巴孩合罕（Ambakhai）以来即用选举制度。前合罕对其后继者有指名之惯例，但无左右库利尔台之权力，合罕之位，不但非父子世袭，即前合罕发表其所希望之后继者时，亦不必由己子中选之，而有由其他皇族选之者。1189 年铁木真（Temudjin）由库利尔台选举为蒙古合罕，始称成吉思合罕（Chingis Khaghan）。1206 年以统一北方民族之故，由敖嫩河源地所开之库利尔台，更上同样尊号，举行第二次即位礼。成吉思合罕生前，指定第三子斡哥歹（Ogede）为后继者。成吉思合罕崩后，1229 年秋于怯绿连河曲雕阿拉（即 Kerülen 河之 Kodeghü-aral, Kodeghü 为荒野草原之意，aral 为岛之意）召开库利尔台，推戴斡哥歹为合罕。斡哥歹合罕（即太宗）初指定其子曲出（Guchu）为后继者，曲出死，更指定曲出之子失烈门（Shiramun）。但斡哥歹合罕死后，皇后朵唎格捏（Döregene）称制，召开库利尔台，不依指定改选己子贵由（Kuyuk 即定宗）为合罕。不为皇族中最有势力之拔都大王（Batu）所赞同。定宗崩，拔都以与太宗后人不合之故，拥立成吉思合罕第四子拖雷（Tului）之子蒙哥（Müngge），虽经成吉思合罕长子察阿歹（Changhadai）系及太宗后人之反对，卒召开库利尔台立为合罕，是为宪宗。即位后对反对派大加屠杀，由此察阿歹汗国及斡哥歹汗国始不附。宪宗崩，末弟阿里不哥（Arigu Bukha）居守和林，中弟忽必烈（Khubilai）帅师征宋，回军在开平开库利尔台，即蒙古合罕之位。阿里不哥亦于漠北开库利尔台自立，内乱以起。宪宗诸子及察阿歹系诸王均附阿里不哥，太宗孙合失大王子海都（Khaitu）亦起兵助之。阿里不哥虽于至元元年（1264）势蹙来降，但海都仍拥兵与察阿歹后王笃哇联合抗中央。至元二十四年诸王乃颜叛于辽东，诸王哈丹等应之。由此钦察汗国、斡哥歹汗国、察阿歹汗国联为一系以与中央作战，数十年中兵祸相仍，蒙古大帝国在事实上完全瓦解，忽必烈合罕（世祖）及其子孙所领有的只是东方一部分的土地而已。①

世祖即位以后，库利尔台的形式虽然保存，但在实质上则已完全废弃，改选举制为世袭，采用汉人制度预立太子。至元十年二月立嫡长子真金（Chinkin）为皇太子，在册命中指明过去的内乱的原因是库利尔台制度的失败，他说：

> 仰惟太祖皇帝遗训，嫡子中有克嗣服继统者，预选定之，是用立太宗英文皇帝，以绍隆丕构。自时厥后，为不显立冢

---

① 箭内亘：《蒙古库利尔台之研究》；《元史纪事本末》卷二《北边诸王之乱》；赵翼：《廿二史劄记》卷二九《元代叛王》。

嫡,遂启争端。①

制度虽然改变,但贵族大臣的势力仍足以左右帝室,成宗以后诸帝全由大臣拥立,再照例由库利尔台通过。世祖太子真金早薨,未及即位。真金子成宗(铁穆耳)方抚军北边,玉昔帖木儿拥之即位。成宗崩,丞相哈剌哈孙拥真金孙武宗、仁宗相继御极。仁宗立英宗为皇太子,英宗后为铁失所弑,拥立世祖长孙晋王甘麻剌子也孙铁木儿为泰定帝。泰定帝崩于上都,丞相倒剌沙立其皇太子阿速吉八为皇帝,枢密使燕铁木儿则立武宗子文宗,力战破上都军。文宗后让位其兄明宗,燕铁木儿弑明宗,仍立文宗。后文宗、宁宗相继崩,皇后卜答失里已遣人迎明宗长子妥懽帖木儿入京欲付以位,而燕铁木儿不愿,遂不得立,燕铁木儿死,顺帝始立。② 政变内乱,相继不已;帝位的继承全由权臣操纵,引起帝国的分裂和统治权之动摇,这是元室崩溃的第一步。

世祖自平宋后,即从事于海外之征服。至元十九年(1282)命阿塔海、范文虎、忻都、洪茶邱等率兵十万出海征日本,遇飓风破舟,丧师而还。帝大怒,欲再征日本,遣王积翁往招谕,为舟人杀于途,始终不得要领乃止。又兴安南之役,占城之役,缅国之役,爪哇之役。安南凡三征(1284至1294),最后师还,几为所邀截,从间道始得归。缅国凡两征(1282至1287),亦丧师七千,仅取其成。征占城(1282至1284)时舟为风涛所碎者十之七八,深入为所截,力

---

① 《元史》卷一一五《裕宗传》。
② 《廿二史劄记》卷二九《元诸帝多由大臣拥立》;《元史纪事本末》卷一九至二二。

战始得归。征爪哇(1292)亦不得要领。统计数十年中,无岁不用兵。用兵的军费无从设法,就从百姓头上打主意,任用擅于剥削的商人作财政官。中统三年即以财赋之任委阿合马,兴铁冶,增盐税,小有成效,拜中书平章政事。又立制国用使司,以阿合马领使事。已复罢制国用使司,立尚书省,以阿合马平章尚书省事,奏括天下户口,下至药材榷茶,亦纤屑不遗,其所设施,专以掊克敛财为事。逋赋不蠲,征敛愈急,天下之人无不思食其肉。阿合马死,又用卢世荣,亦以增多岁入为能,盐铁榷酤商税田课凡可以罔利者益利搜括。世荣诛死后,又用桑哥,再立尚书省,改行中书省为行尚书省,六部为尚书六部,以丞相领尚书兼统制使,奏遣忻都、阿散等十二人理算六省钱谷,以刑爵为贩卖,天下骚然,自至元二十四年至二十八年始伏诛。世祖在位的三十几年中,几和这三位财政家相终始。① 政治腐败,民穷财尽的情形,恰和这时期用兵海外的成绩相映照。因黩武用兵而极力搜括民财,任用以理财见长的官吏,造成一种贪污刻薄的吏治空气,这是元室崩溃的第二步。

除用兵外,对于诸王和僧侣的负担,也是促进元室崩溃的一个主要因素。上文曾说过合罕之举出须经库利尔台的同意;而库利尔台之最主要人物即为帝室同族的诸王及贵族勋臣。诸王贵族例有岁赐,如察阿歹大王位岁赐银一百锭(锭五十两),缎三百匹,绵六百二十五斤,常课金六锭六两。斡真那颜位岁赐银一百锭,绢五千九十八匹,绵五千九十八斤,缎三百匹,诸物折中统钞一百二十锭,羊皮五百张,金一十六锭四十五两。又有岁例外之赐与,如中

---

① 《廿二史劄记》卷三〇《元曲祖嗜利黩武》;《元史纪事本末》卷七《阿合马卢桑之奸》;《元史》卷二〇五《奸臣传》。

统四年赐公主巴古银五万两。至元二年赐诸王只必帖木儿银二万五千两,钞千锭。四年赐诸王玉龙答失银五千两,币三百匹,岁以为常。其非时之赐予,如武宗以金二千七百五十两,银十二万九千二百两,钞万锭,币帛二万二千二百八十匹奉兴圣宫,赐皇太子(弟仁宗)亦如之。又有朝会之赐与,元贞二年(1296)定太祖位下金千两,银七万五千两,世祖位下金各五百两,银二万五千两,余各有差。成吉思合罕的宗族后人遍布欧亚,这几笔开支的数目是无法计算的。单就库利尔台会后赐与一项算,如武宗至大元年(1308)中书省臣言朝会应赐者为钞总三百五十万锭,已给者百七十万,未给者犹百八十余万,两都所储已罄。至大四年仁宗即位时的赐与总数是金三万九千六百五十两,银百八十四万九千五十两,钞二十二万三千二百七十九锭,币帛四十七万二千四百八十八匹。① 这一年的额外赏赐是钞三百余万锭。② 僧侣的费用也占国家支出之大部,赵翼记:

> 古来佛事之盛,未有如元朝者。邵戒三谓元起朔方,本尚佛教,及得西域,世祖欲因其俗以柔其人,乃即其地设官分职尽领之帝师,初立宣政院,正使而下,必以僧为副,帅臣而下亦必僧俗并用。于是帝师授玉印,国师授金印,其宣命所至,与朝廷诏敕并行,自西土延及中夏,务屈法以顺其意,延及数世,寝以成俗,而益至于积重而不可挽……此体制之僭,虽亲王太子不及……仗卫之侈,虽郊坛卤簿不过……土木之费,虽离宫

---

① 《新元史》卷七八《食货志·赐赉》下。
② 《元史》卷二四《仁宗纪》。

别馆不过……供养之费，虽官俸兵饷不及……财产之富，虽藩王国戚不及……威势之横，虽强藩悍相不过。①

并且时代愈后，僧侣势力愈大，费用也愈多。至大三年（1310）张养浩上疏言僧侣之病国云：

> 古者十农夫而闲民或一，今也十闲民而农夫仅一焉。欲民无饥寒之虞邈矣。夫富民之道，固不必家赐户赏，塞其蠹财害民之源而已……今释老二氏之徒，畜妻育子，饮醇啖腴，萃逋逃游惰之民，为暖食饱衣之计，使吾民日赢月瘠，曾不得糠秕蓝缕以实腹盖体焉。今日诵藏经，明日排好事，今年造某殿，明年构某宫，凡天下人迹所到，精蓝胜观，栋宇相望，使吾民穴居露处，曾不得茎茅撮土以覆顶托足焉……谬论生死，簧鼓流俗，聚徒结党，使人施五谷以为之食，奉丝麻以为之衣，纳子弟以为之童仆，构木石以为之庐室，而人见其不蚕不稼，不赋不征，声色自如，而又为世所钦，为国家所重，则莫不望风奔效，髡首从游，所以奸民日繁，实本于此……臣尝略会国家经费三分为率，僧居二焉。以之犒军则卒有余粮，以之振民则民有余粟，以之裕国则国有余资。②

僧侣的耗费竟占国家经费的三分之二。试以具体的事实作证，以内廷佛事一项而论，至元中内廷佛事之目每岁仅百有二，大

---

① 《陔余丛考》卷一八《元时崇奉释教之滥》。
② 《归田类稿》卷二《时政书》。

德七年（1303）再立功德司，其目增至五百有余。十年中增至五倍。以内廷佛事的费用一项而论，据延祐四年（1317）宣徽院会计，岁供以斤计者：面四十三万九千五百，油七万九千，酥二万一千八百七十，蜜二万七千三百，他物称是。延祐五年前各寺作佛事，日用羊至万头。① 元代的国家财政岁出岁入，据至大四年（1311）的报告，每岁支出钞六百余万锭，土木营缮百余处计钞数百万锭，北边军需又六七百万锭，又加上内降旨赏赐三百余万锭，总计约须二千万锭。岁入常赋则仅钞四百万锭，入京师者又只二百八十万锭。而且同年十一月份国库所存止十一万锭②，岁出竟超过岁入十分之八。弥补的办法一面饮鸩止渴，豫卖盐引，动支钞本，例如至大元年的办法：

> 二月……乙未，中书省臣言：陛下登极以来，锡赏诸王，恤军力，赈百姓，及殊恩泛赐，帑藏空竭，豫卖盐引。今和林、甘肃、大同、隆兴、两都军粮，诸所营缮，及一切供亿，合用钞八百二十余万锭。往者或遇匮急，奏支钞本。臣等固知钞法非轻，曷敢轻动，然计无所出。今乞权支钞本七百一十余万锭，以周急用，不急之费姑后之。③

结果是阻滞盐法和钞法，扰乱金融，国家和人民都受其弊。另一办法是加税，延祐元年（1314）的课额已比国初时增五十倍。④

---

① 《陔余丛考》卷一九《元时崇奉释教之滥》。
② 《元史》卷二四《仁宗纪》；《新元史》卷六八《食货志序》。
③ 《元史》卷二二《武宗纪》。
④ 《元史》卷二〇五《铁木迭儿传》。

中叶以后,课税较世祖时代亦增二十余倍,即包银之赋亦增至二十余倍。① 可是国家财政仍不免入不敷出,陷于破产的地位,《元史·陈思谦传》记:

> 至顺二年(1331)九月上言:户部赐田,诸怯薛支请,海青狮豹肉食,及局院工粮,好事布施,一切泛支,以至元三十年以前较之,动增数十倍。至顺经费,缺二百三十九万余锭。②

柯劭忞论元代财政,以为"夫承平无事之日,而出入之悬绝若此,若饥馑荐臻,盗贼猝发,何以应之。是故元之亡,亡于饥馑盗贼。盖民穷财尽,公私困竭,未有不危且乱者也"③。是说得很中肯的。

三

元代中叶的政治情形,武宗至大三年(1310)有一概括的报告。在这文件中已经很感慨地说一代不如一代,世祖时代的搜括政治,已成为后人咏叹的资料了。这文件的开头就说:

> 近年以来,稽厥庙谟,无一不与世祖皇帝时异者……世祖

---

① 《新元史》卷六八《食货志序》。
② 《元史》卷一八四《陈思谦传》。
③ 《新元史》卷六八《食货志序》。

皇帝时官外者有田,今乃假禄米以夺之。世祖皇帝时江南无质子,今乃入泉谷以诱之。世祖皇帝时用人必循格,今则破宪法以爵之。世祖皇帝时守令三载一迁,今则限九年以困之。世祖皇帝时楮币有常数,今则随所费以造之。世祖皇帝时省台各异选,今则侵其官而代之。世祖皇帝时墨敕在所禁,今则开幸门以纳之。世祖皇帝时课额未常添,今则设苛禁以括之。世祖皇帝时言事者无罪,今则务锻炼以杀之。

以下列举当时政治腐败的情形,最值得注意的几点,第一是名爵太轻:

故于左右之人,往往爵之太高,禄之太重,微至优伶屠沽僧道,有授左丞平章参政者。其他因修造而进秩,以技艺而得官曰国公,曰司徒,曰丞相者相望于朝。自有国以来,名器之轻,无甚今日……今朝廷诸大臣不知有何勋何戚,无一不阶开府仪同三司者。①

左右近侍因之怙恩徇法,紊乱官政,《元史》记:

至大二年正月乙巳,塔思不花、乞台普济言:诸人怙恩径奏,玺书不由中书,直下翰林院给与者,今核其数,自大德六年至至大元年所出,凡六千三百余道,皆于田土、户口、金银铁

---

① 《归田类稿》卷二《时政书》。

冶、增余课程、进贡奇货、钱谷、选法、词讼、造作等事,害及于民。①

更互相援引,以中旨授官,破坏铨法:

  时承平日久,风俗奢靡,车服僭拟,上下无章,近臣恃恩,求请无厌。时宰不为裁制,乃更相汲引,望幸恩赐,耗竭公储,以为私惠。②

英宗时近臣传旨以姓名赴中书铨注者六七百员,选曹为之壅滞。③ 此种由嬖幸得官之内外官吏,其对于平民及政府之恶影响,当可想见。第二是贵族擅政:

  今国家为制宽大,所以诸王家室皆有生杀人进退人之权……天下淫僧邪巫庸医谬卜游食末作及因事亡命无赖之徒,往往依庇诸侯王驸马,为其腹心羽翼。无位者以之而求进,有罪者以之而祈免。出则假其势以凌人,更因其众而结党。入则离间宗戚,造构事端,啖以甘言,中以诡计,中材以下鲜不为其所惑。④

第三是刑禁太疏,纪纲破坏。僧侣和嬖幸的恣肆,使法律成为

---

 ① 《元史》卷二三《武宗纪》。
 ② 《元史》卷一七五《李孟传》。
 ③ 《元史》卷一三六《拜住传》。
 ④ 《归田类稿》卷二《时政书》。

具文,如秃鲁麻:

> 西僧为佛事,请释罪人祈福,谓之秃鲁麻。豪民犯法者皆贿赂之以求免。有杀主杀夫者,西僧请被以帝后御服,乘黄犊出宫门释之,云可得福。不忽木曰:人伦者,王政之本,风化之基,岂可容其乱法如是。帝责丞相曰:朕戒汝无使不忽木知,今闻其言,朕甚愧之。使人谓不忽木曰:卿且休矣,朕今从卿言。然自是以为故事。①

如大赦之频数,张养浩说:

> 近年臣有赃败,多以左右贿赂而免。民有贼杀,多以好事赦宥而原。加以三年之中未尝一岁无赦,杀人者固已幸矣,其无辜而死者冤孰伸耶?……臣尝官县,见诏赦之后,罪囚之出,大或仇害事主,小或攘夺编氓,有朝蒙恩而夕被执,旦出禁而暮杀人,数四发之,未尝一正厥罪者。又有始焉鼠偷,终成狼虎之噬者。问之则曰赦令之频故耳。意者以为先犯幸而不死,今犯则前日应死之罪,两御人货而止坐一罪,于我已多,况今犯未必死,我因而远引虚攀,根连株逮,故蔓其狱,未及期岁,又复宥之。岂人性固恶,防范不能制哉!诚以在上者开其为盗之涂故也。②

---

① 《元史》卷一三〇《不忽木传》。
② 《归田类稿》卷二《时政书》。

奖励官吏及人民之犯罪。政事浊乱如此,在荒旱交逼的时候,统治者犹自大兴土木,极宫室犬马之娱:

> 累年山东河南诸郡蝗旱洊臻,疹疫暴作,郊关之外,十室九空。民之扶老携幼,累累焉鹄形菜色,就食他所者络绎道路。其他父子兄弟夫妇至相与鬻为食者在在皆是……今闻创城中都崇建南寺,外则有五台增修之扰,内则有养老宫展造之劳,括匠调军,旁午州郡,或度辽伐木,或济江取材,或陶甓攻石,督责百出。蒙犯毒瘴,崩沦压溺而死者无日无之。粮不实腹,衣不覆体,万目睊睊,无所控告,以致道上物故者在所不免。①

在另一方面,基于种族的成见,内外官之长必以蒙古人为之,以汉人、南人为贰,色目人则与汉、南人处于互相钳制的地位。② 南北的区分,种族的畛域,分别极严,歧视极甚,使当时人极感愤恨,叶子奇说:

> 元朝自混一以来,大抵皆内北国而外中国,内北人而外南人,以至深闭固拒,曲为防护,自以为得亲疏之道。是以王泽之施,少及于南,渗漉之恩,悉归于北。③

---

① 《归田类稿》卷二《时政书》。
② 箭内亘:《蒙汉色目待遇考》;吴晗:《元代之社会》。
③ 《草木子》卷三《克谨篇》。

蒙古、色目人不谙中国情势,不习政治,甚至不识中国文字:

> 国朝故事以蒙古、色目不谙政事,必以汉人佐之,官府色目居长,次设判署正官,谓其识治体练时务也。近年以来,正官多不识字。①

叶子奇记:

> 北人不识字,使之为长官。或缺正官,要题判署事,及写日子,七字钩不从右亻转而从左亻转,见者为笑。②

其唯一的使命即为牵制汉官,事事掣肘:

> 国朝之制,州府司县各置监临官谓之达鲁花赤,州府官往往不能相下。③

蒙古官之作威肆恶,固不待说,即和蒙古官有关系之汉官亦倚以肆虐,此种关系,当时称为蒙古根脚:

> 新昌州有人命狱,府委公(刘基)覆检,案核得其故杀状。初检官得罢职罪。其家众倚蒙古根脚欲害公以复仇。④

---

① 李翀:《日闻录》卷一。
② 《草木子》卷四《杂俎篇》。
③ 王磐:《中书右丞相史公神道碑》,《元文类》卷五八。
④ 吴伯生:《诚意伯刘公行状》,《诚意伯文集》卷首。

色目官吏则更豪横,殴詈汉官,一无忌惮,如宋濂所记邵武路长官事:

> 郡长官乃西域人,恃与宪部有连,其猛若虎,与守议稍不合,遽引杖击之,守俯首遁去。①

上下相蒙,唯以贪污相尚,卖官鬻爵,贿赂公行:

> 元初法度犹明,尚有所惮,未至于泛滥。自秦王伯颜专政,台宪官皆谐价而得,往往至数千缗。及其分巡,竟以事势相渔猎而偿其直,如唐债帅之比。于是有司承风,上下贿赂,公行如市,荡然无复纪纲矣。肃政廉访司官,所至州县各带库子,检钞秤银,殆同市道矣。②

各项勒索及贿赂均有名色:

> 元朝末年,官贪吏污,始因蒙古、色目人罔然不知廉耻之为何物。其问人讨钱,各有名目,所属始参曰拜见钱,无事白要曰撒花钱,逢节曰追节钱,生辰曰生日钱,管事而索曰常例钱,送迎曰人情钱,勾追曰赍发钱,论诉曰公事钱。觅得钱多曰得手,除得州美曰好地分,补得职近曰好窠窟,漫不知忠君

---

① 《宋学士文集》卷三《元故翰林待制朝散大夫致仕雷府君墓志铭》。
② 《草木子》卷四《杂俎篇》。

爱民之为何事也。①

当时最高的弹劾机关为御史台,末期的御史大夫几乎成为首相亲属的专官,如太平王燕铁木儿为相,即用其弟买里古思为御史大夫。秦王伯颜为相,即用其兄子脱脱为御史大夫。脱脱为相,亦用其弟野先不花为御史大夫。答麻为相,御史大夫又是其弟雪雪。② 行政权和监察权同属于一人之手,政权虽因势力之消长而有转移,但执政的始终仍是这一群为时人所诅咒不知廉耻的蒙古、色目人。

任用官吏除种族的差别外,又有地域上的差别,两广和江淮是两个截然不同的政治区域,被任为两广官吏的便一生无升调之望,只好向百姓剥削,作发财之计:

> 五岭之南,列郡数十,县百有一十,统于广、桂、雷三大府。自守令至簿尉,庙堂岁遣郎官御史与行省考其岁月,第其高下而迁之,谓之调广海选。仕于是者政甚善不得迁中州江淮,而中州、江淮失士一或贪纵不法,则左迁而归之是选焉,终身不得与朝士齿。虽良心善性油然复生,悔艾自新,不可得已。夫如是则孜孜为利,旦旦而求仇贼其民而鱼肉之……地益远而吏益暴,法益亵而民益偷。③

---

① 《草木子》卷四《杂俎篇》。
② 《草木子》卷三《杂制篇》。
③ 朱思本:《贞一斋杂著》卷一《广海选论》。

吏治的情形如此,在军伍方面,恰也有同样趋势。蒙古、色目军世驻中原的结果,荒于酒色,完全失去作战能力:

> 元朝自平南宋之后,太平日久,民不知兵,将家之子累世承袭,骄奢淫佚,自奉而已。至于武事,略不之讲。但以飞觞为飞炮,酒令为军令,肉阵为军阵,讴歌为凯歌,兵政于是不修也久矣。①

在平时除耗费国家俸饷外,最主要的工作是向百姓敲诈勒索,和地方官吏采一致行动。元人有作诗嘲当时官吏和盗贼相差无几的:

> 廉访司官分巡州县,每岁例用巡尉司弓兵旗帜金鼓迎送,其音节则二声鼓一声锣。起解杀人强盗,亦用巡尉司金鼓,则用一声鼓一声锣。后来风纪之司,赃污狼藉,有轻薄子为诗嘲之曰:解贼一金并一鼓,迎官两鼓一声锣,金鼓看来都一样,官人与贼不争多。②

无独有偶,当时的军人竟有一面作皇帝的侍卫,一面是横行无阻的盗魁的。张宪《怯薛行》:

> 怯薛儿郎年十八,手中弓箭无虚发,黄昏偷出齐化门,大

---

① 《草木子》卷三《克谨篇》。
② 《草木子》卷四《谈薮篇》。

王庄前行劫夺。通州到城四十里,飞马归来门未启,平明立在白玉墀,上直不曾违寸晷。两厢巡警不敢疑,留守亲侄尚书儿,官军但追上马贼,冒夜又差都指挥。都指挥,宜少止,不用移文捕新李,贼魁近在王城里。①

在战时则但知劫掠,见敌即溃:

朝廷闻红军起,令枢密院同知赫厮领阿速军六千并各支汉军讨颍上红军。阿速者绿睛回回也,素号精悍善骑射。与河南行省徐左丞俱进军,二将沉湎酒色,军士但以摽掠为务。赫厮军马望见红军阵大,扬鞭曰阿卜,阿卜者走也,于是所部皆走,至今淮人传以为笑。②

当时名相脱脱弟野先不花率重兵平乱,也遇敌即逃:

汝宁余寇尚炽,丞相脱脱命其弟中台御史大夫野先不花董师三十万讨之。至城下,与贼未交锋即跃马先遁。汝宁守官某执马不听其行,即拔佩刀欲斫之曰:我的不是性命。遂逸,师遂大溃。汝宁不守,委积军资如山,率为盗有。脱脱匿其败,反以捷闻。③

---

① 《玉笥集》卷三。
② 权衡:《庚申外史》。
③ 《草木子》卷三《克谨篇》。

蒙古、色目军既不能用,只得调湖广的苗军来剿除叛乱,苗军是以犷悍著名的士兵,无军纪可言,淫掠更甚:

> 杨完者凶肆掠人货钱,至贵家命妇室女,见之则必围宅勒取淫污,信宿始得纵还。少与相拒,则指以通贼,纵兵屠害。由是部曲骄横。凡屯壁之所,家户无得免焉。民间谣曰:死不怨泰州张(士诚),生不谢宾庆杨。①

就官军和叛军的军纪比较,恰好相反,有下列一事可以证明:

> 至正十二年(1352)七月初十日,蕲黄徐寿辉贼党入杭州城……其贼不杀不淫,招民投附者注姓名于簿,借府库金银悉辇以去。至二十六日,浙西廉访使自绍兴率盐场灶丁过江,同罗木营官军克复城池,贼遂溃散……四平章教化自湖州统军归,举火焚城,残伤殆尽。②

蒙、汉兵都不能用,于是有募兵和义兵出来。募兵是用钱雇人为兵:

> 江州已陷,贼据池阳。太平官军止有三百人,贼号百万……乃贷富人钱,募人为兵。先是,行台募兵,人给百五十千,无应者。至是,星吉募兵,人五十千,众争赴之。一日得三

---

① 姚桐寿:《乐郊私语》。
② 钱谦益:《国初群雄事略》卷三。

千人。①

义兵则为地主及官吏所组织的地方私军。这两种军队的领袖大体都是汉人,在帝国将亡的前夕,蒙古人种族之见仍未稍泯,汉人有功亦不蒙赏,而对于叛军领袖则一抚再抚,縻以好爵,结果义军大部均次第叛变,加入对面的队伍中去。叶子奇记:

> 天下治平之时,台省要官皆北人为之,汉人、南人万中无一二,其得为者不过州县卑秩,盖亦仅有而绝无者也。后有纳粟获功二途,富者往往以此求进。令之初行,尚犹与之,及后求之者众,亦绝不与。南人在都求仕者,北人目为腊鸡,至以相訾诟,盖腊鸡为南方馈北人之物也,故云。及方寇起,濒海豪杰如蒲圻、赵家、戴纲司家、陈子游等,倾家募士,为官收捕,至兄弟子侄皆殒于盗手,卒不沾一命之及,屯膏吝赏至于此。其大盗一招再招,官已至极品矣。于是上下解体,人不向功,甘心为盗矣。又获功之官,于法非得风宪体覆牒文,不辄命官。宪使招权非得数千缗,不与行遣,故有功无钱者往往事从中辍,皆抱怨望。其后盗塞寰区,空名宣敕,遇微功即填给,人已不荣之矣。②

在另一方面无功而有钱之富商大贾,则都乘机用贿拜官:

---

① 《元史》卷一四四《星吉传》。
② 《草木子》卷三《克谨篇》。

> 庐州开义兵三品衔门,而使者悉以富商大贾为之。有一巨商五兄弟受官者,此岂尝有寸箭之功!而有功者皆不受赏。故寇至之日,得赏者皆以城降,而未赏者皆去为贼。①

在这局面下,当时比较有眼光的学者的看法,一派人以为是纪纲败坏的结果,应由中央负责:

> 承平以来,百年于兹。礼乐教化,日益不明,纪纲法度,日益废弛,上下之间,玩岁愒日,率以为常,恬不为怪。一旦盗贼猝起,茫若无措,总兵者唯事虚声,秉钧者务存姑息,其失律丧师者未闻显戮一人,玩兵养寇者未闻明诛一将。是以不数年间,使中原云扰,海内鼎沸,山东、河北莽为丘墟,千里王畿,举皆骚动,而终未见尺寸之效者,此无他,赏罚不明而是非不公故也。②

另一派人以为是吏治腐败的缘故,应由地方负责:

> 国家承平百年,武备浸弛,盗发徐、颍,炽于汉、淮、武昌,南纪雄藩,一旦灰灭,洪省坚壁,寇蔓延诸郡,水陆犬牙,北来名将,相继道殒。丞相出督步骑,直抵高邮,事垂成以逸废,方面多贵游子弟,贪鄙庸才,漫不省君臣大义,草芥吾民,虚张战功,肆意罔上,诛求冤滥,惨酷百端。重以吏习舞文,旁罗鹰

---

① 余阙:《青阳山房集》卷二《再上贺丞相书》。
② 李士瞻:《经济文集》卷一《上中书丞相书》。

犬,意所欲陷,则诬与盗贼通,其弊有不忍言者。间存一二廉介,则又矜独断,昧远图,坐失机会,民日以弊,盗日以滋。①

可以说是都说中了,但只是病态的一面。

四

元代的土地大部分属于处征服者地位的蒙古、色目的贵族及僧侣,一部分集中于汉、南人的大地主手中。占极大多数的农民只耕种着最小部分的土地,同时却负担着国家赋役的绝大部分,除掉他们自己应尽的义务和应纳的赋税以外,他们还应当替贵族和地主们尽一部分对国家的责任。②

世祖平江南后,于各地遍驻戍军,官吏和军帅的苛扰,使农民不能忍受,到处发生叛乱。内中一部分假宋后为名,如至元二十年建宁路总管黄华第二次叛变时称宋祥兴年号。二十三年西川赵和尚自称宋福王子广王作乱。一部分则纯为对新治权之反抗,如至元十七年漳州陈桂龙、建宁黄华之乱,二十年广州新会林桂芳、赵良钤等拥众万余,号罗平国,称延康年号。二十一年漳、邕、宾、梧、韶、衡诸州农民之乱。二十三年婺州永康县民陈巽四之乱。二十五年广东民董贤举,浙江民杨镇龙、柳世英,循州民钟明亮相继起兵,皆称大老,明亮势尤猖獗,数降数叛。二十七年江西贼华大老、

---

① 周霆震:《石初集》卷二《古金城谣并序》。
② 参看作者所著《元代之社会》一文。

黄大老等掠乐昌诸郡。成宗元贞二年赣州民刘六十聚众至万余，建立名号。二十年中蒙古人眼光中所称为南人的地带，无一处无一年不发生变乱。① 《元史》记福建之叛系由戍军扰民所致：

> 至元十六年左丞唆都行省福建……中书言：唆都在福建，麾下扰民，致南剑等路往往杀长吏叛。②

再叛则由长吏贪残之故：

> 至元二十六年，授（王恽）少中大夫、福建闽海道提刑按察使……乃进言于朝曰：福建所辖郡县五十余，连山距海，实为边徼重地。而民情轻诡，由平定以来官吏贪残，故山寇往往啸聚，愚民因而蚁附，剽掠村落，官兵致讨，复蹂践之甚。③

农民是最能忍耐最驯顺的，可是到了山穷水尽无可容受时，也会突变为最勇敢的斗士，奋臂一呼，立刻成为一支不可侮的革命势力。在开始的十几年，蒙古军队的压迫愈厉害，农民的抵抗力也愈强，一波未平，一波又起，使元军疲于奔命。可是，到后来，刘六十叛变之平定，却并未经过武力的镇压，政府所采的手段只是除去害民的官吏：

---

① 《元史纪事本末》卷一《江南群盗之平》。
② 《元史》卷一三一《忙兀台传》。
③ 《元史》卷一六七《王恽传》。

> 赣州盗刘六十伪立名号，聚众至万余。朝廷遣兵讨之，主将观望退缩不肯战，守吏又因以扰良民，贼势益盛。（董）士选请自往，众欣然托之，即日就道，不求益兵，但率掾史李霆镇、元明善二人持文书以去，众莫测其所为。至赣境，捕官吏害民者治之。民相告语曰：不知有官法如此！进至兴国县，去贼巢不百里，命择将校分兵守地待命察知激乱之人，悉置于法，复诛奸民之为囊橐者。于是民争出请自效，不数日遂擒贼魁，散余众归农。①

农民除受地方军政长官之压迫及剥削外，最使农民陷于绝境的是中央政府的搜括和过重的负担。因赋税之无法完纳，不能不舍弃乡里而度逃亡生活的农民大流动在元代是常见的现象。在未统一前，刘秉忠曾上书太宗说：

> 天下户过百万，自忽都那演断之后，差徭甚大。加以军马调发，使臣烦扰，官吏乞取，民不能当，是以逃窜。宜比旧减半，或三分之一，就见在之民以定差税，招逃者复业，再行定夺。②

这文件指明当时汉人逃亡已超过总数的三分之一。嘉熙二年（1238）的报告，农民因灾逃亡者竟占十分之四五：

---

① 《元史》卷一五六《董士选传》。
② 《元史》卷一五七《刘秉忠传》。

>（太宗）戊戌，天下大旱蝗……初籍天下户得一百四万，至是逃亡者十四五，而赋仍旧，天下病之。公（耶律楚材）奏除逃户三十五万，民赖以安。①

统一后仍有此种情形，北人多流徙江南。至元二十年（1283）佳彧言：

>内地百姓流移江南避赋役者，已十五万户。去家就旅，岂人之情，赋重政繁，驱之致此。

二十三年又奏：

>军站诸户，每岁官吏非名取索，赋税倍蓰，民多流移。②

在江南，则政府要增加税收，理算天下钱粮，农民被逼逃亡，政府仍不放松，发兵搜捕：

>先是，桑哥遣忻都及王济等理算天下钱粮，已征入数百万，未征者尚数千万。害民特甚，民不聊生，自杀者相属。逃山林者，则发兵捕之，皆莫敢沮其事。③

---

① 宋子贞：《中书令耶律公神道碑》，《元文类》卷五七。
② 《元史》卷一七三《崔彧传》。
③ 《元史》卷一七二《赵孟頫传》。

引起了农民的强烈反感,结合抵抗政府的无理压迫。欧阳玄《魏国赵文敏公神道碑记》:

> (此役)名曰理算,其实暴敛无艺,州县置狱株逮,故家破产十九,逃亡入山,吏发兵搜捕,因相挺拒命,两河间盗有众数万。①

延祐元年(1314)又从章闾之议,经理钱粮,括江南民田,作增税之计,"期限猝迫,贪刻并用,官府震动,人不聊生,富民黠吏,并缘为奸,盗贼并起,田莱荒芜"②。《元史》记:

> 延祐改元……铁木迭儿奏:……江南田粮,往岁虽尝经理,多未核实。可始自江浙,以及江东、西,宜先事严格信罪赏,令田主手实顷亩状入官,诸王、驸马、学校、寺观亦令如之。仍禁私匿民田,贵戚势家毋得沮挠。请敕台臣协力以成,则国用足矣。仁宗皆从之。寻遣使者分行各省,括田增税,苛急烦扰,江右为甚。致赣民蔡五九作乱宁都,南方骚动,远近惊惧,乃罢其事。③

当时经理情形,地方官务以增多为功:

---

① 《圭斋文集》卷九《魏国赵文敏公神道碑记》。
② 《经世大典序录·经理》,《元文类》卷四。
③ 《元史》卷二〇五《铁木迭儿传》。

> 延祐二年吴元珪奏曰：今经理江淮田土，第以增多为能，加以有司头会箕敛，俾元元之民，困苦日甚。①

农民无法，也只好虚报塞责：

> 朝廷令民自实田土，有司绳以峻法，民多虚报以塞命。其后差税无所于征，民多逃窜流移者。②

剥削过甚，于是延祐二年有蔡五九之变：

> 八月丙戌，赣州贼蔡五九陷汀州宁花县，僭称王号。诏遣江浙行省平章张驴等率兵讨之……乙未，台臣言蔡五九之变，皆由昵匝马丁经理田粮，与郡县横加酷暴，逼抑至此。新丰一县撤民庐千九百区，夷墓扬骨，虚张顷亩，流毒居民。乞罢经理及冒括田租。制曰可。③

昵匝马丁因括田激起民变，遣张驴率兵平定，政府并即下令罢冒括田租，这事似已告一结束了。但这只是书面上的报告，括田的举动并不因民变而暂停，因为蔡五九叛于延祐二年八月，同年九月又有负责平变的张驴以括田逼死九人的记载。④ 并且括田所得的新租，还是照样征收，三年后在同一地点又引起第二次的民变：

---

① 《元史》卷一七七《吴元珪传》。
② 《元史》卷一二二《塔海传》。
③ 《元史》卷二五《仁宗纪》。
④ 《元史》卷二五《仁宗纪》。

五年十月癸丑,赣州路雩都县里胥刘景周,以有司征括田新租,聚众作乱,敕免征新租,招谕之。

同年七月,亦因同样原因罢河南省左丞陈英等所括民田,止如旧例输税。① 可是两年后又改变了策略,江南田地一律增加田赋:

　　七年四月己巳,增两淮、荆湖、江南东西道田赋,斗加二升。②

同时凡括田地带未经农民武装反抗的仍照新加赋额征收:

　　泰定元年(1324)(张珪)奏:国家经费,皆取于民。世祖时,淮北内地惟输丁税。铁木迭儿为相,专务聚敛,遣使括勘两淮、河南田土,重并科粮。又以两淮、荆襄沙碛作熟收征,徼名兴利,农民流徙。臣等议:宜如旧制,止征丁税。其括勘重并之粮及沙碛不可田亩之税,悉除之……帝终不能从。③

除田赋外,又对日常生活必需品茶盐酒醋之类课以重税,一增再增,后来竟超过原额数十倍,这也是农民的直接负担:

---

① 《元史》卷二六《仁宗纪》。
② 《元史》卷二七《英宗纪》。
③ 《元史》卷一七五《张珪传》。

> 近来盗贼四起，在在用兵，课赋无艺，即税额一节，往往增加无算，市中不堪其扰。当延祐间，程文宪条言：江南茶盐酒醋等税，近来节次增添，比初时十倍。今又逐季增添，正缘管课程官虚添课额以诳上司，其实利则归己，虚额则张挂欠籍云云。奉仁宗皇帝圣旨，诸色课程从实恢办，既许从实，岂可虚增。除节累增课额实数及有续次虚增数目，特与查照，并行蠲减，从实恢办。明旨凛然，今但挂壁而已。①

农民在生活方面已经苦到无可再苦，一遇荒年，政府不管，社会不管，除忍饿外，还须应付催租吏的勒索。随便打开一种元人文集，便可看见当时诗人同情农民疾苦的呼声，例如耶律铸《苦旱叹》：

> 六月亢旱田苗枯，自嗟自叹耕田夫，差官咫尺征秋税，今岁田家一粒无。饥民日日望霖雨，雨意欲成云散去，天公胡不用老龙，年年只被蛟螭误。②

张养浩《闵农》：

> 父子傅衣出，夫妻趁熟分，未言先欲泣，乍见内如焚，征负敲门急，充饥饮水勤，何当天雨粟，四海共欢欣。③

---

① 姚桐寿：《乐郊私语》。
② 《双溪醉隐集》卷二。
③ 《归田类稿》卷一六。

政府在名义上虽有劝农使的设置,却并不过问农民所遭遇的困难,陈泰《苗青青》:

  苗青青,东阡西陌苗如云,经年不雨过秋半,苗穗不实空轮囷。田家留苗见霜雪,免使枭岁劳耕耘,县官催租吏胥急,籴粟输官莫论直,劝农使,不汝恤。①

一方面徭役繁重,农民只能忍痛卖去田产去换取个人的自由。元淮《农家》:

  田夫有话向谁言,麦饭依稀野菜羹,半顷薄田忧户役,近来贱卖与人耕。②

有若干地带的壮丁被征发充军,田土即随之而荒芜,无论年岁丰歉,均不免于饥寒,童冀所咏永州即是一例:

  永州荒田多宿草,永州田多人苦少。南村田荒无人耕,北村草深人不行。往年峒瑶据城壁,驱迫编户充军役。十户迨今无一存,当时宁望长儿孙。壮者随军入军伍,老者尽作泉下土。少者仅存虽长成,十家九户惟单丁。应当门户倦奔走,岂有余力到农亩。荒苗积草如人长,熟田近年亦抛荒。男啼女号饭不足,草根本实常充腹。荒田幸免官征科,熟田征科真奈

---

① 《所安遗集》。
② 《金囦集》。

何。永民自叹生来苦,不信人间有乐土。①

农民因于赋役和荒旱,在本土不能生活,只好相率逃亡,成为流民,张养浩的《哀流民操》最能道出这种情形:

> 哀哉流民,为鬼非鬼,为人非人。哀哉流民,男子无缊袍,妇女无完裙。哀哉流民,剥树食其皮,掘草食其根。哀哉流民,昼行绝烟火,夜宿依星辰。哀哉流民,父不子厥子,子不亲厥亲。哀哉流民,言辞不忍听,号泣不忍闻。哀哉流民,朝不敢保夕,暮不敢保晨。哀哉流民,死者已满路,生者与鬼邻。哀哉流民,一女易汁粟,一儿钱数文。哀哉流民,甚至不得将,割爱委路尘。哀哉流民,何时天雨粟,使汝俱生存,哀哉流民。②

可是旁的地带也同样是蒙古人在统治着,同样不能生活,结果人自相食,弱肉强食,演成人类史上的悲剧。如大德十一年(1307)两浙饥,浙东为甚,越民死者殆尽,人相食以图苟存。③ 吾衍《丁未岁哀越民》说:

> 越壤吴江左,州民泰伯余,田莱空草莽,井邑共萧疏,相食能无忍,传闻信不虚,寒沙满骸骨,掩骼意何如?④

---

① 《尚絅斋集》卷三《荒田行》。
② 《归田类稿》卷一二。
③ 吾衍:《闲居录》。
④ 《竹素山房集》卷一。

周霆震描写人相食的惨状：

> 髑髅夜哭天难补，旷劫生人半为虎，昧甘同类日磨牙，肠腹深于北邙土。郊关之外衢路旁，旦暮反接如驱羊，喧呼朵颐择肥戴，快刀一落争取将。凭陵大嚼刳心燎，竞赌咒觥夸饮醨，不知剑吼已相随，后日还贻髑髅笑。阴风腐余犬鼠争，白昼鬼语偕人行，衔冤抱恨连死骨，著地春草无由生。①

甚至沟中死尸也不免为饥民所食。张翥《书所见》：

> 沟中人啖尸，道上母抛儿，有眼不曾见，无方能疗饥，干戈未解日，风雪正寒时，归与妻孥说，毋嫌朝食糜。②

这是至正十八年(1358)的事。蒙古政府对于此种情形的处置，我们可以举一个可信的记载来作代表。余阙《书合鲁易之作颍川老翁歌后》：

> 至正四年(1344)河南、北大饥，明年又疫，民之死者半。朝廷尝议鬻爵以赈之，江淮富民应命者甚众，凡得钞十余万锭，粟称是。会夏小稔，赈事遂已。然民罹此大困，田莱尽荒，蒿藜没人，狐兔之迹满道。时予为御史，行河南、北请以富民

---

① 《石初集》卷三《人食人》。
② 《蜕庵诗集》卷一。

所入钱粟贷民具牛种以耕,丰年则收其本,不报。①

政府不但不肯负责救济,并且连赈款也整个吞没。《元史·顺帝纪》记陈思谦事可以作这一记述的旁证:

> 至正五年三月,以陈思谦参议中书省事。先是思谦建言:所在盗起,盖由岁饥民贫,宜大发仓廪赈之,以收人心,仍分布重兵镇守中夏。不听。②

农民左右是死路一条,铤而走险,势所必至。再加上地方官吏的盲目的压榨,农民遂揭竿而起,和政府对抗。刘基所述永嘉的农民暴动可以代表这一时期的情形:

> 永嘉浙名郡,有州曰平阳,面海负山林,实维瓯闽强,闽寇不到瓯,倚兹为保障,官司职防虞,当念怀善良,用民作手足,爱抚勿害伤,所以获众心,即此是仞墙,奈何纵毒淫,反肆其贪攘,破廪取菽粟,夷垣劫牛羊,朝出系空橐,暮归荷丰囊,丁男跳上山,妻女不得将,稍或违所求,便以贼见戕,负屈无处诉,哀号动穹苍,斩木为戈矛,染红作巾裳,鸣锣撼岩谷,聚众守村乡,官司大惊怕,弃鼓撇旗枪,窜伏草莽间,股栗面玄黄,窥伺不见人,湍江走伥伥,可中得火伴,约束归营场,顺途劫寡弱,又各夸身强,将吏悉有献,欢喜赐酒觞,杀贼不计数,纵横书荐

---

① 《青阳山房集》卷五。
② 《元史》卷四一《顺帝纪》。

章,民情大不甘,怨气结肾肠,遂令父子恩,化作虿与蝗,恨不斩官头,剔骨取肉尝。①

朱德润替这运动下一经济的解释,他说:

> 今太平日久,民不知兵,经费所入,江、浙独多。(岁给馈饷二百五十余万)而比岁以来,水旱频仍,田畴淹没,昔日膏土今为陂湖者有之。而亲民之官不谙大体,重赋横敛,务求羡余,致有激变。所得有限,所费不赀。且以州县税粮言之,有额无田,有田无收者一例闭纳,科征之际,枷系满屋,鞭笞盈道,直致生民困苦,饥寒迫身,此其为盗之本情也。至于酒课盐课税课,比之国初,增至十倍,征需之际,民间破家荡产,不安其生,致作贩夫入海者有之。目今沿海贫民食糠秕不足,老弱冻饿,而强壮者入海为盗者有之。一夫唱首,众皆胁从,此其为盗之本情也。其言谓与其死于饥寒,孰若死于饱暖,因是啸聚群起,劫掠官粮,杀伤军民。②

在未叛乱的地带,则官军所至,鸡犬皆空,舒頔《感时歌》:

> 郡邑自从乱离后,官设总制因防寇,奉公守法能几人,窃禄贪婪来贸贸。大府日夜催军需,和籴草料无时无,富家卖田为供给,贫者缚窘充寨夫。老幼不得息,抱恨向天泣,元戎贪

---

① 《诚意伯文集》卷一三《赠周宗道六十四韵》。
② 《存复斋续集·平江路问弭盗策》。

利病民力,盐半斤,斗米入……道路多白骨,髑髅带绛抹,道旁遇行人,一半是兵卒。荒田弥望无人耕,深夜时见鬼火明,居无室庐隐无所,排列县官不识名。①

犒赏饮食,均强迫农民负担,周霆震《农谣》:

万田草生农务忙,饭牛夜半饥且僵,侵晨荷耒散阡陌,和买犒军官取将,高堂大嚼饮继烛,持遗妻子丰括囊(官吏饱足之后,复以大囊满贮,送至其家),苍头庐儿饱欲死,义丁畴敢染指尝,锄耰漫劳犊方稚,十步九顿空彷徨,将军大笑不负腹,东皋南亩从渠荒。②

征敛税粮,较平时更形苛急,袁彦章《征粮叹》:

至正十七载,丁酉夏六月,江淮尚兵戈,岁久未休息,捍敌百万兵,甲胄生虮虱,有司供馈饷,费冗每匮乏,上官急诛求,僚属走折屐,嗟此穷海邦,田赋岁不给,巨室能几家,何如有蓄积,况瞿去年秋,农苗半无买,民生正艰危,朝来不谋夕,未秋先借粮,粮米从何出?吏曹幸此灾,公檄出如蝶,皂隶且欣然,纷纷入村落,喧呼夜打门,鸡犬尽惊怛,恣取无不为,孰忍受驱迫,顾兹田野间,青黄曾未接,米缸久无来,楮币不堪籴,一升

---

① 《贞素家藏集》卷三序:"移曳元帅为总制,病民本甚,邑中添设罔计数,无非苛政,姑计之。"
② 《石初集》卷二。

百青蚨,杖头何处觅,督责严限程,十室九逃匿,田莱尚多荒,讵暇颐耕织,隔篱有邻翁,头颅白如雪,七十若膺门,一日两遭责,日暮寄衣归,斑斑血犹湿,相看重叹伤,家赀复谁惜,负郭数亩田,出鬻不论值,求售卒亦难,搔首了无策,新谷曾沫升,巢一从折十,肯为身后思,且济目前急,养兵固自壮,剥民无乃瘠,寄言吾父母,夫何至此极。①

结果是已叛乱区域的势力蔓延日广,未叛乱的区域也因加速度的压迫而被逼反抗,革命的队伍在同一目标之下向统治者进攻。

五

至正十一年(1351)五月刘福通作乱陷颍州,奉韩林儿诈称宋徽宗九世孙,颁发诏书,略曰:

蕴玉玺于海东,取精兵于日本。贫极江南,富称塞北。

前两句指宋广王走崖山,丞相陈宜中走倭,托此说以动摇天下。后两句指出蒙古人统治下的掠夺结果,说明反抗的动机。前两句是政治的宣传,后两句则为经济的解剖。"时天下承平已久,法度宽纵,人物贫富不均,多乐从乱,曾不旬月,从之者殆数

---

① 《书林外集》卷一。

万人。"①

韩山童是一个白莲教世家,同时又倡弥勒佛(Maitreya)下生之说,《元史·顺帝纪》:

> 初,栾城人韩山童祖父,以白莲会烧香惑众,谪徙广平永平县。至山童,倡言天下大乱,弥勒佛下生,河南及江淮愚民皆翕然信之。刘福通与杜遵道、罗文素、盛文郁、王显忠、韩咬儿复鼓妖言,谓山童实宋徽宗八世孙,当为中国主。福通等杀白马黑牛,誓告天地,欲同起兵为乱,事觉,县官捕之急,福通遂反。山童就擒,其妻杨氏,其子韩林儿,逃之武安。②

起事时以红巾为号,故号红军。以烧香礼弥勒佛,又号香军。③ 同年八月,萧县李二及老彭、赵君用反,攻陷徐州。李二号芝麻李,亦以烧香聚众而反。蕲州罗田县人徐贞一(寿辉)与麻城人邹普胜等,以妖术阴谋聚众,举兵为乱,亦以红巾为号。④ 又有北锁红军,南锁红军:

> (刘福通起兵),河、淮、襄、陕之民翕然从之。故荆、汉、许、汝、水东、丰、沛以及两淮红军皆起应之。颍上者推杜遵道为首,陷朱皋,据仓粟,从者数十万,陷汝宁、光、息、信阳。蕲、黄者宗彭莹玉和尚,又推徐真逸为首,陷德安、沔阳、安陆、武

---

① 叶子奇:《草木子》卷三《克谨篇》。
② 《元史》卷四二《顺帝纪》。
③ 权衡:《庚申外史》卷上。
④ 《元史》卷四二《顺帝纪》。

昌、江陵、江西诸郡。起湘、汉者推布王三、孟海马为首,布王三号北锁红军,奄有唐、邓、南阳、嵩、汝、河南府。孟海马号南锁红军,奄有均、房、襄阳、荆门、归、峡。起丰、沛者推芝麻李为首。①

在几个月内,湖南、湖北、河南、安徽、江苏、山东诸地纷纷起事,不约而同地都称红军,把元帝国中截为二,南北不通。元人记红军起后,"当时贫者从乱如归"②。可见这是一种贫农的结合。再看前后红军和非红军的起事领袖的身份,如方国珍和张士诚是贩私盐的,陈友定是农人,曾为佣于富家。韩林儿的祖父被罪迁谪,郭子兴是相命的儿子,陈友谅为渔家子,徐寿辉(真一)是贩布的,明玉珍家世务农,朱元璋是游方穷和尚,没有一个是出身于有产阶级的。③

至正十一年红军的起事,只是最后一次的大爆发,事实上在元代前期已有此种秘密组织,并曾陆续地发生过几次暴动。红军是白莲教徒的武装团体,所崇拜的偶像是弥勒佛。元代是信仰自由的时代,白莲教也被准许公开传教,成宗时(1295 至 1307)并曾特降圣旨受政府的保护,并建有寺院,有报恩堂、复一堂、清应堂诸祠宇。以都掌教为首领。④武宗即位后忽然取消此项特权,至大元年(1308)五月丙子禁白莲社,毁其祠宇,以其人还隶民籍。⑤ 至治二

---

① 《庚申外史》卷上。
② 《草木子》卷三《克谨篇》。
③ 钱谦益:《国初群雄事略》。
④ 《元典章》卷三三《礼部》六,《白莲教》。
⑤ 《元史》卷二二《武宗纪》。

年(1322)五月癸卯又下诏禁白莲佛事。① 从此白莲教便成秘密团体,不能公开活动。弥勒佛下生当有天下的预言,也早在泰定二年(1325)即已流行,《元史》记:泰定二年六月,息州民赵丑厮、郭菩萨,妖言弥勒佛当有天下,有司以闻,命宗正府刑部枢密院御史台及河南行省官杂鞫之。② 后伏诛。③ 至元三年(1337)弥勒教徒反于河南。

> 二月棒胡反于汝宁信阳州。棒胡本陈州人,名闰儿。以烧香惑众,妄造妖言作乱,破归德府鹿邑,焚陈州,屯营于杏冈。命河南行省左丞庆童领兵讨之……己丑,汝宁献所获棒胡弥勒佛小旗、伪宣敕,并紫金印量天尺。④

同年朱光卿等反于广东,自拜其徒为定光佛:

> 正月癸卯,广州增城县民朱光卿反,其党石昆山、钟大明率众从之,伪称大金国,改元赤符。命指挥狗扎里江西行省左丞沙的讨之……四月己亥,惠州归善县民聂秀卿、谭景山等造军器,拜戴甲为定光佛,与朱光卿相结为乱,命江西行省左丞沙的捕之。⑤

---

① 《元史》卷二八《英宗纪》。
② 《元史》卷二九《泰定帝纪》。
③ 《新元史》卷一九《泰定帝纪》。
④ 《元史》卷三九《顺帝纪》。
⑤ 《元史》卷三九《顺帝纪》。

据至正二十六年(1366)朱元璋讨张士诚檄所数元廷罪状：

> 近睹有元之末，王居深宫，臣操威福，官以贿成，罪以情免，宪台举亲而劾仇，有司差贫而优富，庙堂不以为忧，方添冗官，又改钞法，役数十万民，湮塞黄河，死者枕藉于道，哀苦声闻于天，致使愚民，误中妖术，不解偈言之妄诞，酷信弥勒之真有，冀其治世，以苏其苦。聚为烧香之党，根据汝、颍，蔓延河、洛，妖言既行，凶谋遂逞。焚荡城郭，杀戮士夫，荼毒生灵，无端万状。①

按此檄文中所指弥勒为一事，烧香又为一事，弥勒（Maitreya）为佛教中之重要人物，相传"弥勒菩萨应三十劫，当成无上正真等正觉"②。应入世三十次，佛薄伽梵（Buddha Bhagavat）灭度后八百年，胜军王都有阿罗汉名难提蜜多罗（Nandimtra）在般涅槃前预言人寿七万岁时，十六阿罗汉（Arhat）既护法藏毕，造窣堵波（Stupa）赞叹已，至窣堵波金地之中，入般涅槃，释迦牟尼正法遂灭：

> 次后弥勒如来应正等觉出现世间时，瞻部州（Jambudvipa）广博严净，无诸荆棘，溪谷堆阜，平正润泽，金沙覆地，处处皆有清池茂林，名华瑞草，及众宝聚，更相辉映，甚可爱乐。人皆慈心修行十善，以修善故，寿命长远，丰乐安稳。士女殷稠，城

---

① 祝允明：《九朝野记》。
② 《增一阿含》第四十二品八难品，《八大人念经》。

邑邻次,鸡飞相及。所营农稼,一营七获,自然成实,不须耘耨。①

这是佛教徒所幻想的极乐园,也是农民所最渴望的理想世界。烧香则为白莲教徒必需举行的仪式。白莲教徒有政治的目的,可是缺少一个为农民所了解所注意的最后目标。弥勒佛的下生预言已经流传了快一千年,为农民所熟知,其意义即等于救世主。白莲教徒就利用这传说,强合为一,宣传弥勒已经降生为尘世主宰,其使命即为解除现在农民身受之一切疾苦。农民久因于异族统治下之苛政重敛,一听有能使他们"所营农稼,一营七获",并且是"自然成实,不须耘耨"的救主出来,自然死心塌地的信仰,一致加入去追求这理想的乐园了。并且,农民是不很能了解政治革命的意义的,一般的都以忍耐苟安为最好的德性,要他们来参加革命,也非加上一些宗教的或迷信色彩的外障不可。弥勒佛和定光佛的出现,正是一种麻醉农民,集中其意志力的手段。

红军中势力最大的,是韩林儿、芝麻李、徐寿辉三支。韩林儿最先起,兵力最强。芝麻李不久即为元所灭。徐寿辉的势力后分二系,一为陈友谅,一为明玉珍。非红军中最强的是张士诚、方国珍、陈友定三支。红军的目的是推翻蒙古政府的政权,从异族压迫之下解放自己,和蒙古政府完全处于敌对的不两立的地位。非红军则无一定宗旨,起事的目的只是为自己个人的生命安全,割据一隅,恣意于生活的享受,和蒙古政府的关系也以利害为转移,时降时叛,时合时离,和红军则处于敌对地位,互相攻击。

---

① 《大阿罗汉难提蜜多罗所说法住记》。

在蒙古政府方面,贵族和官吏为保持自己的地位和身家,当然竭力拥护政府,可是这一些养尊处优惯的上流人和他们的军队一样,事实上并不能作战。和红军抵抗作战的却是各地的地主,他们在逼不得已的环境之下,出私财,募义军,用全力保卫自己的家族和家产,间接地也替蒙古政府支持了十几年。各地的义兵倏起倏灭的不可计数,如东莞李氏、凌氏:

> 东莞李氏尤豪于诸族。朝政不行,盗贼蜂起,富民各专武断,聚兵自卫。既而各据乡土,争为长雄,或更相攻掠,井邑萧然,凌氏亦结民为保,内援官军,外御群盗,里人赖之以安。①

龙泉胡氏:

> 至正壬辰,江、淮俶扰,盗贼蔓延闽、浙,由建之浦城、松溪入龙泉。公(胡深)叹曰:浙水东地气白矣。生民无所赖,祸将及矣。乃集乡民,共为守御计而结寨于湖山。②

京山刘氏:

> 至正辛卯两河乱。(京山人刘则礼)割财募兵,隶四川平章爻著麾下,攻安陆、襄、樊、唐、邓,悉讨平之。兄弟子侄多死

---

① 王叔英:《静学文集》卷二《凌府君行录》。
② 王祎:《王文忠公集》卷二二《故参军缙云郡伯胡公行述》。

于兵。①

临川陈氏：

　　元至正十二年壬辰大盗起江、汉间，郡县相继陷落，聚民争揭竿为旗以应寇。天锡顿足曰：事急矣，可奈何！即跃马入郡城，白监郡完者帖木儿曰：天锡家世以义声著吴、越间。今天下大乱，贼以红巾帕首，呼啸成群，所蹂躏处绝无一人御者。天锡虽不才，愿竭忠以报国家。自度乡里健儿，一呼之间，可得千人，甲胄糗粮当一一自给，不以烦县官。教以坐作击刺进退之法可用，或攻或守，惟明公所命。即从所请奖励者甚力。天锡还，朝夕聚兵训练如前谋。②

江阴许氏：

　　至正十二年十月红巾陷江阴州。州大姓许晋，字德昭，与其子如章聚无赖恶少，资以饮食。贼四散抄掠，诱使深入，殪而埋之。战于城北之祥符寺，父子皆死。③

　　其他地方官吏所率之军队，亦多由地主私军改编，如王宣之黄军：

---

① 李继本：《一山文集》卷六《刘则礼传》。
② 宋濂：《翰苑别集》卷九《元赠进义副尉金溪县尉陈府君墓铭》。
③ 陶宗仪：《辍耕录》。

> 淮东豪民王宣……募城墅骄勇惯捷者,可以攻城,前后各得三万人,皆黄衣黄帽,号曰黄军……须臾脱脱至,一鼓攻之,遂夷其城。①

答失八都鲁所统之义丁:

> 至正十二年,遂用宋廷杰计,招募襄阳官吏及土豪避兵者,得义丁二万,编排部伍,申其约束。行至蛮河……贼大败。②

地主不约而同地自组私军,抵抗农民的攻击,名义上是红军和蒙古政府作战,而实际上则成为农民和地主的战争。内中势力最大,和红军相持最久的是起自沈丘的察罕帖木儿父子。《元史·察罕帖木儿传》:

> 察罕帖木儿字廷瑞,系出北庭……幼笃学,尝应进士举,有时名……居常慨然有当世之志。至正十一年盗发汝、颍,焚城邑,杀长吏,所过残破,不数月,江、淮诸郡皆陷。朝廷征兵致讨,卒无成功。十二年察罕帖木儿乃奋义起兵,沈丘之子弟从者数百人。与信阳之罗山人李思齐合兵,同设奇计,袭破罗山。事闻,朝廷授察罕帖木儿中顺大夫、汝宁府达鲁花赤。于是所在义士俱将兵来会,得万人,自成一军,屯沈丘,数与贼

---

① 权衡:《庚申外史》卷上。
② 《元史》卷一四二《答失八都鲁传》。

战,辄克捷。

十五年定河北,十七年定关陕,十九年复汴梁,定河南,韩林儿遁走,檄书始能达江浙,以兵分镇关陕、荆襄、河洛、江淮,而重兵屯太行,营垒旌旗相望数千里,谋大举以复山东。正在准备东征的时候,和另一支抵抗红军的有力军队孛罗帖木儿发生地盘的冲突,内战已起。①

孛罗帖木儿为答失八都鲁之子,答失八都鲁是蒙古政府的世将,红军起后,率义丁复襄阳。十五年攻克亳州,韩林儿遁走。数和刘福通作战,均有功。② 死后,子孛罗帖木儿领其众,移镇大同。陕西、晋、冀之地皆察罕帖木儿所平定,孛罗帖木儿欲据晋、冀,两军交战数年,政府几次派人为之讲和,二十一年冬兵始解。时察罕帖木儿已收复山东大部,二十二年围攻益都,为降人田丰、王士诚所刺死,子扩廓帖木儿代领其兵,攻克益都,山东悉平。而孛罗帖木儿复以兵来争晋、冀,内战又起。③

同时蒙古政府和宫廷间也发生重大的政变,名相脱脱于至正十二年出师复徐州,擒芝麻李后,威名大震。与幸臣哈麻交恶,十四年脱脱率大兵征张士诚,围高邮,城垂破,为哈麻所谮贬死,士诚势复振。④ 哈麻为相后,以前进西天僧劝帝行秘密法为耻,谋废帝立皇太子爱育失里达腊,事发诛死。⑤ 太子母高丽奇皇后和皇太子

---

① 《元史》卷一四一《察罕帖木儿传》。
② 《元史》卷一四二《答失八都鲁传》。
③ 《元史》卷一四一《察罕帖木儿传》;卷二〇七《孛罗帖木儿传》。
④ 《元史》卷一三八《脱脱传》;卷二〇五《哈麻传》。
⑤ 《元史》卷二〇五《哈麻传》。

仍图废立,遣宦者朴不花喻意于丞相太平,太平不肯,为皇太子所恶,谮杀之。① 时扩廓帖木儿正和孛罗帖木儿相持,于是皇太子派丞相搠思监及朴不花倚扩廓为外援,皇帝派老的沙则为皇太子所怒,逃奔孛罗军中。皇太子怨孛罗匿老的沙,搠思监、朴不花等遂诬孛罗帖木儿与老的沙等谋不执,二十四年四月诏扩廓帖木儿举兵讨之。孛罗知非帝命,先举兵向阙,皇帝派杀搠思监、朴不花以谢,孛罗始还大同。皇太子出走,再征扩廓兵讨孛罗,攻大同,孛罗复帅兵犯阙,皇太子战败逃太原,孛罗入京师,拜中书右丞相。二十五年皇太子调扩廓及诸路兵进讨,孛罗战败,被刺死于宫中。② 太子奔太原时,欲用唐肃宗灵武故事自立,扩廓不可。及孛罗死,扩廓还京师,奇皇后谕指令以重兵拥太子入城,胁顺帝禅位,扩廓又不听,因此扩廓为太子所恨。③ 先至正二十六年扩廓奉命总天下兵出平江淮,檄关中四将军会师大举,李思齐以与察罕帖木儿同起义兵,得檄怒不肯受命,下令一甲不得出武关。张思道、孔兴、脱列伯三军亦不受节制,连兵力拒扩廓。相持经年数百战,未能决。顺帝谕扩廓罢兵南征,扩廓不听,其部下骁将貊高、关保叛归朝廷,和李思齐等合。顺帝乃尽削扩廓官,分其兵隶诸将,并令关保戍太原。扩廓怒,尽杀朝廷所置官吏,顺帝令诸将四面讨之。时朱元璋兵已下山东,收大梁,元兵方忙于内战,列城望风降遁,无一人抗者。兵逼潼关,李思齐等仓皇解兵西归,而貊高、关保亦皆为扩廓所擒杀,顺帝大恐,立刻复扩廓官,令与思齐等分道南征,诏下一

---

① 《元史》卷一四〇《太平传》;卷二〇四《朴不花传》。
② 《元史》卷二〇七《孛罗帖木儿传》;卷二〇四《朴不花传》。
③ 《明史》卷一二四《扩廓帖木儿传》。

月,朱元璋兵已逼大都,元帝北走。扩廓仍拥兵西北,谋恢复,洪武元年败明将汤和于韩店,北出雁门欲攻北平,明将徐达、常遇春乘虚攻太原,扩廓还救大败,以十八骑遁去。明兵遂西入关,李思齐以临洮降,张思道、张良臣败死。洪武三年明徐达大败扩廓于沈儿峪,扩廓奔和林,时顺帝已崩,皇太子继位,复任以国事。四年明复遣大将徐达、李文忠、冯胜将十五万人出塞攻扩廓,至岭北与扩廓遇,明兵大败,死者数万人。明年扩廓复攻雁门,以明兵严备不得入。后随宣光帝徙金山,洪武八年卒。①

蒙古人虽失去在中国的政权,可是在漠北,却仍未失去合罕的地位。明前期国力强时,数出兵北讨,蒙古族逐渐北徙。自明成祖五次北征以后,明兵力渐衰,国防线渐由开平内移,三卫弃而辽东和宣大的声援隔绝,东胜、兴和徙而边防虚,蒙古族又渐南移,至入居河套,边墙之外,即为敌国,三百年中汉人和蒙古人的战争迄未停止。"北虏"的威胁致使明用全力防御北边,偏设戍兵,置九边要塞,国力为之疲敝,为明一代的大患。

六

蒙古政府的政变和内战,给红军以一个发展的好机会。红军的内讧和对非红军的混战,又给一个后起的红军小领袖朱元璋以一个发展的好机会。这一幸运的成功者在称帝后三年发表一道极有趣味的文件,说明他的成功是偶然的,他取天下于群雄之手,元

---

① 《元史》卷一四一《察罕帖木儿传》;《明史》卷一二四《扩廓帖木儿传》。

的覆亡是自身的崩溃。他说:

> 当元之季,君宴安于上,臣跋扈于下,国用不经,征敛日促,水旱灾荒,频年不绝。天怒人怨,盗贼蜂起,群雄角逐,窃据州郡,朕不得已起兵欲图自全。及兵力日盛,乃东征西讨,削除渠魁,开拓疆宇。当是时,天下已非元氏有矣。向使元君克畏天命,不自逸豫,其臣各尽乃职,罔敢骄横,天下豪杰曷得乘隙而起。朕取天下于群雄之手,不在元氏之手。①

他是起义于濠州红军领袖郭子兴的部下,郭子兴死后,代为领袖,直隶于韩林儿,受宋的官爵,用龙凤年号,是红军中后起的一支有力部队。可是一到红军干部因内讧而势力锐减,韩林儿失去根据地来投奔以后,就立刻抛去红军的宗教意味的宣传,严厉地加以指斥。在至正二十六年讨张士诚的檄文中,竟公开地抨击红军说:

> 致使愚民误中妖术,不解偈言之妄诞,酷信弥勒之真有,冀其治世以苏其苦,聚为烧香之党,根据汝、颍,蔓延河、洛。妖言既行,凶谋遂逞,焚荡城郭,杀戮士夫,荼毒生灵,无端万状。②

前一部分斥红军为妖术为妖言,后一部分以采恐怖手段,屠杀地主——有产阶级为红军的罪状。接着他说:

---

① 《明太祖实录》卷五三。
② 祝允明:《九朝野记》。

> 元以天下钱粮兵马大势而讨之,略无功效,愈见猖獗,终不能济世安民。是以有志之士,旁观熟虑,乘势而起。或假元氏为名,或托香军为号,或以孤军独立,皆欲自为,由是天下土崩瓦解。余本濠县之民,初列行伍,渐至提兵,灼见妖言,不能成事,又度胡运,难与立功,遂引兵渡江。

指斥蒙古政府之不能维持治安,把自己的立场和红军分开,不愿分担红军所负的责任。可是这时候在名义上他还是韩林儿的臣下,在这文件的开首还不能不用"皇帝圣旨,吴王令旨",末后也不能不用龙凤十二年的年号。同年十二月他采取更进一步的手段,彻底排除红军的残余势力,授意部下大将廖永忠,沉韩林儿于瓜步①,以次年为吴元年,自为最高领袖。韩林儿死后,他听取了幕中儒生的劝告,把这次革命解释为民族自决运动,喊出驱逐蒙古人的口号。原来韩林儿在起事时虽假托宋后,国号也用宋的旧称,以图收拾民心。可是这到底是一幕假制的剧本,在实际上并不能发生什么效力。韩林儿之非赵氏子孙,是举世皆知的事实,日子一久,马脚渐露,他们也就索性不提宋后的话,专意于弥勒救世的宣传。到这时候红军势力消失,社会秩序混乱,弥勒之说已不能再鼓动人心,所以不能不提出一个新口号,从复宋的旧口号扩充放大为民族革命的口号,从恢复一家一系的帝统扩大到争取整个民族的自由。明显地指示出这次革命是民族与民族的战争,集合汉族的力量。同时也给予知识分子及旧地主官吏以安全的保障,求其合作。吴

---

① 朱权:《通鉴博论》;钱谦益:《太祖实录辨证》。

元年(至元二十七年,1367)十月丙寅檄谕齐鲁、河洛、燕蓟、秦晋之人,以北伐之意曰:

> 自古帝王临御天下,中国居内以制夷狄,夷狄居外以奉中国,未闻以夷狄居中国治天下者也……当此之时,天运循环,中原气盛,亿兆之中,当降生圣人,驱逐胡虏,恢复中华,立纲陈纪,救济斯民……方今河洛、关陕虽有数雄,忘中国祖宗之姓,反就胡虏禽兽之名,以为美称,假元号以济私,恃有众以要君,凭陵跋扈,遥制朝权,此河洛之徒也。或众少力微,阻兵据险,贿诱名爵,志在养力,以俟衅隙,此关陕之人也。二者其始皆以捕妖人为名,乃得兵权。及妖人既灭,兵权已得,志骄气盈,无复尊主庇民之意,互相吞噬,反为生民之巨害,皆非华夏之主也……予恭天成命,罔敢自安,方欲遣兵北逐群虏,拯生民于涂炭,复汉官之威仪……归我者永安于中华,背我者自窜于塞外。盖我中国之民,天必命中国之人以安之,夷狄何得而治哉。①

这是一个划时代的转变,也是朱元璋之所以成功的条件之一。红军诸领袖之所以不能成功,一方面是受地主阶级的顽强抵抗,一方面是红军内部的分裂。红军之发动地为河南、湖北一带,起事后诸领袖人自为战,不相统属,并各自称帝称王,互相颉颃。至正十五年(1355)刘福通等立韩林儿为帝,国号宋,年号龙凤(1355至1366),建都于亳。至正十八年迁都汴梁。十九年察罕帖

---

① 《明太祖实录》卷二六。王世贞:《诏令杂考》一,《弇山堂别集》卷八五。

木儿破汴梁,韩林儿退据安丰。二十三年吴张士诚将吕珍破安丰,韩林儿奔滁州依朱元璋。宋势力最盛时,四出略地,所至无不摧破,至元十七年分兵三道,关先生、破头潘、冯长舅、沙刘二、王士诚趋晋、冀,白不信、大刀敖、李喜喜趋关中,毛贵出山东,刘福通则率众出没河南、北。白不信一支被察罕帖木儿、李思齐所破走入蜀,毛贵一支则陷济南、蓟州,略柳林,直逼大都,蒙古政府至议迁都以避之。关先生一支则分军为二,一出绛州,一出沁州,逾太行,破辽潞,陷冀宁,掠大同、兴和塞外诸郡,至陷上都,毁诸官殿,转掠辽阳,抵高丽,复折回陷大宁,犯上都。李喜喜余党则陷宁夏,掠灵武诸边地。黄河以北,东至高丽,北至和林,西至宁夏,蹂躏殆遍。可是初建国时,同党就争权夺利,互相残杀,丞相杜遵道得宠用事,平章政事刘福通阴令甲士挝杀之,自为丞相,国事均决于福通,韩林儿只是一个象征的偶像,丝毫不能过问。其他诸将俱与福通同起事,率不肯遵约束,福通不能制,兵虽盛,威令不行。所攻城邑,亦不能守,随得随失。接着在山东最得民心的毛贵为同党赵均用所杀,赵均用又被其党续继祖所杀,所部自相攻击。远征诸大将李喜喜、关先生等转战万里,亦多走死。于是在北为蒙古军队所围剿,在南则又受张士诚的攻击,安丰破后,势力就完全消灭。①

起自湖北的徐寿辉(1351 至 1360),于至正十一年称帝,国号天完,建元治平,都蕲水。后迁都汉阳,分兵四出陷饶信,连陷湖广、江西诸郡,东南发展至杭州、太平诸路。天完和宋一样,同样地也陷于内讧的局面。至正十七年丞相倪文俊谋弑寿辉自立,不克奔黄州。其将陈友谅杀文俊代其位。二十年弑寿辉自立为帝,国

---

① 《明史》卷一二二《韩林儿传》;《国初群雄事略》卷一《韩林儿》。

号汉,改元大义(1360至1363),尽有江西、湖广之地。① 寿辉别部明玉珍略地四川,闻寿辉被弑,因自立为陇蜀王,以兵塞瞿塘,绝不与友谅通。至正二十年即皇帝位于重庆,国号夏,建元天统(1362至1366)。②

陈友谅势力方盛时,朱元璋亦起据集庆路,取太平和友谅接界。友谅陷池州,元璋遣将击取之,由是结仇,连兵不解。友谅大将赵普胜守安庆最骁勇,为朱元璋所间,友谅杀普胜,并其军。恃其兵强,欲东取应天,约张士诚从东面夹攻,朱元璋惧两面受敌,以计促友谅先发兵,大败之于龙湾。其部下诸将因赵普胜被杀,多不安,于光、欧普祥、吴宏、王溥、胡廷瑞等纷纷以所守地来降,友谅疆土日蹙。至正二十三年大发兵来围洪都,与朱元璋军相遇于鄱阳湖,大战三日,友谅兵败中矢死,大将张定边挟其次子理奔还武昌,立为帝。至正二十四年二月朱元璋亲督师围武昌,陈理出降,汉亡。③ 玉珍在位五年死,子昇嗣位方十岁。诸大臣皆粗暴不肯相下,大将万胜以私憾杀知院张文炳,内府舍人明昭复矫皇后旨杀万胜。胜为玉珍开国大将,功最高,人心多不平,保宁镇守平章吴友仁举兵杀明昭,入执国政,朝事大坏。洪武四年明将汤和、廖永忠、傅友德等伐蜀,昇出降,夏亡。④

在非红军的集团中,张士诚以被地主凌侮起事:

> 以操舟运盐为业,缘私作奸利。颇轻财好施,得群辈心。

---

① 《明史》卷一二三《陈友谅传》;《国初群雄事略》卷三《天完徐寿辉》。
② 《明史》卷一二三《明玉珍传》;《国初群雄事略》卷五《夏明玉珍》。
③ 《明史》卷一二三《陈友谅传》;《国初群雄事略》卷四《汉陈友谅》。
④ 《明史》卷一二三《明玉珍传》;《国初群雄事略》卷五《夏明玉珍》。

常鬻盐诸富家,富家多凌侮之,或负其直不酬。而弓手丘义尤窘辱士诚甚。士诚忿,即帅诸弟及壮士李伯昇等十八人杀义,并灭诸富家,纵火焚其居。入旁郡场,招少年起兵。盐丁方苦重役,遂共推为主。①

陷泰州、高邮。至正十四年自称诚王,国号大周,建元天祐。十六年陷平江、湖州、松江、常州诸路,改平江为隆平府,自高邮来都之。时朱元璋亦下集庆,境遂相接。士诚遣将攻镇江,徐达败之于龙潭。朱元璋亦遣将来攻常州,士诚大败,由此交兵不已。士诚所据要塞长兴、常州、江阴相继失,兵不得四出,不得已请降于元,乘间袭取杭州,所据南抵绍兴,北逾徐州,达于济宁之金沟,西距汝、颍、濠、泗,东至海,二千余里,带甲数十万。二十三年九月复自立为吴王。士诚无远图,自据吴后,渐奢纵,怠于政事。诸将帅日夜歌舞自娱,偃蹇不用命,不以军务为意。及丧师失地还,亦概置不问。已,复用为将。陈友谅约士诚夹攻应天,士诚欲守境观变,虽许而兵不出。及陈友谅既平,朱元璋遂大发兵取吴,至正二十七年九月破平江,擒张士诚,吴亡。②

浙东的方国珍的起事,和张士诚颇相类,其对蒙古政府的态度,也和张士诚同样地反复不定。《明史》记:

> 元至正八年,有蔡乱头者行剽海上,有司发兵捕之。国珍怨家告其通寇,国珍杀怨家,遂与兄国璋,弟国瑛、国珉亡入

---

① 《明史》卷一二三《张士诚传》。
② 《明史》卷一二三《张士诚传》;《国初群雄事略》卷七《周张士诚》。

海,聚众数千人,劫运艘,梗海道。

地方官往讨为所败,胁使请于朝,授定海尉。未几复叛,再又降元为海道漕运万户,进行省参政,据有温、台、庆元之地。以兵和张士诚相攻,至士诚亦降元,始罢兵。朱元璋取婺州,与国珍接境,国珍惧不敌,自请纳土,未几又反复不受命。张士诚被擒后,朱元璋将朱亮祖、汤和取浙东,国珍不能抗,奉表降。①

非红军领袖中始终对蒙古政府维持君臣的关系的是陈友定。友定以乡农立功为黄土寨巡检,十年中以次削平闽、粤叛乱,西拒陈友谅,北拒朱元璋,累官至平章,尽有福建八郡之地。所收郡县仓库悉入为家赀,收官僚以为臣妾,有不从者必行诛窜。八郡之政皆用其私人以总制之,朝廷命官不得有所与。方国珍败降后,朱元璋即发兵由海陆两道入闽,洪武元年(1368)明兵取建宁、延平二路,友定被执死。②

在这样一个混乱局面之下,红军中的三等头目朱元璋竟能利用机会,统一全国,逐出蒙古人,建设汉人自治的帝国,除开上述提出民族革命的口号以外,是有其他的重要原因的。他出身于贫农之家,很懂得农民的心理。青年时代过的是漂流乞食的生活:

年十七,父母兄相继殁,贫不克葬。里人刘继祖与之地,乃克葬,即凤阳陵也。太祖孤无所依,乃入皇觉寺为僧。逾月,游食合肥……凡历光、固、汝、颍诸州三年,复还寺。

---

① 《明史》卷一二三《方国珍传》;《国初群雄事略》卷八《方谷真》。
② 《元史》卷一二四《陈友定传》;《国初群雄事略》卷一三《陈友定》。

起兵后极力拉拢知识分子，一方面给自己以历史的训练，一方面受儒家的政治教育。至正十三年(1353)破滁州后即得名儒范常，留置幕下。范常首先劝他整饬兵纪：

> 诸将克和州，兵不戢。常言于太祖曰：得一城而使人肝脑涂地，何以成大事？太祖乃切责诸将，搜军中所掠妇女，还其家，民大悦。①

十五年(1355)渡江取太平后，又得耆儒李习、陶安。陶安批评当时诸领袖的行为，独推重他的不乱杀人：

> 海内鼎沸，豪杰并争，然其意在子女玉帛，非有拨乱救民安天下心。明公渡江，神武不杀，人心悦服，应天顺人，以行吊伐，天下不足平也。②

十六年克集庆，立即宣布政纲。他说：

> 元政渎扰，干戈蜂起，我来为民除乱耳。其各安堵如故。贤士吾礼用之，旧政不便者除之，吏毋贪暴殃吾民。③

---

① 《明史》卷一三五《范常传》。
② 《明史》卷一三六《陶安传》。
③ 《明史》卷一《太祖本纪》。

这正是农民所渴望的政治,地主阶级因为地方治安得以保持,也对新政权表示好感。十七年克徽州后,耆儒朱升劝他"高筑墙,广积粮,缓称王"①。十八年克婺州后,得学者范祖干、叶仪、许元等十三人,二十年复征学者刘基、宋濂、叶琛、章溢,为其定策安民,及取天下大计。农民、地主和知识分子三方面的合作,是他之所以成功的最大原因。

次之,个人的人格意志和军事学识的卓越也是他之所以成功的要素之一。在天下平定后,他曾自述成功的原因:

> 朕遭时丧乱,初起乡土,本图自全。及渡江以来,观群雄所为,徒为生民之患,而张士诚、陈友谅尤为巨蠹。士诚恃富,友谅恃强,朕独无所恃。惟不嗜杀人,布信义,行节俭,与卿等同心共济。初与二寇相持,士诚尤逼近,或谓宜先击之,朕以友谅志骄,士诚器小,志骄则好生事,器小则无远图,故先攻友谅。鄱阳之役,士诚卒不能出姑苏一步,以为之援。向使先攻士诚,浙西负固坚守,友谅必空国而来,吾腹背受敌矣。二寇既除,北定中原,所以先山东,次河洛,止潼关之兵不遽取秦、陇者,盖扩廓帖木儿、李思齐、张思道皆百战之余,未肯遽下,急之则并力一隅,猝未易定,故出其不意,反斾而北。燕都既举,然后西征。张、李望绝势穷,不战而克,然扩廓犹力抗不屈。向令未下燕都,骤与角力,胜负未可知也。②

---

① 《明史》卷一三六《朱升传》。
② 《明史》卷三《太祖本纪》。

这是一个最公平的自白。

至正二十七年（1367）冬天的时候，红军势力除僻处四川的夏国以外，已全部消灭，非红军方面，张士诚已被扑灭，方国珍来降。北面则已派徐达、常遇春乘元军内战北伐，南面则汤和、廖永忠已逼福州，两路大军均势如破竹，天下指日可定。遂以至正二十八年为洪武元年，即皇帝位，定有天下之号曰明，是为明太祖（1368至1398）。

洪武元年陈友定平后，即命廖永忠率舟师取广东，广东行省左丞何真迎降。广西亦继定。北征军方面以次定山东、河南，八月入大都，元帝北走。十二月扩廓帖木儿走甘肃，山西平。二年八月徐达克庆阳，斩张良臣，陕西平。四年元平章刘益以辽东降。明昇降，四川平。时元梁王把匝剌瓦尔密犹据云南，纳哈出据辽东。十四年遣傅友德定云南。二十年复大举讨纳哈出，时大宁已为明所取，纳哈出和蒙古政府的呼应断绝，势竭来降，始成大一统之业。

七

蒙古人所施的种族压迫政策，引起了汉族的反感，发生一场战争二十年的民族革命，终于被逐回到蒙古去。这教训明太祖是很记得的。他北征时的口号虽然是"驱逐胡虏"，但其意义只限于推翻异族的统治权，对蒙古、色目人并不采歧视的态度。在北征檄文中并特别提出这一点说：

> 如蒙古、色目虽非华夏族类，然同生天地之间，有能知礼

义,愿为臣民者,与中国之人抚养无异。①

即位以后,蒙古、色目的官吏和汉人同样地登用,中央官如以鞑靼指挥安童为刑部尚书,以咬住为副都御史,忽哥赤为工部右侍郎②,以高昌安为吏部侍郎。③ 外官如以高昌安为河东盐运司同知。以脱因为廉州知府。以道同为番禺知县。④ 军官如以鞑靼酋长孛罗帖木儿为庐州卫指挥佥事,仍领所部鞑官二百五十人。⑤ 即亲军中亦有蒙古军队,如洪武五年之置蒙古卫亲军指挥使司,以答失里为佥事。⑥ 二十二年特设泰宁、朵颜、福余三卫于兀良哈之地,以居降胡。⑦ 时蒙古、色目人多改为汉姓,与汉人无异,有求仕入官者,有登显要者,有为富商大贾者。⑧ 洪武三年曾一度下诏禁止擅改汉姓:

> 四月甲子,禁蒙古、色目人更易姓氏。诏曰:……朕起布衣,定群雄为天下主,已尝诏告天下,蒙古诸色人等皆吾赤子,果有材能,一体擢用。比闻入仕之后,或多更姓名。朕虑岁久,其子孙相传,昧其本源,诚非先王致谨氏族之道。中书省

---

① 王世贞:《弇山堂别集》卷八五。
② 《明太祖实录》卷一九九。
③ 《明太祖实录》卷二〇二。
④ 《明太祖实录》卷二〇二;《明史》卷一三八《周祯传》,卷一四〇《道同传》。
⑤ 《明太祖实录》卷一九〇。
⑥ 《明太祖实录》卷七一。
⑦ 《明太祖实录》卷一九六。
⑧ 《明太祖实录》卷一〇九。

其告谕之，如已更易者听其改正。①

但此项法令不久即自动取消：

> 永乐元年九月庚子，上谓兵部尚书刘儁曰：各卫鞑靼人多同名，无姓以别之，并宜赐姓。如是兵部请如洪武中故事，编置勘合，给赐姓名。从之。②

可知在洪武时代已有"编置勘合，给赐姓名"之举。其唯一的限制为特立一条蒙古、色目人的婚姻法：

> 凡蒙古、色目人听其与中国人为婚姻，务要两相情愿。不许本类自相嫁娶，违者杖八十，男女入官为奴。其中国人不愿与回回、钦察为婚姻者，听从本类自相嫁娶，不在禁例。③

这禁例的用意一面是要同化蒙古、色目人，一面是防止其种类之繁殖。法令虽然颁布，可是实行的程度，也许也和禁改汉姓一样，实际上并不发生效力。

在反面，太祖登基后立刻下令将衣冠恢复唐制，并禁止生活习俗之蒙古化：

---

① 《明太祖实录》卷五一。
② 《明成祖实录》卷二三。
③ 《明律》卷六《户律》。

> 洪武元年二月壬子，诏复衣冠如唐制……其辫发椎髻、胡服（男袴褶窄袖及辫线腰褶，妇女衣窄袖短衣，下服裙裳）、胡语、胡姓一切禁止。①

元制尚右，吴元年十月令百官礼仪尚左。② 元人轻儒，至有九儒十丐之谣，谢枋得记：

> 滑稽之雄以儒为戏者曰：我大元制典，人有十等，一官二吏，先之者贵之也，贵之者谓有益于国也。七匠八娼九儒十丐，后之者贱之也，贱之者谓无益于国也。嗟乎卑哉，介乎娼之下丐之上者今儒也。③

郑思肖也说：

> 鞑法：一官二吏三僧四道五医六工七猎八民九儒十丐。④

这虽都是宋末遗老的话，但元人也有同样记载，余阙《贡泰父文集序》：

> 至元初奸回执政，乃大恶儒者，因说当国者能科举，摈儒士。其后公卿相师，皆以为常然，而小夫贱棣亦皆以儒为嗤

---

① 《明太祖实录》卷三〇。
② 《明史》卷一《太祖纪》。
③ 《叠山集》卷六《进方伯载归三山序》。
④ 《心史》下，《大义略》。

呎。当是时士大夫有欲进取立功名者,皆强颜色,昏旦往候于门,媚说以妾婢,始得尺寸。①

可见儒者在元代之被摈斥。而明则在太祖初起时已重儒者,建国以后,大臣多用儒生,后来流弊至以科举为入官之唯一途径。反之元人重吏:

> 国初有金宋,天下之人,惟才是用之,无所专主,然用儒者为居多也。自至元以下始浸用吏,虽执政大臣亦以吏为之。由是中州小民,粗识字能治文书者,得入台阁供笔札,累日积月皆可以致通显。②

方孝孺《林君墓表》也说:

> 元之有天下,尚吏治而右文法。凡以吏仕者捷出取大官,过儒生远甚。③

因法令极繁,案牍冗泛,故吏得恣为奸利,为弊最甚。明兴即革此弊,从简严法令下手:

> 吴元年十一月壬寅,上谓省台官曰:近代法令极繁,其弊

---

① 《青阳先生文集》卷四,《贡泰父文集序》。
② 《青阳先生文集》卷四,《杨君显民诗集序》。
③ 《逊志斋集》卷二二。

滋甚。今之法令正欲得中，毋袭其弊。如元时条格极繁冗，吏得夤缘出入为奸，所以其害不胜……今立法正欲矫齐旧弊，大概不过简严下手，简则无出入之弊，严则民知畏而不敢轻犯。①

洪武十二年又立案牍减繁式颁示诸司：

初元末官府文移案牍最为繁冗，吏非积岁莫能通晓，欲习其业必以故吏为师。凡案牍出入，惟故吏之言是听。每曹自正吏外，主之者曰主文，附之者曰贴书曰小书生，觚文繁词，多为奸利。国初犹未尽革。至是，吏有以成案进者，上览而厌之曰：繁冗如此，吏焉得不为奸弊而害吾民也。命廷臣议减其繁文，著为定式，镂版颁之，俾诸司遵守。②

自后吏员遂为杂流，其入仕之途，唯外府外卫盐运司首领官，中外杂职入流未入流官，由吏员承差等选。③ 这是一个大变化。一面用严法重刑来肃清元代所遗留的政治污迹，《明史》记：

太祖惩元纵弛之后，刑用重典……凡官吏人等犯枉法赃者，不分南北，俱发北方边卫充军。

采辑官民过犯，条为《大诰》、《续诰》，后又增为《三编》，诸司

---

① 《明太祖实录》卷二七。
② 《明太祖实录》卷一二六。
③ 《明史》卷七一《选举志》。

敢不急公而务私者，必穷搜其原而罪之。凡所列凌迟枭示种诛者无虑千百，弃市以下万数。《三编》稍宽容，然所记进士监生罪名自一犯至四犯者犹三百六十四人，幸不死还职，率戴斩罪治事。郭桓之狱，直省诸官吏系死者数万人：

> 郭桓者，户部侍郎也。帝疑北平二司官吏李彧、赵全德等与桓为奸利，自六部左右侍郎下皆死，赃七百万，词连直省诸官吏，系死者数万人。核赃所寄借遍天下，民中人之家，大抵皆破。

空印之狱，也施行一次官吏的大屠杀：

> 十五年空印事发。每岁布政司、府州县吏诣户部核钱粮、军需诸事，以道远，预持空印文书，遇部驳即改，以为常。及是，帝疑有奸，大怒，论诸长吏死，佐贰榜百戍边。①

由此中外官吏均重足凛息以"不保首领"为惧，以生还田里为大幸。②

在另一方面，蒙古人的政权虽然被推翻，但在典章制度方面，则仍有若干部分被因袭保留，最显明的是官制、兵制和教育制度。

中央的官制，在洪武十三年以前，大抵依据元制，行政最高机关为中书省，置左右丞相、平章政事、左右丞、参知政事等官，下设

---

① 《明史》卷九四《刑法志》。
② 《明史》卷一三八《杨靖传》附《严德珉传》。

吏礼户兵刑工六部为执行机关。监察最高机关则为御史台，置御史大夫、御史中丞等官。军政最高机关改元之枢密院为大都督府，置左右都督、同知都督等官。洪武十三年胡惟庸党案发生后，更改官制，提高皇权，集中军政庶务一切权力在皇帝个人手中。废中书省不设，提高六部地位，使得单独执行政务，改御史台为都察院，分大都督府为五军都督府，均直隶于皇帝。地方行政则置行中书省，设行省平章政事等官，改路为府，设知府，州设知州，县设知县。洪武九年改浙江、江西、福建、北平、广西、四川、山东、广东、河南、陕西、湖广、山西诸行省俱为承宣布政使司，后增设云南、贵州为十三布政使司（北平后改为京师，与南京称为两京，直隶中央），置布政使、参政、参议诸官。司法则仍元制置各道提刑按察司，设按察使及副使佥事领之。军政则置都指挥使司十三（北平、陕西、山西、浙江、江西、山东、四川、福建、湖广、广东、广西、辽东、河南），行都指挥使司三（陕西、山西、福建），后增都司三（云南、贵州、万全，北平改为大宁），行都司二（四川、湖广），置都指挥使领之，掌一方军政。①

在兵制方面，元代内设左右前后中五卫，卫设都指挥使，下设镇抚所、千户所、百户所，以总宿卫诸军。又因各族兵设阿速、唐兀、贵赤、蒙古、西域、钦察诸卫亲军指挥使司。外则万户之下置总管，千户之下置总把，百户之下置弹压，立枢密院以总之。军士则蒙古壮丁无众寡尽金为兵，汉人则以户出军，定入尺籍伍符，不可更易，死则役次丁，户绝别以民补之。② 明兴后，中外皆用卫所制，

---

① 《明史》卷七六《职官志》。
② 《元史》卷九八《兵志》，卷八六《百官志》。

亲军都尉府（后改为锦衣卫）统中左右前后五卫，其下有南北镇抚司。又别置金吾前后、羽林左右、虎贲左右、府军左右前后十卫，以时番上，号亲军。外则革诸将袭元旧制枢密平章元帅总管万户诸官号，度要害地，系一郡者设所，连郡者设卫，大率五千六百人为卫，千一百二十人为千户所，百十有二人为百户所，所设总旗二，小旗十，大小联比以成军。卫以指挥使领之，外统之都指挥使司，内则统于五军都督府。这是依元亲军制扩充的。征伐则命将充总兵官，调卫所军领之，既旋，则将上所佩印，官军各回卫所，将无专兵，兵无私将。这又是模仿唐代的府军制度。① 其内军之分配训练，则又略近汉制。刘献廷说：

> 明初军制仿佛汉之南北军。锦衣等十二卫卫官禁者南军也。京营等四十八卫巡徼京师者北军也。而所谓春秋班换，独取山东、河南、中都、大宁者，则又汉调三辅之意也。②

军士则行垛集令，民出一丁为军。三丁以上，垛正军一，别有贴户，正军死，贴户丁补。外又有从征，有归附，有谪发。从征者，诸将所部兵，既定其地，因以留戍。归附，则胜国及僭伪诸降卒。谪发，以罪迁隶为兵者。其军皆世籍。③

在教育制度方面，元制于京师立国子学、蒙古国子学、回回国子监，教授汉、蒙、回学术。监设祭酒、监丞、博士、助教，教授生徒。

---

① 《明史》卷八九、卷九〇《兵志》。
② 《广阳杂记》卷一。
③ 《明史》卷九一、卷九〇《兵志》。

地方则诸路府州县皆置学,其他先儒过化之地,名贤经行之所,与好事之家出钱粟赡学者并立为书院。凡师儒之命于朝廷者曰教授,路府上中州置之。命于礼部及行省宣慰司者曰学正、山长、学录、教谕,路州县及书院置之。又有医学及阴阳学教授专门人才。生徒皆廪饩于官,诸学皆有学田。各行省设儒学提举司,提举凡学校之事。① 明代完全接受这制度,于京师设国子监,府州县卫所皆建儒学,生员各地皆有定额。生员考试初由地方官吏主持,后特设提督学政官以领之。士子未入学者通谓之童生;入学者谓之诸生(有廪膳生、增广生、附学生之别)。三年大比,以诸生试之直省曰乡试,中式者为举人。次年以举人试之京师曰会试,中式者再经皇帝亲自考试曰殿试,分三甲。一甲止三人,曰状元、榜眼、探花,赐进士及第。二甲若干人,赐进士出身。三甲若干人,赐同进士出身。状元授修撰,榜眼、探花授编修,二三甲考选庶吉士者,皆为翰林官。其他或授给事、御史、主事、中书、行人、评事、太常、国子博士,或授府推官、知州、知县等官。举人贡生不第,入监而选者,或授小京职,或授府佐及州县正官,或授教职。由此入仕必由科举,而科举则必由学校,《明史》说:

> 盖无地而不设之学,无人而不纳之教。庠声序音,重规叠矩,无间于下邑荒徼,山陬海涯。此明代学校之盛,唐、宋以来所不及也。②

---

① 《元史》卷八一《选举志·学校》。
② 《明史》卷六九《选举志》。

学校的教育和科举的范围，元初许衡即提议罢诗赋，重经学。皇庆二年(1313)中书省臣言：

> 夫取士之法，经学实修己治人之道，词赋乃摛章绘句之学，自隋、唐以来，取人专尚词赋，故士习浮华。今臣等所拟，将律赋省题诗小义皆不用，专立德行明经科，以此取士，庶可得人。帝然之。①

由此专重经学，"四书"、"五经"成为学者的宝典，入仕的津梁。至明更变本加厉，专取"四书"、"五经"命题取士，又特定一种文体，略仿宋经义，然代古人语气为之，体用排偶，通谓之制义。②指定限于几家的疏义，不许发挥自己见解。文章有一定的格式，思想又不许自由，这是明代科举制度的特色。学校和科举打成一片，官吏的登用必由科举，而科举则必由学校，政治上一切人物均由学校产生，而训练这一些未来政治人物的工具，却是过去几千年前的古老经典，这些经典又不许用自己的见解去解释去研究。选用这一些未来政治人物的方法，却是一种替古代人说话，替古代人设想，依样画葫芦的八股文。这是近代史上最大的一个污点，这污点从元传到明，明传到清，束缚了多少人的聪明才智，造成了无量数的八股政治家，是一个消磨民族精力的最大损失。

红军之起，最大的目的是要求经济的政治的民族的地位之平等，在政治和民族方面说，明的兴起已经完全解决了过去的歧视。

---

① 《元史》卷八一《选举志·科目》。
② 《明史》卷七〇《选举志》。

在经济方面，虽已推翻了蒙古、色目人对汉族的控制特权，但就汉族而说，则本土的地主和农民之间的纠纷，并未觅得解决的途径。

在上文曾经说明地主是拥护旧政权的，在混乱的局面之下，他们要保存自己的地位，便用尽可能的力量组织私军来抵抗农民的袭击。可是一等到有一个新政权建立，而这一新政权是能够保持地方秩序的时候，他们便毫不犹疑地投入这一新政权的怀抱，竭力拥护。同时一批新兴的贵族、大臣、官吏也因他们的劳绩获得大量的田土，成为新的地主。新兴的政府对这两种地主不能不加顾虑，因之农民的生活问题就被搁浅，永远不能提出一个解决彻底的办法。

明太祖及其大部分臣下都是农民出身的，他们过去曾身受过地主的压迫。但是在革命的过程中，他们又不得不靠地主的财力和他们合作。在这矛盾的关系之下，产生对地主的双层矛盾政策。他们一面仍旧和地主合作，让地主参加政治，如登用富户，《明史·选举志》：

> 俾富户耆民皆得进见，奏对称旨，辄予美官。①

洪武八年十月特下诏举富民素行端洁达时务者。② 如用地主为粮长：

> 洪武四年九月丁丑，上以郡县吏每遇征收赋税，辄侵渔于

---

① 《明史》卷七一《选举志》。
② 《明史》卷二《太祖纪》。

民。乃命户部令有司科民土田,以万石为率。其中田土多者为粮长,督其乡之赋税。且谓廷臣曰:此以良民治良民,必无侵渔之患矣。①

《明史》记:

粮长者,太祖时,令田多者为之,督其乡赋税。岁七月,州县委官偕诣京,领勘合以行。粮万石,长副各一人,输以时至得召见,语合,辄蒙擢用。②

但在另一方面,则又极力排除地主势力。排除的方法第一是迁徙,如初年之徙地主于濠州:

吴元年十月乙巳,徙苏州富民实濠州。③

建国后徙地主实京师,《明史》记:

(太祖)惩元末豪强侮贫弱,立法多右贫抑富。尝命户部籍浙江等九布政司应天十八府州富民万四千三百余户,以次召见,徙其家以实京师,谓之富户。④

---

① 《明太祖实录》卷六八。
② 《明史》卷七八《食货志·赋役》。
③ 《明太祖实录》卷二六。
④ 《明史》卷七七《食货志》。

第二是用苛刑诛灭,方孝孺《采苓子郑处士墓碣》:

> 妄人诬其家与权臣(胡惟庸)通财。时严通财党与之诛,犯者不问实不实,必死而覆其家……当是时浙东西巨室故家多以罪倾其宗。①

不问实不实,必诛而覆其家,这是消灭地主的另一手段。

对农民方面,在开国时为了应付农民过去的要求和谋赋税之整顿,曾大规模地举行土地丈量:

> 元季丧乱,版籍多亡,田赋无准。明太祖即帝位,遣周铸等百六十四人,核浙西田亩,定其赋税。复命户部核实天下土田。②

以后每平定一地后,即派人丈量土地,如:

> 洪武五年六月乙巳,命户部遣使度四川田,以蜀始平故也。③

洪武十九年,又再丈量一次,方孝孺《贞义处士郑君墓表》:

---

① 《逊志斋集》卷二二。
② 《明史》卷七七《食货志》。
③ 《明太祖实录》卷七四。

洪武十九年诏天下度田,绘疆畛为图,命太学生莅其役。①

量度田亩方圆,次以字号,悉书主名及田之丈尺,编类为册,状如鱼鳞,号曰鱼鳞图册。另一面则调查人口,编定黄册:

洪武十四年诏天下编赋役黄册。以二百一十户为一里,推丁粮多者十户为长,余百户为十甲,甲凡十人。岁役里长十人,甲首一人,董一里一甲之事。先后以丁粮多寡为序。

以户为主,详具旧管新收开除实在之数为四柱式。而鱼鳞图册以土田为主,诸原阪、坟衍、下隰、沃瘠、沙卤之别毕具。以鱼鳞图册为经,土田之讼质焉;黄册为纬,赋役之法定焉。凡买卖田土备书税粮科则,官为籍记之,毋令产去税存,以为民害。② 这法度虽然精密,可是地主舞弊的方法也随之而进步,农民仍然和过去一样,要负几重义务,生活之困苦,并不因政权之转换而稍减。③

最后,元代因滥发交钞的结果,财政破产,民生困瘁。《元史》记:

至正十一年,置宝泉提举司,掌鼓铸至正通宝钱、印造交钞,令民间通用,行之未久,物价腾踊,价逾十倍。又值海内大

---

① 《逊志斋集》卷二二。
② 《明史》卷七七《食货志》;参看梁方仲先生:《明代鱼鳞图册考》,载《地政月刊》第八期。
③ 参阅吴晗:《明代之农民》,载天津《益世报·史学》第十二、三期,1935 年 10 月。

乱，军储供给，赏赐犒劳，每日印造，不可数计，舟车装运，轴轳相接，交料之散满人间者无处无之，昏软者不复行用，京师料钞十锭易斗粟不可得。既而所在郡县皆以物货相贸易，公私所积之钞，遂俱不行，人视之若弊楮，而国用由是遂乏矣。①

原来在初行钞法时，钞本和钞相权印造，钞本或为丝，或为银，分存在中央和地方，所以钞和物货能维持稳定的比率，流通无阻。到末年钞本移用一空，却一味印发，用多少就印多少，自然物价愈高，钞价愈跌，驯至不能行使市面了。明兴以后，仍沿其弊。洪武初年铸大中通宝钱，商贾用钞惯了，都不愿用钱。洪武七年设宝钞提举司，造大明宝钞，命民间通行，分六等：曰一贯，曰五百文，四百文，三百文，二百文，一百文。每钞一贯，准钱千交，银一两，四贯准黄金一两。禁民间不得以金银物货交易，违者罪之。可是并无钞本，政府唯一的准备是允许用钞交纳赋税。初期凭政治的威力，虽然滥发，钞法尚通，后来钞价渐跌，钱重钞轻，一贯只值钱一百六十文，物价愈贵，政府虽屡次想法改进钞的价值，严禁其他货币行使，可是仍不相干。宣德初年米一石至用钞五十贯，成化时钞一贯至不值钱一文。这是蒙古人遗传给明代的一个最大祸害。

在这样一个局面之下，农民并没有从革命得到什么好处，也许比从前还更糟，可是新的统治权并不因此而发生动摇。这有两个原因可以解释，第一是已经经过几十年的战争，农民已经厌倦了，不能再忍受那样的生活了，暂时能够苟安一下，虽然还是吃苦，也比在兵火之下转侧强一点。并且壮丁多已死亡，新统治者的军力

---

① 《元史》卷九七《食货志·钞法》。

超过旧政府远甚,农民只好屈服。第二是战争的结果,天然地淘汰了无数千万的人口,空出了大量无人耕种的土地,人口比过去少,土地却比过去多,农民生活暂时得到一个解决。元末残破的情形试举一例:

> 丁酉(1357)十月甲申,遂命元帅缪大亨取扬州,克之。青军元帅张明鉴以其众降……明鉴日屠城中居民以为食。至是大亨攻之,明鉴等不支,乃出降……按籍,城中居民仅余十八家。(李)德林以旧城虚旷难守,乃截城西南隅筑而守之。①

这是至正十七年的事,扬州是江南最繁富的地方,几年的战争,便残破如此,其他各地的情形可想而知。土地空旷的情形也举一例:

> 洪武三年(1370)六月丁丑,济南府知府陈修及司农官上言:北方郡县近城之地多荒芜,宜召乡民无田者垦辟,户率十五亩,又给地二亩,与之种蔬。有余力者不限顷亩,皆免三年租税。其马驿巡检司急递铺应役者各于本处开垦,无牛者官给之。守御军在远者亦移近城。若王国所在,近城存留五里以备练兵牧马,余处悉令开耕。从之。②

可是一过几十年,休养生息,人口又飞快地增加,土地又不够

---

① 《明太祖实录》卷五。
② 《明太祖实录》卷五三。

分配,同时政府的军力也逐渐衰敝的时候,政治的腐化,政府和地主的苛索,又引起了接连不断的农民革命。①

一九三五年除夕

(原载《清华学报》第十一卷第二期,1936年4月)

---

① 参看《明代之农民》;吴晗:《晚明流寇之社会背景》,载天津《大公报·史地周刊》第五至六期,1934年10月。

明教与大明帝国

一、吴元年与明之国号

我国历史上之朝代称号,或从初起之地名,或因所封之爵邑,或追溯其所自始,要皆各有其独特之意义,清赵翼曾畅论之:

> 三代以下建国号者,多以国邑旧名:王莽建号曰新,亦以初封新都侯故也。公孙述建号成家,亦以据成都起事也。賨人李雄建号大成,盖亦袭述旧称也。金太祖始取义于金之坚固,遂不以国邑而以金为号(按《金志》太祖以国产金,且有金水源,故称大金)。然犹未用文义也。金末宣抚蒲鲜万奴据辽东,僭称天王,国号大真,始有以文义而为号者。元太祖本无国号,但称蒙古,如辽之称契丹也。世祖至元八年(公元1271)因刘秉忠奏,始建国号曰大元,取"大哉乾元"之意,国号取文义自此始。其诏有曰:"诞膺景命,必有美名,唐之为言荡也,虞之为言乐也,……世降以还,事殊非古;称秦称汉者,著从初起之地名,曰隋曰唐者,即因所封之爵邑,是皆徇百姓见闻之狃习,要一时经制之权宜。今特建国号曰大元,取《易经》乾元

之义"云。命世之君,创制显庸,必有以新一代之耳目,而不肯因袭前代,此其一端也。(《廿二史劄记》卷二九《元建国始用文义》)

唯明太祖以至正二十七年(公元1367)称吴元年,次年即帝位,始定国号曰大明,纪元洪武。吴非国号,亦非年号。至大明则既非初起之地名,亦非所封之爵邑,亦非如后唐后汉之追溯其所自始,如以其文义"光明"言,亦无所归属。《明实录》、《明史》诸书记太祖即位诏书,仅著"定有天下之号曰大明"一语,明清两代学人著述,亦从未涉及"吴元年"及"大明"一名词之意义者。①

按太祖起自红军,奉宋帝小明王韩林儿正朔。宋龙凤七年(公元1361,元至正二十一年)封吴国公②,十年进爵为吴王(《国初群雄事略》引《龙凤事迹》)。军中文移布告均称"皇帝圣旨吴王令旨"(《国初群雄事略》)。十二年弑宋帝,宋亡。是所谓吴元年者,如以为吴王受封之吴,则当为吴四年,如以为国号,则先此张士诚已据吴称吴王,且太祖时方遣将伐吴,不应蹈袭敌国之称号。如以为纪元之称,则有史以来,从未有一字之年号!又其时天完吴夏汉诸国,国号纪元,皆粲然备具。太祖后起,且承宋后,为红军正统,不应既无国号,又无纪元,仅称无所指属之吴元年也。太祖幕中多儒生,不应瞢忽至此!颇疑太祖于杀韩林儿后,仍称宋国,仍奉龙凤十三年正朔。其称吴元年者,开国后讳其起于红军,更讳言臣于

---

① 日人和田清君曾撰《关于明之国号》一文,刊《东洋学报》,滇中无从得此书,未能论列。
② 钱谦益《国初群雄事略》引俞本《皇明纪事录》,《明史·太祖纪》系称吴国公事于至正十六年。

小明王,曾奉其正朔。遂于宋明之际,追改龙凤十三年为吴元年,以示其非承宋而起也。推度当时情事,应是如此。然明初史迹经《太祖实录》之三修,已湮没不可详,姑系臆说于此。

至"大明"之国号,则私见以为出于韩氏父子之"明王",明王出于《大小明王出世经》。《大小明王出世经》为明教经典,明之国号实出于明教。明教自唐代输入,至南宋而益盛,穷流溯源,因并及之。明教又与出自佛教之弥勒佛传说及白莲社合,文中牵连述及,仅凭史书。至二教经典则以滇中无从得书,参合比较,请俟异日。所述明教唐宋二代史迹,大部分多从沙畹(E. Chavannes)《摩尼教流行中国考》(冯承钧译,商务印书馆版)、王国维先生《摩尼教流行中国考》(《海宁王静安先生遗书》册一一)、陈垣先生《摩尼教入中国考》(北京大学《国学季刊》一卷二号)、牟润孙先生《宋代摩尼教》(辅仁大学《辅仁学志》七卷一、二期)诸文引用,他山之助,谨申谢意。

二、明教

明教即摩尼教(Manichaeism),波斯人摩尼(Mani 公元216—277)所创。我国史籍中有称之为牟尼者,摩尼之异译也。有称之为末摩尼者,古波斯文(Pehlavi) mar mani 之译文,华言摩尼主也。有称之为末尼者,末摩尼之省文也(沙畹《摩尼教流行中国考》,8—9页)。其教杂糅祆教基督教佛教而成,主要经典有《二宗三际经》,二宗者明与暗也,明暗斗争,时有轩轾,明终克暗,臻安乐处。法国巴黎图书馆藏《摩尼教残经出家仪》第六《初辩二宗》:

> 求出家者,须知明暗各宗,性情悬隔,若不辩识,何以修为?

三际者,过去未来现在也。同上《次明三际》:

> 一、初际;二、中际;三、后际。
> 初际者未有天地,但殊明暗,明性智慧,暗性愚痴,诸所动静,无不相背。
> 中际者,暗既侵明,恣情驰逐,明来入暗,委质推移,大患厌离于形体,火宅愿求于出离,劳身救性,圣教固然,即妄为真,孰闻听命?事须辩识,求解脱缘。
> 后际者,教化事毕,真妄归根,明既归于大明,暗亦归于积暗,二宗各复,两者交归。

初际明暗相背,中际明暗混糅,后际明暗划分。明为善,为理;暗则为恶,为欲。其神为明使,亦称明尊,即摩尼也。有净风善母二光明使。又以净气、妙风、妙明、妙水、妙火为五明使。北平图书馆藏《摩尼教残经》:

> 若有明使,出兴于世,教化众生,令脱诸苦。

又云:

> 其惠明使亦复如是,既入故城,坏惠敌已,当即分判明暗

二力,不令杂乱。

又云:

《应轮经》云:若电邮勿(Denavari,玄奘《西域记》译作提那跋)等身具善法,光明父子及净法风,皆于身中每常游止。其明父者即是明界无上明尊,其明子者即是日月光明,净法风者即是惠明。

经述"明"以种种方法困"暗","暗"后以种种方法囚"明"。"明""暗"交争,一起一伏,最后明使为植十二明王宝树:

惠明相者,第一大王,二者智惠,三者常胜,四者欢喜,五者勤修,六者平等,七者信心,八者忍辱,九者直意,十者功德,十一者齐心一等,十二者内外俱明。如是十二光明大时,若入"相""心""念""思""意"等五种国土,一一孽逊,无量光明,各各现果,亦复无量,其菓即于清静徒众而具显现。

此明教徒之十二美德也。每一树又有五记验,如第一大王树有五记验,一者不乐久住一处,二者不悭,三者贞洁,四者近智惠,五者常乐清静徒众。每一记验又各有定义,如不悭:"所至之处,若得衬施,不私隐用,皆纳大众。"合十二树六十记验,教徒具备六十种美德,乃入光明极乐世界。明使讲经已,结云:

如是等名为十二明王宝树,我从常乐光明世界,为汝等故，持至于此。欲以此树栽于汝等清静众中，汝等上相善慧男女，当须各自于清净心中栽植此树，令更增长，犹如上好无砂卤地，种一收万，如是展转，至无量数。汝等今者欲成就无上大明清净果者，皆当庄严如宝树，令得具足。何以故？汝等善子，依此树果，得离四难，及诸有身，出离生死，究竟常胜，至安乐处。

又有《大小明王出世经》等经，释志磐《佛祖统纪》引《释门正统》：

准国朝（宋）法令，诸以《二宗经》及非《藏经》所载不根经文传习惑众者，以左道论罪。二宗者谓男女不嫁娶，互持不语，病不服药，死则裸葬等。不根经文者，谓《佛佛吐恋师》、《佛说啼哭》、《大小明王出世经》、《开元括地变文》、《齐天论五来子曲》之类。

《日光偈》、《月光偈》等偈，《宋会要·刑法门二上》：

明教之人所念经文，及绘画佛像，号曰《讫思经》、《证明经》、《太子下生经》、《父母经》、《图经》、《文缘经》、《七时偈》、《日光偈》、《月光偈》、《平文》、《策汉赞》、《策证明赞》，《广大忏》、《妙水佛帧》、《先意佛帧》、《夷数佛帧》、《善恶帧》、《太子帧》、《四天王帧》。已上等经佛号，即于道释经藏并无明文该载，皆是妄诞妖怪之言，多引尔时明尊之事，与道释经文不同。至于字音又难辨认，委是狂妄之人，伪造言辞，诳愚惑众，上僭天王太子之号。

其教仪节为经典所规定者为斋食。巴黎藏《摩尼教残经·寺宇仪》第五：

> 私室厨库，每日斋食，俨然待施。若无施者，乞丐以充。唯使听人，勿蓄奴婢及六畜等非法之具。

且日食一餐，日晚乃食（李肇《唐国史补》，《新唐书》卷二一七上）。北平图书馆藏《摩尼教残经》：

> 日一受食，不以为难。

不饮乳酪（李肇《唐国史补》，《新唐书》卷二一七上）。死则裸葬。巴黎藏《残经》：

> □宿死尸，若有覆藏，还同破戒。

其僧侣有拂多诞，古波斯语 Fur-sta-dan 之译音也，华言"知教义者"。有慕阇，亦古波斯语 Mozak 之译音，华言"师"也。（沙畹《摩尼教流行中国考》）

三、明教与回鹘

明教经典之输入我国，始于唐武后延载元年（公元694）。志磐

《佛祖统纪》卷三十九：

延载元年，"波斯国人拂多诞（西海大秦国人）持《二宗》为经来朝。未四十年而遭禁断。"

杜佑《通典》卷四十：

开元二十年（公元732）七月敕："末摩尼法本是邪见，妄称佛教，诳惑黎元，宜严加禁断。以其西胡等既是乡法，当身自行，不须科断者。"

至肃宗宝应元年（公元762）回鹘入唐，击史朝义于洛阳，次年携居留洛阳之摩尼师归国，明教遂入回鹘，为其朝野所信奉。据《九姓回鹘爱登里啰汩没密施合毗伽可汗圣神文武碑》（李文田《和林金石录》，《灵鹣阁丛书》本）：

师将睿思等四僧入国，阐指二祀，洞澈三际。况法师妙达明门，精研七部，才高海岳，辩若悬河，故能开政教于回鹘。（第八行）

今悔前非，愿归正教。奉旨宣示，此法微妙，难可受持，再三恳□，往者无识，谓鬼为佛，今已误真，不可复事。特望□□，□□□□，既有志诚，任即持受。应有刻画魔形，悉令焚爇，祈神拜鬼，并□□（第九行）

□受明教，薰血异俗，化为茹饭之乡，宰杀邦家，变为劝善之国。故□□之在人，上行下效，法王闻受正教，深赞处

□□□□□德领诸僧尼入国阐扬，□后慕阇徒众，东西循环，往来教化。（第十行）

碑立于宪宗元和九年（公元814），已有明教明门之称。尤可注意者为明教徒不奉像设，不事鬼神，斋食禁杀三事。

明教入回鹘后，其徒清修苦行，回鹘可汗或与议国事（李肇《唐国史补》下，《唐书·回鹘传》，《资治通鉴》卷二三七）。以回鹘可汗之护持，遂要求唐室为其建寺：

> 回鹘可汗王令明教僧进法入唐。大历三年（公元768）六月二十九日敕赐回鹘摩尼为之置寺，赐额为大云光明。六年正月敕赐荆洪越等州，各置大云光明寺一所。（胡三省《通鉴》注引《唐会要》卷一九）

北则两都太原，南则荆扬洪越等州，当时重镇，无不有明教徒之祠宇（《佛祖统纪》卷四一，赞宁《僧史略》下，《旧唐书》卷一四，《册府元龟》卷九九九）。其徒白衣白冠（《佛祖统纪》卷四一），日晚乃食，饮水而不茹荤，不饮乳酪（李肇《唐国史补》下）。其徒有解天文者（《册府元龟》卷九九七），有擅求雨之术者（《唐会要》卷四九），有善作法劾鬼者。（徐铉《稽神录》）

明教在唐之得势，以有回鹘护法故，唐室羁縻回鹘，遂不得不优待明教。至开成会昌间（公元840至843）回鹘为黠戛斯（Kirghiz）所残破。会昌二年（公元842）遂敕权停江淮诸摩尼寺，只令于两都及太原信向处行教（李德裕《会昌一品集》卷五《赐回鹘可汗书》）。时回鹘复屡入寇掠，三年遂诏讨回鹘，大破之。李德裕

《讨回鹘制》：

> 其回鹘既已破灭，义在剪除，宜令诸道兵马，并同进讨。……其回鹘及摩尼等庄宅钱物，并委功德使与御史台京兆府各差精强干事官点检收录。……摩尼等僧委中书门下即时条疏闻奏。

明教至此，遂全遭禁断。《新唐书》卷二一七下：

> 诏回鹘营功德使（摩尼），在二京者悉冠带之。有司收摩尼书若象，烧于道，产赀入之官。

明教徒则被屠杀，日本僧圆仁记：

> 会昌三年四月中旬敕，下令杀天下摩尼师，剃发令著袈裟作沙门形而杀之。（《入唐求法巡礼行记》卷三）

宋僧赞宁亦记：

> 会昌三年，敕天下摩尼寺并废入官。京城女摩尼十二人皆死。及在此国回纥诸摩尼等配流诸道，死者大半。（赞宁《僧史略》卷下）

四、明教之传播上

自唐会昌禁黜后,明教遂成为秘密结社,攀附佛道,以图幸存。教旨既晦,名谓亦更。至梁末帝贞明时遂有上乘宗之起事。其教不食荤茹,宵聚昼散:

> 贞明六年(公元920)"冬十月陈州妖贼毋乙董乙伏诛。陈州里俗之人喜习左道,依浮屠氏之教,自立一宗,号曰上乘。不食荤茹,诱化庸民,糅杂淫秽,宵聚昼散。州县因循,遂致滋蔓。……群贼乃立毋乙为天子,其余豪首,各有署置。至是发禁军及数郡兵合势追击。贼溃,生擒毋乙等首领八十余人,械送阙下,并斩于都市。"(《旧五代史·梁书·末帝纪》)

据《佛祖统纪》,上乘宗盖即明教。志磐记:

> 梁贞明六年,陈州末尼聚众反,立毋乙为天子。朝廷发兵擒毋乙斩之。其徒以不茹荤饮酒,夜聚淫秽,画魔王踞坐,佛为洗足,方佛是大乘,我法乃上之乘。

按南北朝隋唐间三阶教流播颇广,其教有上上乘上乘之说,开元二十年与明教同时遭禁。毋乙之反自称上乘宗,而志磐则以为是明教,则当唐末五代时,明教已与三阶教混合矣。① 此所记陈州

---

① 此承向觉明先生教。三阶教日人矢吹庆辉著有《三阶教之研究》。

末尼所奉为魔王,又素食。魔王盖即摩尼,以明教有明王出世之说,而摩尼又称明使也。明教不事神鬼,其所供奉摩尼夷数(耶稣)诸画像,均为波斯或犹太族,深目高鼻。其教又为历来政府及佛徒所深嫉,佛徒每斥异己者为魔,易摩为魔,斥为魔王,为魔教,合其斋食而呼之,则为吃菜事魔。

陈州起事失败后不久,至后唐石晋时明教又潜兴布教,赞宁《僧史略》下:

> 梁贞明六年,陈州末尼党类立毋乙为天子,累讨未平,及贞明中诛斩方尽。后唐石晋时复潜兴,推一人为主,百事禀从。或画一魔王踞坐,佛为其洗足,盖影佛教所谓相似道也。

复南播而至闽,徐铉《稽神录》曾记明教徒在闽活动之情形:

> 清源都将杨某为本郡防遏营副将。有人见一鹅负纸钱入其第,俄化为双髻白发老翁,变怪遂作。二女惊病,召巫立坛治之;鬼亦立坛作法,愈甚于巫;巫惧而去。后有善作魔法者,名曰明教,请为持经一宿,鬼乃唾骂而去。

清源即泉州。据明人何乔远所记,以明教入闽者为呼禄法师:

> 会昌中汰僧,明教在汰中。有呼禄法师者,来入福唐,授侣三山,游方泉郡,卒葬郡北山下。(《闽书》卷七《方域志》)

至宋真宗大中祥符间(公元1008至1016)敕编《道藏》,明教

徒闽富人林世长遂赂主者,以《二宗三际经》编入(《佛祖统纪》引洪迈《夷坚志》)。张君房《云笈七签》序:

>   臣于时尽得所降《道书》。……及朝廷续降到福建等州道书明使《摩尼经》等,与道士商校异同,铨次成藏,都四千五百六十五卷,题曰《大宋天官宝藏》。天禧三年(公元1019)春写进之。

自此闽南遂成明教最重要之教区,洪迈《夷坚志》:

>   吃菜事魔,三山尤炽。为首者紫帽宽衫。妇人黑冠、白服,称为明教会。所事佛衣白,引经中所谓白佛,言世尊,取《金刚经》一佛二佛三四五佛,以为第五佛。又名末摩尼,采《化胡经》乘自然光明道气,飞入西那玉界苏邻国中,降诞王宫为太子,出家称末摩尼,以自表证。其经名《二宗三际》,二宗者明与暗也,三际者过去未来现在也。大中祥符兴《道藏》,富人林世长赂主者,使编入藏,安于亳州明道宫。……其修持者,正午一食,裸尸以葬,以七时作礼,盖黄巾之遗习也。(《佛祖统纪》引)

陆游记其习尚,谓烧必乳香,食必红蕈,士人宗子,亦从之游云:

>   闽中有习左道者,谓之明教。亦有《明教经》甚多,刻板摹印,妄取《道藏》中校定官衔赘其后。烧必乳香,食必红蕈,故

二物皆翔贵。至有士人宗子辈众中自言,今日赴明教会。予尝诘之:"此魔也,奈何与之游?"则对曰:"不然。男女无别者为魔,男女不亲授者为明教。明教遇妇人所作食则不食。"然尝得所谓明教经观之,诞谩无可取,直俚俗习妖妄者所为耳。又或指名族士大夫家曰,此亦明教也。不知信否?(《老学庵笔记》)

复由闽入浙,据《宋会要》所记,北宋末年,温州一地,即有明教斋堂四十余处:

> 政和四年(公元 1114)十一月四日,"臣僚言:'温州等处狂悖之人,自称明教,号为行者。今来明教行者各于所居乡村,建立屋宇,号为斋堂。如温州共有四十余处,并是私建无名额堂。每年正月内取历中密日,聚集侍者、听者、姑婆、斋姊等人建设道场,鼓扇愚民男女,夜聚晓散。'奉御笔,仰所在官司根究指实,将斋堂等一切拆毁。所犯为首之人依条施行外,严立赏格,许人陈告。今后更有似此去处,州县官并行停废,以违御笔论。廉访使者失觉察,监司失按劾与同罪。"(《宋会要稿·刑法二上》79 页)

其长老名行者,徒众则有侍者、听者、姑婆、斋姊等。恪遵明教规律,于密日[日曜日,康居语(Sogdian)Mir 之译音]持斋(沙畹《摩尼教流行中国考》16 页)。至南宋初期,已遍播于淮南两浙江东江西福建东南一带,因地异名。孝宗乾道二年(公元 1166)陆游《条对状》云:

自古盗贼之兴，若止因水旱饥馑，迫于寒饿，啸聚攻劫，则措置有方，便可抚定，必不能大为朝廷之忧。惟是妖幻邪人，平时诳惑良民，结连素定，待时而发，则其为害，未易可测。伏缘此色人处处皆有，淮南谓之二桧子，两浙谓之牟尼教，江东谓之四果，江西谓之金刚禅，福建谓之明教、揭谛斋之类。名号不一，明教尤甚。至有秀才吏人军兵亦相传习，其神号曰明使，又有肉佛、骨佛、血佛等号，白衣乌帽，所在成社。伪经妖像，至于刻板流布。假借政和中道官程若清等为校勘，福州知州黄裳为监雕，以祭祖考为引鬼，永绝血食。以溺为法水，用以沐浴。其他妖滥，未易概举。烧乳香则乳香为之贵，食菌蕈则菌蕈为之贵。更相结习，有同胶漆。万一窃发，可为寒心。汉之张角，晋之孙恩，近岁之方腊，皆是类也。伏乞朝廷戒敕监司守臣，常切觉察，有犯于有司者，必正典刑，毋得以习不根经教之文，例行阔略。仍多张晓示，见今传习者，限一月听斋经像衣帽，赴官自首，与原其罪。限满重立赏，许人告捕。其经文印版令州县根寻，日下焚毁。仍立法，凡为人图画妖像，及传写刊印明教等妖妄经文者，并从徒一年论罪。庶可除消异时窃发之患。（《渭南文集》卷五）

二桧子即二祀或二宗也。金刚禅则以明教徒亦诵持《金刚经》名，揭谛斋则以明教徒斋食之故。唯四果为佛教之白云宗，非明教。白云宗、白莲社与明教至宋后期及元代，已混杂不清，据陆游所言，则在南宋初期，已开始合流矣。

五、明教之传播中

明教传播既遍东南,为避免政府之禁令,每与其他秘密会社合,而因地异名,不可究诘。政府则统谓之为左道、妖贼、妖教,或举其特点为吃菜事魔,为吃菜。当时明教之组织、习尚、教规、仪式,屡见于反对明教之政府人士记载中。如结党,火葬,廖刚《乞禁妖教劄子》:

> 今之吃菜事魔,传习妖教,……臣访闻两浙江东西此风方炽,创自一人,其从至于千百为群,阴结死党。犯罪则人出千钱或五百行赇。死则入执柴烧变,不用棺椁衣衾,无复丧葬祭祀之事,一切务灭人道。(《高峰先生文集》卷二)

斋食、清修,方勺记:

> 凡魔拜必北向。……原其平时不饮酒食肉,甘枯槁,趋静默,若有志于为善者。然男女无别,不事耕织,衣食无所得,则务攘夺以挺乱。(《泊宅编》卷五)

不事神佛祖先,不会宾客,裸葬,诵《金刚经》,拜日月,旦望烧香,庄季裕记:

> 事魔食菜,法禁甚严。有犯者家人虽不知情,亦流于远

方，以财产半给于告人，余皆没官。而近时事者益众。云自福建流至温州，遂及二浙。……闻其法断荤酒，不事神佛祖先，不会宾客。死则裸葬。方敛尽饰衣冠，其徒使二人坐于尸旁，其一问来时有冠否？则答曰无，遂去其冠。逐一去之，以至于尽。乃云来时何有？曰有胞衣，则以布囊盛尸焉。云事之后致富。小人无识，不知绝酒肉燕祭厚葬，自能积财焉。又始投其党有甚贫者，众率财以助，积微以至于小康矣。凡出入经过虽不识，党人皆馆谷焉。人物用之无间，谓为一家，故有无碍被之说，以是诱惑其众。其魁谓之魔王，佐者谓之魔翁魔母，各诱化人。旦望人出四十九钱于魔翁处烧香，翁母则聚所得缗钱，以时纳于魔王，岁获不赀云。亦诵《金刚经》，取以色见我为邪道，故不事神佛，但拜日月，以为真佛。其说经如是法平等无有高下，则以无字连上句，大抵多如此解释。……而又谓人生为苦，若杀之是救其苦也，谓之度人，度多者则可以成佛。故结集既众，乘乱而起，甘嗜杀人，最为大患。尤憎忌释氏，盖以戒杀与之为戾耳。(《鸡肋编》中)

由此知明教徒信奉其教规律至严，历唐宋二代数百年仍无改其教旨也。所记馆谷党人，用恤贫难，与明教戒悭之旨合。朔望出钱烧香，有类于今日党社之社费。魔王为摩尼化身，魔翁魔母则又明教之明父善母也。至所云度人之说，则显与明教戒杀之旨忤。前所引《九姓回鹘可汗碑》："薰血异俗，化为茹饭之乡，宰杀邦家，变为劝善之国。"可证也。按北魏时有大乘教，主杀人，杀一人者为一住菩萨，杀十人者为十住菩萨，《资治通鉴》卷一百四十八：

延昌四年（公元515）六月，"魏冀州沙门法庆惑众以妖幻，与渤海人李归伯作乱，推法庆为主。法庆以归伯为十住菩萨平魔军司定汉王。自号大乘。（《魏书》法庆以杀一人者为一住菩萨，杀十人者为十住菩萨。）又合狂药，令人服之，父子兄弟不复相识，唯以杀害为事。……所在毁寺舍，斩僧尼，烧经像，云新佛出世，除去众魔。"

则秘密宗教中原有度人一派邪教，庄季裕为宋绍兴时人，身经方腊、余五婆之起事，或者尔时教禁方严，教外人不明底蕴，误信官方指摘之文告，遂笔之于书也。至明教徒之组织及背景，则绍兴四年（公元1134）五月，起居舍人王居正曾备述之，居正奏：

伏见两浙州县有吃菜事魔之俗。方腊以前，法禁尚宽，而事魔之俗犹未至于甚炽。方腊之后，法禁愈严，而事魔之俗愈不可胜禁。……臣闻事魔者，每乡每村有一二桀黠，谓之魔头，尽录其乡村姓氏名字，相与诅盟为魔之党。凡事魔者不肉食。而一家有事，同党之人皆出力以相赈恤。盖不肉食则费省，费省故易足。同党则相亲，相亲故亲恤而事易济。臣以为此先王导其民使相亲相友相助之意。而甘淡薄，务节俭，有古淳朴之风。今民之师帅，既不能以是为政，乃为魔头者窃取以瞽惑其党，使皆归德于其魔，于是从而附益之以邪僻害教之说。民愚无知，谓吾从魔之言，事魔之道而食易足，事易济也，故以魔头之说为皆可信而争趋归之。此所以法禁愈严而愈不可胜禁。（李心传《建炎以来系年要录》卷七六）

明教互助合作之精神,淳朴节俭之生活,虽其抨击者亦赞叹言之。然在朝廷行之则为王道,在民间倡之则为叛逆。究之法禁愈严而明教之传播愈广,朝廷既不能以是为政,而又深嫉仁政之出于民间,惧移鼎祚。于是从而压制之,强民之就苛政。不听则以兵力剿平之,血流漂杵而明教之传播如故。此读史论今者之不能不深致慨也。佛徒嫉明教最甚,然于其戒律之恪守,则亦叹美无贬辞。《释门正统斥伪志》序:

> 原其滥觞,亦别无他法,但以不茹荤酒为尚。其渠魁者鼓动流俗,以香为信,规其利养,昼寝夜兴,无所不至。阴相交结,称善友。一旦郡邑少隙,则狠者凭愚以作乱,自取诛戮,方腊、吕昂之辈啸聚者是也。其说亦称不立文字,尝曰:天下禅人但传卢行者十二部假禅,若吾徒者即是真禅耳。乃云菩提子,达摩,心地种,透灵台,即其语也。人或质之,则曰不容声也。果容声则吾父母妻子兄弟先得矣。或有问焉,终何所归?则曰不升天,不入地,不成佛,不涉余途,直过之也。以此自陷,亦以陷入。此所谓事魔妖教也。如此魔教愚民皆乐为之。其徒以不杀不饮不荤辛为至严,沙门有行为不谨,反遭其讥,出家守法,可不自勉。(《佛祖统纪》卷三九引)

则在南宋后期,明教且合于禅宗,自以为真禅矣。上文引《摩尼教残经》有明使种十二明王宝树之说,与菩提子达摩栽之禅宗传说极近似,宋儒多引禅宗以讲学,明教则遂与之合矣。

六、明教之传播下

明教在北宋末南宋前期,流行于淮南两浙江东江西福建诸地,深入农村。农民入其教者,一因素食节用而食足;一因结党互助而事济,向之受官吏地主压迫剥削者,均得借入教而得荫庇。信仰既深,蟠结愈固,在平时安居乐业,固皆良民,一旦政府诛求过甚,揭竿而起,立成劲旅,成为农民暴动农民革命之核心力量。

宋代明教徒所领导之暴动,恰与其传教地域合,前仆后起,历久勿衰。其著者如北宋徽宋宣和二年(公元1120)方腊吕师囊起于睦州台州(方勺《泊宅编》,《宋史·童贯传》附《方腊传》)。南宋高宗建炎四年(公元1130)王念经(宗石)起于信州(《建炎以来系年要录》卷三二—三六)。绍兴三年(公元1133)余五婆起事于衢州(同上书卷六三,庄季裕《鸡肋编》中)。十年东阳县"魔贼"起事(《建炎以来系年要录》卷一三八)。十四年俞一起事于泾县(同上书卷一五一),二十年信州贵溪"魔贼"起事(同上书卷一七六)。理宗绍定六年(公元1233)陈三枪张魔王据松梓山,出没江西广东,跨三路数州六十寨。(《宋史》卷四一九《陈韡传》)

方腊之起事,以红巾为识,《泊宅编》记:

> 腊自号圣公,改元永乐。置偏裨将,以巾色饰为别,自红巾而上凡六等。无甲胄,惟以鬼神诡秘事相扇诱。

余五婆之起事,其徒亦衣赭服,《鸡肋编》中:

（绍兴）三年，偶邑人以私怨告众事魔，有白马洞缪罗者杀保正，怒其乞取。其弟四六辄衣赭服，传宣喧动，乃遣官兵往捕，一方被害。

明教徒以明使为白佛，故其徒白衣白冠。至宋南渡前后，又有尚红色紫色之新风气。洪迈所记三山明教徒为首者紫帽宽衫，及方腊余五婆之红巾赭服是也。此种变化，或与祆教佛教有关，以明教原系杂糅祆教佛教而成，祆教之火神色尚红，而佛教净土宗之阿弥陀佛又属红色之故也。白莲社奉阿弥陀佛，明教与白莲社之混合或早在北宋已开其端，故明教徒党又以红色为其举事之标识也（沙畹《摩尼教流行中国考》73页）。方腊之起事，其徒又佩明镜，楼钥《跋先大父（异）徽猷阁直学士诰》，记其祖楼异守处州日，方腊徒党以舟师进犯情形：

少随侍处州。闻其来处也，止以数舟载百余人，绛帛帕首，带镜于上，日光照耀，自龙泉山间，乱鸣钲鼓，顺流而下。（《攻媿集》卷七三）

各地起义行动虽均被政府军所镇压，然明教之流行固自若也。且其势力更进而渗入军伍。李心传记：

绍兴十五年（公元1145）二月庚辰，上曰："闻军士亦有吃菜者，此曹多素食，则俸给有余，恐骄怠之心易生，可谕诸统兵官严行禁饬。"（《建炎以来系年要录》卷一五三）

军士吃菜,事至寻常,何至劳皇帝注意?因素食而俸给有余,正应奖励之不暇,何至严行禁饬?盖此吃菜实加入明教之别名,而又不欲显言其为明教,惧失军心,故隐约言之耳。越十一年而有朝绅吃菜之狱,则朝野士大夫亦有皈依明教者矣。李心传又记:

> 绍兴二十三年(公元1153)十月庚申,太府寺丞兼权刑部员外郎史祺孙令吏部差监临江军新涂县酒税。时武臣孙士道等习幻怪之术,而朝士或与之游。祺孙至执弟子礼。大理正石邦哲、谢邦彦皆从之。侍御史魏师逊奏祺孙伤俗败教。上曰:"士大夫学先王之道,乃从妄人习妖怪之术,以欺愚惑众,若不罢斥,无以戒后人。"乃有是命。时士道已系狱,于是邦哲、邦彦皆坐免官。(同上书卷一六五)

此记朝官史祺孙、石邦哲、谢邦彦从孙士道执弟子礼,习妖怪之术,伤俗败教。曰妄人,曰妖术,究不知其何教何术,记录不明。越三年邦哲、邦彦再被论罢,始知前后二贬,皆与明教有关,案中诸人皆明教徒也:

> 绍兴二十六年四月己卯,左朝请郎两浙西路提点刑狱公事谢邦彦、大理寺丞石邦哲、右通直郎提举两浙西路常平茶盐公事司马倬,并罢。先是平江土居右朝散郎曹云召邦彦、倬于其家,与之蔬食。侍御史汤鹏举论云平江大侩,以卖卜为业,交结士大夫,遂得一官。邦彦邦哲顷与妖人交游,论列放罢,因钟世明荐于魏良臣,复得起用,尚不知自新。倬与王会、曹

云为死党。今又赴云吃菜之会,闻坐间设出山佛相,邦彦为师,云为弟子,事实怪诞,臣安得不论。乃并罢之,仍移云郴州居住。(《建炎以来系年要录》卷一七三)

至宁宗时,沈继祖弹朱熹,亦加以吃菜事魔之罪,叶绍翁记:

庆元三年(公元1197)春二月癸丑,省劄:"臣窃见朝奉大夫秘阁修撰提举鸿庆宫朱熹,……剽张载程颐之余论,寓以吃菜事魔之妖术,以簧鼓后进,收召四方无行义之徒,以益其党伍,相与飧粗食淡,衣褒带博,……潜形匿影,如鬼如魅。"(《四朝见闻》丁集)

朱熹居山中,食唯脱粟饭。(《宋史》卷三九四《胡纮传》)其刻苦节约类明教徒。其所言理欲二元论又与明教之二宗说,明与暗,善与恶之斗争近。故当时抨击道学者,持以为中伤之柄。道学遭禁,朝廷欲驱斥儒者,则指为道学。明教久已遭禁,时人欲中伤异己,亦指为吃菜或事魔。林栗论熹,太常博士叶适独上《对事》辩之曰:

近忽创为道学之目,郑丙唱之,陈贾和之,居要路者密相付授,见士大夫有稍务洁修,粗能操守,辄以道学之名归之,殆如吃菜事魔影迹犯败之类。(《宋史》卷三九四《林栗传》)

由此可知庆元党禁正密时,明教所处之地位,以及明教与道学之关系。当时政府对明教之禁令极严,《宋会要稿·刑法门》记绍兴敕:

> 吃菜事魔,或夜聚晓散,传习妖教者绞;从者配三千里;妇人千里编管。托幻变术者减一等,皆配千里;妇人五百里编管。情涉不顺者绞。以上不以赦降原减。情重者奏裁。非传习妖教,流三千里。许人捕至死。财产备赏,有余没官。其本非徒侣而被诳诱,不曾传授他人者减二等。

明教徒因再改名称,或与他教合,以逃避法律制裁。温台等处或名白衣礼佛会及假天兵号迎神会,千百成群,夜聚晓散(《宋会要稿·刑法》二上111页)。宁宗开禧三年(公元1207)李谦任台州守,著戒事魔诗十首,刻石传布,以劝郡人(《嘉定赤城志》卷三七《风土门》)。至嘉定二年(公元1209)江浙闽等地有所谓"道民","白衣道者","女道",看经念佛,烧香燃灯,私置庵寮,混杂男女,亦明教也(《宋会要稿·刑法》二下120、132、136页)。降至元代,亦被禁斥,《元史·刑法志》:

> 诸以白衣善友为名,聚众结社者,禁之。

然福建泉州府晋江县有祀摩尼佛之草庵,元代所建也,至万历时犹存。(何乔远《闽书》七《方域志》)

七、弥勒佛白莲社与明教

秘密宗教之传播,因受统治阶级压迫故,最易与其他秘密会社结合,如江河之赴海,汇为一体。明教在会昌禁断后,已合于佛,已混于道,又与出自佛教之大乘教、三阶教合。至北宋末又与出自佛教净土宗之白莲社合,与出自佛教净土宗之弥勒佛教合。(或更前,今未能定。)至元末遂有红军之全面起义。

弥勒教与白莲社,其源均出于佛教净土宗。我国净土之教大别有二:一弥勒净土,奉弥勒佛;二阿弥陀净土,奉阿弥陀佛。弥勒(Maitreya)受记于释迦,留住为世间决疑。佛教徒又相传"弥勒菩萨应三十劫当成无上正真等觉"(《增一阿含》第四十二品八难品八大人念经)。佛薄伽梵(Buddha Bhagavat)灭度后八百年、胜军王都有阿罗汉名难提蜜多罗(Nandimitra)在涅槃前预言:人寿七万岁时,十六阿罗汉既护法藏毕,造窣堵波(Stupa)赞叹已,至窣堵波金地之中,入般涅槃,释迦牟尼正法遂灭:

> 次后弥勒如来应正等觉出现世间时,瞻部洲(Jambudirpa)广博严净,无诸荆棘,溪谷堆阜,平正润泽,金沙覆地,处处皆有清池茂林,名华瑞草,及众宝聚,更相辉映,甚可爱乐。人皆慈心,修行十善,以修善故,寿命长远,丰乐安稳。士女殷稠,城邑邻次,鸡飞相及。所营农稼,一营七获,自然成实,不须耘耨。(《大阿罗汉难提蜜多罗所说法注记》)

瞻部洲佛教徒以之指中国。南北朝初叶时已流传佛教已入末法时代之说,三阶教徒尤持此说甚力(汤用彤《汉魏两晋南北朝佛教史》817页《三阶教之发生》)。佛涅槃后,世界立入苦境,一切恶趣,次第显现。至弥勒现世后,则立成极乐世界,广博严净,丰乐安稳。此与明教之二宗说,明暗斗争,善恶斗争之说比,恰相吻合,则二教之混合，实非偶然也。弥勒经典之移译盛于两晋，礼拜信仰，无间僧俗。南北朝时佛教造像最多者为弥勒及阿弥陀佛。晋释道安（公元112至185）与其徒八人于弥勒前立誓，往生兜率（慧皎《高僧传·道安传》）。至梁傅大士自称为弥勒降生，济度群生。梁武帝迎之入都，上殿讲论，待以殊礼（道宣《续高僧传·感通门》）。至隋炀帝时遂有自称弥勒佛，入宫为乱者，《隋书·炀帝纪》：

> 大业六年（公元610）春正月癸亥朔旦，有盗数十人，皆素冠练衣，焚香持华，自称弥勒佛，入自建国门，监门者皆稽首。既而夺卫士仗，将为乱，齐王暕遇而斩之。于是都下大索，与相连坐者千余家。

《隋书·五行志》：

> 大业"九年，帝在高阳。唐县人宋子贤善为幻术，每夜楼上有光明，能变作佛形，自称弥勒出世。又悬大镜于堂上，纸素上画为蛇为兽及人形。有人来礼谒者，辄侧其镜，遣观来生形象。或映见纸上蛇形，子贤辄告云：'此罪业也，当更礼念。'又令礼谒，乃转人形示之。远近惑信，日数百千人。遂潜谋作乱，将为无遮佛会，因举兵，欲袭击乘舆。事泄，鹰扬郎将以兵捕之，夜至其所，达其所居，但见火坑，兵不敢进。郎将曰：'此地素无坑，此妖妄耳。及进，无复火矣。'遂擒斩之，并坐其党羽千余家。其后复有桑门向海明于扶风自称弥勒佛出世，潜谋逆乱，人有归心者辄获吉梦。由是人皆惑之，三辅之士翕然称为大圣，因举兵反，众至数万，官军击破之"。（《隋书》卷二三）

奉弥勒佛者皆素冠练衣,知弥勒佛亦当衣白。先是隋初已有白衣天子之谣,温大雅《大唐创业起居注》一:

> 开皇(公元581至600)初,太原童谣云:"法律存,道德在,白旗天子出东海。"亦云白衣天子。故隋主恒服白衣,每向江都,拟于东海。

或即奉弥勒佛者所造作宣传,为后来举事地步,故越二十余年而有建国门之事也。至唐玄宗开元三年(公元715)十一月十七日遂下敕禁断,敕云:

> 比有白衣长发,假托弥勒下生,因为妖讹,广集徒侣,释解禅观,妄说灾祥。或别作小经,诈云佛说。或辄畜弟子,号为和尚。多不婚娶,眩惑闾阎,触类寔繁,蠹政为甚。(《唐大诏令集》卷一一三)

事在明教遭禁之前十七年。由上引数事知弥勒和尚白冠练衣,与明教徒之白衣白冠同,亦焚香,亦说灾祥,亦有小经,亦集徒侣,与后起之明教盖无不相类。至唐末河西一带"白衣为主"之谣又甚盛,敦煌本《手决》备记其事。后来张承奉自号为金山白衣天子,即欲应此谶也。① 至北宋仁宗庆历七年(公元1047)贝州(今河

---

① 《北平图书馆刊》九卷六号王重民《金山国坠事零拾》,此亦承向觉明先生教。

北清河)宣毅军小校王则又倡弥勒出世,杀官吏据城起事,《宋史》记:

> 恩(贝州)冀俗妖幻,相与习《五龙》、《滴泪》等经,及图谶诸书,言释迦佛衰,弥勒佛当持世。初则去涿,母与之诀别,刺福字于其背以为记。妖人因妄传字隐起,争信事之。……亟以七年冬至叛。……僭号东平郡王。……建国曰安阳,榜所居门曰中京,居室厩库,皆立名号。改年曰得圣,以十二月为正月。……旗帜号令,率以佛为称。(《宋史》卷二九二《明镐传》,李攸《宋朝事实》卷一六)

《五龙经》、《滴泪经》即唐开元敕所云小经。小经者对佛教弥勒净土经典言,或即明教之《五未子曲佛说啼哭经》,或宋法令所指不根经文。《五未子曲佛说啼哭经》原属弥勒小经,以二教合流,故遂指为明教经典也。

白莲社源出于佛教之阿弥陀净土宗,其历史可远溯至东晋庐山慧远之莲社,其所崇礼者为阿弥陀佛,主念佛修行,其最后之归宿为西方净土。慧远尊信弥陀,于晋安帝元兴元年(公元402)与同志百二十三人于阿弥陀像前,建斋立誓,期生净土(《高僧传·慧远传》)。云生无量寿国,宝幢为之前导,金莲为之受质(《宋戒珠净土往生传序》)。或云弥陀佛国以莲花九品次第接人(宋道诚《释民要览》卷一)。阿弥陀佛色红,明教初起已含有祆教教义,祆教大神色尚红。弥陀净土宗为隋唐以来之显教,则明教遭禁后,混入显教以托庇,亦意中事也。宋宁宗开禧时李谦所著《戒事魔诗》十首,其一云:

> 金针引透白莲池,此语欺人亦自欺,何似田桑家五亩,鸡豚犬豕勿违时。(《嘉定赤城志》卷三七)

西方净土白莲池为白莲教徒所憧憬之往生地,诗劝民勿信明教而涉及白莲池,则明教之久已合于白莲社可知。《佛祖统纪》于卷末述事魔邪党摩尼、白莲、白云三派下,注引《释门正统》:

> 良渚曰:"此三者皆假名佛教以诳愚俗,犹五行之有沴气也。今摩尼尚扇于三山,而白莲、白云处处有习之者。大抵不事荤酒故易于裕足,而不杀物命,故近于为善。愚民无知,皆乐趋之,故其党不劝而自盛。甚至第宅姬女,为魔女所诱,入其众中,以修忏念弥佛为名,而实通奸秽,有识士夫,宜加禁止。"

由此知三派佛教徒并斥为事魔邪党。不事荤酒,不杀物命,修忏念佛,均托于佛教,则三派之混合已久可知。至元代对宗教采放任政策,白莲社亦得公开传教。元成宗时(公元1295至1307)并曾特降旨许其受政府保护。其教徒并建有寺院,有报恩堂、清应堂、复一堂诸祠宇,以都掌教为首领(《元典章》卷三三《礼部六·白莲教》)。武宗至大元年(公元1308)五月丙子,下诏禁白莲社,毁其祠宇,以其人还隶民籍(《元史》卷二二《武宗纪》)。英宗至治二年(公元1322)又下诏禁白莲佛事(同上书卷二八《英宗纪》)。自此白莲社遂成秘密团体,不能公开活动。

八、弥勒降生，明王出世

白莲社遭禁后十七年，民间又流行"弥勒降生"之传说，《元史》记：

> 泰定二年（公元1325）六月，"息州民赵丑厮、郭菩萨妖言弥勒佛当有天下，有司以闻。命宗正府刑部枢密院御史台及河南行省官杂鞠之"。（同上书卷二九《泰定帝纪》）

后赵丑厮、郭菩萨均被杀（《新元史》卷一九《泰定帝纪》）。息州今河南息县。十二年后棒胡又以弥勒为号召，起事于信阳。《元史》记：

> 至元三年（公元1337）二月，"棒胡反于汝宁信阳州。棒胡本陈州人，名闰儿，以烧香惑众，妄造妖言，作乱，破归德府鹿邑，焚陈州，屯营于杏冈。命河南行省左丞庆童领兵讨之。……己丑汝宁献所获棒胡弥勒佛小旗、伪宣敕并紫金印、量天尺"。（《元史》卷三九《顺帝纪》）

信阳今河南信阳。棒胡为陈州人，盖即后梁贞明时明教徒母乙董乙之乡里。二次起事前后相距四百余年，在同一地区，此中亦不无线索可寻也。同年朱光卿等起事于广东，自拜其徒为定光佛：

正月癸卯,广州增城县民朱光卿反,其党石昆山、钟大明率众从之,伪称大金国,改元赤符。命指挥狗札里江西行省左丞沙的讨之。……四月……己亥惠州归善县民聂秀卿、谭景山等造军器,拜戴甲为定光佛,与朱光卿相结为乱。命江西行省左丞沙的捕之。(《元史》卷三九《顺帝纪》)

次年四月袁州(今江西宜春)民周子旺起义。据《明太祖实录》卷八:

庚子(至正二十年,公元1360)闰五月"戊午……初袁州慈化寺僧彭莹玉以妖术惑众,其徒周子旺因聚众欲作乱。事觉,元江西行省发兵捕诛子旺等。莹玉走至淮西匿民家,捕不获。既而麻城人邹普胜复以其术鼓妖言,谓弥勒佛下生,当为世主,遂起兵为乱。以(徐)寿辉相貌异众,乃推以为主,举红巾为号"。

彭莹玉为袁州僧,赣、饶、信一带盖南宋初明教徒屡次发难之根据地也。莹玉为西系红军之组织者及领导者,初命周子旺举事失败,亡命十数年,卒得邹普胜、徐寿辉等为徒侣,拥之起事。时人记蕲、黄红军,多属之彭和尚,如叶子奇云:

至正壬辰癸巳(公元1352—1353)间,浙江潮不波,其时彭和尚以妖术为乱,陷饶信杭徽等州。未几克复,又为张九四(士诚)所据。浙西不复再为元有。(《草木子》卷三《克谨篇》)

明陆深《平胡录》亦云:

先是浏阳人彭和尚名翼,号妖彭,能为偈颂,劝人念弥勒佛号,遇夜燃火炬名香,念偈礼拜。愚民信之,其徒遂众。

彭翼即彭莹玉。莹玉所推举领袖徐寿辉以至正十一年(公元1351)称帝于蕲水,建天完国。至正二十年(公元1360)为其下陈友谅所杀。友谅因寿辉之基业建汉国。寿辉之别将朋玉珍先率兵入蜀,闻天完亡,不肯臣友谅,遂于至正二十三年称帝于成都,建国号夏,下令尽去释老二教,止奉弥勒(黄标《平夏录》)。汉夏后均为东系红军朱元璋所灭。

与彭莹玉同时活动于河南河北一带者为白莲教首领韩山童。山童败死,其子林儿称小明王,建国号宋,建元龙凤。林儿立十二年为其下朱元璋所杀。元璋因小明王之基业,削平群雄,建大明帝国。《元史》卷四十二《顺帝纪》:

初栾城人韩山童祖父以白莲会烧香惑众,谪徙广平永平县。至山童倡言天下大乱,弥勒佛下生,河南及江淮愚民皆翕然信之。(刘)福通与杜遵道、罗文素、盛文郁、王显忠、韩咬儿复鼓妖言,谓山童实宋徽宗八世孙,当为中国主。福通等杀白马黑牛誓告天地,欲同起兵为乱。事觉,县官捕之急,福通遂反,山童就擒。其妻杨氏其子韩林儿逃之武安。

"时天下承平已久,法度宽纵,贫富不均,多乐从乱,不旬日众殆数万人"(《草木子》卷三《克谨篇》)。时顺帝至正十一年(公元1351)五月也。起事时以红巾为号,故号红军。以烧香礼弥勒佛,又号香军(权衡《庚申外史》)。林儿父子又倡"明王出世"之说,明代官书如《元史》及《明实录》多讳言之,清人修《明史》亦不之及。唯明代私家著述有涉及者,如高岱《鸿猷录》:

> 山童自其祖父以白莲会烧香惑众,至山童倡言:天下当大乱,弥勒佛下生,明王出世。河南江淮之人翕然信之。(《鸿猷录》卷七《宋事始末》)

何乔远《名山藏》:

> 小明王韩林儿者,徐人群盗韩山童子。自其祖父为白莲会惑众,众多从之。元末山童倡言:天下乱,弥勒佛下生,明王出。江淮之人骚然皆动。黄河南徙,元用贾鲁凿求禹故道。山童阴作石人一眼,当道埋之,镌其背曰石人一眼,天下四反。河下掘得相惊诧。于是颍人刘福通与其党杜遵道、盛文郁、罗文素等告众曰:山童,宋徽宗八世孙也,当帝天下。我刘光世后,合辅之。聚众三千人于白鹿庄,杀黑牛白马,誓告天地,约起兵,兵用红巾为志。(《名山藏》卷四三《天因记》)

以"弥勒降生"与"明王出世"并举,明其即以弥勒当明王。山童唱明王出世之说,事败死,其子继称小明王,则山童生时之必以明王或大明王自称可决也。此为韩氏父子及其徒众胥属明教徒,或至少掺入明教成分之确证。韩氏父子自号大小明王出世,另一系统据蜀之明玉珍初不姓明,亦改姓为明以实之。朱元璋承大小明王之后,因亦建国曰大明。至明人修《元史》以韩氏父子为白莲教世家,而不及其"明王出世"之说。试证以元末明初人之记载,如徐勉《保越录》、权衡《庚申外史》、叶士奇《草木子》、刘辰《国初事迹》诸书,记韩氏父子及其教徒事(包括明太祖在内)均称为红军,为红巾,为红寇,为香军。言其特征,则烧香;诵偈;奉弥勒。无一言其为白莲教者。则知《元史》所记,盖明初史官之饰辞,欲为明太祖讳,为明之国号讳,盖彰明甚矣。

韩山童起事后。同年(至正十一年)八月萧县李二及老彭赵君用亦起义,陷徐州。李二号芝麻李,亦以烧香聚众起事。(《元史》卷四二《顺帝纪》)时彭莹玉一系已起事于蕲、黄,亦以红巾为号。与韩林儿一系成东西呼应之局面,皆称红军。除此二大系之红军外,时又有南锁红军,北锁红军,权衡《庚申外史》云:

> 至正十一年五月,颍川红军起,号为香军,盖以烧香礼弥勒佛得名也。其始出赵州栾城韩学究家。已而河东襄陕之民翕然从之。故荆汉许汝山东丰沛,以及两淮红军皆起应之。起颍上者推杜遵道为首,陷朱皋,据仓粟,从者数十万,陷汝宁光息信阳;起蕲、黄者,宗彭莹玉和尚,推徐真逸(寿辉)为首,陷德安沔阳武昌江陵江西诸郡;起湘汉者,推布三王孟海马号南锁红军,奄有均房襄阳荆门归峡;起丰沛者,推芝麻李为首,亦奄有徐州近县,及宿州五河虹县丰沛灵璧,西并安丰濠泗。

九、明太祖与红军

明太祖曾为僧,为明教徒,为红军小卒,超擢以至为大将,封公封王,终至于杀其所尝臣事之宋主,代之而建新朝。中间其诸将且曾一度欲奉小明王,以诸将皆濠泗丰沛子弟,夙受彭莹玉之教化,且多为宋主部曲,天完汉降将,其人又皆明教徒也。终为新进之浙东儒生地主刘基、宋濂、叶琛、章溢等所阻。儒生斥佛为异端,且基辈均与小明王父子无渊源,又皆浙东巨室豪绅,遵封建礼法,重保守传统,相率团结土著,捍地方,卫家业,与红军异趣;自成一系统,利用明太祖之雄厚军力,拥之建新朝,以保持千年来传统之秩序习惯与巨室豪绅之特殊利益;遂与出自明教红军之诸将,成地主与农民、儒生与武将相持之局,赞助明太祖以阴谋杀小明王,自为领袖。明太祖亦利用巨室豪绅之护持、儒术之粉饰,建帝王之业。自树势力,终于取宋而代之。第以其部曲多红军,为笼络宋主旧部、徐陈降将,为迎合民心,均不能放弃"明王出世"之说。建大明为国号,一以示其承小明王而起,一以宣示"明王"已出世,使后来者无所借口。儒生辈所乐于讨论者:则以"明"义为光明,分之则为日月,礼有祀"大明"、"朝日"、"夕月"之文;千余年来"大明"日月均列为正祀,无论列为郊祭或特祭,均为历朝所重视;且新朝自南方建国,与历史上之以北定南者异势;以阴阳五行之说,则南方为火,为祝融,北方属水,为玄冥;元建都于北平,起自更北之蒙古,以火克水,以明制暗,斯又汉以来儒生所津津喜道者:故亦力赞以明为国号。一从明教教义,一从儒家经说,并行不悖,人自以为如其所计度。凡

此皆明人所讳言,明官书所不载,今据明初记载及太祖自述,以年分列太祖与红军之关系,以实吾说。《明史·太祖本纪》:

> 至正四年(公元1344)旱蝗大饥疫,太祖时年十七。

是太祖生于元天历元年(公元1328)也。先是至元三年(公元1337)棒胡起义于信阳,太祖时年十岁。次年周子旺起义于袁州,彭莹玉亡命淮西传教,太祖时年十一岁。《纪》又言:至正四年"入皇觉寺为僧,逾月游食合肥,……凡历光、固、汝、颍诸州,三年复还寺"。光、固、汝、颍诸州为红军杜遵道之根据地,亦即彭莹玉所曾布教之区域,太祖之接受明教教义,当为此三年内事。

至正八年(公元1348)太祖年二十一岁。

> 复还皇觉寺。《御制皇陵碑》:"一浮云乎三载,年方二十而强。时乃长淮盗起,民生攘攘。于是思亲之心昭著,日遥盼乎家邦。已而既归,乃复业于觉皇。"

至正十一年(公元1351),太祖二十四岁。
五月刘福通、徐寿辉东西二系红军兵起。
至正十二年(公元1352),太祖二十五岁。
二月定远人郭子兴与其党孙德崖等起兵濠州。子兴烧香聚众,称亳州节制元帅(《明史》卷一《太祖纪》,俞本《皇明纪事录》)。《御制皇陵碑》:

> 住方三载,而又雄者跳梁,起自汝、颍,次及凤阳之南厢。

未几陷城,深高城隍,拒守不去,号令彰彰。友人寄书,云及趋降。既忧且惧,无可筹详。旁有觉者,将欲声扬。当此之际,逼迫而无已,试与知者相商。乃告之曰:"果束手以待毙,亦奋臂而相戕。"知者为我画计,且默祷以阴相。如其言往卜去守之何详?神乃阴阴乎有警,其气郁郁乎洋洋,卜逃卜守则不吉,将就凶而不妨。

《皇朝本纪》:

天下兵乱,过寺,寺焚僧散。将晓,上归祝伽蓝,以珓卜吉凶。……时神意必从雄而后已,因是固守所居。未旬日友人以书从乱离中来,略言从雄大意,览毕即焚之。又旬日有人告旁有知书来者,意在觉其事,上心知之。复三日,斯人果至,与语观其辞色未见相,复礼待而归。复几旬日,又有来告,先欲觉知事者今云不忍,欲令他人来加害,乞幽察以从告。上深思之,以四境逼迫,讹言蜂起,乃决意从诸雄。(参看沈节甫《纪录汇编》本《御制纪梦》及《天潢玉牒》)

闰三月甲戌朔入濠州,《御制纪梦》:"以壬辰闰三月初一日至城门,守者不由分诉,执而欲斩之,良久得释。"《御制皇陵碑》:"即起趋降而附城,几被无知而创,少顷获释,身体安康,从愚朝暮,日日戎行。""子兴收为步卒,入伍既两月余为亲兵,终岁如之。"(《御制纪梦》)

至正十三年(公元1353)太祖二十六岁。

以功升镇抚。(《明史》卷一《太祖纪》)

宋龙凤元年(元至正十五年,公元1355),太祖二十八岁。

三月郭子兴卒。时刘福通迎立韩山童子林儿于亳(号小明王),国号宋,建元龙凤。

檄授子兴子天叙为都元帅,子兴部将张天祐为右副元帅,太祖为左副元帅(同上,参《皇朝本纪》)。"乃用其年号以令军中。"(同上)

九月都元帅郭天叙右副元帅张天祐战死,太祖独任元帅府事。(《皇明纪事录》)

宋龙凤二年(元至正十六年,公元1356),太祖二十九岁。

三月亳都升太祖为枢密院同签,以帅府都事李士元为经历。寻升太祖为江南等处行中书省平章。以故元帅郭天叙弟天爵为右丞。经历李士元改名善长,为左右司郎中,以下诸将皆升元帅。(同上)

宋龙凤四年(元至正十八年,公元1358),太祖三十一岁。
"五月宋将刘福通破汴梁,迎(宋帝)韩林儿都之。"十二月太祖自将克婺州,改为宁越府。"辟范祖幹、叶仪、许元等十三人,分直讲经史。"(《明史》卷一《太祖纪》)于宁越置中书分省,于省门建二旂大黄旗,上书:"山河奄有中华地,日月重开大宋天。"下揭二牌:"九天日月开黄道,宋国江山复宝图。"(《皇明纪事录》)

宋龙凤五年(元至正十九年,公元1359),太祖三十二岁。

五月升仪同三司江南等处行中书省左丞相(同上)。

八月元察罕帖木儿复汴梁,(刘)福通以林儿(宋帝)退保安丰(今安徽寿县)。(《明史》卷一《太祖纪》)

宋龙凤六年(元至正二十年,公元1360),太祖三十三岁。

三月戊子征刘基、宋濂、章溢、叶琛至。(同上)

宋龙凤七年(元至正二十一年,公元1361),太祖三十四岁。

正月封吴国公。(《皇明纪事录》)

宋龙凤九年(元至正二十三年,公元1363),太祖三十六岁。
二月张士诚将"吕珍破安丰,杀刘福通。三月辛丑,太祖自将救安丰,珍败走,以(宋帝)韩林儿归滁州"(《明史》卷一《太祖纪》)。

十四日制赠太祖曾祖父三代为司空司徒太尉等官。(钱谦益《国初群雄事略》引《龙凤事迹》)

宋龙凤十年(元至正二十四年,公元1364),太祖三十七岁。
宋帝在滁州。

春正月丙寅朔，李善长等率群臣劝进，……乃即吴王位，建百官。(《明史》卷一《太祖纪》)

初太祖以韩林儿称宋后，遥奉之。岁首中书省设御座行礼，(刘)基独不拜曰："牧竖耳，奉之何为？"因见太祖陈天命所在。①

宋龙凤十一年（元至正二十五年，公元1365），太祖三十八岁。宋帝在滁州。

冬十月戊戌，下令讨张士诚。(《明史》卷一《太祖纪》)

宋龙凤十二年（元至正二十六年，公元1366），太祖三十九岁。宋帝在滁州。

五月二十一日，太祖以檄数张士诚罪状：

皇帝圣旨，吴王令旨：近睹有元之末，王居深宫，臣操威福，官以贿成，罪以情免，宪台举亲而劾仇，有司差贫而优富。庙堂不以为忧，方添冗官，又改钞法，役数千万民，湮塞黄河，死者枕藉于道，哀苦声闻于天。致使愚民，误中妖术，不解偈言之妄诞，误信弥勒之真有，冀其治世，以苏其苦，聚为烧香之

---

① 《明史》卷一二八《刘基传》，高岱《鸿猷录》二《宋事始末》："诸将议于中书省设御座奉韩林儿，刘基从后踢上所坐胡床曰：'牧竖子耳！奉之何为？'密陈天命所在。上意悟。会陈友谅来入寇，遂议征讨，不果奉。"何乔远《名山藏·天因记》："龙湾之捷（按陈友谅龙湾之败，事在至正二十年闰五月，时宋帝在安丰），诸将欲奉小明王为帝，刘基怒不许，陈天命所在。然高帝用其年纪如初。"

党,根据汝颍,蔓延河洛。妖言既行,凶谋遂逞,焚荡城郭,杀戮士夫,荼毒生灵,无端万状。元以天下钱粮兵马大势而讨之,略无功效,愈见猖獗,终不能济世安民。是以有志之士,旁观熟虑,乘势而起,或假元氏为名,或托香军为号,或以孤军独立,皆欲自为。由是天下土崩瓦解。余本濠县之民,初列行伍,渐至提兵,灼见妖言不能成事,又度胡运难与立功,遂引兵渡江。……龙凤十二年五月二十一日。(吴宽《平吴录》,祝允明《九朝野史》卷一)

十二月遣廖永忠沈宋帝小明王韩林儿于瓜步,宋亡。(朱权《通鉴博论》,钱谦益《太祖实录辨证》)

宋龙凤十三年(元至正二十七年,公元1367),太祖四十岁。大明洪武元年(元至正二十八年,公元1368),太祖四十一岁。

春正月乙亥,……(太祖)即皇帝位,定有天下之号曰明,建元洪武。(《明史》卷二《太祖纪》)

十、大明帝国与明教

太祖因明教建国,故以明为国号。然"明王出世"、"弥勒降生"均含有革命意义,明暗对立,互为消长,而终克于明。弥勒则有三十次入世之说。使此说此教仍继续流传,则后来者人人可自命为明王,为弥勒,取明而代之,如明太祖之于宋小明王。以此明太祖虽以红军小卒起事,自龙凤十二年以后即讳言其为红军支系。于讨张士诚檄中,且深斥弥勒之传说,以为妄诞,以为妖言,而于"明王出世"之说则不及只字。此盖受刘基、宋濂等反红军系儒生地主之劝说,隐去旧迹,为建新朝地步也。越一年而建国。洪武元年四月甲子幸汴梁,闰七月丁未还南京,因李善长之请,诏禁白莲社及明尊教。王世贞撰《李善长传》:

> 高帝幸汴还。……又请禁淫祀白莲社、明尊教、白云巫觋,扶鸾祷圣书符咒水邪术。诏可。(《名卿绩纪》卷三)

遂著于律。《明律》十一《礼》一:

> 凡师巫假降邪神,书符咒水,扶鸾祷圣,自号端公太保师婆,及妄称弥勒佛、白莲社、明尊教、白云宗等会,一应左道乱正之术,或隐藏图像,烧香集众,夜聚晓散,伴修善事,扇惑人民,为首者绞,为从者各杖一百,流三千里。

原注:"西方弥勒佛、远公白莲社、牟尼明尊教、释氏白云宗是四样。"

牟尼即摩尼,明尊教即明教也,说见前文。

时温州仍有大明教流行。熊鼎以洪武元年任浙江按察司佥事,分部台温(《明史》卷二八九《熊鼎传》)。以大明教名犯国号禁绝之,宋濂《故岐宁卫经历熊府君墓铭》:

> 洪武改元。……温有邪师曰大明教,造饰殿堂甚侈,民之无业者咸归之。君以其薯俗眩世,且名犯国号,奏毁之,官没

其产,而驱其众为农。(《芝园续集》卷四)

泉州晋江县华表山亦有明教徒所立之摩尼庵;因郁新杨隆请得不毁。何乔远《闽书》卷七《方域志》:

> 华表山山背之麓有草庵,元时物也,祀摩尼佛。摩尼佛名末摩尼光佛,苏邻国人,又一佛也,号具智大明使。……会昌中汰僧,明教在汰中。有呼禄法师者,来入福唐,授侣三山,游方泉郡,卒葬郡北山下。至道中,怀安士人李廷裕得佛像于京城卜肆,鬻以五十千钱,而瑞相遂传闽中。真宗朝,闽士人林世长取其经以进,授守福州文学。

> 皇朝太祖定天下,以三教范民,又嫌其教名上逼国号,摈其徒,毁其宫。户部尚书郁新、礼部尚书杨隆奏留之。①

温泉之明教均相继以"教名上逼国号"被禁断。温之明教自后遂不见于记载。闽则易名为师氏法,亦式微矣。何氏又记:

> 今民间习其术者,行符咒,名师氏法,不甚显云。

政府对明教之压迫虽严,而明教徒仍数数起事。洪武永乐间

---

① 按《明史》卷一百十一《七卿年表》,太祖朝与郁新任户部尚书同时之礼部尚书为李原名、任亨泰、门克新、郑沂、陈迪、宋礼、李至刚等,无杨隆名。《明史》卷一百五十《郁新传》,"新,临淮人",仕迹亦未尝履闽。

陕西田九成自称后明皇帝,改元龙凤,帝号与年号均直承小明王。其党则称弥勒佛四天王等。《明成祖实录》卷六十五:

> 永乐七年(公元1409)七月戊戌,"妖贼王金刚奴伏诛。金刚奴,陕西阶州人,自洪武初聚众作耗,称三元帅,往来劫掠,而于沔县西黑山天池平等处潜住,常以佛法惑众。后又与沔县贼首邵福等作耗。其党田九成者僭号后明皇帝,改元龙凤。高福兴称弥勒佛,金刚奴称四天王,前后攻破屯塞,杀死官军。会长兴侯耿秉文引兵剿捕,余党悉散。惟金刚奴与贼仇占儿等未获,仍逃聚黑山天池平,时出劫掠。至是潜还本州,为官军所擒,械送京师伏诛"。

永乐四年(公元1406)蕲州有白莲社之狱。《明成祖实录》卷四十五:

> 九月丙子,"湖广蕲州广济县妖僧守座聚男女立白莲社,毁形断指,假神扇惑。事觉,官捕诛之"。

田九成起事于西北,即红军入西北者之余党,至蕲州则彭莹玉、徐寿辉起事之地也。至永乐七年复有李法良之起事,《明成祖实录》卷六十六:

> 九月"辛未,诛叛贼李法良。法良,江西人,行弥勒教,流入湘潭,聚众为乱"。

江西又宋代明教之重要传教区也。至十六年又有刘化自称弥勒佛。《明成祖实录》卷一百一十：

> 十六年五月辛亥，"顺天府昌平县民刘化以谋叛伏诛。化初名僧保，畏避从军，逃匿保定府新城县民家，衣道人服，自称弥勒佛下世，当主天下，演说《应劫五公》诸经，鼓诱愚民百四十余人，皆信从之。已而真定容城山西洪洞等县人民皆受戒约，遂相聚为乱。事闻，悉捕诛之"。

永乐以后，类似之暴动史不绝书，姑举其著者数事，如宣宗朝转轮王出世之狱。《明宣宗实录》卷六十一：

> 宣德五年（公元1430）正月戊申，"山东文登县执妖僧明本、法钟等解京师。明本等皆栖霞县太平寺僧，以化缘至成山卫，依百户朱胜。因涂改旧领敕谕度牒，为妖言惑众，诈称转轮王出世，作伪诏记湧安年号，遣法钟持诣文登，诱惑愚民。县官执之以闻，而成山卫亦执胜等械至京，……付锦衣卫穷治之"。

英宗朝"七佛祖师"之暴动。《明英宗实录》卷十二：

> 宣德十年（公元1435）十二月己亥，"妖贼张普祥伏诛。普祥真定卫军，以妖书惑众，潜居井陉县，自号七佛祖师，遣其党往河南山东山西直隶等处度人，约先取彰德城，以次攻夺诸城。其党李名显等百余人入磁州城，焚千户所，官军攻败之。

普祥挈家属窜伏柏乡县,递运大使魏景原引官军至其党张林家土洞内获之,械送京师。上命廷臣鞫实诛之"。

宪宗朝贵州有"明王"之起事,托称为明玉珍后裔,《明史》记:

> 成化十一年(公元1475),总兵官李震奏:乌罗苗人石全州妄称元末明氏子孙,僭称明王,纠众于执银等处作乱,邻洞多应之。因调官军往剿,石全州已就擒,而诸苗攻劫未已,命镇巡官设策抚捕,未几平。(《明史》卷三一六《贵州土司传·铜仁传》)

至嘉靖时李福达自称弥勒佛,与武定侯郭勋交通,至起大狱。(详《明史》、《明史纪事本末》、《世庙识余录》)天启二年(公元1622)有山东白莲教徒王好贤、徐鸿儒之起事。(《明史》卷二五七《赵彦传》,《明史纪事本末》)溯其源流,又皆明教之余响也。

一九四〇年十二月二十五日于昆明东郊萝莎坡唐祠

(原载《清华学报》第十三卷第一期)

胡惟庸党案考

一、《明史》所记之胡惟庸

胡惟庸事件是明代初叶的一件大事,党狱株连前后十四年,一时功臣宿将诛夷殆尽,前后达四万余人。① 且因此和日本断绝国交关系,著之《祖训》。② 另一方面再三颁布《昭示奸党录》、《臣戒录》、《志戒录》、《大诰》、《世臣总录》诸书,谆谆告谕臣下,以胡惟庸为前鉴。③ 到明成祖时代,还引这事件来诫谕臣下,勿私通外夷。④ 明代诸著作家的每一部提及明初史迹的著述中,都有这事件的记载。清修《明史》且把胡氏列入《奸臣传》。⑤ 在政治制度方面,且因此而永废丞相,分权于六部、五府、都察院、通政司、大理寺等衙门。⑥ 在这事件的影响方面说,一时元功宿将皆尽,靖难师起,

---

① 《明史》卷九四《刑法志》;卷一三二《蓝玉传》。
② 《皇明祖训》首章;《明史》卷三一二《日本传》。
③ 《皇明大政记》卷三。
④ 《明政统宗》卷七。
⑤ 《明史》卷三〇八。
⑥ 《皇明祖训》首章;《高皇帝实录》卷一二九。

胡惟庸党案考

仅余耿炳文、吴祯等支撑御侮,建文因以逊国。① 综之,从各方面说,无论是属于政治的,外交的,军事的,制度的,易代的,这事件之含有重大意义,其影响及于有明一代,则无可置疑。

《明史》记此事颠末云:

> 自杨宪诛,帝以惟庸为才,宠任之。惟庸亦自励,尝以曲谨当上意,宠遇日盛。独相数岁,生杀黜陟,或不奏径行。内外诸司上封事,必先取阅,害己者辄匿不以闻。四方躁进之徒及功臣武夫失职者争走其门,馈遗金帛名马玩好不可胜数。
>
> 大将军徐达深嫉其奸,从容言于帝。惟庸遂诱达阍者福寿以图达,为福寿所发。
>
> 御史中丞刘基亦尝言其短。久之,基病,上遣惟庸挟医视,遂以毒中之。基死,益无所忌。与太师李善长相结,以兄女妻其从子佑。
>
> 学士吴伯宗劾惟庸,几得危祸。自是势益炽。
>
> 其定远旧宅井中忽生石笋,出水数尺,谀者争引符瑞。又言其祖父三世冢上,皆夜有火光烛天。惟庸益喜自负,有异谋矣。
>
> 吉安侯陆仲亨自陕西归,擅乘传。帝怒责之曰:"中原兵燹之余,民始复业,籍户买马,艰苦殊甚。使皆效尔所为,民虽尽鬻子女,不能给也。"责捕盗于代县。平凉侯费聚奉命抚苏州军民,日嗜酒色。帝怒,责往西北招降蒙古,无功。又切责之,二人大惧。惟庸阴以权利胁诱二人,二人素戆勇,见惟庸

---

① 《弇州史料后集》卷六一。

用事，密相往来。尝过惟庸家，酒饮酣，惟庸屏左右言："吾等所为多不法，一旦事觉，如何！"二人益惶惧，惟庸乃告以己意，令在外收集军马。

又尝与陈宁坐省中阅天下军马籍，令都督毛骧取卫士刘遇贤及亡命魏文进等为心膂，曰："吾有所用尔也。"

太仆寺丞李存义者，善长之弟，惟庸婿李佑父也。惟庸令阴说善长，善长已老，不能强拒，初不许，已而依违其间。

惟庸益以为事可就，乃遣明州卫指挥林贤下海招倭与期会。又遣元故臣封绩①致书称臣于元嗣君，请兵为外应，事皆未发。

会惟庸子驰马于市，堕死车下，惟庸杀挽车者。帝怒，命偿其死。惟庸请以金帛给其家，不许。惟庸惧，乃与御史大夫陈宁、中丞涂节等谋起事，阴告四方及武臣从己者。十二年九月占城来贡，惟庸等不以闻，中官出见之，入奏。帝怒，切责省臣，惟庸及广洋顿首谢罪，而微委其咎于礼部，礼部又委之中书，帝益怒，尽囚诸臣，穷诘主者。未几赐广洋死。广洋妾陈氏从死，帝询之，乃入官陈知县女也。大怒曰："没官妇女只给功臣家，文臣何以得给？"乃敕法司取勘。于是惟庸及六部堂属咸当坐罪。

明年正月，涂节遂上变告惟庸，御史中丞商暠时谪为中书省吏，亦以惟庸阴事告。帝大怒，下廷臣更讯，词连宁、节。廷臣言节本预谋，见事不成，始上变告，不可不诛。乃诛惟庸、宁并及节。

---

① 《列卿记》卷一《胡惟庸传》引《实录》作封续，北平图书馆藏《实录》作封绩。

惟庸既死，其反状犹未尽露，至十八年李存义为人首告，免死安置崇明。十九年十月林贤狱成，惟庸通倭事始著。

二十一年蓝玉征沙漠，获封绩，善长不以奏。至二十三年五月事发，捕绩下吏，讯得其状，逆谋大著。会善长家奴卢仲谦首善长与惟庸往来状，而陆仲亨家奴封帖木亦首仲亨及唐胜宗、费聚、赵雄（明按："雄"当作"庸"，以赵庸封南雄侯致误，《李善长传》可证。）三侯与惟庸共谋不轨。帝发怒，肃清逆党，词所连及，坐诛者三万余人，乃为《昭示奸党录》布告天下，株连蔓引，迄数年未靖云。①

惟庸通倭事，《明史》云：

先是胡惟庸谋逆，欲借日本为助，乃厚结宁波卫指挥林贤，佯奏贤罪，谪居日本，令交通其君臣。寻奏复贤职，遣使召之。密致书其王，借兵助己。贤还，其王遣僧如瑶率兵卒四百余人，诈称入贡，且献巨烛，藏火药刀剑其中。既至，而惟庸已败，计不行。帝亦未知其狡谋也。越数年，其事始露，乃族贤，而怒日本特甚，决意绝之，专以防海为务。②

与李善长谋逆事，《明史》云：

京民坐罪应徙边者，善长数请免其私亲丁斌等，帝怒按

---

① 《明史》卷三〇八《胡惟庸传》。
② 《明史》卷三二二《日本传》。

斌，斌故给事惟庸家，因言存义等往时交通惟庸状。命逮存义父子鞫之，词连善长云："惟庸有反谋，使存义阴说善长，善长惊叱曰：'尔言何为者？审尔，九族皆灭！'又使善长故人杨文裕说之云：'事成当以淮西地封为王。'善长惊不许，然颇心动。惟庸乃自往说，善长犹不许。久之，惟庸复遣存义进说，善长叹曰：'吾老矣，吾死，汝等自为之。'"

或又告善长云将军蓝玉出塞至捕鱼儿海，获惟庸通沙漠使者封绩，善长匿不以闻。于是御史交章劾善长。而善长奴卢仲谦等亦告善长与惟庸通赂遗，交私语。狱具，谓善长元勋国戚知逆谋不发举，狐疑观望，怀两端，大逆不道。会有言星变，其占当移大臣，遂并其妻女弟侄家口七十余人诛之。而吉安侯陆仲亨、延安侯唐胜宗、平凉侯费聚、南雄侯赵庸、荥阳侯郑遇春、宜春侯黄彬、河南侯陆聚等皆同时坐惟庸党死。而已故荥阳侯杨璟、济宁侯顾时等追坐者又若干人。帝手诏条列其罪，傅著狱词，为《昭示奸党三录》布告天下。①

谷应泰记胡惟庸被诛前又有云奇告变一事：

正月戊戌，惟庸因诡言第中井出醴泉，邀帝临幸，帝许之。驾出西华门，内使云奇冲跸道勒马衔言状，气方勃，舌驶不能达意，太祖怒其不敬，左右挝捶乱下，云奇右臂将折，垂毙，犹指贼臣第弗为痛缩。上悟，乃登城望其第，藏兵复壁间，刀槊

---

① 《明史》卷一二七《李善长传》。

林立。即发羽林掩捕考掠,具状磔于市。①

综结以上的记载,胡惟庸党案的构成及经过是:

(1)胡惟庸擅权罔上。

(2)谋刺徐达。

(3)毒死刘基。

(4)与李善长相结交通。

(5)定远宅井生石笋,祖墓夜有火光,因有异志。

(6)结陆仲亨、费聚为助。

(7)收纳亡命。

(8)令李存义、杨文裕说李善长谋逆。

(9)遣林贤下海招倭,倭使如瑶伪贡率兵为助。

(10)遣封绩称臣于元求援。

(11)惟庸杀挽车者,太祖责偿死。

(12)阻占城贡使,被罪。

(13)私给文官以入官妇女坐罪。

(14)涂节上变。商暠白其私事。

(15)请上幸第谋刺,为云奇所发。

(16)狱具伏诛。胡党之名起。

(17)林贤狱成。

(18)李善长被杀。

(19)对日绝交。

(20)胡党株蔓数万人,元功宿将几尽。

---

① 《明史纪事本末》卷一三,胡蓝之狱。

以下试参证中日记载，说明这一事件的真相和明代初叶中日间的国际关系。

二、云奇告变

胡惟庸党案的真相，到底如何，即明人亦未深知，这原因大概是由于胡党事起时，法令严峻，著述家多不敢记载此事。到了事过境迁以后，实在情形已被淹没，后来的史家只能专凭《实录》，所以大体均属相同。他事有不见于《实录》的，便只能闭户造车，因讹传讹，所以极多矛盾的同时记载。正因为这许多记载之暧昧矛盾，所以当时人便有怀疑它的。郑晓以为："国初李太师、胡丞相、蓝国公诸狱未可知。"① 王世贞是明代的一个伟大精核的史学家，他的话应该可信了，他说：

> 胡惟庸谋逆，阴约日本国贡使以精兵装巨舶，约是日行弑，即大掠库藏，泛舟大海，事泄伏诛。上后却日本之贡以此。②

他的儿子王士骐却不惜反对他的话，对这事件深为致疑，他以为：

---

① 《今言》卷一四四。
② 王世贞：《史乘考误》。

> 按是年(十三年)诛丞相胡惟庸,廷臣讯辞第云使林贤下海招倭军,约期来会而已。不至如野史所载,亦不见有绝倭之诏。本年日本两贡无表,又其将军奉丞相书辞意倨慢,故诏谕之。中云:"前年浮辞生衅,今年人来匪诚",不及通胡惟庸事,何耶? 近年勘严世蕃亦云交通倭虏,潜谋叛逆,国史谓寻端杀之,非正法也。胡惟庸之通倭,恐亦类此。①

由此可见这事件的可信程度正如徐阶所授意的严世蕃狱词一样。按《明史》载世蕃狱具,徐阶以为彰主过,适所以活之,为手削其草。② 略云:

> 曩年逆贼汪直勾倭内讧,罪在不宥。直徽州人,与罗龙文姻旧,遂送十万金世蕃所,拟为授官……龙文亦招聚王直通倭余党五百余人谋于世蕃。班头牛信亦自山海卫弃伍北走,拟诱致北虏,南北响应……③

于是覆勘实以:"交通倭虏,潜谋叛逆,其有显证"上,严家由是方倒。狱辞中通倭诱虏二事,恰好作胡惟庸事件的影子。

在以上所引的史料中,冲突性最显著的是《明史》所记涂节、商暠告变和《纪事本末》所记的云奇告变二事。因为假使前者是真,

---

① 《皇明驭倭录》卷一。
② 《明史》卷三〇八《严嵩传》。
③ 王世贞:《国朝丛记》,严世蕃供辞。

则惟庸已得罪被诛,无请临幸谋刺之可能。假使后者是真,则惟庸亦当日被诛,无待涂、商二人之告发。质言之,两件告发案必有一件是假,或者两件都假,断不能两件都真。现试略征群籍,先谈云奇事件。

谷应泰关于云奇的记载,确有所本。此事最先见于雷礼所引《国琛集》。① 记述与谷氏小有异同。其文云:

> 太监云奇南粤人。守西华门,迩胡惟庸第,刺知其逆谋。胡诳言所居井涌醴泉,请太祖往观,銮舆西出,云虑必与祸,急走冲跸,勒马衔言状。气方勃崒,舌䪨不能达。太祖怒其犯跸,左右挝捶乱下,云垂毙,右臂将折,犹奋指贼臣第。太祖乃悟,登城眺顾,见其壮士披甲伏屏帷间数匝,亟返楼殿,罪人就擒。召奇则息绝矣。太祖追悼奇,赐赠葬,令有司春秋祀之。墓在南京太平门外,钟山之西。

自后王世贞撰《胡惟庸传》即引此文,不过把"诳言所居井涌醴泉"改为:"伪为第中甘露降。"②把地下涌出来的换成天上掉下来的罢了。邓元锡索性把他列入《宦官传》,以为忠义之首,不过又将名字改成奇云奇。③ 傅维麟本之亦为立专传④,仍复其名为云奇。其他

---

① 《国朝列卿纪》卷一《胡惟庸传》附录。
② 《弇州别集·胡惟庸传》。
③ 邓元锡:《皇明书》卷一三《宦官传》。
④ 傅维麟:《明书》卷一五七《胡惟庸传》;卷一五八《云奇传》。

明清诸著述家如陈建①、严从简②、邓球③、尹守衡④、彭孙贻⑤、谷应泰⑥，日人如饭田忠彦⑦等，均深信不疑，引为实录。

在上引的诸家记载中，有一个共通的可疑点。这疑点是云奇身为内使，所服务地点与胡惟庸第相近，他既知胡氏逆谋，为什么不先期告发，一定要到事迫眉睫，方才阐道报警呢？这问题彭孙贻氏把它弥缝解答了。他说：

> 时丞相胡惟庸谋大逆，居第距门甚迩。奇刺知其事，冀欲发未有路，适惟庸谩言所居井涌醴泉，邀上往赏，驾果当西出，奇虑必有祸，会走犯跸……

总算勉强可以遮过读者的究诘。但据以上诸书所记，惟庸请明太祖到他家里来看醴泉或甘露的日子是洪武十三年正月戊戌。据《明史》惟庸即以是日被诛。⑧ 这样当天请客，当天杀头，中间并未经过审讯下狱的阶段，在时间上是否发生问题呢？这问题夏燮曾引《三编·质实》证明其不可能，他说：

> 考《实录》正月癸巳朔，甲午中丞涂节告胡惟庸谋反，戊戌

---

① 《皇明从信录》卷七。
② 《殊域周咨录》卷二。
③ 《皇明泳化类编》卷一二七"防细"。
④ 《皇明史窃·宦官传》。
⑤ 《明史纪事本末补编》五"宦官贤奸"。
⑥ 《明史纪事本末》卷一三。
⑦ 饭田忠彦：《野史》卷二八二《外国传》一。
⑧ 《明史·太祖本纪》二。

赐惟庸等死。若然，则正月二日惟庸已被告发，不应戊戌尚有邀帝幸第之事。①

我们在时间上的比较，已知此事非真。如再从事实方面考核，南京城高数仞，胡惟庸第据文中"壮士匿屏帷（或厅事）间"决非无屋顶——露天可知（《有学集》一〇三引明人纪载说：南京城西华门内有大门北向，其高与诸宫殿等，后门甍栋具在，曰旧丞相府，即胡惟庸故第）。无论西华门离胡第怎样近（事实上愈近只能看屋脊），就譬如在景山山顶罢，故宫就在足下，除了黄澄澄的屋瓦以外，我们能看出宫殿内的任何事物出来吗？同理，胡第非露天，就使明太祖真有登过城这一回事，又何从知道胡第伏有甲兵，此甲兵且伏在厅事中，屏帷间！

据《国琛集》说胡惟庸第在西华门内——禁中。王世贞《旧丞相府志》颇疑其非是。考《昭示奸党第二录》载卢仲谦供，谓胡惟庸私第在细柳坊，按《洪武京城图志》：广艺街在上元县西，旧名细柳坊，一名武胜坊。又考《街市图》：广艺街在内桥之北，与旧内相近。则惟庸私第之不在禁中明甚。再按《实录》：丙午八月（1366）拓建康城；初旧内在建康旧城中，因元南台为宫，稍厒隘，上乃命刘基等卜地，定新宫于钟山阳。戊申正月（1368）自旧内迁新宫。由是知明太祖之迁居新宫在洪武元年，旧内固近惟庸第，新宫则在建康城北，云奇事件如在洪武十三年，则根本为不可能。

由以上的推断，云奇事件之无稽荒谬，已决然无可疑。不过这一传说又从何发生的呢？云奇与胡惟庸虽无关系，但这事件的本

---

① 《明通鉴》卷七《考异》。

身是否有存在的可能性呢？这两疑问,何孟春氏的《云奇墓碑》①将给我们以一个满意的解答。

> 南京太平门外钟山西有内官享堂一区,我太祖高皇帝所赐,今加赠司礼监太监云公奇葬地也。案旧碑公南粤人,洪武间内使,守西华门。时丞相谋逆者居第距门甚迩,公刺知其事,冀因隙以发。未几,彼逆臣言所居井涌醴泉……
>
> 公所遭谋逆者旧状以为胡蓝二党。夫胡惟庸之不轨在洪武十三年,蓝玉在二十六年,胡被诛后,诏不设丞相,至蓝十四年矣。春敢定以胡为是,以补旧碑之缺,备他日史官之考证。

可见胡惟庸谋逆的真相,明初人就不大清楚。旧碑阙以存疑,尚不失忠实态度。何孟春自作聪明,硬断定为胡惟庸,后此史官,虽以此事不见《实录》,亦援引碑文,定为信谳,自王世贞以下至彭孙贻、饭田忠彦等都笃信其事,因讹传讹,结果当然是到处碰壁,怎么也解释不出时间性与空间的不可能和事实上的矛盾了。钱谦益《明太祖实录辨证》三说:"云奇之事,国史野史,一无可考。嘉靖中朝廷因中人之请而加赠,何孟春据中人之言而立碑。"所谓中人,潘柽章以为是高隆。他说:

> 云奇事起于中官高隆等,相传为蓝玉时事。而何孟春从而附会之,以为玉未尝为丞相,故又移之胡惟庸。凿空说鬼,

---

① 《国朝献征录》卷一一七《何孟春赠司礼监太监云公奇墓碑铭》。

有识者所不道。①

他疑心云奇事件是由邵荣三山门谋逆之事衍变来的。他说：

> 然考之史，惟平章邵荣尝伏兵三山门内欲为变，上从他道还，不得发。与墓碑所称相类。三山门在都城西南与旧内相近，上登城眺察，难悉睹也。岂云奇本守三山门，讹而为西华耶？或云奇以冲跸死，而宋国兴之告变踵至耶？事有无不可知，史之阙文，其为是欤？②

三、如瑶藏主之贡舶

《明史》所记之如瑶贡舶事，明清人记载极多。日人记载则多据中籍移译，虽间有疑其支离者，亦仅及派使者之为征西或幕府，对于事实本身，则均一致承认。

关于胡惟庸通倭之明清人记述，其主要事实多根据《实录》及《大诰》，《明史》和《实录》更不过详略之异，大体一无出入。文中洋洋洒洒据口供叙述胡惟庸的罪状，于通倭投虏事，仅有二句：

> 惟庸使指挥林贤下海招倭军，约期来会。又遣元臣封绩

---

① 《国史考异》卷二之一一。
② 《国史考异》卷二之一一。邵荣谋反事见《明史》卷一二五《常遇春传》。

致书称臣于元,请兵为外应。①

惟庸诛后数日,在宣布罪状的演辞中,亦未提及通倭一字:

己亥,胡惟庸等既伏诛,上谕文武百官曰:"……岂意奸臣窃国柄,枉法诬贤,操不轨之心,肆奸欺之蔽,嘉言结于众舌,朋比逞于群邪。蠹害政治,谋危社稷,譬堤防之将决,烈火之将然,有滔天燎原之势,赖神发其蠹,皆就殄灭……"②

于罢中书省诏中,亦只及其枉法挠政诸罪:

癸卯,罢中书省,诏曰:"……丞相汪广洋、御史大夫陈宁昼夜淫昏,酣歌肆乐,各不率职,坐视废兴。以致胡惟庸私构群小,夤缘为奸,或枉法以贿罪,或挠政以诬贤,因是发露,人各伏诛……"③

即在十六年后,太祖和刘三吾的谈话中,胡惟庸的罪状,也不过只是擅作威福和僭侈:

二十八年十一月上谓翰林学士刘三吾等曰:"奸臣胡惟庸等擅作威福,谋为不轨,僭用黄罗帐幔,饰以金龙凤纹。迩者

---

① 《明太祖高皇帝实录》卷一二九。
② 同上。
③ 《明太祖高皇帝实录》卷一二九;《明太祖文集》卷二《废丞相大夫罢中书诏》。

逆贼蓝玉,越礼犯分,床帐护膝,皆饰金龙,又铸金爵为饮器,家奴至于数百,马坊廊房,悉用九五间数,僭乱如此,杀身亡家。"①

惟庸诛后七年,始于所颁《大诰》中提及林贤:

维十九年十二月望皇帝三诰于臣民曰:"……帝若曰前明州卫指挥贤私通惟庸,劫倭舶,放居倭,惟庸私使男子旺借兵私归贤,贤将辅人乱,不宁于黔黎,诛及出幼子。"②

在洪武二十八年九月所颁《祖训》中③,方才正式列出惟庸通倭的记载,其文云:

四方诸夷皆限山隔海,僻在一隅,得其地不足以供给,得其民不足以使令,若其自不揣量,来挠我边,则彼为不祥。彼既不为中国患,而我兴兵轻犯,亦不祥也。吾恐后世子孙,倚中国富强,贪一时战功,无故兴兵,致伤人命,切记不可。但胡戎与西北边境,互相密迩,累世战争,必选将练兵,时谨备之。

今将不征诸夷国名列后:

东北:朝鲜国

正东偏北:日本国 (虽朝实诈,暗通奸臣胡惟庸,谋为不

---

① 《皇明大事记》卷九,高皇帝御制及纂辑诸书。
② 《名山藏·刑法记》。
③ 《皇明大事记》卷九。

轨,故绝之。)

正南偏东:大琉球国　小琉球国

西南:安南国　真蜡国　暹罗国　占城国　苏门答剌　西洋国　爪洼国　湓亨国　白花国　三弗齐国　浡泥国①

考《明史·胡惟庸传》谓:"十九年十月林贤狱成,惟庸通倭事始著。"查《实录》十九年十月条不载此事。胡惟庸罪状中之通倭一事,据史言发觉在十九年,其唯一之根据为当时官书《大诰三编》。据此则十九年以前不当有绝倭之事,而事实上则却相反。《祖训》之成,据《大事记》所言第一次编成于洪武二年。② 第二次在六年五月。③ 第三次在二十八年九月,重定名为《皇明祖训》,其目仍旧,而更其《箴戒》章为《祖训》首章。④ 由是可知最后定本即仍洪武六年之旧,不过把原来《箴戒》章改成首章而已。胡惟庸事败在洪武十三年正月,通倭事发在十九年十月,不应先于洪武六年绝倭! 细绎《祖训》文意,知其大旨不过戒子孙勿务远略损国威,所列不征之国,亦以其阻绝海洋,不易征服,于胡惟庸事,初无关涉。盖日本之被列为不征之国事在洪武六年以前,在洪武十九年到二十八年这时期中方把胡惟庸事加入,作为佐证。后来读史的人不留心,把不征之国和胡惟庸事因《祖训》先后放在一起,就混为一事,并误为有因果关系。因胡惟庸狱词和《大诰》所载,辗转附会,惟庸

---

① 《皇明祖训》首章,5页。
② 《大事记》九,封建。
③ 《大事记》九,高皇帝御制及纂辑诸书。
④ 《大事记》九,封建。

之通倭谋逆及明廷因之与日绝交数事,遂成信谳了。

《国朝列卿记》所记全用《实录》原文,明代向例于《实录》修成后即焚稿扃史馆中,不为外人所见。所以后来人的记载大部分可说都是根据《国朝列卿记》这部书。

因为《皇明祖训》、《大诰》和《实录》中的记载,出于朝廷。后来的史家便都一致相信,以为事实。自郑晓①、郎瑛②、章潢③、邓元锡④、茅瑞征⑤、茅元仪⑥、陈仁锡⑦、张复⑧、叶向高⑨、方孔炤⑩、黄道周⑪及《制御四夷典故》⑫诸书,一致以为太祖朝之中日绝交,是因为如瑶贡舶事件;如《苍霞草》所记:

> 已复纳兵贡艘中助逆臣胡惟庸,惟庸败,事发,上乃著《祖训》示后世毋与倭通。

《吾学编》、《制御四夷典故》、《皇明世法录》、《图书编》诸书云:

---

① 《吾学编》,《皇明四夷》上,《日本》。
② 《七修类稿》卷五《日本》。
③ 《图书编》卷五〇《日本国》。
④ 《皇明书》卷一六六《日本传》。
⑤ 《皇明象胥录》卷二《日本》。
⑥ 《武备志》卷二三〇《日本考》。
⑦ 《潜确类书》卷一三《日本》。
⑧ 焦竑:《皇明人物考》附录,张复:《南倭考》。
⑨ 《苍霞草》卷一九《日本考》。
⑩ 《全边略记》卷九《海略》。
⑪ 《博物典汇》卷二〇《日本》。
⑫ 《制御四夷典故》,《日本国考略》。

十五年归廷用又来贡,于是有林贤之狱,曰故丞相胡惟庸私通日本,盖《祖训》所谓日本虽朝实诈,暗通奸臣胡惟庸,谋为不轨,故绝之也。是时惟庸死且三年矣。十七年如瑶又来贡,坐通惟庸,发云南守御。

渡边世祐《室町时代史》(页二三五)亦谓:

时明胡惟庸谋反,使宁波之指挥官请援于征西将军。征西府使僧如瑶率精兵四百余人伪入贡赴之。谋觉,胡惟庸伏诛,逮林贤狱起,我邦通谋事发觉,太祖大怒,尔后一时交通遂绝。

何乔远①、郑若曾②、严从简③诸人记林贤与如瑶之事迹较详尽,《名山藏·王享记》云:

丞相胡惟庸得罪惧诛,谋诸倭不轨,奏调金吾卫指挥林贤备倭明州。阴遣宣使陈得中谕贤送日本使出境,则诬指为寇以为功。贤听惟庸计,事觉,惟庸佯奏贤失远人心,谪居之倭中。既惟庸请宥贤复职,上从之。惟庸以庐州人李旺充宣使召贤,且以密书奉日本王借精锐人为用,王许之。贤还,王遣僧如瑶等率精锐四百余人来,诈献巨烛,烛中藏火药兵器。比

---

① 《名山藏·王享记》一,《日本》。
② 《筹海图篇》卷二。
③ 《殊域周咨录》卷二。

至惟庸已败,上犹未悉贤通惟庸状,发四百余人云南守御……十五年惟庸事觉,上追怒惟庸,诛贤磔之。于是名日本曰倭,下诏切责其君臣,暴其过恶天下,著《祖训》绝之。

所记恰与《大诰》合。《筹海图编》亦采此说,而误以胡惟庸为枢密使,为王士骐所讥。① 且以为先于洪武十六年诏绝日本,二十年如瑶事发,时代与各书歧异。日人辻善之助据之以为怀良亲王已于前四年卒,足证使非征西所遣。② 书中标明日使为归廷用,足补何氏之缺:

日本使归廷用入贡方物,厚赏回还,明州备倭指挥林贤在京随驾,时交通枢密使胡惟庸,潜遣宣使陈得中密与设谋,令将归廷用诬为倭寇,分用赏赐。中书省举奏其罪,流贤日本。洪武十六年诏绝日本之贡。贤流三年,逆臣胡惟庸暗遣人充宣使,私往日本取回,就借练精兵四百,与僧如瑶来献巨烛,中藏火药兵具,意在图乱,上大怒,磔贤于市,乃降诏责其君臣,绝其贡。

《殊域周咨录》本之,而以为十三年发如瑶云南守御,林贤事发则在洪武二十年。日人饭田忠彦③、荻野由之④、辻善之助⑤、栗田

---

① 《皇明驭倭录》卷一。
② 辻善之助:《海外交通史话》卷一五,303页。
③ 《野史》卷二八二《外国传》一,明上。
④ 《日本史讲话》,563—565页。
⑤ 《海外交通史话》,303页。

元次及木宫泰彦①和德人希泊鲁秃（Sicboldt）②诸人所记大率根据以上所引。

李开先所记则与诸书微异，其所撰《宋素卿传》云③：

> 自洪武年间因胡惟庸通倭密谋进寿烛，内藏刀箭。将夷以铜甑蒸死，绝其进贡。

这是他把永乐三年十一月日本使者自治倭寇的记载④和如瑶贡舶事件混在一起误为一事的错误。

以上诸家所记都属于胡惟庸使林贤通倭，如瑶伪贡事件。王世贞一流的史家所记，则与此异：

> 日本来贡使，私见惟庸，乃为约其王，令舟载精兵千人，伪为贡者，及期会府中，力掩执上，度可取，取之；不可，则掠库物泛舸就日本有成约。⑤

以下便接着叙云奇事件，把这两件事发生连带关系。他在另一记载中又说：

---

① 《综合日本史概说》三二，"足利时代之外国关系"；《中日交通史》下卷，第七章"日本使之往来与胡惟庸事件"。
② 《异国丛书》四，《日本交通贸易史》，263页。
③ 李中麓：《闲居集》，文九。
④ 《明史》卷三二二《日本传》。
⑤ 王世贞：《弇州别集·胡惟庸传》。

> 十三年丞相胡惟庸谋叛,令(日使)伏精兵贡艘中,计以表裹挟上,即不遂,掠库物,乘风而遁。会事露悉诛。而发僧使于陕西四川各寺中,著训示后世,绝不与通。①

又把这事件和如瑶发生关系。陈仁锡②、朱国桢③诸人都相信这一说,引为定谳。稍后谷应泰、夏燮等,便兼采两家矛盾之说,并列诸事,作最完备之记录。④

读了以上诸家记述之后,最后我们试一持与当时的官书一核,看到底哪些史料是可靠的,哪一些是不可靠的,《大诰三编》说:

> 前明州卫指挥林贤出海防倭,接至日本使者归廷用入贡方物。其指挥林贤移文赴都府,都府转奏,朕命以礼送来至京。廷用王事既毕,朕厚赏令归,仍命指挥林贤送出东海,既归本国。不期指挥林贤当在京随驾之时,已与胡惟庸交通,结成党弊。及归廷用归,惟庸遣宣使陈得中密与设计,令林指挥将廷用进贡舡只,假作倭寇舡只,失错打了,分用朝廷赏赐,却仍移文中书申禀。惟庸伴奏林指挥过,朕责指挥林贤就贬日本。居三年,惟庸暗差庐州人充中书宣使李旺者私往日本取回,就借日本国王兵,假作进贡来朝,意在作乱。其来者正使如瑶藏主左副使左门尉右副使右门尉,率精兵倭人带甲者四百余名——倭僧在外——比至,胡惟庸已被诛僇,其日本精兵,

---

① 王世贞:《日本志》。
② 《皇明世法录》卷八五《韩国公传》。
③ 《开国臣传》卷二《韩国李公传》。
④ 《明史纪事本末》卷三一《胡蓝之狱》;《明通鉴》卷七。

就发云南守御。洪武十九年朕将本人命法司问出造反情由，族诛了当。呜呼人臣不忠者如此！①

又云：

其指挥林贤年将六旬，又将辅人为乱，致黔黎之不宁，伤生所在，岂不得罪于天人者乎！遂于十九年冬十月二十五日将贤于京师大中桥及男子出幼者皆诛之，妻妾婢之。②

我们且不推敲这事件的本身是否可靠，明太祖这样一个枭桀阴忮的人的话——一面之词是否可信，光和其他的记载比较，至少以下几件事是明太祖或胡惟庸所未曾想及的。这几点是：

（一）诈献巨烛，烛中藏火药兵器的聪明主意。

（二）日本贡使私见惟庸，约贡千人相助绑票的事。

（三）时间的矛盾。

（四）归廷用十五年之再贡发觉事。

（五）奏调林贤备倭明州事。

（六）三年前惟庸初由右丞改左，正得宠眷而反惧诛事。

四、胡惟庸之罪状

洪武十三年正月胡惟庸被诛时的罪状是：

---

① 潘柽章：《国史考异》卷二之一三《大诰三编》，39 页，"指挥林贤胡党第九"。
② 同上。

(一)毒死刘基。

(二)阻隔占城贡使。

(三)私给文臣以没官妇女。

(四)枉法挠政,朋比为奸。

刘基事据《明史》本传说:

> 基在京病时,惟庸以医来,饮其药,有物积腹中如拳石。其后中丞涂节首惟庸逆谋,并谓其毒基致死云。①

据《胡惟庸传》,则惟庸之毒基,实为太祖所遣:

> 御史中丞刘基亦尝言其短,久之,基疾,上遣惟庸挟医视,遂以毒中之。

据《行状》所述,基未死前且曾以被毒状告太祖,太祖不理:

> 洪武八年正月,胡丞相惟庸以医来视疾,饮其药二服,有物积腹中如拳石,遂白于上,上亦未之省也,自是疾遂笃。三月上以公久不出,遣使问之,知其不能起也,特御制文一通,遣使驰驿送公还乡,里居一月而薨。②

即由史臣纂修之《实录》,也说太祖明知刘基被毒事:

---

① 《明史》卷一二八《刘基传》。
② 《皇明名臣琬琰录》卷七,黄纪委(伯生):《诚意伯刘公行状》。

御史中丞涂节言前诚意伯刘基遇毒死,广洋宜知状。上问广洋,广洋对以无是事。上颇闻基方病时,丞相胡惟庸挟医往候,因饮以毒药。乃责广洋欺罔,不能效忠为国,坐视废兴……①

由上引诸记载,参以《明史·刘基传》所叙胡惟庸与基之宿怨,乘隙中伤,太祖对基怀疑事。可知胡惟庸之毒基,确受上命,所以刘基中毒后,虽质言情状,亦置不理。并且派人看他会不会死,直到确知他必定要死,方派人送他回家。我们看汪广洋之死是为涂节告发,胡惟庸之被罪,也和刘基死事牵连,但在宣布胡氏罪状时,却始终没提起这事。由此可见"欲盖弥彰",涂节之所以与胡惟庸骈戮东市,其故亦正在是。

关于阻隔占城贡使事,《明史》云:

洪武十二年占城贡使至都,中书不以时奏,帝切责丞相胡惟庸、汪广洋,二人遂获罪。②

《实录》载此事较详,其文云:

十二年九月戊午,占城国王阿答阿者遣其臣阳须文旦进表及象马方物,中书臣不以时奏。内臣因出外,见其使者以

---

① 《明太祖实录》卷一二八。
② 《明史》卷三二四《占城传》。

闻,上亟召见,叹曰:"壅蔽之害,乃至此哉!"因敕责省臣曰:"朕居中国,抚辑四夷,彼四夷外国有至诚来贡者,吾以礼待之。今占城来贡方物既至,尔宜以时告,礼进其使臣,顾乃泛然若罔闻知,为宰相辅天子出纳帝命,怀柔四夷者固当如是耶!"丞相胡惟庸、汪广洋等皆叩头谢罪。①

《明史》言:"帝怒,切责省臣,惟庸及广洋顿首谢罪,而微委其咎于礼部,礼部又委之中书,帝益怒,尽囚诸臣,穷诘主者。"《高皇帝文集》卷七载《向中书礼部慢占城入贡第二敕》云:

> 敕问中书礼部必欲罪有所证。古有犯法者犯者当之,此私罪也。今中书礼部皆理道出纳要所,九月二十五日有慢占城入贡事,向及省部,互相推调,朕不聪明,罪无归著,所以囚省部,概穷缘由,若罪果有所证,则罪其罪者,仍前推调,未得释免。

旨意极严重,接着就是涂节上变告反,由此可见惟庸已于十二年九月二十五日下狱,到十二月又发生汪广洋妾陈氏从死事,再下法司取勘,涂节窥见太祖有欲杀之意,逢迎上变,遂于次年正月被诛。

庚午诏书中所指的"枉法朋比",《明史》所记无实事可征。李善长狱后数年方发觉,此时当不能预为周纳。惟吴伯宗事别见其本传云:

---

① 《明太祖实录》卷一二六;《皇明大事记》卷一三四《夷朝贡》。

> 胡惟庸用事，欲人附己，伯宗不为屈。惟庸衔之，坐事谪居凤阳，上书谕时政，因言惟庸专恣不法，不宜独任，久之必为国患，辞甚剀切。帝得奏召还，赐衣钞。①

则伯宗自以坐事谪徙，亦未尝得"危祸"也。刘崧事见《高皇帝文集》七《召前按察副使刘崧职礼部侍敕》云：

> 奸臣弄法，肆志跳梁，拟卿违制之责。迩者权奸发露，人各伏诛。卿来，朕命官礼部侍郎，故兹敕谕。

其朋比事，当时人的记载，《国初事迹》中，有这样一条：

> 杨宪为御史中丞。太祖尝曰："杨宪可居相位。"数言李善长无大才。胡惟庸谓善长曰："杨宪为相，我等淮人不得为大官矣。"宪因劾汪广洋不公不法，李善长奏排陷大臣，放肆为奸等事，太祖以极刑处之。②

刘辰曾佐太祖戎幕，所记当得之见闻，较可征信。且善长、惟庸均为淮人，惟庸之进用，又为善长所援引，为保全禄位树立党援计，其排斥非淮系人物，又为势之所必至。不过据这一条史料的引证，也仅能证明惟庸之树党而已。《高皇帝文集》卷十六《跋夏珪长江万里图》文中有指摘惟庸受赃语，不过尽他所能指摘的也还不过

---

① 《明史》卷一三七《吴伯宗传》。
② 刘辰：《国初事迹》（《金华丛书》本）。

是一幅不甚著名的图。其文云：

> 洪武十三年春正月奸臣胡惟庸权奸发露，令法司捕左右小人询情究源，良久，人报左丞赃贪淫乱甚非寡欲。朕谓来者曰：果何为实，以验赃贪？对曰：前犯罪人某被迁，其左相犹取本人山水图一轴，名曰《夏珪长江万里图》。朕犹未信，遣人取以验，去不逾时而至，吁！微物尚然，受赃必矣。

促成惟庸谋反的动机，据《明史》说是：

> 会惟庸子乘马于市，堕死车下，惟庸杀挽车者，帝怒，命偿其死。惟庸请以金帛给其家，不许。惟庸惧，乃与御史大夫陈宁、中丞涂节等谋起事，阴告四方及武臣从己者。

此文全据《实录》，而略其下一段。今补列如下：

> 上日朝，觉惟庸等举措有异，怪之，涂节恐事觉，乃上变告。①

据上文所申述，我们知道惟庸于十二年九月下狱取勘，《实录》所记太祖自己在朝堂上觉察惟庸举措，事实上为不可能。《宪章

---

① 《明太祖实录》卷一二九。

录》①、《皇明法传录》②诸书因其矛盾,舍去不录,《明史》因之。我们如再细心检讨一下,就可以知道不但《实录》之事后增饰和《明史》诸书之截短取长是靠不住,即其所记之惟庸子死事,也是同样的叫人不敢相信。如王世贞记惟庸狱起前之所谓促成谋反之动机云:

> 会其家人为奸利事,道关榜辱关吏,吏奏之,上怒,杀家人,切责,丞相谢不知乃已。
>
> 又以中书违慢,数诘问所由。惟庸惧,乃计曰:"主上鱼肉勋旧臣,何有我耶!死等耳,宁先发,毋为人束,死寂寂。"③

同样地是在叙述同一事件,并且用同一笔法,但所叙的事却全不相符,一个说是惟庸子死,一个说是惟庸家人被诛。显见这两种不同的记载是出于两种不同的来源,由此又可知胡惟庸事件在明嘉靖以前是怎样一个纷乱矛盾的样子了。

《高皇帝文集》卷七有《谕丞相枉序班敕》,所谓丞相当即指惟庸言,但细绎敕意,亦只是责其刑罚不中而已。敕云:

> 传曰:刑罚不中,则民无所措手足。今日序班奏,昨晚一使自山西至,一使自太仓来省,引进将至与姓名,且曰郎中教只于此处候丞相提奏引见,已而终不见,郎中复唤,于是不敢

---

① 薛应旂:《宪章录》卷七。
② 陈建:《皇明法传录》卷七。
③ 《国朝献征录》卷一一。

引见,是有丞相怪责,不由分诉,刑及二十而肤开,甚枉之。因序斑奏枉,试释之,若为上者教人正其事而后罪人不行,此果刑罚之中乎?

总之,在上文所引述的史料中,我们找不出有"谋反"和"通倭"、"通虏"的具体的记载。这正好像一个故事,时代越后,故事的轮廓便越扩大,内容也越充实。到了洪武二十三年后胡惟庸的谋反便成铁案,装点得有条有理了。钱谦益引《昭示奸党三录》说:

> 自洪武八年以后,惟庸与诸公侯约日为变,殆无虚月,或候上早朝,则惟庸入内,诸公侯各守四门,或候上临幸,则惟庸扈从,诸公侯分守信地,皆听候惟庸调遣,期约举事。其间或以车驾不出而罢,或以宿卫严密,不能举事而罢,皆惟庸密遣人麾散,约令再举,五年之中,期会无虑二百余。①

考《太祖本纪》胡惟庸以洪武六年七月壬子任右丞相,十年九月辛丑改左。② 其时惟庸正被恩眷,得太祖信任。《高皇帝文集》二载是时《命丞相大夫诏》:"朕平天下之初,数更辅弼,盖识见浅薄,任非其人。前丞相汪广洋畏懦迂滑,其于申冤理枉,略不留意。以致公务失勤,乃黜为岭南广省参政,观其所施,察其自省。今中书久阙丞相,御史台亦阙大夫,揆古稽今,诚为旷典,特命左丞相胡惟庸为中书右丞相,中丞陈宁为右御史大夫。且惟庸与宁自广洋去

---

① 《太祖实录辨证》卷三。
② 《明史》卷二《太祖本纪》二。

后,独署省台,协诚匡济,举直措枉,精勤不怠,故任以斯职。播告臣民。"云云。据《奸党录》所言,则不特《实录》所记惟庸诸谋叛动机为子虚,即明人诸家所言亦因此而失其立足点。因为假使惟庸已蓄意谋叛,其行动且早至被诛之五年前,且屡试屡败,则何以史文又曲为之隐?于《奸党三录》所云"五年之中期会为变无虑二百余次"一事至不著一字!何以《明史》及《弇州别集》诸书仅著其"以祥瑞自喜有异谋"、"令费聚陆仲亨收集军马"、"收集亡命"、"通倭欵虏"、"被责谋起事"诸近疑似暧昧之刑法上所谓"意图"的记载,而及略其主要之已举未遂行为!

《实录》记李善长狱事,尤暧昧支离,使人一见即知其捏造。盖其所述谋反情事,皆援据当时狱辞,其不可信,又无待究诘。且即以所叙和《昭示奸党录》所条列善长诸招一校,亦有未核。① 《实录》云:

> 太仆寺丞李存义者,善长之弟,惟庸之婿父也。以亲故往来惟庸家。惟庸令存义阴说善长同起,善长惊悸曰:"尔言何为者!若尔,九族皆灭。"存义惧而去,往告惟庸,惟庸知善长素贪,可以利动。后十余日,又令存义以告善长,且言事若成,当以淮西地封公为王,善长虽有才能,然本文吏计深巧,佯惊不许,然心颇以为然,又见以淮西之地王已,终不失富贵,且欲居中观望,为子孙后计,乃叹息起曰:"吾老矣,由尔等所为。"存义还告,惟庸喜,因过善长,善长延入,惟庸西面坐,善长东面坐,屏左右欵语良久,人不得闻,但遥见颔首而已。惟庸欣

---

① 《有学集》卷一〇四。

然就辞出,使指挥林贤下海招倭军约期来会,又遣元臣封绩致书称臣于元,请兵为外应。①

《明史》别据明人所记以为说善长以封王者为其故人杨文裕。② 于其冤抑,特载解缙所代草之王国用奏疏剖解甚明。③ 钱谦益据当时招辞谓:

> 洪武十年九月惟庸以逆谋告李存义,使阴说善长,未得其要领。乃使其旧人杨文裕许以淮西地封王,是年十一月,惟庸亲往说善长,善长犹赵趄未许,即国史所记惟庸西面坐善长东面坐者是也。然此时善长未许,至十二年八月,存义再三往说,善长始有:我老了你每自做之语。④

在上载的两项文件的矛盾中,最显著的是时间问题。《实录》说惟庸几经游说善长,得其赞许后,方进行通倭欵房二事,《实录辨证》据当时口供考定为洪武十二年八月事。惟庸被诛在次年正月,离定谋只是五个月间的事。下狱在九月,离定谋更仅一月。据《明史·日本传》、《名山藏·王享记》、《筹海图编》诸记载,惟庸先遣林贤为明州卫指挥,再佯奏其罪谪日本,使交通其君臣,再请宥贤复职,以李旺召之,且以密书奉日本王借精锐人为用。然后有如瑶藏主之贡舶事件。林贤在日本的时间,《大诰三编》和《筹海图编》

---

① 《明太祖实录》卷一二九。
② 《明史》卷一二七《李善长传》。
③ 同上。
④ 《太祖实录辨证》四。

都说是三年。其回国在洪武十六年后,这当然是不可靠。(郑若曾连胡惟庸卒年都弄不清楚,以为是洪武二十年间事)。不过无论如何,照那时代的航海情形,这一来一往总非一二月可办。据雷礼记如瑶第一次来华之时日为洪武十四年七月戊戌①,正值惟庸败后一年,事颇巧合。不过我们所注意的是胡惟庸能否在死后再派人去召回林贤,在定谋和被诛的五个月中要容纳至少要三年以上的时间才办得到的事实是否可能?通倭事发的年月据《明史》说是在洪武十九年十月,但除当时的官书《大诰》外,我们翻遍《实录》也找不出有这项记载的存在。即在钱谦益所引胡党供辞中亦不及此事。同时在日本方面,除了引征中国的记载外,亦不著如瑶使节之任何事实。甚至在中日双方的若干记载中,有的连日本使者和派遣者的本身都有无数异说。这到底是什么缘故呢?很明显的,此种不被当事人所注意的时间问题,因为事实的本身,出于故意捏造或附会,事后编制,只图假题入罪,便不能顾及时间上的冲突。更因为所附会周纳的故事见于朝廷所颁发的《大诰》,大家不敢不相信,载诸记录,因讹传讹,遂成铁案了。

惟庸私通外夷的第二件事是通虏。《明史》说:

> 遣故元臣封绩致书称臣于元嗣君,请兵为外应……二十一年蓝玉征沙漠,获封绩,善长不以奏,至二十三年五月事发,捕绩下吏,讯得其状,逆谋大著。

《李善长传》亦言:

---

① 《皇明大政记》卷三。

> 将军蓝玉出塞至捕鱼儿海，获惟庸通沙漠使者封绩，善长匿不以闻。

嗣后王世贞①、朱国桢②诸人所记，均据之以封绩为元臣或元遗臣。这一些记载的根据都很有来历，《实录》记：

> 封绩河南人，故元臣来归，命之官，不受，遣还乡又不去，谪戍于边，故惟庸等遗书遣之。惟庸诛，绩惧不敢归，蓝玉于捕鱼儿海获绩，善长匿不以奏。

按《昭示奸党录》所载封绩供辞：

> 封绩招云："绩系常州府武进县人。幼系神童。大军破常州时被百户掳作小厮，拾柴使唤。及长，有千户见绩聪明，招为女婿。后与妻家不和，被告发迁往海南住。因见胡、陈擅权，实封言其非；为时中书省凡有实封到京，必先开视，其有言及己非者即匿不发，仍诬罪其人。胡丞相见绩所言有关于己，匿不以闻，诈传圣旨，提绩赴京，送刑部鞫问坐死。胡丞相着人问说，你今当死，若去北边走一遭，便饶了你。绩应允，胡丞相差宣使送往宁夏耿指挥（忠）、居指挥、于指挥（琥）、王指挥等处，耿指挥差千户张林、镇抚张虎、李用转送亦集乃地面，行

---

① 《弇州别集·李善长传》。
② 《开国臣传》卷二《韩国李公传》。

至中途,遇达达人爱族保哥等就与马骑,引至火林,见唐兀不花丞相,唐兀不花令儿子庄家送至哈剌章蛮子处,将胡丞相消息备细说与:著发兵扰边,我奏了将京城军马发出去,我里面好做事。"

《国史考异》二引《庚午记书》亦云:

> 于琥(都督于)显男。先在宁夏任指挥时,听胡、陈分付,囚军封绩递送出京,往草地里通知消息。后大军克破胡营,获绩究问,二人反情,由是发觉。

与《实录》、《明史》、《弇州别集》、《开国臣传》及明代诸记载家如黄金①、陈仁锡②、何乔远、雷礼诸人所言无一相合。由是知不但封绩非元臣,非河南人,非胡惟庸亲信,且与李善长亦始终无涉。不但上述诸正史及野记无一可信,即上引之封绩供辞亦不必实有,因为明代兵制初不集中兵力于首都,而于沿边要隘及内部冲区设卫分镇,明初尤重视北边防务,以燕王棣守北边,隶以重兵,自后九边终明一代为防虏重镇。即有侵轶,初无用于京军之调动,假使真有封绩使元这一件事,胡惟庸自身任军国大政,反说出这样荒谬绝伦的话,理宁可通!

由上引证,可知所谓通倭通虏都是"莫须有"的事。上文曾说过:胡惟庸事件正像一个在传说中的故事,时间越后,故事的范围

---

① 黄金:《皇明开国功臣传》卷一《李善长传》。
② 《皇明世法录》卷八五《韩国公传》。

便越扩大。根据这个原则,我们试再检校一下胡惟庸私通外夷这一捏造的故事的范围的扩大。

在时代较前的记载中,胡惟庸私通外夷的范围,仅限明代一代所视为大患的"南倭北虏"。稍后便加上一个三佛齐,再后又加上一个卜宠吉儿,最后又加上一个高丽。

《太祖实录》洪武三十年中,载胡惟庸通三佛齐事:

> 三十年,礼部奏诸番国使臣客旅不通。上曰:"……近者安南、占城……西洋、邦嗒剌等凡三十国,以胡惟庸谋乱,三佛齐乃生间谍,绐我使臣至彼。爪哇国王闻知其事,戒饬三佛齐,礼送还朝。是后使臣商旅阻绝,诸国王之意,遂尔不通……"
>
> 于是礼部咨暹罗王曰:"……我朝混一之初,海外诸番莫不来庭。岂意胡惟庸造逆,通三佛齐,乃生间谍,绐我信使,肆行巧诈……可转达爪哇,俾以大义告于三佛齐,三佛齐原系爪哇统属,其言彼必信,或能改过从善,则与诸国咸礼遇之如初,勿自疑也。"①

永乐五年诏敕陕西官吏,又有通卜宠吉儿事:

> 八月敕陕西行都司都司都指挥陈敬等及巡按监察御史,禁止外交。
>
> 上曰:"臣无外交,古有明戒,太祖皇帝申明此禁,最为严切。如胡惟庸私往卜宠吉儿,通日本等处,祸及身家,天下后

---

① 《明太祖实录》;《皇明大事记》卷一三;《皇明驭倭录》卷一。

世,晓然知也……"①

高岱记太祖朝事,说胡惟庸和高丽也有关系:

> 十七年甲子三月上因高丽使来不遵臣礼,以贿结逆臣胡惟庸,事觉,遣其使还。以敕谕辽东守将唐胜宗、叶升,令绝高丽,勿通使命。②

这样,胡惟庸私通外夷,东通日本高丽,西通卜宠吉儿,南通三佛齐,北通沙漠,东西南北诸夷,无不与胡惟庸之叛逆发生关系。

五、明初之倭寇与中日交涉

如瑶贡舶事件,记载纷纭,多不可信。举其矛盾处之显著者如使节之派遣者或以为征夷将军源义满,或以为征西将军怀良亲王。明人如郑晓③、雷礼④、章潢⑤、何乔远⑥、李言恭⑦、陈仁锡⑧、王士

---

① 涂山:《明政统宗》卷七。
② 高岱:《鸿猷录》卷六。
③ 《吾学编》,《大政记》一;《皇明四夷考》上《日本》。
④ 《皇明大政记》卷三。
⑤ 《图书编》卷五〇《日本国考》。
⑥ 《名山藏·王享记》一,《日本》。
⑦ 《日本国考》卷二《朝贡》。
⑧ 《皇明世法录》卷七五《海防·日本》。

骐①、邓元锡②、茅瑞征③、严从简④、方孔炤⑤诸人均以为助胡惟庸谋逆者为怀良亲王。茅元仪、叶向高诸人则以为派遣如瑶来华者为征夷将军。《日本考》云：

> 十三年再贡皆无表，以其征夷将军源义满所奉丞相书来，书倨甚，命锢其使。明年复贡，命礼臣为檄，数而却之。已复纳兵贡艘中助逆臣胡惟庸。惟庸败，事发，上乃著《祖训》示后世，毋与倭通。⑥

此以贡舶之来为在十四年后，时胡惟庸已死垂二年，叶向高所记全同。⑦ 日人松下见林采其说，谓：

> 明太祖答日本征夷大将军曰"前奉书我朝丞相"，丞相谓胡惟庸也。又《武备志》曰："征夷将军源义满所奉丞相书来，已复纳兵贡艘中助胡惟庸。"观此则义满助胡惟庸者也。⑧

荻野由之反之，肯定如瑶为怀良所遣。⑨ 希泊鲁秃则不特坚持

---

① 《皇明驭倭录》卷一。
② 《皇明书》卷一六六《日本传》。
③ 《皇明象胥录》卷二《日本》。
④ 《殊域周咨录》卷二。
⑤ 《全边略记》卷九《海略》。
⑥ 《武备志》卷二三《四夷》八。
⑦ 《苍霞草》卷一九《日本考》。
⑧ 《异称日本传》卷中八，46 页。
⑨ 《日本史讲话》，563—565 页。

怀良遣使之说,且著其遣使之年为元中元年(洪武十七年,1384)并云:

> 胡之谋图被发觉,诛三族,如瑶(即如瑶,刊讹)不知入明,故被捕流云南,数年之后,被宥归国。①

小林博氏亦主是说,且记此阴谋之发觉时间为弘和二三年间(明洪武十五、六年,1382—1383)。② 辻善之助则误据《筹海图编》所记,以贡舶为洪武二十年事,而断云:

> 时怀良亲王死已四年,良成亲王继任,无出兵海外之余裕,此事恐为边陲倭寇之首魁所为。③

他知道怀良的卒年,因以断定贡舶非其所遣,同时他却忘记了胡惟庸也已死了八年,这事如何能同胡惟庸发生联系!木宫泰彦亦主二十年之说,且以怀良之遣使事为必有。他说:

> 此所指日本国王系指怀良亲王,细读《明史》,自能了解。此事不见于日本国史,但弘和元年曾有为亲王使者抵明之僧,由当时亲王对明之强硬态度,与弘安以来养成之冒险的风气推之,想必有此事也。④

---

① 《日本交通贸易史》,263 页("异国丛书"本)。
② 《详说日本历史》,285 页。
③ 《海外交通史话》,303 页。
④ 《日支交通史》下,"征夷府与明朝之交涉"。

所说纯据想象，虚构楼阁，不足置信。

在另一方面的各家记载纷歧，也不一而足，如瑶贡舶所纳兵士或以为四百人（《名山藏》、《明史》诸书），或以为千人（《弇州别集》、《献征录》诸书），通倭之经过，或以为使林贤下海招约（《明史》），或以为适日本贡使来因与私约（《弇州别集》），林贤狱具或以为在洪武十九年十月（《明史》），或以为在洪武十五年（《皇明书》、《制御四夷典故》、《皇明世法录》），或以为在二十年（《殊域周咨录》），如瑶末次来华或以为在十七年（《皇明书》），或以为在十九年（《大政记》），或以为在二十年（《筹海图编》）。如瑶末次来华之谪徙地方或以为发陕西（《明史纪事本末》），或以为发云南（《名山藏》、《殊域周咨录》），或以为发川陕（《日本国志》），如瑶所率精兵或以为尽被诛夷（《献征录》、《明史纪事本末》），或以为尽发云南守御（《皇明书》、《名山藏》）。种种歧异矛盾，指不胜屈。

如瑶贡舶事在《日本国史》既无足征，中籍所记又荒唐如此，由此可知这本是一件莫须有的事，如瑶即使真有其人，也不过只是一个通常的使僧，或商贩，和胡惟庸党案根本无关。

向来中日两方的记载都以为明初中日绝交的主要原因是如瑶贡舶事件。上文既已论及如瑶贡舶之莫须有，以下试略一述中日初期交涉之经过，以说明其绝交前后之情势，从反面证明在此情势中实无容纳如瑶贡舶事件之可能。

明初中日两方之所以发生外交关系的原因，在中国方面是因为倭寇出没，请求制止，在日本方面则可说完全是基于经济的关系。

《明史》说：

明兴,高皇帝即位,方国珍、张士诚相继诛服,诸豪亡命往往纠岛人入寇山东滨海州县。①

　　日本在王朝之末,纪纲大乱,濑户内海,海贼横行,至镰仓时代不绝。南北争乱之顷,其势逾逞。伊豫之住人村上三郎左卫门义弘者统一近海海贼为之首长,义弘死后,北昌显家之子师清代为首长,率其党以掠夺为事。② 入寇者以萨摩、肥后、长门、三州之人居多,其次则大隅、筑前、筑后、博多、日向、摄摩、津州、纪伊、种岛,而丰前、丰后、和泉之人亦间有之,盖因商于萨摩而附行者,其来或因贡舶,或因商舶。③ 随风所之,南至广东,北至辽阳,无不受其荼毒。④ 由是海防成明代大政,设戍置寨,巡捕海倭,东南疲于奔命。⑤

　　明廷要解决倭患,只有三个办法:上策是用全国兵力,并吞日本以为藩属,倭患不扫自除。中策是以恩礼羁縻,示以小惠,许以互市,以其能约束国人为相对条件。下策是不征不纳,取闭关政策。努力防海,制止入犯。在这三个办法中,最难办到的是下策。因为中国海岸线延长二万里,倭寇可以随处侵入,中国却没有这财力和兵力来到处设防,即使可能,兵力太单了也不济事。上策也感觉困难,因为中国是一个大陆国,没有强大的海军,要征服这一倔强的岛国,简直办不到。并且基于过去隋、元二代的历史教训,也

---

① 《明史》卷三二二《日本传》,卷九一《兵志》;《闽书》卷一四六《岛夷志》。
② 渡边世祐:《室町时代史》,234页;《日本海上史论》,《日明交通与海贼》。
③ 《图书编》卷五〇《日本国序》。
④ 李言恭:《日本考》。
⑤ 《明史》卷九一《兵志》。

不敢轻易冒这大险。元吴莱曾作了一篇《论倭》的文章,反复地说明伐倭之无益和大海之阻隔,要征服它是不可能的事。他建议应当遣使往谕,以外交的手腕去解决倭寇问题。① 这篇文章影响到明代的对日政策,明太祖差不多全盘地接受了他对元朝的劝告和建议,毅然地抛弃上策,把日本列为十五不征之国之一,著在《祖训》。

但是,一个国家要能行使它的统治权,先决问题是这个国家的统一。不幸在这时期,日本国内却陷于南北分裂的对峙局面,政治上的代表人物,在北朝是征夷将军源义满,在南朝是征西将军怀良亲王,北朝虽愿和中国通商,解决它财政上的困难,南朝却以倭寇为利,且以政治地位的关系,也不肯让北朝和明有任何外交关系。以此,明廷虽经几度的努力,终归无效,结果仍不得不采取下策,行闭关自守之计。

第一次的倭寇交涉完全是恐吓性质,洪武二年三月明廷派吴用、颜宗鲁、杨载、吴文华使日,到征西府责以倭寇责任诏书云:

>……间者山东来奏,倭兵数寇海边,生离人妻子,损害物命,故修书特报正统之事,兼谕越海之由。诏书到日,如臣奉表来庭,不臣则修兵自固,永安境土,以永天休。如必为寇盗,朕当命舟师扬帆诸岛,捕绝其徒,直抵其国缚其王,岂不代天伐不仁者哉!惟王图之。②

怀良的答复是杀明使五人,拘留杨载、吴文华两人三个月方才

---

① 《续文章正宗》卷五,吴莱:《论倭》。
② 何乔远:《闽书》卷一四六《岛夷志》;《皇明驭倭录》卷一。

放回。①

三年三月又作第二次交涉,以莱州府同知赵秩往谕,委婉劝导中含有恐吓的意味,诏书说:

> ……蠢尔倭夷,出没海滨为寇,已尝遣人往问,久而不答,朕疑王使之故扰我民,今中国奠安,猛将无用武之地,智士无所施其谋,二十年鏖战精锐,饱食终日,投食超距,方将整饬巨舟,致罪于尔邦,俄闻被寇者来归,始知前日之寇,非王之意,乃命有司暂停造舟之役。
>
> 呜呼!朕为中国主,此皆天造地设,华夷之分。朕若效前王恃甲兵之众,谋士之多,远涉江海,以祸远夷安靖之民,非上帝之所托,亦人事之不然。或乃外夷小邦故逆天道,不自安分,时来寇扰,此必神人共怒,天理难容,征讨之师,控弦以待;果能革心顺命,共保承平,不亦美乎!……②

一面又派前曾使日之杨载送还捕获之日本海贼僧侣十五人,想用示惠的手腕,使日本自动地禁捕倭寇。③ 这一次的交涉,总算博得相当的成功。洪武四年十月怀良遣其臣僧祖来进表笺,贡方物,并僧九人来朝。又送至明州、台州被掳男女七十余口。④

日使祖来到南京后,明廷向之经过几度的咨询,才恍然知日本国内分裂情形,怀良并非日本国王,以前几次的交涉,不幸都找错

---

① 《修史为征》卷一《大明皇帝书》。
② 《皇明驭倭录》卷一。
③ 《修史为征》卷一《大明皇帝书》。
④ 《皇明驭倭录》卷一;《明史·日本传》。

了对手。①

明廷于是改变方针,想和北朝直接交涉。洪武五年五月特派僧仲猷祖阐、无逸克勤为使,以日僧椿庭海寿、权中巽为通事,使者一行八人,送祖来回国。② 先是建德二年(洪武四年)肥后守菊池武光奉怀良亲王起兵谋复筑紫,与今川贞世(了俊)战于镇西,败绩,贞世寻为镇西探题,势力方盛。③ 怀良由博多移于肥后之菊池。④ 明使一登岸,新设的北朝守土官见其与祖来同来,以为是征夷府向中国乞师回来的使节,因加以拘辱。⑤ 不久即遣送至京,滞留二月,始就归途。⑥ 途经征西府,怀良愤其秘密入京,及颁示大统历有使奉正朔之意,复加拘辱。⑦ 七年五月始还南京。⑧

这一次对北朝交涉的结果,北朝因连年征战,帑藏奇绌,正盼能和中国通商,解决财政上的困难,所以明使一至京,便完全容纳禁倭之请,一面因征西府梗中日商道,派兵来攻。⑨ 一面派僧宣闻溪(揔州太守圆宣)净业喜春备方物来贡,又送还所掳中国及高句丽民百五十人。这是征夷府第一次遣明的使节,不幸因无正式国书,征南之举又失败,道路不通,被明廷疑为商人假冒,以拒绝接待。⑩

---

① 瑞溪周凤:《善邻国宝记》上。
② 《皇明驭倭录》卷一;《明史·日本传》。
③ 《日本外史》卷七,足利氏上。
④ 《阿苏文书》。
⑤ 宋濂:《翰苑续集》卷七《送无逸勤公出使还乡省亲序》。
⑥ 《花营三代记》。
⑦ 木宫秦彦:《日支交通史》,《征西府与明朝之交涉》;《明史·日本传》。
⑧ 《明史·日本传》。
⑨ 《日本外史》卷五,楠木氏附北昌氏。
⑩ 《明史·日本传》;《大明会典》卷一〇五,主客清吏司。

同年大隅守护之岛津氏久和征西府之菊池武政都遣使来贡，冀图通商，明廷以其非代表国家，且不奉正朔，均却之。又以频入寇掠，命中书移牒责之。①

洪武八年七月征西府遣僧延用文圭（归廷用，圭廷用）奉表贡马及方物，表词倔强负固。② 此时明廷对日方有进一步之了解，他们知道日本南朝在利用倭寇，万不肯加以禁止，自闭财源。北朝虽极盼通商，并愿禁倭，但为南朝所阻，无力制止，其他派使入贡者又全是不能代表政府的大名藩士和唯利是图的商人。外交解决的途径至此全穷，在事实上不能不放弃中策，予日本以经济上的封锁，一面严修海防为自卫之计了。

明廷虽已决计绝日，但在表面上仍和日本派来的正式使节虚与委蛇，希望能得外交上的转机。洪武十三四年间和征夷、征西两方打了几次笔墨官司。③ 征西府的挑战倔强态度，给明廷以极大的侮辱。明廷极力容忍。④ 以后通使较稀，但仍未完全断绝外交关系。西元1383年怀良亲王死，北朝势旺，忙于国内之统一运动，和明廷的关系因之暂时停止。

根据以上简约的叙述，可知明初即已列日本为十五不征之国之一，其地位和朝鲜、安南、爪哇、渤泥诸国同。明廷之所以决意绝日的原因是倭寇频繁，日政府不能禁止，无再向请求或恫吓之必要。且绝日的动机肇于洪武八年，在三次交涉失败之后，在胡惟庸

---

① 《皇明驭倭录》卷一；《明史·日本传》。
② 《皇明驭倭录》卷一。
③ 《明太祖实录》卷一三二；《明太祖文集》二，卷一六《设礼部问日本国王，日本将军》。
④ 《明史·日本传》。

死前五年。胡氏死后中日亦未完全断绝国交,时有使节往来。洪武十九年后的中日关系疏淡,则以倭患较稀,日本国内政治势力发生变化之故。由此可知一切关于胡惟庸和明初中日国际关系之传说,均系向壁虚造,毫无根据。

六、胡惟庸党案之真相

据上文所论证,我们知道关于中日关系部分:

(一)明初明廷通好日本的真正原因,纯为请其禁戢倭寇。在日本方面,征西府借海贼寇掠所得支撑偏局,一面虚与明廷委蛇,借得赏赐贸易之大利,故态度倔强,有恃无恐。征夷府极盼能和明廷缔结正当的外交关系,盼能因而达通商的愿望,但因政局不统一,且阻于南朝之割据,没有禁倭的力量。兼之明廷数度来日的使节,都因不明国情而发生严重的误会。日本使节则因其非代表整个国家,不能禁倭,且有时无正式国书和商人冒名入贡因而入寇的暧隔,使明廷不敢接待。在明初十数年中虽努力交涉,用尽外交上恫吓讲理示惠的能事,但倭寇仍不因之少减,对方仍蛮不讲理,明廷不得已,改采下策,却仍藕断丝连,企图贯彻前策。

(二)明太祖列日本于十五不征之国,事在洪武六年以前,和如瑶贡舶及绝交事根本无关。

(三)如瑶贡舶事纯出捏造。即使有如瑶其人,亦与胡案无任何联属。

(四)林贤下海招倭事,据记载上之矛盾及时间上之不可能,亦可决为必无。虽证出官书,不足置信。

关于胡案部分：

（一）云奇事件出于中人附会，也许即由邵荣谋叛事转讹。

（二）刘基被毒，出于明太祖之阴谋。胡惟庸旧与刘基有恨，不自觉地被明太祖所利用，胡下狱后涂节窥见明太祖欲兴大狱之意旨因以此上告，商暠亦受朝廷指，发其阴事，胡案因起。同时涂节等因触明太祖私稳，亦被杀灭口。

（三）占城贡使事及汪广洋妾从死事都只是胡惟庸和廷臣连带下狱的偶然口实，不过借此使人知胡失宠，无形中示意言官使其攻击胡氏，因以罗织成狱的一个过程而已。

（四）李善长狱与封绩使元事根本无关系。《明史》诸书所记封绩事最荒谬不可信。李善长之被株连，其冤抑在当时解缙所代草之王国用疏辞辨之甚明。

胡惟庸的本身品格，据明人诸书所记是一个枭猾阴险、专权树党的人。以明太祖这样一个十足地自私惨刻的怪杰自然是不能相处在一起。一方面深虑身后子懦孙弱，生怕和他自己并肩起事的一般功臣宿将不受制驭，因示意廷臣，有主张地施行一系列的大屠杀，胡案先起，继以李案，晚年太子死复继以蓝案。胡惟庸的被诛，不过是这一大屠杀案的开端。

胡案的组织过程，根据当时的公私记载，很显然地摆露在我们的目前。在胡案初起时胡氏的罪状只是擅权植党，这条文拿来杀胡惟庸有余，要用以牵蔓诸勋臣宿将却未免小题大做。在事实上有替他制造罪状的必要。明代的大患是南倭北虏，人臣的大罪是结党谋叛，于是明太祖和他的秘书们便代替胡氏设想，巧为造作，弄一个不相干的从未到过北边的江苏人封绩，叫他供出胡惟庸通元的事迹，算作胡党造反的罪状。后来又觉得有破绽，便强替封绩改籍为河南人,改身份为元遗臣,又叫他攀出李善长,引起第二次屠杀。一面又随便拣一个党狱中人林贤,捏造出一串事迹,算他通倭。恰巧胡惟庸死后不久,日使或日商来华因无国书被明廷诘责,他们就把这两件事并为一事,装点成有因果关系,再加上洪武六年前所纂的《皇明祖训》中的文证,这反情便成铁案了。同时中日关系因倭寇问题恶化,明廷感于外交的失败,不得不采取下策,闭关自守,却又不愿自承失败,贻讥藩属,就大事宣传名正言顺地把绝倭的责任委在莫须有先生的如瑶头上。为取信于天下后世计,又把事特别写在《大诰》中叫全国人读,一面又在《祖训》首章加入小注,于是胡惟庸之通虏通倭,成为信谳,明廷也从此脱卸了外交失败的耻辱。

除上文所说的政治的国际的关系之外,胡案构成的因素,还有经济的阶级的关系在鼓动着。

明初连年用兵,承元疲敝之后,益以兵荒天灾,国库奇绌。一面又因天下未定,不能不继续用兵。明太祖及其部属大抵都出身卑贱,自来就不满于一般专事克削的地主巨商,因此除不断用徙富民的政策以夺其田产以益军实外,又不断地寻出事来择肥而噬,屡兴大狱的目的只是措财筹款,最显著的如《明史·刑法志》所记郭桓事件:

> 郭桓吏部侍郎也。帝疑北平二司官吏李彧、赵全德等与桓为奸利,自六部左右侍郎下皆坐死。赃七百万,词连直省诸官吏,系死者数万人,覈赃所寄借遍天下,民中人之家大抵皆破。

只是一疑心,就筹出七百万的大款,这是一件最便当的生财大道。又如空印事件:

> 十五年空印事发。每岁布政司府州县吏诣户部覈钱粮军需诸事,以道远预持空印文书,遇部驳即改以为常。及是帝疑有奸,大怒,论诸长吏死,佐贰榜百戍边。

也只是一疑心,把天下的财政官长都杀了,杀头与籍没相连,这一疑心又自然地筹了一笔大款。胡案、蓝案的副目的也不外此,在这一串党狱中,把一切够得上籍没资格的一起给网进去,除了不顺眼的文官、桀骜的宿将以外,他所特别注意的是由大地主充当的粮长和大富豪充当的盐商,如《大诰三编》所举出的于友、李茂实、陆和仲和他书所记的浦江郑氏、苏州沈氏诸狱,均足以证明此狱的动机。

另一方的明太祖自身出身寒贱,寄迹缁流,且又赋性猜嫌,深恐遭知识分子所讥刺。在他初起事的时候,不能不装作礼贤下士的神气,借作号召,及至大事已定,便不惜吹毛求疵,屡兴文字之狱。又恐知识分子不为所用,特颁《大诰》,立寰中士夫不为君用之目。一面算是严刑示威,一面却也不无带着一些嫉视的阶级意识。《大诰》中所列文士得罪者不下千人。在胡蓝二狱中所杀的几万人中大部是属于知识分子,其中之著者如宋濂以一代帝师匡翊文运,仍不惜曲为归纳,以其孙慎与胡党有连为辞,流之致死。其他同时诸文士,凡和明太祖稍有瓜葛的也都不得善终,赵瓯北《廿二史劄记》曾替他算过一笔草账。另一方面却极力设学兴教,进用宋讷一流刻薄寡恩的教师,用廪禄刑责造就出一批听命唯谨的新知识分子出来,作皇帝个人的驯仆,来代替老一辈的士大夫。这是明太祖巩固君权的方法,也是这几次大狱的起因。

(原载《燕京学报》第十五期,1934 年 6 月)

明成祖生母考

一、明人的五种说法

成祖生母问题,自明人即多异说,旧钞本《燕王令旨》①说:

> 顾予匪才,乃父皇太祖高皇帝亲子、母后孝慈高皇后亲生,皇太子亲弟,忝居众王之长。

自认为高皇后亲子。《太宗实录》因之:

> 高皇后生五子,长懿文皇太子标,次秦愍王樉,次晋恭王㭎,次上,次周定王橚。上初生,五色满室,照映宫闼,经日不散,太祖高皇帝高皇后心异之,独钟爱焉。②

---

① 《北平图书馆藏钞本》,豫章丛书本《姜氏秘史》卷二亦载有此文件,唯经删节,与钞本面目大异。
② 《明太宗实录》卷一。

《明史》复因承之,在《成祖本纪》上说:

> 文皇帝讳棣,太祖第四子也。母孝慈高皇后。

在这一系统下的记载,都说高皇后生五子,明成祖是嫡四子。第二说则指成祖与周王为高皇后所生,余皆庶出。王世贞《二史考》说:

> 《皇明世系》谓太宗、周王为高皇后所生,而懿文、秦、晋诸妃子。①

郎瑛所见《鲁府玉牒》和此说相同。他说:

> 太祖二十四子,生母五人。长懿文太子标,第二秦愍王樉,封西安。第三晋恭王㭎,封太原。第四燕王棣,原封北平,今入继大统。第五周王橚,封开封。高后所生也……右《天潢玉牒》之数,予得于顾尚书者。今鲁府所刻玉牒,又以高后止生成祖与周王,因其不同,故录出之。②

第三说则以成祖为达妃子。王世贞《二史考》记:

> 《革除遗事》则谓懿文、秦、晋、周王为高皇后生,而太宗为

---

① 《弇州史料》卷六一。
② 《七修类稿》卷一〇。

达妃子。①

第四说则谓成祖为碽妃子,此说最引人注意,最近傅斯年②、朱希祖③都有文章考证。明人主此说者有何乔远之《名山藏》:

> 成祖文皇帝讳棣,太祖第四子也。注臣于南京见《太常志》云帝为碽妃所诞生,而《玉牒》则高后第四子。《玉牒》出当日史臣所纂既无可疑,南太常职掌相沿,又未知其据。臣谨备载之以俟后人考。④

有谈迁之《国榷》:

> 文皇帝讳棣,太祖高皇帝第四子也。母碽妃。《玉牒》云高皇后第四子,盖史臣因帝自称嫡,沿之耳。今《南京太常寺志》载孝陵祔享碽妃穆位第一,可据也。⑤

同书天儷条记高祖后妃有碽妃列在定妃达氏下。《枣林杂俎》亦记:

---

① 今《岭南遗书》本黄佐《革除遗事节本》(六卷)无此说,黄氏书原十六卷,然《明史·艺文志》已作六卷,则原本明清之际已不传。世贞所见当是未经删节之十六卷本。
② 《国立中央研究院历史语言研究所集刊》第二本第四部分,《明成祖生母纪疑》。
③ 《国立中山大学文史学研究所集刊》第二卷第一期,《明成祖生母纪疑辩》。
④ 《典谟记》六。
⑤ 《国榷》,建文四年。

孝陵享殿，太祖高皇帝高皇后南向。左淑妃李氏，生懿文皇太子，秦愍王，晋恭王……俱东列。碽妃生成祖文皇帝，独西列。见《南京太常寺志》。孝陵阉人俱云，孝慈高皇后无子，具如志中……享殿配位出自宸断相传必有确据，而微与《玉牒》抵牾，诚不知其解。①

有刘振之《识大录》：

成祖文皇帝讳棣，太祖第四子也。母曰碽妃。姿貌秀杰，目重瞳子，龙行虎步，声若洪钟，太祖及高后皆爱之。高后因育为己子。②

有李清之《三垣笔记》：

予阅《南太常寺志》载懿文皇太子及秦晋二王均李妃生，成祖则碽妃生，讶之。时钱宗伯谦益有博物称，亦不能决。后以弘光元旦谒孝陵，予语谦益曰：此事与《实录》、《玉牒》左，何征？但本志所载东侧列妃嫔二十余，而西侧止碽妃，然否？盍不启寝殿验之。及入视，果然，乃知李、碽之言有以也。惟周王不载所出。观太祖命服养母孙妃斩衰三年，疑即孙出。③

---

① 乂集《彤管篇》，孝慈高皇后无子条。
② 《识大录》卷七《帝典》。
③ 《三垣笔记·附志》。

有张岱之《陶庵梦忆》：

（孝陵）近（暖）阁下一座稍前为碽妃，是成祖生母。成祖生，孝慈皇后妊为己子，事甚秘。①

有沈玄华之《敬礼南都奉先殿纪事》：

……高皇配在天御幄神所栖，众妃位东序，一妃独在西。成祖重所生，嫔德莫敢齐。一见异千闻，《实录》安可稽？……

（按：长陵每自称曰朕高皇后第四子也。然奉先庙制，高后南向，诸妃尽东列，西序惟碽妃一人。具载《南京太常寺志》。盖高后从未怀妊，岂惟长陵，即懿文太子亦非后生也。世疑此事不实，诵沈大理诗，期明征矣。②）

第五说则谓成祖为元主妃所生，王世懋《窥天外乘》记：

成祖皇帝为高皇后第四子明甚，而《野史》尚谓是元主妃所生。③

《蒙古源流》记成祖为元主妃洪吉喇氏所生：

---

① 《陶庵梦忆》卷一《钟山》。
② 朱彝尊：《明诗综》卷四四。
③ 《纪录汇编》卷二〇五。

先是蒙古托衮特穆尔乌哈噶图汗（按即元顺帝）岁次戊申，汉人朱葛诺延年二十五岁，袭取大都城，即汗位，称为大明朱洪武汗。其乌哈噶图汗之第三福晋系洪吉喇特托克托太师之女，名格呼勒德哈屯，怀孕七月，洪武汗纳之。越三月，是岁戊申生一男。朱洪武降旨曰：从前我汗曾有大恩于我，此乃伊子也，其恩应报，可为我子，尔等勿以为非，遂养为己子，与汉福晋所生之子朱代共二子。朱洪武在位三十年，岁次戊寅，五十五岁卒。大小官员商议，以为蒙古福晋之子虽为兄，系他人之子，长成不免与汉人为仇。汉福晋之子虽为弟，乃嫡子，应奉以为汗。朱代庚戌年生，岁次戊寅年二十九岁即位，在位四越月十八日，即卒于是年。无子。其蒙古福晋所生子，于己卯年三十二岁即位……在位二十二年，岁次庚子年五十岁卒。①

刘献廷亦主此说，唯以成祖母为瓮氏：

明成祖非马后子也。其母瓮氏蒙古人。以其为元顺帝之妃，故隐其事。宫中别有庙，藏神主，世世祀之，不关宗伯。有司礼太监为彭恭庵言之。余少每闻燕之故老为此说，今始信焉。②

傅斯年先生所见明人笔记，则以成祖为元顺帝高丽妃所遗之子：

---

① 《蒙古源流》卷八。
② 《广阳杂记》卷二。

（抄本）中有一节亦抄自明人笔记者，记明成祖生母事甚详。大致谓作者与周王府中人相熟，府中传说，成祖与周王同母，皆非高后产也。故齐王削藩时，周王受责最重，而燕王自感不安者愈深。及燕王战胜入京，与周王相持恸哭。其后周王骄侈，终为保全，而恩泽所及最重。又记时人侈言成祖实元顺帝之高丽妃所遗之子。并记当时民间歌语，七言成句。末语谓三十五年仍是胡人之天下云云。①

综上五说，第一说高后生五子，第二说高后生燕周二王，第三说高后生懿文、秦、晋、周王，燕王为达妃所生。第四说以成祖为碽妃子，除刘振所记不知何出外，其余都以《南京太常寺志》作根据。而谈氏、朱氏皆谓高后无子，据《志》则懿文太子、秦愍王、晋恭王并李淑妃生，周王则不知所出。据刘张二说则燕王生母虽为碽妃而高后实为其养母。第五说虽有洪吉喇氏和瓮氏及高丽妃三说，其为元主妃则一。

二、燕王周王俱庶出

靖难时代的公家文件在当时已经被政府所故意焚毁，不留痕迹，《明史·王艮传》：

---

① 《明成祖生母纪疑》。

>　后成祖出建文时群臣封事千余通,令(解)缙等编阅,事涉兵农钱谷者留之,诸言语干犯及他一切皆焚毁。①

建文臣下的私人著作也被禁毁,悬为厉禁。永乐中藏方孝孺文者罪至死②,现在我们所能看见的只是明成祖系统下的片面文件。而且不但是在当时,明仁宗以下各朝都是明成祖的直系子孙,他们的臣民自然也不敢在钦定的史料以外横生异议。在上文所引用的几种幸存的史料,除官书外大多是晚明的作品,时代较远,说话比较自由,并且有的是凭着官书说话,无忌讳之嫌,有的只是稿本流传,不为政府所属目。我们现在所能凭借的史料只是官方的片面记载和后代私人的记述。

要考定以上五说的是非,第一步先要解决的是燕王和周王是否同母,燕王周王和懿文及秦晋二王是否同母,在钦定的史料中比较,时代较近的是《明太宗实录》。(虽然这史料是出于明成祖的臣下之手,有故意埋没事实厚诬敌人的嫌疑。)我们先就这一部分加以考校。《太宗实录》四年六月乙丑条:

>　上虑朝廷事急,加害周齐二王,遣骑兵千余驰往卫之。周王初不知上所遣,仓卒惶怖,既知乃喜曰:"我不死矣!"来见,上出迎之,周王见上拜且哭,上亦哭,感动左右。周王曰:"奸恶屠戮我兄弟,赖大兄救我,今日相见,真再生也。"言讫复哭,哭不止,上慰止之。与周王并辔至金川门下马,握手登楼,上

---

① 《明史》卷一四三。
② 《明史》卷一四一《方孝孺传》。

曰："身遭兵祸,无所容生,数年亲当矢石,濒万死,今日重见骨肉,皆赖天地皇考皇妣之佑,得至于此。"周王曰："天生大兄,勘定祸乱社稷,保全骨肉,不然,皆落奸臣之手矣。"①

在这一段记载中,有两点最值得我们的注意,第一周王是太祖第五子,却称他四哥为大兄,一则曰:"赖大兄救我",二则曰:"天生大兄",由此可知成祖和周王同母,和懿文及秦晋二王异母,以此周王称为大兄。第二,周齐二王并在京中,同为成祖之弟,而出迎却只记周王,抚慰亦只及周王,由此可见燕、周之关系。再看成祖登极以后对周王的特殊待遇。《太宗实录》记赏赐:

> 洪武三十五年七月乙丑赐周王橚钞二万一千锭。丁酉赐周王橚八万锭,齐王榑钞二万锭。十月戊寅赐周王橚钞十万锭。②

生日则特赐礼物:

> 洪武三十五年七月庚寅赐周王橚生日礼物冠一,通天犀带一,彩帛三十四,金香炉合各一,玉观音金铜佛各一,钞八千锭,羊十腔,酒百瓶。③

---

① 《明太宗实录》卷九下。
② 《明太宗实录》卷一〇至一三。
③ 《明太宗实录》卷一〇。

就国后，每遇生日必期前遣驸马都尉往赐物，永乐元年七月遣宋琥，二年遣宋瑛，三年遣沐昕。端午冬至并有赐物，其他非时赏赐，宠渥稠叠。其郡主仪仗并特命得如亲王。① 同时亲王蒙宠者谷王以开金川门迎降功犹不得望其项背，其他更不能比拟。就国前加禄五千石，仁宗即位加岁禄至二万石。②

事实上燕、周不但同母，且具为庶出（高皇后无子，说详下）。可是在表面上，燕王却一口咬定自己是嫡出，他和周王同母，连带地把周王也算为高后亲子。在起兵的时候口口声声抬出嫡子的头衔来迎合传统的宗法观念。因为这时候被称为嫡子的懿文及秦晋二王都已去世，建文在他的举兵檄文③中被斥为变祖法妻祖母大逆不道，不应继承主器，在伦序上他应入继大统。所以他在任何文件和口头谈话上一有机会就向人诉说他是嫡子，即位后即下令焚毁建文朝有"言语干犯"的文件，至少在这些文件中有一部分是指斥他这一假作的声明的。《太宗实录》记其起兵时上书：

> （建文）元年七月癸酉上书于朝曰："切念臣于懿文皇太子同父母至亲也。……"

同日他又告诉他的将士说："我太祖高皇帝孝慈高皇后嫡子，国家至亲。"④得位后他又书面告诉人他是嫡子：

---

① 《明太宗实录》卷一八。
② 《明史》卷一一六《周王橚传》。
③ 《燕王令旨》。
④ 《燕王令旨》卷二。

> 三十五年七月壬午诏曰:"朕为高皇帝嫡子;祖有明训;朝无正臣,内有奸恶,王得兴兵讨之。"①

又书面告诉他的亲属,让他们会意他是嫡子:

> 三十五年七月癸亥,晋王济熺来朝。赐书谕曰:"吾与尔父皆皇考妣所生,自少友爱深厚。"②

从此以后,燕王嫡子之说便成铁案。登极后变本加厉,率性伪造《玉牒》,唯以自己和周王为高后嫡子,明著懿文及秦晋二王俱为庶出,这一痕迹一见于郎瑛所见之《鲁府玉牒》,二见于被删改后的《明太祖实录》。稍久觉得这说不妥,再来一次修改,在三修《太祖实录》和《天潢玉牒》中明著五人同母。这一件伪造文证的经过,夏燮说得最明白。他说:

> 明成祖于建文所修之《太祖实录》,一改再改,其用意在嫡出一事。盖懿文太子薨,则其伦序犹在秦晋,若洪武之末,则秦晋二王已薨,自谓伦序当立,借以文其篡逆之名也。并引周王为五人同母者,盖燕周本同母也。《明史·黄子澄传》曰:"周王,燕王之母弟,削周是翦燕手足也。"此初修本之

---

① 《燕王令旨》卷一〇上。
② 《燕王令旨》卷一〇下。

仅存者。① 解缙奉诏再修,尽焚原草而独存此数语者,盖缙等欲取媚成祖,遂谓懿文太子秦晋二王皆诸妃出,惟燕周二王同为高后生,以证立嫡立长,礼之所宜。是则缙之所谓同母,乃母高后,与《子澄传》中同母之语词同而意异矣。缙之得罪在永乐九年,时必有谮之于成祖者,谓懿文庶出之语骇人听闻,修《实录》者留此罅隙以滋天下后世口实,于是成祖并疑李景隆、茹瑺等心术不正(语见沈氏《野获编》),乃于九年复命姚广孝、夏原吉等为三修之役,而杨士奇等主之,因自懿文太子以下五人悉系之高后所出,遂为定本。而忘却子澄同母一语自相矛盾未及追改,又入之《永乐实录》中,而燕周二王之为庶生,反成铁证,是目论而不自见其睫者也。②

三、高皇后无子

燕王周王同母并为庶出之说已于上文论定,请再申论懿文及秦晋二王之是否为高皇后所生。

《明史·兴宗孝康皇帝传》:"标,太祖长子也,母高皇后。元至正十五年生于太平陈迪家。"③按《明太祖实录》:"乙未九月乙亥皇

---

① 此说明人著作中流传甚广。朱睦㮮为周藩宗室,他也在《革除逸史》中记:(齐)泰欲伐燕,(黄)子澄曰:"不可,燕兵最精,卒难图,不如先取周。周乃燕母弟,去其手足而后燕可图也。"
② 《明通鉴义例》。
③ 《明史》卷一一五。

长子生,孝慈皇后出也。"①考《明史·太祖本纪》:

> (至正十五年)五月太祖谋渡江无舟,会巢湖帅廖永安、俞通海以水军千艘来附,太祖大喜,往抚其众,而元中丞蛮子海牙扼铜城闸、马场河诸隘,巢湖舟师不得出,忽大雨……遂乘水涨,从小港纵舟还,因击海牙于峪溪口,大败之,遂定计渡江……六月乙卯,乘风引帆,直达牛渚,常遇春先登,拔之,采石兵亦溃,缘江诸垒悉附……遂乘胜拔太平。改路曰府,置太平兴国翼元帅府,自领元帅事。时太平四面皆元兵,右丞阿鲁灰、中丞蛮子海牙等严师截姑孰口,陈野先水军帅康茂才以数万众攻城,太祖遣徐达、邓愈、汤和逆战,别将潜出其后夹击之,擒野先并降其众,阿鲁灰等引去。秋九月,郭天叙、张天祐攻集庆,野先叛,二人皆战死。野先寻为民兵所杀,从子兆先收其众屯方山,与海牙掎角以窥太平。②

由此可知太祖自五月定计渡江,六月克太平,以后,太平即被元兵所包围。《明史·高皇后传》:

> 太祖既克太平,后率将士妻妾渡江。

由此知高后初未从大军出发,至克太平后始渡江。据《实录》言懿文太子生于九月丁亥,如在九月前高后无渡江之可能时,则懿文必

---

① 《明太祖实录》卷三。
② 《明史·太祖本纪》卷一。

非高后所生。《明史》记陈野先之被擒在九月前,则高后之渡江当在野先被擒阿鲁灰等引去之后,九月丁亥之前。如元兵在九月中犹未引去,则高后及所率将士妻妾必不能突过元人舟师之堵截而入四面包围情形下之太平也。《明史》本纪多据《实录》,《太祖实录》经三次改窜,不值吾人信任。试别征之当时人之记载,俞本《皇明记事录》说:

> 九月元义兵元帅陈也先领兵攻太平府,士卒登城,上亲率死士拒之,城中危急。是时上娶孙伯英妹为次妃,妃言于上曰:"府中金银若干,何不尽给将士,使之奋身御敌,倘有不虞,积金何益!"次日敌再至,上尽置金银于城上,分给将士,遂大败敌兵,生擒也先。①

则太平之围至九月始解。太祖渡江时,高后及将士妻妾留和州。《明史·常遇春传》:

> 取太平,授总管府先锋,进总管都督。时将士妻子辎重皆在和州。元中丞蛮子海牙复以舟师袭据采石,道中梗,太祖自将攻之,遣遇春多张疑兵分敌势,战既合,遇春操轻舸冲海牙舟为二,左右纵击大败之,尽得其舟,江路复通。②

是则在遇春大破海牙水师以前,江路不通,将士妻子辎重仍在和州

---

① 钱谦益:《国初群雄事略》卷二引。
② 《明史》卷一二五。

也。《康茂才传》：

> 太祖既渡江，将士家属留和州。时茂才移戍采石，扼江渡。太祖遣兵数攻之，茂才力守，常遇春设伏歼其精锐，茂才复立寨天宁洲，又破之，奔集庆。①

采石之破，《太祖本纪》系于十六年春二月丙子。宋濂撰《开平王神道碑铭》：

> 丙申（至正十六年）春二月元中丞蛮子海牙复以兵屯采石，南北不通，上虑将士虽渡江而其父母妻子尚留淮西，势莫可致，命王统兵攻之。王至设疑兵以分其势而以正兵与之合，及战，别出奇兵捣败之，悉俘其精锐，自是元兵扼江之势衰矣。②

是则在至正十六年春二月丙子以前，留驻和州之将士家属仍未渡江也。《高皇后传》明说"后率将士妻妾渡江"。《碑铭》明说在至正十六年二月以前"将士虽渡江而其父母妻子尚留淮西"。则高后之率将士妻妾渡江，由和州到太平，应在至正十六年二月蛮子海牙失败，元兵扼江势衰之后。宋濂为当时人，所记当不致误。即使退一步说，或许高后率将士家属渡江是在十五年九月以前，我们再看看在九月以前江路是否允许通行。宋濂《蕲国武义康公神道碑

---

① 《明史》卷一三〇。
② 《宋文宪公全集》卷四。

铭》记：

> 乙未（至正十五年）六月上帅师渡江，将士家属尚留于和州，上虑公扼采石之冲弗获渡，时出兵挑战，公兵虽寡而以宽宏得士卒心，故临阵人多效死，于是数战不克。后数月常忠武王遇春遣游兵虚挠之，公连日发军以应，王度其力疲，夜设伏兵，质明歼其精锐殆尽。然犹收合溃散，坚塞于天宁洲。明年二月上命诸将以襄阳大炮破其塞，公奔行台。①

由此可知常遇春第一次破元水师是在六月后的数月，元兵虽败仍扼长江，到十六年二月第二次大败方全师撤退。是则太祖入太平后南北始终隔绝，将士家属虽在仅隔一水的和州始终不能飞渡。

再据刘辰《国初事迹》：

> 太祖尝曰："与我取城子的总兵官妻子俱要在京住坐，不许搬取出外。"②

这虽是开国后的事，但由此亦可推知在创业时代的规制，太祖率诸将出师进取，高后则率将士妻妾辎重留后方，严密监获，使诸将不敢有异心。上文所引史料明记在十六年二月以前将士妻妾辎重尚未渡江，则高后绝无委弃部属单身先赴太平之理。

综据以上论证，则高后绝不能于九月丁亥以前渡江至太平。

---

① 《宋文宪公全集》卷四。
② 金华丛书本。

高后既不在太平,则懿文太子自非高后所生。懿文与秦晋二王同母,懿文既非高后所生,则秦晋二王亦必非高后所生。高后既已考定无子,则《南京太常寺志》所记淑妃李氏生懿文皇太子、秦愍王、晋恭王,碽妃生成祖事当属可信。

高后虽无子,却喜养子。刘辰记太祖有义子保儿、周舍、道舍、柴舍、马儿、金刚奴、也先、买驴、真童、泼儿等,分遣出镇,用以钳制将士:

> 太祖于国初以所克城池专用义子作心腹,与将官同守,如得镇江用周舍,得宣州用道舍,得徽州用王驸马,得严州用保儿,得婺州用马儿,得处州用柴舍、真童,得衢州用金刚奴、也先,得广信调周舍郎沐英也。①

则以他妃子养为己子尤情理之当然。懿文、秦、晋诸王当俱为高后养子,高后视如亲生,诸子亦遂自命为嫡子,其生母因之埋没,仅于陵寝及享殿微露端倪也。

也许有人要问,太祖在初起兵时势力未盛,何能有许多姬妾。这一问题的解答是太祖初起兵时有记载可考的姬妾有孙妃,见《记事录》;有郭妃,见《天潢玉牒》;有胡妃,见《国初事迹》;有郭宁妃,见《彤史拾遗记》。《明史》记淑妃李氏寿州人,高后薨后摄六宫事,淑妃薨以郭宁妃摄六宫事。宁妃是渡江时的姬侍,李妃摄官在郭妃前,则李妃之归太祖必更在郭妃前,军行以诸妃随侍,俞本记孙妃事可证,则在太平生懿文太子者为李淑妃无疑。

---

① 《国初事迹》。

四、碩妃为成祖生母

成祖、周王同为妃出,据《南京太常寺志》,生母实为碩妃。碩妃之来历不明。盖成祖起兵时自诉为嫡出,以后无法再换一个生母,只好讳莫如深,完全抹杀。何乔远、谈迁诸人疑享殿配位和《玉牒》龃龉,以为不知其解。这因为他们所见的《玉牒》载五子同母的是永乐九年《太祖实录》三修以后的本子。(在这以前有记燕周出高后,懿文、秦、晋出诸妃的《鲁府玉牒》,再前应当还有一个最初本子,记明懿文、秦、晋二王出李淑妃,燕周二王出碩妃的《玉牒》?)已经数度改窜,自然不能和实际情形相合。《革除遗事》以成祖为达妃出,考达妃生齐王榑、潭王梓,黄氏原文今不得见,不知何据。《国榷》天俪条列碩妃于达定妃下,也许是由位次逼近而误记?第五说以燕王为元主妃所生,此说正如傅斯年先生所谓:

> 在明人心目中,永乐非他,绝懿文之裔,灭方孝孺之十族者也。偏偏其生母非汉姓,而洪武元年直接至正,庚申帝为瀛国公子之说依然甚嚣于人心,则士人凭感情之驱率,画依样之葫芦,于是碩妃为庚申帝妃,成祖为庚申帝子矣。①

至于碩妃之非元主妃及洪吉喇氏传说之无稽,傅斯年先生、朱希祖先生俱已作文力辟之。傅先生所见明人笔记成祖出高丽妃一

---

① 《明成祖生母纪疑》。

说,高丽妃亦不必即为碩妃,二者不必强同。朱先生曾引《明史》含山公主传记有含山母高丽妃韩氏之文,以为碩妃如果生子,不应不见《玉牒》。按此乃朱先生见闻太隘,过信官书之过,因为官书并不一定可靠,而且明初《玉牒》即已经过几度修改,《明史》所据为修改过的官书,朱先生却以此事不见于官书,不见于《明史》为疑,这也未免是"缘木求鱼"了。而且太祖宫中高丽妃也不止韩氏一人。《殊域周咨录》记有周妃,得于元主宫中:

> 初元主尝索女子高丽,得(周)谊女纳之宫中。后为我朝中使携归。(时宫中美人有号高丽妃者疑即此女)①

《明史·朝鲜传》仅记朝鲜使周谊求贡被留,不及其女。而且明代官书也不尽存于今,《南京太常寺志》还是明代人所见的书,我们已不得见。朱先生疑:

> 若使碩妃果为成祖生母,李淑妃果为懿文皇太子及秦晋二王生母,则李淑妃既载于《玉牒》及《实录》,而《明史·后妃传》本之,亦有《李淑妃传》,何以明代官书除《南京太常寺志》外,从未记载碩妃乎?成祖既为天子,何以不敢表彰其生母,使之湮灭无传,而在北京私于宫中立庙祀之,在南京私于陵寝别立配位尊之,不敢关于太常乎?若于高后讳,则于李淑妃又何解乎?若讳己为庶子,则汉文帝尝言,朕为高皇帝侧室之子,又何伤乎?况皇太子标等皆属庶出,根本无嫡子争位,又

---

① 《殊域周咨录》卷一《朝鲜》。

何必讳乎？①

这几个疑问都是神经过敏，而且完全不合论理。因为明代官书决不止仅《南京太常寺志》一书，也许记载有碽妃的还有别的官书，可是谈迁、李清等当时所能见到的却只有《南京太常寺志》。我们不能无的放矢，因为不能看见其他官书，便瞎说其他官书从未记载碽妃。李淑妃载于《玉牒》、《实录》是因为懿文系下已经一败涂地，秦、晋也只是藩王，不必忌讳。碽妃不见于《实录》及《玉牒》，是因为《实录》及《玉牒》已被故意删改过几次，明成祖不愿意说自己不是高皇后的亲子的缘故。因为这样，所以湮没之唯恐不及，更何论表彰。汉文帝不讳庶子，明成祖讳庶子，很浅显明白的理由是环境不同，汉文帝是雍容入继，明成祖是称兵篡逆。人家请来作皇帝，自己说是庶子便愈显得谦恭；造反抢皇帝作，便只好硬说是嫡子，因为成祖是在和有法律继承地位的皇长孙争位啊！

综结以上研讨的结果，结论是高皇后无子；懿文太子，秦、晋二王为李淑妃出；成祖、周王为碽妃出。成祖为高后所养，故冒称嫡子。碽妃则行历不详，只好阙疑。

二十四年三月九日

（原载《清华学报》第十卷第三期，1935 年 7 月）

---

① 《明成祖生母纪疑辩》。

明代靖难之役与国都北迁

一、明太祖的折衷政策

自称为淮右布衣,出身于流氓而作天子的朱元璋,在得了势力称王建国之后,最惹他操心的问题第一是怎样建立一个有力的政治中心?建立在何处?第二是用什么方法来维持他的统治权?

明太祖在初渡江克太平时(至正十五年六月,公元1355),当涂学者陶安出迎:

> 太祖问曰:"吾欲取金陵,何如?"安曰:"金陵古帝王都,取而有之,抚形胜以临四方,何向不克?"太祖曰:"善!"①

至正十八年叶兑献书论取天下规模:

> 今之规模,宜北绝李察罕(元将察罕帖木儿),南并张九四(吴张士诚),抚温、台,取闽、越,定都建康,拓地江、广,进则越

---

① 《明史》卷一三六《陶安传》。

两淮以北征,退则画长江而自守。夫金陵古称龙蟠虎踞,帝王之都,藉其兵力资财,以攻则克,以守则固。①

部将中冯国用亦早主定都金陵之说:

> 洪武初定淮甸,得冯国用,问以天下大计。国用对曰:"金陵龙蟠虎踞,真帝王之都,愿先渡江取金陵,置都于此。然后命将出师,扫除群寇,倡仁义以收人心,天下不难定也。"上曰:"吾意正如此。"②

参酌诸谋士的意见,经过了长期的考虑后,以至正二十六年(1366)六月拓应天城,作新宫于钟山之阳,至次年九月新宫成。这是吴王时代的都城。同月灭吴张士诚,十月遣徐达等北伐。十二月取温、台,降方国珍,定山东诸郡县。

至正二十八年(1368)正月吴王称帝,改元洪武,汤和平福建,四月平广东、河南。七月广西平。八月徐达师师入大都,元帝北走。十二月山西平。二年八月陕西平,南北一统。四年夏明昇降,四川平。十五年平定云南。二十年元纳哈出降,辽东归附,天下大定。在这一长时期中,个人的地位由王而帝,所统辖的疆域由东南一隅而扩为全国。元人虽已北走,仍保有不可侮的实力,时刻有南下恢复的企图。同时沿海倭寇的侵轶也成为国防上的重大问题。在这样情形之下,帝都的重建和国防的设计是当时朝野所最瞩目

---

① 《明史》卷一三五《叶兑传》。
② 孙承泽:《春明梦余录》卷一;《明史》卷一二九《冯胜传》附《冯国用传》。

的两大问题。

　　基于天然环境的限制,东南方面沿海数千里时时处处有被倭寇侵犯的危险,东北方面长城外即是蒙古人的势力,如不在险要处屯驻重兵,则黄河以北便非我有。防边须用重兵,如以兵权付诸将,则恐尾大不掉,有形成藩镇跋扈的危险。如以重兵直隶中央,则国都必须扼驻边界,以收统辖指挥之效。东南是全国的经济中心,东北为国防关系,又必须成为全国的军事中心。国都如建设在东南,则北边空虚,不能防御蒙古人的南侵,如建设在北边,则国用仍须仰给东南,转运劳费,极不合算。

　　在政治制度方面,郡县制和封建制的选择,也成为当前的难题。秦、汉、唐、宋之亡,没有强藩屏卫是许多原因中之一。周代封建藩国,则又枝强干弱,中央威令不施。这两者中的折衷办法,是西汉初期的郡国制。一面设官分治集大权于中央,一面又封建子弟,使为国家捍御。这样一来,设国都于东南财赋之区,封子弟于东北边防之地,在经济上,在军事上,在统治权的永久维持上都得到一个完满的解决。这就是明太祖所采用的折衷政策。

二、定都南京[①]

　　明太祖定都南京的重要理由是受经济环境的限制。第一因为

[①] 旧名建业、建康、金陵,元为集庆,明太祖克集庆后以为应天府,洪武二年以为南京。十一年改为京师,成祖北迁后以为南京,以北京为京师。文中为行文便利计,除引原文处仍其原称外,一律称南京。

江、浙富饶为全国冠,所谓"财赋出于东南,而金陵为其会"①。第二是吴王时代所奠定的宫阙,不愿轻易弃去。且若另建都邑,则又须重加一层劳费。第三从龙将相都是江淮子弟,不愿轻去乡土。洪武元年四月取汴梁后,他曾亲到汴梁去视察,觉得虽然地位适中,可是四面受敌,形势还不及南京。② 而在事实上,则西北未定,为转饷屯军计,不能不有一个军事上的后方重地,以便策应。于是仿成周两京之制以应天(金陵)为南京,开封为北京。二年八月陕西平。九月以临濠(安徽凤阳)为中都,事前曾和廷臣集议建都之地:

> 上召诸老臣问以建都之地,或言关中险固,金陵天府之国。或言洛阳天地之中,四方朝贡道里适均。汴梁亦宋之旧京。又言北平元之宫室完备,就之可省民力。上曰:"所言皆善,惟时有不同耳。长安、洛阳、汴京实周、秦、汉、魏、唐、宋所建国。但平定之初,民力未苏息,朕若建都于彼,供给力役悉资江南,重劳其民。若就北平,要之宫室不能无更,亦未易也。今建业长江天堑,龙蟠虎踞,江南形胜之地,真足以立国。临濠则前江后淮,以险可恃,以水可漕,朕欲以为中都。何如?"群臣称善。至是始命有司建置城池宫阙,如京师之制焉。③

在营建中都时,刘基曾持反对的论调,以为"凤阳虽帝乡非建

---

① 丘濬:《大学衍义补·都邑之建》。
② 刘辰:《国初事迹》。
③ 黄光昇:《昭代典则》。

都地"①。八年四月罢营中都。②

洪武十一年(公元 1378)以南京为京师。③ 太祖对于建都问题已经踌躇了十年,到这时才决定。可是为着要控制北边,仍时时有迁都的雄心。选定的地点仍是长安、洛阳和北平。当时献议都长安的有胡子祺:

> 洪武三年以文学选为御史,上书请都关中。帝称善,遣太子巡视陕西。后以太子薨,不果。④

他的理由是:

> 天下形胜地可都者四。河东地势高,控制西北,尧尝都之,然其地苦寒。汴梁襟带河、淮,宋尝都之,然其地平旷,无险可凭。洛阳周公卜之,周、汉迁之,然嵩、邙非有崤函、终南之阻,涧、瀍、伊、洛非有泾、渭、灞、浐之雄。夫据百二河山之胜,可以耸诸侯之望,举天下莫关中若也。⑤

皇太子巡视陕西在洪武二十四年。则太祖在十一年定都南京以后仍有都长安之意。皇太子巡视的结果,主张定都洛阳:

---

① 《明史》卷一二八《刘基传》。
② 《明史》卷二《太祖本纪》二。
③ 《明史》卷四〇《地理志》一。
④ 《明史》卷一四七《胡广传》。
⑤ 《明史》卷一一五《兴宗孝康皇帝传》。

> 太祖以江南地薄,颇有迁都之意。八月命皇太子往视关、洛。皇太子志欲定都洛阳,归而献地图。明年四月以疾薨。①

郑晓记此事始末,指出迁都的用意在控制西北:

> 国朝定鼎金陵,本兴王之地。然江南形势终不能控制西北,故高皇时已有都汴、都关中之意,以东宫薨而中止。②

《明史》记:

> 太子还,献陕西地图,遂病。病中上言经略建都事。③

是则假使太子不早死,也许在洪武时已迁都到洛阳或长安了。又议建都北平:

> 逮平陕西,欲置都关中。后以西北重地非亲王不可,议建都于燕,以鲍频力谏而止。④

何孟春记鲍频谏都北平事说:

> 太祖平一天下,有北都意。尝御谨身殿亲策问廷臣曰:

---

① 姜清:《姜氏秘史》卷一。
② 郑晓:《今言》卷二七四。
③ 《明史》卷一一五《兴宗孝康皇帝传》。
④ 《春明梦余录》卷一。

"北平建都可以控制边塞,比南京何如?"修撰鲍频对曰:"元主起自沙漠,立国在燕今百年,地气天运已尽,不可因也。南京兴王之地,宫殿已完,不必改图。传曰:'在德不在险也。'"①

明太祖晚年之想迁都,次要的原因是南京新宫风水不好。顾炎武记:

> 南京新宫吴元年作。初大内填燕尾湖为之,地势中下南高而北卑。高皇帝后悔之。二十五年祭光禄寺灶神文曰:"朕经营天下数十年,事事按古有绪。维宫城前昂后洼,形势不称,本欲迁都。今朕年老,精力已倦。又天下新定,不欲劳民,且兴废有数,只得听天。惟愿鉴朕此心,福其子孙。"②

由此看来,从洪武初年到二十四年这一时期中,明太祖虽然以南京作国都,可是为了控制北边的关系,仍时时有迁都的企图。迁都到北边最大的困难是漕运艰难,北边硗瘠,如一迁都,则人口必骤然增加,本地的粮食不能自给,必须仰给东南,烦费不资。次之重新创建城地宫阙,财力和人力耗费过多。懿文太子死后,这老皇帝失去勇气,就从此不再谈迁都了。

---

① 何孟春:《馀冬录》卷二。
② 顾炎武:《天下郡国利病书》卷一〇三《江南》一。

三、封建诸王

洪武二年四月编《祖训录》,定封建诸王之制。① 在沿边要塞,均置王国:

> 明兴,高皇帝以宋为惩,内域削弱,边围勿威,使胡人得逞中原而居闰位。于是大封诸子,连亘边陲。北平天险,为元故都,以王燕。东历渔阳、卢龙,出喜峰,包大宁,控塞葆山戎,以王宁。东渡榆关,跨辽东,西并海被朝鲜,联开原,交市东北诸夷,以王辽。西按古北口,濒于雍河,中更上谷、云中,巩居庸,蔽雁门,以王谷若代。雁门之南,太原其都会也,表里河山,以王晋。逾河而西,历延、庆、韦、灵,又逾河北,保宁夏,倚贺兰,以王庆。兼縠、陇之险,周、秦都圻之地,牧垧之野,直走金城,以王秦。西渡河领张掖、酒泉诸郡,西扃嘉峪,护西城诸国,以王肃。此九王者皆塞王也,莫不敷险陋,控要害,佐以元戎宿将,权崇制命,势匹抚军,肃清沙漠,垒帐相望。②

在内地则有:

> 周、齐、楚、潭、鲁、蜀诸王,护卫精兵万六千余人,牧马数

---

① 《明史》卷二《太祖本纪》二。
② 何乔远:《名山藏》卷一《分藩记》。

千四,亦皆部兵耀武,并列内郡。①

洪武五年置亲王护卫指挥使司,每府设三护卫。② 护卫甲士少者三千人,多者至万九千人。③ 王国中央所派守镇兵亦得归王调遣:

> 凡王国有守镇兵,有护卫兵。其守镇兵有常选指挥掌之。其护卫兵从王调遣。如本国是险要之地,遇有警急,其守镇兵、护卫兵并从王调遣。④

守镇兵之调发,除御宝文书外并须得王令旨方得发兵:

> 凡朝廷调兵须有御宝文书与王,并有御宝文书与守镇官。守镇官既得御宝文书,又得王令旨,方许发兵。无王令旨,不得发兵。⑤

扼边诸王尤险要者,兵力尤厚。如宁王所部至"带甲八万,革车六千,所属朵颜三卫骑兵皆骁勇善战"⑥。洪武十年又以羽林等卫军益秦、晋、燕三府护卫。⑦ 时蒙古人犹图恢复,屡屡南犯。于是徐达、冯胜、傅友德诸大将数奉命往北平、山西、陕西诸地屯田练

---

① 何乔远:《名山藏》卷一《分藩记》。
② 《明史》卷九十《兵志》二《卫所》。
③ 《明史》卷一一六《诸王传序》。
④ 《皇明祖训》"兵卫"条。
⑤ 同上。
⑥ 《明史》卷一一七《宁王传》。
⑦ 《明史》卷二《太祖本纪》二。

兵,为备边之计。又诏诸王近塞者每岁秋勒兵巡边①,远涉不毛,校猎而还,谓之肃清沙漠。②诸王封并塞居者皆预军务,而晋、燕二王尤被重寄,数命将兵出塞以筑城屯田,大将如宋国公冯胜、颍国公傅友德皆受节制。③洪武二十六年三月诏二王军务大者始以闻④,由此军中事皆得专决。一方面又预防后人懦弱,政权有落于权臣和异姓人之手的危险,特授诸王以干涉中央政事之权。诸王有权移文中央索取奸臣:

> 若大臣行奸,不令王见天子,私下傅致其罪而遇不幸者,到此之时,天子必是昏君。其长史司并护卫移文五军都督府索取奸臣,都督府捕奸臣奏斩之,族灭其家。⑤

甚至得举兵入清君侧:

> 如朝无正臣,内有奸恶,则亲王训兵待命。天子密诏诸王统领镇兵讨平之。⑥

又怕后人变更他的法度,把一切天子亲王大臣所应作和不应作的事都定为祖训,叫后人永远遵守。洪武二十八年九月正式颁

---

① 《明史》卷九一《兵志》三《边防》。
② 祝允明:《九朝野记》卷一。
③ 《明史》卷一一六《晋王传》。
④ 《明史》卷三《太祖本纪》三。
⑤ 《皇明祖训》"法律"条。
⑥ 同上。

布《皇明祖训条章》于中外,并下令后世有言更祖制者以奸臣论。①由此诸王各拥重兵,凭据险阨,并得干涉国事,在军事上和政治上都握大权,渐渐地酿成了外重内轻之势。

分封过制之害,在洪武九年叶伯巨即已上书言之。他说:

> 先王之制,大都不过三国之一,上下等差,各有定分,所以强干弱枝,遏乱源而崇治本耳。今裂土分封,使诸王各有分地,盖惩宋、元孤立,宗室不竞之弊。而秦、晋、燕、齐、梁、楚、吴、蜀诸国,无不连邑数十,城郭宫室亚于天子之都,优之以甲兵卫士之盛。臣恐数世之后,尾大不掉,然后削其地而夺之权,则必生觊望,甚者缘间而起,防之无及矣……愿及诸王未之国之先,节其都邑之制,减其卫兵,限其疆理,亦以待封诸王之子孙。此制一定,然后诸王有贤且才者入为辅相;其余世为藩屏,与国同休。割一时之恩,制万世之利,消天变而安社稷,莫先于此。②

书上以难间骨肉坐死。其实这时诸王止建藩号,尚未就国,有远见的人已经感觉到不安的预兆了。到洪武末年诸王数奉命出塞,强兵悍卒,尽属麾下,这时太祖衰病,皇太孙幼弱,也渐渐地感觉到强藩的迫胁了。有一次他们祖孙曾有如下的谈话:

> 先是太祖封诸王,辽、宁、燕、谷、代、晋、秦、庆、肃九国皆

---

① 《明史》卷三《太祖本纪》三。
② 《明史》卷一三九《叶伯巨传》。

边房,岁令训将练兵,有事皆得提兵专制便防御。因语太孙曰:"朕以御房付诸王,可令边尘不动,贻汝以安。"太孙曰:"房不靖,诸王御之,诸王不靖,孰御之?"太祖默然良久,曰:"汝意何如?"太孙曰:"以德怀之,以礼制之,不可则削其地,又不可则废置其人,又其甚则举兵伐之。"太祖曰:"是也,无以易此矣。"①

太孙又和黄子澄密谋定削藩之计:

> 惠帝为皇太孙时,尝坐东角门,谓子澄曰:"诸王尊属拥重兵,多不法,奈何?"对曰:"诸王护卫兵才足自守,倘有变,临以六师,其谁能支?汉七国非不强,卒底亡灭。大小强弱势不同,而顺逆之理异也。"太孙是其言。②

即位后高巍、韩郁先后上书请用主父偃推恩之策:"在北诸王,子弟分封于南;在南,子弟分封于北。如此则藩王之权,不削而自削。"③当局者都主削藩,不用其计而靖难师起。

四、靖难

明太祖在位三十一年(1368 至 1398),皇太子标早卒,太孙允

---

① 尹守衡:《明史窃革除纪》。
② 《明史》卷一四一《黄子澄传》。
③ 《明史》卷一四三《高巍传》。

炆继位,是为惠帝(1399 至 1402)。时太祖诸子第二子秦王樉、第三子晋王㭎均先卒,四子燕王棣、五子周王橚及齐、湘、代、岷诸王均以尊属拥重兵,多不法,朝廷孤危。诸王中燕王最雄杰,兵最强,尤为朝廷所嫉。惠帝用黄子澄、齐泰计谋削藩:

> 泰欲先图燕。子澄曰:"不然。周、齐、湘、代、岷诸王,在先帝时尚多不法,削之有名。今欲问罪,宜先周。周王,燕之母弟①,削周是削燕手足也。"②

定计以后,第一步先收回王国所在地之统治权,下诏"王国吏民听朝廷节制,惟护卫官军听王"③。建文元年二月又"诏诸王毋得节制文武吏士"④。收回兵权及在王国之中央官吏节制权。洪武三十一年八月废周王橚为庶人。建文元年四月湘王柏惧罪自焚死,齐王榑、代王桂有罪,废为庶人。六月废岷王梗为庶人。

燕王智勇有大略,妃徐氏为开国元勋徐达女,就国后,徐达数奉命备边北平,因从学兵法。徐达死后,诸大将因胡惟庸、蓝玉两次党案诛杀殆尽,燕王遂与秦晋二王并当北边御敌之任。洪武二十三年正月与晋王帅师往讨元丞相咬住、太尉乃儿不花,征虏前将军颍国公傅友德等皆听节制。三月师次迤都,咬住等降。⑤ 获其全

---

① 高皇后无子。懿文太子标、秦王樉、晋王㭎、李淑妃出。燕王棣、周王橚,硕妃出。均为高皇后养子,故燕王起兵时冒称高后嫡子,以图耸动天下耳目,且以为三兄俱死,已伦序当立。说详吴晗:《明成祖生母考》,载《清华学报》十卷三期。
② 《明史》卷一四一《黄子澄传》。
③ 谷应泰:《明史纪事本末》卷一五;《明史》卷一四一《齐泰传》。
④ 《明史》卷四《恭闵帝本纪》。
⑤ 《明史》卷三《太祖本纪》三。

部而还,太祖大喜。是后屡师诸将出征,并令王节制沿边士马,威名大震。① 二十四年四月督傅友德诸将出塞,败敌而还。二十六年三月冯胜、傅友德备边山西、北平,其属卫将校悉听晋王、燕王节制。二十八年正月帅总兵官周兴出辽东塞,自开原追敌至甫答迷城,不及而还。二十九年帅师巡大宁,败敌于彻彻儿山,又追败之于兀良哈秃城而还。三十一年帅师备御开平。② 太祖崩后,自以为三兄都已先死,伦序当立,不肯为惠帝下。周、湘诸藩相继得罪,遂决意反,阴选将校,勾军卒,收才勇异能之士,日夜铸军器。③ 建文元年七月杀朝廷所置地方大吏,指齐泰、黄子澄为奸臣,援引祖训,入清君侧,称其师曰"靖难"。

兵起时惠帝正在和方孝孺、陈迪一些文士讨论周官法度,更定官制,讲求礼文。当国的齐泰、黄子澄也都是书生,不知兵事,以旧将耿炳文为大将往讨。八月耿炳文兵败于滹沱河,即刻召还,代以素不知兵的勋戚李景隆。时燕王已北袭大宁,尽得朵颜三卫虏骑而南。景隆乘虚攻北平,不能克,燕王回兵大破之。二年四月燕王又败景隆兵于白沟河、德州。进围济南,三月不克,为守将盛庸所掩击,大败解围去。九月盛庸代李景隆为大将军。十二月大败燕兵于东昌,燕大将张玉战死,精锐丧失几尽。三年燕兵数南下,胜负相当。所攻下的城邑,兵回又为朝廷拒守,所据有的地方不过北平、保定、永平三府。恰好因惠帝待宫中宦官极严厉,宦官被黜责的逃奔燕军,告以京师虚实。十二月复出师南下,朝廷遣大将徐辉

---

① 《明史》卷五《成祖本纪》一。
② 《明史》卷三《太祖本纪》三。
③ 《明史》卷一四五《姚广孝传》。

祖(达子,燕王妃兄)出援山东,与都督平安大败燕兵于齐眉山。燕军谋遁还。惠帝又轻信谣言,以为燕兵已退,一面也不信任徐辉祖,召之还朝。前方势孤,相继败绩。燕兵遂渡淮趋扬州,江防都督陈瑄以舟师迎降,径渡江进围南京,谷王橞及李景隆开金川门迎降,宫中火起,惠帝不知所终。燕王入京师即帝位,是为成祖(1403至1424)。①

成祖入南京后作的第一件事是对主削藩议者的报复,下令大索齐泰、黄子澄、方孝孺等五十余人,榜其姓名曰奸臣,大行屠杀,施族诛之法,族人无少长皆斩,妻女发教坊司,姻党悉戍边。方孝孺之死,宗族亲友前后坐诛者至八百七十三人。② 万历十三年(1585)释坐孝孺谪戍者后裔凡千三百余人。③ 即位后的第一件事是尽复建文中所更改的一切成法和官制,表明他起兵的目的是在拥护祖训和问惠帝擅改祖宗成法之罪。④ 由此《祖训》成为明朝一代治国的经典,太祖时所定的法令到后来虽然时移事变,也不许有所更改。太祖时所曾施行的制度,也成为一代的金规玉律,无论无理到什么地步,也因为是祖制而不敢轻议。内中如锦衣卫和廷杖制,最为有明一代的弊政。为成祖所创的有宦官出使专征监军分镇的制度,和皇帝的侦察机关东、西厂。

---

① 《明史》卷四《恭闵帝纪》,卷五《成祖纪》一,卷一四四《盛庸传》,卷一二六《李文忠传》,卷一二五《徐达传》;《明史纪事本末》卷一六。
② 《明史纪事本末》卷一八。
③ 《明史》卷一四一《方孝孺传》。
④ 《明史》卷五《成祖本纪》一;钞本《燕王令旨》。

五、锦衣卫和东、西厂①

锦衣卫和东、西厂,明人合称为厂卫。锦衣卫是外廷的侦查机关,东、西厂则由宦官提督,最为皇帝所亲信,即锦衣卫也在其侦察之下。

锦衣卫初设于明太祖时,是皇帝的私人卫队。其下有镇抚司,专治刑狱,可以直接取诏行事,不必经过外廷法司的手续。② 锦衣卫的主要职务是"察不轨妖言人命强盗重事",专替皇帝侦察不忠于帝室的和叛逆者,其权力在外廷法司之上。洪武二十年(1387)曾一度取消锦衣卫的典诏狱权。到了成祖由庶子篡逆得位,自知人心不附,兼之内外大臣都是惠帝的旧臣,深恐惠帝未死,诸臣或有复国的企图,于是重复锦衣卫的职权,使之活动,以为钳制臣民之计。另一方面又建立了一个最高侦查机关叫东厂。因为在起兵时很得了惠帝左右宦官的力量,深信宦官的忠心,付以"缉访谋逆妖言大奸恶等"的职权。以后虽时革时复,名义也有时更换(如西厂、外厂、内行厂之类),但其职权及地位则愈来愈高,有任意逮捕官吏、平民和任意刑讯处死的权力。

靖难兵起时宦官狗儿、郑和等以军功得幸,即位后遂加委任。有派作使臣的,如永乐元年(1403)遣内官监李兴出使暹罗③,马彬

---

① 作者有专文讨论,参阅《大公报·史地周刊》第十三期《明代的锦衣卫和东西厂》(1934年12月24日)。
② 王世贞:《锦衣志》。
③ 《明史》卷三〇四《宦官传序》。

出使爪哇诸国。三年遣太监郑和出使西洋。① 有派作大将的,如永乐三年之使中官山寿帅兵出云州觇敌。② 又因各地镇守大将多为惠帝旧臣,特派宦官出镇和监军,使之伺察,永乐元年命内臣出镇及监京营军。③ 出镇的例如马靖镇甘肃,马骐镇交阯;监军的如王安之监都督谭青军。④ 由是司法权和兵权都慢慢地落在宦官手中。宣德以后,人主多不亲政事,内阁的政权也渐渐地转到内廷司礼监手中去了。在外则各地镇守太监成为地方最高长官,积重难返,形成一种畸形的阉人政治。英宗时的王振、曹吉祥,宪宗时的汪直、梁芳,武宗时的刘瑾,神宗时的陈增、高淮,熹宗时的魏忠贤,思宗时的曹化淳、高起潜,莫不窃弄政柄,祸国殃民,举凡军事、外交、内政、财政、司法一切国家大政,都由宦官主持,甚至阁臣之用黜都以宦官的好恶为定。他们只图私人生活的享乐,极力搜括掊敛,榨取民众的血汗,诱导皇帝穷奢极欲,大兴土木祷祠,对外则好大喜功,生衅外族,驯至民穷财尽,叛乱四起。外廷的士大夫与之相抗的都被诛杀、放逐,由此朝廷分为两党,一派附和宦官,希图富贵,甘为鹰犬;一派则极力攻击,欲将政权夺回内阁,建设清明的政府。阉人和士人两派势力互为消长,此仆彼兴,一直闹到亡国。

廷杖也是祖制的一种,太祖时曾杖死工部尚书薛祥⑤,鞭死永嘉侯朱亮祖父子。⑥ 以后一直沿用,正德十四年(1519)以谏止南

---

① 《明史·成祖本纪》二。
② 同上。
③ 同上。
④ 《明史》卷三〇四《宦官传序》。
⑤ 《明史》卷一三八《薛祥传》。
⑥ 《明史》卷九五《刑法志》三。

巡廷杖舒芬等百四十六人,死者十一人。嘉靖三年(1524)群臣争大礼,廷杖丰熙等百三十四人,死者十六人。内外大臣一拂宦官或皇帝之意,即时廷杖,由锦衣卫执行,打而不死者或遣戍边地,或降官,或仍旧衣冠办事。宣宗时又创立枷之刑,国子祭酒李时勉至荷枷国子监前。① 直到熹宗时魏忠贤杖死万燝,大学士叶向高以为言,忠贤乃罢廷杖,把所要杀的人都下镇抚司狱,用酷刑害死,算是代替了这一祖制。

锦衣卫、东西厂和廷杖制原都是为镇压反对势力,故意造成恐怖空气,使臣民慑于淫威不敢反侧的临时设施。一经施用,大小臣民都惴惴苟延,不知命在何日。太祖时朝官得生还田里,便为大幸。② 皇帝的威权由之达于顶点。这三位一体的恐怖制度使专制政体的虐焰高得无可再高,列朝的君主也有明知这制度的残酷不合理,但是第一为着维系个人的威权,第二因为这是祖制,所以因仍不废。英宗以来的君主多高拱深宫,宦官用事,利用这制度来树威擅权,排斥异己,虽然经过若干次士大夫的抗议,终归无效。一直到亡国才自然消灭,竟和明运相终始。

六、迁都北京

成祖以边藩篡逆得位,深恐其他藩王也学他的办法再来一次靖难,即位之后,也采用惠帝的削藩政策,以次收诸藩兵权,非唯不

---

① 《明史》卷一六三《李时勉传》。
② 《明史》卷一三八《杨靖传》附《严德珉传》;卷二八五《孙蕡传》。

使干预政事,且设立种种苛禁以约束之。建文四年(1402)徙谷王于长沙,永乐元年徙宁王于南昌,以大宁地界从靖难有功之朵颜、福余、泰宁三卫,以偿前劳。① 削代王、岷王护卫。四年削齐王护卫,废为庶人。十年削辽王护卫(辽王已于建文元年徙荆州)。十五年谷王以谋反废。十八年周王献三护卫。尽削诸王之权,于护卫损之又损,必使其力不足与一镇抗。② 到宣宗时汉王高煦,武宗时安化王寘鐇、宁王宸濠果然援例造反,遂更设为厉禁,诸王行动不得自由,即出城省墓亦须奏请。二王不得相见。③ 受封后即不得入朝。④ 甚至在国家危急时,出兵勤王亦所不许。⑤ 只能衣租食税,凭着王的位号在地方上作威福,肆害官民。⑥ 王以下的宗人生则请名,长则请婚于朝,禄之终身,丧葬予费。⑦ 仰食于官,不使之出仕,又不许其别营生计,"不农不仕,吸民膏髓"⑧。生齿日蕃,国力不给,世宗时御史林润言:

  天下岁供京师粮四百万石,而诸府禄米凡八百五十三万

---

① 《明史》卷三二八《朵颜三卫传》。《成祖本纪》二:永乐元年三月"始以大宁地界兀良哈",《兵志》三同。按兀良哈为地名,在潢水(即西喇木伦 Sira Muren)北。西起兴安岭,东至哈尔滨、长春等平野。南有全宁卫,更南有大宁卫。《太祖高皇帝实录》卷一九六:"二十二年五月辛卯,置泰宁、朵颜、福余三卫指挥使司于兀良哈之地以居降胡。"明人习称泰宁、朵颜、福余为兀良哈三卫,更节为兀良哈。兀良哈及三卫之名称由来,详见日本箭内亘:《兀良哈三卫名称考》。
② 万言:《管邨文钞内编》二《诸王世表序》。
③ 《明史》卷一二〇《诸王传赞》;卷一一九《襄王传》。
④ 《明史》卷一一九《崇王传》。
⑤ 《明史》卷一一八《韩王传》、《唐王传》。
⑥ 赵翼:《廿二史劄记》卷三二《明分封宗藩之制》。
⑦ 《明史》卷一一六《诸王传序》。
⑧ 《明史》卷二一四《靳学颜传》。

石。以山西言,存留百五十二万石,而宗禄三百十二万。以河南言,存留八十四万三千石,而宗禄百九十二万。①

不得已大加减削,宗藩日困。② 枣阳王祐楒"请除宗人禄,使以四民业自为生,贤者用射策应科第",不许。③ 万历二十二年(1594)郑靖王世子载堉请许宗室皆得儒服就试,毋论中外职,中式者视才品器使④,从此宗室方得出仕。国家竭天下之力来养活十几万游荡无业的贵族游民,不但国力为之疲敝不支,实际上宗室又因不能就业而陷于贫困,势不能不作奸犯法,扰害平民。这也是当时创立"祖制"的人所意想不到的。

成祖削藩的结果,宁、谷二王内徙,尽释诸王兵权,北边空虚。按照当时的情势,"四裔北边为急,倏来倏去,边备须严。若畿甸去远而委守将,则非居重取轻之道"⑤。于是有迁都北京之计,以北京为行在,屯驻重兵,抵御蒙古人的入侵:

> 太宗靖难之勋既集,切切焉为北顾之虑,建行都于燕,因而整戈秣马,四征弗庭,亦势所不得已也。銮舆巡幸,劳费实繁。易世而后,不复南幸,此建都所以在燕也。⑥

---

① 《明史》卷八二《食货志》六。
② 《明史》卷一〇〇《诸王世表序》。
③ 《明史》卷一一九《襄王传》附《枣阳王传》。
④ 《明史》卷一一九《郑王传》。
⑤ 章潢:《图书编》卷三三《论北龙帝都垣局》。
⑥ 顾祖禹:《读史方舆纪要》卷一〇《直隶方舆纪要序》。

合军事与政治中心为一,以国都当敌。朱健曾为成祖迁都下一历史的地理的解释。他说:

> 自古建立都邑,率在北土,不止我朝,而我朝近敌为甚。且如汉袭秦旧都关中,匈奴入寇,烽火辄至甘泉。唐袭隋旧都亦都关中,吐蕃入寇,辄到渭桥。宋袭周旧都汴,西无灵夏,北无燕、云,其去契丹界直浃旬耳。景德之后亦辄至澶渊。三治朝幅员善广矣,而定都若此者何?制敌便也。我朝定鼎燕京,东北去辽阳尚可数日,去渔阳百里耳。西北去云中尚可数日,去上谷亦仅倍渔阳耳。近敌便则常时封殖者尤勤,常时封殖则一日规画措置者尤亟。是故去敌之近,制敌之便,莫有如今日者也。①

建都北京的最大缺点是北边粮食不能自给,必须仰给东南。海运有风波之险,由内河漕运则或有时水涸,或被"寇盗"所阻,稍有意外,便成问题:

> 今国家燕都可谓百二山河,天府之国,但其间有少不便者,漕粟仰给东南耳。运河自江而淮,自淮而黄,自黄而汶,自汶而卫,盈盈衣带,不绝如线,河流一涸,则西北之腹尽枵矣。元时亦输粟以供上都,其后兼之海运。然当群雄奸命之时,烽烟四起,运道梗绝,惟有束手就困耳。此京师之第一当虑者也。②

---

① 朱健:《古今治平略·古今都会》。
② 谢肇淛:《五杂俎》。

要解决这两个困难,则第一必须大治河道,第二必须仍驻重兵于南京,镇压东南。成祖初年,转漕东南,水陆兼挽,仍元人之旧,参用海运,而海运多险,陆运亦艰。九年命宋礼开会通河,十三年陈瑄凿清江浦,通北京漕运,直达通州,而海陆运俱废。① 运粮官军十二万人,有漕运总兵及总督统之。② 十九年(1421)迁都北京后,以南京为留都,仍设五府六部官,并设守备掌一切留守防护之事,节制南京诸卫所。③

永乐元年以北平为北京。四年诏以明年五月建北京宫殿。十八年北京郊庙宫殿成,诏以北京为京师,不称行在。④ 在实际上,自七年以后,成祖多驻北京,以皇太子在南京监国。自邱福征本雅失里遇败死后,五入漠北亲征。⑤ 自十五年北巡以后,即不再南返。南京在事实上,从七年北巡后即已失去政治上的地位,十九年始正式改为陪都。

迁都之举,当时有一部分人不了解成祖的用心,力持反对论调:

> 初以殿灾诏求直言,群臣多言都北京非便。帝怒,杀主事萧仪,曰:"方迁都时,与大臣密议,久而后定,非轻举也。"⑥

---

① 《明史》卷五《成祖本纪》二;卷八五《河渠志》三;卷七九《食货志》三。
② 《明史》卷七六《职官志》五;卷七九《食货志》三。
③ 《明史》卷七六《职官志》五。
④ 《明史》卷七《成祖本纪》三。
⑤ 八年征鞑靼本雅失里,十二年征瓦剌马哈木,二十年至二十二年三征鞑靼阿鲁台。
⑥ 《明史》卷一四九《夏原吉传》。

仁宗即位(1425)后,胡濙从经济的立场"力言建都北京非便,请还南都,省南北转运供亿之烦"①。于是又定计还都南京,洪熙元年三月诏北京诸司悉称行在。五月仁宗崩,迁都之计遂又搁置不行。② 一直到英宗正统六年(1441)北京三殿两宫都已告成,才决定定都北京,诏文武诸司不称行在,仍以南京为陪都。③

成祖北迁以后,三面临敌,边防大重。东起鸭绿,西抵嘉峪,绵亘万里,分地守御。初设辽东、宣府、大同、延绥四镇,继设宁夏、甘肃、蓟州三镇,又加上太原、固原,是为九边。④ 每边各设重兵,统以大将,副以褊裨,监以宪臣,镇以开府,联以总督,无事则画地防守,有事则掎角为援。⑤ 失策的是即位后即徙封宁王于江西,把大宁一带地⑥,送给从征有功的朵颜三卫,自古北口至山海关隶朵颜卫,自广宁前屯卫西至广宁镇白云山隶泰宁卫,自白云山以北至开原隶福余卫。而幽燕东北之险,中国与夷狄共之,胡马疾驰半日可抵关下。辽东广宁、锦义等城自此与宣府、怀来隔断,悬绝声不相联。⑦ 又以东胜⑧孤远难守。调左卫于永平,右卫于遵化而墟其地。⑨ 兴

---

① 《明史》卷一六九《胡濙传》。
② 《明史》卷八《仁宗本纪》。
③ 《明史》卷一〇《英宗前纪》。
④ 《明史》卷九一《兵志》三。
⑤ 黄道周:《博物典汇》卷一九,九边。
⑥ 今热河平泉、赤峰、朝阳等县地。
⑦ 严从简:《殊域周咨录》卷一六《鞑靼》。
⑧ 今绥远托克托县及蒙古茂明安之地。
⑨ 《明史》卷九一《兵志》三;卷四二《地理志》二《山西》。

和①为阿鲁台所攻,徙治宣府卫城而所地遂虚。② 开平③为元故都,地处极边,西接兴和而达东胜,东西千里,最为要塞。自大宁弃后,宣、辽隔绝,开平失援,胡虏出没,饷道艰难,宣德五年(1432)从薛禄议,弃开平,徙卫于独石。④ 后来"三岔河弃而辽东恫,河套弃而陕右警,西河弃而甘州危"⑤,国防遂不可问。初期国力尚强,对付外敌的方法是以攻为守,太祖、成祖、宣宗三朝并大举北征,以兵力逼蒙古人远遁,使之不敢近塞。英宗以后国力渐衰,于是只以守险为上策,坐待敌来,诸要塞尽弃而边警由之日亟。正统十四年(1449)瓦剌也先入寇围北京。嘉靖二十九年(1550)鞑靼俺答入寇薄都城。这两次的外寇都因都城兵力厚不能得志,焚掠近畿而去。崇祯十七年(1644)李自成北上,宣府和居庸的守臣都开门迎降,遂长驱进围北京,太监曹化淳又开门迎入,明遂亡。由此看来,假如成祖当时不迁都北京,自以身当敌冲,也许在前两次蒙古人入犯时,黄河以北已不可守,宋人南渡之祸,又要重演一次了。

(原载《清华学报》第十卷第四期,1935 年 10 月)

---

① 元兴和路,自张家口以北至内蒙古苏尼特旗皆其境。洪武三年为府,后废。三十年置兴和守御千户所。今察哈尔张北县治即兴和故城。
② 《明史》卷四〇《地理志》一《京师》。
③ 在今察哈尔多伦县地。
④ 《明史》卷四〇《地理志》一;《殊域周咨录》卷一七《鞑靼》;方孔炤:《全边略纪》卷三《宣府略》。
⑤ 《博物典汇》卷一九。

朱元璋的统治术

一、大明帝国和明教

吴元年(1367,元至正二十七年)十二月,朱元璋的北伐大军已经平定山东。南征军已降方国珍,移军福建,水陆两路都势如破竹。一片捷报声使应天的文武臣僚欢天喜地,估量军力、人事,和元政府的无能腐败,加上元朝将军疯狂的内战,荡平全国已经是算得出日子的事情了。苦战了十几年,为的是什么?无非是为作大官,拜大爵位,封妻荫子,大庄园,好奴仆,数不尽的金银钱钞,用不完的锦绮绸罗,风风光光,体体面面,舒舒服服过日子。如今,这个日子来了。吴王要是升一级作皇帝,王府臣僚自然也进一等作帝国将相了。朱元璋听了朱升的话,"缓称王",好容易熬了这多年,才称王,称呼从主公改成殿下,如今眼见得一统在望,再也熬不住了,立刻要过皇帝瘾。真是同心一意,在前方厮杀声中,应天的君臣在商量化家为国的大典。

自然,主意虽然打定,自古以来作皇帝的一套形式,还是得照样搬演一下。照规矩,是臣下劝进三次,主公推让三次,文章都是刻板的滥调,于是,文班首长中书省左丞相宣国公李善长率文武百官奉表劝进:"开基创业,既宏盛世之舆图,应天顺人,宜正大君之宝位……既膺在躬之历数,必当临御于宸居……伏冀俯从众请,早定尊称。"不用三推三让,只一劝便答应了。十天后,朱元璋搬进新盖的宫殿,把要作皇帝的意思,祭告于上帝皇祇说:"唯我中国人民之君,自宋运告终,帝命真人于沙漠,入中国为天下主,其君臣父子及孙百有余年,今运亦终。其天下土地人民豪杰分争。唯臣帝赐英贤,为臣之辅,遂戡定诸雄,息民于田野。今地周回二万里广,诸臣下皆曰生民无主,必欲推尊帝号,臣不敢辞,亦不敢不告上帝皇祇。是用明年正月四日于钟山之阳,设坛备仪,昭告帝祇,唯简在帝心。如臣可为生民主,告祭之日,帝祇来临,天朗气清。如臣不可,至日当烈风异景,使臣知之。"①

即位礼仪也决定了,这一天先告祀天地,再即皇帝位于南郊,丞相率百官以下和都民耆老拜贺舞蹈,连呼万岁三声。礼成,具皇帝卤簿威仪导从,到太庙追尊四代祖父母父母都为皇帝皇后,再祭告社稷。于是皇帝服衮冕,在奉天殿受百官贺。天地社稷祖先百官和都民耆老都承认了,朱元璋成为合法的皇帝。

皇帝的正殿命名为奉天殿,皇帝诏书的开头也规定为奉天承运。原来元时皇帝白话诏书的开头是"长生天气力里,大福荫护助里",文言的译作"上天眷命",朱元璋以为这口气不够谦卑奉顺,改作奉作承,为"奉天承运",表示他的一切行动都是奉天而行的,他的皇朝是承方兴之运的,谁能反抗天命?谁又敢于违逆兴运?

洪武元年正月初四日,朱元璋和他的文武臣僚照规定的礼仪节目,遂一搬演完了,定有天下之号曰大明,建元洪武。以应天为

---

① 《明太祖实录》卷二四。

京师。去年年底,接连下雨落雪,阴沉沉的天气,到大年初一雪停了,第二天天气更好,到行礼这一天,竟是大太阳,极好的天气,元璋才放了心。回宫时忽然想起陈友谅采石矶的故事,作皇帝这样一桩大事,连日子也不挑一个,闹得拖泥带水,衣冠污损,不成体统,实在好笑,怪不得他没有好下场。接着又想起这日子是刘基拣的,真不错,开头就好,将来会更好,子子孙孙都会好,越想越喜欢,不由得在玉辂里笑出声来。

奉天殿受贺后,立妃马氏为皇后,世子标为皇太子,以李善长、徐达为左右丞相,各文武功臣也都加官进爵。皇族不管死的活的,全都封王。一霎时闹闹攘攘,欣欣喜喜,新朝廷上充满了蓬勃的气象,新京师里添了几百千家新贵族,历史上也出现了一个新朝代。①

皇族和其他许多家族组织成功一个新统治集团,代表这集团执行统治的机构是朝廷,这朝廷是为朱家皇朝服务的,朱家皇朝的建立者朱元璋,给他的皇朝起的名号——大明。

大明这一朝代名号的决定,事前曾经经过长期的考虑。

历史上的朝代称号,都有其特殊的意义。大体上可以分作四类:第一类用初起时的地名,如秦如汉。第二类用所封的爵邑,如隋如唐。第三类用特殊的物产,如辽(镔铁)如金。第四类用文字的含义,如大真大元。② 大明不是地名,也不是爵邑,更非物产,应该归到第四类。

大明这一国号出于明教。明教有明王出世的传说,主要的经典有《大小明王出世经》。经过了五百多年公开的秘密的传播,明

---

① 《明太祖实录》卷二五。
② 赵翼:《廿二史劄记》卷二九,"元建国始用文义"条。

王出世成为民间所熟知所深信的预言。这传说又和佛教的弥勒降生说混淆了,弥勒佛和明王成为二位一体的人民救主。韩山童自称明王起事,败死后,他的儿子韩林儿继称小明王,西系红军别支的明昇也称小明王。朱元璋原来是小明王的部将,害死小明王,继之而起,国号也称大明。① 据说是刘基提出的主意。②

朱元璋部下分红军和儒生两个系统,这一国号的采用,使两面人都感觉满意。就红军方面说,他们大多数都起自淮西,受了彭莹玉的教化。其余的不是郭子兴的部曲,就是小明王的余党,天完和汉的降将,总之,都是明教徒。国号大明,第一表示新政权还是继承小明王这一系统,所有明教徒都是一家人,应该团结在一起,共享富贵。第二告诉人"明王"在此,不必痴心妄想,再搞这一套花样了。第三使人民安心,本本分分,来享受明王治下的和平合理生活。就儒生方面说,他们固然和明教无渊源,和红军处于敌对地位,用尽心机,劝诱朱元璋背叛明教,遗弃红军,暗杀小明王,另建新朝代。可是,对于这一国号,却用儒家的看法去解释,"明"是光亮的意思,是火,分开来是日月,古礼有祀"大明"朝"日"夕"月"的说法,千多年来"大明"和日月都算是朝廷的正祀,无论是列作郊祭或特祭,都为历代皇家所看重,儒生所乐于讨论的。而且,新朝是起于南方的,和以前各朝从北方起事平定南方的恰好相反。拿阴阳五行之说来推论,南方为火,为阳,神是祝融,颜色赤,北方是水,属阴,神是玄冥,颜色黑,元朝建都北平,起自更北的蒙古大汉。那

---

① 孙宜:《洞庭集·大明初略》四:"国号大明,承林儿小明号也。"吴晗:《明教与大明帝国》,载《清华周报》三十周年纪念号。
② 祝允明:《九朝野记》卷一。

么,以火制水,以阳消阴,以明克暗,不是恰好? 再则,历史上的宫殿名称有大明宫、大明殿,古神话里,"朱明"一名词把国姓和国号联在一起,尤为巧合。因此,儒生这一系统也赞成用这国号。一些人是从明教教义,一些人是从儒家经说,都以为合式,对劲。①

　　元朝末年二十年的混战,宣传标榜的是"明王出世",是"弥勒降生"的预言。朱元璋是深深明白这类预言,这类秘密组织的意义的。他自己从这一套得到机会和成功,成为新兴的统治者,要把这份产业永远保持下去,传之子孙,再也不愿意,不许别的人也来耍这一套,危害治权。而且,"大明"已经成为国号了,也应该保持它的尊严。为了这,建国的第一年就用诏书禁止一切邪教,尤其是白莲社、大明教和弥勒教。接着把这禁令正式公布为法律,《大明律·礼律》禁止师巫邪术条规定:"凡师巫假降邪神,书符咒水,扶鸾祷圣,自号端公、太保、师婆,妄称弥勒佛、白莲社、明尊教、白云宗等会,一应左道乱正之术,或隐藏图像,烧香集众,夜聚晓散,佯修善事,扇惑人民,为首者绞,为从者各杖一百,流三千里。"句解:端公、太保,降神之男子;师婆,降神之妇人。白莲社如昔远公修净土之教,今奉弥勒佛十八龙天持斋念佛者。朋尊教谓男子修行斋戒,奉牟尼光佛教法者。白云宗等会,盖谓释氏支流派分七十二家,白云持一宗如黄梅曹溪之类也。明尊教即明教,牟尼光佛即摩尼。《昭代王章》条例:"左道惑众之人,或烧香集徒,夜聚晓散,为从者及称为善友,求讨布施,至十人以上,事发,属军卫者俱发边卫充军,属有司者发口外为民。"善友也正是明教教友称号的一种。招判枢机定师巫邪术罪款说:"有等捏怪之徒,罔领明时之法,乃敢

---

① 吴晗:《明教与大明帝国》。

立白莲社,自号端公,拭清风刀,人呼太保,尝云能用五雷,能集方神,得先天,知后世,凡所以煽惑人心者千形万状,小则入迷而忘亲忘家,大即心惑而丧心丧志,甚至聚众成党,集党成祸,不测之变,种种立见者,其害不可胜言也。"①何等可怕,不禁怎么行?温州、泉州的大明教,从南宋以来就根深蒂固流传在民间,到明初还"造饰殿堂甚侈,民之无业者咸归之"。因为名犯国号,教堂被毁,教产被没收,教徒被适归农。②甚至宋元以来的明州,也改名为宁波。③明教徒在严刑压制之下,只好再改换名称,藏形匿影,暗地里活动,成为民间的秘密组织了。

事实是,法律的条款和制裁,并不能也不可能消除人民对政治的失望。朱元璋虽然建立了大明帝国,并没有替人民解除了痛苦,改善了生活,二十年后,弥勒教仍然在农村里传播,尤其是江西。朱元璋在洪武十九年年底诰戒人民说:"元政不纲,天将更其运祚,而愚民好作乱者兴焉。初本数人,其余愚者闻此风而思为之,合共谋倡乱。是等之家,吾亲目睹……秦之陈胜、吴广,汉之黄巾,隋之杨玄感、僧向海明,唐之王仙芝,宋之王则等辈,皆系造言倡乱者致干戈横作,物命损伤者既多,比其事成也,天不与首乱者,殃归首乱,福在殿兴。今江西有等愚民,妻不谏夫,夫不戒前人所失,夫妇愚于家,反教子孙,一概念诵南无弥勒尊佛,以为六字,又欲造祸,以殃乡里……今后良民凡有六字者即时烧毁,毋存毋奉,永保己安,良民戒之哉!"他特别指出凡是造言首事的都没有好下场,"殃

---

① 以上并据玄览堂丛书本《昭代王章》。
② 宋濂:《芝园续集》卷四《故岐宁卫经历熊府君墓铭》;何乔远:《闽书》卷七《方域志》。
③ 吕毖:《明朝小史》卷二。

归首乱",只有他自己是跟从的,所以"福在殿兴"。劝人民不要首事肇祸,脱离弥勒教,翻来覆去地说,甚至不惜拿自己作例证。可以看出当时民间对现实政治的不满意和渴望光明的情形。

政府对明教的压迫虽然十分严厉,小明王在西北的余党却仍然很活跃。从洪武初年到永乐七年(1409)四十多年间,王金刚奴自称四天王,在沔县西黑山天池平等处,以佛法惑众,其党田九成自称后明皇帝,年号还是龙凤,高福兴自称弥勒佛,帝号和年号都直承小明王,根本不承认这个新兴的朝代。前后攻破屯寨,杀死官军。① 同时西系红军的根据地蕲州,永乐四年"妖僧守座聚男女成立白莲社,毁形断指,假神扇惑"被杀。永乐七年在湘潭,十六年在保定新成县,都曾爆发弥勒佛之乱。② 以后一直下来,白莲教、明教的教徒在不同时期,不同地点的传播以至起义,可以说是史不绝书。虽然都被优势的武力所平定了,也可以看出这时代,人民对政府的看法和愤怒的程度。③

二、农民被出卖了!

经过二十几年的实际教育,在流浪生活中,在军营里,在作战时,在后方,随处学习,随时训练自己,更事事听人劝告,征求专家的意见,朱元璋在近代史上,不但是一个伟大的军事统帅,也是一

---

① 《明成祖实录》卷九○;沈德符:《野获编》卷三○《再僭龙凤年号》。
② 《明成祖实录》卷五六、九六、二○○。
③ 本节参看吴晗:《明教与大明帝国》。

个成功的政治家。

他的政治才能,表现在他所奠定的帝国规模上。

在红军初起时,标榜复宋,韩林儿诈称是宋徽宗的子孙,暂时的固然可以发生政治的刺激作用,可是这时去宋朝灭亡已经九十年了,宋朝的遗民故老死亡已尽,九十年后的人民对历史上的皇帝,对一个被屈辱的家族,并不感觉到亲切、怀念、依恋。而且,韩家父子是著名的白莲教世家,突然变成赵家子孙,谁都知道是冒牌,真的都不见得有人理会,何况是假货?到朱元璋北伐时,严正的提出民族独立自主的新号召,汉人应该由汉人自己治理,应该用自己的方式生活,保存原有的文化系统,这一崭新的主张,博得全民族的热烈拥护,瓦解了元朝治下汉官、汉兵的敌对心理。在檄文中,更进一步提出,蒙古、色目人只要参加这文化系统,就一体保护,认为皇朝的子民。这一举措,不但减低了敌人的抵抗挣扎行为,并且,也吸引过来一部分敌人,化敌为友。到开国以后,这革命主张仍然被尊重为国策,对于参加华族文化集团的外族,毫不歧视。蒙古、色目的官吏和汉人同样登用,在朝廷有做到尚书侍郎大官的,地方作知府、知县,一样临民办事。① 在军队里更多,甚至在亲军中也有蒙古军队和军官。② 这些人都由政府编置勘合(合同文书),给赐姓名,和汉人一无分别。③ 婚姻则制定法令,准许和汉人通婚,务要两相情愿,如汉人不愿,许其同类自相嫁娶。④ 这样,蒙

---

① 《明太祖实录》卷一九九、卷二〇二;《明史》卷一三八《周祯传》,卷一四〇《道同传》。
② 《明太祖实录》卷七一、卷一九〇。
③ 《明太祖实录》卷五〇;《明成祖实录》卷三三。
④ 《明律》卷六《户律》。

古、色目人陶育融冶,几代以后,都同化为中华民族的成员了。内中有十几家军人世家,替明朝立下不可磨灭的功绩。对于塞外的外族,则继承元朝的抚育政策,告诉他们新朝仍和前朝一样,尽保护提携的责任,各安生理,不要害怕。

相反的,却下诏书恢复人民的衣冠如唐朝的式样,蒙古人留下的习俗,辫发椎髻胡服——男袴褶窄袖及辫线腰褶,妇女衣窄袖短衣,下服裙裳——胡语、胡姓一切禁止。① 蒙古俗丧葬作乐娱尸,礼仪官品坐位都以右手为尊贵,也逐一改正。② 复汉官之威仪,参酌古代礼经和事实需要,规定了各阶层的生活、服用、房舍、舆从种种规范和标准,使人民有所遵守。

红军之起,最主要的目的是要实现经济的、政治的、民族的地位平等。在政治和民族方面说,大明帝国的建立已经完全达到目的,过去的被歧视情形,不再存在了。可是,在经济方面,虽然推翻了外族对汉族的剥削特权,但是,就中华民族本身而说,地主对农民的剥削特权,并没有因为政权的改变而有所改变。

元末的农民,大部分参加红军,破坏旧秩序,旧的统治机构。地主的利益恰好相反,他们要保全自己的生命财产,就不能不维持旧秩序,就不能不拥护旧政权。在战争爆发之后,地主们用全力来组织私军,称为民军或义军,建立堡砦,抵抗农民的袭击。这一集团的组成分子,包括现任和退休的官吏、乡绅、儒生和军人,总之,都是丰衣足食、面团团的地主阶层人物。这些人受过教育,有智识,有组织能力,在地方有号召的威望。虽然各地方的地主各自作

---

① 《明太祖实录》卷三〇。
② 《明史·太祖本纪》。

战,没有统一的指挥和作战计划,战斗力量也有大小强弱之不同,却不可否认是一个比元朝军队更为壮大,更为顽强的力量。他们决不能和红军妥协,也不和打家劫舍的草寇,割据一隅的群雄合作。可是,等到有一个新政权建立,而这一个新政权是有足够的力量,保护地主利益,维持地方秩序的时候,他们也就毫不犹豫,拥戴这一属于他们自己的新政权了。① 同时,新朝廷的一批新兴贵族、官僚,也因劳绩获得大量土地,成为新的地主(洪武四年十月的公侯佃户统计,六国公二十八侯,凡佃户三万八千一百九十四户)。② 新政府对这两种地主的利益,是不敢,也不能不特别尊重的。这样,农民的生活问题,农民的困苦,就被搁在一边,无人理睬了。

朱元璋和他的大部分臣僚都是农民出身的。过去都曾亲身受过地主的剥削和压迫,但在革命的过程中,本身的武装力量不够强大,眼看着小明王是被察罕帖木儿、李思齐和孛罗帖木儿两支地主军打垮了的,为了要成事业,不能不低头赔小心,争取地主们的人力财力的合作。又恨又怕,在朱元璋的心坎里,造成了微妙的矛盾的敌对的心理,产生了对旧地主的两面政策。正面是利用有学识、有社会声望的地主,任命为各级官吏和民间征收租粮的政府代理人,建立他的官僚机构。原来经过元末多年的内战,学校停顿,人才缺乏,将军们会打仗,可不会作办文墨的事务官。有些读书人,怕朱元璋的残暴、侮辱,百般逃避,抵死不肯作官,虽是立了"士人不为君用"就要杀头的条款,还是逼不出够用的人才。没奈何只好拣一批合用的地主,叫作税户人才,用作地方县令长、知州知府、布

---

① 吴晗:《元帝国之崩溃与明之建国》五,载《清华学报》十一卷二期。
② 《明太祖实录》卷六八。

政使,以至朝廷的九卿。另外,以为地主熟悉地方情形,收粮和运粮都比地方官经手方便省事,而且,可以省去一层中饱。规定每一个收粮万石的地方,派纳粮最多的大地主四人作粮长,管理本区的租粮收运。这样,旧地主作官,作粮长,加上新贵族新官僚新地主,构成了新的统治集团。① 反面则用残酷的手段,消除不肯合作的旧地主,一种惯用的方法是强迫迁徙,使地主离开他的土地,集中到濠州、京师(南京)、山东、山西等处,釜底抽薪,根本削除了他们在地方的势力。其次是用苛刑诛灭,假借种种政治案件,株连牵及,一网打尽,灭门抄家,洪武朝的几桩大案如胡惟庸案、蓝玉案、空印案,屠杀了几万家,不用说了。甚至地方的一个皂隶的逃亡,就屠杀抄没了几百家,洪武十九年朱元璋公布这案子说:"民之顽者,莫甚于溧阳、广德、建平、宜兴、安吉、长兴、归安、德清、崇德、蒋士鲁等三百七户。且如潘富系溧阳县皂隶,教唆官长贪赃枉法,自己挟势持权,科民荆杖。朕遣人按治,潘富在逃,自溧阳节次递送至崇德豪民赵真胜奴家。追者回奏,将豪民赵真胜奴并二百余家尽行抄没,持杖者尽皆诛戮。沿途节次递送者一百七十户,尽行枭令,抄没其家。"②豪民尽皆诛戮,抄没的田产当然归官,再由皇帝赏赐给新贵族新官僚,用屠杀的手段加速度改变土地的持有人,据可信的史料,三十多年中,浙东、浙西的故家巨室几乎到了被肃清的地步。③

为了增加政府的收入,财力和人力的充分运用,朱元璋用二十年的工夫,大规模举行土地丈量和人口普查,六百年来若干朝代若干

---

① 吴晗:《明代之粮长及其他》,载《云南大学学报》第二期。
② 《大诰三编》,递送潘富第十八。
③ 吴晗:《明代之粮长及其他》。

政治家所不能做到的事情，算是划时代地完成了。丈量土地的目的，是因为过去六百年没有实地调查，土地簿籍和实际情形完全不符合，而且连不符合的簿籍大部分都已丧失，半数以上的土地不在簿籍上，逃避政府租税，半数的土地面积和负担轻重不一样，极不公平。地主的负担转嫁给贫农，土地越多的交租越少，土地越少的交租越多，由之，富的愈富，穷的更穷。经过实际丈量以后，使所有过去逃税的土地都登记完粮。全国土地，记载田亩面积方圆，编列字号，和田主姓名，制成文册，名为鱼鳞图册，政府据以定赋税标准。洪武二十六年（1393）全国水田总数八百五十万七千六百二十三顷[1]，夏秋二税收麦四百七十余万石，米二千四百七十余万石。和元代全国岁入粮数一千二百一十一万四千七百八石[2]比较，增加了一倍半。

人口普查的结果，编定了赋役黄册，把户口编成里甲，以一百一十户为一里，推丁粮多的地主十户作里长，余百户为十甲，每甲十户，设一甲首，每年以里长一人甲首一人，管一里一甲之事，先后次序还是根据丁粮多少，每甲轮值一年，十甲在十年内先后轮流为政府服义务劳役，一甲服役一年，有九年的休息。每隔十年，地方官以丁粮增减重新编定黄册，使之合于实际。洪武二十六年统计，全国有户一千六百五万二千六百八十，口六千五十四万五千八百一十二[3]，比之元朝极盛时期，世祖时代的户口，户一千一百六十三万

---

[1] 《明史·食货志》一《田制》。
[2] 《明史·食货志》二《赋役》。《明太祖实录》卷二三〇作：粮储三千二百七十八万九千八百余石。《元史》卷九三《食货志·税粮》。
[3] 《明史·食货志·户口》。《明太祖实录》卷二一四，洪武二十四年十二月，天下郡县更造赋役黄册成，计人户一千六百八十八万四千四百三十五，口五千六百七十七万四千五百六十一。

三千二百八十一,口五千三百六十五万四千三百三十七①,户增加了三百四十万,口增加了七百万。

表面上派大批官吏,核实全国田土,定其赋税,详细记载原坂、坟衍、下隰、沃瘠、沙卤的区别,凡置卖田土,必须到官府登记税粮科则,免去贫民产去税存的弊端。十年一次的劳役,轮流休息,似乎是替一般穷人着想的。其实,穷人是得不到好处的,因为执行丈量的是地主,征收租粮的还是地主,里长甲首依然是地主,地主是决不会照顾小自耕农和佃农的利益的。其次,愈是大地主,愈有机会让子弟受到教育,通过科举成为官僚绅士,官僚绅士享有非法的逃避租税,合法的免役之权。前一例子,朱元璋说得很明白:"民间洒派包荒诡寄移丘换段,这等俱是奸顽豪富之家,将次没福受用财富田产,以自己科差洒派细民。境内本无积年荒田,此等豪猾,买嘱贪官污吏,及造册书算人等,当科粮之际,作包荒名色,征纳小户。书算手受财,将田洒派,移丘换段,作诡寄名色,以此靠损小民。"②后一例子,洪武十年(1377)朱元璋告诉中书省官员:"食禄之家,与庶民贵贱有等,趋事执役以奉上者,庶民之事也。若贤人君子,既贵其身,而复役其家,则君人野人无所分别,非劝士待贤之道。自今百司见任官员之家,有田土者,输租税外,悉免其徭役,著为令。"③不但见任官,乡绅也享受这特权,洪武十二年又著令:"自今内外官致仕还乡者,复其家终身无所与。"④连在学的学生,生员

---

① 《元史》卷九三《食货志·农桑》。
② 《大诰续诰》四五。
③ 《明太祖实录》卷一一一。
④ 《明太祖实录》卷一二六。

之家,除本身外,户内也优免二丁差役。① 这样,见任官、乡绅、生员都逃避租税,豁免差役,完粮当差的义务,便完全落在自耕农和贫农的身上了,他们不但出自己的一份,连官僚绅士地主的一份,也得一并承当下来。统治集团所享受的特权,造成了更激烈的加速度的兼并,土地愈集中,人民的负担愈重,生活愈困苦。这负担据朱元璋说是"分",即应尽的义务,洪武十五年他叫户部出榜晓谕两浙江西之民说:"为吾民者当知其分,田赋力役出以供上者,乃其分也。能安其分,则保父母妻子,家昌身裕,为忠孝仁义之民。"不然呢? "则不但国法不容,天道亦不容矣!"应该像"中原之民,唯知应役输税,无负官府。"只有如此,才能"上下相安,风俗淳美,共享太平之福"②。

里甲的组织,除了精密动员人力以外,最主要的任务还是布置全国性的特务网,严密监视并逮捕危害统治的人物。

朱元璋发展了古代的传、过所、公凭这一套制度,制定了路引(通行证或身份证)。法律规定:"凡军民人等往来,但出百里即验文引。如无文引,必须擒拿送官,仍许诸人首告,得实者赏,纵容者同罪。天下要冲去处,设立巡检司,专一盘诘往来奸细及贩卖私盐犯人逃囚,无引面生可疑之人。"③处刑的办法:"凡无文引私度关津者杖八十;若关不由门,津不由渡而越度者杖九十;若越度缘边关塞者,杖一百,徒三年;因而出外境者绞。"军民的分别:"若军民出百里之外不给引者,军以逃军论,民以私度关津论。"④这制度把

---

① 张居正:《张太岳集》卷三九《请申旧章饬学政以掘兴人才疏》。
② 《明太祖实录》卷一五〇。
③ 《弘治大明会典》卷一一三。
④ 《明律》卷一五《兵律》。

人民的行动范围,用无形的铜墙铁壁严密圈禁。路引是要向地方官请领的,请不到的,便被禁锢在生长的土地上,行动不能出百里之外。

要钳制监视全国人民,光靠巡检司是不够的,里甲于是被赋予了辅助巡检司的任务。朱元璋在洪武十九年手令"要人民互相知丁",知丁是监视的意思:"诰出,凡民邻里互相知丁,互知务业,俱在里甲,县府州务必周知,市村绝不许有逸夫。若或异四业而从释道者,户下除名。凡有夫丁,除公占外,余皆四业,必然有效。一,知丁之法,某民丁几,受农业者几,受士业者几,受工业者几,受商业者几。且欲士者志于士,进学之时,师友某代,习有所在,非社学则入县学,非县必州府之学,此其所以知士丁之所在。已成之士为未成士之师,邻里必知生徒之所在,庶几出入可验,无异为也。一,农业者不出一里之间,朝出暮入,作息之道互知焉。一,专工之业,远行则引明所在,用工州里,往必知方,巨细作为,邻里采知,巨者归迟,细者归疾,出入不难见也。一,商本有巨微,货有重轻,所趋远近水陆,明于引间,归期艰限其业,邻里务必周知,若或经年无信,二载不归,邻里当觉(报告)之询故。本户若或托商在外非为,邻里勿干。"逸夫指的是无业的危险分子,如不执行这命令:"一里之间,百户之内,仍有逸夫,里甲坐视,邻里亲戚不拿,其逸夫或于公门中,或在市间里,有犯非为,捕获到官,逸夫处死,里甲四邻化外之迁,的不虚示。"①又说:"此诰一出,自京为始,遍布天下,一切臣民,朝出暮入,务必从容验丁。市井人民,舍客之际,辨人生理,验人引目,生理是其本业,引目相符而无异,犹恐托业为名,暗有他

---

① 《大诰续诰》,互知丁业第三。

为。虽然业与引合,又识重轻巨微贵贱,倘有轻重不论,所赍微细,必假此而他故也,良民察焉。"①异为,非为,他为,他故,都是法律术语,即不轨、不法的意思。前一手令是里甲邻里的连坐法,后一手令是旅馆检查规程,再三叮咛训示,把里甲和路引制度关联成为一体,不但圈禁人民在百里内,而且用法律、用手令,强迫每一个人都成为政府的代表,执行调查、监视、告密、访问、逮捕的使命。②

三、新官僚养成所

专制独裁的君主,用以维持和巩固皇权的两套法宝,一是军队,二是官僚机构,用武力镇压,用公文统治,皇权假如是车子,军队和官僚便是两个车轮,缺一不可。

朱元璋从亲兵爬到宋朝的丞相、国公,作吴王,一直作到皇帝,本来是靠武力起的家,有的是军队,再加上刘基的组织方案——军卫法,一个轮子有了(详后)。

另一个轮子可有点麻烦,从朝廷到地方,从部、院、省、寺、府、监到州、县,各级官僚要十几万人,白手成家的朱元璋,从哪儿去找这么些听话的忠心的能干的文人?

用元朝的旧官僚吧?经过二十年战争的淘汰,生存的为数已不甚多,会办事有才力的一批,早已来投效了。不肯来的,放下脸

---

① 《大诰续诰》,辨验丁引第四。
② 吴晗:《传·过所·路引的历史——历史上的国民身份证》,载 1948 年 1 月《中国建设》月刊五卷四期。

色一吓唬,说是:"您不来,敢情在打别的主意?"①也不敢不来。剩下的不是贪官污吏,便已老朽昏庸,不是眷怀胜国的恩宠,北迁沙漠②,便是厌恶新朝的暴发户派头,恐惧新朝的屠杀侮辱,遁迹江湖,埋名市井。③尽管新朝用尽了心机,软说硬拉,要凑齐这个大班子,人数还差得太远。

第二想到的是元朝的吏,元朝是以吏治国的。从元世祖以后,甚至执政大臣也用吏来充当,造成风气。④朱元璋深知法令愈繁冗,条格愈详备,一般人不会办,甚至不能懂,吏就愈方便舞文弄弊,闹成吏治代替了官治,代替了君治,这是万万要不得的。⑤

第三只好起用没有作过官的读书人了。读书人当然想作官,可是也有顾忌,顾忌的是失身份:"海岱初云扰,荆蛮遂土崩,王公甘久辱,奴仆尽同升。"⑥和奴仆同升也许还不太要紧,要紧的是这个政权还不太巩固,对内未统一,对外,北边蒙古还保有强大力量。顾忌的是这个政权是淮帮,大官位都给淮人占完了,"两河兵合尽红巾,岂有桃源可避秦?马上短衣多楚客,城中高髻半淮人"⑦。更顾忌的是恐怖的屠杀凌辱,作官一有差跌,不是枭示种诛,便是戴斩罪镣足办事,"以鞭笞捶楚为寻常之辱,以屯田工役为必获之罪"⑧。不是不得已,又谁敢作官?

---

① 《明史》卷二八五《张以宁传》附《秦裕伯传》。
② 《明史》卷一二四《扩廓帖木儿传》附《蔡子英传》;《明太祖实录》卷一一〇。
③ 《明史》卷二八五《杨维桢传》、《丁鹤年传》。
④ 余阙:《青阳文集》卷四《杨君显民诗集序》。
⑤ 《明太祖实录》卷二六、卷一二六。
⑥ 贝琼:《清江诗集》卷八《述怀二十二韵寄钱思复》。
⑦ 贝琼:《清江诗集》卷五《秋思》。
⑧ 《明史》卷一三九《叶伯巨传》。

第四是任用地主作官,称为荐举。有富户、耆民、孝弟力田、税户人才(纳粮最多的大地主)等名目。有一出来便作朝廷和地方的大官的,最多的一次到过三千七百多人。① 可是,还不够用,而且,这些地主官僚的作风,也不完全适合新朝统治的需要。

旧的人才不够用,只好想法培养新的了。朱元璋决心用自己的方法,新造一个轮子——国子监,来训练大量的新官僚。

国子监的教职员,从祭酒(校长)、司业、博士、助教、学正到监丞,都是朝廷命官,任免都出于吏部,国子监官到监是上任作官,学校是学校官的衙门。政治和教育一体,官僚和师儒一体。祭酒虽然是衙门首长,"严立规矩,表率属官",但是,并无聘任教员之权,因为一切教职员都是部派的。监丞品位虽低,却参领监事,凡教官怠于师训,生员有戾规矩,课业不精,并从纠举。不但管学生规矩课业,还兼管教员教课成绩。办公处叫绳愆厅,特备有行扑红凳二条,拨有直厅皂隶二名,"扑作教刑",刑具是竹篦,皂隶是行刑人,红凳是让学生伏着挨打的。照规定,监丞立集愆册一本,各堂生员敢有不遵学规,即便究治。初犯记录(记过),再犯决竹篦五下,三犯决竹篦十下,四犯发遣安置(开除,充军,罚充吏役)。监丞对学生,不但有处罚权,而且有执行刑讯之权,学校、法庭、刑场合而为一。当然,判决和执行都是片面的,学生绝对没有辩解申说和要求上诉的权利。② 膳夫由朝廷拨死囚充役,如三遍不听使令,即处斩刑,学校又变作死囚的苦工场了。③

---

① 《明史》卷七一《选举志》。
② 黄佐:《南廱志》卷九《学规本末》。
③ 《南廱志》卷一〇《谟训考》。

学校的教职员全是官,学生呢?来源有两类,一类是官生,一类是民生。官生又分两等,一等是品官子弟,一等是外夷子弟(包括日本、琉球、暹罗和西南土司子弟)。官生是由皇帝指派分发的,民生是由各地地方官保送府、州、县学的生员。① 原来立学的目的,是为了训练官生如何去执行统治,名额是一百名,民生只占五十名。② 可是后来官生入学的日少,民生依法保送的日多,以洪武二十六年(1393)的在学人数为例,总数八千一百二十四名,里面官生只有四名,国子监已经失去原来的用意,成为广泛训练民生作官的机构了。

功课内容分《御制大诰》、《大明律令》、四书、五经、刘向《说苑》等书。③ 最重要的是《大诰》。《大诰》是朱元璋自己写的,有《续编》、《三编》、《大诰武臣》,一共四册。主要的内容是列举所杀官民罪状,使官民知所警戒,和教人民守本分,纳田租,出夫役,老老实实替朝廷当差的训话。洪武十九年以《大诰》颁赐监生,二十四年令"今后科举岁贡生员,俱以《大诰》出题试之"。礼部行文国子监正官,严督诸生熟读讲解,以资录用,有不遵者,以违制论。④ 违制是违抗圣旨的法律术语,这罪名是非同小可的。至于《大明律令》,因为学生的出路是作官,当然是必读书。四书、五经是儒家的经典,治国平天下的大道理都在里面,孔子的思想是没有问题的,尊王正名,君君臣臣父父子子这一大套,最合帝王的脾胃,所以朱

---

① 《南廱志》卷一五。
② 《大明礼令》。
③ 《南廱志》卷一;《皇明太学志》卷七。
④ 《南廱志》卷一。

元璋面谕国子博士:"一以孔子所定经书诲诸生。"①可是,《孟子》就不同了,洪武三年,他开始读这本书,读到好些对君上不客气的地方,大发脾气,对人说:"这老头要是活到今天,非严办不可!"下令国子监撤去孔庙中的孟子牌位,把孟子逐出孔庙。后来虽然迫于舆论,恢复孟子配享,对于这部书还是认为有反动毒素,得经过严密检查。洪武二十七年(1394)特别敕命组织一个《孟子》审查委员会,执行检删职务的,是当时的老儒刘三吾,把《尽心篇》的"民为贵,社稷次之,君为轻",《梁惠王篇》"国人皆曰贤,国人皆曰可杀"一章,"时日曷丧,予及汝偕亡"和《离娄篇》"桀纣之失天下也,失其民也。失其民者,失其心也"一章,《万章篇》"天与贤则与贤"一章,"天视自我民视,天听自我民听","君有大过则谏,反覆之而不听,则易位",以及类似的"闻诛一夫纣矣,未闻弑君也","君之视臣如草芥,则臣视君如寇雠",一共八十五条,以为这些话,不合"名教",太刺激了,全给删节掉了。只剩下一百七十几条,刻板颁行全国学校。这部经过凌迟碎割的书,叫作《孟子节文》。所删掉的一部分,"课士不以命题,科举不以取士"②。至于《说苑》,是因为"多载前言往行,善善恶恶,昭然于方册之间,深有劝戒"。是作为修身或公民课本被指定的。此外,也消极地指定一些不许诵读的书,例如"苏秦、张仪,由战国尚诈,故得行其术,宜戒勿

---

① 《南雍志》卷一。
② 《明史》卷一三九《钱唐传》,卷五四《礼志》四;李之藻:《颊官礼乐疏》卷二;全祖望:《鲒埼亭集》卷三五《辨钱尚书争孟子事》;北平图书馆藏洪武二十七年刊本《孟子节文》;刘三吾:《孟子节文题辞》;容肇祖:《明太祖的孟子节文》,载《读书与出版》二年四期。

读"①。由此可见学校功课的项目,内容的去取,必读书和禁读书,学校教官是无权说话的,一切都由皇帝御定。有时高兴,他还出题目"圣制策问"来考问学生呢!

学生日课,规定每日写字一幅,每三日背《大诰》一百字,本经一百字,四书一百字,每月作文六篇,违者都是痛决(打)。低年级生只通四书的,入正义、崇志、广业三堂,中等文理条畅的升入修道、诚心二堂,在学满七百天,经史兼通的入率性堂。率性堂生一年内考试满八分的与出身(作官)。②

监生的制服叫襕衫,也是御定的。膳食全公费,阖校会馔。有家眷的特许带家眷入学,每月支食粮六斗。监生和教员请假或回家,都要经皇帝特许。③

管制学校的监规,是钦定的,极为严厉。前后增订一共有五十六款,学生对课业有疑问,必须跪听,绝对禁止对人对事的批评,和团结组织,甚至班与班之间也禁止来往,以及不许议论饮食美恶,不许穿常人衣服。有事先于本堂教官处通知,毋得径行烦絮。凡遇出入,务要有出恭入敬牌,和无病称病,出外游荡,会食喧哗,点闸(名)不到,号房(宿舍)私借他人住坐,酣歌夜饮等等二十七款,下文都是违者痛决。最最严重的一款是"敢有毁辱师长,及主事告讦者,即系干名犯义,有伤风化,定将犯人杖一百,发云南地面充军"④。朱元璋寄托培养官僚的全部责任于国子监,这一条的法意就是授权监官,用刑法清除所有不服从和敢于抗议的监生。毁辱

---

① 《南廱志》卷一。
② 《南廱志》卷九。
③ 《南廱志》卷一。
④ 《南廱志》卷九《学规本末》。

师长的含义是非常广泛的,无论是语言、文字、行动、思想上的不同意,以至批评,都可任意解释。至于生事告讦,更可随便应用,凡是不遵从监规的,不满意现状的,要求对教学及生活有所改进的,都可以援用这条款片面判决之,执行之。国子监第一任祭酒宋讷是这条监规的起草人,极意严酷,在他的任内,监生走投无路,经常有人被强制饿死,被迫缢死,祭酒连尸首也不肯放过,一定要当面验明,才许收殓。① 后来他的儿子宋复祖当司业,也学父亲的办法,"诫诸生守讷学规,违者罪至死"②。学录金文徵反对宋讷的过分残暴,想法子救学生,向皇帝控诉说:"祭酒办学太严,监生饿死了不少人。"朱元璋不理会,说是祭酒只管大纲,监生饿死,罪坐亲教之间,文徵又设法和同乡吏部尚书余熂商量,由吏部出文书令宋讷以年老退休,这年宋讷七十五岁,照规定是该告老的,不料宋讷在辞别皇帝时,说出并非真心要辞官,朱元璋大怒,追问缘由,立刻把余熂、金文徵和一些关联的教官都杀了,还把罪状榜示在监前,也写在《大诰》里头。这次反迫害的学潮,在一场屠杀后被压平。③

洪武二十七年第二次学潮又起,监生赵麟受不了虐待,出壁报提出抗议,照监规是杖一百充军,为了杀一儆百,朱元璋法外用刑,把赵麟杀了,并且在监前立一长竿,枭首示众(这在朱元璋的口语叫枭令,比处死重一等)。二十八年又颁行赵麟诽谤册和惊愚辅教二录于国子监,到三十年七月二十三日,又召集祭酒和本监教官监生一千八百二十六员名,在奉天门当面训话整顿学风,他说:

---

① 赵翼:《廿二史劄记》卷三一,"明史立传多存大体"条,引叶子奇:《草木子》。按通行本《草本子》无此条。
② 《明史》卷一三七《宋讷传》。
③ 《南雍志》卷一、卷一〇;《明史·宋讷传》。

恁学生每听着：先前那宋讷做祭酒呵，学规好生严肃，秀才每循规蹈矩，都肯向学，所以教出来的个个中用，朝廷好生得人，后来他善终了，以礼送他回乡安葬，沿路上著有司官祭他。

近年著那老秀才每做祭酒呵，他每都怀着异心，不肯教诲，把宋讷的学规都改坏了，所以生徒全不务学，用著他呵，好生坏事。

如今著那年纪小的秀才官人每来署著学事，他定的学规，恁每当依着行。敢有抗拒不服，撒泼皮，违犯学规的，若祭酒来奏着恁呵，都不饶，全家发向武烟瘴地面去，或充军，或充吏，或做首领官。

今后学规严紧，若无籍之徒，敢有似前贴没头帖子诽谤师长的，许诸人出首，或绑缚将来，赏大银两个。若先前贴了票子，有知道的，或出首，或绑缚将来呵，也一般赏他大银两个。将那犯人凌迟了，枭令在监前，全家抄没，人口迁发烟瘴地面。钦此！①

和统制监生一样，国子监的教官也是在严刑重罚的约束之下的。以祭酒为例，三十多年来的历任祭酒，只有以残酷著名的宋讷是善终在任上，死后的恩礼也特别隆重，可以说是例外，其他的不是得罪放逐，便是被杀。②

---

① 《南雍志》卷一〇《谨训考》。
② 《南雍志》卷一。

痛决、充军、罚充吏役、枷镣终身、饿死、自缢死、枭首示众、凌迟,一大串刑罚名词,明初的国子监与其说是学校,不如更合式地说是监狱,是刑场。不止是学生,也包括教官在内,在受死亡所威胁的训练,造成绝对服从的、无思想的、奴性的官僚。

从洪武二年到三十一年这一时期监生任官的情形来看,第一,监生并没有一定的任官资序,最高的有作到地方大吏从二品的布政使,最低的作正九品的县主簿,以至无品级的教谕。第二,监生也没有固定的任官性质,朝廷的部院官、监察官,地方最高民政财政官、司法官,以至无所不管亲民的府、州、县官和学校官。监生万能,几乎无官不可作。第三,除作官以外,在学的监生,有奉命出使的,有奉命巡行列郡的,有稽核百司案牍的,有到地方督修水利的,有执行丈量、记录土地面积、定粮的任务的,有清查黄册的(每年一千二百人),有写本的,有在各衙门办事的,有在各衙门历事的(实习),几乎无事不能作。第四,三十年来监生的任官,以洪武二年和二十六年为最高(洪武二年擢监生为行省左右参政,各道按察司佥事,及知府等官。二十六年以监生六十四人为行省布政、按察两使及参政、参议、副使、佥事等官),十九年为最多(命祭酒司业择监生千余人送吏部,除授知州,知县等职)。"故其时布列中外者,太学生最盛。"① 大体说来,从十五年以后,监生的出路,已渐渐不如初年,从作官转到作事,朝廷利用大批监生作履亩定粮、督修水利、清查黄册等基层技术工作。至于为什么洪武二年和二十六年,大量利用监生作高官呢?理由是,第一,刚开国人才不够,如上文所说过的,没有别的人可用,只能以受过训练的监生出任高官。第二,

---

① 《南雍志》卷一;《明史》卷六九《选举志》。

洪武二十六年二月蓝玉被杀,牵连致死的文武官僚、地方大吏为数极多,许多衙门都缺正官,监生因之大走官运。至于为什么洪武十九年监生任官的竟有千余人之多呢?那是因为上年闹郭桓贪污案,供词牵连到直省官吏,因而系死者有几万人,下级官吏缺得太多的缘故。至于为什么从洪武十五年以后,监生作官的出路一天不如一天呢?那是因为从十五年以后,会试定期举行,每三年一次,进士在发榜后即刻任官,要作官的都从进士科出身,甚至监生也多从进士科得官,官僚从科举制度里出来,国子监失去了培养官僚的独占地位。进士释褐授官,这些官原来都是监生的饭碗,进士日重,监生日轻,只好去作基层技术工作和到诸司去历事了。

地方的府州县学和国子监一样,生员都是供给廪膳(公费)的,从监生到生员都享有免役权,法律规定"免其家差徭二丁"。

洪武十二年颁发禁例十二条于全国学校,镌立卧碑,置于明伦堂之左,不遵者以违制论。禁例中最重要的是:"生员家若非大事,毋轻至于公门。""生员父母欲行非为,则当再三恳告。"前一条不许生员交结地方官,后一条要使生员为皇家服务,替朝廷消弭"非为"。另一条"军民一切利病,并不许生员建言。果有一切军民利病之事,许当该有司,在野贤才,有志壮士,质朴农夫,商贾技艺,皆可言之,诸人毋得阻当,唯生员不许!"[①]重复地说"不许生员建言","惟生员不许",为什么单单剥夺了生员讨论政治的权利呢?因为他害怕群众,害怕组织,尤其害怕有群众基础有组织能力的知识分子,这个有号召力量的学生群,他是认清楚他们的力量的。

地方学校之外,洪武八年又诏地方立社学——乡村小学。

[①] 《大明会典》卷七八《学校》。

府州县学和社学都以《御制大诰》和律令作主要必修科。

在官僚政治之下,地方学校只存形式,学生不在学,师儒不讲论。社学且成为官吏迫害剥削人民的手段,"有愿读书无钱者不许入学,有三丁四丁不愿读书者,受财卖放,纵其愚顽,不令读书。有父子二人,或农或商,本无读书之暇,却乃逼令入学。有钱者又纵之,无钱者虽不暇读书,又不肯放,将此凑生员之数,欺诳朝廷"①。朱元璋虽然要导民为善,却对官僚政治无办法,叹一口气,只好把社学停办,省得"逼坏良民不暇读书之家"②。

除国子监以外,政府官吏的来源是科举制度。国子监生可以不由科举,直接任官,而从科举出身的人则必须是学校的生员。府、州、县学的生员(俗称秀才)每三年在省城会考一次,称为乡试,及格的为举人。各布政司举人的名额是一定的,除直隶(今江苏安徽)百人最多,广东、广西二十五人最少,其他九布政司都是四十人。第二年全国举人会考于京师,称为会试,会试及格的再经一次复试,地点在殿廷,叫作廷试,亦称殿试。这复试是形式上的,主要意义是让皇帝自己来主持这论才大典,选拔之权,出于一人,及格的是天子门生,自然应该死心塌地替皇家服务,发榜分一二三甲(等),一甲只有三人,状元、榜眼、探花,赐进士及第。二甲若干人,赐进士出身。三甲若干人,赐同进士出身。状元、榜眼、探花的名号是御定的,民间又称乡试第一名为解元,会试第一名为会元,二三甲第一名为传胪。乡试由布政使司,会试由礼部主持。状元授翰林院修撰,榜眼、探花授编修,二三甲考选庶吉士

---

① 《御制大诰》,社学第四四。
② 本节参看吴晗:《明初的学校》,载1948年《清华学报》十四卷二期。

的都为翰林官,其他或投给事、御史、主事、中书、行人、评事太常国子博士,或授府推官、知州、知县等官。举人、贡生会试不及格,改入国子监,也可选作小京官,或作府佐和州县正官,以及学校教官。

科举各级考试,专用四书、五经来出题目,文体略仿宋经义,要用古人口气说话,只能根据几家指定的注疏发挥,绝对不许有自己的见解。体裁排偶,叫作八股,也称制义。这制度是朱元璋和刘基商量决定的。十五年以后,定制子午卯酉年乡试,辰戌丑未年会试,乡试在八月,会试在二月。每试分三场,初场四书义三道,经义四道。二场试论一道,判一道,诏诰表内科(选)一道。三场试经史时务策五道。①

学校和科举并行,学校是科举的阶梯,科举是学生的出路。学生通过科举便作官,不但忘了学校,也忘了书本,于是科举日重,学校日轻。学校和科举都是制造和选拔官僚的制度,所学习和考试的范围完全一样,都是四书、五经,不但远离现实,也绝不许接触到现实。诚如当时人宋濂所说:"自贡举法行,学者知以摘经拟题为志,其所最切者惟四子一经之笺,是钻是窥,余则漫不加省。与之交谈,两目瞪然视,舌木强不能对。"②学校呢?"稍励廉隅者不愿入学,而学行章句有闻者,未必尽出于弟子员。"③到后来甚至弄到"生徒无复在学肄业,入其庭不见其人,如废寺然"④。科举人才不读书,不知时事,学校没有学生,加上残酷的统制管理,严格的检查

---

① 《明史》卷七〇《选举志》。
② 宋濂:《銮坡集》卷七《礼部侍郎曾公神道碑铭》。
③ 宋濂:《轴苑别集》卷一《送翁好古教授广州序》。
④ 陆容:《菽园杂记》。

防范，学校生员除了尊君和盲从古人之外，不许有新的思想、言论。于是整个学术文化界、思想界、政治界，从童生到当国执政，都向往三王，服膺儒术，都以为"天王圣明，臣罪当诛"，挨了打是"恩谴"，被斫头是"赐死"，挨了骂不消说有资格才能挨得着，天下无不是的父母，更不会有不是的皇帝，君权由此巩固，朱家万世一系的统治也安如泰山了。

四、皇权的轮子——军队

皇权的一个轮子是军队。

朱元璋在攻克集庆以后，就厉行屯田政策，广积粮食，供给军需。他和刘基研究古代的兵制，征兵制的好处是全国皆兵，有事召集，事定归农，兵员素质好，来路清楚，政府在平时无养兵之费。坏处是兵员都出自农村，如有长期战争，便影响到农村的生产。而且兵源有限制，不适合于大规模的作战。募兵制呢？好处是应募的多为无业游民，当兵是职业，数量和服役的时间，都可以不受农业生产的限制。坏处是政府经常要维持大量数目的常备军，军费负担太重。而且募的兵来路不明，没有宗族乡党的挂累，容易逃亡，也容易叛变。理想的办法是折衷于两者之间，有两者的好处，而避免个别的坏处，主要的原则，是要使战斗力量和生产力量一致。

刘基创立的办法是卫所制度。①

卫所的兵源有四种，一种是从征，即起事时所统的部队，也就

---

① 《明史》卷一二八《刘基传》。

是郭子兴的基本队伍。一种是归附，包括削平群雄所得的部队和元朝的投降军。一种是谪发，指因犯罪被谪发充军的，也叫作恩军。一种叫垛集，即征兵，照人口比例，一家有五丁或三丁出一丁为军。前两种是定制时原有的武力，后两者则是补充的武力。这四种来源的军人都是世袭的，为了保障固定员额的维持，规定军人必须娶妻，世代继承下去，如无子孙继承，则由其原籍家属壮丁顶补，种族绵延的原则，被应用到武装部队里来，兵营成为武装的家庭群了。①

军有特殊的社会身份，单独有军籍。在明代户口中，军籍和民籍、匠籍平行，军籍属于都督府，民籍属于户部，匠籍属于工部。军不受普通行政官吏的管辖，在身份上，法律上和经济上的地位，都和民不同，军和民是截然地分开的。民户有一丁被垛为军，政府优免他原籍老家一丁差徭，作为优恤。军士到戍所时，由宗族替他治装。在卫的军士除本身为正军外，其子弟称为余丁或军余，将校的子弟则称为舍人。日常生活概由政府就屯粮支给，按月发米，称为月粮，马军月支米二石，步军总旗一石五斗，小旗一石二斗，步军一石（守城的照数支给，屯田的半支）。恩军家四口以上一石，三口以下六斗，无家口的四斗。衣服岁给冬衣棉布棉花夏衣夏布，在出征时则例给胖袄鞋裤。②

军队组织分作卫、所两级，大体上以五千六百人为卫，卫有指挥使。卫分五千户所，所一千一百二十人，有千户。千户所分十百户所，所百十二人，有百户。百户有总旗二，小旗十，总旗领小旗

---

① 《明史》卷九一《兵志》。
② 吴晗：《明代的军兵》，载1939年《中国社会经济史集刊》五卷二期。

五,小旗领军十人。大小联比以成军。卫所的分布,根据地理险要,小据点设所,关联几个据点的设卫。集合一个军区的若干卫所,又设都指挥使司,作为军区的最高军事机构,长官是都指挥使。洪武二十五年(1392)全国共有十七个都指挥使司,内外卫三百二十九,守御千户所六十五,首都和地方的兵力分配如下:

在京武官	二七四七员
军　　士	二〇六二八〇人
马	四七五一匹
在外武官	一二七四二员
军　　士	九九二一五四人
马	四〇三二九匹①

这十七个都指挥使司又分别隶属于五军都督府。

军食出于屯田,大略是学汉朝赵充国的办法,在边塞开屯,一部分军士守御,一部分军士受田耕种。目的在省去运输费用,和充裕军食,减轻国库的负担,使战斗力和生产力一致。跟着内地卫所也先后开屯耕种,以每军受田五十亩作一分,官给耕牛、农具,开头几年是免纳田租的,到成为熟地后,每亩收税一斗,规定边地守军十分之三守城,七分屯种,内地是二分守城,八分屯种,希望能达到自足自给的地步。②

军队里也和官僚机构一样,清廉的武官是极少见的,军士经常

---

① 《明太祖实录》卷二二三。
② 宋讷:《西隐文稿》卷一〇《守边策略》;《明史》卷七七《食货志》。

被苛敛剥削,朱元璋曾经愤恨地指出:

> 那小军每一个月只关得一担儿仓米。若是丈夫每不在家里,他妇人家自去关呵,除了几升做脚钱,那害人的仓官又斛面上打减了几升。待到家里舾(音伐)过来呵,止有七八斗儿米,他全家儿大大小小要饭吃,要衣裳穿,他那里再得闲钱与人?①

正军本人的衣着虽由官家支给,家属的却得自己制备,一石米在人口多的家庭,连吃饭也还不够,如何还能孝敬上官,如何还能添制衣服?军士活不了,只好逃亡,只好兼营副业,做苦力、做买卖全来,军营就空了,军队的士气、战斗力也就差了。

除军屯外,还有商屯。边军粮食发生困难时,政府就用开中法来接济。开中法是把运输费用转嫁给商人,政府有粮食有盐,困难的是运输费用过大,商人有资本也有人力,却无法得到为政府所专利的盐,开中法让商人运一定数量的粮食到边境,拿到收据,就可以向政府领到等价的盐,自由贩卖,从而获取重利。商人会打算盘,索性雇人在边上开屯,就地缴粮,省去几倍的运费。② 在这一交换过程中,不但边防充实了,政府省运费,省事,商人也发了财,皆大欢喜。而且,边界荒地开垦了,不但增加了政府的财富,也造成了地方的繁荣。

军权分作两部分,统军权归五军都督府,军令权则属于兵部。

---

① 《大诰武臣》,科敛害军第九。
② 《明太祖实录》卷五三,卷五六;《明史》卷一五〇《郁新传》。

武人带兵作战,文人发令决策。在平时卫所军各在屯地操练、屯田,战时动员令一下,各地卫军集合成军,临时指派都督府官充任将军总兵官,统带出征。战事结束,立刻复员,卫军务回原卫,将军交回将印,也回原任。将不专军,军无私将,上下阶级分明,纪律划一。唐宋以来的悍将跋扈、骄兵叛变的弊端,在这制度下是完全根绝了。

朱元璋对军官军士是用十二分的注意来防闲的,除开在各个部队里派义子监军,派特务人员侦伺以外,洪武五年还特地降军律于各卫,禁止军官军人,不得于私下或明白接受公侯所与信宝,金银、段匹、衣服、粮米、钱物,及非出征时,不得于公侯之家门首侍立。其公侯非奉特旨,不得私自呼唤军人役使,违者公侯三犯准免死一次,军官军人三犯发海南充军。① 后来更进一步,名义上以公侯伯功臣有大功,赐卒一百十二人作卫队,设百户一人统率,颁有铁册,说明"俟其寿考,子孙得袭,则兵皆入卫"。称为奴军,亦称铁册军。事实上是防功臣有二心,特设铁册军来监视的。功臣行动,随时随地都有报告,证人是现成的,跟着是一连串的告密案和大规模的功臣屠杀。②

在作战时,虽然派有大将军指挥大军,指挥战争进行的还是朱元璋自己,用情报、用军事经验来决定前方的攻战,甚至指挥到极琐细的军务。即使最亲信的将领像徐达、李文忠,也是如此。例如吴元年(1367)四月十八日给徐达的手令,在处分军事正文之后,又说:"我的见识只是如此,你每见得高处、强处、便当处,随着你每意

---

① 宋濂:《洪武圣政记》,肃军政第四。
② 沈德符:《野获编》卷一七《铁册军》。

见行着,休执着我的言语,恐怕见不到处,教你每难行事。"洪武三年四月:"说与大将军知道……这是我家中坐着说的,未知军中便也不便,恁只拣军中便当处便行。"给李文忠的手令:"说与保儿老儿:……我虽这般说,计量中不如在军中多知备细,随机应变的勾当。你也厮活落些儿也,那里直到我都料定!"大体上指导的原则是不能更动的,统师所有的只是极细微的修正权。

对待俘虏的方针是屠杀,如龙凤十一年十一月初五日的令旨:"吴王亲笔,差内使朱明前往军中,说与大将军左相国徐达、副将军平章常遇春知会:十一月初四日捷音至京城,知军中获寇军及首目人等六万余众,然而俘获甚众,难为囚禁,今差人前去,教你每军中,将张(士诚)军精锐勇猛的留一二万,若系不堪任用之徒,就军中暗地去除了当,不必解来。但是大头目,一名名解来。"十二年三月且严厉责备徐达不多杀人:"吴王令旨,说与总兵官徐达,攻破高邮之时,城中杀死小军数多,头目不曾杀一名。今军到淮安,若系便降,系是泗州头目青旛黄旗招诱之力,不是你的功劳。如是三月已里,淮安未下,你不杀人的缘故,自说将来!依奉施行者。"吴元年十月二十四日因为俘虏越狱逃跑,又下令军前:"今后就近获到寇军及首目人等,不须解来,就于军中典刑。"洪武三年四月:"说与大将军知道:止是就阵得的人,及阵败来降的王保保头目,都休留他一个,也杀了。止留小军儿,就将去打西蜀了后,就留些守西蜀便了。"则不但俘虏,连投降的头目也一概残杀了。

有一道令旨是关于整饬军纪的,说明了这一举措的军事理由。时间是龙凤十二年三月:"(张军)男子之妻多在高邮被掳,总兵官为甚不肯给亲完聚发来?这个比杀人那个重?当城破之日,将头目军人一概杀了,倒无可论。掳了妻子,发将精汉来,我这里陪了衣粮，又费关防，养不住。杀了男儿，掳了妻小，敌人知道，岂不抗拒？星夜教冯副使（胜）去军前，但有指挥、千户、百户及总兵官的伴当，掳了妇女的，割将首级来。总兵官的罪过，回来时与他说话。依奉施行者。"①男子指的是张士诚的部队，被掳是指的被朱元璋自己的部队所掳。把俘虏的妻女抢了，送俘虏来，养不住，白赔粮食，白费事看守。掳了妇女，杀了俘虏，敌人知道了，当然会顽强抵抗。为了这个道理，朱元璋只好派特使去整顿军风纪了。

五、皇权的轮子——新官僚机构

由于历史包袱的继承，皇权的逐步提高，隋唐以来的官僚机构，以巩固皇权为目的的三省制度——中书省出命令，门下省掌封驳，尚书省主施行——中书官和皇帝最亲近，接触机会最多，权也最重。宋代后期，门下省不能执行审核诏令的任务，尚书省官只能平决庶务，不能与闻国政，三省事实上只是一省当权。到元代索性取消门下省，把尚书省的官属六部也归并到中书，成为一省执政的局面。地方则分设行中书省，总揽军民大政。其下有路、府、州、县，管理军民。

三省制的形成有它的历史背景和原因，就这制度本身而论，把政权分作三份，一个专管决策，一个负责执行，而又另有一个纠核的机构，驳正违误，防止皇权的滥用和官僚的缺失，对巩固皇权，维持现状的意义上说，是很有用的。可是，在事实上，官僚政治本身

---

① 王世贞：《弇山堂别集》卷八六《诏令考》二。

破坏了瘫痪了这个官僚机构,皇权和相权的冲突,更有目的地摧毁了这个官僚机构。

官僚政治特征之一是作官不作事,重床叠屋,衙门愈多,事情愈办不好,拿薪水的官僚愈多,负责作事的人愈少。例如从唐以来,往往因事设官;尚书都省原有户部,专管户口财政,在国计困难时,政府要张罗财帛,供应军需,大张旗鼓,特设盐铁使、户部使、租庸使、国计使等官,由宰相或大臣兼任,意思是要提高搜刮的效率,可是这样一来,户部位低权轻,职守都为诸使所夺,便变成闲曹了。兵部专管军政,从五代设了枢密使以后,兵部又无事可做了。礼部专掌礼仪,宋代却又另有礼院。几套性质相同的衙门,新创的抢了旧衙门的职司,本衙门的官照例作和本衙门不相干的事,或者索性不作事。千头万绪,名实不符,十个官僚有九个不知道自己的职司。冗官日多,要官更多,行政效率也就日益低落。① 到元代又添上蒙古的部族政治机构,衙门越发多,越发庞大,混乱复杂,臃肿不灵,瘫痪的病象在在显露了。

而且就官僚的服务名义说,也有官、职、差遣之分,官是表明等级、分别薪俸的标识,职以待文学侍从之臣,只有差遣是"治内外之事"的。皇家的赏功酬庸,又有阶、勋。爵、食邑、功臣号等名目。以差遣而论,又有行、守、试、判、知、权知、权发遣的不同。其实除差遣以外,其他都是不大相干的。②

皇权和相权的矛盾,例如宋太宗讨厌中书的政权太重,分中书

---

① 《宋史·职官志一》。
② 司马光:《司马文正公传家集》卷二一《乞分十二等以进退群臣上殿札子》;钱大昕:《潜研堂文集》卷三四《答袁简斋书》。

吏房置审官院,刑房置审刑院①,为了分权而添置衙门,其实是夺相权归之于皇帝。皇帝的诏令照规矩是必须经过中书门下,才算合法,所谓"不经凤阁鸾台,何名为敕?"②用意是防止皇权的滥用,但是,这规矩只是官僚集团的规矩,官僚的任免生杀之权在皇帝,升沉荣辱甚至诛废的利害超过了制度的坚持,私人的利害超过了集团的利害,唐武后以来的墨敕斜封(手令),也就破坏了这个官僚制度,摧毁了相权,走上了独裁的道路。

朱元璋继承历代皇权走向独裁的趋势,对官僚机构大加改革,使之更得心应手,为皇家服务。

元代的行中书省是从中书省分出去的,职权太重,到后期鞭长莫及,几乎没有法子控制了。朱元璋要造成绝对的中央集权,洪武九年(1376)改行中书省为承宣布政使司,设左右布政使各一人,掌一区的政令。布政使是朝廷派驻地方的代表、使臣,禀承朝廷,宣扬政令。全国分浙江、江西、福建、北平、广西、四川、山东、广东、河南、陕西、湖广、山西十二布政使司,十五年增置云南布政使司。③布政使司的分区,大体上继承元朝的行省,布政使的职权却只掌民政、财政,和元朝行中书省的无所不统,轻重大不相同了。而且就地位论,行省是以都省的机构分设于地方,布政使则是朝廷派驻的使臣,前者是中央分权于地方,后者是地方集权于中央,意义也完

---

① 司马光:《涑水纪闻》卷三;李攸:《宋朝事实》卷九;李焘:《续资治通鉴长编》卷一二五。
② 《旧唐书》卷八七《刘祎之传》。
③ 明成祖永乐元年(1403)以北平布政司为北京,五年置交阯布政使司,十一年置贵州布政使司。宣德三年(1428)罢交阯布政使司,除两京外定为十三布政使司。

全不同。此外,地方掌管司法行政的另有提刑按察使司,长官为按察使,主管一区刑名、按察之事。布、按二司和掌军政的都指挥使司合称三司,是朝廷派遣到地方的三个特派员衙门,民政、司法、军政三种治权分别独立,直接由朝廷指挥,为的是便于控制,便于统治。布政司之下,真正的地方政府分两级,第一级是府,长官为知府,有直隶州,即直隶于布政使司的州,长官是知州,第二级是县,长官是知县,有州,长官是知州,州县是直接临民的政治单位。①

中央统治机构的改革,稍晚于地方。洪武十三年(1380)胡惟庸案发后②废中书省,仿周官六卿之制,提高六部的地位;吏、户、礼、兵、刑、工,每部设尚书一人,侍郎(分左右)二人。吏部掌全国官吏选授、封勋、考课、甄别人才。户部掌户口、田赋、商税。礼部掌礼仪、祭祀、僧道、宴飨、教育及贡举(考试)和外交。兵部掌卫所官军选授、简练和军令。刑部掌刑名。工部掌工程造作(武器、货币等)、水利、交通。都直接对皇帝负责,奉行政令。

统军机关则改枢密院为大都督府,节制中外诸军。洪武十三年分大都督府为中、左、右、前、后五军都督府,每府以左右都督为长官,各领所属都司卫所,和兵部互相表里。都督府长官虽管军籍、军政,却不直接统带军队,在有战事时,才奉令出为将军总兵官,指挥作战。战争结束,便得交还将印,回原职办事。③

监察机关原来是御史台,洪武十五年改为都察院,长官是左右都御史,下有监察御史百十人,分掌十二道(按照市政使司政区分

---

① 《明史·职官志》。
② 《明史·胡惟庸传》;吴晗:《胡惟庸党案考》,载《燕京学报》十五期。
③ 宋濂:《洪武圣政记·肃军政》第四。

道)。职权是纠劾百司,辨明冤枉,凡大臣奸邪,小人构党作威福乱政,百官猥茸、贪污、舞弊,学术不正和变乱祖宗制度的,都可随时举发弹劾。这衙门的官被皇帝看作是耳目,替皇帝听,替皇帝看,有对皇权不利的随时报告。也被皇帝看作是鹰犬,替皇帝追踪,搏击一切不忠于皇帝的官民,是替皇帝监视官僚的衙门,是替皇帝检举反动思想、保持传统纲纪的衙门。监察御史在朝监视各个不同的官僚机构,派到地方的,有巡按、清军、提督学校、巡监、茶马、监军等职务,就中巡按御史算是代皇帝巡狩,按临所部,大事奏裁,小事立断,是最威武的一个差使。

行政、军事、监察三种治权分别独立,由皇帝亲身总其成。官吏内外互用,其地位以品级规定,从九品到正一品,九品十八级,官和品一致,升迁调用都有一定的法度。百官分治,个别对皇帝负责。系统分明,职权清楚,法令详密,组织严紧。而在整套统治机构中,互相钳制,以监察官来监视一切臣僚,以特务组织来镇压威制一切官民,都督府管军不管民,六部管民不管军,大将在平时不指挥军队,动员复员之权属于兵部,供给粮秣的是户部,武器的是工部,决定战略的是皇帝。六部分别负责,决定政策的是皇帝。在过去,政事由三省分别处理,取决于皇帝,皇帝是帝国的首领。可是在这新统治机构下,六部府院直接隶属于皇帝,皇帝不但是帝国的首领,而且是这统治机构的负责人和执行人,历史上的君权和相权到此合一了,皇帝兼理宰相的职务,皇权由之达于极峰。①

历史的教训使朱元璋深切地明白宦官和外戚对于政治的祸

---

① 参看《明史·职官志》。

害。他以为汉朝、唐朝的祸乱,都是宦官作的孽,这种人在宫廷里是少不了的,可是只能作奴隶使唤,洒扫奔走,人数不可过多,也不可用作耳目心腹,作耳目,耳目坏,作心腹,心腹病,对付的办法,要使之守法,守法自然不会作坏事,不要让他们有功劳,一有功劳就难于管束了。订下规矩,凡是内臣都不许读书识字,又铸铁牌立在宫门,上面刻着:"内臣不得干预政事,犯者斩。"又规定内臣不许兼外朝的文武官衔,不许穿外朝官员的服装,作内廷官不能过四品,每月领一石米,穿衣吃饭官家管。并且,外朝各衙门不许和内官监有公文往来。这几条规定针对着历史上所曾发生的弊端,使内侍名符其实地作宫廷的仆役。① 对外戚干政的对策,是不许后妃干政,洪武元年三月即命儒臣修《女诫》,纂集古代贤德妇女和后妃的故事,刊刻成书,来教育宫人,要她们学样。又立下规程,皇后只能管宫中嫔妇的事,宫门之外不得干预。宫人不许和外间通信,犯者处死,断绝外朝和内廷的来往以至通信,使之和政治隔离。外朝臣僚命妇按例于每月初一、十五朝见皇后,其他时间,没有特殊缘由,不许进宫。皇帝不接见外朝命妇,皇族婚姻选配良家子女,有私进女口的不许接受。元璋的母族和妻族都绝后,没有外家,后代帝王也都遵守祖训,后妃必选自民家。外戚只是高爵厚禄,作大地主,住大房子,绝对不许预闻政事。② 在洪武一朝三十多年中,内臣小心守法,宫廷和外朝隔绝,和前代相比,算是家法最严的了。

其次,元代以吏治国,法令极繁冗,档案堆成山。吏就从中舞

---

① 宋濂:《洪武圣政记》;《明史》卷七四《职官志》。
② 《明史》卷一〇八《外戚恩泽侯表序》,卷一一三《后妃列传序》,卷三〇〇《外戚传序》。

弊，无法根究。而且，正因为公文条例过于琐细，不费一两年工夫，无从通晓，办公文、办公事成为专门技术，掌印正官弄不清楚，只好由吏作主张，结果治国治民的都是吏，不是官，小吏们唯利是图，毫不顾到全盘局面，政治（其实是吏治）自然愈闹愈坏。远在吴元年，朱元璋便已注意到法令和吏治的关系，指令台省官立法要简要严，选用深通法律的学者编定律令，经过缜密的商订，去繁减重，花了三十年功夫，更改删定了四五次，编成《大明律》，条例简于《唐律》，精神严于《宋律》，是中国法律史上极重要的一部法典。又为简化公文起见，于洪武十二年立案牍减烦式颁示各衙门，使公文明白好懂，文吏无法舞弊弄权。从此吏员在政治上被斥为杂流，不能作官。官和吏完全分开，官主行政，吏主事务，和元代的情形完全不同了。①

和吏文相同的是文章的格式。唐宋以来的政府文字，从上而下的制诰，从下达上的表奏，照习惯是骈俪四六文，尽管有多少人主张复古，提倡改革，所谓古文运动，在民间是成功了，政府却仍然用老套头，同一时代用的是两种文字，庙堂是骈偶文，民间是古文，朱元璋很不以为然，他以为古人作文章，讲道理，说世务，经典上的话，都明白好懂，像诸葛亮的《出师表》，又何尝雕琢，立意写文章？可是有感情，有血有肉，到如今读了还使人感动，怀想他的忠义。近来的文士，文字虽然艰深，用意却很浅近，即使写得和司马相如、杨雄一样好，别人不懂，又中什么用？以此他要秘书——翰林——作文字，只要说明白道理，讲得通世务就行，不许用浮辞藻饰。② 到

---

① 《明太祖实录》卷二六，卷一二六；《明史》卷七一《选举志》。
② 《明太祖实录》卷三九。

洪武六年，又下令禁止对偶四六文辞，选唐柳宗元《代柳公绰谢表》和韩愈《贺雨表》作为笺表法式。① 这一改革不但使政府文字简单、明白，把庙堂和民间打通，现代人写现代文，就文学的影响说，也可以说很大，韩愈、柳宗元以后，他是提倡古文最有成绩的一个人。他自己所作的文章，写得不好，有时不通顺，倒容易懂。信札多用口语，比文章好得多，想来是受蒙古白话圣旨的影响，也许是没有念过什么书，中旧式文体的毒比较轻的缘故吧？

唐、宋两代还有一样坏风气，朝廷任官令发表以后，被任用的官照例要辞官，上辞官表，一辞再辞甚至辞让到六七次，皇帝也照例拒绝，下诏敦劝，一劝再劝再六次七次劝，到这人上任上谢表才算罢休。辞的不是真辞，劝的也不是真劝，大家肚子里明白，是在玩文字的把戏，误时误事，白费纸墨。朱元璋认为这种做作太无聊，也把它废止了。

六、建都和国防

自称为淮右布衣，出身于平民而作皇帝的朱元璋，在拥兵扩土、称帝建国之后，最惹他操心的问题第一是怎样建立一个有力量的政治中心，即建都，建在何处？第二是用什么方法来维持皇家万世一系的独占统治？

远在初渡江克太平时（1355），陶安便建议先取金陵，据形势以

---

① 《明太祖实录》卷八五。

临四方。① 冯国用劝定都金陵,以为根本。② 叶兑上书请定都金陵,然后拓地江广,进则越两淮以北征,退则画长江以自守。③ 谋臣策士一致主张定都应天,经过长期的研究以后,龙凤十二年(元至正二十六年,1366)六月,扩大应天旧城,建筑新宫于钟山之南,到次年九月完工,这是吴王时代的都城。

洪武元年称帝,北伐南征,着着胜利,到洪武二十年辽东归附,全国统一。在这二十年中,个人的地位由王而帝,所统辖的疆域由东南一角落,扩大为大明帝国,局面大不相同。吴王时代的都城是否可以适应这扩大以后的局面便大成问题。而且,元帝虽然北走沙漠,仍然是蒙古大汗,保有强大的军力,时刻有南下恢复的企图。同时沿海倭寇的侵扰,也是国防上重大的问题。以此国都的重建和国防计划的确立,是当时朝野所最关心的两件大事。

基于自然环境的限制,从辽东到广东,沿海几千里海岸线的暴露,时时处处都有被倭寇侵掠的危险。东北和西北方面呢?长城以外便是蒙古人的势力,如不在险要处屯驻重兵,则铁骑奔驰,黄河以北便不可守。可是防边要用重兵,如把边境军权付托诸将,又怕尾大不掉;有造成藩镇跋扈的危机。如以重兵直隶中央,则国都必须扼驻国防前线,才能收统辖指挥的功效。东南是全国的经济中心,北方为了国防的安全,又必须成为全国的军事中心。国都如建设在东南,依附经济中心,则北边空虚,无法堵住蒙古人的南侵。如建立在北边,和军事中心合一,则粮食仍须靠东南供给,运输费

---

① 《明史》卷一三六《陶安传》。
② 《明史》卷一二九《冯胜传》;孙承泽:《春明梦余录》卷一。
③ 《明史》卷一三五《叶兑传》。

用太大,极不经济。

帝国都城问题以外,还有帝国制度问题。是郡县制呢？还是封建制呢？就历史经验论,秦、汉、唐、宋之亡,没有强大的藩国支持藩卫,是衰亡原因之一。可是周代封建藩国,又闹得枝强干弱,威令不行。这两个制度的折衷办法是西汉初期的郡国制,一面立郡县,设官分治,集大权于朝廷,一面又置藩国,封建子弟,使为皇家捍御。把帝国建都和制度问题一起解决,设国都于东南财富之区,封子弟于北边国防据点,在经济上,在军事上,在皇家统治权的永久维持上,都圆满解决了。

明初定都应天的重要理由是经济的,第一因为江浙富庶,不但有长江三角洲的大谷仓,而且是丝织工业、盐业的中心,应天是这些物资的集散地,所谓"财赋出于东南,而金陵为其会"①。第二是吴王时代所奠定的宫阙,不愿轻易放弃,且如另建都城,则又得重加一番劳费。第三从龙将相都是江淮子弟,道地南方人,不大愿意离开乡土。可是在照应北方军事的观点看,这个都城的地理地位是不大合适的。洪武元年取下汴梁后,朱元璋曾亲去视察,觉得虽然地位适中,可是无险可守,四面受敌,论形势还不如应天。② 为了西北未定,要运饷和补充军力,不能不有一个军事上的补给基地,于是模仿古代两京之制,八月以应天为南京,开封(汴梁)为北京。次年八月陕西平定,北方全入版图,形势改变,帝都重建问题又再度提出。廷臣中有主张关中险固,金城天府之国。有人主张洛阳为全国中心,四方朝贡距离一样。也有提议开封是宋朝旧都,漕运

---

① 邱濬:《大学衍义补·都邑之建》。
② 刘辰:《国初事迹》。

方便。又有人指出北平(元大都)宫室完备,建都可省营造费用。七嘴八舌,引经据典。朱元璋批评这些建议都有片面的理由,只是都不适应现状。长安、洛阳、开封过去周、秦、汉、魏、唐、宋都曾建都,但就现状说,打了几十年仗,人民还未休息过来,如重新建都,供给力役都出于江南,未免过于和百姓下不去。即使是北平吧,旧宫室总得有更动,还是费事。还不如仍旧在南京,据形势之地,长江天堑,龙蟠虎踞,可以立国。次之,临濠(濠州)前长江后淮水,地势险要,运输方便,也是一个可以建都的地方。① 就决定以临濠为中都,动工修造城池宫殿,从洪武二年九月起手,到八年四月,经刘基坚决反对,以为凤阳虽是帝乡,但就种种条件说,都不合适于建都,方才停工,放弃了建都的想头。② 洪武十一年(1378)才改南京为京师,踌躇了十年的建都问题,到这时才决心正名定都。③

京师虽已奠定,但是为了防御蒙古,控制北边,朱元璋还是有迁都西北的雄心,选定的地点仍是长安和洛阳。洪武二十四年八月,特派皇太子巡视西北,比较两地的形势。太子回朝后,献陕西地图,提出意见。不料第二年四月太子薨逝,迁都大事只好暂时搁下。④

京师新宫原来是燕尾湖,填湖建宫,地势,南面高,北边低、就堪舆家的说法是不合建造法则的。皇太子死后,老皇帝很伤心,百无聊赖中把太子之死归咎于新宫的风水不好,这年年底他亲撰《祭

---

① 黄光昇:《昭代典则》。
② 《明史》卷一二八《刘基传》;卷二《太祖本纪》二。
③ 《明史·地理志》一。
④ 《明史》卷一一五《兴宗孝廉皇帝传》,卷一四七《胡广传》;姜清:《姜氏秘史》卷一;郑晓:《今言》卷二七四。

光禄寺灶神文》说:

> 朕经营天下数十年,事事按古有绪。唯宫城前昂后洼,形势不称。本欲迁都,今朕年老,精力已倦。又天下新定,不欲劳民。且废兴有数,只得听天。惟愿鉴联此心,福其子孙。①

六十五岁的白发衰翁,失去勇气,只好求上天保佑,从此不再谈迁都的话了。

分封诸王的制度,决定于洪武二年(1369)四月初编《皇明祖训》的时候,三年四月,封皇第二子到第十子为亲王。可是诸王的就藩,却在洪武十一年定鼎京师之后。② 从封王到就藩前后相隔九年,原因是诸子未成年,和都城未定,牵连到立国制度也不能决定。到京师奠定后,第二子秦王建国西安,三子晋王建国太原,十三年四子燕王建国北平,分王在沿长城的国防前线。十四年五子周王建国开封,六子楚王出藩武昌,十五年七子齐王建国青州,十八年潭王到长沙,鲁王在兖州,以后其他幼王逐一成年,先后就国,星罗棋布,分驻在全国各军略要地。

就军事形势而论,诸王国的建立分作第一线和第二线,或者说是前方和后方,第一线诸王的任务在防止蒙古入侵,都凭借天然险要,建立军事据点,有塞王之称。诸塞王沿长城线立国,又可分作外内二线,外线东渡榆关,跨辽东,南制朝鲜,北联开原(今辽宁开原),控扼东北诸夷,以广宁(今辽宁北镇)为中心建辽国,经渔阳

---

① 顾炎武:《天下郡国利病书》卷一三《江南》一。
② 《明史》卷二《太祖本纪》。

（今河北蓟县）、卢龙（今河北卢龙），出喜峰口，切断蒙古南侵道路，以大宁（今热河平泉）为中心，包括今朝阳赤峰一带，建宁国。北平天险，是元朝故都，建燕国。出居庸，蔽雁门，以谷王驻宣府（察哈尔宣化），代王驻大同。逾河而西，北保宁夏，倚贺兰山，以庆王守宁夏。又西控河西走廊，扃嘉峪，护西域诸国，建肃国。从开原到瓜、沙，联成一气。内线是太原的晋国和西安的秦国。后方诸名城则开封有周王，武昌有楚王，青州有齐王，长沙有潭王，兖州有鲁王，成都有蜀王，荆州有湘王等国。①

诸王在其封地建立王府，设置官属，亲王的冕服车旗仅下皇帝一等，公侯大臣见王要俯首拜谒，不许钧礼。地位虽然极高极贵，却没有土地，更没有人民，不能干预民政，王府以外，便归朝廷所任命的各级官吏统治。每年有一万石的俸米和其他赏赐，唯一的特权是军权。每王府设亲王护卫指挥使司，有三护卫，护卫甲士少者三千人，多的到万九千人。② 塞王的兵力尤其雄厚，如宁王所部至有带甲八万，革车六千，所属朵颜三卫骑兵，都骁勇善战。③ 秦、晋、燕三王的护卫特别经朝廷补充，兵力也最强。④《皇明祖训》规定："凡王国有守镇兵，有护卫兵。其守镇兵有常选指挥掌之，其护卫兵从王调遣。如本国是险要之地，遇有警急，其守镇兵、护卫兵并从王调遣"。而且守镇兵的调发，除御宝文书外，并须得王令旨方得发兵："凡朝廷调兵，须有御宝文书与王，并有御宝文书与守镇官。守镇官既得御宝文书，又得王令旨，方许发兵。无王令旨，不

---

① 何乔远：《名山藏·分藩记》一。
② 《明史·兵志二·卫所》；《诸王传序》。
③ 《明史·宁王传》。
④ 《明史·太祖本纪》，洪武十年。

得发兵。"①这规定使亲王成为地方守军的监视人,是皇帝在地方的军权代表,平时以护卫军监视地方守军,单独可以应变。战时指挥两军,军权付托给亲生儿子,可以放心高枕了。诸塞王每年秋天勒兵巡边,远到塞外,把蒙古部族赶得远远的,叫作肃清沙漠②,凡塞王都参预军务,内中晋、燕二王屡次受命将兵出塞,和筑城屯田,大将如宋国公冯胜,颍国公傅友德都受其节制,军中小事专决,大事才请示朝廷,军权独重,立功也最多。③

以亲王守边,专决军务,内地各大都会,也以皇子出镇,星罗棋布,尽屏藩皇室,翼卫朝廷的任务。国都虽然远在东南,也安如磐石,内安外攘,不会发生什么问题了。

七、大一统和分化政策

朱元璋以洪武元年称帝建立新皇朝,但是大一统事业的完成,却还须等待二十年。

元顺帝北走以后,元朝残留在内地的军力还有两大支,一支是云南的梁王,一支是东北的纳哈出,都用元朝年号,雄踞一方。云南和蒙古本部隔绝,势力孤单,朱元璋的注意力先集中在西南,从洪武四年(1371)消灭了割据四川的夏国以后,便着手经营,打算用

---

① 《兵卫章》。
② 《明史·兵制三·边防》;祝允明:《九朝野记》卷一。
③ 《明史·晋恭王传》,《太祖本纪》三,二十六年三月:"诏二王军务大者始以闻。"本节参看吴晗:《明代靖难之役与国都北迁》,载1935年10月天津《益世报·史学》。

和平的方式使云南自动归附,先后派遣使臣王祎、吴云去招降,都被梁王所杀。到洪武十四年决意用武力占领,派出傅友德、沐英、蓝玉三将军分两路进攻。

这时云南在政治上和地理上分作三个系统:第一是直属蒙古大汗,以昆明为中心的梁王。第二是在政治上隶属于蒙古政府,享有自治权利,以大理为中心的土酋段氏。以上所属的地域都被区分为路府州县。第三是在上述两系统下和南部(今思普一带)的非汉族诸部族,就是明代人叫作土司的地域。汉化程度以第一为最深,第二次之,第三最浅,或竟未汉化。现代贵州的西部,在元代属于云南行省,其东部则另设八番、顺元诸军民宣慰使司,管理彝族及苗族各土司。元至正二十四年(1364),朱元璋平定湖南、湖北,和湖南接界的贵州土人头目思南(今思南县)宣慰,和思州(今思县)宣抚先后降附。到平定夏国后,四川全境都入版图,和四川接境的贵州其他土司大起恐慌,贵州宣慰和普定府总管即于第二年自动归附。贵州的土司大部分都已归顺明朝,云南在东北两面便失去屏蔽了。

明兵从云南的东北两面进攻,一路由四川南下取乌撒(今云南镇雄、贵州威宁等地),这区域是四川、云南、贵州三省的接壤处,犬牙突出,在军事上可以和在昆明的梁王主力军呼应,并且是彝族的主要根据地。一路由湖南西取普定(今贵州安顺),进攻昆明。从明军动员那天算起,不过一百多天工夫,明东路军便已直抵昆明,梁王兵败自杀。明兵再回师和北路军会攻乌撒,把蒙古军消灭了,附近东川(今云南会泽)、乌蒙(今云南昭通)、芒部(今云南镇雄)诸彝族完全降附,昆明附近诸路也都依次归顺。洪武十五年二月置贵州都指挥使司和云南都指挥使司,树立了军事统治的中心,闰二月又置云南布政使司，树立了政治中心。① 分别派官开筑道路，宽十丈，以六十里为一驿，把川、滇、黔三省的交通联系起来，建立军卫，"令那处蛮人供给军食"，控扼粮运。② 布置好了，再以大军向西攻下大理，经略西北和西南部诸地，招降麽些、彝掸、赞诸族，分兵戡定各土司。分云南为五十二府，五十四县。云南边外的缅国和八百媳妇（暹罗地）见况，派使臣内附，又置缅中、缅甸和老挝（今暹罗）八百诸宣慰司。为了云南太远，不放心，又特派义子西平侯沐英统兵镇守，沐家世代出人才，在云南三百年，竟和明朝的国运相始终。

纳哈出身是元朝世将，太平失守后被俘获，放遣北还，元亡后拥兵虎踞金山（在开原西北，辽河北岸），养精蓄锐，等候机会南下，和蒙古大汗的中路军、扩廓帖木儿的西路军，互相呼应，形成三路钳制明军的局面。在东北，除金山纳哈出军以外，辽阳、沈阳、开元一带都有蒙古军屯聚。洪武四年（1371）元辽阳守将刘益来降，建辽东指挥使司，接着又立辽东都指挥使司，总辖辽东军马，以次征服辽沈、开元等地。同时又从河北、陕西、山西各地出兵大举深入蒙古，击破扩廓的主力军（元顺帝已于前一年死去，子爱猷识里达腊继立，年号宣光，庙号昭宗）。并进攻应昌（今热河经棚县以西察哈尔北部之地），元主远遁漠北。到洪武八年扩廓死后，蒙古西路和中路的军队日渐衰困，不敢再深入到内地侵掠，朱元璋乘机经营甘肃、宁夏一带，招抚西部各羌族和回族部落，给以土司名义或王

---

① 《明史》卷一二四《把匝剌瓦尔密传》，卷一二九《傅友德传》，卷一二六《沐英传》，卷一三二《蓝玉传》。
② 张紞：《云南机务钞黄》，洪武十五年闰二月二十五日敕。

号,使其分化,个别内向,不能合力入寇,并利用诸部的军力,抵抗蒙军的入侵。在长城以北今内蒙地方则就各要害地方建立军事据点,逐步推进,用军力压迫蒙古人退到漠北,不使靠近边塞。西北问题完全解决了,再转回头来收拾东北。

洪武二十年冯胜、傅友德、蓝玉诸大将奉命北征纳哈出。大军出长城松亭关,筑大宁(今热河里城)、宽河(今热河宽河)、会州(今热河平泉)、富峪(今热河平泉之北)四城,储粮供应前方,留兵屯守,切断纳哈出和蒙古中路军的呼应,再东向以主力军由北面包围,纳哈出势穷力蹙,孤军无援,只好投降,辽东全部平定。[①] 于是立北平行都司于大宁,东和辽阳,西和大同应援,作为国防前线的三大要塞。又西面和开平卫(元上都,今察哈尔多伦县地)、兴和千户所(今察哈尔张北县地)、东胜城(今绥远托克托县及蒙古茂明安旗之地)诸据点,连成长城以外的第一道国防线,从辽河以西几千里的地方,设卫置所,建立了军事上的保卫长城的长城。[②] 两年后,蒙古大汗脱古思帖木儿被弑,部属分散,以后经过不断地政变、篡立、叛乱,实力逐渐衰弱,帝国北边的边防,也因之而获得几十年的安宁。

东北的蒙古军虽然降附,还有女真族的问题亟待解决。女真这一部族原是金人的后裔,依地理分布,大别为建州、海西、野人三种。过去不时纠合向内地侵掠,夺取物资,边境军队防不胜防,非常头痛。朱元璋所采取的对策,军事上封韩王于开原,宁王于大

[①] 钱谦益:《国初群雄事略》卷一一《纳哈出》;《明史》卷一二九《冯胜传》,卷一二五《常遇春传》,卷一三二《蓝玉传》。

[②] 《明史·兵志三》;严从简:《殊域周咨录》卷一七《鞑靼》;方孔炤:《全边略记》卷三;黄道周:《博物典汇》卷一九。

宁,控扼辽河两头,封辽王于广宁(今辽宁北镇),作为阻止蒙古和女真内犯的重镇。政治上采分化政策,把辽河以东诸女真部族,个别用金帛招抚(收买),分立为若干羁縻式的卫所,使其个别的自成单位,给予各酋长以卫所军官职衔,并指定住处,许其禀承朝命世袭,各给玺书作为进贡和互市的凭证,满足他们物资交换的经济要求,破坏部族间的团结,无力单独进攻。① 到明成祖时代,越发积极推行这政策,大量的全面的收买,拓地到现在的黑龙江口,增置的卫所连旧设的共有一百八十四卫,立奴儿干都司以统之。②

辽东平定后,大一统的事业完全成功了。和前代一样,这大一统的帝国领有属国和许多藩国。从东面算起,洪武二十五年高丽发生政变,大将李成桂推翻亲元的王朝,自立为王,改国号为朝鲜,成为大明帝国的属国。藩国东南有琉球国,西南有安南、真腊、占城、暹罗和南洋群岛诸岛国。内地和边疆则有许多羁縻的部族和土司。

藩属和帝国的关系缔结,照历代传统办法,在帝国方面,派遣使臣宣告新朝建立,藩国必须缴还前朝颁赐的印绶册诰,解除旧的臣属关系。相对地重新颁赐新朝的印绶册诰,藩王受新朝册封,成为新朝的藩国。再逐年颁赐大统历,使之遵奉新朝的正朔,永作藩臣。旧藩国方面则必须遣使称臣入贡,新王即位,必须请求帝国承认册封。所享受的权利是通商和皇帝的优渥赏赐。和其他国家发生纠纷,或被攻击时,得请求帝国。在沿海特别开放三个通商口岸,主持通商和招待蕃舶使的衙门是市舶司,宁波市舶司指定为日

---

① 孟森:《明元清系通纪》,《清朝前纪》。
② 内藤虎次郎:《明奴儿干永宁寺碑考》,载《北平图书馆馆刊》四卷六期。

本的通商口岸,泉州市舶司通琉球,广州市舶司通占城、暹罗南洋诸国。

朱元璋接受了元代用兵海外失败的经验,打定主意,不向海洋发展,他要子孙遵循大陆政策,特别在《皇明祖训》中郑重告诫说:

> 四方诸夷皆限山隔海,僻在一隅,得其地不足以供给,得其民不足以使令。若其不自揣量,来挠我边,则彼为不祥。彼既不为中国患,而我兴兵轻犯,亦不祥也。吾恐后世子孙倚中国富强,贪一时战功,无故兴兵,杀伤人命,切记不可。但胡戎与中国边境互相密迩,累世战争,必选将练兵,时谨备之。
>
> 今将不征诸国名列于后:
>
> 东北:朝鲜国
>
> 正东偏北:日本国(虽朝实诈,暗通奸臣胡惟庸谋为不轨,故绝之)
>
> 正南偏东:大琉球国　小琉球国
>
> 西南:安南国　真腊国　暹罗国　占城国　苏门答剌国　西洋国　爪哇国　溢亨国　白花国　三弗齐国　渤泥国①

中国是农业国,工商业不发达,不需要海外市场,版图广大,用不着殖民地,人口众多,更不缺少劳动力,向海外诸国侵掠,"得其地不足以供给,得其民不足以使令"。从经济的观点看,是没有什么好处的。从利害的观点看,打仗要花一大笔钱,占领又得费事,不幸打败仗越发划不来。还是和平相处,保境安民,多一事不如少一

---

① 《皇明祖训·箴戒章》。

事,这样一打算盘,主意就打定了。①

属国和藩国的不同处,在于属国和帝国的关系更密切,在许多场合,属国的内政也经常被过问,经济上的联系也比较的强。

内地的土司也和藩属一样,要定期进贡,酋长继承要得帝国许可。内政也可自主。所不同的是藩国使臣的接待衙门是礼部主客司,册封承袭都用诏旨,部族土司领兵的直属兵部,土府土县属吏部,体统不同。平时有纳税,开辟并保养驿路,战时有调兵从征的义务。内部发生纠纷,或者反抗朝廷被平定后,往往被收回治权,直属朝廷,即所谓"改土归流"。土司衙门有宣慰司、宣抚司、招讨司、安抚司、长官司、土府、土县等名目,长官都是世袭,有一定的辖地和土民,总称土司。土司和朝廷的关系,在土司说,是借朝廷所给予的官位威权,来镇慑部下百姓,肆意奴役搜括。在朝廷说,用空头的官爵,用有限的赏赐,牢笼有实力的酋长,使其倾心内向,维持地方安宁,可以说是互相为用的。

大概地说来,明代西南部各小民族的分布,在湖南、四川、贵州三省交界处是苗族活动的中心,向南发展到了贵州。广西则是瑶族(在东部)、壮族(在西部)的根据地。四川、云南、贵州三省交界处则是彝族的大本营,四川西部和云南西北部则有麽些族,云南南部有僰族,四川北部和青海、甘肃、宁夏有羌族。

在上述各区域中,除纯粹由土官治理的土司而外,还有一种参用流官的制度。流官即朝廷所任命的有一定任期、非世袭的地方官。大致是以土官为主,派遣流官为辅,事实上是执行监督的任

---

① 参看吴晗:《十六世纪前之中国与南洋》,载 1936 年 1 月《清华学报》十一卷一期。

务。和这情形相反,在设立流官的州县,境内也有不同部族的土司存在。以此,在同一布政使司治下,有流官的州县,有土官的土司,有土流合治的州县,也有土官的州县。即在同一流官治理的州县内,也有汉人和非汉人杂处的情形,民族问题复杂错综,最容易引起纷乱以至战争。汉人凭借高度的生产技术和政治的优越感,用武力,用其他方法占取土民的土地物资,土民有的被迫迁徙到山头,过极度艰苦的日子,有的被屠杀消灭,有的不甘心,组织起来以武力反抗,爆发地方性的甚至大规模的战争。朝廷的治边原则,在极边是放任的愚民政策,只要土司肯听话,便听任其作威作福,世世相承,不加干涉。在内地则取积极的同化政策,如派遣流官助理,开设道路驿站,选拔土司子弟到国子监读书,从而使其完粮纳税,应服军役,一步步加强统治,最后是改建为直接治理的州县,扩大皇朝的疆土。①

治理西北羌族的办法分两种:一种是用其酋长为卫所长官,世世承袭。一种因其土俗,建设寺院并赐番僧封号,利用宗教来统治边民。羌族的力量分化,兵力分散,西边的国防就可高枕无忧了。现在的西藏和西康当时叫作乌斯藏和朵甘,是喇嘛教的中心地区,僧侣兼管政事,明廷因仍元制,封其长老为国师法王,令其抚安番民,定期朝贡。又以番民肉食,对茶叶特别爱好,在边境建立茶课司,用茶叶和番民换马,入贡的赏赐也用茶和布匹代替。② 西边诸族国的酋长僧侣贪图入贡和通商的利益,得保持世代袭官和受封的权利,都服服帖帖,不敢反抗,明朝三百年,西边比较平静,没有

---

① 《明史·土司传》。
② 《明史·西域传》。

发生什么大的变乱，当然，也说不上开发，从任何方面来说，这一广大地区比之几百年前，没有任何进步或改变。

（原载《中国建设》第六卷第三、四期，1948年6月）

明代的军兵

一、军与兵

明初创卫所制度，划出一部分人为军，分配在各卫所，专负保卫边疆和镇压地方的责任。军和民完全分开。中叶以后，卫军废弛，又募民为兵，军和兵成为平行的两种制度。

军是一种特殊的制度，自有军籍。在明代户口中，军籍和民籍、匠籍平行，军籍属于都督府；民籍属于户部，匠籍属于工部。军不受普通行政官吏的管辖，在身份、法律和经济上的地位都和民不同。军和民是截然地分开的。兵恰好相反，任何人都可应募，在户籍上也无特殊的区别。军是世袭的，家族的，固定的，一经为军，他的一家系便永远世代充军，住在被指定的卫所。直系壮丁死亡或老病，便须由次丁或余丁替补。如在卫所的一家系已全部死亡，还须到原籍勾族人顶充。兵则只是本身自愿充当，和家族及子孙无关，也无固定的驻地，投充和退伍都无法律的强制。军是国家经制的，永久的组织，有一定的额数，一定的戍地。兵则是临时招募的，非经制的，无一定的额数，也不永远屯驻在同一地点。

在明代初期，军费基本上是自给自足的，军饷的大部分由军的屯田收入支给。在国家财政的收支上,军费的补助数量不大。虽然全国的额设卫军总数达到二百七十余万的庞大数字①,国家财政收支还能保持平衡。遇有边方屯田的收入不敷支给时,由政府制定"开中"的办法,让商人到边塞去开垦,用垦出的谷物来换政府所专利的盐引,取得买盐和卖盐的权利。商人和边军双方都得到好处。

兵是因特殊情势,临时招募的。招募时的费用和入伍后的月饷都是额外的支出。这种种费用原来没有列在国家预算上,只好临时设法,或加赋,或加税,或捐纳,大部由农民负担。因之兵的额数愈多,农民的负担便愈重。兵费重到超过农民的负担能力时,政府的勒索和官吏的剥削引起农民的武装反抗。政府要镇压农民,又只好增兵,这一笔费用还是出在农民身上。

卫所军经过长期的废弛而日趋崩溃,军屯和商屯的制度也日渐破坏,渐渐地不能自给,需要由国家财政开支。愈到后来,各方面的情形愈加变坏,需要国家的财政供给也愈多。这费用也同样地需由农民负担。同时又因为军力的损耗,国防脆弱,更容易引起外来的侵略。卫军不能作战,需要募兵的数量愈多。这两层新负担,年复一年的递加,国家全部的收入不够军兵费的一半,只好竭泽而渔,任意地无止境地增加农民的负担,终于引起历史上空前的农民暴动。政府正在用全力去镇压,新兴的建州却又乘机而入,在内外交逼的情势下,颠覆了明室的统治权。

除中央的军和兵以外,在地方的有民兵、民壮(弓兵、机兵、快

---

① 《明史》卷九一《兵志》,弘治十四年(公元1501)兵部侍郎李孟旸《请实军伍疏》:"天下卫所官军原额二百七十余万。"

手)、义勇种种地方警备兵。在边地的有土兵(土军)、达军(蒙古降卒)。在内地的有苗兵、狼兵(广西土司兵)、土兵等土司兵。将帅私人又有家丁、家兵、亲兵。各地职业团体又有由矿工所组织的矿兵,盐丁所组织的盐兵,僧徒所组织的少林兵、伏牛兵、五台兵。也有以特别技艺成兵的,如河南之毛葫芦兵、习短兵,长于走山;山东有长竿手,徐州有箭手,井陉有蚂螂手,善运石,远可及百步。福建闽漳泉之镖牌兵等等。①

从养军三百万基本上自给的卫兵制,到军兵费完全由农民负担,国库支出;从有定额的卫军,到无定额的募兵;从世袭的卫军,到雇佣的募兵,这是明代历史上一件大事。

次之,军因历史的、地理的、经济的关系,集中地隶属于国家。在战时,才由政府派出统帅总兵,调各卫军出征。一到战事终了,统帅立刻被召回,所属军也各归原卫。军权不属于私人,将帅也无直属的部队。兵则由将帅私人所招募、训练,和国家的关系是间接的。兵费不在政府的岁出预算中,往往须由长官向政府力争,始能得到。同时兵是一种职业,在中央权重的时候,将帅虽有私兵,如嘉靖时戚继光之戚家军,俞大猷之俞家军,都还不能不听命于中央。到明朝末年,民穷财尽,内外交逼,在非常危逼的局面下,需要增加庞大的兵力,将帅到处募兵,兵饷都由将帅自行筹措,发生分地分饷的弊端,兵皆私兵,将皆藩镇,兵就成为扩充将帅个人权力和地位的工具了。

---

① 《明史》卷九一《兵志》,弘治十四年(公元1501)兵部侍郎李孟旸《请实军伍疏》。

二、卫所制度

明太祖即皇帝位后,刘基奏立军卫法。(《明史》卷一二八《刘基传》)《明史》卷八九《兵志序》说:

> 明以武功定天下,革元旧制,自京师达于郡县,皆立卫所。外统之都司,内统于五军都督府。而上十二卫为天子亲军者不与焉。征伐则命将充总兵官,调卫所军领之。既旋则将上所佩印,官军各回卫所,盖得唐府兵遗意。

这制度的特点是平时把军力分驻在各地方,战时才命将出师,将不专军,军不私将,军力全属于国家。卫所的组织,《兵志》二《卫所门》记:

> 天下既定,度要害地系一郡者设所,连郡者设卫。大率五千六百人为卫,千一百二十人为千户所,百十有二人为百户所。
> 所设总旗二,小旗十,大小联比以成军。

卫有指挥使,所有千户百户。总旗辖五十人,小旗辖十人。各卫又分统于都指挥使司(简称都司),司有都指挥使,为地方最高军政长官,和治民事的布政使司,治刑事的按察使司,并称三司,洪武二十六年(公元1393)时定天下都司卫所,共计都司十七(北平、陕西、山西、浙江、江西、山东、四川、福建、湖广、广东、广西、辽东、河南、贵州、云南、北平三护卫、山西三护卫)。行都司三(北平、江西、福建)。留守司一(中都)。内外卫三百二十九,守御千户所六十五。成祖以后,多所增改,都司增为二十一(浙江、辽东、山东、陕西、四川、广西、云南、贵州、河南、湖广、福建、江西、广东、大宁、万全、山西、四川行都司、陕西行都司、湖广行都司、福建行都司、山西行都司)。留守司二(中都、兴都)。内外卫增至四百九十三,守御屯田群牧千户所三百五十九。①

全国卫军都属于中央的大都督府。大都督府掌军籍,是全国的最高军事机关。洪武十三年(公元1380)分大都督府为中、左、右、前、后五军都督府。洪武二十六年定分领在京各卫所及在外各都司卫所。其组织如下:

---

① 按《明史·职官志》五:"计天下内外卫,凡五百四十有七,所凡二千五百九十有三。"

```
                    ┌ 在京卫所
         ┌ 中军都督府 ┤ 中都留守司
         │          │ 河南都司
         │          └ 在外直隶扬州卫等卫所
         │          ┌ 在京卫所
         │          │ 湖广都司
         │          │ 福建都司
         │ 前军都督府 ┤ 福建行都司
五军都督府 ┤          │ 江西都司
         │          │ 广东都司
         │          └ 在外直隶九江卫
         │          ┌ 在京卫所
         │          │ 北平都司
         │          │ 北平行都司
         └ 后军都督府 ┤ 山西都司
                    │ 山西行都司
                    │ 北平三护卫
                    └ 山西三护卫
```

每府设左右都督各一,掌治府事。成祖以后,又改组如下:

```
                    ┌ 在京卫所
五军都督府 ┤ 左军都督府 ┤ 浙江都司
                    │ 辽东都司
                    └ 山东都司
```

明代的军兵

- 五军都督府
  - 右军都督府
    - 在京卫所
    - 陕西都司
    - 陕西行都司
    - 四川都司及土官（天全六番招讨司、陇本头长官司等土司）
    - 四川行都司及土官（昌州长官司等土司）
    - 广西都司
    - 云南都司及土官（茶山长官司等土司）
    - 贵州都司及土官（新添长官司等土司）
    - 在外直隶宣州卫
  - 中军都督府
    - 在京卫所
    - 中都留守司
    - 河南都司
    - 在外直隶扬州卫等卫所
  - 前军都督府
    - 在京卫所
    - 湖广都司及土官（永顺军民宣慰司等土司）
    - 湖广行都司
    - 兴都留守司
    - 福建都司
    - 福建行都司
    - 江西都司
    - 广东都司
    - 在外直隶九江卫
  - 后军都督府
    - 在京卫所
    - 大宁都司
    - 万全都司
    - 山西都司
    - 山西行都司
    - 在外直隶蓟州卫等卫所

各地都司分隶于各都督府,其组织如下:

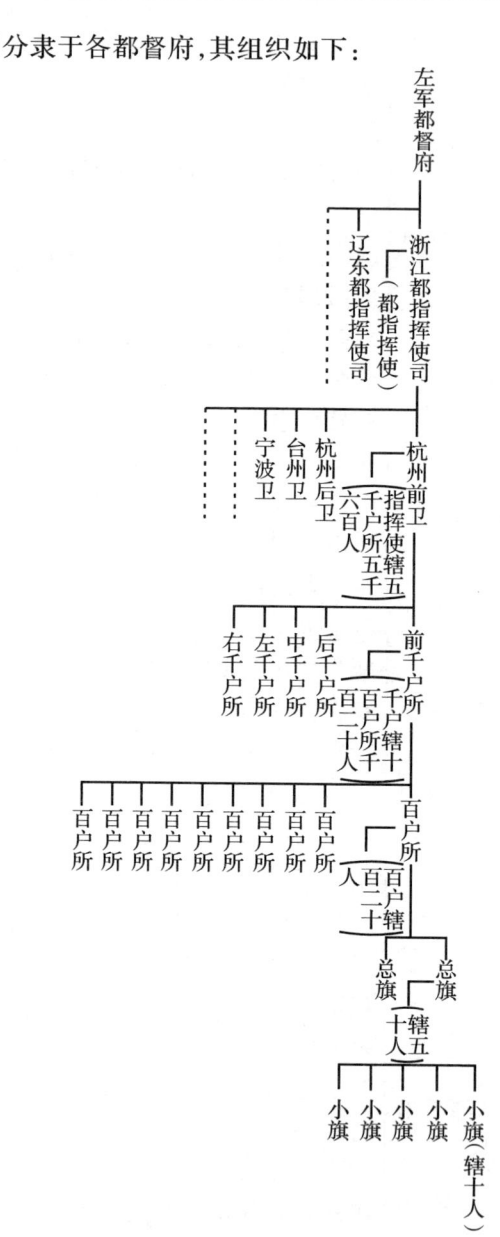

和都督府相配合的机关是兵部,长官为兵部尚书,"掌天下武卫官军选授简练之政令",其下设四清吏司,各设郎中一人,员外郎一人,主事二人:

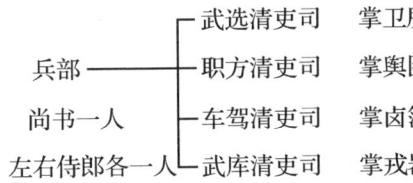

兵部	武选清吏司	掌卫所土官选授升调袭退功赏之事
尚书一人	职方清吏司	掌舆图军制城隍镇戍简练征讨之事
左右侍郎各一人	车驾清吏司	掌卤簿仪仗禁卫驿传厩牧之事
	武库清吏司	掌戎器符勘尺籍武学薪隶之事

都督府是统军机关,各省各镇镇守总兵官副总兵都以三等①真署都督及公侯伯充任。有大征讨,则由政府指派挂诸号将军②或大将军前将军副将军印总兵出,事定缴印回任。明初开国时,武臣最重③,英国公张辅兄信,至以侍郎换授指挥同知。武臣出兵,多用文臣参赞,如永乐六年(公元1408)黔国公沐晟讨交阯简定,以尚书刘俊参军事。宣德元年(公元1426)成山侯王通讨交阯黎利,以尚书陈洽参赞军务。正统以后,文臣的地位渐高,出征时由文臣任总督或提督军务,经画一切,武臣只负领军作战的任务。如正统六年(公元1441)麓川之役,定西伯蒋贵充总兵官,以兵部尚书王骥总督军

---

① 左右都督,都督同知,都督佥事。

② 《明史》卷六八《舆服志四》:"武臣受重寄者,征西、镇朔、平蛮诸将军银印虎纽,方三寸三分,厚九分,柳叶篆文。洪武中尝用上公佩将军印,后以公侯伯及都督充总兵官,名曰挂印将军。有事征伐,则命总兵佩印以往,旋师则上所佩印于朝。"卷七六《职官志》五:"其总兵挂印称将军者,云南曰征南将军,大同曰征西前将军,湖广曰平蛮将军,两广曰征蛮将军,辽东曰征虏前将军,宣府曰镇朔将军,甘肃曰平羌将军,宁夏曰征西将军,交阯曰副将军,延绥曰镇西将军(诸印洪熙元年制颁)。其在蓟镇、贵州、湖广、四川及儹运淮安者,不得称将军挂印。"

③ 《明史》卷一四五《张玉传》:"帝尝谓英国公辅有兄弟可加恩者乎?辅顿首言輗轪蒙上恩,倍近侍,然皆奢侈。独从兄侍郎信贤可使也。帝召见信曰:是英国公兄耶?趣武冠冠之,改锦衣卫指挥同知世袭。时去开国未远,武阶重故也。"

务,正统十四年讨福建邓茂七,宁阳侯陈懋为总兵官,以刑部尚书金濂提督军务。成化元年(公元1465)讨大藤峡瑶,都督同知赵辅为征夷将军,以左金都御史韩雍赞理军务。同年出兵镇压荆、襄农民暴动,抚宁伯朱永充靖虏将军,以工部尚书白圭提督军务。三年讨建州,武靖伯赵辅充总兵官,以左都御史李秉提督军务。从此文臣统帅,武臣领兵,便成定制。在政府的用意是以文臣制武臣,防其跋扈。结果是武臣的地位愈来愈低。正德以后幸臣戚里多用恩幸得武职,愈为世所轻。在内有部、科,在外有监军、总督、巡抚,重重弹压,五军都督府职权日轻,将弁大帅如走卒,总兵官到兵部领敕,必须长跪,"间为长揖,即谓非体"。到了末年,卫所军士,虽一诸生,都可任意役使了。

各省都指挥使是地方的最高军政长官,统辖省内各卫所军丁,威权最重。在对外或对内的战事中,政府照例派都督府官或公侯伯出为总兵官,事后还任。明初外患最频的是北边的蒙古,派出边地防御的总兵官渐渐地变成固定,冠以镇守的名义,接着在内地军事要害地区也派总兵官镇守,独任一方的军务。又于其下设分守,镇守一路;设守备,镇守一城或一堡。至和主将同城的则称为协守。总兵之下有副总兵、参将、游击将军、守备、把总等名号。总兵是由中央派出的,官爵较高,职权较专,都指挥使是地方长官,渐渐地就成为总兵官的下属了。后来居上,于是临时派遣的总兵官驻守在固定的地点,就代替了都指挥使原来的地位了。

总兵官变成镇守地方的军事统帅以后,在有战事时,政府又派中央大员到地方巡抚,事毕复命,后来巡抚也成固定的官名,驻在各地方。因为这官的职务是在抚安军民,弹压地方,所以以都御史或副佥都御史派充。因为涉及军务,所以又加提督军务或赞理军务,参赞军务名义。巡抚兼治一方的民事和军务,不但原来的都、布、按三司成为巡抚的下属,即总兵官也须听其指挥。景泰以后因军事关系,在涉及数镇或数省的用兵地区,添设总督军务或总制、总理,派重臣大员出任。有的兵事终了后即废不设,有的却就成为常设的官。因为辖地涉及较广,地位和职权也就在巡抚之上。末年"流寇"和建州内外夹攻,情势危急,政府又特派枢臣(兵部尚书)外出经略,后来又派阁臣(大学士)出来督师,权力又在总督之上。这样层层叠叠地加上统辖的上官,原来的都指挥使和总兵官自然而然地每况愈下,权力日小,地位日低了。综合上述的情形,从下表(1)中我们可以看出明代地方军政长官地位的衍变。

卫所军丁的总数,在政府是军事秘密,绝对不许人知道。① 甚至掌治军政的兵部尚书,和专司纠察的给事御史也不许预闻。② 我们现在就《明太祖实录》卷二二三记载看,洪武二十五年的军数如下表(2)。

(2)　在京武官……2747员　　在外武官……13742员
　　　军　　士……206280人　　军　　士……992154人
　　　马…………4751匹　　　　马…………40329匹

总数超过一百二十万。洪武二十六年以后的军数,按卫所添设的数量估计,应该在一百八十万以上。明成祖以后的军数,约在二百

---

① 敖英《东谷赘言》下:"我国初都督府军数,太仆寺马数,有禁不许人知。"
② 陈衍《槎上老舌》:"祖制五府军外人不得预闻,惟掌印都督司其籍。前兵部尚书邝埜向恭顺侯吴某索名册稽考,吴按例上闻,邝惶惧疏谢。"《明史》卷六九《兵志一》:"先是京师立神机营,南京亦增设,与大小二教场同练军士,常操不息,风雨方免,有逃籍者。宪宗命南给事御史时至二场点阅。成国公朱仪及太监安宁不便,诡言军机密务,御史诘问名数非宜。帝为罪御史,仍令守备参赞官阅视,著为令。"

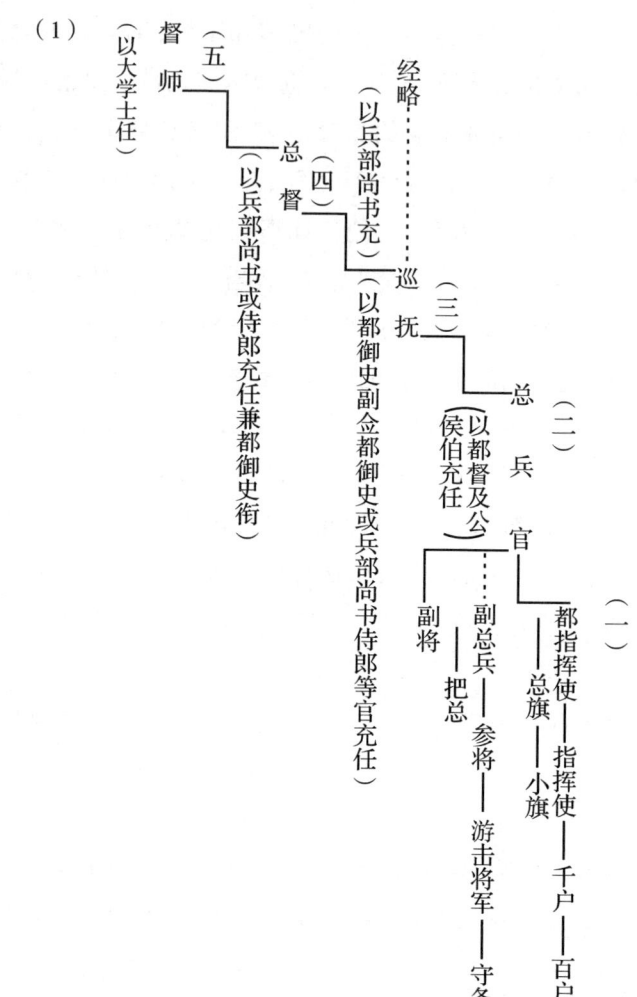

八十万左右。① 万历时代的军数如下表②：

---

① 《明史》卷九一《兵志》，弘治十四年（公元1501）兵部侍郎李孟旸《请实军伍疏》："天下卫所官军原额二百七十余万。"
② 《大明会典》卷一二九至一三〇各镇分例。

各镇军马额数表

各　　镇	军　数 原额*	军　数 现额*	马　数 原额*	马　数 现额*
蓟镇:蓟　州	39339	31658	10700	6399
密　云	9065	33569	2032	13120▲
永　平	22307	39940	6083	15080▲
昌　平	14295	19039	3015	5625▲
辽　东	94693	83340	77001	41830▲
保　定	29308	34697	1199	4791▲
宣　府	151452	79258	55274	33147▲
大　同	135778	85311	51654▲	35870▲
山　西	25287	55295	6551▲	24764▲
延　绥	80196	53254	45940	32133▲
宁　夏	71693	27934	22182	14657▲
固　原	126919	90412	32250▲	33842▲
甘　肃	91571	46901	29318	21660▲
四　川	14822	10897		
云　南	63923	62593		
贵　州		28355		
广　西	121289	13097		
		25854		
湖　广		68829		
广　东		29947		
		35268		
南直隶	102167			
		7149		
浙　江	130188	78062		
江　西	39893	20848		
南　赣		9148		
		8171		
		829		

续表

各　镇	军　数		马　数	
	原额*	现额*	原额*	现额*
福　建	125381	1928 38475		
山　东	43631			
		2217		
		3177		
河　南	20020			
总　共	1586611	1120058	343199	282918

* 原额:永乐以后　现额:万历初年

▲ 包括马驼牛骡在内

明初卫所军士的来源,大概可分四类,《明史》卷九〇《兵志》二记:

> 其取兵有从征,有归附,有谪发。从征者诸将所部兵,既定其地,因以留戍。归附则胜国及僭伪诸降卒。谪发以罪迁隶为兵者。其军皆世籍。

从征和归附两项军士都是建国前后的旧军。谪发一项则纯以罪人充军。名为恩军①,亦称长生军②。如永乐初屠杀建文诸臣,一人得罪,蔓连九族外亲姻连都充军役。③ 成化四年(公元 1468)项忠平

---

① 《明太祖实录》卷二三二:"洪武二十七年(公元 1394)四月癸酉,诏兵部凡以罪谪充军者,名为恩军。"

② 陆容《菽园杂记》八:"本朝军伍皆谪发罪人充之,使子孙世世执役,谓之长生军。"

③ 黄佐《双槐岁钞》四:"齐(泰)黄(子澄)奸恶九族外亲姻连亦皆编伍,有遍一县连蔓尽而及他邦者,人最苦之。"

荆、襄农民暴动,俘获三万余人,户选一丁戍湖广边卫(《明史》卷一八七《项忠传》)。都是著例。

除以上三项外,第四类是垛集军,是卫军最大的来源。《明史》卷九二《兵志》四说:

> 明初垛集令行,民出一丁为军,卫所无缺伍,且有羡丁。……成祖即位,遣给事等官分阅天下军,重定垛集军更代法。初三丁已上垛正军一,别有贴户,正军死,贴户丁补。至是令正军贴户更代,贴户单丁者免,当军家蠲其一丁徭。

平民一被佥发充军,便世世子孙都入军籍,不许变易。民籍和军籍的区分极为严格。① 民户有一丁被垛为军,政府优免他的原籍老家的一丁差徭,以为弥补。军士赴戍所时,宗族为其治装,名为封桩钱。② 在卫军士除本身为正军外,其子弟称为余丁或军余,将校的子弟则称为舍人。宣德四年(公元1429)定例免在营余丁一丁差役,令其供给军士盘缠(《大明会典》卷一五五)。边军似乎较受优待,如辽东旧制,每一军佐以三余丁。③ 内地的余丁亦称帮丁,专供操守卒往来费用。④ 日常生活则概由政府就屯粮支给,按月发米,称为月粮。其多少以地位高下分等差。洪武时令在京在外各卫马

---

① 《明太祖实录》卷一三一:"洪武十三年(公元1380)五月乙未,诏曰:军民已有定籍。敢有以民为军,乱籍以扰吾民者禁止之。"
② 宋濂《宋学士文集》补遗三《棣州高氏先茔石表辞》:"北兵戍南土者宗族给其衣费,谓之封桩钱。"这名称到明代也仍沿用。
③ 《明史》卷二三《潘壎传》:"故事每军一,佐以余丁三。"
④ 《明史》卷二〇五《李遂传》:"嘉靖三十九年(公元1560)江北河池营卒以千户吴钦革其帮丁,驱而缚之竿。帮丁者操守卒给一丁资往来费也。"

军月支米二石,步军总旗一石五斗,小旗一石二斗,军一石。守城者如数给,屯田者半之。① 恩军家四口以上一石,三口以下六斗,无家口者四斗。月盐有家口者二斤,无者一斤(《明史》卷八二《食货志》六《俸饷》)。衣服则岁给冬衣棉布棉花夏衣夏布,在出征时则例给胖袄鞋裤(同上书卷一七七《王复传》)。

三、京军

明初定都南京,集全国卫军精锐于京师。有事以京军为主力,抽调各地卫军为辅。又因蒙古人时图恢复,侵犯北边,命将于沿边安置重兵防守,分封诸子出王边境,大开屯田,且耕且守。靖难役后,明成祖迁都北京,以首都置于国防前线,成为全国的军事中心。定制立三大营,一曰五军,一曰三千,一曰神机,合称为京军。

五军营的组织,太祖时设大都督府,节制中外诸军,京城内外置大小二场,分教四十八卫卒。洪武四年(公元1371)士卒之数二十万七千八百有奇。洪武十三年分大都督府为前、后、中、左、右五军都督府。成祖北迁后,增为七十二卫。永乐八年(公元1410)亲征本雅失里,分步骑军为中军,左、右掖,左、右哨,称为五军。除在京卫所外,每年又分调中都、山东、河南、大宁各都司兵十六万人,轮番到京师操练,称为班军。

---

① 《明史》卷一七七《李秉传》:"景泰二年(公元1451)言:军以有妻者为有家,月饷一石。无妻者减其四。即有父母兄弟而无妻,概以无家论,非义,当一体增给。从之。"同书卷二〇五《李遂传》:"旧制南军有妻者月粮米一石,无者减其四。春秋二仲月米石折银五钱。"

三千营以边外降丁三千人组成。

神机营专用火器,永乐时平交阯得到火器,立营肄习。后来又得到都督谭广进马五千,置营名"五千",掌操演火器。

三大营在平时,五军肄营阵,三千肄巡哨,神机肄火器。在皇帝亲征时,大营居中,五军分驻,步内骑外,骑外为神机,神机外为长围,周二十里,樵采其中。

皇帝侍卫亲军有锦衣卫和十二卫亲军。御马监又有武骧,腾骧,左、右卫,称四卫军。

明初京军总数在八十万以上。① 永乐时征安南,用兵至八十万(《明史》卷一五四《张辅传》)。正统中征麓川,用兵亦十五万(同上书卷一七一《王骥传》)。永乐宣德二朝六次对蒙古用兵,都以京军为主力。到正统十四年(公元1449)土木之变,丧没几尽。《明史》卷一七〇《于谦传》说:

> 时京师劲甲精骑皆陷没。所余疲卒不及十万。人心恐慌,上下无固志。

事后一面补充,一面着手改革。当时主持兵政的兵部尚书于谦以为三大营的缺点,是在分作三个独立组织,各为教令。临时调发,军士和将弁都不相习。乘机改革,在诸营中选出精兵十万,分作十营集中团练,名为团营。其余军归本营,称为老家。京军之制

---

① 《明史》卷一八五《吴世忠传》:"弘治十一年(公元1498)言:国初设七十二卫,军士不下百万。"同书卷八九《兵志》一:"嘉靖二十九年(公元1550)吏部侍郎王邦瑞摄兵部,因言:'国初京营劲旅不减七、八十万。'"

为之一变。到成化时又选出十四万军分十二营团练,称为选锋,余军仍称老家,专任役作。团营之法又稍变。到正德时因"流寇"之乱,调边军入卫,设东西官厅练兵,于是边军成为选锋,十二团营又成为老家了。嘉靖时经过几次严重的外患,几次改革,又恢复三大营旧制,改三千为神枢营,募兵四万充伍。形式上虽然似乎还原,可是以募兵代世军,实质上却已大不相同了。

京军内一部分由外卫番上京师者称为班军。在名义上是集中训练,巩卫京师。实际上却被政府和权贵役作苦工,《明史》卷九〇《兵志》二说:

> 成化间海内燕安,外卫卒在京只供营缮诸役,势家私占复半之,卒多畏苦,往往愆期。

修建宫殿陵墓,浚理城池,一切大工程都以班军充役,使供役军士,财力交殚,每遇班操,宁死不赴。① 甚至调发出征的也被扣留役使,《明史》卷一九九《郑晓传》记:

> 俺答围大同右卫急。……晓言:今兵事方棘,而所简听征京军三万五千人,乃令执役赴工,何以备战守,乞归之营伍。

结果使各地卫军以番上为畏途。有的私下纳银于所属将弁,求免

---

① 《明史》卷一八一《李东阳传》,同书卷一九三《费宏传》:"太仓无三年之积,而冗食日增,京营无十万之兵,而赴工不已。"卷一九四《梁材传》:"嘉靖六年(公元1527)时修建两宫七陵,役京军七万,大役频兴,役外卫班军四万六千人,郭勋籍其不至者,责输银雇役,廪食视班军。"

入京。有事则召募充数,名为"折乾"。嘉靖二十九年(公元1550)职方主事沈朝焕在点发班军月饷时,发现有大部分是雇乞丐代替的。后来索性专以班军作工,也不营操了。班军不做工和不在工作期间的便改行作商贩工艺,按时给他们所属的班将一点钱。到末年边事日急,又把班军调到边方,作筑垣负米的劳役。从班军一变而为班工,从应役番上到折乾雇募,虽然名义上还仍旧贯,可是实质上却已经变质了。

在京卫军的情形,也和班军一样地困于役作。成化时以太监汪直总督团营,此后京军便专掌于内臣。其他管军将弁也照例由勋戚充任。在这一群贪婪的太监和纨绔的将弁统率之下,发生了种种弊端:第一是占役,军士名虽在籍,实际上却被权贵大官所隐占,替私人做工服役,却向政府领饷。第二是虚冒,军籍本来无名,却被权贵大官硬把家人苍头假冒选锋壮丁名色,月支厚饷。有人领饷,却无人应役(《明史》卷二六五《李邦华传》)。第三是军吏的舞弊,军士在交替时,军吏需索重贿,贫军不能应付,虽然老羸,也只好勉强干下去。精壮子弟反而不得收练。以此军多老弱。第四是富军的贿免,有钱的怕营操征调,往往贿托将弁,把他搁在老家数中。贫军虽极疲老,也只能勉强挨命。积此四弊,再加上在营军士的终年劳作,没有受训练的机会,名虽军士,实则工徒。结果自然营伍日亏,军力衰耗,走上崩溃的途径(同上书卷八九《兵志》一)。成化末年京军缺伍至七万五千有奇。到武宗即位时,十二团营锐卒仅六万五百余人,稍弱者二万五千。武宗末年给事中王良佐奉敕选军,按军籍应当有三十八万余人,较明初时已经只剩十分之五,实存者不及十四万,较原额缺伍至六分之五,较现额也缺伍到五分之三强。可是中选者又只二万余人。世宗立,额兵止有十万七千余人，实存者仅半。嘉靖二十九年（公元1550）俺答围都城，兵部尚书丁汝夔核营伍不及五六万人，驱出都门，皆流涕不敢前。吏部侍郎王邦瑞摄兵部，疏言：

> 国初京营劲旅，不减七、八十万，元戎宿将，常不乏人。自三大营变为十二团营，又变为两官厅，虽浸不如初，然额军尚三十八万有奇。今武备积弛，见籍止十四万余，而操练者不过五、六万。支粮则有，调遣则无。比敌骑深入，战守俱称无军。即见在军率老弱疲惫市井游贩之徒，衣甲器械，取给临时。此其弊不在逃亡而在占役，不在军士而在将领。盖提督坐营号头把总诸官，多世胄纨绔，平时占役营军，以空名支饷，临操则肆集市人，呼舞博笑而已。（《明史》卷八九《兵志》一）

到崇祯末年简直无军可用。《明史》卷二六六《王章传》记：

> 十七年（公元1644）王章巡视京营，按籍额军十一万有奇。喜曰："兵至十万，犹可为也。"及阅视，半死者，余冒伍，惫甚，闻炮声掩耳，马未驰而堕，而司农缺饷，半岁未发。

即勉强调发出征，也是雇充游民，名为京军，实则召募。如崇祯十四年兵部侍郎吴甡所言：

> 京营承平日久，发兵剿贼，辄沿途雇充。将领利月饷，游民利剽掠，归营则本军复充伍。（同上书卷二五二《吴甡传》）

积弊之极,京军仅存空名。可是,相反地,军官却与日俱增,越后越多。洪武二十五年京军军官的总数是二千七百四十七员,六十几年后,到景泰七年(公元1456)突增三万余员,较原额加了十一倍。① 再过十几年,到成化五年(公元1469)又增加到八万余员,较原额增加了三十倍(同上书卷二十《刘体乾传》)。正德时嬖佞以传奉得官,琐滥最甚。世宗即位,裁汰锦衣诸卫内监局旗校工役至十四万八千七百人。岁减漕粮百五十三万二千余石(同上书卷一九〇《杨廷和传》)。不久又汰去京卫及亲军冗员三千二百人(同上书卷一九六《夏言传》)。虽然经过这两次大刀阔斧的裁汰,可是不久又继续增加:"边功升授,勋贵传请,曹局添设,大臣恩荫,加以厂卫监局勇士匠人之属,岁增月益,不可胜数"。(同上书卷二十《刘体乾传》)到万历时,神宗倦于政事,大小臣僚多缺而不补,可是武职仍达八万二千余员。到天启时魏忠贤乱政,武职之滥,打破了历朝的纪录,连当时人也说:"不知又增几倍?"②军日减而官日增,军减而粮仍旧额,国家负担并不减轻,官增则冗费愈多,国库愈匮。并且养的是不能战的军,添的也是不能战的官。到崇祯末年,内外交逼,虽想整顿,也来不及了。

从京军军伍的减削情形看,明初到正统可说是京军的全盛时期。土木变后,经过于谦一番整顿,军力稍强,可是额数已大减于

---

① 《明史》卷一八〇《张宁传》:"景泰七年言:京卫带俸武职,一卫至二千余人,通计三万余员,岁需银四十八万,米三十六万,他折俸物动经百万。耗损国储,莫甚于此。而其间多老弱不娴骑射之人。"

② 《明史》卷二七五《解学龙传》:"天启二年(公元1622)疏言:国初文职五千四百有奇,武职二万八千有奇。神祖时文增至一万六千余,武增至八万二千余。今不知又增几倍?"

旧,可说是京军的衰落时期。从成化到明末,则如江河日下,一年不如一年,是京军的崩溃时期。在全盛时期,明成祖和宣宗六次打蒙古,三次打安南,京军是全军中最精锐的一部分。在衰落时期,军数虽少,还能打仗。到成化以后,京军虽仍四出征讨,却已没有作战能力了。《明史》卷一八〇《曹璘传》说:

> 弘治元年(公元1488)言:诸边有警,辄命京军北征。此辈骄惰久,不足用。乞自今勿遣,而以出师之费赏边军。

《刘健传》也说:

> 弘治十七年夏,小王子谋犯大同。健言京军怯不任战,乞自今罢其役作,以养锐气。(《明史》卷一八一)

同时的倪岳则说京军之出,反使边军丧气,他说:

> 京军素号冗怯,留镇京师,犹恐未壮根本。顾乃轻于出御,用亵天威。临阵辄奔,反臝边军之功。为敌人所侮。(同上书卷一八三《倪岳传》)

这时离开国不过一百四十年,京军已以冗怯著称,政府中人异口同声地以为不可用了。

四、卫军的废弛

京外卫所军的废弛情形也和京军一样。

明代军士的生活,我们可用明太祖的话来说明,他说:

> 那小军每一个月只关得一担儿仓米。若是丈夫每不在家里,他妇人家自去关呵,除了几升做脚钱,那害人的仓官又斛面上打减了几升。待到家里岶(音伐)过来呵,止有七、八斗儿米,他全家儿大大小小要饭吃,要衣裳穿,他那里再得闲钱与人。(《大诰》武臣科敛害军第九)

正军衣着虽由官库支给,家属的却须自己制备。一石米在人口多的家庭,连吃饭也还不够,如何还能顾到衣服!《明史》卷一八五《黄绂传》:

> 成化二十二年巡抚延绥,出见士卒妻衣不蔽体。叹曰:健儿家贫至是,何面目临其上。亟预给三月饷,亲为抚循。

黄绂所见的是卫军的普遍情形,延绥士卒的遭遇却是一个难得的例外。甚至病无医药,死无棺敛,《明史》卷一六〇《张鹏传》:

> 鹏景泰二年进士。……出按大同宣府,奏两镇军士敝衣菲食,病无药,死无棺。乞官给医药棺椟,设义冢,俾飨厉祭。

> 死者蒙恩,则生者劝。帝立报可,且命诸边概行之。

经过张鹏的提议,才由官给医药棺椁,却仍只限于诸边,内地的不能享受这权利。卫军生活如此,再加以上官的剥削和虐待,假如有办法,他们是会不顾一切,秘密逃亡的。

除从征和归附的军士以外,谪发和垛集军是强逼从军的。他们被威令所逼,离开所习惯的土地和家族,到一个辽远的陌生的环境中去,替统治阶级服务。一代一代地下去,子子孙孙永远继承这同一的命运和生活。大部分的军士发生逃亡的现象,特别是谪发的逃亡最多。万历时章潢说:

> 国初卫军藉充垛集,大县至数千名,分发天下卫所,多至百余卫,数千里之远者。近来东南充军亦发西北,西北充军亦多发东南。然四方风土不同,南人病北方之苦寒,北人病南方之暑湿。逃亡故绝,莫不由斯。道里既远,勾解遂难。(章潢《图书编》卷一一七)

据正德时王琼的观察,逃亡者的比例竟占十之八九。他以为初期经大乱之后,民多流离失恒产,乐于从军。同时法令严密,卫军不敢逃亡。后来政府不能约束官吏,卫军苦于被虐待、剥削,和逼于乡土之思,遂逃亡相继(王琼《清军议》)。卫所的腐败情形,试举数例:

> 宣德九年(公元1434)二月壬申,行在兵部右侍郎王骥

言:中外都司卫所官,惟知肥己,征差则卖富差贫,征办则以一科十,或占纳月钱,或私役买卖,或以科需扣其月粮,或指操备减其布絮。衣食既窘,遂致逃亡。(《明宣宗实录》卷一〇八)

弘治时刘大夏《条列军伍利弊疏》也说:

在卫官军苦于出钱,其事不止一端:如包办秋青草价;给与勇士养马;比较逃亡军匠;责令包工雇役;或帮贴锦衣卫夷人马匹;或加贴司苑局种菜军人;内外宫人造坟,皆用夫价;接应公差车辆,俱费租钱,其他使用,尚不止此。又管营内外官员,率于军伴额数之外,摘发在营操军役使,上下相袭,视为当然。又江南军士漕运,有修船盘削之费,有监收斛面之加,其他掊克,难以枚举。以致逃亡日多,则拨及全户,使富者贫,贫者终至于绝。江南官军每遇营操,虽给行粮,而往返之费,皆自营办。况至京即拨做工雇车运料,而杂拨纳办,有难以尽言者。(《刘忠宣公集》卷一)

卫军一方面被卫官私家役使[1],甚至被逼为朝中权要种田[2]。月粮

---

[1] 《明成祖实录》卷六八:"永乐五年(公元1407)六月辛卯,御史蒋彦禄言:国家养军士以备攻战。暇则教之,急则用之。今各卫所官夤缘为奸,私家役使,倍蓰常数。假借名义以避正差,贿赂潜行,互相蔽隐。"
[2] 《明史》卷一七七《年富传》:"英国公张懋及郑宏各置庄田于边境,岁役军耕种。"

既被克扣①,又须交纳月钱,供上官挥霍。② 隆庆三年(公元1569)萧廪出核陕西四镇兵食,发现被隐占的卒伍至数万人(《明史》卷二二七《萧廪传》)。军士无法生活,一部分改业为工人商贩,以所得缴纳上官。景帝即位时,刘定之上言十事,论当时情形:

> 天下农出粟,女出布,以养兵也。兵受粟于仓,受布于库,以卫国也。向者兵士受粟布于公门,纳月钱于私室,于是手不习击刺之法,足不习进退之宜,第转货为商,执技为工,而以工商所得,补纳月钱。民之膏血,兵之气力,皆变为金银,以惠奸宄。一旦率以临敌,如驱羊拒狼,几何其不败也。(《明史》卷一七六)

大部分不能忍受的,相率逃亡,有的秘密逃回原籍,如正统时李纯所言:

---

① 王鏊《王文恪公文集》卷一九《上边议八事》:"今沿边之民,终年守障,辛苦万状。而上之人又百方诛求,虽有屯田而子粒不得入其口,虽有月粮而升斗不得入其家,虽有赏赐而或不得给,虽有首级而不得为己功。"《明史》卷一八二《刘大夏传》:"弘治十七年召见大夏于便殿……问军,对曰:穷与民等。帝曰:居有月粮,出有行粮,何故穷?对曰:其帅侵克过半,安得不穷!"《明英宗实录》卷一二六:"正统二年十月辛亥,直隶巡按御史李奎奏:沿海诸卫所官旗,多克减军粮入己,以致军士艰难,或相聚为盗贼,或兴贩私盐。"

② 《明史》卷一六四《曹凯传》:"景泰中擢浙江右参政。时诸卫武职役军办纳月钱,至四千五百余人。"同书卷一八〇《汪奎传》:"成化二十一年言:内外座营监枪内官增置过多,皆私役军士,办月钱。多者至二三百人。武将亦多私役健丁,行伍惟存老弱。"甚至余军亦被私役,《明英宗实录》卷一八六:"正统十四年十二月壬申,兵科给事中刘斌奏:近数十年典兵官员既私役正军,又私役余丁。甚至计取月钱,粮不全支。是致军士救饥寒之不暇,尚何操习训练之务哉!"

三年(公元1438)十月辛未,巡按山东监察御史李纯言:辽东军士往往携家属潜从登州府运船,越海道逃还原籍。而守把官军,受私故纵。(《明英宗实录》卷四七)

有的公开请假离伍:

正统十一年(公元1446)五月己卯,福建汀州府知府陆征言:天下卫所军往往假称欲往原籍取讨衣鞋,分析家赀,置备军装。其官旗人等贪图贿赂,从而给与文引遣之。及至本乡,私通官吏乡里,推称老病不行,转将户丁解补。到役未久,托故又去。以致军伍连年空缺。(《明英宗实录》卷一四一)

其因罪谪戍的,则预先布置,改换籍贯,到卫即逃,无从勾捕:

宣德八年(公元1433)十二月庚午,巡按山东监察御史张聪言:辽东军士多以罪谪戍,往往有亡匿者。皆因编发之初,奸顽之徒,改易籍贯,至卫即逃。比及勾追,有司谓无其人,军伍遂缺。(《明宣宗实录》卷一百七)

沈德符记隆万时戍军之亡匿情形,直如儿戏。他说:

吴江一叟号丁大伯者,家温而喜谈饮,久往来予家。一日忽至邸舍,问之,则解军来。其人乃捕役妄指平民为盗,发遣辽东三万卫充军,亦随在门外。先人语之曰:慎勿再来,倘此犯逸去,奈何!丁不顾,令之入叩头,自言姓王,受丁恩不逸也。去甫一月,则王姓者独至邸求见。先人骇问之,云已讫事,丁大伯亦旦夕至矣。先人细诘其故,第笑而不言。又匝月而丁来,则批回在手。其人到伍,先从间道逸归,不由山海关,故反早还。因与丁作伴南旋。近闻中途亦有逃者,则长解自充军犯,雇一二男女,一为军妻,一为解人,投批到卫收管,领批报命时竟还桑梓。彼处戍长,以入伍脱逃,罪当及已,不敢声言。且利其遗下口粮,潜入囊橐。而荷戈之人,优游闾里,更无谁何之者。(《野获编补遗》)

卫所官旗对于卫军之逃亡缺额,非但毫不过问,并且引为利源。因为一方面他们可以干没逃亡者的月粮,一方面又可以向逃亡者需索贿赂。永乐十二年(公元1414)明成祖曾申说此弊:

> 十月辛巳上谕行在兵部臣曰:今天下军伍不整肃,多因官吏受赇,有纵壮丁而以罢弱充数者;有累岁缺伍不追补者;有伪作户绝及以幼小纪录者;有假公为名而私役于家者。遇有调遣,十无三四。又多是幼弱老疾,骑士或不能引弓,步卒或不能荷戈,缓急何以济事!(《明成祖实录》卷一五七)

五年后监察御史邓真上疏说军卫之弊,也说:

> 内外各卫所军士,皆有定数,如伍有缺,即当勾补。今各卫所官吏惟耽酒色货贿,军伍任其空虚。及至差人勾补,纵容卖放,百无一二到卫,或全无者;又有在外娶妻生子不回者。官吏徇私蒙蔽,不行举发。又有勾解到卫而官吏受赃放免;及

以差使为由,纵其在外,不令服役。此军卫之弊也。(《明成祖实录》卷二一九)

在这情形下,《明史·兵志》记从吴元年十月到洪武三年十一月,三年中军士逃亡者四万七千九百余。到正统三年(公元1438)离开国才七十年,这数目就突增到一百二十万有奇,占全国军伍总数二分之一弱。① 据同年巡按山东监察御史李纯的报告,他所视察的某一百户所,照理应有旗军一百十二人,可是逃亡所剩的结果,只留一人(《明英宗实录》卷四七)。

边防和海防情况:辽东的兵备在正德时已非常废弛,开原尤甚,士马才十二,墙堡墩台圮殆尽,将士依城堑自守,城外数百里,悉为诸部射猎地(《明史》卷一九九《李承勋传》)。蓟镇兵额到嘉靖时也十去其五,唐顺之《覆勘蓟镇边务首疏》:

> 从石塘岭起,东至古北口墙子岭马兰谷,又东过滦河,至于太平寨燕河营,尽石门寨而止,凡为区者七。查得原额兵共七万六百零四名,见在四万六千零三十七名。逃亡二万四千五百六十七名。又从黄花镇起,西至于居庸关,尽镇边城而止,凡为区者三,查得原额兵共二万三千二十五名,逃亡一万零一百九十五名。总两关十区之兵,原额共九万三千八百二十四名,见在五万九千六十二名,逃亡三万四千七百六十二

---

① 《明英宗实录》卷四六:"正统三年九月丙戌,行在兵部奏:天下都司卫所发册坐勾逃故军士一百二十万有奇。今所清出,十无二三。未几又有逃故,难以遽皆停止。"

名。……蓟兵称雄,由来久矣。比臣等至镇,则见其人物琐软,筋骨绵缓,靡靡然有暮气之惰,而无朝气之锐。就而阅之,力士健马,什才二三,钝戈弱弓,往往而是。其于方圆牝牡九阵分合之变,既所不讲,剑盾枪箭五兵之长,亦不能习。老羸未汰,纪律又疏,守尚不及,战则岂堪。(《荆川外集》卷二)

沿海海防,经积弛后,尤不可问。《明史》卷二〇五《朱纨传》记嘉靖二十六年时闽浙情形说:

漳、泉巡检司弓兵旧额二千五百余,仅存千人。……浙中卫所四十一,战船四百三十九,尺藉尽耗。

海道副使谭纶述浙中沿海卫所积弊:

卫所官军既不能以杀贼,又不足以自守,往往归罪于行伍空虚,徒存尺籍,似矣。然浙中如宁、绍、温、台诸沿海卫所,环城之内,并无一民相杂,庐舍鳞集,岂非卫所之人乎?顾家道殷实者,往往纳充吏承,其次赂官出外为商,其次业艺,其次投兵,其次役占,其次搬演杂剧,其次识字,通同该伍放回附近原籍,岁收常例,其次舍人,皆不操守。即此八项,居十之半,且皆精锐。至于补伍食粮,则反为疲癃残疾,老弱不堪之辈,军伍不振,战守无资,弊皆坐此。至于逃亡故绝,此特其一节耳。(胡宗宪《筹海图编》卷一一《经略一·实军伍》)

以致一卫军士不满千余,一千户所不满百余(同上兵部尚书张时彻语)。一遇事变,便手足无措。倭寇起后,登陆屠杀,如入无人之境。充分证明了卫军的完全崩溃,于是有募兵之举,另外召募壮丁,加以训练,抵抗外来的侵略。

五、勾军与清军

卫所军士之不断地逃亡,使统治阶级感觉恐慌,努力想法挽救。把追捕逃军的法令订而又订,规定得非常严密。《明史》卷九二《兵志》四记:

> 大都督府言:起吴元年十月至洪武三年十一月,军士逃亡者四万七千九百余。于是下追捕之令,立法惩戒。小旗逃所隶三人降为军,上至总旗百户千户皆视逃军多寡,夺俸降革。其从征在外者罚尤严。

把逃军的责任交给卫所官旗,让他们为自己的利益约束军士,这办法显然毫无效果,因为在十年后又颁发了同样性质的法令:

> 洪武十三年五月庚戌,上谕都督府臣曰:近各卫士卒率多逋逃者,皆由统之者不能抚恤。宜量定千百户罚格。凡一千户所逃至百人者千户月减俸一石,逃至二百人减二石。一百户所逃及十人者月减俸一石,二十人者减二石,若所管军户不如数,及有病亡事故残疾事,不在此限。(《明太祖实录》卷一三一)

洪武十六年又命五军都督府檄外卫所,速逮缺伍士卒,名为勾军。特派给事中潘庸等分行清理,名为清军。洪武二十一年以勾军发生流弊,命卫所及郡县编造军籍:

> 九月庚戌,上以内外卫所军伍有缺,遣人追取户丁,往往鬻法,且又骚动于民。乃诏自今卫所以亡故军士姓名乡贯编成图籍送兵部,然后照籍移文取之,毋擅遣人,违者坐罪。寻又诏天下郡县,以军户类造为册,具载其丁口之数,如遇取丁补伍,有司按籍遣之,无丁者止。(同上书卷一九三)

军籍有三份,一份是清勾册(卫所的军士逃亡及死亡册),一份是郡县的军户原籍家属户口册,一份是收军册。卫所的军额是一定的,卫军规定必须有妻,不许独身不婚。① 父死子继。如有逃亡缺伍或死绝,必须设法补足。补额的方法是到原籍追捕本身或其亲属。同年又置军籍勘合:

> 是岁命兵部置军籍勘合,遣人分给内外卫所军士,谓之勘合户由。其中间写从军来历,调补卫所年月,及在营丁口之数。遇点阅则以此为验。其底簿则藏于内府。(《明太祖实录》卷一九五)

---

① 《筹海图编》卷一一《实军伍》,兵部尚书张时彻云:"(卫军)无妻者辄罢革。"《明史》卷九二《兵志》四:"军士应起解者皆金妻。"

这两种制度都为兵部侍郎沈溍所创。《明史》曾对这新设施的成效加以批评：

> 明初卫所世籍及军卒勾补之法，皆沈溍所定。然名目琐细，簿籍繁多，吏易为奸。终明之世，颇为民患，而军卫亦日益耗。（《明史》卷一三八《唐铎传》）

实际上不到四十年，这两种制度都已丧失效用了。不但不能足军，反而扰害农民。第一是官吏藉此舞弊：

> 宣德八年二月庚戌，行在兵部请定稽考勾军之令。盖故事都司卫所军旗伍缺者，兵部预给勘合，从其自填，遣人取补。及所遣之人，事已还卫，亦从自销，兵部更无稽考。以故官吏夤缘为弊，或移易本军籍贯，或妄取平民为军，勘合或给而不销，限期或过而不罪。致所遣官旗，迁延在外，娶妻生子，或取便还乡，二三十年不回原卫所者，虽令所在官司执而罪之，然积弊已久，猝不能革。（《明宣宗实录》卷九九）

使奉命勾军的官旗，自身也成逃军。第二是军籍散失，无法勾补：

> 宣德八年八月壬午，河南南阳府知府陈正伦言：天下卫所军士，或从征，或屯守，或为事调发边卫。其乡贯姓名诈冒更改者多。洪武中二次勘实造册，经历年久，簿籍鲜存，致多埋没。有诈名冒勾者，官府无可考验虚实。（同上书卷一〇四）

政府虽然时派大臣出外清理军伍,宣德三年且特命给事中御史按期清军。清军条例也一增再增,规定得非常严密,军籍也愈来愈复杂。嘉靖三十一年(公元1551)又增编兜底、类卫、类姓三册,合原有之军黄总册(即户口册)为四册。① 但是这一切的条例和繁复的手续,只是多给予官吏以舞弊的机会,卫军的缺伍情形,仍不因之稍减。

在明代前期,最为民害的是勾军。军士缺伍,勾捉正身者谓之跟捕,勾捕家丁者谓之勾捕。勾军的弊害,洪熙元年(公元1425)兴州左屯卫军士范济曾上书说:

> 臣在行伍四十余年,谨陈勾军之弊:凡卫所勾军有差官六七员者,百户所差军旗二人或三人者,俱是有力少壮,及平日结交官长,畏避征差之徒,重贿贪饕官吏,得往勾军。及至州县,专以威势虐害里甲,既丰其馈馔,又需其财物,以合取之人及有丁者释之。乃诈为死亡,无丁可取,是以留宿不回。有违限二三年者,有在彼典雇妇女成家者。及还,则以所得财物,贿其枉法官吏,原奉勘合,曚眬呈缴。较其所取之丁,不及差

---

① 《大明会典》卷一五五《兵部三八·军政二·册单》:"凡大造之年,除军黄总册照旧攒造外,又造兜底一册,细开各军名贯,充调来历,接补户丁,务将历年军册底查对明白,毋得脱漏差错。又别造类姓一册;不拘都图卫所,但系同姓者摘出类编。又别造类卫一册,以各卫隶各省,以各都隶各卫,务在编类详明,不许混乱。其节年问发永远新军亦要附入各册,前叶先查概县军户总数以递合图,以图合都,以都合县。不许户存户绝,有无勾单,务寻节年故胲,补足前数。每于造册之年,另造一次,有增无减,有收无除。每县每册各造一样四本,三本存各司府州县,一本送兵部备照。册高阔各止一尺二寸,不许宽大,以致吏书作弊。"按军黄《明史》及《明史稿·兵志》均作军贯,今从《会典》。

遣之官,欲求军不缺伍,难矣。(《明宣宗实录》卷五)

官校四出,扰乱得闾里不宁,却对军伍之缺,一无裨补。正统元年(公元1436)九月分遣监察御史轩輗等十七人清理军政,在赐敕中也指出当时的弊害,促令注意。敕书说:

> 武备立国之重事。历岁既久,弊日滋甚。军或脱籍以为民,民或枉指以为军。户本存而谓其为绝,籍本异而强以为同。变易姓名,改易乡贯,夤缘作弊,非止一端。推厥所由,皆以军卫有司及里甲人等贪赂挟私,共为欺蔽,遂致妄冒者无所控诉,埋没者无从追究,军缺其伍,民受其殃。(《明英宗实录》卷二二)

在实际上,不但法外的弊害,使农民受尽苦痛,即本军本户的勾补,对农民也是极大灾难。试举数例说明。第一例要七十老翁和八岁孩子补伍:

> 洪武二十五年四月壬子,怀远县人王出家儿年七十余,二子俱为卒从征以死。一孙甫八岁,有司复追逮补伍。出家儿诉其事于朝,令除其役。(《明太祖实录》卷二七)

第二例单丁补役,田地无人耕种:

> 永乐八年四月戊戌,湖广彬州桂阳县知县梁善言:本县人民充军数多,户有一丁者发遣补役,则田地抛荒,税粮无征,累

及里甲。(《明成祖实录》卷一〇二)

第三例地方邻里因勾军所受的损失。万历三年徐贞明疏言：

> 东南民素柔脆，莫任远戍。今数千里勾军，离其骨肉。军壮出于户丁，帮解出于里甲，每军不下百金。而军非土著，志不久安，辄赂卫官求归。卫官利其赂且可以冒饷也，因而纵之。是困东南之民，而实无补于军政也。(《明史》卷二二三)

解除军籍的唯一途径，明初规定，必须做到兵部尚书才能脱籍为民。①《明史》卷一三八《唐铎传》记陈质许除军籍，称为特恩：

> 潮州陈质父在戍籍。父殁，质被勾补，请归卒业，帝命除其籍。(兵部尚书)沈溍以缺军伍持不可。帝曰：国家得一卒易，得一士难。遂除之。然此皆特恩云。②

后定制生员特许免勾，但要经考试合格：

---

① 《明史》卷九二《兵志》，清理军伍。同书卷一三八《陈修传》："翟善迁吏部尚书，帝欲除其家戍籍。善曰：戍卒宜增，岂可以臣破例。帝益以为贤。"
② 《明史》卷一四二《陈彦回传》："彦回莆田人。父立诚为归安丞，被诬论死，彦回谪戍云南，家人从者多道死，惟彦回与祖母郭在。会赦又弗原，监送者怜而纵之，贫不能归，依乡人知县黄积良。……彦回后擢徽州知府。……当彦回之戍云南也，其弟彦因亦戍辽东。至是诏除彦回籍。"按以罪谪戍者，如罪不至全家，经请求得由子弟代役，《明史》卷一四三《高巍传》："由太学生试前军都督府左断事，……寻以决事不称旨当罪，减死戍贵州关索岭。特许弟侄代役，曰旌孝子也。"《周缙传》："遣戍兴州，有司遂捕缙械送戍所。居数岁，子代还。"

> 凡开伍免勾,洪武二十三年令生员应补军役者,除豁遣归卒业。二十九年令生员应起解者,送翰林院考试,成效者开伍,发回读书。不成者照旧补役。(《大明会典》卷一五四)

永乐时又定例现任官吏免勾:

> 二年令生勾军有见任文武官及生员吏典等,户止三丁者免勾,四丁以上者勾一丁补伍。(同上)

从此官僚阶级得豁去当军的义务,军伍的勾取只限于无钱无势的平民了。

勾军之害,已如上述。一到大举清军时,其害更甚。清军官吏是以清出军伍的多少定考成的,因此肆意诛求,滥及民户,唯恐所勾太少。《明史》记宣德时清军情形:

> (赵豫)官松江知府。清军御史李立至,专务益军,勾及亲戚同姓,稍辩则酷刑榜掠,人情大扰。诉枉者至一千一百余人。[①]

正德时武定清军,一州至万余人:

---

① 《明史》卷二八一《赵豫传》,同上《张宗琏传》:"朝遣李立理江南军籍,檄宗琏自随。立受點军词,多逮平民实伍。"吴宽《匏翁家藏集》卷三三《崔巡抚辩诬记》:"宣德初所谓军政条例始行于天下。御史李立往理苏、常等府。立既刻薄,济以苏倅张徽之凶暴,专欲括民为军。民有与辩者,徽辄怒曰:汝欲为鬼耶? 抑为军耶? 一时被诬与死杖下者,多不可胜数。苏人恨入骨髓。然畏其威,莫敢与抗也。"

（郭侃）官武定知州。会清军籍，应发遣者至万二千人。侃曰：武定户口三万，是空半州也。力争之得寝。（《明史》卷二八一《郭侃传》）

王道论清军之弊有三：第一是清勾不明；第二是解补太拘；第三是军民并役。他说：

> 清勾之始，执事不得其人，上官不屑而委之有司，有司不屑而付之吏胥，贿赂公行，奸弊百出。正军以富而幸免，贫民无罪而干连，有一军缺而致数人之命，一户绝而破荡数家之产者矣，此清勾不明之弊一也。国初之制，垛集者不无远近之异，谪戍者多罹边卫之科，承平日久，四海一家，或因迁发，填实空旷，或因商宦，流寓他方，占籍既久，桑梓是怀。今也勾考一明，必欲还之原伍，远或万里，近亦数千，身膺桎梏，心恋庭闱，长号即路，永诀终天，人非木石，谁能堪此，此解补太拘之弊二也。迩年以来，地方多事，民间赋役，十倍曩时，鬻卖至于妻子，算计尽乎鸡豚，苦不聊生，日甚一日，而又忽加之以军伍之役，重之以馈送之繁，行赍居送，无地方可以息肩，死别生离，何时为之聚首？民差军需，交发互至，财殚力竭，非死即亡，此军民并役之弊三也。（《顺渠先生文集》卷四）

至嘉靖时，军伍更缺，法令愈严，有株累数十家，勾摄经数十年者，丁口已尽，犹移覆纷纭不已。万历中南直隶应勾之军至六万六千余,株连至二三十万人(《明史》卷九二《兵志四》)。卫军已逃亡的,"勾军无虚岁,而什伍日亏。"未逃亡或不能逃亡的,却"平居以壮仪卫,备国容犹不足"①。卫所制度到这时候,已经到了完全崩溃的阶段了。

六、募兵

从永乐迁都北京以后,每年须用船运东南米数百万石北来,漕运遂为明代要政。运粮多由各地卫军负责。宣宗即位后,始定南北卫军分工之制,南军转运,北军备边。② 特设漕运总兵,用卫军十二万人(《明史》卷一五三《陈暄传》)。东南军力由之大困。弘治元年(公元1488)都御史马文升疏论运军之苦说:

> 各直省运船,皆工部给价,令有司监造。近者漕运总兵以价不时给,请领价自造,而部臣以军士不加爱护,议令本部出料四分,军卫任三分,旧船抵三分。军卫无从措办,皆军士卖

---

① 顾起元:《客座赘语》二《勾军可罢》:"南都各卫军在卫者,余尝于送表日见之。尪羸饥疲,色可怜,与老稚不胜衣甲者居大半。平居以壮仪卫,备国容犹不足,脱有事而责其效一臂力,何可得哉!其原籍尺籍,皆系祖军,死则其子孙或其族人充之,非盲瞽废疾,未有不编于伍者。又户绝必清勾,勾军多不乐轻去其乡,中道辄逃匿,比至又往往不习水土,而病且死。以故勾军无虚岁而什伍日亏。且勾军之害最大,一户而株累数十户不止。比勾者至卫所,官卫又以需索困苦之,故不病且死,亦多以苦需索而窜。"

② 《明史》卷一四五《朱能传》:"朱勇以南北诸卫所军,备边转运,错互非便。请专令南军转运,北军备边。"

资产,鬻男女以供之,此造船之苦也。正军逃亡数多,而额数不减,俱以余丁充之,一户有三四人应役者,春兑秋归,艰辛万状,船至张家湾,又雇车盘拨,多称贷以济用,此往来之苦也。其所称贷,运官因以侵渔,责偿倍息,而军士或自载土产以易薪米,又格于禁例,多被掠夺。(《明史》卷七九《食货志三·漕运》)

江南军士"多因漕运破家",江北军士则"多以京操失业"①。南北卫军因之都废弛不可用。

明代用全力防守北边,备蒙古入侵。腹地军力极弱,且经积弛之后,一有事故,便手足无措。隆庆时靳学颜疏言:

夫陷阵摧坚,旗鼓相当,兵之实也。今边兵有战时,若腹兵则终世不一当敌,每盗贼窃发,非阴阳医药杂职,则丞贰判簿为之将,非乡民里保,则义勇快壮为之兵,在北则借盐丁矿徒,在南则借狼土,此皆腹兵不足用之明验也。(《明史》卷二一四《靳学颜传》)

所说的虽然是后期情形,其实在前期即已如此。正统时邓茂七起义,将帅尪怯退避,反由文吏指挥民兵作战。② 天顺初年两广"盗"

---

① 《刘忠宣公集》卷一《乞休疏》中语。
② 《明史》卷一六五《丁瑄传》:"当是时浙闽盗所在剽掠为民患,将帅率玩寇,而文吏励民兵拒贼往往多斩获。闽则有张英王得仁之属,浙江则金华知府石瑁擒遂昌贼苏才。处州知府张佑击贼众,擒斩千余人。"

起,将吏率缩朒观望,怯不敢战。① 至正德时刘宠、刘辰起义,腹地卫军已全不能用:

> 正德六年刘宠刘辰等自畿辅犯山东河南,下湖广,抵江西。复自南而北,直窥霸州。杨虎等自河北入山西,复东抵文安,与宠等合。破邑百数,纵横数千里,所过若无人。(《明史》卷一八七《马中锡传》)

只好调边兵来作战。西南和东南则调用素称慓悍嗜杀的狼土兵。② 可是狼土兵毫无军纪,贪淫残杀,当时有"贼如梳,军如篦,士兵如鬀"③和"土贼尤可,土兵杀我"之谣。④ 甚或调用土达⑤,如毛胜(原名福寿)之捕苗云南:

> 正统六年,靖远伯王骥请选在京番将舍人捕苗云南,乃命胜与都督冉保统六百人往。……(正统十四年)以左副总兵统河间东昌降夷赴贵州(平贼)。(同上书卷一五六《毛胜

---

① 《明史》卷一六五《叶祯传》。卷一七七《叶盛传》:"天顺二年巡抚两广,时两广盗贼蜂起,所至破城杀将,诸将怯不敢战,杀平民冒功,民相率从贼。"

② 狼兵和土兵是湖南、广西一带土司的军队,参看《明史》卷三一〇《土司传》和毛奇龄《蛮司合志》。

③ 《明史》卷一八七《洪钟传》:"正德五年,保宁贼起。官兵不敢击,潜蹑贼后,馘良民为功,土兵虐民尤甚。时有谣曰:贼如梳,军如篦,土兵如鬀。"

④ 《明史》卷一八七《陈金传》:"正德六年,江西盗起。金以所属郡兵不足用,奏调广西狼土兵,累破剧贼。然所用目兵,贪残嗜杀,剽掠甚于贼。有巨族数百口阖门罹害者。所获妇女率指为贼属,载数十艘去。民间谣曰:土贼尤可,土兵杀我。金亦知民患之,方倚其力不为禁。"

⑤ 蒙古降人和内地的土著蒙古人。

传》)

和勇(原名脱脱孛罗)之平两广"盗":

> 天顺间以两广多寇,命充游击将军,统降夷千人往讨。……成化初赵辅、韩雍征大藤峡,诏勇以所部从征。(同上书卷一五六《和勇传》)

又行佥民壮法,增加地方兵力。正统二年始募所在军余民壮愿自效者。十四年令各处召募民壮,就令本地官司率领操练,遇警调用,事定仍复为民。弘治二年又令:

> 州县选取年二十以上五十以下精壮之人,州县七八百里,每里佥二名。五百里者每里三名。三百里者每里四名。一百里以上者每里五名。春夏秋每月操二次,至冬操三歇三,遇警调集,官给行粮。(《明史》卷九一《兵志》)

富民不愿服务,可纳钱免佥,由官代募。此种地方兵又称机兵,在巡检司者称为弓兵。到此人民又加上一层新负担,军外加兵,疲于奔命。

调用边兵土兵达兵和佥点民壮,虽然解决了一时的困难,可是边兵有守边之责,土兵不易制裁,达兵数目不多,民壮稍后也积弊不可用,而且是地方兵,只供守卫乡里,不能远调。王守仁在正德时曾申说当时兵备情形:

> 赣州财用耗竭，兵力脆弱，卫所军丁，只存故籍，府县机(兵)快(手)，半充虚文，御寇之方，百无一恃，以此例彼，余亦可知。是以每遇盗贼猖獗，辄覆奏请兵，非调土军，即倩狼达，往返之际，辄已经年，靡费所需，动逾数万。逮至集兵举事，即已魍魉潜形，曾无可剿之贼，稍俟班师旋旅，则又鼠狐聚党，复当不轨之群。机宜屡失，备御益弛。征发无救于疢痪，供饩适增其荼毒。群盗习知其然，愈肆无惮，百姓谓莫可恃，竞亦从非。(《阳明集要·经济集一·选拣民兵》)

在这种情况下，不能不另想办法。于是有募兵出现。在卫军民壮以外，又加上第三种军队。募兵出而卫军民壮自以为无用，愈加废弛。[①]

募兵之制，大约开端于正统末年。募兵和民壮不同，民壮是由地方按里数多少或每户壮丁多少佥发的，平时定期训练，余时归农，调发则官给行粮，事定还家。完全为警卫地方之用。募兵则由中央派人召募，入伍后按月发饷，东西征戍，一唯政府之命。战时和平时一样，除退役外不能离开行伍。正统土木之变，京军溃丧几

---

① 顾炎武《亭林文集》卷六《兵制论》："正德末始令郡县选民壮。弘治中制里佥二名若四五名。有调发官给行粮。正德中计丁粮编机兵银，人岁食至七两有奇，悉赋之民。此之谓机(兵)快(手)民壮，而兵一增，制一变。又久备益弛，盗发雍豫，蔓延数省，民兵不足用，募新兵，倍其糈，以为长征之军，而兵再增，制再变。屯卫者曰：我乌知兵，转漕耳。守御非吾任也。故有机壮而屯卫为无用之人。民壮曰：我乌知兵，给役耳。调发非吾任也。故有新募而民壮为无用之人。"

尽，各省勤王兵又不能即刻到达，于是派朝官四出募兵①，以为战守之计。嘉靖时倭寇猖獗，沿海糜烂，当时人对于卫军之毫无抵抗能力，不能保卫地方，极为不满。主张在卫军和募兵两者中择较精锐的精练御敌，即以所淘汰的军的粮饷归之能战的兵，郎瑛所记"近日军"即代表此种意见。他说：

> 古之置军也防患，今之置军也为患。何也？太平无事，民出谷以养军，官有产以助军，是欲藉其有警以守，盗发以讨，所以卫民也。卫民，卫国也。今海贼为害有年矣，未闻军有一方之守，一阵之敌焉。守敌者非召募之土著，则选调别省兵勇。故见戮于贼也，非地方男妇良民，即远近召募之众。是徒有养军之害，而无卫军之实，国非亦为其所损哉！为今之计，大阅军兵，使较射扑，军胜于募，则以募银之半加于军，募胜于军，则扣军粮之半以益募。如此则军兵各为利而精矣。以练精者上阵以杀贼，余当减之也。庶民不费于召募之费，国不至于倍常之费，虽为民而实为国矣。（《七修类稿续稿》卷三）

---

① 《明史》卷一五七《杨鼎传》："也先将寇京师，诏以监察御史募兵兖州。"同书卷一六《石玮传》："景帝即位，出募天下义勇。"卷一七五《白圭传》："陷土木脱还，景帝命往泽州募兵。"按同书卷一六四《左鼎传》："初京师戒严，募四方民壮分营训练，岁久多逃，或赴操不如期。建议编之尺籍。（练）纲等言：召募之初，激以忠义，许事定罢遣。今展转轮操，已孤所望。况其逃亡，实迫寒馁。岂可遽著军籍！边方多故，倘更召募，谁复应之。诏即除前令。"此为景泰四年事，距召募入伍时已五年。似乎这次所募的大部分是各地民壮，虽未著录于中央军籍，却已入伍四五年，编营训练，其性质和后来的兵相同了。至于《杨鼎传》和《白圭传》所记的募兵，当即为和军对称并行的兵，并非地方的民壮。又募兵须由中央，地方长官不得擅募。《明史》卷一六四记李信以擅募被劾可证："景泰中曹凯擢浙江右参政。镇守都督李信擅募民为军，糜饷万余石。凯劾奏之。信虽获宥，诸助信募军者皆获罪。"传中军当作兵。

要求用精练的兵作战。当时将帅都在这要求下纷纷募兵训练,内中最著名的如戚继光:

> 继光至浙,见卫所兵不习战,而金华义乌俗称慓悍,请召募三千人教以击刺法,长短兵迭用,由是继光一军特精。又以南方多薮泽,不利驰逐。乃因地形,制阵法,审步伐便利,一切战舰火器兵械,精求而更制之,戚家军名闻天下。(《明史》卷二一二《戚继光传》)

谭纶:

> 东南倭患已四年,朝议练乡兵御贼。参将戚继光请期三年而后用之。纶亦练千人,立束伍法,自裨将以下节节相制,分数既明,进止齐一,未久即成精锐,益募浙东良家子教之。而继光练兵已及期,因收之为己用,客兵罢不复调。(同上书卷二一二《谭纶传》)

同时张鏊募兵名振武营①,郑晓②、朱先募盐徒为兵。③ 名将俞大猷

---

① 《明史》卷二〇五《李遂传》:"振武营者(南京)兵部尚书张鏊募健儿以御倭,素骄悍。(以给饷逾期哗变)遂奏调振武军护陵寝,一日散千人。"
② 《明史》卷一九九《郑晓传》:"募盐徒骁悍者为兵。"
③ 《明史》卷二一二《戚继光传》:"朱先募海滨盐徒自为一军。"

所练兵名俞家军。① 都卓有成效,在几年中完全肃清了倭寇。

在另一方面,北边的边军也渐渐地用募兵来代替和补充世军。《明史》卷二〇四《陈九畴传》:

> 世宗即位,巡抚甘肃。抵镇言:额军七万余,存者不及半,且多老弱,请令召募。报可。②

嘉靖二十九年又令蓟镇自于密云、昌平、永平、遵化募兵一万五千(《大明会典》卷一二九)。隆庆二年以戚继光为总兵官练蓟镇兵,募浙兵三千作边军模范(《明史》卷二一二《戚继光传》)。后又续募浙兵九千余守边,边备大饬。(同上书《谭纶传》)甚至京军也用募兵充伍:

> 嘉靖二十九年,遣四御史募兵畿辅、山东、山西、河南得四万人,分隶神枢神机。(同上书卷八九《兵志一》)

从此以后,以募兵为主力,卫军只留空名,置而不用。③ 时人以为募兵较世军有十便:

---

① 《明史》卷二一二《俞大猷传》:"嘉靖四十二年,惠州府参将谢敕与伍端温七战失利,以俞家军至恐之。"
② 《明史》卷二〇四《翟鹏传》:"嘉靖二十一年,起鹏宣大总督。……修边墙……得地万四千九百余顷。募军千五百人,人给五十亩,省仓储无算。"
③ 《明史》卷二五一《蒋德璟传》:"文皇帝设京卫七十二,计军四十万。畿内八府军二十八万,又有中都、大宁、山东、河南入卫班军十六万,春秋入京操演。深得居重驭轻之势。且自来征讨,皆用卫所官军,嘉靖末始募兵,遂置军不用,至加派日增,军民两困。"

年力强壮者入选,老弱疲癃,毋得滥竽其中,便一。一遇有缺伍,朝募而夕补,不若清勾之旷日持久,便二。地与人相习,无怀故土逃亡之患,便三。人必能一技与善一事者方得挂名什伍,无无用而苟食者,便四。汰减之法,自上为政,老病不任役者弃之,不若祖军顶替,有贿官职而瞒年岁者,便五。部科遴拣,一朝而得数什百人,贪弁不得缘以勒掯需索,便六。有事而强壮者人可荷戈,不烦更为挑选,便七。家有有力者数人,人皆得为县官出力,不愿者勿强也,便八。壮而不能治生产者,得受糈于官,无饥寒之患,便九。猛健豪鸷之材,笼而驭之,毋使流为奸宄盗贼,便十。(《客座赘语》卷二)

万历末年建州勃兴,辽沈相继失守,募兵愈多,国库日绌。募来的兵多未经严格训练,又不能按时发饷,结果也和卫军一样,逃亡相继。熊廷弼《辽左大势久去疏》:

辽东见在兵有四种:一曰募兵,佣徒厮役,游食无赖之徒,几能弓马惯熟?几能膂力过人?朝投此营,领出安家月粮而暮逃彼营;暮投河东,领出安家银两而朝投河西。点册有名,及派工役而忽去其半;领饷有名,及闻告警而又去其半。此募兵之形也。(《熊襄愍公集》卷三)

甚至内地兵尚未出关,即已逃亡。① 在辽就地所募兵,得饷后即逃

---

① 《明史》卷二三七《冯应京传》:"辽阳陷,时议募兵。何栋如自请行。遂赍帑金赴浙江,得六千七百人。……所募兵畏出关,多逃亡。"

亡过半。① 天启时以四方所募兵日逃亡,定法摄其亲属补伍(《明史》卷二五六《毕自严传》)。也只是一个空头法令,实际上并不能实行。稍一缺饷,则立刻哗变,崇祯元年川、湖兵戍宁远时,以缺饷四月大噪,余十三营起应之,至缚系巡抚毕自严(《明史》卷二五九《袁崇焕传》)。"流寇"起后,内外交逼,将帅拥兵的都只顾身家,畏葸不敢作战。政府也曲意宽容,极意笼络,稍有功效,加官封爵,唯恐不及。丧师失地的却不敢少加罪责,唯恐其拥兵叛乱,又树一敌。由此兵骄将悍,国力日蹙。② 诸将中左良玉兵最强,拥兵自重,跋扈不肯听调遣,《明史》说他:

> 多收降寇以自重,督抚檄调,不时应命。……壁樊城,驱襄阳一郡人以实军,降贼附之,有众二十万。……福王立……南都倚为屏蔽。良玉兵八十万,号百万,前五营为亲军,后五营为降军,每春秋肄兵武昌诸山,一山帜一色,山谷为满。军法用两人夹马驰日过对,马足动地,殷如雷声。诸镇兵惟高杰最强,不及良玉远甚。(《明史》卷二七三《左良玉传》)

一人拥兵八十万,当时号为左兵。在崇祯时代他为要保全私人实力,不听政府调遣。福王立,他又发动内战,以致清兵乘虚直捣南

---

① 《明史》卷二五九《熊廷弼传》:"刘国缙募辽人为兵,所募万七千人,逃亡过半。"并参阅《熊襄愍公集》卷四《新兵全伍脱逃疏》。
② 《明史》卷二六四《李梦辰传》:"崇祯六年冬……累迁本科给事中。复言:将骄军悍,邓玘、张外嘉之兵弑主而叛,曹文诏、艾万年之兵望贼而奔,尤世威、徐来朝之兵离汛而遁。今者张全昌、赵光远之兵且倒戈为乱矣。荥泽劫库杀人,偃师列营对垒,且全昌等会剿豫贼,随处逗留,及中途兵变,全昌竟东行,光远始西向。骄抗如此,安可不重治。帝颇采其言。"

京。其他镇将如高杰、黄得功、刘泽清、刘良佐在北都亡后，拥兵江北，分地分饷，俨然成为藩镇。他们不但以武力干涉中央政事，还忙于抢夺地盘，互相残杀。高杰、黄得功治兵相攻，刘泽清、刘良佐、许定国则按兵不动。后来许定国诱杀高杰，以所部献地降清，刘泽清、刘良佐也不战降附，黄得功兵败自杀，南都遂亡。

七、军饷与国家财政

明初卫军粮饷，基本上由屯田所入支给。明太祖在初起兵时，即立民兵万户府，寓兵于农：

> 戊戌（公元1358）十一月辛丑，立管理民兵万户府。令所定郡县民武勇者，精加简拔，编辑为伍，立民兵万户府领之。俾农时则耕，闲则练习，有事则用之。事平有功者一体升擢，无功令还为民。（《明太祖实录》卷六）

又令诸将屯田各处。建国后宋讷又疏劝采用汉赵充国屯田备边的办法，以御蒙古。他说：

> 今海内乂安，蛮夷奉贡。惟沙漠未遵声教。若置之不理，则恐岁久丑类为患，边圉就荒。若欲穷追远击，六师往还万里，馈运艰难，士马疲劳。陛下为圣子神孙万世计，不过谨备边之策耳。备边固在乎兵实，兵实又在乎屯田。屯田之制，必当以法汉（赵充国）。……陛下宜于诸将中选其智勇谋略者数

人,每将以东西五百里为制,随其高下,立法分屯。所领卫兵以充国兵数斟酌损益,率五百里一将,布列缘边之地,远近相望,首尾相应,耕作以时,训练有法,遇敌则战,寇去则耕,此长久安边之法也。(《西隐文稿》卷一〇《守边策略》)

同时由海道运粮到辽东,又时遭风覆溺。因之决意兴屯,不但边塞,即内地卫所也纷纷开屯耕种。定制边地卫所军以三分守城,七分屯种,内地二分守城,八分屯种。每军受田五十亩为一分,给耕牛农具,教树植,复租赋。初税亩一斗。建文四年(公元1402)定科则,军田一分正粮十二石,贮屯仓,听本军自支。余粮为本卫所官军俸粮。永乐时东自辽左,北抵宣大,西至甘肃,南至滇、蜀,极于交阯,中原则大河南北,在在兴屯(《明史》卷七七《食货志一·田制》)。养兵(数)百万,基本上由屯田收入支给(同上书卷二五七《王洽传》)。

除军屯外,边上又有商屯。洪武时户部尚书郁新创开中法:

新以边饷不继,定召商开中法。令商输粟塞下,按引支盐,边储以足。(同上书卷一五〇《郁新传》)。

商人以远道输粟,费用过大,就自己募人耕种边上闲田,即以所获给军,换取盐引,到盐场取盐贩卖营利,边储以足。

政府经费则户部银专给军旅,不作他用(《明史》卷二二〇《王遴传》)。户部贮银于太仓库,是为国库。内廷则有内承运库,贮银供宫廷费用,收入以由漕粮改折之金花银百万两为大宗。除给武臣禄十余万两外,尽供御用。边赏首功不属经常预算,亦由内库颁发。国家财政和宫廷费用分开（同上书卷七九《食货志三·仓储》）。军饷又概由屯田和开中支给。所以明初几次大规模的对外战争，如永乐、宣德时代之六次打蒙古，三次打安南，七次下西洋，虽然费用浩繁，国库还能应付。

可是军屯和商屯两种制度，不久便日趋废弛，国库也不能维持其独立性，为内廷所侵用。卫军坏而募兵增，政府既须补助卫军饷糈，又加上兵的饷银，国家经费，入不敷出，只好采取饮鸩止渴的办法，以出为入，发生加派增税捐纳种种弊政，农民于缴纳额定的赋税以外，又加上一层军兵费的新负担。

军屯之坏，在宣德初年范济即已上书指出。他说：

> 洪武中令军士七分屯田，三分守城，最为善策。比者调度日繁，兴造日广，虚有屯种之名，田多荒芜。兼养马采草伐薪烧炭，杂役旁午，兵力焉得不疲，农业焉得不废。（同上书卷一六四《范济传》）

屯军因杂役而废耕，屯的田又日渐为势豪所占。[①] 正统以后，边患日亟，所屯田多弃不能耕。再加上官吏的需索，军士的逃亡，屯军

---

① 《明史》卷一五七《柴车传》："宣德六年，山西巡按御史张勖言：大同屯田多为豪右占据。命车往按得田几二千顷，还之军。"卷一七六《商辂传》："塞上腴田率为势豪占据，辂请核还之军。"卷一五五《蒋贵传》："成化十年，蒋琬上言：大同、宣府诸塞腴田，无虑数十万，悉为豪右所占。"卷一八〇《张泰传》："弘治五年泰言：甘州膏腴地，悉为中官武臣所据，仍责军税。城北草湖，资成卒牧马，今亦被占。"卷二六二《孙传庭传》："崇祯九年……西安四卫旧有屯田二万四千余顷，其后田归豪右，军尽虚籍。"

愈困,卫所收入愈少。① 政府没有办法,只好减轻屯粮,免军田正粮归仓,止征余粮六石。弘治时又继续减削,屯粮愈轻,军饷愈绌。《明史》记:

> 初永乐时屯田米常溢三之一。常操军十九万,以屯军四万供之。而受供者又得自耕边外,军无月粮,是以边饷恒足。(《明史》卷七七《食货志一·田制》)

正统以后政府便须按年补助边费,称为年例。

军屯以势豪侵占,卫军逃亡而破坏,商屯则以改变制度而废弛。《明史·叶淇传》:

> 弘治四年为户部尚书。变开中之制,令淮商以银代粟,盐课骤增百余万,悉输之运司,边储由此萧然矣。(同上书卷一八五)

盐商从此可以用银买盐,不必再在边境屯田。盐课收入虽然骤增,可是银归运司,利归商人,边军所需是月粮,边地所缺的是米麦,商屯一空,边饷立绌。《明史·食货志》说:

> 弘治中叶淇变法而开中始坏,诸淮商悉撤业归,西北商亦

---

① 侯朝宗《壮悔堂文集》卷四《代司徒公屯田奏议》:"(诸阃帅荫职以)肥区归己,而以其瘠硗者移之军士,久则窜易厥籍,而粮弥不均。于是不得不寄甲于势要,而欺隐遂多。欺隐多于是不得不摊税于佃军,而包赔愈苦。流病相仍,非朝伊夕,人鲜乐耕,野多旷土,职此之繇。"

> 多徙家于淮。边地为墟,米石直银五两,而边储棓然矣。

后来虽然有若干人提议恢复旧制,但因种种阻碍,都失败了。

明代国家财政每年出入之数,在初期岁收田赋本色米,除地方存留千二百万石外(同上书卷二二五《王国光传》),河、淮以南以四百万石供京师,河、淮以北,以八百万石供边,一岁之入,足供一岁之用(同上书卷二一四《马森传》)。到正统时边用不敷,由中央补助岁费,名为年例。正统十二年(公元1447)给辽东银十万两,宣大银十二万两(毕自严《石隐园藏稿》卷六《议复屯田疏》)。到弘治时内府供应繁多,"光禄岁供增数十倍,诸方织作,务为新巧,斋醮日费巨万,太仓所储不足饷战士,而内府收入,动四五十万。而宗藩贵戚之求土田,夺盐利者,亦数千万计。土木日兴,科敛不已。传奉冗官之俸薪,内府工匠之饩廪,岁增月积,无有穷期。"(《明史》卷一八一《刘健传》)财用日匮。国库被内廷所提用,军饷又日渐不敷,弘治八年尚书马文升以大同边警,至议加南方两税折银(《明史》卷一八一《谢迁传》)。正德时诸边年例增至四十三万两(同上书卷二三五《王德完传》),军需杂输,十倍前制(同上书卷一九二《张原传》)。京粮岁入三百五万,而食者乃四百三万(同上书卷二〇一《周金传》)。嘉靖朝北有蒙古之入寇,南有倭寇之侵轶,军兵之费较前骤增十倍。田赋收入经过一百五十年的休养生息,反比国初为少。① 嘉靖五年银的岁入止百三十万两,岁出至二

---

① 《明史》卷二〇八《黎贯传》:"嘉靖二年疏言:国初夏秋二税,麦四百七十万,而今损九万,米二千四百七十三万,而今损二百五十万。以岁入则日减,以岁出则日增。"

百四十万（同上书卷一九四《梁材传》）。光禄库金自嘉靖改元至十五年积至八十万，自二十一年以后，供亿日增，余藏顿尽（同上书卷二一四《刘体乾传》）。嘉靖二十九年俺答入寇，兵饷无出，只好增加田赋，名为加派，征银一百十五万。这时银的岁入是二百万两，岁出诸边费即六百余万，一切取财法行之已尽。① 接着是东南的倭寇，又于南畿浙闽的田赋加额外提编，江南加至四十万。提编是加派的别名，为倭寇增兵而设，可是倭寇平后这加派就成为正赋（同上书卷七八《食货志二·赋役》）。广东也以军兴加税，到万历初年才恢复常额（同上书卷二五五《李戴传》）。诸边年例增至二百八十万两（同上书卷二〇二《孙应奎传》，同书卷二三五《王德完传》）。隆庆初年马森上书说：

> 屯田十亏七八，盐法十折四五，民运十逋二三，悉以年例补之。在边则士马不多于昔，在太仓则输入不多于前，而所费数倍。（同上书卷二一四《马森传》）

派御史出去搜括地方库藏，得银三百七十万也只能敷衍一年。内廷在这情形下，还下诏取进三十万两，经户部力争，乃命止进十万两（同上书卷二一四《刘体乾传》）。万历初年经过张居正的一番整顿，综核名实，裁节冗费，政治上了轨道，国库渐渐充实，浸浸成

---

① 《明史》卷二〇〇《孙应奎传》："俺答犯京师后，羽书旁午征兵饷。应奎乃建议加派，自北方诸府暨广西、贵州外，其他量地贫富，骤增银一百十五万有奇，而苏州一府乃八万五千。"

小康的局面。张居正死后,神宗惑于货利,一面浪费无度,一面肆力搜括,外则用兵朝鲜,内则农民暴动四起,国家财政又到了破产的地步。

万历前期的国家收入约四百万两,岁出四百五十余万两。岁出中九边年例一项即占三百六十一万两①,后来又加到三百八十余万两②。每年支出本来已经不够,内廷还是一味向国库索银,皇帝成婚,皇子出阁成婚,皇女出嫁,营建宫殿种种费用都强逼由国库负担。③ 又从万历六年起,于内库岁供金花银外,又增买办银二十万两为定制(《明史》卷七九《食货志三·仓库》)。结果是外廷的太仓库光禄寺库太仆寺库的储蓄都被刮取得干干净净,内廷内库帑藏山积,国库则萧然一空。④ 万历二十年哱拜反于宁夏;又接连

---

① 《明史》卷二二四《宋纁传》:"万历十四年迁户部尚书。言:边储大计,最重屯田、盐策。近诸边年例银增至三百六十一万,视弘治初八倍。"

② 《明史》卷二三五《王德完传》:"万历十四年进士……累迁户科都给事中,上筹划边饷议言:诸边岁例,弘正间止四十三万,至嘉靖间二百七十余万,而今则三百八十余万。"

③ 《明史》卷二二〇《王遴传》:"故事户部银专供军团,不给他用。帝大婚,暂取济边银九万两为织造费。至是复欲行之,遴执争。未几诏取金四千两为慈宁宫用,遴又力持,皆不纳。"卷二三七《万象春传》:"皇女生,诏户部光禄寺各进银十万两,象春力谏不听。"卷二二〇《赵世卿传》:"福王将婚,进部帑二十七万,犹以为少。……至三十六年七公主下嫁,宣索至数十万。世卿引故事力争,诏减三之一。世卿复言:陛下大婚止七万,长公主下嫁止十二万,乞陛下再裁损,一仿长公主例。帝不得已从之。"卷二四〇《朱国祚传》:"万历二十六年诏旨采办珠宝二千四百万,而天下赋税之额乃止四百万。"《王德完传》:"今皇长子及诸王册封冠婚至九百三十四万,而袍服之费复二百七十余万。"卷二四〇《张问达传》:"帝方营三殿,采木楚中,计费二百二十万有奇。"

④ 《明史》卷二三〇《汪若霖传》:"万历三十六年巡视库藏,见老库止银八万,而外库萧然。诸边军饷积逋至百余万。"

用兵播州；朝鲜战役历时至七年。支出军费至一千余万两。① 大半出于加派和搜括所得。《明史·孙玮传》记：

> 朝鲜用兵，置军天津，月饷六万，悉派之民间。（同上书卷二四一）

所增赋额较二十年前十增其四，民户殷足者什减其五。东征西讨，萧然苦兵（《明史》卷二一六《冯琦传》）。到万历四十六年（公元1618）辽东兵起，接连加派到五百二十万两：

> 时内帑充积，帝靳不肯发。户部尚书李汝华乃援征倭征播例，亩加三厘五毫，天下之赋增二百万有奇。明年复加三厘五毫。又明年以兵工二部请，复加二厘。通前后九厘，增赋五百二十万，遂为定额。（同上书卷七八《食货志二·赋役》；卷二二○《李汝华传》）

接着四川、贵州又发生战事，截留本地赋税作兵饷，边饷愈加不够。从万历三十八年到天启七年（公元1610至1627）负欠各边年例至九百六十八万五千五百七十一两七钱三分（《石隐园藏稿》卷六《详陈节欠疏》）。兵部和户部想尽了法子，罗掘俱穷，实在到了无办法的

---

① 《明史》卷二三五《王德完传》："万历二十八年起任工科，极陈国计匮乏，言：近岁宁夏用兵费百八十余万，朝鲜之役七百八十余万，播州之役二百余万。"按毕自严所记与此不同，《石隐园藏稿》卷六《清查九边军饷疏》："征哱拜之费用过一百余万，两次征倭之费用过五百九十五万四千余两，征播之费用过一百二十二万七千余两。"

地步，只好请发内库存银，权救边难，可是任凭呼吁，皇帝坚决不理，杨嗣昌在万历四十七年所上的《请帑稿》颇可看出当时情形：

> 今日见钱，户部无有，工部无有，太仆寺无有，各处直省地方无有。自有辽事以来，户部一议挪借，而挪借尽矣。一议加派，而加派尽矣。一议搜括，而搜括尽矣。有法不寻，有路不寻，则是户部之罪也。至于法已尽，路已寻，再无银两，则是户部无可奈何，千难万苦。臣等只得相率恳请皇上将内帑多年蓄积银两，即日发出亿万，存贮太仓，听户部差官星夜赍发辽东，急救辽阳。如辽阳已失，急救广宁，广宁有失，急救山海等处，除此见钱急着，再无别法处法。（《杨文弱集》卷二）

疏上留中，辽阳、广宁也相继失陷。

天启时诸边年例又较万历时代增加六十万，京支银项增加二十余万（《石隐园藏稿》卷六《清查九边军饷疏》）。辽东兵额九万四千余，岁饷四十余万，到天启二年关上兵止十余万，月饷至二十二万（《明史》卷二七五《解学龙传》），军费较前增加六倍。新兵较旧军饷多，在召募时，旧军多窜入新营为兵，一面仍保留原额，政府付出加倍的费用募兵，结果募的大部仍是旧军，卫所方面仍须发饷。[①]

[①] 《明史》卷二七五《杨文弱集》卷一，万历四十七年九月，《请立兵册清查辽饷确数稿》："新兵原食一两二钱，今递加至一两八钱。旧兵原食四钱，今递加至一两二钱。新兵递加，往开元等一两八钱，往铁岭等一两六钱。旧兵递加，其上等一两二钱，中等者八钱。"天启元年六月《三覆议山东河北增兵用饷稿》："定辽西新执兵例分为五等，一等月给银二两，二等月给银一两八钱，三等月给银一两五钱，四等月给银一两二钱，五等月给银八钱。"

从泰昌元年十月到天启元年十二月十四个月用去辽饷至九百二十五万一千余两,较太仓岁入总数超过三倍。(《杨文弱集》卷四《述辽饷支用全数疏》)

崇祯初年,一方面用全力防遏建州的入侵,一方面"流寇"四起,内外交逼,兵愈增,饷愈绌。崇祯二年三月户部尚书毕自严疏言:

> 诸边年例自辽饷外,为银三百二十七万八千有奇。今蓟、密诸镇节省三十三万,尚应二百九十四万八千。统计京边岁入之数,田赋百九十六万二千,盐课百十一万三千,关税十六万一千,杂税十万三千,事例约二十万,凡三百二十六万五千有奇。而逋负相沿,所入不满二百万,即尽充边饷尚无赢余。乃京支杂项八十四万,辽东提塘三十余万,蓟、辽抚赏十四万,辽东旧饷改新饷二十万,出浮于入已一百十三万六千。况内供召买,宣大抚赏,及一切不时之需,又有出常额外者。(《明史》卷二五六《毕自严传》)

除辽饷不算,把全国收入,全部用作兵费还差三分之一。崇祯三年又于加派九厘外,再加三厘,共增赋一百六十五万四千有奇。① 同年度新旧兵饷支出总数达八百七十余万,收入则仅七百十余万,不

---

① 《明史》卷二五六《毕自严传》:"兵部尚书梁廷栋请增天下田赋,自严不能止。于是旧增五百二十万之外,更增百六十五万有奇,天下益耗矣。"卷二五七《梁廷栋传》:"亩加九厘之外,再增三厘,于是增赋百六十五万有奇,海内益怨咨。"按卷二五二《杨嗣昌传》:"神宗末年增赋五百二十万,崇祯初再增百四十万。统名辽饷。"作百四十万,误。

敷至百六十万(《石隐园藏稿》七《兵饷日增疏》)。崇祯十年增兵十二万,增饷二百八十万,名为剿饷:

> 其筹饷之策有四:曰因粮,曰溢地,曰事例,曰驿递。因粮者,因旧额之粮,量为加派,亩输粮六合,石折银八钱,伤地不与,岁得银百九十二万有奇。溢地者,民间土地溢原额者,核实输赋,岁得银四十万六千有奇。事例者,富民输赀为监生,一岁而止。驿递者,前此邮驿裁省之银,以二十万充饷。……初嗣昌增剿饷,议一年而止,后饷尽而贼未平,诏征其半。至是督饷侍郎张伯鲸请全征。(《明史》卷二五二《杨嗣昌传》)

崇祯十二年又议练兵七十三万,于地方练民兵,又于剿饷外,增练饷七百三十万。时论以为:

> 九边自有额饷,概予新饷,则旧者安归。边兵多虚额,今指为实数,饷尽虚糜而练数仍不足。且兵以分防不能常聚,故有抽练之议。抽练而其余遂不问。且抽练仍虚文,边防愈益弱。至州县民兵益无实,徒糜厚饷。以嗣昌主之,事钜,莫敢难也。(同上)

从万历末年到这时,辽饷的四次递加,加上剿饷、练饷,一共增赋一千六百九十五万两。这是明末农民在正赋以外的新增负担!崇祯十六年索性把三饷合为一事,省得农民弄不清楚和吏胥的作弊。(同上书卷二六五《倪元璐传》)

因外族侵略和农民起义而增兵,因增兵而筹饷,因筹饷而加

赋。赋是加到农民头上的,官吏的严刑催逼和舞弊,迫使农民非参加起义不可,《明史》卷二五五《黄道周传》说:

> 催科一事,正供外有杂派,新增外有暗加,额办外有贴助。小民破产倾家,安得不为盗贼!

结果是朱明统治的被推翻。"流寇"领袖攻陷北京的李自成起事的口号是:

> 从闯王,不纳粮!

一九三七年六月于北平

(原载《中国社会经济史集刊》第五卷第二期)

明初的学校

一

专制独裁的君主,用以维持和巩固统治权的法宝,是军队、法庭、监狱、特务和官僚机构,用武力镇压,用公文办事。

明太祖朱元璋原来是红军大帅郭子兴的亲兵,一步步升官,作到韩宋的丞相国公,龙凤十年(公元1364,元顺帝至正二十四年)作吴王,四年后爬上宝座作明朝的开国皇帝。本来是靠武力起的家,化家为国后,有的是队伍,红军嫡系的,敌军收买过来的,投降的杂牌军,官民犯罪充军的,不够,再按户口抽壮丁,总数约莫有两百万,编制作卫(师)所(团),分驻全国各地,执行武装弹压警戒的任务。

明太祖明白,武力可用以夺取政权,却不能用以治国,而且,军官大多数不识字,也办不了公文。即使有识字的,也不能作高级执政官,武人当政,历史上的例子说明不是好办法。结论是要治国必需建立一个得心应手,御用的官僚机构,而官僚必得用文人。于是,问题来了。从朝廷到地方,从省府部院寺监到州县,各级官僚得十几万人,白手成家的明太祖,从哪儿去找这么些忠心的而又能干的文人？

当然，第一个想到的是元朝的旧官僚。除了在长期战争中被消灭了的一部分以外，剩下的会办事有才力的一批，早已来投效了；不肯来的，用威吓手段，说是"智谋之士"，"坚守不起，恐有后悔"，也不敢不来。（《明史》卷二八五《张以宁传》附《秦裕伯传》）其余有的是贪官污吏，有的人老朽昏庸，有的人怀念元朝的恩宠，北逃沙漠（《明史》卷一二四《扩廓帖木儿传》附《蔡子英传》），有的人厌恶、恐惧新朝，遁迹江湖，埋名市井（同上书卷二八五《杨维桢传》、《丁鹤年传》）。尽管新朝用尽了心机，软话硬拉，要凑齐这个大班子，人数还差得太远。

第二想到的是元朝的吏。元朝是以吏治国的。从元世祖以后，甚至执政大臣也用吏来充当，造成风气，中原一带，稍稍识字能办公文的，投身台阁作吏，显亲扬名。南方的士人既不能从科举出身，又不甘心作吏，境况日渐没落，不免对北方的吏发生妒忌嫌恨的感情。（余阙《青阳文集》卷四《杨君显民诗集序》）明太祖是南方人，当然不免怀有南方人共同的看法。他又深知法令愈繁冗，条格愈详备，一般人不会办，甚至不能懂，吏就愈方便作弊，舞文弄法，闹成吏治代替了官治，代替了君治，这是对皇家统治有严重损害的。（《明太祖实录》卷二六，卷一二六）而且，办公文的诀窍，程序格式条例，成为专业，不是父子，就是师徒世传，结成行帮，自成团体。行帮是可怕的，把治权交给行帮，起腐蚀作用，更可怕。以此，吏不但不能用，而且得用种种方法来防范、压制。在明代，吏不许作官，国子监生有罪罚充吏役，便是这个道理。

第三只好任用没有作过官的读书人。读书人当然想作官，可是有的人也有顾忌，顾忌的是失身份："海岱初云扰，荆蛮遂土崩，王公甘久辱,奴仆尽同升。"(贝琼《清江诗集》卷八《述怀·二十二韵寄钱思复》)和奴仆同升也许还不太重要,重要的是这个政权还不太巩固,对内未统一,北边蒙古还保有强大力量。有的人顾忌的是这个政权是淮帮,大官位都给淮人占完了:"两河兵合尽红巾,岂有桃源可避秦?马上短衣多楚客,城中高髻半淮人。"(同上书卷五《秋思》)有的人顾忌的是作了官一有不是,有杀头的,有戴斩罪办事的,有镣足办事的,有罚做苦工的,有抄家的,甚至还有抽筋剥皮的刑罚。朝官上朝,战战兢兢,下朝回家,这天侥幸平安,便阖家欢祝。(详作者《朱元璋传》)作官固然可以发财,可是,要拼着命,甚至带上阖家阖族的命,有一些人是要多多考虑的。明太祖要读书人出来作官,还是有人借故逃避,没办法,甚至立下"寰中士夫不为君用",不肯作官就要杀头的条文,也可以看出明初官僚人才的缺乏,和需要的迫切了。

第四是任用地主作官,称为荐举。有富户、耆民、孝弟力田、税户人才(纳粮最多的大地主)等名目。有一出来便作尚书府尹、副都御史、布政使、参政、参议等大官的,最多的一次到过三千七百多人。(《明史》卷七一《选举志三》)可是,还不够用,而且,这些地主官僚的作风也不完全适合新朝的要求。

旧的人才不够用,只好想法培养新的了。明太祖用自己的训练方法,造成大量的新官僚。这个官僚养成所叫作国子监。

《明史·选举志》说:"学校有二,曰国学,曰府州县学。"

二

研究明代国子监的材料,除《明史·选举志》以外,关于南京国子监的,有黄佐的《南雍志》,北京国子监有《皇明太学志》。此外,《大明会典》卷七十八《学校门》也有简单的记载。

明初制度,参加科举的必须是学校的生员,学校生员作官则不一定经由科举。以此,学校是作官所必由的大路,政府和社会都极看重。可是,从明成祖以后,进士独占了作官的门路,监生出路日坏。从明景帝开生员纳粟纳马入监之例以后,国子监成为富豪子弟的京师旅邸,日渐废弛。从明武宗以后,非府州县学生也可以纳银入监,作个挂名学生,以依亲为名,根本不必入学,国子监到此完全失去初创的意义,只剩下一个招牌了。因之,研究明代学校和政治的关系,洪武一朝是最有代表性的时期。

国子监的前身是国子学。宋龙凤十一年(公元1365,元顺帝至正二十五年)以元故集庆路儒学改建。有博士、助教、学正、学录、典乐、典书、典膳等官。在建学的前一年,未有校址,先已任命了国子博士和国子助教,在内府大本堂教皇子和胄子(贵族大官子弟)。吴元年(公元1367)定国子学官制,祭酒正四品,司业正五品,博士正七品,典簿正八品,助教从八品,学正正九品,学录从九品,典膳省注。洪武四年(公元1371)中书省户部定文武官禄,祭酒二百七十石,司业一百八十石,博士八十石,典簿七十石,助教六十五石,学正六十石,学录五十石。十四年又更定官员品数,祭酒一人,从四品,司业二人,正六品,监丞二人,正八品,博士五人,助教十五人,典簿一人,俱从八品,学正十人,正九品,学录七人,典籍一人,俱从九品。掌馔二人,杂职。又改建国子学于鸡鸣山之南。十五年改国子学为国子监。二十四年,又改司业监丞各一人。(黄佐《南廱志》卷一《事纪》)从祭酒到掌馔都是朝廷命官,任免都出于吏部。

学校官在学的职务分工,据洪武十五年钦定的监规:祭酒是正官,衙门首长,专总理一应事务,要整饬威仪,严立规矩,表率属官,模范后进。属官赴堂禀议事务,质问经史,皆须拱立听受,不得即便坐列,正官亦不得要求虚誉,辄自起身,有紊礼制。祭酒和其他同僚,是长官和属僚的关系,就国子监说,是一监之长,勉强比附现代名词,相当于校长,但是,这个校长并无聘任教员之权,因为一切教员都是部派的。监丞品位虽低,却参领监事,凡教官怠于师训,生员有戾规矩,并课业不精,廪膳不洁,并从纠举。务要夙夜尽公,严行约束,毋得徇情,以致废弛。(同上书卷九《学规本末》)不但管学生规矩课业,还兼管教员教课成绩,办公处叫"绳愆厅",器用除公案公椅以外,特备有行扑红凳二条,拨有直厅皂隶二名,"扑作教刑"。刑具是竹篦,皂隶是行刑人,红凳是让学生伏着挨打的。(同上书卷一六《器用》)照规定,监丞立集愆册一本,各堂生员敢有不遵学规,即便究治。初犯记录(记过),再犯决竹篦五下,三犯决竹篦十下,四犯发遣安置(开除、充军、罚充吏役)。(同上书卷九《学规本末》)监丞对学生,不但有处罚权,而且有执行刑罚之权,学校法庭刑场合而为一。当然,判决和执行都是片面的,学生绝对没有辩解申说和要求上诉的权利。这职位就管束学生而论,有点像现代的训导长。掌馔是管师生膳食的,膳夫由朝廷拨囚徒充役,洪武十五年六月敕谕监丞等:"囚徒膳夫,俱系死囚,若不听使令,三更五点不起,有误生员饮食,一两遍不听,打五十竹篦,三遍不听处斩。做贼的割了脚筋,若监丞典簿掌馔管束不严,打一百圆棍,如不死,仍发云南。有通了学里学外人偷了学里诸物者处斩,家下人发云南,钦此。"(《南廱志》卷一〇《谟训考》)这种刑法是超出当时的《大明律》之外的。典簿职掌文案,凡一应学务,并支销钱粮,季报课业文册等项,皆须明白稽考。又管出纳,又管教务,类似现代学校里的总务长和教务长。典籍是图书馆长。

祭酒同时也是教员,和博士助教学正学录等官,职专教诲,务在严立课程,用心讲解,以臻成效。如或怠惰,不能自立,以致生员有戾规矩者,举觉到官,各有责罚。(同上书卷九《学规本末》)换言之,教员如不能使生员循规蹈矩,所遭遇到的不是解聘,而是更严重的刑事处分。

学校的教职员全是官。学生呢?来源有两类,一类是官生,一类是民生。官生又分两等,一等是品官子弟,一等是土司子弟和海外学生(留学生)。官生是由皇帝指派分发的,出自特恩,民生由各地地方官保送。(同上书卷一五)官生入学的目的,是为了"皇子将有天下国家之责,功臣子弟将有职任之寄"。皇子在内府大本堂,功臣子弟入国学。教之之道,以正心为本,学的是如何统治的"实学",不必像文士那样记诵辞章。(同上书卷一《事纪》)洪武十六年文渊阁大学士宋讷任国子监祭酒,明太祖特派太师韩国公李善长谏、礼部尚书任昂和谏院、翰林院等官到监,举行特别考试,考定教官生员高下,分别班次。又以公侯子弟在学读书,怕不服教员训诲,特派重臣曹国公李文忠兼领国子监事,将军作校长,扑罚违教的官生,整顿学风。(《明史》卷六九《选举志》)官生中有云南、四川等处土官子弟,日本琉球暹罗诸国学生,琉球学生来的最多。就洪武一朝官民生比例，据《南廱志》卷一五《储养考》：

洪武四年　官民生二千七百二十八名
十五年　　五百七十七名
十六年　　七百六十六名
十七年　　九百八十名
二十三年　九百六十九名
二十四年　一千五百三十二名　　官生四十五名
　　　　　　　　　　　　　　　民生一千四百八十七名
二十五年　一千三百九名　　　　官生十六名
　　　　　　　　　　　　　　　民生一千二百九十三名
二十六年　八千一百二十四名　　官生四名
　　　　　　　　　　　　　　　民生八千一百二十名
二十七年　一千五百二十名　　　官生四名
　　　　　　　　　　　　　　　民生一千五百一十六名
三十年　　一千八百二十九名　　官生三名
　　　　　　　　　　　　　　　民生一千八百二十六名

国子学时代只有洪武四年的生员总数，据《大明礼令》："凡国学生员，一品到九品文武官子孙弟侄，年一十二岁以上者充补，以一百名为额。民间俊秀年一十五岁以上，能通《四书》大义，愿入国学者，中书省闻奏入学，以五十名为额。"（《皇明制书》）则在洪武四年以前，官生与民生的比例是二比一。官生是主体，民生不过陪衬而已。国子监时代，洪武十五年到二十三年，只举官民生总数，无法知道比例。从二十四年到三十年，有五个年度的在学人数记录，二十四年官生占总数三十四分之一，二十五年八十二分之一，二十六年二千零三十分之一，二十七年三百三十分之一，三十年六百十分之一。在这个记录中，值得指出的：第一，官生占监生总数比例极小；第二，官生就学比例逐年减少，从四十五名降为三名，第三，洪武二十六年监生员数突然激增，次年又突然减少；第四，官生中琉球生悦慈从洪武二十五年到三十年，留学至少有六年之久。［琉球生入南监，最后一次是嘉靖十七年，二十三年回去的（公元1538—1544）。《明史·选举志》作"成化正德时（公元1465—1521）琉球生犹有至者"，是错的。］

如上文所说，明太祖建立国子学的目的，是为了教育胄子（贵族官僚子弟），甚至在改组为国子监以后，还特派重臣勋戚李文忠兼领，管束官生。为什么从二十四年以后，官生数目反而年少一年，和民生的比例，从二比一到一比二千零三十，主体变为附庸，完全失去立学的用意呢？这道理说来也极为简单：公侯子弟成年的袭爵任官，不必入学，未成年的入学得经圣旨特派，纨绔少年，束发受经，不过虚应故事，爵位官职原来不靠书本词章。那么，除非皇帝特命，又何必入学。此其一。从洪武十三年胡惟庸党案发作后，功臣宿将，连年被杀，到洪武末年，除汤和、耿秉文、李景隆、徐辉祖几家以外，其余的差不多杀干净了。功臣本人被杀，子弟如何能入学？此其二。至于官僚子弟的入学令，限一百名的有效期限恐怕只是适用在洪武三年之前，以后实施极为严格，非奉特旨，不能入学，人数当然不可能太多。此其三。（《南廱志》卷一《事纪》；《明史·选举志》）而且，大官子弟自有荫官一途，用不着走国子监这条路，这样，国子监就自然而然衍变作专门训练民生作官的衙门了。

洪武二十六年监生人数突增的原因，是因为有新的政治任务，人手不够，特别扩大保送，说详下文。

三

民生的来源，分贡监、举监两类。国子监的学生通称监生。贡监出于岁贡，原来依据历史上的成规，地方官有贡"士"于朝廷的义务。洪武元年令民间俊秀能通文义者，充国子学生。二年立府州县学。四年正月，诏择府州县学生之俊秀通经者入国学，得二千七百二十八人。到十五年正月，礼部以州县所贡子弟，推选未至，奏令各按察司，于年二十以上，厚重端秀者，务拔其尤，岁贡一人入监，著为令。从这一命令，可以看出在此以前，保送监生是州县官的任务，此后则改归按察司选送。洪武四年以前，选士于民间，四年以后，选士于地方学校，州县学和国子监成为学制上的联系衔接衙门，民生在地方学校受初级训练，选拔到国子监受高级训练，国子监成为全国青年人才集中的场所。十六年又令礼部榜谕天下府州县学，自明年为始，岁贡生员各一人，正月至京师，从翰林院试经义、四书义各一道，判语一条，中式的（及格）入国子监，不中的原学教官罚停廪禄（扣薪水），生员罚为吏。则又把贡士之权改归地方学校教官，贡生在入监之前，得经翰林院主持的甄别试验。（《南雍志》卷一《事纪》；《明史·选举志》）

学生入监，主持选送的是府州县官、按察司官，本学教官。入学考试，主持考试的是翰林院官。入监后主持训育的是国子监官。受训完毕后，监生的出路，而且是唯一的出路，是替皇帝作官，"学而优则仕"。

贡监据洪武十五年十六年的法令，府州县学岁贡生员一人，是有一定名额的。这定额在洪武朝发生过两次例外,第一次在洪武二十五年四月,"初令天下府学岁贡二人,州学二岁贡三人,县学每岁贡一人入监,明年如常"。突然增加保送名额,照例岁贡生应于次年正月到京师,因为这法令,洪武二十六年的官民生总数就增加到八千一百二十四名。第二次在洪武三十年,这一年"本监以坐堂(在学)人少,诚恐带司再取办事不敷,移文礼部,上令照二十五年例,于是入监遂众"。据上文记录,三十年度的官民生总数是一千八百二十九名,三十一年的名额,虽然没有记录,大概和二十六年度的相差不远。从后一例子的理由,可以明白这两次增加名额的原因,是因为朝廷诸司办事人员的迫切需要,说明了在学监生同时也是朝廷的办事人员。

举监是举人入监。洪武初年择年少举人入国子监读书。洪武十八年,又令会试下第举人送监卒业,是补习班或先修班的意思。

监生入学后,还得再经过一次编级考试,分堂(级)肄业。

国子监分六堂,六堂又分三等。初等生员通四书、未通经书的,入正义、崇志、广业三堂。修业期一年半以上。初等生修业期满,文理条畅的,升中等,入修道、诚心二堂,修业期一年半以上。中等生修业期满,经史兼通,文理都优的升高等,入率性堂。生员升入率性堂,依学规规定,根据勘合文簿(点名册)坐堂时日,满七百天才够资格。

司业二名,分为左右,各捉调三堂。博士五员,分五经,于彝伦堂西设座教训六堂,依本经考课(《南雍志》卷九《学规本末》)。

功课内容,分《御制大诰》、《大明律令》、《四书》、《五经》、刘向《说苑》等书(后来又加上《御制为善阴骘》、《孝顺事实》、《五伦书》等书)。(《皇明太学志》卷七)最主要的是《大诰》。《大诰》是明太祖自己写的,有《续编》、《三编》、《大诰武臣》,一共四册,主要内容是列举他所杀的人的罪状,使人民知所警戒,和教人民守本分,纳田租,出夫役,替朝廷当差的训话。洪武十九年以《大诰》颁赐监生,二十四年三月,特命礼部官说:"《大诰》颁行已久,今后科举岁贡人员,俱出题试之。"礼部行文国子监正官,严督诸生熟读讲解,以资录用,有不遵者,以违制论。(《南廱志》卷一《事纪》)违制是违抗圣旨的法律术语,这罪名是很大的。皇帝颁布的杀人罪状,列作学生的必修功课,而且,作为考试的科目,用法令强迫全国生员非熟读讲解不可,这道理是用不着什么解释的。其次,训练学生的目的是作官,《大明律令》必然是必读书。而且"载国家法制,参酌古今之宜,观之者亦可以远刑辟"。《四书》、《五经》是儒家的经典,洪武五年,明太祖面谕国子博士赵俶:"尔等一以孔子所定经书诲诸生。"(同上书卷一《事纪》)孔子的思想是没有问题的,尊王正名,君君臣臣父父子子这一套,最合帝王的需要。可是,孟子就不同了,洪武三年,他开始读《孟子》,读到有几处对君上不客气的地方,大发脾气,对人说:"这老头要是活到今天,非严办不可!"下令国子监撤去孔庙中孟子配享的神位,把孟子逐出孔庙。他认为这本书有反动的毒素,得经过严密的检查。洪武二十七年(公元1394)特别敕命组织一个"审查委员会",执行检删任务的是当时的老儒刘三吾,把《尽心篇》的"民为贵,社稷次之,君为轻";《梁惠王篇》"国人皆曰贤","国人皆曰可杀"一章;"时日曷丧,予及汝偕亡!"和《离娄篇》"桀纣之失天下也,失其民也,失其民者,失其心也"一章;《万章篇》"天与贤则与贤"一章;"天视自我民视,天听自我民听";"君有大过则谏,反覆之而不听,则易位";以及类似的"闻诛一夫纣矣,未闻弑君也";"君之视臣如草芥,则臣视君如寇雠"：一共八十五条，以为这些话不合"名教"，全给删节掉了。只剩下一百七十几条，刻板颁行全国学校。这一部经过大手术切割的书，叫作《孟子节文》。所删掉的八十五条，"课士不以命题，科举不以取士"①。至于《说苑》，则因为"多载前言往行，善善恶恶，昭然于方册之间，深有劝戒"：是当作修身或公民课本被指定的。此外，也消极地禁止某些书不许诵读，如洪武六年面谕赵俶时所说："若苏秦、张仪，謶战国尚诈，故得行其术，宜戒勿读。"由此可见，学校功课的项目，内容的去取，必读书和禁读书，学校教官是无权说话的，一切都由皇帝御定。(《南廱志》卷一《事纪》)有时高兴，连考试的题目也出，例如圣制策问十六道，试举一例，敕问文学之士，整个题目如下：

吁，时士之志，奚不我知，其由我不德而致然耶？抑士晦志而有此耶？呜呼艰哉！君子得不易，我知，人惟彼苍之昭鉴，必或福志之将期，然迩来云才者群然而至，及其用也，才志异途，空矣哉！(同上书卷一〇《谟训考·圣制策问》)

日常功课，监规规定：一是写字。每日写仿一幅，每幅十六行，行十六字，不拘家格，或羲、献、智、永、欧、虞、颜、柳，点画撇捺，必须端楷有体，合格书法，本日写完，就于本班先生处呈改，以圈改字少为最。逐月通考，违者痛决(打)。二是背书。三日一次背书，每

---

① 《明史》卷一三九《钱唐传》，卷五四《礼志四》，李之藻《颁宫礼乐疏》卷二，全祖望《鲒埼亭集》卷三五辨钱尚书争孟子事，北平图书馆藏洪武二十七年刊本《孟子节文·刘三吾孟子节文题辞》："《孟子》一书，中间词气之间抑扬太过者八十五条。其余一百七十余条，悉颁之中外校官，俾读是书者知所本旨。自今八十五条之内，课士不以命题，科举不以取士，壹以圣贤中正之学为本。"

次须读《大诰》一百字,本经一百字,《四书》一百字,即平均每日背一百字。不但熟记文词,务要通晓义理。若背诵讲解全不通者,痛决十下。三是作文。每月务要作课六道:本经义二道,四书义二道,诏诰章表策论判语(公家文书)内科(选)二道。不许不及道数,仍要逐月作完送改,以凭类进。违者痛决。

升到率性堂的学生,采积分制。积分之法,孟月试本经义一道,仲月试论一道,诏诰章表内科一道,季月试经史策一道,判语二条。每试文理俱优与一分,理优文劣者半分,文理纰缪者无分。岁内积至八分者为及格,与出身(官职)。不及格仍坐堂肄业(留级)。试法一如科举之制,果有材学超越异常者,呈请皇帝特别加恩任官。(《南雍志》卷九《学规本末》)

四

国子监坐堂监生最多的时期,将近万人,校舍规模是相当宏大的,校址东至小教场,西至英灵坊,北至城坡土山,南至珍珠桥。左有龙舟山,右有鸡鸣山,北有玄武湖,南有珍珠河。"延袤十里,灯火相辉。"监内建筑,正堂一,支堂六,每堂一十五间,是师生讲习的地方。有馔堂二所,是会馔的地方。书楼十四间藏书。光哲堂十五间住琉球官生。号房(学生宿舍)约二千间。此外有射圃、仓库、酱醋房、水磨房、晒麦场、菜圃、养病房等建筑。规模最宏大的是供奉孔子和列代贤哲的文庙。(《南雍志》卷七、卷八《规制考》)

监生穿一定的服装,形式也是明太祖钦定的,用玉色绢布,宽袖皂缘,皂绦软巾,叫作襕衫。每年冬夏衣由朝廷颁赐。膳食公费,全校会馔。有家眷的特许带家眷入学,每月支食粮六斗。皇帝特赐,有时赐及学生的家长,例如洪武十二年赐诸生父母帛各四匹。或赐及妻子,如洪武二十七年,赐监生有家属的六百二十五人,每人钞五锭(这年官民生总数是一千五百二十人,有家眷的占百分之三十八)。三十年又赐监生夏布大小人五匹,家属每人二匹。(《南雍志》卷一《事纪》)

监生请假休学,只有在奔丧,完姻,父母年已七十必须侍养,或妻子死亡等情形下,才被准许。而且得由皇帝亲自准许。请假日期有严格规定,洪武十六年令监生入监三年,有父母者,照地远近,定限归省。其欲挈家成婚者亦如之,俱不许过限。父母丧照例丁忧。伯叔兄长丧而无子者,亦许立限奔丧。十八年令监生有父母年老无次丁者,许还原籍侍养,其妻死子幼者许送还乡,给与脚力,立限还监,违者罚之。二十二年,礼部奏准,监生毕姻般取,照省亲例入监三年者方许。三十年令监生省亲等事,量道路远近,定具在途往还日月:每日水路一百里,陆路六十里;直隶限四阅月,河南、山东、江西、浙江、湖广限六阅月,北平、两广、福建、山西、陕西限八阅月。其住家月日:省亲三阅月,毕姻两阅月,送幼子还乡一阅月,丁忧照官员例不计闰,俱二十七月。凡过限两月以上者,送问复监。同年有违限监生二百一十七人,祭酒比例拟奏,发充吏役。三十一年又有违限监生二百二十人,命吏部铨除远方典史以困役之。

不但监生请假休学,要得特许,连教员请假,也必得经过同样程序,如洪武十二年助教吴伯宗奏请省亲,明太祖特许给假四个月就是一个例子。

坐堂期间,管制极端严格,表面上历次增订的监规,总共五十六款,除关于教官部分以外,关于约束防闲监生的,如:

> 各堂生员,在学读书,务要明体适用,以须仕进。宜各遵承师训,循规蹈矩,凡出入起居,升堂会馔,毋得有犯学规。违者痛治。
>
> 各堂生员每日诵受书史,并须在师前立听讲解。其有疑问,必须跪听,毋得傲慢,有乖礼法。

绝对禁止学生对人对事的批评,和团结组织,甚至班与班之间也禁止来往:

> 今后诸生毋得到于别堂,往来相引,议论他人长短,因而交结为非。违者从绳愆厅纠察,严加治罪。
>
> 有等无志之徒,往往不行求师问道,专务结党恃顽,故言饮食污恶。切详此等之徒,果系何人之子?其所造饮食,千百人所用皆善,独尔以为不善,果君子欤?小人欤?是后必有此生事者,具实奏闻,令法司枷镣,禁锢终身,在学役使,以供生徒。

生员往来议论,就难免对学校设施,对政治良窳有意见,有结论,就难免不发生学潮,针对的办法是隔离和孤立。至于结党,发生组织力量,就无法管束和训导了,非严办不可。在太祖朝严刑重法,大量屠杀的恐怖空气中,监生不能也不敢提出原则性的反抗,只好从生活不满的方面来发泄,因之,故言饮食污恶,对饥饿的抗议就成为学潮的主题了。抗议饥饿的行动,如不是集体提出,学规另有专条:"生员毋得擅入厨房,议论饮食美恶,及鞭挞膳夫。违者笞五十,发回原籍,亲身当差。"这和枷镣禁锢终身役使的处分,轻重相去是极大的。此外禁例,如不许穿常人衣服;有事先于本堂教官处禀之,毋得径行烦紊;凡遇出入,务要有出恭入敬牌;以及无病称病,出外游荡,会食喧哗,点问(名)不到,不许燕安怠惰,解衣脱巾,喧哗嬉笑。号房不许私借他人住坐,不许作秽,不许酣歌夜饮等二十七条,下文都是"违者痛决"。最最严重的一款是:

> 在学生员,当以孝弟忠信礼义廉耻为本,必先隆师亲友,养成忠厚之心,以为他日之用。敢有毁辱师长及生事告讦者,即系干名犯义,有伤风化,定将犯人杖一百,发云南地面充军。(《南雍志》卷九《学规本末》)

明太祖寄托培养官僚的全部责任于国子监,这一条款就是授权国子监教官,用刑法清除所有不服从不听调度的反抗分子。毁辱师长的含义是非常广泛的,无论是语言、行动、思想、文字上的不同意,以至批评,都可任意解释。被周纳的犯人是不能也不许可有辩解的机会的。至于生事告讦,更可随便运用,凡是不遵从学规的,不满意现状的,要求对某方面教学或生活有所改进的,都可以用生事告讦的罪状片面判决之,执行之。国子监第一任祭酒宋讷是这条学规的制定人,明初人说他办学极意严酷,以求符合明太祖的政策。在他的任内,监生走投无路,经常有人被强制饿死,(这也是有学规的依据的,洪武十五年第二次增订学规:师生如有病患,不能行履者,许令膳夫供送。若无病不行随众会食者,不与当日饮食。)以至自缢死。他连死尸也不肯放过,一定要当面验明,才许棺殓。(赵翼《廿二史劄记》卷三一"明史立传多存大体"条引叶子奇

《草木子》,按坊本《草木子》无此条)后来他的儿子宋复祖继任司业,也学他父亲"诫诸生守讷学规,违者罪至死"(《明史》卷一三七《宋讷传》)。学录金文徵反对宋讷的过分残暴,想法子救学生,向明太祖提出控诉说:"祭酒办学太严,监生饿死了不少人。"太祖不理会,说是祭酒只管大纲,监生饿死,罪坐亲教之师,和祭酒无干。文徵又设法和同乡吏部尚书余熂商量,由吏部出文书令宋讷以年老退休(洪武十八年宋讷七十五岁,已经过了法令规定该致仕的年龄了)。不料宋讷在辞别皇帝时,说出并非真心要辞官,太祖大怒,追问缘因,立刻把余熂、金文徵和学录田子真、何操、学正陈潜夫都杀了,还把罪状出榜在国子监前面,也写在大诰里头。这次反迫害的学潮,在一场屠杀后被压平,从此再也没有人敢替饿死缢死的学生说话了。(《南雍志》卷一《事纪》,卷一〇《谟训考》,《明史·宋讷传》)

洪武二十七年第二次学潮又起,监生赵麟受不了虐待,出壁报提出抗议,学校以为是犯了毁辱师长罪。照学规是杖一百充军。为了杀一儆百,明太祖法外用刑,把赵麟杀了,并且在国子监前立一长竿,枭首示众。(这在明太祖的口头语,叫枭令,比处死重一等。)二十八年又颁行《赵麟诽谤册》和《警愚辅教》二录于国子监。三十年七月二十三日,又召集祭酒司业和本监教官,监生一千八百二十六员名,在奉天门当面训话。训词说:

> 恁学生每听着:先前那宋讷做祭酒呵,学规好生严肃,秀才每循规蹈矩,都肯向学,所以教出来的个个中用,朝廷好生得人。后来他善终了,以礼送他回乡安葬,沿路上著有司官祭他。

近年著那老秀才每做祭酒呵，他每都怀著异心，不肯教诲，把宋讷的学规都改坏了，所以生徒全不务学，用著他呵，好生坏事。

如今著那年纪小的秀才官人每来署学事，他定的学规，恁每当依著行。敢有抗拒不服，撒泼皮，违犯学规的，若祭酒来奏著恁呵，都不饶：全家发向武烟瘴地面去，或充军，或充吏，或做首领官。

今后学规严紧，若无籍之徒，敢有似前贴没头帖子，诽谤师长的，许诸人出首，或绑缚将来，赏大银两个。若先前贴了票子，有知道的，或出首，或绑缚将来呵，也一般赏他大银两个。将那犯人凌迟了，枭令在监前，全家抄没，人口迁发烟瘴地面。钦此！（《南廱志》卷一〇《谟训考》）

这篇有名的训词，在中国教育史上是空前的。唯一可以比拟的，大概是北魏太平真君五年（公元444）禁止民间私立学校，违者"师身死，主人门诛"那道敕令吧。国子监前面的长竿，是专作枭令学生用的，一直到正德十四年（公元1519）明武宗南巡，这个顽皮年轻皇帝，学他祖宗的榜样，化装出来侦察，走过国子监前，看见这个怪竿子（那时代还没有挂旗子的礼俗），弄糊涂了，问明白说是挂学生子脑袋的。他说："学校岂是刑场！"而且，"哪个学生又敢犯我的法令！"才叫人撤去。这竿子一共竖了一百二十六年。（同上书卷四《事纪》）

其实，并不是明武宗比他的祖宗更仁慈，而是一百多年来，进士科已经完全代替了国子监的地位，作官的不再从国子监出来，国子监已是破落的冷而又穷的衙门，会馔因为经费不够停止了，连房子倒塌了，朝廷也不肯修理，靠募捐才能补葺一下。它已失去了明初官僚养成所的地位,当然,也用不着这根刺目的不相称的竿子了。

　　国子监既然是为皇家制造官僚的工厂,用严刑峻法来捏塑官僚,那么,皇家对这工厂的技师,自有其划一的雇用标准。和监规的尺度一样,明初的国子监教官,是被严刑约束着,连一丝一毫自由的气氛也不许可有的。例如第一任国子学博士和祭酒许存仁,在明太祖幕府十年,是从龙旧臣,洪武元年被劾逮死狱中。表面上的罪名是私用学官什器,娶妾饰床以象牙,非师臣体,实际上是因为明太祖刚即位作皇帝,存仁便告辞回家,犯了忌讳。司业刘丞直劝他:"主上方应天顺人,兴高采烈,你要回家,也该等待一会。"存仁没理会,果然因此致死。(《南廱志》卷一《事纪》,卷二一《刘丞直传》;《明史·宋讷传》;刘辰《国初事迹》)第二任祭酒梁贞也得罪放归田里。第三任魏观,后来在苏州知府任上被杀。第四任乐韶凤以不职病免。第五任李敬以罪免。第六任吴颙因为武官子弟怠学,宽纵不能制裁被斥免。国子监第一任祭酒是宋讷,屠杀生徒,最被恩礼,可是明太祖还不放心,经常派人伺察,有时还在暗中画他的相貌,一喜一怒,都有报告(《明史·宋讷传》)。第二任龚斅,得罪的罪状是有监生告假还家,没有报告皇帝,祭酒便准了假。明太祖大怒,以为"卖放","置于法"。第三任胡季安坐胡惟庸党案得罪。第四任杨淞,因为擅自分配学生宿舍,原来有廊房二十间,所住学生以罪被逐,留下空屋,明太祖令北城兵马司封钥,杨淞因为宿舍不够住,自作主张,准许学生住进去,结果是因此"掇祸"。(《南廱志》卷一《事纪》)最末一任张显宗就是奉天门训话里的年纪小的秀才官人,上任不久,明太祖便死了,算是侥幸没有意外。统计三十多年来的历任祭酒,只有以残酷著名的宋讷是善终在任上,死后的恩礼也特别隆重,可以说是例外,其他的不是得罪,便是被杀。

痛决,充军,罚充吏役,枷镣终身,饿死,自缢死,枭首示众,明初的国子监是学校,又是监狱,又是刑场。不止是学生,也包括教官在内,在受死刑所威胁的训练,造成绝对服从的、奴性的官僚。

五

明初的国子学、国子监,所负荷的制造和训练官僚的任务,据《南雍志》和《明史·选举志》所记:

> 洪武二年,择国子生试用之,巡行列郡,举其职者,竣事覆命,即擢行省左右参政,各道按察司佥事及知府等官。

> 五年四月,以国子生王铎摄监察御史,擢浙江布政司左参政。

> 六年九月,纂修日历,选善书者誊写,国子生陈益旸等与焉。令吏部选国子生之成材者,量材授主事、给事中、御史等官。

> 八年三月,命丞相往国子学,考校老成端正、学博经通者,分教天下,令郡县廪其生徒而立学焉。又命御史台精选以分教北方。于是选国子生林伯云等三百六十六人,给廪食赐衣服而遣之。六月以国子生李扩等为监察御史。

> 九年三月,以武英堂纪事国子生黄义为湖广行省参政,赵信为考功监丞。九月,遣国子生往陕西祭平凉卫指挥秦虎。国子生奉命出使自此始。寻命国子生分行列郡,集事之未完者,如古行人之职,皆量道路远近,赐钞为费而遣之。

> 十年正月,国子生试用于列郡者,皆授县丞主簿,人赐夏衣

一袭,宝钞三十贯。命中书省臣,凡有亲在者,量程给假归省,然后之官。十月,召国子生分教郡县者还京师,令吏部擢用。

十二年,上以国子生多未仕者,谓中书省臣曰:"朕甚欲尊显诸生,虑其未悉朕意。且诸生入学之日久矣,其令归省其亲,赐其父母帛各四疋。有妻孥者携以来,月与粟钱,务得其欢心。"于是王文冏等一百三十四人皆告归,有司如诏赍之。

十四年八月,以国子生茹瑺为承敕郎。

十七年三月,令礼部颁行科举成式,凡三年大比,子午卯酉年乡试,辰戌丑未年会试,祭酒司业择国子生之性资敦厚,文行可称者应之。是年国子生升至率性堂者,入试文渊阁,擢杨文忠为首,除永福县丞。

十八年二月会试,比揭榜,国子生多在前列(会试黄子澄第一,殿试丁显、练子宁居首甲),上大喜。

十九年四月,吏部奏用监生十四人,皆为六品以下官。五月,上以天下郡县多吏弊民蠹,皆由杂流得为牧民官。乃命祭酒司业择监生千余人送吏部,除授知州知县等职。

二十年二月,鱼鳞图册成。先是上命户部核实天下土田,而苏松富民,畏避徭役,以田产诡寄亲邻佃仆,相习成风,奸弊百出。于是富者愈富,贫者愈贫。上闻之,遣国子生武淳等往,随税粮多寡,定为几区,每区设粮长四人,使集里甲耆民,躬履田亩以量度之。量其方圆,次其字号,悉书主名及尺丈四至,编类为册,绘状若鱼鳞然、故名。至是浙江、直隶、苏州等府县册成进呈,上喜,赐淳等钞锭有差。三月,监生古朴奏言,家贫愿仕,冀得禄以养母,上嘉之,除工部主事,迎养就京师。十二月,擢监生李庆署都察院右佥都御史。

二十一年三月,殿试,监生任亨泰廷对第一,召祭酒宋讷褒谕之。命撰进士题名记,立碑于监门。

二十二年二月,初令监生同御史王英、进士齐德照刷文卷。

二十四年三月,以监生许观会试殿试皆第一,召国子监官褒奖之。八月,初令监生往后湖清查黄册(全国户籍)。户部所贮天下黄册,俱送后湖收架,委监察御史二员、户科给事中一员、监生一千二百名,以旧册比对清查,如有户口田粮埋没差错等项,造册径奏。是年选监生有练达政体者,得方文等六百三十九人,命行御史事,稽核天下百司案牍。

二十五年七月,擢监生师逵、墨麟等为监察御史,夏原吉为户部主事。

二十六年十月,诏祭酒胡季安选监生年三十以上能文章者三百四十一人,命吏部除授教谕等官。以监生刘政、龙镡等六十四人为行省布政使、按察两使及参政参议副使、佥事等官。

二十七年八月,遣监生及人材分诣天下郡县,督吏民修治水利,给道里费而行。

二十九年四月,令吏部以次录用国子监生,毋使淹滞。六月初令监生年长者,分拨诸司,历练政事。凡历事监生,随本衙门司务,分勤谨平常才力不及奸顽等项引奏。勤谨者仍历事,阙官以次取用。平常再历,才力不及送监读书,奸顽充吏,(计南京五府六部等衙门历事监生二百十八名,户部等衙门写本监生二十八名,差拨内外衙门办事监生一百二十四名)称为拨历法。

三十年二月,擢监生卢祥为刑部郎中。

明代官制,都察院右佥都御史正四品,郎中正五品,主事正六品,监察御史正七品,给事中从七品。布政使从二品,参政从三品,参议从四品,按察使正三品,副使正四品,佥事正五品。知府正四品,知州从五品,知县正七品,县丞正八品,主簿正九品。教谕无品级。从洪武二年到三十一年这一时期监生任官的情形来看,第一,监生并没有一定的任官资序,最高的可以作到地方大吏从二品的布政使,最低的作正九品的县主簿,以至无品级的教谕。第二,监生也没有固定的任官性质,部院官、监察官、地方最高民政财政官、司法官,以至无所不管的亲民的府州县官和学校官,监生几乎无官不可作。第三,除作官以外,在学的监生,有奉命出使的,有奉命巡行列郡的,有稽核百司案牍的,有到地方督修水利的,有执行丈量纪录土地面积定粮的任务的,有清查黄册的,有写本的,有在各衙门办事的,有在各衙门历事的。第四,三十年来监生的任官,以洪武二年和二十六年为最高,十九年为最多。"故其时布列中外者,太学生最盛。"(《明史》卷六九《选举志》)大体说来,从国子学改为国子监以后,监生的出路已渐渐不如初年,从作官转到做事,朝廷利用大批监生作履亩定粮、督修水利、清查黄册等基层技术工作。至于为什么洪武二年和二十六年大量任用监生作高官呢?理由是第一,刚开国人才不够,只能以国子生出任高官。第二,洪武二十六年二月蓝玉被杀,牵连致死的文武官僚、地方大吏为数极多,多少衙门都缺正官,监生因之大走官运。至于为什么洪武十九年监生任官的竟有千余人之多呢?那是因为上一年闹郭桓贪污案,供词牵连到直省官吏因而系死者有几万人,下级官吏缺得太多的缘故。至于为什么在洪武十五年以后,监生作官的出路一天不如一天呢?那是因为从十五年以后,会试定期举行,每三年一次,进士在发榜后即刻任官,要作官的都从进士科出身,甚至监生也从进士科得官,国子监已不再是唯一的官僚养成所了。进士释褐授给事御史主事中书行人评事太常国子博士和府推官知州知县等官(《明史》卷七〇《选举志》),监生原来的出路为进士所夺,只好去做基层技术工作和到诸司去历事了。

六

明代地方学校的建立,始于洪武二年。明太祖以为元代学校之教,名存实亡,战争以来,人习于战斗,惟知干戈,莫识俎豆。他常说治国之要,教化为先,教化之道,学校为本。如今京师已有太学,而地方学校尚未兴办,面谕中书省臣令府州县都立学校,礼延师儒,教授生徒,讲论圣道。于是大设学校,府设教授,州设学正,县设教谕各一,训导府四州三县二,生员府学四十人,州三十人,县二十人。师生月廪米人六斗,地方官供给鱼肉。(《南廱志》卷一《事纪》;《明史》卷六九《选举志》)

入学生员享受免役特权,除本身外,还免其家差徭二丁(《大明会典》卷七八《学校》)。在学专治一经,以礼乐射御书数设科分教。

统治地方学校情形,完全和国子监一致。洪武十五年颁禁例十二条于全国学校,镌立卧碑,置于明伦堂之左,不遵者以违制论,禁例中最重要的有下列各条:

一,今后州县学生员,若有大事干于己家者,许父兄弟侄具状入官辩诉。若非大事,含情忍性,毋轻至于公门。

> 一,生员之家,父母贤智者少,愚痴者多,其父母欲行非为,则当再三恳告。

这两条,前一条不许生员交结地方官,后一条要使生员为皇家服务,在民间替朝廷清除"非为"。① 另一条:

> 一,军民一切利病,并不许生员建言。果有一切军民利病之事,许当该有司、在野贤才、有志壮士、质朴农夫、商贾技艺皆可言之,诸人毋得阻当。惟生员不许!

军民一切利病即政治问题,地方官、在野人士,甚至农工商人都可提出建议,任何人都有权讨论政治,惟独不许学生说话。并且在同一条文内,重复地说"不许生员建言","惟生员不许",声色俱厉,呼之欲出。明太祖为什么单单剥夺了生员讨论政治的权利呢?因为他害怕群众,害怕组织,尤其害怕有群众基础有组织能力的知识分子。他认清这个力量,会危害他的统治,因之,非加以高压,严厉禁止,不许有声音不可。至于其他人士,个别的发言,个别的建议,没有群众作后盾,不发生力量,他不但不禁止,反而形式上加以奖励,学学古代帝王求言的办法,倒使他可以得到好名誉。

知识青年对于现实政治不能说话,不许有声音,明太祖的统治就巩固了。可是,他没有想到代替说话的是农民的竹竿和锄头,朱家的政权,到后来还是被竹竿和锄头所倾覆。

---

① "非为"是明太祖的口头和文字上常用术语,含有特别内容,和他常用的"异为"、"他为"同义。

地方学校之外，洪武八年又诏地方立社学（乡村小学），延师儒以教民间子弟。

府州县学和社学都以《御制大诰》和《律令》作主要必修科。(《大明会典》卷七八《学校》)

在官僚政治之下，地方学校只存形式，学生不在学，师儒不讲论。社学且成为官吏迫害剥削人民的手段，明太祖曾大发脾气，申斥地方官吏说：

> 好事难成。且如社学之设，本以导民为善，乐天之乐。奈何府州县官不才酷吏，害民无厌。社学一设，官吏以为营生。有愿读书者无钱不许入学，有三丁四丁不愿读书者受财卖放，纵其愚顽，不令读书。有父子二人，或农或商，本无读书之暇，却乃逼令入学，有钱者又纵之。无钱者虽不暇读书，亦不肯放，将此凑生员之数，欺诳朝廷。

他怕"逼坏良民不暇读书之家"只好住罢（停办）社学，不再"导民为善"了。(《御制大诰·社学第四十四》)

从国子监到社学，必读的书，必考的书，是明太祖所亲自写定的《大诰》（从文理不通、思想昏乱、词语鄙陋、语气狂暴、态度蛮横几点看来，确非儒生所能代笔），想用以为治国平天下、统一思想的"圣经宝典"。他在书末指出：

> 朕出是诰，昭示祸福，一切官民诸色人等，户户有此一本，若犯笞杖徒流罪名，每减一等，无者每加一等。所在人民，熟观为戒。(《御制大诰·颁行大诰第七十四》)

又说：

> 朕出斯令，一曰大诰，一曰续编，斯上下之本，臣民之至宝，发布天下，务必户户有之。敢有不敬而不收者，非吾治化之民，迁居化外，永不令归，的不虚示。(《大诰续编·颁行续诰第八十七》)

以帝王之威，用减刑用充军，利诱威胁，命令人民读他的"至宝"，命令学生熟读讲解他的至宝，可惜，人民是不识"宝"的，利诱不理，威胁无用。成化时(公元1465至1487)陆容记《大诰》的下落说：

> 国初惩元之弊，用重典以新天下，故令行禁止，若风草然。然有面从于一时而心违于身后者，如《大诰》，惟法司拟罪云有《大诰》减一等云尔，民间实未之见，况复有讲读者乎！(《菽园杂记》卷五)

明太祖有方法统治学校，屠杀学生，可是，他没办法办社学，也没办法使人民读他的《大诰》。有生死人之权，有富贵贫贱人之权，而终于无人读他藏他的"至宝"，不要说读，人民甚至连看都没有看见，这大概是专制独裁者应有的共有的悲哀吧！

一九四八年二月三日于清华园

(原载《清华学报》十五卷一期)

历史上的国民身份证
——传·过所·路引

一

今天在各地所施行的国民身份证制度,尽管立法的人是自以为学的"先进"国家的衣钵,其实,仔细研究一下,形式虽欧化,骨子里的精髓,却道道地地是东方的,有其历史上的根源,我的意思是说,这一套办法确是两千年来的统治术的复活,旧内容,新形式。

我愿意以历史学者的立场,对这问题加以历史的探索。

从历史上来考研身份证制度,这东西古代叫作传,唐代叫作过所,宋代称为公凭,明代则名为路引。凡外国人入境,本国人从甲地到乙地,都必须随身携带,证明他的身份职业、行李多少和旅行目的;尤其是年龄,在征兵制度下,合于兵役年龄的壮丁,是不许可无故离开所属的兵役区的,没有身份证的,不是罪犯,便是逃兵,关津不许通过。君权的支柱之一是军队,身份证是保障兵源的重要措施。君权的永固必须铲除异己的力量,无论是思想上或行动上的反对者,身份证恰恰保证了这一点。明代军民分开,路引制度的重点就特重在防闲人民,把人民圈禁在土地上,使之不能动弹反侧这一措施上。

二

王国维《简牍简署考》:"传信有二种,一为出入关门之传,郑氏《周礼注》所谓若今过所文书是也。"《周礼·地官·司徒》郑注:"传如今过所文书,当载人年几及物多少,至关至门,皆别写一通入关家门家,乃案勘而过,其内出者义亦然。"崔豹《古今注》记传之形制说:"凡传皆以木为之,长五寸,书符信于上,又以一板封之,皆封以御史印章,所以为信也,如今之过所也。"《汉书·文帝纪》:"十二年三月(前168)除关无用传。"注:"张晏曰:传,信也,若今过所也。如淳曰:两行书帛,分持其一,出入关合之乃得过,谓之传也。李奇曰:传,棨也。师古曰:张说是也。古者或用棨,或用缯帛,棨者刻木为合符也。"由此知古代之传,即后代之过所,传有两种,一种用木,一种用帛,都有正副两份。

汉代的传,或用或废,前后不一,文帝十二年废传,景帝时复置,武帝初年又废,《汉书·窦婴传》说:"文帝时除关无用传,景帝四年(前153)以七国反复置。武帝时窦婴为丞相,复除之。"婴死后,又恢复了。《终军传》说:"年十八选为博士弟子,从济南当诣博士,步入关,关吏予军繻,军问以此何为?吏曰:为复传。还当以合符。军曰:大丈夫西游,终不复传还,弃繻而去。军为谒者,使行郡国,建节东出关,关吏识之曰:此使者乃前弃繻生也。"窦婴以汉武帝建元元年为丞相,元光四年死(前140至前131),除传当是这十年内的事。终军年十八为博士弟子,元朔五年(前124)六月置博士弟子五十八。死时年二十余,故世谓之终童。军入关至长安上书言事,拜为谒者给事中,从上幸雍,祠五畤,获白麟一角而五蹄,由是改元为元狩(前122)。军入关时已复用传,知复传当在元朔五年以前。《汉书》注:"张晏曰:繻音须,繻,符也。书帛裂而分之,若券契矣,苏林曰:绢,帛边也。旧关出入皆以传,传烦,因裂繻头,合以为符信也。"复传,师古注曰:"复,返也,谓返出关,更以为传。"由此知汉武帝复传以后,传的形制渐趋简单化,过关才用,管传的便是关吏。又知平民出入关用传,朝廷使者仗节出入,便用不着了。这制度似乎到东汉还因仍旧贯,《后汉书·郭丹传》说:"后从师长安,买符入函谷关。乃慨然叹曰:丹不乘使者车,终不出关。"注:"符即繻也,买符非真符也。《东观纪》曰:丹从宛人陈洮买入关符,既入关,封符乞人也。"和终军的故事一样,所不同的是终军是地方保送到长安受学的博士弟子,有官方的证明文件,关吏无条件予繻。郭丹则是以私人身份入关,而入关是要证明的,得想法从宛人陈洮买繻。从买字说,必定得付一笔钱,也是可想而知的。

隋代叫传作公验,《隋书·文帝纪》:"开皇十八年(公元598)九月庚寅敕,客舍无公验者,坐及刺史县令。"

唐代叫作过所,定制最为详密。《旧唐书·职官志》:"尚书刑部司门郎中、员外郎(各一人)之职,掌天下诸门及关出入往来之籍,赋而审其政。关所以限中外,隔华夷,设险作固,闲邪正禁者也。凡关呵而不征。凡度关者,先经本部本司请过所,在京则省给之,在州则州给之,而虽非所部,有来文者,所在亦给(出塞逾月者给行牒,猎手所过给长籍,三月一易)。"括弧内用《新唐书·百官志》补。地方则有户曹司户参军,专掌户籍计帐,道路过所。关有关令,凡行人车马出入往来,必据过所以勘之。《唐律疏议·卫禁》:"诸私度关者徒一年,越度者加一等。(不由门为越)疏议曰:

水陆等关,两处各有关禁。行人来往,皆有公文,谓驿使验符券,传送据递牒,军防丁夫有总历,自余各请过所而度。若无公文私从关门过,合徒一年。越度者谓关不由门,津不由济而度者,徒一年半。诸不应度关而给过所,(取而度者亦同),若冒名请过所而度者,各徒一年。疏义曰:不应度关者,谓有征役番期及罪谴之类,皆不合辄给过所,而官司辄给,及身不合度关而取过所度者,若冒他人名请过所而度者,徒一年。"过所必需本人执用,如家人相冒,杖八十。主司及关司知情,各与同罪。甚至家畜出入亦需请过所。诸关津度人,无故留难者,一日主司笞四十,一日加一等,罪止杖一百。若军务急速而留难不度,致稽废者,自从所稽废重论。诸私度有他罪重者,主司知情,以重者论。疏议曰:或有避死罪逃亡,别犯徒以上罪,是各有他罪重,关司知情者,以故纵罪论,各得所度人重罪。到宝应元年(公元762)因军务关系,又令骆谷、金牛、子午等路,往来行客所将随身器仗,今日以后,除郎官御史诸州都统进奉等官,任将器械随身,自余私客等,皆须过所上具所将器械色目,然后放过。如过所上不具所将器械色目数者,一切于守捉处勒留。[①]

唐过所形制,据日本《三善清行智证大师传》所录圆城寺所藏圆珍过所,依原来的款式,移录如下:

　　越州都督府
　　日本国内供奉　敕赐紫衣僧圆珍年四十三行者丁满年五十驴两头并随身经书衣钵等
　　上都已来路次检案内人二驴两头并经书衣钵等

---

① 《唐会要·关市》。

得状称仁寿三年七月十六日离本国大中七年九月十四日到

　　　唐国福州至八年九月二十日到越州开元寺听习今欲

　　　略往两京及五台山等巡礼求法却来此听读恐

　　　所在州县镇铺关津堰寺不练行由伏乞给往

　　　还过所勘得开元寺三纲僧长泰等状同事须给过所者准给者此已给讫幸依勘过

　　　大中九年三月十九日　给

　　　　　　　　　府

　　功曹参军　　史

　　　　　　　丞

　　潼关六月十五勘入

　　仁寿是日本文德天皇年号,仁寿三年当唐宣宗大中七年,公元853年。

　　唐末扰乱,政府统治力量一天比一天不行,过所制度也自然而然地破坏了。梁开平三年(公元909)政府想重新整顿,加强控制,特派宰相专管,《五代会要·司门》:"十月敕,过所先是司门郎中员外郎出给,今寇盗未平,恐漏奸诈,宜令宰臣赵光逢专判。凡出给过所,先具状经中书点检判下,即本司郎中据状出给。"到后汉乾祐元年(公元948)又敕:"左司员外郎卢振奏,请应有经过关津州府诸色人等,并须于司门请给公验,令所在辨认,方可放过,宜依所陈,颁示天下。"据《旧五代史·杨邠传》:"邠即专国政……自京师至诸州府行人往来,并须给公凭。所由司求请公凭者,朝夕填咽。旬日之间,民情大扰,行路拥塞,邠乃止其事。"公凭《新五代史》作过所。乾祐上距开平,不过四十年,乾祐的办不通,那么,开平的怕也是纸面文章吧。宋代继承杨邠的办法,也叫公凭。使用的人似乎以商旅为最多,李焘《续资治通鉴长编》一〇六:"天圣六年(公元 1028)九月癸丑,益州钤辖刘承颜言:商旅入川无公凭者,多由葭萌私路往,请如剑门置关,仍令逐处给公凭,至者察验之,谓从其请。"便是一例。

从汉唐两代的制度推测,据《唐律》,有征役番期及罪谴之人,皆不合给过所,可以知道过所的主要作用,是防止军士或后备军的逃亡,附带的才是罪人或逃犯的度越。汉行征兵制,唐行府兵制,传或过所必须载明身份年龄籍贯,为的是防止合龄壮丁军伍的逃匿,是保障兵源的重要步骤。汉末征兵制度破坏,代以募兵,唐后期藩镇割据,朝廷和藩镇都以募兵作战,由此,也可以了解从汉末到魏晋南北朝这一段和唐末到元这一长时期,关于身份证制度记载不详的原因了。

三

公凭在明代叫作路引,军民往来,必凭路引,违者关津擒拿,按律治罪。

假如汉唐的传和过所,目的是偏重在保障兵源的话,那么,明代的路引,用意是偏重在钳制、束缚、管辖和镇压人民。

要明白明代路引制度的作用,最好用创立这制度的人自己的话来说明。明太祖在洪武十九年(公元 1386)颁行的《御制大诰续编》里几次提到路引。他要四民各安其业,特别指出要互知丁业,也就是互相监视,训词说:"先王之教,其业有四,曰:士农工商。昔民从教，专守四业，人民大安。异四业而外乎其事，未有不堕刑宪者也。朕本无才，曰先王之教，与民约告，诰出，凡民邻里，互相知丁，互知务业，俱在里甲。县府州务必周知，市村绝不许有逸夫。若或异四业而从释道者，户下除名。凡有夫丁，除公占外，余皆四业，必然有效。若或不遵朕教，或顽民丁多，及单丁不务生理，捏巧于公私，以构患民之祸，许邻里亲戚诸人等，拘拿赴京，以凭罪责。若一里之间，百户之内，见诰仍有逸夫，里甲坐视，邻里亲戚不拿其逸夫者，或于公门中，或在市间里，有犯非为，捕获到官，逸夫处死，里甲四邻，化外之迁，的不虚示！"人人都安于四业，才好统治。所谓逸夫，是不务四业之人，专会煽惑鼓动，不说"明王出世"，就喊"弥勒降生"，像元末传播革命的彭莹玉、韩山童、郭子兴和他自己，都是好例子。要清除这类危险分子，必须知丁，如何知丁？"知丁之法，某民丁几，受农业者几，受士业者几，受工业者几，受商业者几。"也就是调查户口，这一项他已经花了十几年功夫，调查停当，作了户帖（户口卡片）和黄册（户口调查清册），并且把户口编成里甲，十户为甲，十甲为里。甲有甲长，里有里长，头头是道了。问题是如何才能保证每一丁都是安分良民呢？一个方法是互相监视，"且欲士者志于士，进学之时，师友某氏，习有所在，非社学则入县学，非县必州府之学，此其所以知士丁之所在。已成之士为未成士之师，邻里必知生徒之所在，庶几出入可验，无异为也。"学生是有学籍的，先生有人看着，也不会有异为。至于农民："农业者不出一里之间，朝出暮入，作忌之道互知焉。"大家都彼此知道的，可以放心。这两类人假如要出门，离家百里之外，就必得有路引来证明身份。至于工人和商人，流动性较大，"专工之业，远行则引明所在，用工州里，往必知方，巨细作为，邻里探知。巨者归迟，微者归疾，出入有不难见也。商本有巨微,货有重轻,所趋远迩水陆,明于引间,归期艰限其业,邻里务必周知。若或经年无信,二载不归,邻里当觉之询故,本户若或托商在外非为,邻里勿干"。工商人外出,引上是载明远近和水陆路程的,邻里有责任调查明白,过期要向官府报告,才脱得了干系。为什么要这样做呢?是怕"使民恣肆冗杂,构非成祸,身堕刑宪,将不得其死者多矣"。一句话,复杂得很,危险得很。接着他又提出辨验丁引的诰词:"此诰一出,自京为始,遍布天下,一切臣民,朝出暮入,务必从容验丁。市村人民舍客之际,辨人生理,验人引目相符而无异。然犹恐托业为名,暗有他为,虽然业兴引合,又识重轻巨微贵贱,倘有轻重不伦,所赍微细,必假此而他故也。良民察焉。"验商引物:"今后无物引老者(引老是引已过期者),虽引未老,无物可鬻,终日支吾者,坊厢村店拿捉赴官,治以游食,重则杀身,轻则黥窜化外。设若见此不拿,为他人所获,所安(住)之处,本家邻里罪如上。"凡是良民,都要自动辨验生人的引目,要注意引和人相符,和货相符,如有问题,要立刻擒拿赴官,否则,要处连坐之罪。这样一来,就构成了一个全体四民的天罗地网,人人都是侦察调查的对象,"逸夫"就无所逃于天地之间,皇基也就永固了。

根据这原则制定的法律,《弘治会典》一一三:"凡军民人等往来,但出百里者,即验文引。凡军民无文引,及内官内使来历不明,有藏匿寺观者,必须擒拿送官,仍许诸人首告。得实者赏,纵容者同罪。"又"凡天下要冲去处,设立巡检司,专一盘诘往来奸细,及贩卖私盐,犯人逃军逃囚,无引面生可疑之人,须要常加捉督。"《明律·兵律》:"凡无文引私度关津者,杖八十。关不由门,津不由渡而越度者,杖九十。若越度缘边关塞者,杖一百,徒三年,因而出外境者绞。若军民出百里之外不给引者,军以逃军论,民以私度关津论。"法意和《唐律》相同，但把军民的活动范围，限于百里之内，也就是把人民的生活圈禁在生长的土地上，法律造成了无形的百里宽广的监狱，则又比汉唐严酷得多了。

  这制度就许多史料看来，在明代是被严格执行着的。如《大诰续编》第二十二《粮长瞿仲亮害民》："上海县粮长瞿仲亮拘收纳户各人路引，刁蹬不放回家。"由这例子，可见纳粮户没有路引，是不能回家的。如《明太祖实录》八十三："洪武六年（公元1373）六月癸卯，常州府吕城巡检司盘获民无路引者，送法司论罪。问之，其人以祖母病笃，远出求医，急，故无验。上闻之曰：此人情可矜，勿罪释之。"这一例子又说明了请引要用相当时间。如祝允明《前闻记》："洪武中，朝旨开燕脂河，大起工役，先曾祖焕文与焉。时役者多死，先曾祖独生全。工满将辞归，偶失去路引，分该死。"则替政府服役也要路引，失路引且有死罪。《明英宗实录》四十四："正统三年（公元1438）七月甲申，湖广襄阳府宜城县知县廖仕奏：诸处商贾给引来县生理，因见地广，遂留恋不归，甚至娶妻生子，结党为非，宜加禁防。事下行在户部，以为宜督责归家，其有愿占籍于所寓以供租赋者听，从之。"陆楫《蒹葭堂杂著》："宗人有欲商贾四方以自给者，听从有司关给路引以行，回籍之日，付本府长史司验引发落，有司附册填注，以凭抚案刷卷类查。"前一例是普通商贾，后一例则是皇家商人了。陆容《菽园杂记》十："成化末年（公元1478）京师多盗，兵部尚书余公议欲大索京城内外居民，乃差科道部属等官五十员，分投街巷，望门审验。时有未更事者，凡遇寄居无引者悉以为盗，送系兵马司。"大索即大检查户口，也可译为户口普查。寄居无引者都被捕送官，则可见在原则上，当时的外籍侨寓人也必须有引了。朱国桢《涌幢小品》卷二十"万里寻亲记"："万历乙亥(公元1575)云南大理府太和县人赵重华请路邮于郡太守以出,从丹阳过毗陵,被盗攫其资去,所遗者独胸囊路邮耳。"又卷十二:"陈淡,江都人,尝按云南,遣人诣其家文书匣检阅,有江西贩客路引。"张居正《张文忠公集·书牍十二·答台长陈楚石》:"巡检官职虽卑,关系甚重,此官若得其职,则诘盗查奸,功居地方有司之半,非浅鲜也。况近奉旨清查路引,严关隘,则此官尤当加意者,亟宜题请修复。"从这三个例子看来,一直到16世纪后期,路引制度还是明朝政府所奉行的控制人民的统治术,张居正作宰相,甚至还着实地整顿了一下。

明代的引也像汉代一样,是要付钱买的,《大诰》第二十一《勾取逃军》:"兵部勾取逃军,其布政司府州县贪图贿赂,不将正犯解官,往往拿解同姓名者……父母妻子悲啼送礼……有司刁蹬,不与引行。既而买引,沿途追赶。"得引不容易,管引的官也有拿卖引生利的,《大诰续编》第三十八《匿奸卖引》:"南城兵马指挥赵兴胜,警巡坊厢,路引之弊脏多,凡出军民引一张,重者(钞)一锭,中者四贯,下者三贯,并无一贯两贯引一张者。其引纸皆系给引之人自备。兴胜却乃具文关支,三年间一十五万有奇,已往七年不追,止追十八年半年纸札,其钞已盈万计。"

因为有引便可保证行旅的安全,关津的查诘,因之就发生空引(空白路引)的问题,不能不用严刑取缔。《大诰三编》第五《空引偷军》:"所在官民,凡有赴京者,往往水陆赴京,人皆身藏空引,及其至京,临归也,非盗逃军而回,即引逃囚而去。此弊甚有年矣。今后所在有司,敢有出空引者、受者皆枭,令籍没其家。关津隘口及京城各门盘获空引者赏钞十锭,赍引者罪如前,拿有司同罪。"

唯一例外,不需路引的是到京都去告密的地主豪绅,《大诰》第四十六《文引》："凡布政司府州县耆民人等赴京而奏事务者,虽无文引,同行人众,或三五十名,或百十名,至于三五百名,所在关津把隘关去处,问知而奏,即时放行,毋得阻当。阻者,论如邀截实封律。"

除了大量的军队镇压,除了层层的官僚统治,除了大规模的屠杀,除了锦衣卫和东、西厂的特务恐怖,明代还应用自古以来从传到过所这一套制度,把它发展,严密地组织。以人民为假想敌,强迫人民互知(互相侦察)举发,没有一丝漏洞,构成了窒杀人民、囚禁人民的天罗地网,来维持朱家万世一系专制独裁昏淫残暴的统治,这就是明代的路引制度。

有了这一套,洪武十五年(公元1382)明太祖安心的叫户部榜谕两浙江西之民说:"为吾民者当知其分。田赋力役出以供上者,乃其分也。能分其分,则保父母妻子,家昌身裕,为仁孝忠义之民,刑罚何由及哉!近来两浙江西之民,多好争讼,不遵法度,有田而不输租,有丁而不应役,累其身以及有司,其愚亦甚矣!曷不观中原之民,奉法守分,不妄兴词讼,不代人陈诉,唯知应役输租,无负官府,是以上下相安,风俗淳美,共享太平之福,以此较彼,善恶昭然。今将喻尔等,宜速改过迁善,为吾良民,苟或不悛,则不但国法不容,天道亦不容矣。"人民出粮出丁是本分,不出,不但国法不容,连天道也不容。至于为什么要出粮出丁,出了能得什么好处,不但明太祖和他的子孙没有说过,连想也从来没有想到过。

三十六年十二月于清华园

(原载《中国建设》五卷四期,1948年1月。发表时篇名是《传·过所·路引的历史——历史上的国民身份证》)

元代之钞法

一、元初之交钞

元承唐之飞钱、宋之交子会子,金之交钞,而立钞法。

初,太祖丁亥(公元1227)博州(今山东聊城)值兵火后,元帅左监军何实以丝数印置会子,权行一方,民获贸迁之利(《元史》卷一五〇《何实传》)。太宗八年丙申(公元1236)正月,有于元者,奏行交钞。中书令耶律楚材曰:"金章宗时初行交钞,与钱通行。有司以出钞为利,收钞为讳,谓之老钞,至以万贯唯易一饼,民力困竭,国用匮乏,当为鉴戒。今印造交钞,宜不过万锭。"(同上书卷一四六《耶律楚材传》)因诏印造交钞行之。(同上书卷二《太宗纪》)其制史无明文可考。按太宗庚子岁(公元1240)"世祖居潜邸,以刘肃为邢州安抚使,肃兴铁冶及行楮币,公私赖焉"。(同上书卷一六〇《刘肃传》)邢州世祖分地也。史楫以壬寅年(公元1242)为真定兵马都总管。辛亥(公元1251)各道以楮币相贸易,不得出境,所司较固取息,二三岁辄一易,钞本日耗,商旅不通。真定庄圣皇太后分地也。楫请于太后,立银钞相权法,度低昂而为重轻,变涩滞而为通便,人以为便。(王恽《秋涧先生大全文集》卷五四《真定路兵马都总管史公神道碑铭》,《元史》卷一四七《史天倪传》。)宪宗岁癸丑(公元1253)世祖受京兆分地,立交钞提举司,印钞以佐经用(《元史》卷四《世祖纪》)。诸路所行交钞亦名诸路行用钞(《元文类·经世大典序录·赋典·钞法》),其制大体沿金交钞之制。其可知者,地方得自行印钞,一也;交钞有钞本,二也;各道钞行用限境内,三也;辛亥真定始立银钞相权法,四也;行用期限如宋之会子,三年为一界,五也;行钞有定额,六也。

二、中统交钞,元宝钞

世祖中统元年(公元1260)七月丙子,诏造中统元宝交钞(《元史》卷四《世祖纪》),亦名通行交钞。以丝为本,以革诸路行用钞法之弊也。(《经世大典序录·赋典·钞法》)自此制钞之权始专属于朝廷。其制每钱五十两易丝钞一千两。① 诸物之值,并从丝例(《元史》卷九三《食货志·钞法》)。是年十月,又印造诸路通行中统元宝钞,以银为本。"其文以十计者四,曰一十文,二十文,三十文,五十文;以百计者三,曰一百文,二百文,五百文;以贯计者二,曰一贯文,二贯文。每一贯同交钞一两,二贯同白银一两。又以文绫织为中统银货,其等有五:曰一两,二两,三两,五两,十两。每一两同白银一两。而银货盖未及行云。"(同上)

---

① 《经世大典序录·赋典·钞法》,《元史·食货志·钞法》、《新元史·食货志·钞法》并同。疑均有误,说详后文《释锭》。

元宝钞以文贯为名,与钱相权,顾当时并不以钱为通货。① 说者因附会以阴阳谶纬之说,谓世祖以钱币问参预中书省事刘秉忠,秉忠曰:"钱用于阳,楮用于阴,华夏阳明之区,沙漠幽阴之域,今陛下龙兴朔漠,居临中夏,宜用楮币,使子孙世守之,若用钱,四海且将不靖。"遂绝不用钱。(陶宗仪《辍耕录》卷二)元末铸至正新钱,议者谓:"废钱而用钞,实祖宗之成宪,而术数之说为有符。今为用钱,无乃稽之典宪,证之图谶,有相乖违者乎?"(王祎《王忠文公集》卷一二《泉货议》)说虽不经,元人实深信之。然北魏契丹俱起朔漠,俱不用楮币也。权秉忠语意,或以元帝国横贯欧亚,版图广漠,铜钱笨重,运输弗便,钞币利于轻赍远涉,为统一帝国经济之利器,为使其言得行,故以阴阳之说文之欤?

中统钞之规模制度,多出于王文统。世祖立中书省以总内外百官之政,首擢文统为平章政事,委以更张庶务。立十路宣抚司,示以条格,欲差发办而民不扰,盐课不失常额,交钞无致阻滞,因定交钞法,不限年月,诸路通行,赋税并听收受。元之立国规模制度,世谓出于文统之功为多。(《元史》卷二〇六《王文统传》)佐之者有杨湜,中统元年辟为中书掾。"中书省初立,国用不足。湜论钞法,宜以权货制国用,朝廷从之,因俾掌其条制"焉。(同上书卷一七〇《杨湜传》)

新钞行,旧行用银钞废不用。新钞以金银为本,本至乃降新

---

① 世祖以后历朝所铸钱,如世祖朝之大朝通宝钱,大朝通宝银钱,至元通宝钱,至元通宝蒙古新字钱。成宗之元贞通宝钱、银钱、折二钱、蒙古新字折二钱、大德通宝钱、折二钱、蒙古新字当三钱。仁宗之皇庆元宝钱、银钱、皇庆通宝钱、延祐元钱、延祐占三年大昊天寺钱。英宗之至治元宝钱、至治通宝钱。泰定帝之泰定通宝钱、致和元宝钱。文宗之天历元宝钱、至顺元宝钱、至顺通宝钱。顺帝之元统元宝钱、至元通宝钱、至元戊寅香殿钱、普庆寺宝等钱。后二者盖以备布施佛寺之用,为菩萨供养钱,非民间通用之货币也。说详日人奥平昌洪《东亚泉志》十一。

钞。时真定金银已为庄圣皇太后起赴上京,真定无钞本,新钞不可得。旧行用银钞流布于外者八千余贯,以新钞行,旧钞之价顿亏,公私嚣然,不知措手。宣抚使刘肃建三策:一曰仍用旧钞;二曰新旧兼行;三曰以新钞如数易旧钞。布鲁海牙亦遣幕僚邢泽往谒平章王文统曰:"昔奉太后旨,金银悉送呈上京。真定南北要冲之地,居民商贾甚多。今旧钞既罢,新钞不降,何以为政?且以金银为本,岂若以民为本。又太后之取金帛,以赏推戴之功也。其为本也,不亦大乎!"中书从肃第三策,立降钞五千锭。民赖以便。(苏天爵《元朝名臣事略》卷一〇《尚书刘文献公墓碑》,《元史》卷一六〇《刘肃传》,卷一二五《布鲁海牙传》)

二年正月癸酉,中书省为发下中统元宝交钞榜省谕随路,其文曰:"省府钦依印造到中统元宝交钞,拟于随路宣抚司所辖诸路,不限年月,通行流转。应据酒税醋盐铁等课程,并不以是何诸科名差发内,并行收受。如有诸人赍元宝交钞,从便却行赴库倒换白银物货,即便依数支发,并不得停滞。每两止纳工墨钞三分外,别无克减添答钱数,照依下项拟定元宝交钞体例行用。如有沮坏钞法之人,依条究治施行。一、诸略通行中统元宝,街下买卖金银丝绢段疋斛斗一切诸物,每一贯同钞一两,每两贯同白银一两行用,永为定例,并无添减。一、各路元行旧钞并白帖子,止勒元发官司库官人等依数收倒,毋致亏损百姓,须管日近收倒尽绝,再不行使。"二月,时钞法初行,唯恐涩滞,公私不便,中书省官日与提举司官,及采众议,深为讲究利病所在。其法大约随路设立钞库,如发钞若干,随降银货,即同见银流转,据倒到课银,不以多寡,即装垛各库作本,使子母相权,准平物估,钞有多少,银本常不亏欠。至互易银钞,及以昏换新,除工墨出入正法外,并无增减。又中间关防库司,略无少弊,所纳酒醋税盐引等课程大小一切差发,一以元宝为则,其出纳者虽昏烂并令收受。十道宣抚司管限三日午前,将彼中钞法有无底滞,及物价低昂,与钞相碍,与民有损者,画时规措有法以制之。在都总库印到料钞,不以多寡,除支备随路库司关用外,一切经费,虽缓急不许动支借贷。其钱贯显印钞面,将来以钱钞互为表里。时周岁包银所入六万余锭,省议以为若印至百万锭,所获钞息,可尽免天下包差,盖以平准买易诸物,一岁民间毁废不赀,皆为官息也。钞法之利有七:艰得,一也;经费省,二也;银本尝足不动,三也;伪造者少,四也;视钞重于金银,五也;日实不虚,六也;百货价平,七也(王恽《中堂事记》卷上)。五月辛未,省议欲以元宝钞背用关防印志,既而议不便,但令比户粉壁严伪造之禁,从宣抚使杨果议也。(《中堂事记》卷中)

负责流通钞法之官司,在京则以户部主其事,户部尚书掌贡赋出纳之经,金币转通之法。中统三年三月命户部尚书刘肃专职钞法,平章政事赛音楞德齐兼领之。(《元史》卷五《世祖记》)其属有宝钞总库、印造宝钞库,有烧钞东西二库,分司贮藏印造及烧毁昏钞之责。(同上书卷八五《百官志》)计官吏俸给,内府供用,各王岁赐出支若干,天下日收税课若干,各银场窑冶日该课程若干,敛发有方,周流不弊。(《明宣宗实录》卷五)洪熙元年闰七月甲寅范济疏。印造支发,岁有经数。(《经世大典序录·赋典·钞法》)在外则有诸路宝钞提举司。中统三年以杨湜为诸路交钞都提举。(《元史》卷一七〇《杨湜传》)至元八年(公元1271)十一月,废司。(《元史》卷七《世祖纪》)九年五月立和林转运司,以小云失别为使,兼提举交钞使。十七年三月立畏吾儿境内交钞提举司。二十年三月立畏吾儿交钞库。二十四年八月置江南四省交钞提举司。十月立陕西宝钞提举司。(《元史》卷一四)又立平准行用库,库掌贸易金银,平准钞法,安定物价,使相依准,不致低昂。中统四年五月诏立燕京平准库,至元元年正月立诸路平准库,仍给钞一万二千锭为钞本。(同上书卷九三《食货志·钞法》)人民持钞可赴库兑取金银,亦可以金银易钞。凡钞之昏烂者,至元二年委官就交钞库以新钞倒换,一两除工墨钱三分,三年减为二分,二十二年复增如故。其贯伯分明,微有破损者并令行用,违者罪之。所倒之钞库官据日逐换数目,即便退印,每季各路就令纳课正官解赴省部焚毁,隶行省者就焚之。(同上)

大德二年(公元1298)户部定昏钞为二十五样。(《元典章》卷二〇《户部六·昏钞》)泰定二年(公元1325)又定焚毁之所,皆以廉访司监临。隶行省者行省官同监。(《元史》卷九三《食货志·钞法》)其印钞局之临时设立于地方者,至元十三年(公元1276)闰三月,以伐宋供给江南军储,置宣慰司于济宁路,掌印造交钞。六月又置行户部于大名府,掌印造交钞,通江南贸易。次年七月并罢(同上书卷九《世祖纪》)。顺帝至正十八年(公元1358)二月,以陕西军旅事剧务殷,去京师道远,供费艰难,分户部宝钞库等官置局印造宝钞,仍令诸路拨降钞本,俾平准行用库倒易昏币,布于民间(同上书卷四五《顺帝纪》),皆非常制也。钞之流通遍全国,至元六年(公元1269)八月丙申,以沙肃州钞法未行,降诏谕之。(同上书卷六《世祖纪》)云南以俗用贝𫆪,特许钞贝参用。至元十三年(公元1276)正月,云南行省赛典赤言:"云南贸易与中州不同,钞法实所未谙,莫若以交会𫆪子,公私通行,庶为民便。"从之。(同上书卷九《世祖纪》)大德九年(公元1305)十一月,以钞万锭给云南行省,令与贝参用。其贝非出本土者,同伪钞论(同上书卷二一《成宗纪》)。江南原行交子会子,至元十二年(公元1275)二月,议以中统钞易宋交会。十七年(公元1280)六月,江淮等处颁行钞法,废宋铜钱不用。(同上书卷二〇五《阿合马传》,卷一一一《世祖纪》)

元宝钞最低者为十文,民间交易不便。至元十二年二月又添造厘钞,其例有三:曰二文、三文、五文。十五年以厘钞不便于民,复命罢印。初钞印用木为板,十三年铸铜易之。(《元史》卷九三《食货志·钞法》)

钞之印发,岁有经数。其收也,有酒醋税盐铁门摊等课程。中统四年三月,诏诸路包银以钞输纳,其丝料入本色,非产丝之地亦听以钞输纳。凡当差户包银钞四两①,每十户输丝十四斤,漏籍老幼钞三两丝一斤。(同上书卷五《世祖纪》)十七年十一月,中书省臣议流通钞法,凡赏赐宜多给币帛,课程宜多收钞。制曰可。(同上书卷一一《世祖纪》)十九年十一月,中书左丞耶律铸言:"前奉诏杀人者死,仍征烧埋银五十两,后止征钞二锭,其事太轻,宜征钞四锭。"从之。(同上书卷一二)元贞元年(公元1295)七月诏江南地税输钞。(同上书卷一八《成宗纪》)其出也,以为官吏军人俸饷,以为宗藩戚里赏赐,以为常平仓本(同上书卷一二《世祖纪》),以为驿站经费,以之买马,以之赈荒,以之和买,以之营造。举凡朝廷一切经费出入,无不以钞为准。至民间市井贸易亦一以钞。朝廷视钞重,立法周,民间以朝廷重之也,亦从而重之,故钞周遍帝国,北穷朔漠,西贯中亚,通流无阻。②

---

① 《元史》卷五《世祖纪》。《元朝名臣事略》卷四《平章鲁国文贞公神道碑》:"或请加包银江南,公曰:'包银出于河朔未平……至宪庙定制户率赋银四两,中统惟听如数入钞,实轻其旧之半。"

② 参看沙海昂注、冯承钧译:《马可·波罗行纪》第九十五章"大汗用树皮所造之纸币通行全国"。

钞虽焉朝廷法定之货币，然前代旧钱及金银仍流通民间。中统三年七月，敕私市金银，应支钱物，止以钞为准。（同上书卷五《世祖纪》）至元二十年六月，申严私易金银之禁。二十一年十一月，定金银价，禁私自回易，官吏奉行不虔者罪之（同上书卷一二）。至元十四年四月，禁江南行用铜钱。十七年正月，诏括江淮铜及铜钱铜器。二十二年二月九日，诏天下拘收铜钱。（同上书卷一三《世祖纪》）凡此皆所以保障钞法之通行也。又定制伪造者斩，首告者赏银五锭，仍给犯人家产，刊于钞面。至元十四年十一月，凡伪造宝钞，同情者并处死，分用者减死杖之，具为令。（《元史》卷一〇）同情谓"起意底，雕板底，印钞底，抄纸底，项科号底，家里安藏著印底，收买颜色物料底"（《元典章》卷二〇《户部六·伪钞》）。立法不可谓不重，然伪造者仍不为绝迹，刑狱滋蔓，累及无辜，则以大利所在，众争丽法以趋之也。

王文统以罪诛。中统三年回纥人阿合马以干敏登政府，掌财赋之任。阿合马死于至元十九年，言利讫秋毫，顾惟事搜括，为朝廷敛怨。文统所创制之钞法，甫二十年而遂大坏，贬值至十分之一，物重钞轻，大为时弊。究其所以，盖有四端："自至元十三年以后，据各处平准库倒到金银，并元发下钞本，节次尽行起讫，自废银钞相权大法。此致虚，一也。钞法初立时，将印到钞料，止是发下随路库司换易烂钞，以新行用外，据一切差发课程内支使，故印造有数，俭而不溢，得权其轻重。令内外相制，以通流钱法为本，致钞常艰得；物必待钞而后行，故钞常重。继则印发无算，一切度支，虽千万定，一于新印料钞内支发，有出无入。其无本钞数，民间既多而易得，物因溺贵而难买。此致虚，二也。又总库行钱人等，物未收成，预先定买，唯恐或者先取，故视钞轻易添买。物重币轻，多此之由。此致虚,三也。又外路行用库库令库子人等,私下倒易,多取工墨,以图利息,故百姓昏钞到库,不得画时回换。民间必须行用,故昏者转昏,烂者愈烂。流传既难,遂分作等级,其买使物货等除去昏烂成数搭价,然后肯接。此致虚,四也。"(《秋涧集》卷九〇《便民三十五事·论钞法》)至元十九年丁亥,诏整治钞法。(《元史》卷一二《世祖纪》)中书省榜谕整治钞法条画:"一、钞库内倒换昏钞,每一两取要工墨三分,不得刁蹬多要工本。库官吏人等令人于街市暗递添搭工墨,转行倒换,一十两以下决杖五十七下,一十两之上决杖七十七下,一锭之上决杖一百七下,罢职。两相倒钞之人罪同,于犯人名下追钞五锭,给付捉事人充赏。专委管民官常切提调。如不用心提调,治罪施行。一、买卖金银付官库依价回易。如私下买卖,诸人告捉到官,金银价钞全行断没,于内一半付告捉人充赏,应捕人减半。一十两以下决杖五十七下,一十两以上决杖七十七下,一锭以上决杖一百七下,于犯人名下更追钞两,给付捉事人充赏。一、卖金银人自首告者免本罪,将金银官收给价,买主不首者价钞断没,更于犯人名下追钞一锭,与告人捉人充赏。买主自首者依上施行。一、金银匠人开铺打造开张生活之家,凭诸人将到金银打造,于上錾记匠人姓名,不许自用金银打造发卖。若已有成造器皿,赴平准库货卖。如违,诸人告捉到官,依私倒金银例断罪给赏。一、收倒钞当面于昏钞上就使讫毁封记,将昏钞每季解纳。如不使毁印者,决杖五十七下,罢职。一、钞库官吏侵盗金银宝钞出库,借贷移易做买卖,见奉圣旨条画断罪,委本处管民长官总管一月一次计点。如本处官吏通行作弊,与犯人同罪。一、钞库官吏将倒下金银不行附历,却添价倒出,更将本库倒下金银,捏合买金银人姓名用钞换出,却暗地添价转卖与人,许诸人捉拿得获,不计多寡处死,将价钞给付捉事人充赏。一、如诸人将金银到库,依殊色随即将倒,不得添减殊色,非理刁蹬。如违决杖五十七下,罢职。倒换金银价例:课银每定入库价钞一百二两五钱,出库价钞一百三两;白银每两入库价钞一两九钱五分,出库价钞二两;花银每两入库价钞二两,出库价钞二两五钱;赤金每两入库价钞一十四两八钱,出库价钞一十五两。"(《元典章》卷二〇《户部六·钞法》)盖纯以禁止金银买卖,使尽归官库,为重钞之术。法令虽严,而民间金银终不肯出,官库无本,钞乃愈轻而不可救。会有回纥人桑哥者,荐阿合马属官卢世荣有才术,"能救钞法,增课额,上可裕国,下不损民"。至元二十一年十一月以卢世荣为中书右丞,即日奉旨"中书整治钞法,遍行中外官吏,奉法不虔者加以罪"。乃下诏云:"金银系民间通行之物,自立平准库,禁百姓私相买卖;今后听民间从便交易。"明年,世荣奏:"自王文统诛后,钞法虚弊。为今之计,莫若依汉唐故事,括铜铸至元钱,及制绫券与钞参行。"因以所织绫券上之。又奏:"国家虽立平准,然无晓规运者,以致钞法虚弊,诸物踊贵。宜令各路立平准周急库,轻其月息,以贷贫民,如此则贷者众而本且不失。"其为政大要以兴贩市舶,立常平仓,制市易税,置规措所,厚收天下之利以实钞法。监察御史陈天祥上疏劾之,谓:世荣"始言能令钞法如旧,弊今愈甚"。"以钞虚闭回易库,致民间昏钞不可行。"丞相安童言:"世荣昔奏能不取于民,岁办钞三百万锭,令钞复实,诸物悉贱,民得休息,数月即有成效。今已四阅月,所行不符所言。"世荣竟以得罪伏诛。(《元史》卷二〇五《卢世荣传》)二十三年十二月,中书传旨议更钞用钱,吏部尚书刘宣献议曰:"原交钞所起,汉唐以来,皆未尝有。宋绍兴初,军饷不继,造此以诱商旅,为沿边籴买之计,比铜钱易于赍擎,民甚便之,稍有滞碍,即用见钱,尚存古人子母相权之意。日增月益,其法浸敝。自一界二界至十九界关子,计江左立国百五十年,是不及八年一更也。亡金行用会子,亦由此数变名同,如小十贯大十贯通天宝会之类,随行随坏。大元初年,法度未一,诸路各行交钞,或同见银,或同丝绢。中统建元,王文统执政,尽罢诸路交钞,印造中统元宝,以钱为准,每钞二贯倒白银一两,十五贯倒赤金一两。稍有壅滞,出银收钞,恐民疑惑,随路桩积元本金银,分文不动。当时支出无本宝钞未多,易为权治。诸老讲究扶持,日夜战兢,如捧破釜,惟恐失坠。行之十七八年,钞法无少低昂。后阿合马专政,不究公私利害,出纳多寡,每一支贴至十有余万锭者,又将随路平准库金银尽数起赴大都,以要功能,是以大失民信,钞法日虚。每岁支遣,又逾向者。所行皆无本之钞,以致物价腾踊,奚至十倍。拯救之法,不过住印贯钞,只印少钞,发去诸库,倒换昏烂,以便民间爪贴;验元起钞本金银发去,以安民心;严禁权豪官吏,冒名入库倒买。国用当度其所入,量其所出,如周岁差税课程可得百万锭者,其岁支可五七十万,多余旧钞,立便烧毁。如此行之,不出十午,纵不复旧,物价可减今日之半。欲求目前速效,未见良策。纵创新钞以权旧钞,只是改换名目,无金银作本称提,军国支用,不复抑损,三数年后亦如中统旧钞矣。宋金之弊,足为殷鉴。国朝废钱已久,一旦行之,功费不赀,非为远计。利民济物,其要自不妄用始。若欲济溪壑之用,非唯铸造不敷,抑亦不久自弊。"(同上书卷一六八《刘宣传》,魏源《元史新编》卷八七《食货志·钞法》)会桑哥当国,主行至元钞,宣言遂不用。

中统钞之印造专属朝廷,至元三年有贾胡忒制国用使阿合马,欲贸交钞本,私平准之利,以增岁课为辞。帝以问户部尚书马亨,对曰:"交钞所以权万货者法使然也。法者主上之柄,今使一贾胡擅之,废法从私,将何以令天下。"事遂寝。(《元史》卷一六三《马亨传》)二十三年,以朱清、张瑄并为海道运粮万户,赐钞印,听其自印交钞,其钞色比官造加黑,印朱加红。朱、张以是富倾天下云。(叶子奇《草木子》卷三)

三、至元通行宝钞

宋臣叶李降元后,入京献至元钞样。此样在宋时尝进呈,请以代关子,宋廷不能用,至是乃别改年号而复献之,世祖嘉纳。(《辍耕录》卷一九)李又荐回纥人桑哥,谓能理财赋,行钞法。(《元史》卷一七三《叶李传》,卷一六《世祖纪》)至元二十四年(公元1287)闰二月乙丑,召麦术丁、杨居宽等与大学士阿鲁浑撒理及尚书左丞叶李、侍御史程文海、赵孟頫论钞法。复置尚书省,以桑哥为平章政事。(同上书卷一四《世祖纪》)三月甲午,更造至元宝钞,尚书省以至元宝钞通行条画十四款颁行天下:"一、至元宝钞一贯当中统宝钞五贯,新旧并行,公私通例。一、依中统之初,随路设立官库,买卖金银,平准钞法,私相买卖,并行禁断。每花银一两入库官价至元宝钞二贯,出库二贯五分,白银各依上买卖。课银一锭官价宝钞二锭,发卖宝钞一百二贯五百文。赤金每两价钞二十贯,出库二十贯五百文。今后若有私下买卖金银者,许诸人首告,金银价直没官,于内一半付告人充赏,仍于犯人名下征钞二锭一就给付。银一十两金一两以下决杖五十七下,银一十两金一两以上决杖七十七下,银五十两金一十两以上决杖九十七下。一、民间将昏钞赴平准库倒换至元宝钞者以一折五,其工墨依旧例每贯三分。客旅买卖欲图轻便,用中统宝钞倒换至元钞者以一折五,依数收换。各道宣慰司按察司总管府常切究禁治,毋致势要之家并库官人等自行结揽,多除工墨,沮坏钞法。违者痛断。库官违犯,断罪除名。一、民户包银愿纳中统宝钞者依旧止听收四贯,愿纳至元宝钞折收八百文,随处官并仰收受,毋得阻当。其余差税内有折收者依上施行。一、随处盐课每引见卖官价钞二十贯,今后卖引许用至元宝钞二贯,中统宝钞一十贯。买盐一引新旧中半依理收受,愿纳至元宝钞四贯者听。一、诸道茶醋酒税竹货丹粉锡碌诸色课程,如收至元宝钞以一当五,愿纳中统宝钞者并仰收受。一、系官并诸投下营运斡脱公私钱债,关借中统宝钞,若还至元宝钞以一折五,愿还中统宝钞者抵贯归还,出放斡脱钱债人员即便收受,毋得阻滞。一、随路平准库官收差办课人等,如遇收支交易,务要听从民便,不致迟滞。若有不依条画,乞取刁蹬,故行阻抑钞法者,取问事实,断罪除名。一、街市诸行铺户与贩客旅人等,如用中统宝钞买卖诸物,止依旧价发卖,无得疑惑,陡添价直。其随时诸物减价者听。富商大贾高抬物价取问是实,并行断罪。一、访闻民间缺少零钞,难为贴兑,今颁行至元宝钞自二贯至五文,凡十一等,便民行用。一、伪造通行宝钞者处死,首告者赏银五锭,仍给犯人家产。一、委各路总管并各处管民长官,上下半月计点平准钞库应有见在金银宝钞。若有移易借贷,私己买卖,营运利息,取问明白,申部呈省定罪。长官公出,次官承行。仰各道宣慰使司提刑按察司常切体察。如有看徇通同作弊,取问得实,与犯人一体治罪,不得因而骚扰,沮坏钞法。一、应质典田宅,并以宝钞为则,无得该写解粟丝绵等物,低昂钞法。如违断罪。一、随路提调官并不得赴平准库收买金银,及多将昏钞倒换料钞。违者治罪。一、条画颁行之后,仰行省宣慰司各路州府司县达鲁花赤管民长官,常切用心提调禁约,毋致违犯。若禁治不严,流转涩滞,亏损公私,其亲管司府县断罪解任,路府州官亦行究治。仍仰监察御史按察司常切究察,不严亦行治罪。"(《元典章》卷二〇《户部六·钞法》)其要在新者无冗,旧者无废,凡岁赐、周乏、饷军皆以中统钞为准。(《元史》卷一四《世祖纪》)钞分十一料:为二贯,一贯,五百文,三百文,二百文,一百文,五十文,三十文,二十文,一十文,五文(《辍耕录》卷二六)。新钞甫行,前信州三务提举杜璠言至元钞公私非便,平章政事桑哥怒曰:"杜璠何人,敢沮吾钞法耶!"欲当以重罪。左丞马绍从容言曰:"国家导人使言,言可采,用之;不可采,亦之之罪。今重罪之,岂不与诏书违戾乎!"璠得免。(《元史》卷一七三《马绍传》)参议王巨济尝言新钞不便,忤旨。(同上书卷二〇五《桑哥传》)诏集百官于刑部议法,众欲计至元钞二百贯赃满者死,赵孟頫曰:"始造钞时以银为本,虚实相权。今二十余年间,轻重相去至数十倍,故改中统为至元,又二十年后,至元必复如中统,使民计钞抵法,疑于太重。古者以米绢民生所须,谓之二实;银钱于二物相权,谓之二虚。四者为直虽升降有时,终不大相远也。以绢计赃,最为适中。况钞乃宋时所创,施于边郡,金人袭而用之,皆出于不得已。乃欲以此断人死命,似不足深取也。"或以孟頫年少,初自南方来,讥国法不便,意颇不平,责孟頫曰:"今朝廷行至元钞,故犯法者以是计赃论罪,汝以为非,岂欲沮格至元钞耶?"孟頫曰:"法者人命所系,议有重轻,则人不得其死矣。孟頫奉诏与议,不敢不言。今中统钞虚,故改至元钞,谓至元钞终无虚时,岂有是理!"果不逾年而至元钞法涩滞不能行,诏遣尚书刘宣与孟頫驰驿至江南问行省丞相慢令之罪。(同上书卷一七二《赵孟頫传》)二十五年,世祖尝召平章政事桑哥谓曰:"朕以叶李言更至元钞,所用者法,所贵者信,汝无以楮视之,其本不可失,汝宜识之。"(同上书卷二〇五《桑哥传》)毁中统钞板。五月乙未,桑哥言:"中统钞行垂三十年,省官皆不知其数,今已更用至元钞,宜差官分道置局钩考中统钞本。"从之。二十六年六月增设大都倒钞库三。闰十月庚辰,桑哥言:"初改至元钞,欲尽收中统钞,故令天下盐课以中统至元钞相半输官,今中统钞尚未可急敛,宜令税赋并输至元钞,商贩有中统料钞,听易至元钞以行,然后中统钞可尽。"从之。(同上书卷一五《世祖纪》)又以岁入恒不敷出,从桑哥言,诏增盐课引值中统钞三十贯者为一锭,茶税每引值五贯者为十贯,酒醋税课江南增额十万锭,内地五万锭。协济户十八万,自入籍至今,止输半赋,令改为全赋。桑哥又请节分地之臣额外赏赐。增岁入减岁出为固钞之计。(同上书卷二〇五《桑哥传》)二十七年九月敕河东山西道宣慰使阿里火者发大同钞本二十万锭籴米赈饥民。二十八年正月尚书省桑哥等以罪罢。四月丙戌,诏凡负斡脱银者,入还皆以钞为则。庚寅以钞法故,召叶李还京师。(同上书卷一六《世祖纪》)会桑哥败,事颇连及同列,扬州儒学正李淦劾李首荐桑哥,败坏国政,宜斩李以谢天下,不听。(同上书卷一七三《叶李传》,卷一六《世祖纪》)五月癸丑,罢大都烧钞库,仍旧制,各路昏钞令行省官监烧。七月丁巳,桑哥伏诛,叶李寻亦卒。(同上书卷一六《世祖纪》)二十九年十月中书右丞相完泽等言:"一岁天下所入凡二百九十七万八千三百五锭,自春至今,凡出三百六十三万八千五百四十三锭,已逾入数六十六万二百三十八锭矣。"三十年二月甲辰中书省臣言:"今岁给饷上都大都及甘州西京,经费浩繁,自今赏赐悉宜姑止。"从之。(同上书卷一七《世祖纪》)

至元三十一年（公元1294）正月世祖死，四月成宗即位。八月诏诸路交钞库所储银九十三万六千九百五十两，除存留十九万二千四百五十两为钞母，余悉运于京师。（同上书卷一八《成宗纪》）盖以初即大位，赐赉诸王，国库不足供用，故至动用钞本也。大德二年（公元1298）二月丙子，帝谕中书省臣曰："每岁天下金银钞币岁所入几何？诸王驸马赐与及一切营建所出几何？其会计以闻。"右丞相完泽言："岁入之数金一万九千两，银六万两（当作锭），钞三百六十万锭。然犹不足于用。又于至元钞本中借二十万锭。自今敢以节用为请。"帝嘉纳焉。（同上书卷一九《成宗纪》）三年正月壬辰，中书省臣言："比年公帑所费，动辄巨万，岁入之数，不支半岁，自余皆借及钞本。臣恐理财失宜，钞法亦坏。"帝嘉纳，仍谕宣徽使月赤察而等，自今一切赐与皆勿奏。四年五月癸未，左丞相答刺罕遣使来言："横费不节，府库渐虚。"诏自今诸位下事关钱谷者，毋辄入闻。（同上书卷二〇《成宗纪》）七年正月丙午，定诸改补钞罪例，为首者杖一百有七，从者减二等，再犯从者杖与首同，为首者流。（同上书卷二一《成宗纪》）改补谓以真钞一两改为二两，五钱改作一两，以真作伪，改钞实值也。（《元典章》卷二〇《户部六·钞法·挑钞挑补钞罪例》）时钞法日坏，物愈重，钞愈轻，郑介夫因献议铸钱，与钞相权。其言曰："今国家造钞虽广，而散之民间甚少，民得之者亦甚难。无他，轻重失相权之宜也。夫天下之物，重者为母，轻者为子，前出者为母，后出者为子，若前后倒置，轻重失常，则法不可行矣。汉以铜钱而权皮币之重，皮币为母，铜钱为子。宋以铜钱而权交会之重，交会为母，铜钱为子。国初以中统钞五十两为一锭者，盖则乎银锭也。以银为母，中统为子。既而银已不行，所用者惟钞而已，遂至大钞为母，小钞为子。今以至元一贯准中统五贯,是以子胜母,以轻加重,以后逾前,非止于大坏极弊,亦非吉兆美谶也。今请造铜钱以翼钞法。国之所出者钞,民之所出者货,钞以巨万计,国不可以得民货,货以畸零计,民不可以得国钞,若使畸零之货可易铜钱,则巨万之钞自然流通,此国与民两便之计也。"(朱健《古今治平略》卷一《唐宋钱币》)盖至元钞虽有十一料,然小钞费重量多,总库吝于出给,所在官库关到料钞,大钞甚多,小钞极少,又为权势之家及库官库子人等结揽私倒,小民无从得小钞,贸易不便,致使民间以物易物。权豪巨商,至私刻木牌、茶帖、酒牌、竹牌、面帖等杂行民间,与交钞相权,小民因之受害,钞法亦益以阻滞。至元三十一年下诏禁断,并令多降零钞。(《元典章》卷二〇《户部六·杂例·禁治茶帖酒牌》;姚燧《牧庵集》卷四《平章政事蒙古公神道碑》)然法久弊生,民间仍以大钞为苦。郑介夫之建议以钱代零钞,因以通钞法,时虽不见用,至武宗朝遂据为改革之张本焉。

四、至大银钞

大德十一年(公元1307)正月成宗死,五月武宗即位。九月己丑,中书省臣言:"帑藏空竭,常赋岁钞四百万锭,各省备用之外,入京师者二百八十万锭。当年所支止二百七十余万锭。自陛下即位以来,已支四百二十万锭,又应求而未支者一百万锭,臣等虑财用不给。"十一月丁卯阔儿伯牙里言更用银钞铜钱,命中书与枢密院御史台集贤翰林诸老臣集议以闻。十二月壬辰,中书省言:"今国用甚多、帑藏已乏,用及钞母,非宜。"至大元年(公元1308)二月乙未,中书省臣言:"陛下登极以来,锡赏诸王,恤军力,赈百姓,及殊恩泛赐，帑藏空竭，豫卖盐引。今和林甘肃大同隆兴两都军粮，诸所营缮，及一切供亿，合用钞八百二十余万锭。往者或遇匮急，奏支钞本。臣等固知钞法非轻，曷敢辄动，然计无所出，今乞权支钞本七百一十余万锭，以周急用，不急之费姑后之。"帝曰："卿等言是，泛赐者不以何人，毋得蒙蔽奏请。"（《元史》卷二二《武宗纪》）二年秋七月乙未，乐实言钞法大坏，请更钞法，图新钞式以进。有姓江者画钞式，以为印钞库大使。八月癸酉立尚书省，以乐实为平章政事，更新庶政，变易钞法。九月庚辰，颁行至大银钞，诏曰："昔我世祖皇帝既登大宝，始造中统交钞，以便民用，岁久法隳，亦既更张，印造至元宝钞，逮今又复二十三年，物重钞轻，不能无弊。乃循旧典，改造至大银钞，颁行天下。至大银钞一两准至元钞五贯，白银一两，赤金一钱。随路立平准行用库，买卖金银，倒换昏钞。或民间丝绵布帛赴库回易，依验时估给价。随处路府州县设立常平仓，以权物价，丰年收籴粟麦米谷，值青黄不接之时，比附时估，减价出粜，以遏沸涌。金银私相买卖，及海舶兴贩金银铜钱绵丝布帛下海者并禁之。平准行用库常平仓设官，皆于流官内铨注，以二年为满。中统交钞，诏书到日限一百日尽数赴库倒换，茶盐酒醋商税诸色课程，如收至大银钞以一当五。颁行至大银钞二两至一厘，定为一十三等，以便民用。"己亥尚书省臣言："今国用需中统钞五百万锭，前者尝借支钞本至千六十万三千一百余锭。今乞罢中统钞，以至大银钞为母，至元钞为子，仍拨至元钞本百万锭，以给国用。"十月庚戌，以行铜钱法诏天下。① 十月戊寅，御史台臣言至大银钞始行，品目繁碎，民犹未悟，而又兼行铜钱，虑有相妨。又言民间拘

---

① 诏文由姚燧草，见《元文类》卷九，其后至正行铜钱诏文语多袭此。

铜器甚急,勿便。命与省臣议之。(同上书卷二三《武宗纪》)三年正月丙申,初行钱法,立资国院泉货监以领之,其钱曰至大通宝者,面文以楷书,一文准至大银钞一厘。曰大元通宝者,面文以蒙古新字书,一文准至大通宝一十文。历代铜钱悉依古例与至大钱通用,其当五当三折二并以旧数用之。(《元史·食货志·钞法》,奥平昌洪《东亚泉志》卷一一)二月丁卯,尚书省臣言:"昔至元钞初行,即以中统钞本供亿,及销其板。今既行至大银钞,乞以至元钞输万亿库,毁其板,止以至大钞与铜钱相权通行为便。"从之。八月丙辰,复以行用铜钱诏谕中外。四年正月庚辰武宗死。(《元史》卷二三《武宗纪》)仁宗继位。壬午罢尚书省,以平章乐实等变乱旧章,流毒百姓,命官参鞠。丙戌,乐实等伏诛。(同上书卷二四《仁宗纪》)四月丁卯,罢至大银钞铜钱,仍用中统至元钞,诏曰:"我世祖皇帝参酌古今,立中统至元钞法,天下流行,公私蒙利,五十年于兹矣。比者尚书省不究利病,辄意变更,既创至大银钞,又铸大元至大铜钱。钞以倍数太多,轻重失宜,钱以鼓铸勿给,新旧恣用。曾未再期,其弊滋甚。爰咨廷议,允协舆言,皆愿变通,以复旧制。其罢资国院及各处泉货监提举司。应尚书省已发各处至大钞本,截日封贮。民间行使者赴行用库依例倒换。依旧印造中统钞与至元钞子母并行,凡官司出纳,一准中统钞数。新旧铜钱虽畸零使用,便于商民,然壅害钞法,深妨国计。其大元铜钱,诏到赴行用库依例倒换,历代旧钱,截日住罢不使。买卖铜器,听民自便。确禁金银,本以权衡钞法,条令虽设,其价益增,民实勿便。自今权宜开禁,听从买卖。其商舶收买下番者依例科断。"(同上,《元典章》卷二〇《户部六·钞法·住罢银钞铜钱使中统钞》)初议罢银钞铜钱,礼部尚书杨朵儿只曰:"法有便否,不当视立法之人为废置,银钞固当废,铜钱与楮币相权而用之,昔之道也。国无弃宝,民无失利,钱未可遽废也。"言虽不尽用,时论是之。(《元史》卷一七九《杨朵儿只传》)十月壬辰诏收至大银钞(同上书卷二四《仁宗纪》),河南行省右丞王约度河南岁用钞七万锭,必致上供不给,乃下诸州凡至大至元钞相半,众以方诏命为言,约曰:"吾岂不知,第岁终诸事不集,责亦匪轻。"丞相卜怜吉台赞之曰善,遣使白中书省,省臣大悦,遂遍行天下。(《元史》卷一七八《王约传》)十一月辛丑,平章政事李孟奏:"今每岁支钞六百余万锭,又土木营缮百余处,计用数百万锭,内降旨赏赐复用三百余万锭,北边军需又六七百万锭,今帑藏见贮止十一万余锭,若此安能周给!自今不急浮费,宜悉停罢。"帝纳其言,凡营缮悉罢之。十二月辛卯,遣官监视焚至大钞。(同上书卷二四《仁宗纪》)皇庆元年(公元1312)二月壬午,置德安府行用库。二年二月丁亥,敕外任官应有公田而无者,皆以至元钞给之。(同上)文宗天历元年(公元1328)十一月庚午,监察御史言:"户部钞法,岁会其数,易故以新,期于流通,不出其数。迩者倒剌沙以上都经费不足,令有司刻板印钞。今事既定,宜急收毁。"从之。(同上书卷三二《文宗纪》)二年二月甲寅,更铸钞板,仍毁其刓者(同上书卷三三)。至顺元年(公元1330)十一月辛丑,征河南行省民间自实田土粮税,不通舟楫之处,得以钞代输。(同上书卷三四)二年十一月辛卯,诸盐课钞以十分之一折收银,银每锭五十两折钞二十五锭。(同上书卷三五《文宗纪》)

五、至正钞法

顺帝至正十年（公元1350）丞相脱脱用贾鲁议，谋改钞法。①四月己丑，左司都事武祺建议更钞法，其言曰："钞法自世祖时已行之后，除拨支料本倒易昏钞以布天下外，有合支名目，于宝钞总库料钞转拨，所以钞法疏通，民受其利。比年以来，失祖宗元行钞法本意，不与转拨，故民间流传者少，致伪钞滋多。"诏凡合支名目，于总库转支。十月乙未吏部尚书偰哲笃建言立交钞用钱，命中书省御史台集贤翰林两院之臣集议之。其法以楮币一贯文省权铜钱一千文，楮币为母，铜钱为子。集贤殿大学士兼国子祭酒吕思诚以为不可，曰："中统至元，自有母子，上料为母，下料为子，比之达达人乞养汉人为子，皆人类也，是终为汉人之子而已。岂有故纸为父，而以铜为过房儿子者乎！"一坐皆笑。思诚又曰："钱钞用法，以虚换实，其致一也。今历代钱及至正钱、中统钞及至元钞、交钞分为五项。若下民知之，藏其实而弃其虚，恐非国之利也。"偰哲笃、武祺又曰："至元钞多伪，故更之尔。"思诚曰："至元钞非伪，人为伪耳。交钞若出，亦有伪者矣。且至元钞犹故戚也，家之童稚皆识之矣。交钞，犹新戚也，虽不敢不亲，人未识也，其伪反滋多尔。况祖宗成宪，岂可轻改。"偰哲笃曰："祖宗法弊，亦可改矣。"思诚曰：

---

① 叶子奇：《草木子》卷三。权衡：《庚申外史》："至正十年，户部尚书薛世南武子春知脱脱有意于兴作庶事，建言谓至元钞法经久当变制，宜为中统交钞法，交钞贯文与铜钱子母相权并用。脱脱奏用其言，立宝泉提举司，铸至正通宝钱。"

"汝辈更法,又欲上诬世皇,是汝又欲与世皇争高下也。且自世皇以来,诸帝皆谥曰孝,改其成宪,可谓孝乎!"偰哲笃曰:"钱钞兼行何如?"思诚曰:"钱钞兼行,轻重不伦,何者为母,何者为子?"偰哲笃忿曰:"我等策既不可行,公有何策?"思诚曰:"我有三字策,曰行不得,行不得。"思诚归卧不出。遂定更钞之议而奏之。十一月己巳,下诏云:"朕闻帝王之治,因时制宜,损益之方,在乎通变。唯我世祖皇帝建元之初,颁行中统交钞,以钱为文,虽鼓铸之规未遑,而钱币兼行之意已具。厥后印造至元宝钞,以一当五,名曰子母相权,而钱实未用。历岁滋久,钞法偏虚,物价腾踊,奸伪日萌,民用匮乏。爰询廷臣,博采舆论,佥谓拯弊,必合更张。其以中统交钞一贯文省权铜钱一千文,准至元宝钞二贯,仍铸至正通宝钱,与历代铜钱并用,以实钞法。至元宝钞通行如故,子母相权,新旧相济,上副世祖立法之初意。"十一年置宝泉提举司,掌鼓铸至正通宝钱:小平钱,折二钱,当三钱、当五钱、当十钱凡五品。印造交钞,令民间通用。(《元史》卷四二《顺帝纪》,卷九七《食货志·钞法》,卷一八五《吕思诚传》;奥平昌洪《东亚泉志》卷一一)

至正新法行,议者多不以为长计。王祎云:"顷岁以中统交钞重其贯陌,与至元宝钞相等并行,京师复铸至正新钱,使配异代旧钱,与二钞兼用。其意殆将合古而达今,而不知适以起天下人心之疑。夫中统本轻,至元本重,二钞并行,则民必取重而弃轻。钞乃虚文,钱乃实器,钱钞兼用,则民必舍虚而取实。故自变法以来,民间或争用中统,或纯用至元,好恶不常。以及近时,又皆绝不用二钞,而惟钱之是用。而又京师鼓铸寻废,所铸钱流布不甚广,于是民间所用者悉异代之旧钱矣。二钞者国家之所用,而民则以为弃物而弗之用,旧钱者国家未尝专以为用,而民争相宝爱而用之。是天下之民反操国家之柄,而国家之命已下制于民,泉货之弊,莫此时为甚矣。"(《王忠文公集》卷一二《泉货议》)时物价腾踊,价逾十倍。又值海内大乱,军储供给,赏赐犒劳,每日印造,不可数计,舟车装运,轴轳相接,交料之散满人间者,无处无之。昏软者不复行用。京师料钞十锭,易斗粟不可得。(《元史》卷九七《食货志·钞法》)壬辰癸巳间(公元1252—1253)钞法艰涩,乙未(公元1355)将绝于用,遂有观音钞、画钞、折腰钞、波钞、熰不烂之说:观音钞者描不成,画不就,如观音美貌也;画者如画也;折腰者折半用也;波者俗言急走,谓不乐受即走去也;熰不烂者如碎絮筋查也。(孔齐《至正直记》卷一)十六年三月辛巳,命中书平章政事帖里帖木儿、参知政事成遵等议钞法。(《元史》卷四四《顺帝纪》)时民间已绝不以钞交易(《至正直记》卷一),所在郡县皆以物货相贸易,公私所积之钞遂俱不行,人视之若弊楮,而国用由是遂乏矣。(《元史》卷九七《食货志·钞法》)十七年四月丙辰,京师立便民六库,倒易昏钞(同上书卷四五《顺帝纪》),库立而无有以昏钞来易者。又铸至正之宝大钱以权钞,背书权钞五分、权钞一钱、权钞一钱五分、权钞二钱五分、权钞五钱,凡五品。五分者为至元钞十文,一钱者二十文,一钱五分者三十文,二钱者四十文,二钱五分者五十文,五钱者一百文。而钱钞皆不行。(奥平昌洪《东亚泉志》卷一一)又罢宝泉提举司(权衡《庚申外交》)。民皆以变钞法咎丞相脱脱,为《醉太平小令》一阕云:"堂堂大元,奸佞擅权,开河变钞祸根源,惹红巾万千。官制滥,刑法重,黎民怨!人吃人,钞买钞,何曾见?贼做官,官作贼,混贤愚,哀哉可怜!"自京师以至江南,人人能道之。(《辍耕录》卷二三)

叶子奇论至正钞法云:"元世祖中统、至元间立钞法,行之四五十年。中统以费工本多，寻不印行。独至元钞通行，用以权百货轻重，民甚便之。至正间丞相脱脱当承平无事，入邪臣贾鲁之说，欲有所建立以求名于后世，别立至正交钞，料既窳恶易败，难以倒换，遂涩滞不行。及兵乱国用不足，多印钞以贾兵，钞贱物贵，无所于授，其法遂废。呜呼！盖尝考之，非其法之不善也，由后世变通不得其术也，元之钞法，即周、汉之质剂，唐之钱引，宋之交会，金之交钞。当共盛时皆用钞以权钱。及当衰败，钱货不足，止广造楮币以为费，楮币不足以权变百货，遂涩而不行，职此之由也。必也，欲定钞法，须使钱货为之本，如茶盐之有引，引至则茶盐立得。使钞法如此，乌有不行之患哉！当今变法，宜于府县各立钱库，贮钱若干，置钞准钱引之制，如张咏四川行交子之比，使富室主之，引至钱出，引出钱入，以钱为母，以引为子，子母相权，以制天下百货，出之于货轻之时，收之于货重之日，权衡轻重，与时宜之，未有不可行之理也。譬之池水所入之沟，舆所出之沟相等，动荡流通而血脉常活也。借使所入之沟虽通，所出之沟既塞，则水死而不动，唯有涨漏浸淫而有滥觞之患矣。此其理也。当时不知，徒知严刑驱穷民以必行，所以刑愈严而钞愈不行，此元之所以卒无术而亡也。"（《草木子》卷三）

六、释锭

元代钞法，贯以外别有锭、两、分、文等单位，银之数多者亦为锭。

钞有中统元宝交钞、中统元宝钞、至元通行宝钞、至大银钞、至正中统交钞之别。

钞名	钞本	单位	与银之比例	与旧钞之比例
中统元宝交钞	丝	两、钱	两值银五分	
中统元宝钞	银	贯、文	贯值银五钱	
至元通行宝钞	银	贯、文	贯值银五钱	贯当中统钞五贯
至大银钞	银	两、钱	两值银一两	两准至元钞五贯
至正中统交钞	钱	贯、文	贯值钱千	贯准至元钞二贯

历朝钞之发行额可考者如下表,根据栏无说明者皆出《元史·食货志》。

中	元	公元	钞名	锭数	根据
中统	元年	1260	中统	73352	
	二年	1261	中统	39139	
	三年	1262	中统	80000	
	四年	1263	中统	74000	
至元	元年	1264	中统	89208	
	二年	1265	中统	116208	
	三年	1266	中统	77252	
	四年	1267	中统	109488	
	五年	1268	中统	29880	
	六年	1269	中统	22896①	
	七年	1270	中统	96768	

---

① 王恽:《玉堂嘉话》卷四:"至元六年行用元宝钞止七十余万锭,予时为御史,曾刷提举司文案,故知。"

中	元	公元	钞名	锭数	根据
	八年	1271	中统	47000	
	九年	1272	中统	86256	
	十年	1273	中统	110192	
	十一年	1274	中统	247440	
	十二年	1275	中统	398194	
	十三年	1276	中统	1419665	
	十四年	1277	中统	1021645	
	十五年	1278	中统	1023400	
	十六年	1279	中统	788320	
	十七年	1280	中统	1135800	
	十八年	1281	中统	1094800	
	十九年	1282	中统	969444	
	二十年	1283	中统	610620	
	二十一年	1284	中统	629904	
	二十二年	1285	中统	2043080	
	二十三年	1286	中统	2181600	
	二十四年	1287	中统	83200	
			至元	1001017	
	二十五年	1288	至元	921612	
	二十六年	1289	至元	1780093	
	二十七年	1290	至元	500250	
	二十八年	1291	至元	500000	
	二十九年	1292	至元	500000	
	三十年	1293	至元	260000	
	三十一年	1294	至元	193706	

中	元	公元	钞名	锭数	根据
元贞	元年	1295	至元	310000	
	二年	1296	至元	400000	
大德	元年	1297	至元	400000	
	二年	1298	至元	299910	
	三年	1299	至元	900075	
	四年	1300	至元	600000	
	五年	1301	至元	500000	
	六年	1302	至元	2000000	
	七年	1303	至元	1500000	
	八年	1304	至元	500000	
	九年	1305	至元	500000	
	十年	1306	至元	1000000	
	十一年	1307	至元	1000000	
至大	元年	1308	至元	1000000	
	二年	1309	至元	1000000	
	三年	1310	至大	1450368	(《纪》作一百二十万锭)
	四年	1311	至元	2150000	
			中统	150000	
皇庆	元年	1312	至元	2222336	
			中统	100000	
	二年	1313	至元	2000000	
			中统	200000	
延祐	元年	1314	至元	2000000	
			中统	100000	

中	元	公元	钞名	锭数	根据
	二年	1315	至元	1000000	
			中统	100000	
	三年	1316	至元	400000	
			中统	100000	
	四年	1317	至元	480000	
			中统	100000	
	五年	1318	至元	400000	
			中统	100000	
	六年	1319	至元	1480000	
			中统	100000	
	七年	1320	至元	1480000	
			中统	100000	
至治	元年	1321	至元	1000000	（《纪》作至元钞五千万贯、中统钞二百五十万贯）
			中统	50000	
	二年	1322	至元	800000	
			中统	50000	
	三年	1323	至元	700000	
			中统	50000	
泰定	元年	1324	至元	600000	
			中统	150000	
	二年	1325	至元	400000	
			中统	100000	（《纪》、《志》同）
	三年	1326	至元	400000	
			中统	100000	

中	元	公元	钞名	锭数	根据
	四年	1327	至元	400000	
			中统	100000	
天历	元年	1328	至元	310920	
			中统	30500	
	二年	1329	至元	1192000	
			中统	40000	
至顺	元年	1330	至元	450000	
			中统	50000	(《元史》卷三三《文宗纪》)
	二年	1331	至元	890050	
			中统	5000	(《元史》卷三五《文宗纪》)
	三年	1332	至元	996000	
			中统	4000	(《元史》卷三六《文宗纪》)
至元	四年	1338	至元	1500000	(《元史》卷三九《顺帝纪》)
	五年	1339	至元	1200000	(同上)
至正	元年	1341	至元	990000	
			中统	10000	(《元史》卷四〇《顺帝纪》)
	十二年	1352	至正	1900000	
			至元	100000	(《元史》卷四二《顺帝纪》)
	十三年	1353	至正	1900000	
			至元	100000	(《元史》卷四三《顺帝纪》)
	十五年	1355	至正	6000000	(《元史》卷四四《顺帝纪》)

除英宗一朝颁钞以贯计外(《食货志》亦纽合作锭),历朝皆以锭计。

《元史·食货志·钞法门》言交钞每银五十两易丝钞一千两，是银一两当丝钞二十两，丝钞一两为银五分。元宝钞则一贯同交钞一两，两贯同白银一两，贯为银五钱。二者显有矛盾。盖据上文则交钞一两为银五分，据下文则元宝钞一贯为银五钱，二者价格相去十倍也。如以元宝钞一贯同交钞一两，则交钞一两亦当值银五钱，是上文"每银五十两，易丝钞一千两"，应作"每银五十两，易丝钞一百两"，始合。然据《食货志·岁赐门》，世祖次子平远王阔阔出位，西平王奥鲁赤位，爱牙赤大王位，镇南王脱欢位，云南王忽哥赤位，五王岁赐银五十锭，折钞一千锭。银一锭为钞之二十倍，恰与钞法条合。据此则银一两合交钞二十两，下文之元宝钞一贯即不能为交钞一两，盖以元宝钞一贯值银五钱，而交钞一两则仅值银五分也。如以上文为是，则下文元宝钞一贯同交钞一两，应为元宝钞一贯同交钞十两之误。总之，《食货志》所记交钞元宝钞与银之比率，二者必有一误。

欲决此疑，请先释钞锭。

交钞之单位为两为钱。《食货志·额外课门》云："历日总三百一十二万三千一百八十五本，计中统钞四万五千九百八十锭三十二两五钱"。"内大历二百二十万二千二百三本，每本钞一两，计四万四千四十四锭三两。小历九十一万五千七百二十五本，每本钞一钱，计一千八百三十一锭三十二两五钱。回回历五千二百五十七本，每本钞一两，计一百五锭七两。""契本总三十万三千八百道，每道钞一两五钱，计中统钞九千一百一十四锭。"又《茶法门》："茶引一百万张，每引十二两五钱，共为钞二十五万锭。"是锭为钞五十两。

元宝钞之单位为贯为文。《岁赐门》云："世祖平江南，又各益以民户。时科差未定,每户折支中统钞五钱,至成宗复加至二贯。"此据字面言,上文中统钞五钱为交钞,下文二贯则为元宝钞。如据《钞法门》之比例,丝钞五钱为银二分五厘,元宝钞二贯则为银一两。由世祖至成宗十数年间之增加额为四十倍。今试就户钞之实例计之,如太祖叔答里真官人位江南户钞,至元十八年拨南丰州一万一千户,计钞四百四十锭。丝钞户五钱,万一千户为五千五百两,锭五十两,计为锭一百一十。元宝钞户二贯,万一千户为二万二千贯,为锭四百四十。则一锭为五十贯。又如太祖弟搠只哈撒儿大王淄川王位江南户钞,至元十三年分拨信州路三万户,计钞一千二百锭。三万户为六万贯,以锭五十贯计,恰为一千二百锭。由上二例知钞锭为五十贯,知《岁赐门》所列户钞均为成宗时之中统元宝钞二贯。如以丝钞计之,则全部不合。再检《元史》卷一八《成宗纪》:"中书省臣言:'陛下新即大位,……江南分土之赋,初止验其版籍,令户出钞五百文,今亦当有所加,然不宜增赋于民。请因五百文加至二贯,从今岁官给之'。从之。"据此则《岁赐门》之中统钞五钱,《纪》作钞五百文,一钱即一百文。又如《俸秩门》内外官俸数,太师府长史俸三十四贯六钱六分,以贯与钱合用。《元典章》卷二一《户部七·钱粮数目·以零就整》条,中统宝钞以贯为两,以十文为分。由此知《元史》记载钞数,两与贯常互用,所记中统钞若干两或贯,实通指交钞(丝钞)与元宝钞(银钞)而言。

交钞之两与元宝钞之贯互用,以事理言,必须一两与一贯之实值相等始可。今试以常时之物价探求两与贯之实值。太宗庚寅年(公元1230)始行盐法,每盐一引重四百斤,其价银一十两。世祖中统二年(公元1261)减银为七两。至元十三年(公元1276)既取宋,而江南之盐所入尤广,每引改为中统钞九贯。二十六年增为五十贯。两淮之盐，至元十三年每引三百斤，其价为中统钞八两。两浙之盐，至元十四年，每引分作两袋，每袋折中统钞九两。太宗时境土未广，产盐不多，盐至银十两一引。平宋后得江南盐而盐价下跌，引为中统钞九贯或九两，八贯。由此知第一，贯两实值应相等；第二，贯两之实值与银一两之实值相去亦不甚远。又如《酒醋课》，至元十年（公元1273）御史台言：酒户见纳课程，每石卖钞四两，内纳官课钞一两，葡萄酒每一千斤卖钞一百两，内纳官课六两。钞四两可买酒一石。（《新元史·食货志》）又如市籴，至元三年（公元1266）每石六钱，四年每石四钱五分。（王恽《乌台笔补》）京师赈籴之制，至元二十二年，发海运之粮，减其市值以赈籴。凡白米减钞五两，南粳米减钞三两，岁以为常。成宗元贞元年（公元1295）发粮七万石粜之，白粳米每石中统钞一十五两，白米每石一十二两，糙米每石六两五钱。（《元史》卷九六《食货志·赈恤》）大德七年（公元1303）始加给内外官俸米，无米则按其时值给价，虽贵，每石不过二十两。上都大同隆兴甘肃等处素非产米之地，每石权给中统钞二十五两。（同上书《俸秩》）约计成宗时米价石约二十两，则以钞值低落，较初制钞时贬值故也。

由上文所申述，已知者为钞每锭为五十两，或五十贯。两贯钱文互用。钞一两或一贯之购买力低于银一两。今再就当时之交钞与银之比例论之。至大四年（公元1311）户部言："盐课价钱，中统至元年间每引一十四两，至元二十年每引二十两，已后递添。至元贞二年，一引至中统钞六十五两。此时中统钞一两可买盐四斤上下。至大二年尚书省奏准每盐一引改作至大银钞四两，该至元钞二十两，折中统钞一百两，较原价斗添三分之一。"按中统两贯同白银一两，一贯同交钞一两，则中统二年减为七两者，白银七两也，户部所云每引十四两者,交钞十四两也。(《元典章》卷二二《户部八》,《新元史·食货志·钞法》)则白银一两为交钞二两甚明。再核以明人国史,洪熙元年(公元1425)范济言:"中统交钞以丝为本,银五十两易丝钞一百两。"(《明宣宗实录》卷六)济生于至正初年(公元1342年顷),上距中统制钞约八十年。以二事互证,则银一两为交钞二两之说当可置信。

白银一两为交钞二两之说成立,《食货志·钞法门》之记载便可贯通而无牴牾。试据以改丝钞千两为百两,即可通读为交钞以银五十两易丝钞一百两,元宝钞一贯同交钞一两,二贯同白银一两,至元钞亦然。通有元一代三种通行之钞,均与银为二比一之比例,即银一两值钞二两或二贯,银一锭值钞二锭。于此又有一问题发生,《草木子》记至元钞凡十等:"一十文为半钱,二十文为一钱,三十文为一钱半,五十文为二钱半,一百文为五钱,二百文为一贯,三百文为一贯五钱,五百文为二贯五钱,一贯为五两,二贯为十两,五个一贯为半锭,五个二贯为锭。"以十贯为锭,五贯为两,二十文为钱,不与上文所申述者恰相违戾乎?于此,有一答案,即元代行钞以中统钞为准,以物价承中统钞之旧故也。至元钞一贯当中统钞五贯,一锭当中统钞五锭,故其锭之计算两钱,亦准中统钞折而五之,所谓十文为半钱者,即中统钞五十文为五分也,十贯为锭者,即中统钞五十贯为锭也。至《元典章》记皇庆元年(公元1312)定在先一锭银折二十锭钞来,如今添五锭,每一锭银做中统钞二十五锭。延祐七年(公元1320)科征包银,每一户额纳包银二两,折至元钞一十贯。(《元典章》卷二一《户部七》)银一两折至元钞五贯,中统钞二十五贯,则以法坏贬值,不能维持初制;且此犹属政府定价;实际之贬值,当犹不止此也。

元钞锭之制仿于金之银锭,金制银每锭五十两,其值百贯(《金史》卷四八《食货志·钱币》,《古今治平略》卷三《唐宋钱币》)。元之银锭始铸于至元三年(公元1266),锭重五十两。时杨湜任诸路交钞都提举,上钞法便宜事,谓平准行用库白金出入有偷滥之弊,请以五十两铸为锭,文以元宝,用之便。(《元史》卷一七〇《杨湜传》)银锭之铸,盖从其所请也,其后有扬州元宝,乃至元十三年元兵平宋回,丞相伯颜号令搜检将士行李所得撒花银子,销铸作铤,重五十两,归朝献纳。次年复铸元宝重四十九两。十五年所铸者重四十八两。至辽阳元宝则至元二十三四年以征辽东所得银而铸者。(《辍耕录》卷三〇)据至元宝钞通行条画:"课银一锭,宝钞二锭,发卖宝钞一百二贯五百文。"内二贯五百文为宝钞工费,是则银一锭为钞二锭,知当时通用之银锭为锭五十两者。至元钞一锭合银二十五两。至中统钞原值锭为银二十五两者,至至元钞发行时改以五锭合银一锭,表面为贬值五倍,实则据王恽所记,在至元钞发行以前,中统钞盖已十不值一,则实际上反而提高五倍也。由此可证《食货志·岁赐门》所记世祖五王岁赐银五十锭折钞一千锭者,当为至元钞发行以后之实际折合率。事实本不误。明修《元史》,即据此以述中统元宝交钞与银之折合率,入之《钞法门》中。[《元史》本《经世大典序录》,《大典》成于至顺二年(公元1331)]。以中统交钞发行后二十余年之贬值实值,引为初发行之实值,先后倒置,遂使读者寻绎不通,盖无足异矣。

后三百年,清孙承泽记元钞法,谓:"元世祖造中统交钞,以银为率,名曰银钞,一贯文省准钱一千文,值银一两,故五十贯为一锭,盖是银五十两也。"(《春明梦余录》卷三八)至不辨丝钞与银钞之别。以交钞为银钞误一,以银钞一两值银一两误二,以钞锭一锭值银五十两误三。原孙氏之所以致误,盖以至正中统交钞与至大银钞,牵就以为世祖初制,初不知元钞制虽以贯为文,初未与钱相权,武宗、顺帝二朝虽曾铸钱,俱旋踵即废,与颁钞初制固不相涉也。

一九四三年三月

(原载1946年《中国社会经济史集刊》,第7卷第2期,原题名《元史·食货志·钞法》补)

元明两代之"匠户"

一

"匠户"是元明两代户籍法中的一种特殊制度,这制度是用种种方式把有特殊技艺的工匠编为"匠户",子孙世守其业,替国家服役。又以工作的对象和军民户籍的关系,分为"军匠"和"民匠"二种。在户籍中除"民户"和次多数的"军户"外,"匠户"的户数和人口超过其他任何特殊户籍,如僧道盐灶诸户及陵户、园户、海户之类。这制度从元初制定,一直到清初才明令取消(约自西元1200至1645年),施行了四百多年。

蒙古人文化落后,关于军器和日常生活必需品的制造,大部都需仰给于其他高文化的民族。成吉思汗兴起后,因军力之膨胀和疆土之日益扩大,工业品之需要日渐加强,从事制造的工人也因之而特被重视。在攻城作战时,照蒙古军法凡敌人曾经抵抗,城破后依例屠城。唯有艺业的工匠才能免死。西元1232年蒙古军攻汴梁将下时,大将速不台奏请屠城,耶律楚材以"奇巧之功,厚藏之家,皆萃于此。若尽杀之,将无所获"的理由,救免避兵居汴的一百四十七万人的生命。① 被兵处所的遗民也往往以冒为工匠而苟全，如《元史·张雄飞传》所记：

> 国兵屠许,惟工匠得免。有田姓者(雄飞父)琮故吏也,自称能为弓,且诈以雄飞及(琮妾)李氏为家人,由是获全,遂徙朔方。

刘因《静修文集·记武遂杨翁遗事》，据杨翁自述：

> 保州屠城,惟匠者免。予冒入匠中。如予者亦甚众。或欲请择能否,其一人默语之曰:"能挟锯即匠也。拔人于生,挤人于死,惟所择。"事遂已。而凡冒入匠中者皆赖以生。

这一些假冒的工匠自然被编入军匠户籍，一部分从军，一部分则被迁徙到朔方工作。同时心地慈祥的将吏也往往借搜简工匠的名义，使难民免于屠戮。《元史·孙威传》记：

> 威每从战伐,恐民有横被屠戮者,辄以搜简工匠为言而全活之。

刘因《浑源孙公先茔碑铭》也说他：

> 前后所领平山安平诸工人,皆俘虏之余。

---

① 《元史》卷一百四十六《耶律楚材传》。

或则使俘虏学习工艺,著籍为匠户。揭傒斯《揭文安公文集》十三《陕西等处行中书省平章政事吕公墓志铭》记:

> 合剌廉直多巧思,为初建金玉局使。奏释所获宋间谍钛输作者及渡江所俘童男,皆教以工事,世守其业。

至于技艺熟练的优秀工人,则在平金和平宋时均曾大规模地尽室迁徙。《静修文集》十七《济水李君墓表》记:

> 金人南徙,国朝迁诸州工人实燕京。

《元史》和《元典章》亦记伯颜入临安,尽以文思院、都作院所属工匠北行。或则就地方设局,使俘囚工作。《元史·何实传》:

> 实分兵攻汴、陈、蔡、唐、邓、许、钧、睢、郑、亳、颍,俘工匠七百余人。字鲁复命驻兵邢州,分织匠五百户置局课织。

《镇海传》亦记:

> 先是收天下童男童女及工匠置局弘州。既而得西域织金绮纹工三百余户,及汴京织毛褐工三百户,皆分隶弘州,命镇海世掌焉。

至元十三年（西元1276）又籍江南民为工匠，凡三十万户。① 三年后又大举籍民匠，王恽《浙西道宣慰使行工部尚书孙公神道碑铭志》：

> 十六年冬授正议大夫浙西道宣慰使兼行工部事。籍人匠四十二万，立局院七十余所，每岁定造币缟弓矢甲胄等物。②

至元二十一年（西元1284）重选定江南所取民匠，留下十一万户。《元史·世祖纪》：

> 五月乙丑，阿鲁忽奴言：曩于江南民户中拨匠户三十万，其无艺业者多。今已选定诸色工匠，余十九万九百余户，宜纵令为民。从之。

到至元二十四年（西元1287）又下令括江南诸路匠户。③

民匠和军匠的分别，民匠只在规定的局所工作，军匠则往往须随军工作，有时且须正式参加作战，被编为匠军。《元史·兵志序》说：

> 或取匠为军曰匠军。

---

① 《元史·张惠传》。
② 《秋涧集》卷五十八。
③ 《元史·世祖纪》。

例如太宗七年（西元1235）七月签宣德、西京、平阳、太原、陕西五路人匠充军。命各处管匠头目，除织匠及和林建宫殿一切合干人等外，应有回回、河西、汉儿匠人等，通验丁数，每二十人出军一名。① 到天下大定后，军匠工作变成固定，始下令造作军人休教出征，如《元典章》所记：

> 至元三十一年（西元1294）正月福建行省准中书省咨：近准湖广行省咨：造作局院军匠，元系亡宋都作院人匠，见行成造常课生活，及供给交阯军器。有管军官依奉行院札付，将八局人匠尽行拖领前去交阯出军，止落后下老弱残病久疾不堪造作人数。兼前项军匠系八局造作籍定匠数，已有定到常课工程即与常调宣人不同。若将上项人匠差拨充军，诚恐失误造作术使，请明白闻奏事。②

可是这只指有固定局所的"军匠"而言，不许将"军匠"充作"匠军"。至于随军的军匠，则恐仍不受这禁令的拘束。

诸民匠户一部分属于工部，分领于诸局所总管府。《元史·百官志一》记诸民匠户所属有：

> 诸色人匠总管府，秩正三品，掌百工之技艺……其下有梵像、出蜡局、铸泻等提举司及铜局、银局、镔铁局、石局、木局、油漆局等局。

---

① 《元史·兵志》"兵制"条。
② 《元典章》卷三十四"出征"条。

> 诸司局人匠总管府,掌氁毯等事。
>
> 提举右八作司,掌都局院造作镔铁、铜、钢、鍮石,东南简铁州都支持皮毛、杂色羊毛、生熟斜皮、马牛等皮、骔尾、杂行沙里陀等物。
>
> 诸路杂造局总管府,其下有帘网局。
>
> 茶迭儿局总管府,管领诸色人匠造作等事。
>
> 大都人匠总管府,其下有绣局、纹锦总院、涿州罗局等。
>
> 随路诸色民匠都总管府,掌仁宗潜邸诸色人匠。

等总管府。又于大都通州等处置皮货所,晋宁路、冀宁路、南宫、中山、深州、宏州、云内州、大同、恩州、保定、大宁路、顺德路、彰德路、怀庆路、宣德府、东圣州等地置织染提举司。

一部分属于将作院,《百官志四》记:

> 将作院,秩正二品,掌成造金玉珠翠犀象宝贝冠佩器皿,织造刺绣段匹纱罗,异样百色造作。

其下有诸路金玉人匠总管府,所属有玉局、金银器盒局、玛瑙局、金丝子局、鞋带斜皮局、瓘玉局、浮梁磁局、画局、妆钉局、大小雕木局、温犀玳瑁局、漆纱冠冕局等提举司及所。有异样局总管府,所属有异样纹绣、绫绵织染、纱罗等提举司,及大都等路民匠总管府,所属有备章总院、尚衣局、御衣局、高丽提举司、织佛像提举司等。

一部分属于中政院,《百官志四》记:

> 中政院,秩正二品,掌中宫财赋营造,内正司秩正三品,掌

百工营缮之役。

其下有尚工署,管领六盘山等处齐哩克昆民匠都提举司,有翊正司,掌齐哩克昆民匠五千余户,管领上都等处诸色人匠提举司及管领诸路打捕鹰房民匠等户总管府,辽阳等处金银铁冶都提举司等司所。

一部分属于随路诸色人匠总管府。《百官志五》记:

> 中统五年(西元1264)命招集析居放良还俗僧道等户习诸色匠艺,立管领齐哩克昆总管府以司其造作。

其他列帝潜邸及中宫太子诸王均各有所属民匠,不能备举。

军匠则属于武备寺。其下有大同路、平阳路、太原路、保定、真定路、辽河等处蔚州、宣德、大宁路等军器人匠提举司,广平路、通州、蓟州、大都等甲局,归德府、汝宁府、陈州军器局、箭局、弦局、杂造局等等。

《元经世大典·工典总叙》分诸工匠的工作大要为二十二门:一官苑,二官府,三仓库,四城郭,五桥梁,六河渠,七郊庙,八僧寺,九道宫,十庐帐,十一兵器,十二卤簿,十三玉工,十四金工,十五木工,十六抟埴之工,十七石工,十八丝枲之工,十九皮工,二十毯罽之工,二十一画塑工,二十二诸匠。诸匠户的户数试以金玉工作例:

> 中统二年(西元1261)敕徙和林白八里及诸路金玉码玛诸工三千余户于大都,立金玉局。至元十一年(西元1274)陞诸

路金玉人匠总管府。

一总管府的匠户就有三千多户,其他可想而知。每门中又分若干部,如木工:

> 木工之名则一,而其艺有大小,如营建宫室则大木之职也,若舟车以济不通,几案以适用,此皆小木之为也。故镞匠有局,缮工有司,民匠杂造之有府,岁为定制,以备用焉。①

诸匠工除汉人、南人外,又遍取各国族之人以充之,如丝枲之工之有高丽诸工、西域诸工,漆匠之取于云南,兵器匠之取于西域旭烈木发里,妆塑绘画之取于尼波罗国。《经世大典·工典》"诸匠"条说:

> 国家初定中夏,制作有程。乃鸠天下之工,聚之京师,分类置局,以考其程度,而给之食,复其户,使得以专于其艺。故我朝诸工,制作精巧。咸胜往昔矣。②

工专其业,并且同一业的都聚于一地,或就出产的场所置局生产,用政府的威力和财力来统制一切工业部门,从上文所引可以想见当时的盛况。

匠户所得的待遇,是蠲免徭役,由政府维持其生活。以此往往

---

① 《元经世大典·工典总叙》。
② 苏天爵:《元文类》卷四十二。

有土豪地主自动投充匠户,以为避免徭役之计,元初王恽在他所上的《便民三十五事》中说:

> 各处富强之民,往往投充人匠,影占差役,以致靠损贫难户计。①

至元十七年(西元1280)曾敕民避役窜名匠户者复为民。② 可是到后来法度废弛,匠户被工官剥削,生活日趋困苦,如《元史·察罕传》所记:

> 察罕从孙立智理威,大德十年(西元1306)官湖广行省左丞。湖广岁织币上供,以省臣领工作。遣使买丝他郡,多为奸利。工官又为剥削,故匠户日贫,造币益恶。

匠户是另有户籍的。在初期富强之民要作弊窜名匠籍,到这时却好相反,舞弊的官吏有故意把民户列为匠籍,以为敲诈之计的。黄溍《茶陵州判官许君墓志铭记》有一例:

> 改赣州录事。纹锦局吏窜毁匠籍而牵连追呼滥及民伍。君白于郡,发架阁旧籍证之,其弊以绝。③

在工作时则有长(作头)管束,宋本《土狱》说:

---

① 《秋涧集》卷九。
② 《元史·世祖纪》。
③ 《黄文献公集》卷八。

> 京师小木局木工数百人,官什伍其人,置长分领之。①

词讼则不归有司,由政府特置官处理。《元史·百官志》记有:

> 管领随路人匠都提领所提领一员,大使一员。但受者檄掌工匠词讼之事。至元十二年(西元1275)置。

匠户所有土地的纳税方法,也和民户不同。民户该纳丁税和地税,丁税少而地税多者纳地税,地税少而丁税多者,纳丁税。匠户因为已经"复户",取消了丁税,所以也和僧道一样。验地纳税不再计丁了。②

二

明沿元旧制,分户籍为三等,曰民户,曰军户,曰匠户。③ 匠户又分二等,曰住坐,曰轮班。④ 住坐者隶内府内官监,轮班者隶工部。⑤ 至军匠则大部分分属于卫所,一部分属于内府兵仗局。

明代匠户的鉴定,完全依据元代旧籍,不许私自变动,《大明会典》说:

---

① 《元文类》卷四十一。
② 《元史·食货志·税粮》。
③ 《明史·食货志·户口》。
④ 《明史·赋役》。
⑤ 《大明会典》卷一百八十八《工匠一》。

> 洪武二年（西元 1369）令凡军民医匠阴阳诸色户，许各以原数抄籍为定，不许妄行变乱，违者治罪，仍从原籍。①

从此匠户的身份，便被固定，不但是本人，连后代的子孙的命运也被这一纸诏令所决定了。工人虽有文学亦不能预士流，官清要。除非是蒙特旨落去匠籍为民，例如永乐时之五墨匠陈宗渊：

> 文庙（明成祖）选中书舍人二十八人专习羲、献书，以黄文简公（淮）领之。一日上谓文简公曰：诸生习书如何？公对曰：日惟致勤耳。惟今翰林有五墨匠陈宗渊者，亦日习书，而不敢侪诸人之列，但跪阶下临拓，颇逼真。上曰：卿尝持其所书来否？公因出诸袖中。上览之喜甚，目公曰：此何乡人？对曰：越陈刚中之后也。上闻刚中名，改容久之曰：自今当令此人与二十八人同习书。公曰：然尚在匠籍，又须如例与饮食给笔札。上从之。且令有司落其籍。宗渊遂得入士流。雅善山水，又能传神。习书未久，为中书舍人。历仕三朝，以刑部主事致仕云。②

此外则技艺绝伦的工人，特蒙皇帝赏识，亦有从工官超躐到卿贰的。如永乐十五年（西元 1417）营建北京宫殿之木工蒯祥，以营缮

---

① 《大明会典》卷十九《户口一》。
② 刘昌：《悬笥琐探》。

所丞累官至工部左侍郎。同时蔡某亦以造宫殿授衔至尚宝司丞。①杨青以瓦工为都工,营建宫阙,官亦至工部左侍郎。② 蔡信以营缮所正至工部侍郎。③ 宣德时(西元1426—1435)石匠陆祥官至工部左侍郎,嘉靖间(西元1522—1566)木工徐杲官至工部尚书。④ 蒯刚、郭文英俱以木工官至工部右侍郎。⑤

  属于轮班的各地方匠户,每三年应到京师工作三月,给有勘合。《大明会典》记:

> 凡轮班人匠,洪武十九年(西元1386)令籍诸工匠,验其丁力,定以三年为班,更番赴京轮作三月,如期交代,名曰轮班匠,仍量地远近以为班次,置勘合给付之。至期赍至部听拨免其家他役。⑥

这制度据《明史》,系秦逵所定:

> 秦逵……洪武十八年进士……擢工部侍郎。时营缮事繁,部中缺尚书,凡兴作事,皆逵领之。初议籍四方工匠,验其丁力,定三年为班,更番赴京,三月交代,名曰轮班匠。未及行。至是逵议量地远近为班次,置籍为勘合付之,至期赍至

---

① 《苏州府志》。
② 《松江府志》。
③ 《武进县志》。
④ 沈德符:《野获编》卷十九。
⑤ 王世贞:《弇山堂别集》卷十。
⑥ 《大明会典》卷一百八十九。

部,免其家徭役,著为令。①

到洪武二十六年(西元1393)政府举办大工程,各地工匠被征发到京师的达二十余万户。又规定被征匠户户役一人,更番工作之制,《明史·严震直传》:

> 洪武二十六年六月进工部尚书。时朝廷事营建,集天下工匠于京师凡二十余万户。震直请户役一人,书其姓名所业于官。有役则按籍更番召之。役者称便。②

和《明太祖实录》所记参证,原来这二十余万户的匠户是这年轮到被征发的总数,政府只是照例征发,匠户也遵令到班,可是政府并未预先计画好这二十几万人的工作,以致匠户到京后,大部分无工可作,废时失业。政府才又规定这依工作需要规定应役工人数目的法令。《太祖实录》记:

> 洪武二十六年十月己亥,先是诸色工匠,岁率轮班至京受役,至有无工可役者,亦不敢失期不至。至是工部以为言。上乃令先分各色匠所业而验在京诸司役作主繁简,更定其班次,率三年或二年一轮,使赴工者各就其役,而无费日,罢工者得安家居,而无费业。③

---

① 《明史》卷一百三十八《薛祥传》。
② 《明史》卷一百五十一。
③ 《明太祖实录》卷二百三十。

上工以一季为满,凡给勘合二十三万二千八十九名。① 这制度的颁布,似乎政府已给工人以休息的机会,可是仍未解决匠户的根本困难。因为匠户被征发到京的往返行费食粮均须自备,在人力和财力两方面说都极不经济。例如《明英宗实录》所说:

> 正统十二年(西元1447)闰四月丙戌,福建福州府闽县知县陈敏政言:轮班诸匠正班虽止三月,然路程窎远者,往还动经三四余月。则是每应一班,须六七月方得宁家。其三年一班者常得二年休息,二年一班者亦得一年休息。惟一年一班者奔走道路,盘费罄竭。②

因之逃亡相继。宣德元年(西元1426)正月工匠逃亡的达五千余人。③ 到景泰元年(西元1450)十二月逃匠的总数遂达三万四千余人。④ 政府处置逃匠的办法,一面用高压手段,设清理匠役官逮捕逃匠,勒令工作。《明英宗实录》记:

> 正统二年(西元1437)二月己巳,行在工部奏:天下工匠蒙放遣休息者三千七百余人,俱刻期使自来赴工。今过期不至者二千九百余人,请令所司械送赴京。从之。⑤

---

① 《大明会典》卷一百八十九;《明史·严震直传》。
② 《明英宗实录》卷一百五十三。
③ 《明宣宗实录》卷十三。
④ 《明英宗实录》卷一百九十九。
⑤ 《明英宗实录》卷二十七。

同书又记：

> 三年（西元1438）十二月甲戌，命各处有司逮逃匠四千二百五十五人。①

逮至逃匠皆带刑具罚工。② 或罚充军匠。③ 其逃亡他处者，则令就地附籍当差。《大明会典》说：

> 正统元年（西元1436）令山西、河南、山东、湖广、陕西、南北直隶、保定等府州县，造逃户周知文册，备开逃民乡里姓名男妇口数军民匠灶等籍，及遗下田地税粮若干，原籍有无人丁应承粮差。原系军匠者，仍作军匠附籍，该轮班匠则发遣一丁当匠。④

又令逃匠自首免罪，不首者发边卫充军。⑤ 一面又制定征银法，使匠户得以银代役。《大明会典》又记：

> 成化二十一年（西元1485）奏准，轮班工匠有愿出银价者，每名每月南匠出银九钱免赴京，所司类赍勘合赴部批工。北

---

① 《明英宗实录》卷四十九。
② 《明英宗实录》卷八十。
③ 《明英宗实录》卷二。
④ 《大明会典》卷十九。
⑤ 《大明会典》卷十九。

匠出银六钱,到部随即批放。不愿者仍旧当班。①

弘治十八年(西元1505)改为每班征银一两八钱,遇闰征银二两四钱。无力者每季连人匠勘合解部投当,上工满日批放。匠价尽行解部。从嘉靖四十一年(西元1562)起,又改为通行征价,不许私行赴部投当,以旧规四年一班,每班征银一两八钱,分为四年,每名每年征银四钱五分。统计各省府班匠共十四万二千四百八十六名,每年征银六万四千一百十七两八钱。② 从此以后,轮班匠便名存实亡,轮班匠户的义务并非工作而为征纳代工银了。李诩记江阴匠班银之弊说:

> 余邑有匠班银,匠户每名出银四钱二分(按应作四钱五分)此定于国初,而户籍一成不变。(按此制定于弘治,修正于嘉靖,非国初所定)夫银以匠名,为其有利而课之也。今其子孙不为匠者多矣,犹可责其办者,承祖户而力亦胜也。中间有绝户,有逃户,则里甲赔贻,出于无辜。有零丁,有乞丐,每遇追并,必至于尽命。何无一人以通变之法,以闻于司牧者乎?③

所记虽多谬误,但其记逃户及绝户与无力者之追并情形,则可供参考。

住坐工匠属于内府内官监。永乐间(西元1403—1424)迁江浙

---

① 《大明会典》卷一八九。
② 《大明会典》卷一八九。
③ 《戒庵漫笔》。

工匠于北京，《大明会典》记：

> 宣德五年（西元1430）令南京及浙江等处工匠起至北京者，附籍大兴、宛平二县，仍于工部食粮。①

这一批附籍的匠户经过几度的淘汰，到嘉靖十年（西元1531）还存留了军民匠一万二千二百五十五名，分配在内廷的司礼监、尚衣监、御马监、印绶监、司设监、内承运库、供用库、织染局、针工局、银作局、兵仗局，和工部所属的营缮所、文思苑、织染所、皮作局、鞍辔局、宝源局、颜料局、军器局、楮本厂、大木厂、黑窑厂、琉璃厂以及兵部所属的盔甲厂和钦天监诸处工作。三十年后（西元1561）又增加到一万八千多名。隆庆元年（西元1566）又重定为一万五千八百八十四名。②

住坐匠户都由"匠官"管理工作，由工部的清匠主事管理补役及注销。逃亡者在内由锦衣卫等衙门挨拿，在外由清军巡按御史行属清查问罪起解。每户正匠做工得免杂差，仍免一丁帮贴应役。其余丁每名每年出办工食银三钱，以备各衙门因公务取役雇觅之用。正匠每月工作十日，月粮由政府供给，其数量因军民及工作性质以为差别。③

民匠中除轮班和住坐两种匠户以外，还有一种匠户是存留在本地工作的。如山西《盂县志·任役门》所说：

---

① 《大明会典》卷一八九。
② 《大明会典》卷一八九。
③ 《大明会典》卷一八九。

> 凡工役皆隶于工部,役于京师,有住坐者,有轮班者,又有存留本府而执役于织染局者。

《永平府志》也说:

> 工在籍谓之匠。考额府属役曰银,曰铁,曰铸铁,曰锡,曰钉钹,曰穿甲,曰木,曰桶,曰砖,曰石,曰黑窑,曰甄,曰熟皮,曰染,曰乌墨,曰搭采,曰絮,曰双线,曰蔻,曰冠服,曰镟,曰秤。有在京住坐,有遵化铁厂内轮班之长工,今罢。凡逃移者多。亦有种地户代当者,有为商贾者。

一府内的存留匠户,职业的分工竟到二十二类,由此可知各地存留匠户的数目一定很大。至于中央在各直省所设工局,以织染为最多。明有两京,京内和京外都置织染局,内局以应上供,外局以备公用。内局除上文已提及之内廷织染局外,南京有神帛堂,供应机房和织染局。外局如洪武时代(西元1368—1398)之四川、山西诸行省及浙江绍兴织染局,南京后湖织染局;永乐时代(西元1403—1424)之歙县织染局;陕西驼碣织染局;正统(西元1436—1449)时之泉州织造局;天顺(西元1454—1464)以后之苏、松、杭、嘉、湖等府织造局;嘉靖隆庆间之南京、苏、杭、陕西等处织造局;万历时(西元1573—1619)又增设浙江、福建、常、镇、徽、宁、扬、广德诸府州织造局,陕西羊羢局,南直浙江纻丝纱罗绫绸绢帛局,山西潞绸局。其次是烧造如临清苏州之砖厂,饶州景德镇之御用瓷器厂。① 大概

---

① 《明史·食货志六》。

也都由存留当地的匠户就地工作。

军匠可分作两部分,一部分属于中央工部的军器局和内廷的兵仗局,明朝制度是把兵器的制造权集中,外地更不置局。这两局以制造火器为主,兼造其他刀牌弓箭枪弩狼筅蒺藜甲胄战袄等军用品。一部分属于各地卫所,称为杂造局。① 军匠的户数,在内府工作的有六千户,《明史·蒋瑶传》说:

> 正德时(西元1560—1521)言:内府军器局(按应作兵仗局)军匠六千,中官监督者二人。今增至六十余人,人占军匠三十,他局称是,行伍安得不耗。②

在各卫所工作的有二万六千户。《明史·张本传》:

> 宣德初(西元1426—1435)工部侍郎蔡信乞征军匠家口隶锦衣卫。本言:军匠二万六千人,属二百四十五卫所,为匠者暂役其一丁。若尽取以来,家以三四丁计,则数近十万,军伍既缺,人情惊骇,不可。帝善本言。③

由上一例知内廷军匠多被中官占役,后一例知各卫军匠在宣德时曾被户征一丁到中央工作。

匠户的应役是以户为单位的,世世承袭,不许变动。同时也不

---

① 《明史》卷九十二《兵志》。
② 《明史》卷一百九十四。
③ 《明史》卷一百五十七。

许分户,《大明会典》说:

> 景泰二年(西元1451)奏准,兄弟各爨者,查照各人户内,如果别无军匠等项役占规避室碍,自顾分户者听。如人丁数少,及有军匠等项役占室碍,仍照旧不许分居。①

《宜兴县志》也说"军匠例不分户"。这制度的用意是为防止"军匠逃亡事故"而设的。逃亡是指匠户离开著籍地贯,事故是指正匠死病老疾,照例都须勾其次丁或余丁补役。如果许其分户,则勾补无人,匠额即缺。可是结果这制度却意外地发生两种流弊,第一是军户和役户都借合户为名,逃避差徭;章潢在《图书编》中记:

> 嘉靖九年(西元1530)十月内户部题该学士桂萼奏:臣考近来有工匠不许开户之例,盖为军匠逃亡事故而设。尔来军户有原不同户而求告合户者,有串令近军同姓之人投告而合户者,匠籍亦然。于是军匠有人及数千丁,地及数千顷,辄假例不分户为辞,于是里长甲首人丁事户不及军,匠人户百分之一。

若干户合为一户,则只须一丁应役,余户因户籍消灭而得逃避差役。接着自然发生第二种弊端,《驹阴琐记》说:

> 今制军匠等户不分析,民间口之入籍者十漏六七。

---

① 《大明会典》卷二十。

户籍的户数和口数因之不能作精确的统计。从这一点上我们可以看出为什么弘治、万历时代的户口反少于洪武时代的理由的一方面。明代的户口统计如下表（表见下）①，在每朝户数中都包括有军户三百多万，匠户二十余万：

年代	户数	口数
洪武二十六年（西元1392）	10652870	60545812
弘治四年（西元1491）	9113446	53281158
万历六年（西元1578）	10621436	60692856

在经元末二十年混战之后，人口死亡极多的明初户数有一千六十五万，可是经过一百年的休养生息，户数却减到九百十一万，再经过九十年的繁息，户数仍只一千六十二万，比开国时的统计还少。这原因除开我在《明代之农民》②和《明代之军兵》③、《明初卫所制度之崩溃》④数文中所指出军民逃亡情形以外，军户和匠户的合户也是最重要的因素之一。

从轮班匠通行以征银代工役以后，政府方面以银雇工无征发清理之繁，匠户方面从此也可就农耕，无废时失业之苦。两方面都感觉方便。在事实上则匠户已无工作之义务。和民户并无分别，

---

① 根据《万历会典》。参看梁方仲：《明代户口田地及田赋统计》第十七、二十及第二十一表。
② 天津《益世报·史学》第十二、三期。
③ 国立中央研究院社会科学研究所：《中国社会经济史集刊》第五卷第二期。
④ 南京《中央日报·史学》第三期。

同时匠户户籍之保留且和国家的徭役有碍,照理这历史上的名词早就可以取消了,可是正值明末内忧外患交逼,政府没有工夫来计及匠籍之存废。一直到清世祖入关以后,才下令废除匠籍,《顺治东华录》记：

> 顺治二年(西元1645)五月庚子,免山东章丘、济阳二县京班匠价,并令各县俱除匠籍为民。

四百五六十年来的"匠户"制度,于此告一结束,名实都废,成为历史上的名辞。

民国廿七年六月十三日于云大

(原载《云南大学学报》第一期,1938年)

记大明通行宝钞

元末钞以无本滥发而废不能用,转而用钱,而钱之弊亦日甚,官使一百文民用八十文,或六十文,或四十文,吴越各不同,湖州嘉兴每贯仍旧百文,平江五十四文,杭州二十文,法不归一,民不便用。又钱质薄劣,易于损坏。(孔齐《至正直记》卷一)钞钱俱不能用,遂一退而为古代之物物交易。

明太祖初起,即于应天置宝源局铸钱,制凡数变。时乏铜鼓铸,有司责民纳私铸钱,毁器皿输官,民颇苦之。而商贾沿元旧习,便用钞,亦苦于钱之不便转运。钱法既绌,于是又转而承元之钞法,以为元代用钞百四十年,其制可因也。顾仅承其制度之表面而忽其本根:元钞法之通以有金银或丝为钞本,各路无钞本者不降新钞;以印造有定额,量全国课程收入之金银及倒换昏钞数为额,俭而不溢,故钞尝重;以有放有收,丁赋课程皆收钞,钞之用同于金银;以随时可兑换,钞换金银,金银换钞,以昏钞可倒换新钞;以钞与金银并行,虚实相权。且各地行用库之颁发钞本也,以行用库原有金银为本,新钞备人民之购取,金银则备人民之换折,故出入均有备,钞之信用借以维持。其坏也以无钞本;以滥发;以发而不收;以不能兑换;以昏钞不能倒换新钞。明太祖及其谋议诸臣生于元代钞法沮坏之世,数典忘祖,以为钞法固如是耳,于是无本无额有出无入之不兑现钞乃复现于明代。行用库之钞本成为无本之钞,不数年而法坏。又为剜肉补疮之计,禁金银,禁铜钱,立户口食盐钞法、课程赃罚输钞法、赎罪法、商税法、钞关法等法令,欲以重钞,而钞终于无用。

洪武七年(公元1374)初置宝钞提举司,下设钞纸印钞二局,宝钞行用二库。(《明史》卷七二《职官志》)八年三月始诏中书省造大明宝钞,取桑穰为钞料,其制方高一尺,广六寸,质青色,外为龙文花栏,横题其额曰"大明通行宝钞",其内上两旁复为篆文八字曰"大明宝钞,天下通行"。中图钱贯,十串为一贯,其下云"中书省奏准印造大明宝钞,与铜钱通行使用,伪造者斩,告捕者赏银二十五两,仍给犯人财产"。(《会典》中书省作户部,二十五两作二百五十两。见下图。)若五百文则书钞文为五串,余如其制而递减之。其等凡六,曰一贯、曰五百文、四百文、三百文、二百文、一百文。每钞一贯准钱千文,银一两;四贯准黄金一两。十三年废中书省,乃以造钞属户部,而改宝钞文中书省为户部,与旧钞兼行。二十二年(公元1389)更造小钞,自十文至五十文。(《大明会典》卷三一《钞法》,《明史》卷八一《食货志·钱钞》)建文四年(公元1420)十一月,户部尚书夏原吉言:"宝钞提举司钞版岁久,篆文销乏,且皆洪武年号,明年改元永乐,宜并更之。"成祖曰:"板岁久当易则易,不必改洪武为永乐,盖朕所遵用皆太祖成宪,虽永用洪武可也。"(《明成祖实录》卷一四)自是终明世皆用洪武年号云。

宝钞颁发时,即诏禁民间不得以金银物货交易,违者治罪,告发者就以其物给赏,若有以金银易钞者听。凡商税课钱钞兼收,钱十之三,钞十之七,一百文以下则止用铜钱(《大明会典》卷三一《钞法》)。钞昏烂者许就各地行用库纳工墨值易新钞。寻罢在外行用库。洪武十三年五月户部言:"行用库收换昏钞之法,本以便

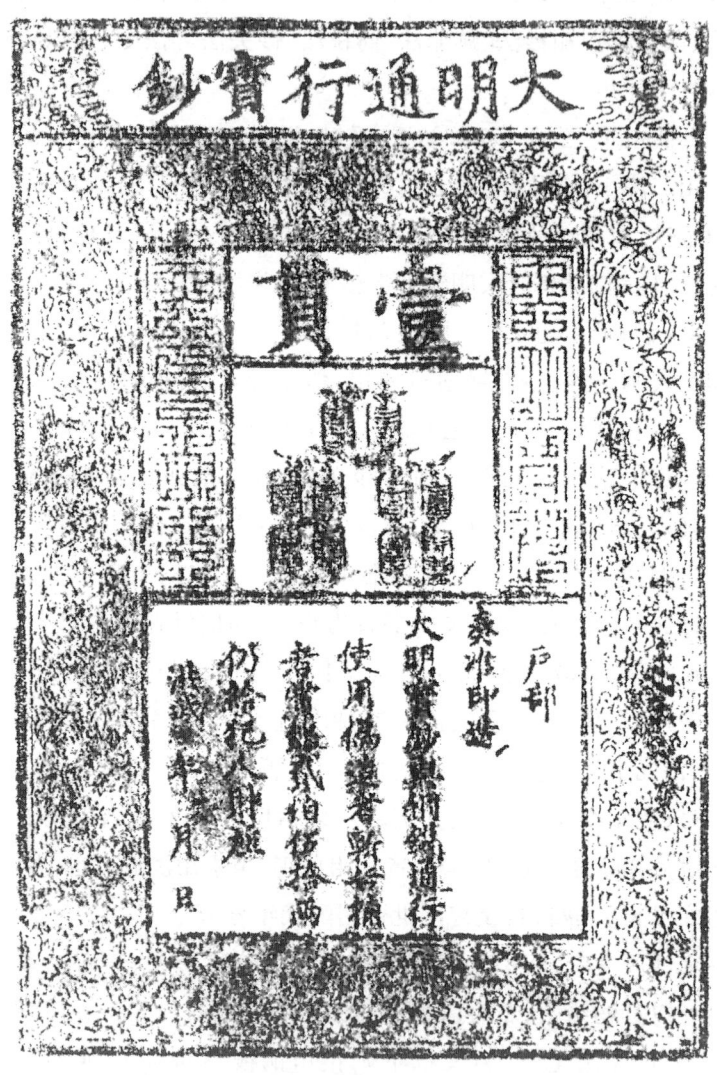

"壹贯"的"大明通行宝钞"

民,然民多缘法为奸诈,每以堪用之钞,辄来易换者。自今钞虽破软而贯佰分明,非挑描剜补者,民间贸易及官收课程并听行使。果系贯佰昏烂,方许入库易换,工墨直则量收如旧。在京一季,在外半年送部,部官会同监察御史覆视,有伪妄欺弊者罪如律,仍追钞偿官。但在外行用库裁革已久,今宜复置。凡军民倒钞,令军分卫所,民分坊厢,轮日收换,乡民商旅各以户帖路引为验。"于是复置各地行用库。(《明太祖实录》卷一三一)七月罢宝钞提举司(同上书卷一三二)。十五年置户部宝钞广源库广惠库,入则广源掌之,出则广惠掌之。在外卫所军士月盐均给钞。各盐场给工本钞。(《明史》卷八一《食货志·钱钞》)十八年十二月命户部凡天下有司官禄米以钞代给之,每钞二贯五百文代米一石。(《明太祖实录》卷一七六)时钞值低落,二十三年十月太祖谕户部尚书赵勉曰:"近闻两浙市民有以钞一贯折钱二百五十文者,此甚非便。尔等与工部议,凡两浙市肆之民,令其纳铜送京师铸钱,相兼行使,凡钞一贯准钱一千文,榜示天下知之。"(同上书卷二〇五)二十四年八月复命户部申明钞法。时民间凡钞昏烂者,商贾贸易率多高其值以折抑之,比于新钞增加至倍。又诸处税务河泊所每收商税课程,吏胥为奸利,皆取新钞,及至输库,辄award以昏烂者。由是钞法益滞不行,虽禁约屡申而弊害滋甚。太祖因谓户部臣曰:"钞法之行,本以便民交易,虽或昏烂,然均为一贯,何得至于抑折不行,使民损赀失望。今当申明其禁,但字贯可验真伪,即通行无阻。且以钞之弊者,揭示于税务河泊所,令视之为法,有故阻者罪之。"(同上书卷二一一)二十五年设宝钞行用库于东市,凡三库,库给钞三万锭为钞本,倒收旧钞送内府。二十六年令:凡印造大明宝钞典历代铜钱相兼行使,每钞一贯准铜钱一千文。其宝钞提举司每岁于三月内兴工印造,十月内住工。其所造钞锭,本司具印信长单及关领勘合,将实进钞锭照数填写送内府库收贮,以备赏赐支用。其合用桑穰数目,本部每岁预为会计,行移浙江、山东、河南、北平及直隶、淮安等府出产去处,依例官给价钞收买。(《大明会典》卷三一《钞法》)二十七年八月诏禁用铜钱。时两浙之民重钱轻钞,多行折使,至有以钱百六十文折钞一贯者,福建、两广、江西诸处大率皆然。由是物价涌贵,而钞法益坏不行。于是令悉收其钱归官,依数换钞,敢有私自行使及埋藏毁弃铜钱者罪之。(《明太祖实录》卷二三四)并罢宝钞行用库(《大明会典》卷三一《钞法》)。三十年三月,以杭州诸郡商贾,不论货物贵贱,一以金银定价,由是钞法阻滞,公私病之,因禁民间无以金银交易。(《明太祖实录》卷二五一)时法繁禁严,奸民因造伪钞以牟利,数起大狱,勾容杨馒头伪钞事觉,捕获到官,自京师至勾容九十里间,所枭之尸相望云。(《大诰·伪钞》第四八)

成祖即位后,复严金银交易之禁:犯者准奸恶论;有能首捕者,以所交易金银充赏;其两相交易而一人自首者免坐,赏与首捕同(《明成祖实录》卷一八"永乐元年四月丙寅"条)。二年(公元1404)正月诏,自今有犯交易银两者,免死徙家兴州屯戍。(同上书卷二七)八月,都察院左都御使陈瑛言:"比岁钞法不通,皆缘朝廷出钞太多,收敛无法,以致物重钞轻。今莫若暂行户口食盐之法,以天下通计,人民不下一千万户,官军不下二百万家,若是大口月食盐二斤,纳钞二贯,小口一斤,纳钞一贯,约以一户五口计,可收五千余万锭,行之数月,钞必可重。"户部会群臣会议,皆以为便。但大口令月食盐一斤,纳钞一贯,小口月食盐半斤,纳钞五百文,可以行久。从之。(同上书卷三三)五年(公元1407)于京城设官库,令民以金银倒换官钞,在外则于州县倒换。令各处税粮课程赃罚俱准折收钞,米每石三十贯,小麦豆每石二十五贯,大麦每石一十五贯,青稞荞麦每石一十贯,丝每斤四十贯,棉每斤二十五贯,大绢每匹五十贯,小绢每匹三十贯,小苎布每匹二十贯,大苎布每匹二十五贯,大棉布每匹三十贯,小棉布每匹二十五贯,金每两四百贯,银每两八十贯,茶每斤一贯,盐每大引一百贯,芦柴每束三贯,其有该载不尽之物,但照彼中时价折收。(《大明会典》卷三一《钞法》)准之洪武初颁钞时之物价,盖不啻贬值百倍矣。七年设北京宝钞提举司,十七年四月又申严交易金银之禁。(同上)十九年三殿灾,求直言,邹缉上疏言时政,谓"民间至伐桑枣以供薪,剥桑皮以为楮,加之官吏横征,日甚一日,如前岁买办颜料,本非土产,动科千百,民相率敛钞购之他所,大青一斤价至万六千贯"。(《明史》卷一六四《邹缉传》)二十年又令盐官许军民人等纳旧钞支盐,发南京抽分场积薪龙江提举司竹木鬻之军民收其钞,应天岁办芦柴征钞十之八。(同上书卷八一《食货志·钱钞》)九月成祖谕户部都察院臣曰:"昔太祖时钞法流通,故物贱钞贵,交易甚便。今市井交易,惟用新钞,稍昏软辄不用,致物价腾踊,其榜谕之。如仍踵前弊,坐以大辟,家仍罚钞徙边。如有倚法强市人物,亦治罪不宥。"(《明成祖实录》卷一二四)先是成祖在北京,或奏南京钞法为豪民沮坏,遣邝埜廉视,众谓将起大狱,埜执一二市豪归奏曰:"市人闻令震惧,钞法通矣。"事遂已。(《明史》卷一六七《邝埜传》)然钞法实未尝通也。

仁宗监国,诏令笞杖定等输钞赎罪。(《明仁宗实录》永乐二十二年十月癸卯)及即位,以钞不行,询户部尚书夏原吉,原吉言:"钞多则轻,少则重。民间钞不行,缘散多敛少,宜为法敛之。请市肆门摊诸税度量轻重加其课程。钞入官,官取昏软者悉毁之。自今官钞宜少出,民间得钞难,则自然重矣。"乃下令曰:"所增门摊课程,钞法通即复旧,金银布帛交易者亦暂禁止。"(《明史》卷八一《食货志·钱钞》)永乐二十二年(公元1424)十月革两京户部行用库。(同上书卷八《仁宗纪》)洪熙元年(公元1425)议改钞法,夏时力言其扰市肆,无裨国用。疏留中。钞果大沮,民多犯禁。议竟寝。(同上书卷一六一《夏时传》)宣宗即位,兴州左屯卫军士范济年八十余矣,诣阙言:元因唐飞钱、宋会子交子之旧,"造中统交钞,以丝为本,银五十两,易丝钞一百两。后又造中统钞,一贯同交钞一两,二贯同白金一两。久而物重钞轻,公私俱弊。更造至元钞颁行天下,中统钞通行如故,率至元钞一贯当中统钞五贯,子母相权,官民通用,务在新者无冗,旧者无废。又令民间以昏钞赴平准库倒换,商贾欲图轻便,以中统钞五贯赴库换至元钞一贯。又其法日造万锭,计官吏俸给,内府供用,诸王岁赐出支若干,天下日收税课若干,各银场窑冶日该课程若干,计民间所存贮者万五百焉,以此愈久,新旧行之无厌,由计虑之得其宜也。自辛卯(公元1351)兵起,天下瓜分,藩镇各据疆土,农事尽废,而楮币无所施矣。……我国家混一天下,物阜民安,……太祖皇帝命大臣权天下财物之轻重,造大明通行宝钞,一贯准银一两,民欢趋之,华夷诸国,莫不奉行,迄今五十余年,其法少弊,亦由物重钞轻所致。……伏祈陛下断自宸衷,谋之勋旧,询之大臣,重造宝钞,一准洪武初制,务使新旧兼行。取元日所造之数而损益之,审国家之用而经度之。每季印造几何,内府供用几何,给赐几何,天下课税日收几何,官吏俸给几何,以此出入之数,每加较量,用之不奢,取之适宜,俾钞罕而物广,钞重而物轻,则钞法流通,永永无弊。又其要在严伪造之条,凡伪造者必坐及亲邻里甲。又必开倒钞库,专收昏烂不堪行使之钞,辨其真伪,每贯取工墨五分,随解各干上司。又或一季或一月,在内都察院五府户部刑部委官,在外巡按监察御史三司官府县官,公同以不堪之钞烧毁,实为官民两便。"(《明宣宗实录》卷五;《明史》卷一六四《范济传》)时不能用,民卒轻钞。至宣德初(公元1426)米一石用钞五十贯,乃弛布帛米麦交易之禁。府县卫所仓粮积至十五年以上者盐粮悉收钞,秋粮亦折钞三分。(《明史》卷八一《食货志·钱钞》)又严钞法之禁,时行在户部奏:"比者民间交易,惟用金银,钞滞不行,请严禁约。"因命行在都察院揭榜禁之,凡以金银交易及藏匿货物、高抬价值者,皆罚钞。(《明宣宗实录》卷一九)凡官员军民人等赦后赃罚亏欠,俱令纳钞,金每两八千贯,银二千贯,犯笞刑罪每二十赎钞一千贯。(同上书卷二二)三年六月诏停造新钞,已造完者悉收库不许放支,其在库旧钞委官选拣堪用者备赏赉,不堪者烧毁。立阻滞钞法罪,有不用钞一贯者,罚纳千贯,亲邻里老旗甲知情不首,依犯者一贯罚百贯。其关闭店铺潜自贸易及抬高物价之人,罚钞万贯。知情不首罚千贯。(同上书卷四三)十一月复申用银之禁,凡交易银一钱者,买者卖者皆罚钞一千贯,一两者罚钞一万贯,仍各追免罪钞一万贯(同上书卷四八)。四年正月行在户部以钞法不通,皆由客商积货不税,市肆鬻卖者沮挠所致,奏请依洪武中增税事例,凡顺天、应天、苏、松、镇江、淮安、常州、扬州、仪真、杭州、嘉兴、湖州、福州、建宁、武昌、荆州、南昌、吉安、临江、清江、广州、开封、济南、济宁、德州、临清、桂林、太原、平阳、蒲州、成都、重庆、泸州共三十三府州县,商贾所集之处,市镇店肆门摊税课增旧五倍,俟钞法通悉复旧。(同上书卷五〇)时巨富商民并权贵之家,率以昏烂之钞中盐,一人动计千引,及支盐发卖,专要金银,钞法由是愈滞。(同上书卷五五)六月立塌坊等项纳钞例:一、南北二京公侯驸马伯都督尚书侍郎都御史及内官内使与凡官员军民有蔬菜果园,不分官给私置,但种蔬果货卖者,量其地亩棵株,蔬地每亩月纳旧钞三百贯,果每十株岁纳钞一百贯。其塌坊车房店舍停塌客商货物者,每间月纳钞五百贯。一、驴骡车受雇装载物货,或出或入,每辆纳钞二百贯,委监察御史、锦衣卫、兵马司各一员于各城门外巡督监收。一、船只受雇装载,计其载料之多少,路之远近,自南京至淮安,淮安至徐州,徐州至济宁,济宁至临清,临清至通州,俱每一百料纳钞一百贯。其北京直抵南京,南京直抵北京者,每百料纳钞五百贯。委廉干御史及户部官于沿河人烟辏集处监收。(《明宣宗实录》卷五五)钞关之设自此始。六年二月以江西各府县征纳户口食盐钞,有司但依黄册所编丁口征收,有死亡无从征者,有老疾贫难及居深山穷谷无钞纳者,有将男女典雇易钞者,小民无所告诉。诏令有司开除亡故老疾及山谷之民,止令城中墟镇及商贾之家纳钞。(同上书卷七六)七年三月诏湖广、广西、浙江商税鱼课办纳银两者,自宣德七年为始,皆折收钞,每银一两纳钞一百贯。(同上书卷八八)

　　宣德十年(公元1435)正月,英宗即位大赦诏:各处诸色课程旧折收金银者,今后均照例收钞。(《明英宗实录》卷一)十二月广西梧州府知府李本奏:"律载宝钞与铜钱相兼行使。今广西、广东交易用铜钱,即问违禁,民多不便。乞照律条,听其相兼行使。"从之。(同上书卷一二)正统元年,(公元1436)三月,少保兼户部尚书黄福言:"宝钞本与铜钱兼使,洪武间银一两当钞三五贯,今银一两当钞千余贯,钞法之坏,莫甚于此。宜量出官银,差官于南北二京各司府州人烟辏集处,照彼时值倒换旧钞,年终解京,俟旧钞既少,然后量出新钞换银解京。"（同上书卷一五）时钞一贯仅值银一厘，较国初已贬值千倍，福议以银换钞，紧缩旧钞之流通额，提高钞之信用，实救时唯一良法，顾朝廷重于出银，竟不能用也。会副都御史周铨、江西巡抚赵新请于不通舟楫地方，田赋折收金银，户部尚书黄福、胡濙共主之，于是定制米麦一石折银二钱五分。南畿浙江、江西、湖广、福建、广东、广西米麦共四百余万石，折银百余万两入内承运库，谓之金花银，其后概行于天下。（《明史》卷七八《食货志·赋役》）遂减诸纳钞者，而以米银钱当钞。弛用银之禁，朝野率皆用银，其小者乃用钱，惟折官俸用钞。钞壅不行。（同上书卷八一《食货志·钱钞》）四年六月以民纳盐钞而盐课司十年五年无盐支给，诏减半收钞以苏民力。塌房及车辆亦减半征收。（《明英宗实录》卷五四）五年十一月刑部都察院大理寺议："洪武初年定律之时，钞贵物贱，所以枉法赃至一百二十贯者免绞充军。即今钞贱物贵，今后文职官吏人等受枉法赃比律该绞者，有禄人估钞八百贯之上，无禄人估钞一千二百贯之上，俱发北方边卫充军。其受赃不及前数者，照见行例发落。"从之。（《明英宗实录》卷七二）七年六月，诏灾伤处人民愿折钞者，每石折钞一百贯解京交纳。（同上书卷九三）八年七月敕免各城门军民人等驴驮柴米等物出入者钞贯（同上书卷一〇六）。十三年五月免在京菜户纳钞。仍戒今后有沮滞钞法者，令有司于所犯人每贯追一万贯入官，全家发戍边远。（同上书卷一六六）仍禁使铜钱。时钞既不行，而市廛仍以铜钱交易，每钞一贯折铜钱二文。因出榜禁约，令锦衣卫五城兵马司巡视，有以铜钱交易者，擒治其罪，十倍罚之。（同上）

景帝景泰三年（公元1452）六月，命在京文武官吏俸钞俱准时值给银，每五百贯给一两，以钞法不通，故欲少出以为贵之也（同上书卷二一七)。天顺中弛用钱之禁。宪宗令内外课程钱钞兼收,官俸军饷亦兼支钱钞。是时钞一贯不能值钱一文,而计钞征之民,则每贯征银二分五厘,民以大困。孝宗弘治元年(公元1488)京城税课司,顺天、山东、河南、户口食盐俱收钞,各钞关俱钱钞兼收。(《明史》卷八一《食货志·钱钞》)弘治六年各关钱钞折银,钱七文折银一分,钞一贯折银三厘。(《大明会典》卷三五《钞关》)自后率沿以为例,钞惟用于官府,以给俸饷,得者全无所用,民间亦视如废纸,盖名存实亡,徒以祖制仍存其名义而已。(陆容《菽园杂记》卷一〇,《明史》卷八一《食货志·钱钞》)计太祖时赐钞千贯则为银千两,金二百五十两,永乐中千贯犹作银十二两,金二两五钱。及弘治时赐钞千贯,仅银三两余矣。于是上议者,请"仿古三币之法,以银为上币,钞为中币,钱为下币,以中下二币为公私通用之具,而一准上币以权之焉。盖自国初以来有银禁,恐其或阂钞钱也。而钱之用不出于闽广。宣德以来,钱始行于西北。自天顺以来,钞之用益微,必欲如宝钞属镪之行,一贯准钱一千,银一两,复初制之旧,非用严刑不可也。然严刑亦非盛世所宜有。今日制用之法,莫若以银与钱钞相权而行,每银一分易钱十文,新钞每贯亦十文,四角完全未甚折者每贯五文,中折者三文,昏烂而有一贯字者一文,通诏天下,以为定制。而严立擅自加减之罪,虽物生有丰敛,货殖有贵贱,而银与钱钞交易之数一定而永不可易矣。"孝宗不听。正德中,以内库钞匮乏,无以给赐,复令天下钞关征解本色。(傅维鳞《明书》卷八一《食货志·钞法》)十年(公元1515)钱宁私遣使至浙鬻钞三万块,每块勒索银三两(钞一块千贯),已敛银二万四千两,有司征价,急于星火,输银之吏,络绎于途。时宁方贵幸用事,以废纸摊索民间现银,地方不敢抗。于是左布政使方良永上疏极论之曰:"四方盗甫息,疮痍未瘳,浙东西雨雹。宁厮养贱流,假义子名,跻公侯之列,赐予无算,纳贿不赀,乃敢攫取民财,戕邦本,有司奉行,急于诏旨,胥吏缘为奸,椎肤剥髓,民不堪命。镇守太监王堂、刘璟畏宁威,受役使。臣何敢爱一死,不以闻。乞陛下下宁诏狱,明正典刑,并治其党以谢百姓。"宁惧,留疏不下,谋遣校尉捕假势鬻钞者以自饰于帝,而请以钞直还之民,阴召还前所遣使。宁初欲散钞遍天下,先行之浙江、山东,山东为巡抚赵璜所格,而良永白发其奸,宁自是不敢鬻钞矣。(《明史》卷二○一《方良永传》,《明臣奏议》卷一四《方良永劾朱宁书》)世宗嘉靖初,御史魏有本上言:"国初关税全征钞贯,嗣后改令钱钞兼收。迩年以来,钞法不通,钱法亦弊,而关税仍收钱钞,无益于国,有损于民。以收钞言之,每钞一张为一贯,每千张为一块,时价每块值银八钱,官价每块准银三两,是官以三两之银,反易八钱之钞,此则上损国用。以收钱言之,各处低钱盛行,好钱难得,官价银一钱,值好钱七十文,时价每银一钱,易好钱不过三十文,是小民费银二钱以上,充一钱之数,此则下损民财。每银约一万两内,五千收钞,该钞将二千块,计用大柜五百方。又五千两收钱,该钱四千串,用柜四百方。而水陆脚价进纳,犹难计议。"疏入,命钱钞留各地方,而内库用银,则钱钞皆不入矣。(《明书》卷八一《食货志·钞法》)嘉靖四年(公元1525)复令宣课分司收税,钞一贯折银三厘,钱七文折银一分。是时钞久不行,钱亦大壅,益专用银矣。(《明史》卷八一《食货志·钱钞》)天启时(公元1621至1627)给事中惠世扬复请造钞行用。(同上书卷八一《食货志·钱钞》)思宗崇祯八年四月,给事中何楷亦以为请。(《崇祯长编》)十六年六月召见桐城诸生蒋臣于中左门,臣言钞法申世扬说,其言曰:"经费之条,银钱钞三分用之,纳钱银买钞者,以九钱七分为一金,民间不用以违法论。岁造三千万贯,一贯价一两,岁可得银三千万两,不出五年,天下之金钱尽归内帑矣。"给事中马嘉植疏争之,不听。擢臣为户部司务,侍郎王鳌永、尚书倪元璐力主之。条议有十便十妙之说:一、造之之费省;二、行之之途广;三、赍之也轻;四、藏之也简;五、无成色之好丑;六、无称兑之轻重;七、革银匠之奸偷;八、杜盗贼之窥伺;九、钱不用而用钞,其铜可铸军器;十、钞法大行,民间货买可不用银,银不用而专用钞,天下之银竟可尽实内帑。帝大喜,特设内宝钞局,即刻造钞,立发仪制司所藏乡会中式朱墨二卷,与直省优劣科岁试卷,为钞质之资本;押工部收领,限日搭厂,拨官选匠计工。如有阻其事者,法同十恶。辅臣蒋德璟言:"百姓虽愚,谁肯以一金买一纸。"帝不听。昼夜督造,募商发卖,无一人应者。又因局官言,取桑穰二百万斤于畿辅、山东、河南、浙江,德璟力争,帝留其揭不下。工部查二祖时典故,造钞工料纸六皮四,皮者桦皮也,产于辽东。有纸无皮,无从起工。乃令工部召商,工部仍以库洗为辞。正拟议间,得"流寇"渡河息,事遂已。次年而北都墟,明社覆。(《明史》卷二五一《蒋德璟传》;计六奇《明季北略》卷一九《蒋臣奏行钞法、捣钱造钞》;花村看行侍者《谈往·捣钱造钞》)

与钞法有关者,除户口食盐钞关商税以外,较重要者尚有俸给及赎法二事。

明代官员俸给,按正从品级分别规定,自正一品岁俸米一千四十四石至从九品六十石有差。俸给有本色折色,本色给米,折色则有银布胡椒苏木之类。洪武十三年(公元1380)定内外文武官岁给禄米俸钞之制。(《明史》卷八二《食货志·俸饷》)永乐元年(公元1403)令在京文武官一品二品四分支米,六分支钞;三品四品米钞中半兼支;五品六品六分米,四分钞;七品八品八分米二分钞。每米一石折钞十贯。宣德八年定每俸米一石折钞十五贯;折俸布一匹折钞二百贯,嘉靖七年改定为折银三钱。如正一品岁该俸一千四十四石,内本色俸三百三十一石二斗,折色俸七百一十二石八斗。本色俸内除支米一十二石外,折银俸二百六十六石,折绢俸五十三石二斗,共该银二百四两八钱二分。折色俸内折布俸三百五十六石四斗,该银一十两六钱九分二厘,折钞俸三百五十六石四斗,该本色钞七千一百二十八贯。总计正一品官岁得俸给全额为米一十二石,银二百十五两五钱一分二厘,钞七千一百二十八贯。正七品官岁该俸九十石,内本色俸五十四石,折色俸三十六石。本色俸内除支米一十二石外,折银俸三十五石,折绢俸七石,共该银二十六两九钱五分。折色俸内折布俸一十八石,该银五钱四分,折钞俸一十八石,该本色钞三百六十贯。总计正七品官岁得俸给全额为米一十二石,银二十七两四钱九分,钞三百六十贯。在外文武官俸,洪武二十六年(公元1393)定每米一石折钞二贯五百文,宣德八年(公元1433)增为十五贯,正统六年(公元1441)又增为二十五贯(《大明会典》卷三九《俸给》),成化七年(公元1471)从户部尚书杨鼎请,以甲字库所积之棉布,以时估计之,阔白布一匹可准钞二百贯,请以布折米,仍视折钞例,每十贯一石。先是折俸钞米一石钞二十五贯,渐减至十贯,是时钞法不行,钞一贯值二三钱,是米一石仅值钱二三十文,至是又折以布,布一匹时估不过二三百钱,而折米二十石,则是米一石仅值十四五钱也。自古百官俸禄之薄,未有如此者,后遂为常例。(《明宪宗实录》"成化七年十月丁丑"条;《日知录》卷一二"俸禄"条引《明史》卷八二《食货志·俸饷》)

赎罪之法以纳钞为本。永乐十一年令死罪情轻者斩罪赎钞八千贯,绞罪及榜例死罪六千贯,流徒杖笞纳钞有差。宣德二年(公元1427)定笞杖罪囚每十赎钞二十贯,徒流罪名每徒一等折杖二十,三流并折杖一百四十,其所罚钞悉如笞杖所定。景泰元年(公元1450)增为二百贯,每十以二百贯递加,至笞五十为千贯;杖六十千八百贯,每十以三百贯递加,至杖百为三千贯。天顺五年(公元1461)令罪囚纳钞,每笞十钞二百贯,余四笞递加百五十贯;至杖六十增为千四百五十贯,余杖各递加二百贯。弘治十四年(公元1501)定折收银钱之制,每杖百应钞二千二百五十贯,折银一两,每十以二百贯递减,至杖六十为银六钱;笞五十应减为钞八百贯,折银五钱,每十以百五十贯递减,至笞二十为银二钱,笞十为钞二百贯,折银一钱。正德二年(公元1507)定钱钞兼收之制,如杖一百应钞二千二百五十贯者,收钞千一百二十五贯,钱三百五十文。嘉靖七年(公元1528)更定凡收赎者每钞一贯折银一分二厘五毫,如笞一十赎钞六百文,则折银七厘五毫,以罪重轻递加折收赎。此有明一代赎罪钞法之大概也。然罪无一定,而钞法则日久日轻,赎罪钞数因亦随之递增,至弘治而钞竟不可用,遂开准钞折银之例,赎法步钞法之变而变,终则实纳银而犹存折钞之名,则以祖制不敢废也。(《明史》卷九三《刑法志·赎刑》)

元承金制,铸银五十两为一锭。元钞从银,故亦以五十贯或五十两为一锭,钞二锭值银一锭,钞二贯或二两值银一两(详《元代之钞法》六《释锭》)。明钞则以钱相权,钞一贯值钱千文,银一两,四贯为金一两。钱五贯或五千文为一锭。《明史·食货志》云,嘉靖三十二年(公元1553)铸洪武至正德九号钱,每号百万锭,嘉靖钱千万锭,一锭五千文。万历五年(公元1577)张居正疏言:"工部题议制钱二万锭,该钱一万万文。"(《张文忠公集·奏疏八·请停止输钱内库供赏疏》)天启时户部尚书侯恂言:"收钱每五千文为一锭。"(孙承泽《春明梦余录》卷三八)以明代后期之史实推之,则明初之钱锭亦必为五千文可决也。因之钞亦以五贯为一锭。王世贞曰:"钞一锭为五贯,贯直白金一两。"(《弇山堂别集》卷一四)顾炎武记漳州府田赋亦云"钞五贯为一锭",可证也。(《天下郡国利病书》卷九三)钞锭之上为块,每钞一张为一贯,每千张即千贯为一块,见嘉靖初御史魏有本《论钞法疏》,详前文。

一九四三年四月十九日于昆明瑞云巷三号

(原载《人文科学学报》二卷一期,1943年)

烟草初传入中国的历史

十年前美国 Berthold Laufer 写了一本叫 *Tobacco and Its Use in Asia* 的小册子,说明烟草输入亚细亚各地的情形。据他的研究,日本在 1615 年(明万历四十三年)曾一度下令禁止吸烟,焚毁烟叶,拔去未收获的烟草。烟草的输入日本开始种植大约是 1605 年左右的事,第一次带烟叶到日本来的是葡萄牙人(南蛮),时期是 16 世纪末年。不过几年,长崎便有人经营烟草种植,吸烟的习惯很快地就传播到各处,不顾禁令,为举国人所爱好。日人用 tnbako 即由葡文 tabuco 而来。

在中国方面,最初传入烟草的是 17 世纪初年的福建水手,他们从吕宋带回来烟草的种子,再从福建南传到广东,北传到江浙。明末名医张介宾(景岳)在他的著作中第一次提到烟草的历史和故事。他说:"烟草自古未闻,近自我明万历时(1523—1620)出于闽广之间,自后吴楚土地皆种植之。总不若闽中者色微黄质细,名为金丝烟者力强气胜为优。求其习服之始,则向以征滇之役,师旅深入瘴地,无不染病,独一营安然无恙,问其故,则众皆服烟,由是遍传。今则西南一方五分老幼,朝夕不能间矣。"在 1638 年(崇祯十一年)、1641 年都曾有诏谕禁止吸烟和种烟,但在实际并未发生效力,到崇祯末年(1628—1644)已经到了"三尺之童无不吸烟"的地步了。

在高丽,据荷兰水手 Henry Hamel of Gorcum 1668 年的报告,在五六十年前高丽已经从日本输入烟草和种植的方法,他们以为这种子来自南蛮国(Nampankou),名之为南蛮草(Nampankoy)。在 Hamel 被俘居留在高丽的期间(1653—1668),高丽人已经普遍地有了吸烟的嗜好,连四五岁大的孩子都学着吞云吐雾了。两百年以前,高丽烟草最为中国人所爱好,两年一度的高丽使臣到北京进贡,在贡物中就有烟草一项。

烟草传到东方的路线,第一条是由墨西哥到斐力滨,到台湾,到内地。第二条是由葡萄牙人传到印度、爪哇和日本。第三条是俄国向西比利亚南边的时候,学得了吸烟和种烟的方法。

Laufer 的著作是泛论亚洲的烟草传布的,我们不妨再进一步看看烟草在中国传布的情形。

明人除张介宾外,提及烟草的历史的方以智《物理小识》卷九记:"万历末有携至漳泉者,马氏造之曰淡肉果,渐传至九边,皆衔长管而火点吞吐之,有醉仆者。明崇祯时(1628—1644)严禁之不止。其本似春不老而叶大于菜,曝干以火酒炒曰金丝烟,北人为淡把姑,或呼担不归。其性可以祛湿发散,然服久则肺焦,诸药多不效,其症为吐黄水而死。"漳、泉的烟草来自台湾,《台湾府志·土产门》:"淡芫菰冬种春收,晒而切之,以筒烧吸,能醉人。原产湾地,明季漳人取种回栽,今名为烟,达天下矣。"台湾的烟草又来自吕宋,姚旅《露书》:"吕宋国有草名淡巴菰,一名金丝醺,烟气从管中入喉,能令人醉,亦辟瘴气。"这是烟草输入中国的第一条路线。第二条路线由南洋输入广东,《粤志》:"粤中有仁草,一曰八角草,一曰金丝烟,治验亦多,其性辛散,食其气令人醉。一曰烟草,其种得之大西洋,一名淡巴菰、相思草。闽产者佳。"一说由交趾转入,广东《高要县志》:"烟叶出自交趾,今所在有之。茎高三四尺,叶多细毛,采叶晒干如金丝色,性最酷烈,取一二厘竹管内以口吸之,口鼻出烟,服之以御风湿,徒取一时爽快,然久服面目俱黄,肺枯声干,未有不殒身者。愚民率相习服,如蛾赴火,诚不可不严戢之也。"

北方的烟草则由辽东传入,辽东由朝鲜传入,朝鲜又从日本传入。朝鲜人称烟草为南灵草,又名南草。万历四十四、五年间(1616—1617)由日本输入,天启辛酉、壬戌(1621—1622)以后几乎无人不服。再由商贾输入沈阳,清太宗以其非土产,下令禁止。《朝鲜李朝仁宗实录》记1637年朝鲜政府以南草作礼物赠与建州官史:"丁丑七月辛巳户曹启曰:世子蒙尘于异域……彼人往来馆所者不绝,而行中无可赠之物,请送南草三百余斤。从之。"第二年即被清人所禁:"戊寅(1638)八月甲午我国人潜以南灵草入送沈阳,为清将所觉,大肆诘责。南灵草,日本国所产之草也。其叶大者可七八寸许,细截而盛之竹筒,或以银锡作筒,火以吸之,味辛烈,谓之治痰消食,而久服往往伤肝气,令人目翳。此草自丙辰、丁巳年间越海来,人有服之者而不至于盛行。辛酉、壬戌以来,无人不服,对食辄代茶饮,或谓之烟茶,或谓之烟酒。至种采相交易。久服者知其有害无利,欲罢而终不能焉,世称妖草。转入沈阳,沈人亦甚嗜之。而虏汗以为非土产,耗财货,下令大禁云。"清人禁令之严,可以从朝鲜方面的禁令看出,同书又记:"庚辰(1640)四月宾客李行远驰启曰:清国南草之禁近来尤重。朝廷事目亦极严峻,而见利忘生,百计潜藏,以致辱国。请今后犯禁者一斤之上先斩后闻,未满一斤者囚禁义州,从轻重科罪。从之。"两方虽设严禁,甚至处贩卖者以死罪,实际上仍不能完全禁绝。

1639年朝鲜派往沈阳的使节即以夹带南草被罪:"己卯三月奏

请使尹晖还自沈阳,以轿中所藏南草为凤凰城人所发觉,报知沈阳。(为宪府所劾罢职。)"不过这禁令也维持不到几年,便为清国的执政者所自动破坏:同书记,"丙戌(1646)二月辛巳冬至使李基祚至北京驰启曰:龙将(英饿尔岱)密言于李彷叱石曰:今番减米乃九王之力。九王喜吸南草,又欲得良鹰。南草、良鹰并可入送,以致谢意云。"九王即多尔衮,是当时的摄政王。把以上的记载和 Laufer 的文章对比,可说是替 Hamel 的报告添一有力的佐证。而且南草这一名词也是从日本传来的,《言泉》:"南草,淡巴菰之异称也。"

《李朝实录》记载了烟草输入辽东的情形,在中国方面,这时候山海关以内是明,辽河以东则属新兴的后金(1636 年后改称清)势力范围。明人禁烟已见于方以智的记载,后金的禁烟则见于《东华录》:(天聪八年,1634)上谓贝勒萨哈廉曰:闻有不遵禁烟,犹自擅用者。对臣父大贝勒曾言所以禁众人不禁诸贝勒者,或以我用烟故耳。若欲禁止用烟,当自臣等始。上曰:不然,诸贝勒虽用。小民岂可效之。民间食用诸物,朕何尝加禁耶?又谓固山额真那木泰曰:"尔等诸臣在衙门禁止人用烟,至家又私用之。以此推之,凡事俱不可信矣。朕所以禁止用烟者,或有穷乏之家,其仆从皆穷乏无衣,犹买烟自用,故禁之耳。不当禁而禁,汝等自当直谏,若以为当禁,汝等何不痛革。不然,外廷私议禁约之非,是以臣谤君,子谤父也。"从这一段记载,我们知道后金之禁烟在 1634 年以前已经执行,比朝鲜人的记载早四年。第二,当时的王公贝勒大臣都是烟草嗜好者,除朝鲜人所提及的九王外,大贝勒代善是当时吸烟人中的最有名人物。第三,后金禁烟令专为平民而设,不及贵族。施行后并无成绩,并且为一般贵族所非议。第四,后金之禁止用烟,是站在经济的立场上看的,一方面因为它是无用的消耗品,一方面因为它非土产。这一点除见于朝鲜记载外,并且明见于1641年的烟草解禁令中,《东华录》又记:"崇德六年二月戊申谕户部曰:前所定禁烟之令,其种者用者屡行申饬,近见大臣等犹然用之,以致小民效尤不止,故行开禁。凡欲用烟者惟许各人自种而用之,若出边货买者处死。"

烟草输入中国后,立刻传播,成为各地的名产。《延绥镇志》记有崇德烟、黄县烟、曲沃烟、美原烟,结末说:"惟日本之倭丝为佳。"《百草镜》说:"烟一名相思草……烟品之多,至今极盛,在内地则福建漳州有石马烟,浙常山有面烟,江西有射洪烟,湖广有衡烟,山东有济宁烟,近日粤东有潮烟。"

烟草之用为药物,朝鲜医生是最早的发见者。张璐《本经逢原》说:"烟草之火,方书不录惟朝鲜志见之。始自闽人吸以祛瘴,向后北方借以避寒,今则遍行寰宇。"

关于烟草的神话,我们也发现了一个有趣的对照。Laufer书中记有一个高丽故事说:"某王宠姬死,伤悼无似。姬忽示梦云,墓旁有物,名为烟草。采集曝干,以火燃吸,可以止悲,可以忘忧。王得此草,遂蕃国中。"沈云将《食物会纂》:"相传海外有鬼国。彼俗人病将死,即异置深山中。昔有国王女病革,弃之去。昏愦中闻芬馥之气,见卧旁有草,乃就而嗅之,便觉遍体清凉,霍然而起,奔入宫中,人以为异,因得是草,故一名返魂烟。"

一九三五年五月七日

按以上云:皆是随意杜撰的神话,不过聊资谈助,阅者自不至据为信史也。

（原载天津《益世报·史学》，第三期，1935 年 5 月 28 日）

元代之社会

从十三世纪初年蒙古部族兴起,成吉思汗率众南迈以后,铁骑所至,无坚不摧,西元 1234 年(宋理宗端平元年,金哀宗天兴三年,蒙古太宗六年)灭金,1279 年(宋帝昺祥兴二年,元世祖至元十六年)灭宋,统一了全中国。直到 1368 年(元顺帝至正二十八年,明太祖洪武元年)明兵入大都,顺帝北走,蒙古族的汉地统治才告终结。在这一百四十年左右的外族统治时期中,不待说社会的各方面都有显著的变化。

蒙古人是游牧民族,日常的生活,饮食起居服饰,甚至婚姻、法制、思想、习惯都和汉人不一致。居穹庐(即毡帐),无城壁栋宇,迁就水草无常。食肉而不粒,饮马乳与牛羊酪。服右衽而方领。言语有音而无字。朔闰用十二支辰之象(如子曰鼠儿年之类),但是草青则为一年,新月初生则为一月。① 俗无文籍,或约之以言,或刻木为契。② 止用小木长三四寸刻之四角,且如差十马,则刻十角,大率只刻其数。③ 父死则妻其从母,兄弟死则收其妻,父母死无忧

---

① 彭大雅、徐霆:《黑鞑事略》。
② 李志常:《长春真人西游记》上。
③ 《黑鞑事略》。

制。① 以少子守父产,为家主。② 以白为吉。③ 贱老而喜壮,俗无私斗。④ 最敬天地,每事必称天,闻雷声则恐惧不敢行师,以为天叫。⑤ 代有拜天之礼,衣冠尚质,祭器尚纯,帝后亲之,宗戚助祭,洒马湩以为礼,皇族之外,无得而与。⑥ 祖宗祭享之礼,割牲奠马湩,以蒙古巫觋致辞。⑦ 占筮则灼羊之枚子骨,验其文理之逆顺而辨其吉凶,天弃天予,一决于此,信之甚笃,谓之烧琵琶。⑧ 合罕的产生用选举方法,由皇族贵戚大臣诸王开大会名库利尔台决定之。⑨ 人人生长鞍马间,人自习战,自春徂冬,旦旦逐猎,乃其生涯,故无步卒,悉是骑军。⑩ 每丁起一军,年十五以上成丁,六十破老。⑪ 人二三骑,或六七骑,五十骑谓之一纠,武酋健奴自鸠为伍,专在主将之左右,谓之八都鲁军。⑫ 出师不以贵贱,多带妻孥而行,用以管行李衣服钱物之类。其妇女专管张立毡帐,收卸鞍马,辎重车驮等物

---

① 《元史》卷一八七《乌古孙良桢传》。
② 《蒙兀儿史记》卷二二《帖木格斡惕赤斤传》,卷三三《拖雷传》。
③ 《元文类》卷五七,宋子贞:《中书令耶律公神道碑》。
④ 《蒙鞑备录·风俗》。
⑤ 《蒙鞑备录·祭祀》。
⑥ 《蒙鞑备录》卷七二《祭祀志·郊祀上》。
⑦ 《蒙鞑备录》卷七四《宗庙上》。
⑧ 《黑鞑事略》。《元史》卷一四六《耶律楚材传》作灼羊胛:"帝每征讨必令楚材卜,帝亦自灼羊胛以相符应。"《元文类》宋子贞撰《中书令耶律公神道碑》一烧羊胛骨:"每出征必令公预卜吉凶,上亦烧羊胛骨以符之。"《蒙鞑备录》作烧羊胛骨:"凡占卜吉凶,进退杀伐,每用羊骨扇以铁椎火椎之,看其兆坼,以决大事,类龟卜也。"
⑨ 箭内亘:《蒙古库利尔台之研究》。
⑩ 《蒙鞑备录》。
⑪ 《元史》卷一四九《郭宝玉传》。
⑫ 《黑鞑事略》。

事。① 凡陷城则纵其掳掠子女玉帛,掳掠之前后,视其功之等差,前者插箭于门,则后者不敢入。② 所得以份数均之,自上及下,虽多寡每留一份为成吉思皇帝献,余物则敷俵有差。宰相等在于朔漠不临戎者亦有其数焉。③ 其赋敛谓之差发,赖马而乳,须羊而食,皆视民户畜牧之多寡而征之。自汗后太子公主亲族而下,各有疆界,其民户皆出牛、马、车仗、人夫、羊肉、马奶,贵贱无有一人得免者。又有一项,各出差发为各地分醵中之需,上下亦一体。④

蒙古人自从侵入汉地以后,留住汉地的一部分人一变而为定居民族的生活,元太祖所信任的耶律楚材,元世祖幕府中的廉希宪、王文统、许衡等都是儒生,都极力劝他们接受汉文化。耶律楚材替他们树立下中央集权的基础,许衡则主张全盘汉化,他说:

> 考之前代,北方之有中夏者,必行汉法,乃可长久……使国家而居朔漠,则无事论此也。今日之治,非此奚宜……国家之当行汉法无疑也,然万世国俗,累朝勋旧,一旦驱之下从臣仆之谋,改就亡国之俗,其势有甚难者……此在陛下尊信而坚守之,不杂小人,不责近效,不恤流言,则致治之功,庶几可成矣。⑤

郝经也竭力劝世祖"以国朝之成法,援唐宋之故典,参辽金之遗制,

---

① 《蒙鞑备录·妇女》。
② 《黑鞑事略》。
③ 《蒙鞑备录·军政》。
④ 《黑鞑事略》。
⑤ 《元史》卷一五八《许衡传》。

缘饰以文,附会汉法"①。事实上在典章制度方面,蒙古朝廷确已受了汉人的影响,接受一般儒生的劝告,奠定了立国的基础。② 可是这变动立刻引起了蒙古藩王的抗议:

> 至元五年(1268)西北藩王遣使入朝,谓本朝旧俗与汉法异,今留汉地,建都邑城郭,仪文制度遵用汉法,其故何如?③

一方面中国只是蒙古帝国的一部分,另一方面蒙古贵族也不愿俯从亡国之俗,帝国政府自然不能不尊重他们的意见,除掉为统治汉地所必须的场合采用汉法以外,蒙古、色目人仍是让其遵守本俗,予以特别的保障。结果在法律上,在习惯上,在政治上,形成了两个或两个以上显然不同的集团,因民族的不同,在社会上的阶级地位也因之而异。蒙古皇族为蒙古诸族的中坚,在帝国中依据各种族的不同习惯统治着各种不同的种族,在中国也照这办法,听令各种族自以其法为治。蒙古人在中国除生活方面因环境不同而不能不有改变外,仍顽固地保有原来的色彩。皇族固然一仍蒙俗,即蒙古平民也不让他们汉化。蒙俗与汉俗最差异的一点是伦常观念,至正十五年(1355)大斡耳朵儒学教授郑咺曾建议改革,他说:

> 蒙古乃国家本族,宜教之以礼,而犹循本俗,不行三年之丧。又收继庶母叔婶兄嫂,恐贻笑后世,必宜改革,绳以礼法。

---

① 《陵川文集》卷三二《立政议》。
② 《元史·耶律楚材传》,《王文统传》。
③ 《元史》卷一二五《高智耀传》。

为政府所拒绝,置之不理。① 在文字方面,自八思巴制定蒙古字以后,蒙古字是国书,诸内外官五品以上进上表章并以蒙古字书,以汉字书副。② 诸内外百司应出给札付,有额设译史者并以蒙古字书写。③ 首都虽然建设在汉地,可是蒙古诸帝均不习汉文。蒙古诸贵族大臣亦极少能通汉文者。世祖时江淮行省至无一人通文墨。④ 蒙古、色目人的官吏大多数不能执笔签自己的名字,只好用印章代替。⑤ 在习惯礼俗方面,也极力防止汉化,致和元年(1328)曾下令凡蒙古、色目人效汉法丁忧者除其名。⑥ 凡有灾异,执政大臣引咎避位,是中国历来传统的举动,可是蒙古人便不理会。成宗大德三年(1299)正月丙戌太阴犯太白,中书省言天变屡见,大臣宜依故事引咎避位。帝曰:"此汉人所说耳,岂可一一听从耶?"⑦蒙古、色目人在原则上虽然有随便居住各地之权⑧,蒙古军人却不与汉儿民户一处相合作社⑨。社是劝农的组织,照规定:"诸县所属村疃,凡五十家立为一社。不以是何诸色人等并行立社。"却独将蒙古探马赤除外,令其另行为社。⑩ 以此蒙古人虽然征服了中国,却未被中国人所完全同化,仍旧保存了他们自己的语言、文字、风俗、习尚,保存了固有的民族性。在中国的统治权虽被推翻,却仍能退回蒙古

---

① 《元史》卷四四《顺帝纪》。
② 《元史》卷一〇二《刑法志·职制上》。
③ 同上。
④ 赵翼:《廿二史劄记》卷三〇《元诸帝多不习汉文》。
⑤ 陶宗仪:《辍耕录》卷二。
⑥ 《元史》卷三《泰定帝纪》。
⑦ 《元史》卷二《成宗纪》。
⑧ 《廿二史劄记》卷三《色目人随便居住》。
⑨ 《元典章》卷二三《户部九·蒙古军人立社》。
⑩ 《元典章·劝农立社事理》。

去,维持民族的生命。

在蒙古人统治下的元代社会,依着征服的先后和民族的不同,显然地分成几个阶级。第一层是征服者的蒙古人,第二层是最先投附从征的色目人,第三层是中国人。中国人中又有二等:第一等是汉人,第二等是南人。汉人、南人之分以宋、金疆域为断,曾在金人治下之中国人曰汉人,凡契丹、女真、高丽皆属之。在宋朝治下之中国人曰南人,江浙、湖广、江西三行省及河南省之江北、淮南诸路属之。① 宋人最后降附,所以南人的地位更下于汉人,最受蒙古政府的冷遇。

蒙古人的地位在其他任何种族之上。从政治方面说,中央百司长官必为蒙古人,"官有常职,位有常员,其长则蒙古人为之"②。至元三年(1266)四月诏省院台部宣慰司廉访司及部府幕官之长并用蒙古、色目人。政治中枢的中书省长官依故事丞相必用蒙古勋臣,仁宗时回回久合散拜右丞相,以非例固辞。③ 即次相如平章之属,在承平时,虽德望汉人,亦抑而不与④,中央监察机关的最高长官御史台御史大夫非国姓不以授。顺帝时贺惟一拜御史大夫,引例辞职,诏特赐国姓蒙古氏而改其名为太平,始得就职。⑤ 后数入中书省为丞相,虽为朝廷所信任,却引起蒙古贵族的反感,《元史·太不花传》:

---

① 钱大昕:《养新录》卷九。
② 《元史》卷八五《百官志序》;《元史》卷三九《世祖纪》。
③ 《元史》卷二五《仁宗纪》。
④ 《元史》卷一八六《成遵传》。
⑤ 《元史》卷一四〇《太平传》。

会朝廷复拜太平为中书左丞相。太不花闻之,意不能平。叹曰:"我不负朝廷,朝廷负我矣。太平汉人,今乃复居中用事,安受逸乐。我反在外勤苦邪!"①

枢密院是中央军事最高机关,可是汉人却不得与军政②,不使汉人阅兵籍,知兵数。③ 行省官吏则各道廉访使必择蒙古人为之使,或缺则以色目世臣子孙为之,其次始参以色目及汉人。④ 致和元年(1328)命御史台凡各道廉访司官用蒙古二人,畏兀、河西、回回、汉人各一人。⑤ 地方长官则以蒙古人充各路达鲁花赤,汉人充总管,回回人充同知,永为定制。⑥ 诸王驸马所分郡邑达鲁花赤亦唯用蒙古人。⑦ 宫廷宿卫只用蒙古、色目人充任,不许汉人、南人投充。⑧ 至大二年(1309)遵旧制汰减宿卫,存蒙古、色目之有阀阅者,余悉革去。⑨ 四年又诏分汰宿卫士,汉人、高丽、南人冒入者还其元籍。⑩ 在法律方面,凡议重刑,必决于蒙古大臣。⑪ 蒙古、色目犯奸盗诈伪之罪隶宗正府,汉人、南人犯者属有司。⑫ 诸蒙古人居官犯

---

① 《元史》卷一四一。
② 《元史》卷一八四《王克敬传》。
③ 《元史》卷九八《兵志》。
④ 《元史》卷一九《成宗纪》。
⑤ 《元史》卷三二《泰定帝纪》。
⑥ 《元史》卷六《世祖纪》。
⑦ 《元史》卷二一《成宗纪》。
⑧ 《元史》卷一〇二《刑法志》,《卫禁》。
⑨ 《元史》卷二三《武宗纪》。
⑩ 《元史》卷二四。
⑪ 《元史》卷二〇五《铁木迭儿传》。
⑫ 《元史》卷三〇《顺帝纪》。

法,论罪既定,必择蒙古人断之,行杖亦如之。① 又制定了片面保护的法律,蒙古人杀死汉人不抵罪:"诸蒙古人因争及乘醉殴死汉人者断罚出征,并全征烧埋银。"②蒙古人员殴打汉儿人,不得还报,指立证见,于所在官司赴诉。反之,则严行断罪。③ 又禁汉人聚众与蒙古人互殴。④ 元律窃盗例须刺字,唯蒙古、色目人犯盗者免刺。⑤ 官吏的荫叙,蒙古、色目也和汉、南人不同,大德四年(1300)更定荫叙格,正一品子为正五,从五品子为从九,中间正从以是为差。蒙古、色目人特优一级。⑥ 八年整顿宿卫,降近侍官阶:

> 中书省臣言:自内降旨除官者,果为近侍宿卫,践履年深,依已除叙。尝宿卫未官者,视散官叙,始历一考,准为初阶,无资滥进,降官二级,官高者量降,各位下再任者,从所隶用,三任之上,听入常调。蒙古人不在此限。从之。⑦

蒙古人是例外。至大四年(1311)又降诸怯薛出身官,蒙古人降一等,色目人降二等,汉人降三等。⑧ 官吏的惩罚,对色目及汉人有明文规定:"凡有官守不勤于职者,勿问汉人回回,皆论诛之,且没其

---

① 《元史》卷一〇二《刑法志·职制上》。
② 《元史》卷一〇五《刑法志·杀伤》。
③ 《元典章》卷四四《刑部六》。
④ 《元史》卷七《世祖纪》。
⑤ 《元史》卷三八《顺帝纪》。
⑥ 《元史》卷二〇《成宗纪》。
⑦ 《元史》卷二一《成宗纪》。
⑧ 《元史》卷八二《选举志》。

家。"① 对蒙古人却并无何等约束。在选举制度下,蒙古、色目人作一榜,汉人、南人作一榜。蒙古、色目人愿试汉人、南人科目中选者加一等注授。② 在同样的考试中,蒙古、色目人只考二场,汉人、南人须考三场,题目和范围也有难易之别。③ 几次考不取的举人分发到各州路作学官,也有年龄上的差别的规定,泰定元年(1324)令蒙古、色目人年三十以上,并两举不第者与教授,以下与学正山长。汉人、南人年五十以上,并两举不第者与教授,以下与学正山长。④ 延祐二年(1315)所定国子监生员额数,蒙古五十人,色目人二十人,汉人三十人。蒙古、色目人占全额十分之七。学校中的出身和考试亦大有差别,至大四年(1311)立国子学试贡法,蒙古授官六品,色目正七品,汉人从七品。试蒙古生之法从宽,色目生稍加严,汉人生则全科场之制。⑤ 在服饰方面,延祐元年(1314)令中书省定服色等第,特别指出蒙古人及见当怯薛诸色人等不在禁限,唯不许服龙凤文。诸色目人等则除行营帐外,其余并与庶人同。汉人、高丽、南人等则即使报充怯薛,也在禁限。⑥ 在平民方面,对国家的义务也显有不同。在征收马匹时,凡色目人有马者三取其二,汉民悉入官,敢匿与互市者罪之。⑦ 又诏民间马牛羊百取其一,羊不满百者亦取之。唯色目人及数乃取。⑧ 所谓民间即指汉、南人,色目

---

① 《元史》卷一〇《世祖纪》。
② 《元史》卷八一《选举志·科举》。
③ 同上。
④ 同上。
⑤ 《元史》卷八一《选举志·学校》。
⑥ 《元史》卷七八《舆服志》。
⑦ 《元史》卷一四《世祖纪》。
⑧ 《元史》卷一九《成宗纪》。

人较受优待,蒙古人则征发不及。在处理征收军器时尤可看出民族待遇的差别,至元二十二年(1285)五月,分汉地及江南所拘弓箭兵器为三等,下等毁之,中等赐近居蒙古人,上等贮于库有行省行院行台者掌之,无省院台者达鲁花赤畏兀、回回居职者掌之。汉人新附人虽居职,无有所预。①

所谓色目人,包括汪古、乃蛮、回回、康里、钦察、阿速、唐兀等种族,在成吉思汗时已被征服,为蒙古人征讨四方,极著勋绩。蒙古对征服民族之惯例,以归附之先后定其所得之待遇。同一归附,自动来归和被逼投降之待遇,又有差别。前一例如世祖至元七年(1270)高丽国王王植来朝时,世祖谕曰:"汝内附在后,故班诸王下。我太祖时亦都护(即《元朝秘史》中之亦都兀惕,为畏吾儿国主之称号)先附,即令齿诸王上,阿思兰(哈喇鲁国王)后附,故班其下。卿宜知之。"②后一例如契丹人耶律留哥至按坦孛都罕入觐,帝曰:"汉人先纳款者先引见。"太傅阿海奏曰:"刘伯林纳款最先。"帝曰:"伯林虽先,然迫于重围而来,未若留哥仗义效顺也。其先留哥。"③色目人之归附,远在汉人、南人之先,故在任何方面均较汉、南人受优遇。同时,蒙古政府在统治中国之机构中,色目人亦占相当地位,无论在中央或地方政府中,均置色目官吏,以为牵制汉人之计。诸路达鲁花赤例由蒙古人充任,至元五年(1268)曾大举排斥非蒙古人之为达鲁花赤者,女真、契丹、汉人一例罢斥,而回回、畏吾儿、乃蛮、唐兀人之为达鲁花赤者仍旧。④ 一统以后,敕江南州

---

① 《元史》卷一三《世祖纪》。
② 《元史》卷七《世祖纪》。
③ 《元史》卷一四九《耶律留哥传》。
④ 《元史》卷六《世祖纪》。

郡兼用蒙古、回回人。① 至元二十一年（1284）所定军官格例中明定色目人之地位："以河西、回回、畏吾儿等依各官品充万户府达鲁花赤，同蒙古人。"②色目人与汉人之充任同一职务，其地位及待遇即因其族类而异。元制尚右，延祐元年（1314）中书省奉诏举儒者赵世延为汉人参政，帝曰：世延诚可用，然雍古氏，非汉人，其署宜居右。遂拜中书参知政事。③ 七年（1320）诏行贡举，在所颁诏书中明指出所以设置色目官吏与汉官并列之用意。诏曰：

> 守令贤否，民之休戚所系。必得其人，乃能宣化。比者举劾殿最，掌任台察。今徒知黜贪而不知扬善，殊失劝惩之道。今后从监察御史肃政廉访司官，于常选人中，每岁贡举可任守令者二人，并须指陈廉能实迹。色目官初举，汉官复察。汉官初举，色目官复察。④

在被征服者方面，无论汉人、南人同受蒙古、色目人的压迫。在成吉思汗时代，虽然征服了中国的一部分，却并不重视这地带已归附的人民，当时曾有人提议尽杀汉人，夷中原为牧地：

> 初蒙古太祖征西域，仓库无斗粟尺帛之储。于是群臣咸言，虽得汉人，亦无所用。不如尽杀之，使草木畅茂，以为

---

① 《元史》卷一一。
② 《元史》卷一三。
③ 《元史》卷一八〇《赵世延传》。
④ 《元典章》卷二。

牧地。①

据《耶律楚材传》，提出这政策的是蒙古大臣：

> 太祖之世，岁有事西域，未暇经理中原，官吏多聚敛自私，资至巨万而官无储峙。近臣别迭等言，汉人无补于国，可悉空其人以为牧地。②

虽因耶律楚材之谏阻而未实行，对汉人却始终轻视怀疑。在用兵时，依着习惯，凡攻城邑，敌以矢石相加者即为拒命，既克必杀之。金首都汴梁之破，照例要屠城，一百五十万居民得耶律楚材一言而幸免。③ 太宗乙未（1235）太子阔出克德安，以尝逆战，其民数十万皆俘戮无遗。④ 屠许时惟工匠得免。⑤ 在平时，也任意屠戮汉人，毫不顾惜。太祖甲戌（1214）兵次牛阑山时，欲尽戮汉军，木华黎以汉军都统石抹孛迭儿可用，奏释之。⑥ 所释只是汉军将领一人，其部下当已尽被屠杀。统一中国后，因宋遗民的继续反抗，对汉、南人更怀猜忌，防范压迫，无所不至。除征发汉、南人所有马匹及兵器外，又设立里甲之制，编二十家为甲，以蒙古人为甲主，衣服饮食唯所欲，童男少女唯所命。⑦ 夜间禁止通行："一更三点钟声绝禁人

---

① 《宋史纪事本末》卷一〇〇《蒙古立国之制》。
② 《元史》卷一四六。
③ 同上。
④ 《元史》卷一八九《赵复传》；《元文类》卷三四，姚燧：《序江汉先生死生》。
⑤ 《元史》卷一六三《张雄飞传》。
⑥ 《元史》卷一五一《石抹孛迭儿传》。
⑦ 徐大焯：《烬余录》。

行,五更三点钟声动听人行。"①并禁止夜间点灯:"诸江南之地,每夜禁钟以前点灯买卖,晓钟之后,人家点灯读书工作者并不禁。"②除小贩儒生外都须遵从这禁例。这禁令的用意是:"江南初定之时,为恐人心未定,因此防禁。"③一面禁止集众祠祷④,祈赛神社,集场买卖⑤,使汉、南人无团结之机会。又禁汉人田猎⑥,习武艺⑦,使汉人无习武之机会。又禁汉人不得学习蒙古、色目文字⑧,以断其与蒙古、色目人接触之机会。从中统三年(1262)山东李璮举兵投宋以后⑨,蒙古人对汉人更不放心,一面减削汉人的兵柄,如史天泽子侄之解兵权,《元史》记:

> 言者谓李璮之叛,由诸侯权太重。天泽遂奏兵民之柄不可并于一门,行之请自臣家始。于是史氏子侄即日解兵符者十七人。⑩

以董文炳代将其世军之一部:

---

① 《元典章》卷五七《禁夜》。
② 《元史》卷一〇五《刑法志·禁令》。
③ 《元典章》卷五七《禁夜》。
④ 《元史》卷一〇五《刑法志·禁令》。
⑤ 《元典章》卷五七《禁聚众》。
⑥ 《元史》卷一六《世祖纪》。
⑦ 《元史》卷二七《英宗纪》。
⑧ 《元史》卷三九《顺帝纪》。
⑨ 参看《宋史纪事本末》卷一〇四《李璮之纳》;《元史》卷二〇六《叛臣传》、《李璮传》、《王文统传》。
⑩ 《元史》卷一五五《史天泽传》。

至元三年(1266)帝惩李璮之乱,欲潜销方镇之横。以文炳代史氏两万户为邓州、光化行军万户。①

以史格所领邓州旧军与张弘范所领亳军互易,使不能以世军有所动作。② 同时汉人大将如张柔、董文炳之子弟亦均罢官去兵柄。③ 一面对汉军新附军特加约束,至元十六年(1279)禁诸奥鲁及汉人持兵器,其出征之所持兵仗,即输之官库。④ 皇庆二年(1313)敕汉人、南人、高丽人宿卫分司上都,勿给弓矢。⑤ 泰定二年(1325)禁汉人藏执兵仗,有兵籍者出兵则给之,还复归于官。⑥ 天历元年(1328)诸卫汉军及州县丁壮所给甲胄兵仗,皆令还官。⑦ 完全解除汉军非战时的武装。诸汉人官吏亦不得执持兵器,例外的几个是得自特许,如汪惟和:

至元二十六年(1289)六月巩昌汪惟和言:近括汉人兵器,臣管内已禁绝。自今臣凡用兵器,乞取之安西官库。帝曰:汝家不与他汉人比,弓矢不汝禁也。任汝执之。⑧

---

① 《元史》卷一五六《董文炳传》。
② 《元史》卷一五五《史格传》。
③ 《元文类》卷二一,虞集:《元帅张忠献王庙碑》;卷四九,虞集:《翰林学士承旨董公(文用)行状》。
④ 《元史》卷一〇《世祖纪》。
⑤ 《元史》卷二四《仁宗纪》。
⑥ 《元史》卷二九《泰定帝纪》。
⑦ 《元史》卷三二。
⑧ 《元史》卷一五《世祖纪》。

如乌古孙良桢:

> 至正十三年(1353)四月特命乌古孙良桢得用军器。①

更不许参预军机,郑制宜之留守枢密院,也出自特典:

> 至元二十五年(1288)车驾幸上都。旧制枢府官从行,岁留一员司本院事,汉人不得与。至是,以属制宜。制宜逊辞。帝曰:汝岂汉人比耶! 竟留之。②

至正十一年(1351)丞相脱脱奏事内庭,以事关兵机,而韩元善及参知政事韩镛皆汉人,使退避勿与俱。③ 在地方上,则汉官例不得掌兵:

> 岭海瑶贼窃发,朝廷调戍兵之在行省者往讨之。会提调军马官缺。故事汉人不得与军政,众莫知所为。克敬抗言:行省任方面之寄,假令万一有重于此者,亦将拘法坐视邪! 乃调兵往捕之。④

顺帝时吴当募民兵平寇成功,因其为南人,竟为当局所构罢。《元史·吴当传》:

---

① 《元史》卷四三。
② 《元史》卷一五四《郑鼎传》。
③ 《元史》卷一八四《韩元善传》。
④ 《元史》卷一八四《王克敬传》。

>授江西肃政廉访使,招捕江西诸郡,便宜行事。当以朝廷兵力不给,既受命至江南,即招募民兵,由浙入闽至江西境……建、抚两郡悉定。是时,参知政事朵歹总兵抚、建,积年无功,因忌当屡捷,功在己上,又以为南人不宜总兵,则构为飞语,谓当与兵部尚书黄昭皆与寇通。有旨解二人兵柄。①

为防汉人反侧计,一面到处驻防,以蒙古军屯河洛山东,据天下腹心。以汉军探马赤军戍淮江之南以尽南海,间亦厮以新附军。蒙古军即营以家,余军岁时践更,皆有成法。江南三行省凡设戍兵六十三处,最为政府所重视,其戍地历百年不改。② 一面遍收民间兵器,至元十三年(1276)伯颜入临安后,即下令籍兵器,凡在军中尺铁寸杖不得在手③,民户则铁尺手杻及杖之藏刃者均须输官。④ 犯者籍而为兵。⑤ 有马者拘入官。⑥ 以后各朝都极严厉执行这法令,三翻四覆地申说:"汉人、南人、高丽人禁执弓矢兵仗。"为维持地方上的治安,勉强准许路府州县捕盗者持弓矢,各路十副,府七副,县五副。⑦ 在另一方面,各地驻扎的蒙古、色目探马赤军,在任何时都是武装着的,即使有意外的叛变,也不很费事就可扑灭。

汉人和南人虽然同样是被征服者,除高丽、女真、契丹外的汉

---

① 《元史》卷一八七。
② 《经世大典序录政典总序》,《元文类》卷四一。
③ 《元史》卷一六八《陈天祥传》。
④ 《元史》卷一四《世祖纪》。
⑤ 《元史》卷一五《世祖纪》。
⑥ 《元史》卷三九《顺帝纪》。
⑦ 《元史》卷一四《世祖纪》。

人和南人并没有什么种族上的不同。但是因为汉人早于南人归附几十年,南人的抵抗和图谋恢复又较汉人为烈,所以在社会地位上也有显然的差别。蒙古初期所任用的文武大臣如耶律楚材、耶律铸、杨惟中、王文统、史天泽、董文炳等都是汉人,南人则立于中书省要路者,通元一代只有危素一人。①

世祖时曾下令省部台院必须参用南人,《元史·程钜夫传》:

> 至元二十四年(1287),立尚书省,诏以为参知政事,钜夫固辞。又命为御史中丞,台臣言钜夫南人,且年少。帝大怒曰:汝未用南人,何以知南人不可用。自今省部台院必参用南人。②

但在事实上,南人还是照样被摈斥:

> 至元三十年(1293),陈孚使安南还,帝方欲置之要地,而廷臣以孚南人,且尚气,颇嫉忌之,遂除建德路总管府治中。③

而且在习惯上,汉人和南人的差别待遇,已为当时朝野所默认。试举一例说明:

> 元明善与虞集初相得甚欢。至京师,乃复不能相下。董

---

① 《元史》卷四五《顺帝纪》。
② 《元史》卷一七二。
③ 《元史》卷一九〇《陈孚传》。

> 士选……属明善曰:复初(明善)与伯生(集)他日必皆光显,然恐不免为人构间。复初中原人也,仕必当道。伯生南人,将为复初摧折。今为我饮此酒,慎勿如是。①

王都中以至元末年出仕,历官四十余年,至至正元年(1341)始卒,而《元史》说:"当世南人以政事之名闻天下,而位登省宪者唯都中一人而已。"②由此可见南人从世祖以来在政治上即无地位,不但不能和蒙古、色目比较,即和汉人比较也是相形见绌。不但台官少南人,即外台的书吏杂流,也不许南人充任:

> 王艮,绍兴诸暨人。淮东廉访司辟为书吏,迁淮西。会例革南士,就为吏于两淮都转运盐使司。③

怯薛向例以蒙古、色目世臣子孙充任,但往往有汉人、南人、高丽人冒充。武宗至大二年(1309)清汰宿卫,仅存蒙古、色目之有阀阅者,余皆革去。四年又诏汉人、南人、高丽人冒入者还其原籍。④ 至治二年(1322)敕四宿卫兴圣宫及诸王部勿用南人。⑤ 则专斥南人而不及汉人和高丽人。一直到顺帝时,东南叛乱纷起,这才想到应该联络南人,得其欢心:

---

① 《元史》卷一八一《元明善传》。
② 《元史》卷一八四《王都中传》。
③ 《元史》卷一九二《王艮传》。
④ 《元史》卷二三《武宗纪二》。
⑤ 《元史》卷二八《英宗纪》。

> 至正十二年（1352）三月有旨：省院台不用南人，似有偏负，天下四海之内，莫非吾民。宜依世祖皇帝时用人之法，南人有才学者皆令用之。自是累科南方之进士始有为御史，为宪司官，为尚书者矣。①

当时南人中有名者如贡师泰：

> 拜监察御史。自世祖以后，省台之职南人斥不用。及是始复旧制，于是南士得居省台，自师泰始，时论以为得人。②

周伯琦均得进用：

> 至正十二年有旨令南士皆得居省台。除伯琦兵部侍郎，遂与贡师泰同擢监察御史。两人皆南士之望，一时荣之。③

南人以东南叛乱的缘故，使蒙古政府开了四十年来的政治锢禁。在反面，汉人却又因中原汉人的叛变而被挫抑，却好成一对照：

> 至元三年（1337）五月戊申诏：汝宁棒胡，广东朱光卿、聂秀卿等皆系汉人。汉人有官于省台院及翰林集贤者，可讲求诛捕之法以闻。④

---

① 《元史》卷九二《百官志·科目》。
② 《元史》卷一八七《贡师泰传》。
③ 《元史》卷一八七《周伯琦传》。
④ 《元史》卷三九《顺帝纪》。

命令汉官讲求诛捕汉人之法。同时蒙古、色目的大臣又借这机会来排挤汉官：

> 汝宁棒胡反。大臣有忌汉官者，取贼所造旗帜及伪宣敕班地上，问曰：此欲何为耶？意汉官讳言反，将以罪中之。（许）有壬曰：此曹建年号，称李老君太子，部署士卒，以敌官军，其反状甚明，尚何言！其语遂塞。①

丞相伯颜竟提议杀张王刘李赵五姓汉人。② 大约因为这五姓是汉人的著姓，人数最多的缘故。又以河南范孟反，矫杀省臣，事连廉访使段辅。风台臣言汉人不可为廉访使。③ 最值得注意的是蒙古政府对于芝麻李反于徐州时的意见：

> 事闻朝廷，省吏抱牍题曰谋反事。脱脱观其牍，改题曰河南汉人谋反事。④

脱脱是当时的首相重臣，他的意见也就代表整个蒙古政府和一般贵族的意见。这一举动提醒了汉人的民族意识，在二十年后，明太祖便据之提出民族革命的口号。

---

① 《元史》卷一八二《许有壬传》。
② 《元史》卷三九《顺帝纪》。
③ 《元史》卷一三八《脱脱传》。
④ 权衡：《庚申外史》。

三

在蒙古政府统治下的中国人,要尽双重义务。一重是对中央的,一重是对本地的领主。这领主属于贵族集团,包括皇族,宗王,公主,驸马,勋臣,贵戚,一些有特殊身份的蒙古、色目人。

自成吉思汗以来,每征讨诸国,即封子弟一人镇之。合撒儿等四王以诸弟居东方①,封皇子拙赤汗于花剌子模之地②,察阿歹汗以西辽及西回鹘故地③,斡哥歹汗以叶密立河之地④,拖雷汗以少子分得斡难沐涟上源及合剌和林之地⑤。支庶日繁,诸王分国遍布欧亚。诸王除自有领土外,在中国亦有食邑,如察阿歹已建汗国,复受分太原四万七千三百三十户,又益封真定、深州万户。⑥ 阿里不哥分地在和林西北,其祖母孛儿帖可敦汤沐八万户在真定者,身后岁赋亦入阿里不哥。⑦ 海都分地在海押立,至元二年复以蔡为其食邑。⑧ 翁吉剌氏世与蒙古皇族通婚,生女为后,生男尚公主。阿勒赤以国舅封河西王,居可木儿、温都儿、答儿、纳兀儿、迭可儿等地,统其国族,复赐东平五千二百户为食邑。其族人亦各有分地,其所

---

① 屠寄:《蒙兀儿史记》卷二二。
② 《蒙兀儿史记》卷三四《拙赤列传》。
③ 《蒙兀儿史记》卷三二《察阿歹诸王列传》。
④ 《蒙兀儿史记》卷四《斡哥歹可汗本纪》。
⑤ 《蒙兀儿史记》卷三三《拖雷列传》。
⑥ 《蒙兀儿史记》卷三二《察阿歹诸王列传》。
⑦ 《蒙兀儿史记》卷五六《阿里不哥传》。
⑧ 《蒙兀儿史记·海都传》。诸王贵戚分赐汉地食邑情形详见:《蒙兀儿史记》卷四《斡哥歹可汗本纪》"三八年六月"条。

分汉地城邑丙申岁(1236)赐济宁路及济、兖、单三州,巨野、郓城、金乡、虞城、砀山、丰、肥城、任城、鱼台、沛、单父、嘉祥、滋阳、宁阳、曲阜、泗水十六县。至元十三年(1276)赐汀州路长汀、宁化、清流、武平、上杭、连城六县。至大元年(1308)赐永平路滦州、卢龙、迁安、抚宁、昌黎、石城、乐亭六县。皆得任其陪臣为达鲁花赤。其所治应昌、全宁等路,则自达鲁花赤总管以下皆得专任,其陪臣和中央无关。①

后妃公主亦有食采分地。② 如太宗以真定民户为孛儿帖可敦(成吉思汗皇后)汤沐邑。③ 大德十一年(1307)以永平路为皇妹鲁国长公主分地,租赋及土产悉赐之。④ 从世祖立皇太子以后,皇太子亦有分地,如至元十九年(1282)诏割江西隆兴路为东宫分地⑤,二十一年以云南城内洪城并察罕章棣皇太子⑥。又拨忽兰及塔剌不罕等四千户棣皇太子位下。⑦ 大德十一年以安西、平江、吉州三路为皇太子分地。⑧ 诸王分地如安西王忙哥剌之吉州路,北安王那木罕之临江路,平远王阔阔出之永福县,西平王奥鲁赤之南恩州,爱牙赤大王之邵武路光泽县,云南王忽哥赤之福州路福安县,忽都帖木儿太子之泉州路南安县。⑨ 勋臣如木华黎等十功臣之食邑东平⑩,

---

① 《蒙兀儿史记》卷二三《德薛禅传》。
② 《元史》卷九五《食货志三·岁赐》。
③ 《元史》卷二《太宗纪》。
④ 《元史》卷二二《成宗纪》。
⑤ 《元史》卷一七三《马绍传》,卷一一五《裕宗传》。
⑥ 《元史》卷一三《世祖纪》。
⑦ 《元史》卷一二。
⑧ 《元史》卷二二《成宗纪》。
⑨ 《元史》卷九五《食货志·岁赐》。
⑩ 《元史》卷一一九《木华黎传》,卷一二〇《术赤传》,卷一五二《齐荣显传》,卷一五三《王玉汝传》。

史天泽之食邑于卫①。但是富饶肥沃的所在，都已被指定作贵族们的分地或食邑。

江北和江南的分地不同，江北征丝，江南征钞。太宗灭金后，命忽都虎大科汉民，分城邑以分功臣。②自甲午到丙申（1234至1236）用三年功夫才把民籍制定。③常时太宗预备照成例以汉地分封诸王功臣，耶律楚材劝他采折衷办法，行五户丝制：

> 丙申七月忽都虎以民籍至。帝议裂州县赐亲王功臣。楚材曰：裂土分民，易生嫌隙，不如多以金帛与之。帝曰：已许，奈何？楚材曰：若朝廷置吏，收其贡赋，岁终颁之，使毋擅科征可也。帝然其计。遂定天下赋税，每二户出丝一斤，以给国用。五户出丝一斤，以给诸王功臣汤沐之资。④

这制度立刻见之施行：

> 岁丙申，太宗命五部将分镇中原。阔阔不花镇益都、济南，按察儿镇平阳、太原，孛罗镇真定，肖乃台镇大名，怯列台镇东平。括其民匠得七十二万户，以三千户赐五部将。阔阔不花得分户六百，立官治其赋，得荐置长吏，岁从官给其所得五户丝。⑤

---

① 《元史》卷一五五《史天泽传》。
② 《元史》卷一二一《畏答儿传》。
③ 《元史》卷一三五《铁哥术传》。
④ 《元史》卷一四六《耶律楚材传》。
⑤ 《元史》卷一二三《阔阔不花传》。

到世祖平江南后,又各益以民户。时科差未定,每户折支中统钞五钱。至成宗复加至二贯。① 此项加赋,系由官家拨给:

> 至元三十一年四月,中书省言:江南分土之赋,初止验其版籍,令户出钞五百文。今亦当有所加。然不宜增赋于民,请因五百文加至二贯,从今岁官给之。从之。②

此种分地或食邑又称投下:

> 太祖丙戌(1226)夏,诏封功臣户口为食邑曰十投下。③

蒙古人称降民为投拜户,食邑以户口为本位,投下之名或即因投拜户而来。又称爱马,杨瑀《山居新话》:"上亟命分其酒于各爱马(即各投下)"可证。

诸投下和中央的关系,依例须派陪臣到中央服务:"故凡事诸侯王各以其府一官人参决尚书事。"④王官须遣子入侍:"凡守亲王分地者,一子当备宿卫。"⑤天历元年(1328)晋王、辽王得罪,其所举宗正府札鲁忽赤中书省断事官亦连带革去。⑥ 投下军队须听中

---

① 《元史》卷九五《食货志三·岁赐》。
② 《元史》卷一八《成宗纪》。
③ 《元史》卷一一九《木华黎传》。
④ 姚燧:《牧庵集》卷一二《中书左丞李公(恒)家庙碑》。
⑤ 刘因:《静修文集》卷一六《泽州长官段公墓碑铭》。
⑥ 《元史》卷三二《文宗纪》。

央征调,如弘吉剌等五投下之从伐宋:

> 至元十一年(1274)世祖命相威总速浑察元统弘吉剌等五投下兵从,伐宋。①

济宁投下蒙古军之东征:

> 至元二十五年(1288)八月癸丑,诸王也真言:臣近将济宁投下蒙古军东征,其家皆乏食,愿赐济南路岁赋银,使易米而食。诏辽阳省给米万石赈之。②

至正十四年(1354)、二十五年(1365),脱脱及扩廓帖木儿之统诸王各爱马军人之出征。③ 平时则为中央镇守地方,得便宜发兵平乱。④

元帝多由亲王入继,即位后仍保有原来之分地。此项分地有特设之总管府管理之。如世祖之京兆分地,以王倚为工部尚书,行本位下随路民匠都总管。⑤ 孛儿帖可敦所分军民匠户之在燕京中山者以孟速思布鲁海牙统之。⑥ 至元二十四年(1287)设都总管府,以总皇子北安王民匠斡端大小财赋。⑦ 皇太子之隆兴分地,则

---

① 《元史》卷一二八《相威传》。
② 《元史》卷一五《世祖纪》。
③ 《元史》卷四三、四六《顺帝纪》。
④ 《元史》卷一一七《宽彻普化传》、《帖木儿不花传》。
⑤ 《元史》卷一七六《王倚传》。
⑥ 《元史》卷一二四《孟速思传》,卷一二五《布鲁海牙传》。
⑦ 《元史》卷一四《世祖纪》。

以马绍为总管。① 仁宗为皇太子,其所分安西王地所置之都总管府,以詹事察罕领之。② 诸王则设王相府③,每位下各设王傅、傅尉、司马。④

又设断事官以理词讼,姚燧《平章政事忙兀公神道碑》:

> 诸侯王与十功臣既有土地人民,凡事干其城者,各遣断事官自司,听直于朝。⑤

或即由王傅处理:

> 至元二十七年敕诸王分地之民有讼,王傅与所置监郡同治。无监郡者王傅听之。⑥

刑事归地方有司,民事则由投下处理:

> 诸管军官、奥鲁官及盐运司、打捕鹰坊军匠、各投下管领诸色人等,但犯强窃盗贼、伪造宝钞、略卖人口、发冢放火、犯奸及诸死罪,并从有司归问。其斗讼、婚田、良贱、钱债、财产、宗从断绝及科差不公自相告言者,从本管理问。若事关民户

---

① 《元史》卷一三七《马绍传》。
② 《元史》卷一三七《察罕纪》。
③ 《元史》卷一九《成宗纪》。
④ 《元史》卷八九《百官志》。
⑤ 《牧庵集》卷一四。
⑥ 《元史》卷一六《世祖纪》。

者,从有司约会归问,并从有司追逮,三约不至者,有司就便归断。①

至大四年(1311)罢诸王断事官,其蒙古人犯盗诈者命所隶千户鞫问。② 但至延祐三年(1316)又恢复断事官制度。③ 投下官吏俱由领主自辟,再由中央承认:

> 今之制郡县之官皆受命于朝廷。惟诸王邑司与其所受赐汤沐之地,得自举人。然必以名闻诸朝廷而后授职,不得通于他官。④

如陈祐之辟为穆王府尚书,河南府总管。⑤ 忙哥撒儿之治宪宗分地⑥,廉希宪之治世祖分地⑦,李惟忠之治淄川王分地⑧。到至元五年(1268)才规定投下官必须用蒙古人员。其总管府长官不入常选。所属州县长官则于本投下分到城邑内迁转。各投下有阙用人员,自于其投下内选用,不许冒用常选内人。⑨ 勋臣食邑之官吏亦得自行选用,如宪宗赐史天泽以卫城,天泽以王昌龄治之。⑩ 顺帝

---

① 《元史》卷一〇二《刑法志·职制上》。
② 《元史》卷二四《武宗纪》。
③ 《元史》卷二五《仁宗纪》:"延祐三年正月增置晋王部断事官四员。"
④ 《经世大典序录·投下》。
⑤ 《元史》卷一六八《陈祐传》。
⑥ 《元史》卷一二四《忙哥撒儿传》。
⑦ 《元史》卷一二六《廉希宪传》。
⑧ 《元史》卷一二九《李恒传》。
⑨ 《元史》卷八二《选举志》。
⑩ 《元史》卷一五五《史天泽传》。

赐脱脱淮安路为其食邑,郡邑长吏听其自用。①

这一贵族集团所领有的分地中,人民除须对中央纳二户丝外,当地领主即为其统治者,须服从领主的约束。据下引一史实可以看出当时领主和其分地中人民的关系:

> (张础真定人)业儒。丙辰岁(1256)平章廉希宪荐于世祖潜邸。时真定为诸王阿里不哥分地。阿里不哥以础不附己,衔之。遣使言于世祖曰:张础我分地中人,当以归我。世祖命使者复曰:兄弟至亲,宁有彼此之间。且我方有事于宋,如础者实所倚任。俟天下平定,当遣还也。②

这虽是统一以前的情形,可是看后来屡次禁止投下招户的禁令,可见投下户和非投下户的关系是有不同的。《元史·刑法志》"户婚"条:

> 诸系官当差人户,非奉朝省文字,辄投充诸王及各投下给使者,论罪。

由此可知投下户是不系官当差的。又:

> 诸投下官员招占已籍系官民匠户计者,没其家财,所占户归本籍。

---

① 《元史》卷一三八《脱脱传》。
② 《元史》卷一六七《张础传》。

由此可知投下户是和民户不同户籍的。至元十八年令甘州凡诸投下户依民例应站役。① 则在此令以前投下户是不应站役的。大德九年诏诸王驸马部属及各投下,凡市佣徭役与民均输。② 延祐五年又敕诸王位下民在大都者与民均役。③ 则在此二诏前投下人民并不和系官当差人户一样为政府服役。因为避免政府徭役的关系,一般民户军户站产以投附到各投下应役为得计,投下的官吏也尽可能地收容这些逃户,扩张自己的领地和收入。中央和各投下就因这问题而时常引起争执,屡屡申禁投下擅招民户:

> 至元二十三年(1286)(崔彧)奏:忽都忽那颜籍户之后,各投下毋擅招集,太宗既行之。江南民为籍已定,乞依太宗所行为是。从之。④

成宗元贞元年诏诸王驸马部民既隶军籍者,毋夺回本部。二年诏蒙古侍卫所管探马赤军人子弟投诸王位下者,悉遵世祖成宪,发还原役充军。⑤ 又禁诸王公主驸马招户。⑥ 大德二年禁诸王公主驸马受诸人呈献公私田地及擅招户者。⑦ 禁令虽严,投下之招户仍不因之而少止,如江浙行省所投告:

---

① 《元史》卷一一《世祖纪》。
② 《元史》卷二一《成宗纪》。
③ 《元史》卷二六《仁宗纪》。
④ 《元史》卷一七三《崔彧传》。
⑤ 《元史》卷九九《兵志》。
⑥ 《元史》卷一九《成宗纪》。
⑦ 《元典章》卷二五《户部》一一《影避》。

> 有力富强之家,往往投充诸王位下……等诸项户计,影占不当杂泛差役,止令贫难下户承充里正主首,钱粮不办,偏负生受。各处行省俱有似此户计。①

河南行省所投告亦有同样情形:

> 李罗欢为头河南行省官题说:俺管辖的地面里,将系官并民田每有一等歹人,诸王驸马每根底呈献的多有不系诸王驸马各投下分拨到的户计地土有。②

富户地主以此避免差役,平民则因此受累,倾家荡产。

诸领主同时也是地主,经营高利贷者。有的得特许征收当地的商税和盐引,《元史·马亨传》:

> 世祖征云南,留亨为京兆榷课所长官。京兆,藩邸分地也,亨以宽简治之,不事掊克,凡五年,民安而课裕。丁巳(1257)亨时莘岁办课银五百铤,输之藩府。③

至元二十年诸王只必帖木儿请于常德分地二十四城自设管课官,不从。又请立拘榷课税所,其长从都省所定,次则王府差设,从

---

① 《元典章》卷二五《户部》一一《影避》。
② 《通制条格》卷三。
③ 《元史》卷一六三。

之。① 安西王府则擅中原盐利：

> 安西国王秦，凡河东河南山之南与陕西食解池盐，皆置使督其赋入，悉输王府。②

安西王被诛后以其分地赐仁宗：

> 大德十一年十一月皇太子言：近蒙恩以安西、吉州、平江为分地，租税悉以赐臣。臣恐宗亲昆弟援例，自五户丝外，余请输之内帑。其陕西运司岁办盐十万引向给安西王，以此钱斟酌与臣，惟陛下裁之。中书计会三路租税及盐课所入钞四十万锭。有旨：皇太子所思甚善。岁以十万锭给之，不足则再赐。③

天历二年（1329）以淮浙山东河间四转运司盐引六万为鲁国大长公主汤沐之资。④ 田租田土之赐则更漫无限制，如大德十一年以永平路为皇妹鲁国长公主分地，租赋及土产悉以赐之。⑤ 越王秃剌以绍兴路为食邑，岁割赐本路租赋钞四万锭。⑥ 延祐二年赐诸王别铁木儿永昌路及西凉州田租。⑦ 至顺元年封诸王卯泽为永宁王，以所隶

---

① 《元史》卷一二《世祖纪》。
② 姚燧：《牧庵集》卷一〇《故提举太原盐使司徐君神道碑》。
③ 《元史》卷二二《武宗纪》。
④ 《元史》卷三三《文宗纪》。
⑤ 《元史》卷二二《武宗纪》。
⑥ 《元史》卷三五《文宗纪》。
⑦ 《元史》卷二五《仁宗纪》。

封邑赐之。① 所赐租赋天历二年改为折钞：

> 诸王公主官府、寺观拨赐田租，除鲁国大长公主听遣人征收外，其余悉输于官，给钞酬其直。②

诸王拥有田土之多，如延祐七年晋王也孙铁木儿遣使以地七千顷归朝廷，请有司征其租岁给粮草。③ 至元二年（1336）以公主奴伦引者思之地五千顷赐伯颜。④ 延祐五年赐丑驴答剌罕平江路田百顷⑤，天历元年以故平章黑驴平江田三百顷及嘉兴芦地赐西安王阿剌忒剌失里⑥，至顺元年以平江等处官田五百顷赐鲁国大长公主⑦，致和元年赐燕铁木儿平江官地五百顷⑧，至元元年以蓟州宝坻县稻田提举司所辖田土赐伯颜⑨，三年以完者帖木儿苏州之田二百顷赐郯王彻彻秃⑩，至正四年赐脱脱松江田，为立松江等处稻田提领所。⑪

除田土外，诸投下更擅有矿冶水利诸利权。如武宗复赐晋王

---

① 《元史》卷三四《文宗纪》。
② 《元史》卷三三《文宗纪》。
③ 《元史》卷二七《英宗纪》。
④ 《元史》卷三九《顺帝纪》。
⑤ 《元史》卷二六《仁宗纪》。
⑥ 《元史》卷三二《文宗纪》。
⑦ 《元史》卷三四《文宗纪》。
⑧ 《元史》卷三二《文宗纪》。
⑨ 《元史》卷三八《顺帝纪》。
⑩ 《元史》卷三九《顺帝纪》。
⑪ 《元史》卷四一《顺帝纪》。

也孙铁木儿以张铁木儿所献地土金银铜冶①,文宗以龙庆州之流杯园池水磑土田赐燕铁木儿②。顺帝以采珠户四万赐伯颜③,文宗赐燕铁木儿质库④。此外有每年例得岁赐,元贞二年(1296)定诸王朝会赐与,太祖位下金千两,银七万五千两,世祖位金各五百两,银二万五千两,余各有差。⑤ 至大四年度仁宗登极的朝会赏赐是金三万九千六百五十两,银百八十四万九千五十两,钞二十二万三千二百七十九锭,币帛四十七万二千四百八十八匹。⑥ 这全是民众的负担。

诸王以贵族兼地主的财力,更经营高利贷事业和商业:

> 其贾贩则自鞑主以至伪诸王伪太子伪公主等,皆付回回以银,或贷之民而衍其息。一锭之本展转十年后,其息一千二十四锭。或市百货而懋迁,或托夜偷而责偿于民。⑦

蒙古人不知商贩,此种事业不能不交由犹太及回人代为经营:

> 鞑人只是撒花,无一人理会得贾贩。只是以银与回回,令其自去贾贩以纳息。回回或自转贷与人,或自多方贾贩,或诈

---

① 《元史》卷二三《武宗纪》。
② 《元史》卷三五《文宗纪》。
③ 《元史》卷三九《顺帝纪》。
④ 《元史》卷三四《文宗纪》。
⑤ 《元史》卷一九《成宗纪》。
⑥ 《元史》卷二四《仁宗纪》。
⑦ 《黑鞑事略》。

称被劫而责偿于州县民户。①

因为是交给犹太人负责经营的,蒙古人称犹太人为斡脱(Jude),因即称此种高利贷事业为斡脱官钱:

> 斡脱官钱者,诸王妃主以钱于人,如期并其子母征之,元初谓之羊羔儿息。②

诸王往往以令旨向民间取索钱债,骚扰万状,据下列文件,可见一斑:

> 中统二年(1261)六月五日都堂为诸投下招收人户,取索钱债,奏奉圣旨谕十道宣抚司。今体知得诸投下差使臣告奉到圣旨及令旨文字,不经由本路官司,径直于州县开读,索取钱债骚扰。为此特降圣旨:今后遇有各投下取索钱债,先须经由本路宣抚司行下达鲁花赤管民官,钱债公事,不得一同拘收人员取索。若委系己身借过钱债,照依先降圣旨于宣抚司定夺,立限归还,违者并行治罪。③

中统三年(1262)定诸王投下取索债负人员须至宣抚司彼此对证,委无异词,依一本一利还之。毋得将欠债官民人等强行拖曳人

---

① 《黑鞑事略》。
② 柯劭忞:《新元史》卷七三《食货志》,《斡脱官钱》。
③ 王恽:《中堂事记》。

口头匹准折财产,搅扰不安,违者罪之。① 至元元年(1264)又定诸王不得以银与非投下人为斡脱之令,大德元年又禁权豪斡脱②,使此种高利贷事业为诸王所独擅。后来因为向百姓要账,感觉麻烦,于至元四年特立诸位斡脱总管府。八年又立斡脱所③,专为诸王追征本息。在中央则于至元二十年立斡脱总管府,专管借钱取息,姚燧《高昌忠惠王神道碑铭》:

> 世祖初独掌第一宿卫奏记兼监斡脱总管府,持为国假贷权,岁出入恒数十万锭缗。月取子八厘,实轻民间缗取三分者几四分三。④

诸王所取的利是上文所举的羊羔儿息,一锭本钱在十年后要还一千二十四锭。在法律所许可的利率是每月三分,中央的是八厘,相差太多,也许这碑文也如通常的"谀墓之辞",不一定可信。诸投下所放高利贷,政府为特立法律保障:

> 元贞元年(1295)二月壬午诏贷斡脱钱而逃隐者罪之,仍以其钱赏首告者。⑤

---

① 《新元史》卷七三《食货志》。
② 《元史》卷五《世祖本纪》;《新元史》卷七三《食货志》。
③ 《元史》卷六《世祖纪》;《新元史》卷七三《食货志》。按,斡脱所,《元史·世祖纪》作至元九年立。
④ 《牧庵集》卷一三。
⑤ 《元史》卷一八《成宗纪》。

政府虽然规定只取一本一利,可是实际上还是不免多取利息。孛术鲁翀《参知政事王公(忱)神道碑记》:

> 诸王分地恩州,其下以钱贷民,加倍征息。公令子母相当而止,余有罪。①

在这制度下,农民多因借斡脱钱而破产丧家:

> 大德二年诸王阿只吉索斡脱钱,命江西行省籍负债者之子妇。省臣以江南平定之后,以人为货,久行禁止,移中书省罢其事。②

诸王倚势不顾法令,径行追索骚扰:

> 大德六年札忽真妃子、念木烈大王位下遣使人燕只哥歹等追征斡脱钱物,不由中书省,亦无元借斡脱钱数目,止云借斡脱钱人不鲁罕丁等三人,展转相攀,牵累一百四十余户。

中书省议准:"凡征斡脱官钱者,开坐债负户计人名数目,呈中书省转咨行省官同为征理,照验元坐取斡脱钱人姓名依理追征,毋致勾

---

① 《菊潭集》卷二。
② 《新元史》卷七三《食货志》;《元典章》卷二七《户部》,"斡脱钱为民者倚阁"。

扰违错。著为令。"① 政府所能制定的律令，只是不许诸王径自追索，须经中央政府转行地方长官代为负责追取，然而实际上，这也不过是和其他约束一样，价值只是一纸空文而已。

诸贵族分地虽然规定只能收五户丝和户钞，可是在实际上却往往不照这规定，自征金银。农民无从得金银，只能将货物贱卖去换取，金银的价格因之日高，农业品及工艺品之价格就愈贱，结果不能应付，只能相率逃亡。例如郝经所言拔都之平阳分地：

> 平阳一道隶拔都大王，又兼真定河间道内鼓城等五处。以属籍最尊，故分土独大，户数独多。假使诸道内只纳十户四斤丝，一户包银二两，亦自不困。近岁公赋仍旧，而王赋皆使贡金，不用银绢杂色，是以独困于诸道。河东土产菜多于桑，而地宜麻，专纺绩织布，故有大布、卷布、板布等，自衣被外，折损价值，贸易白银以供官赋。民淳吏质，而一道课银独高天下。造为器皿，万里输献，则亦不负王府也，又必使贡黄金。始白银十折，再则十五折，复至二十三十折，至白银二两易黄金一钱。自卖布至于得白银，又至于得黄金，其费空筐筥之纺绩，尽妻女之钗钏，犹未充数，榜掠械系，不胜苦楚，不敢逃命，亦已极矣。②

同时所分领地得行再分割制，小领主日多，农民之苦痛亦日甚，郝

---

① 《新元史》卷七三《食货志》；《元典章》，卷二七《户部》，"斡脱钱为民者倚阁"。

② 《陵川文集》卷三二《河东罪言》。

经又说:

> 今王府又将一道细分,使诸妃王子各征其民,一道州郡至分五七十头项,有得一城或数村者,各差官临督……诛求无艺,于是转徙逃散。①

此种情形到中叶犹然,延祐元年(1314)下令禁诸王支属径取分地租赋扰民②,可以看出这制度是普遍施行的,其他分地亦有同样情形。

太宗八年(1236)定各位下止设达鲁花赤,朝廷置官吏收其租颁之,非奉诏不得征兵赋。③ 这一条法令的用意原是约束诸投下,使不得和平民发生直接关系,任意加以压迫。可是单是表面上的法律,并不能约束诸领主,诸王可以直接用令旨命令地方官吏,如不听命,便利用他们的地位和武力,对地方官吏加以殴辱。皇庆元年对诸王任意宣旨加以取缔:"禁诸王径宣旨于各路。"④大德七年禁诸王驸马毋辄杖州县官吏,违者罪王府官。⑤ 大德三年禁诸投下擅置官府,紊乱选法。⑥ 大德元年禁各位下擅据矿炭、山场。⑦ 诸领主更有擅据河泊、关津、桥梁并诸人扑认牙例诸名色抽分等钱的。⑧

---

① 《陵川文集》卷三二《河东罪言》。
② 《元史》卷二五《仁宗纪》。
③ 《元史》卷二《太宗纪》。
④ 《元史》卷二四《仁宗纪》。
⑤ 《元史》卷二一《成宗纪》。
⑥ 《元史》卷二〇《成宗纪》。
⑦ 《元史》卷一九。
⑧ 《元典章》卷三。

对平民则更任意剥削掠夺,官府不敢过问。在初期诸王廪膳并由民间供给:

> 诸王分土并门,廪饩岁取民间。或不能供,辄立契约,母息倍称。或不能偿,隶其子女。民患苦之。(王忱)请出钱县官赎还其亲者百二十四人。于是诸王膳资岁颁子官,民瘼始苏。①

更有私役富室为柴米户,任意科派赋外杂徭的。② 至大德间,各投下官吏悖顽不同常调,但凡有所需物色,皆科拨本管人户。③ 在这双重统治下的元代平民,我们可以举邢州来代表:

> 邢州当要冲,初分二千户为勋臣食邑,岁遣人监领,皆不抚治,征求百出,民不堪命。④

贵族生活可以举威顺王来代表:

> 湖广地连江北,威顺王岁尝出猎,民病之。又起广乐园,多萃名倡巨贾以网大利,有司莫敢忤。⑤

---

① 字术鲁翀:《菊潭集》卷二《参知政事王公神道碑》。
② 《元史》卷一五《世祖纪》。
③ 《通制条格》卷三。
④ 《元史》卷一五七《张文谦传》。
⑤ 《元史》卷一四四《星吉传》。

四

除蒙古贵族以外,商人在蒙古政府中也占极大的势力。蒙古人不知经商,拥有土地和财富的贵族都把资本交给回回和斡脱(犹太人),请他们负责经营高利贷和大规模的国内的国际的商业。汉、南人虽然没有政治势力作后盾,也凭了他们刻苦和冒险的精神,在当时的商业界中占有地位。这一批新兴的资本家,操纵着全帝国的市场,包办了帝国财政事务,更进而掌握政权,使元代前期成为商人执政的局面。

在成吉思汗时代,回鹘商人已在政府中活动,占有势力。南侵汉地的动机,且由于商人之怂恿:

> 回鹘有田姓者饶于财,商贩巨万,往来于山东河北,俱言民物繁庶,与纠同说鞑人治兵入寇。①

田姓即田镇海,后以功入为执政:

> 其相四人,曰镇海,回回人,专理回回国事。②

王国维以为:"《长春真人西游记》称镇海为田镇海或田相公,是镇

---

① 《蒙鞑备录》。
② 《黑鞑事略》。

海田氏。又言至回纥昌八剌城,其王畏午儿与镇海有旧,是镇海与回纥素有渊源。又镇海与长春问答用汉语,是其人必曾往来中国者。余颇疑《备录》之回鹘人田姓即镇海矣。"①镇海历相太祖、太宗、定宗三朝。他在当时的政治地位至在耶律楚材之上:

> 凡中书省文书行于西域畏兀儿诸国者用畏兀文,镇海主之。行于中国及契丹女真者用汉文,耶律楚材主之。然仍于年月之前,镇海书畏兀字曰付与某人,用相参验。②

世祖时西域商人乌马儿亦以从军官至行省执政。《戴良丁鹤年传》:

> 鹤年西域人。曾祖阿老丁与弟乌马儿皆元初巨商,当世

---

① 《黑鞑事略笺证》。按王国维于《黑鞑事略》"镇海"条下注:"彭氏云镇海回回人,案《元史》本传云:镇海怯烈台氏。"然颇有可疑者。本传言镇海从太祖同饮斑朱尼河水,怯烈部未灭之前镇海已事太祖,一可疑也。此书言文书行于回回者则用回回字,镇海主之,行于汉人、契丹、女真诸亡国者只用汉字,移剌楚材主之。却又于后面日月之后,镇海亲书回回字云付与某人,以互相检椷,是镇海不独精通回回文字,亦当略知汉文,如系蒙古克烈部人,恐未易办此,二可疑也,以《元史》以镇海为怯烈台氏为疑。并引《蒙鞑备录》回鹘田姓一条,列举数证,以镇海为回回人,即《蒙鞑备录》之田姓。晗按《元史·镇海传》以镇海为怯烈部人者确误,镇海实田姓,元程钜夫《雪楼文集》卷一九《赵国公田府君神道碑铭》:"父讳子成,随父(嗣叔)攻城破栅,常为士卒先,说其帅田镇海曰:俘多百工有技艺,宜存之备任使。镇海言之上,上以为然,命阅实。"可证。《新元史·镇海传》:"从征乃蛮,又从攻西辽,七年从太祖伐全,师次抚州,与金将忽察虎战,流矢中左臂,裹创复战,竟拔其城。"是则镇海不特为商人,为执政,且曾为战将,确曾从伐金,与程碑合。《新元史》以此正旧史之误,改为:"镇海怯烈氏,或曰本田氏,至漠北始改为怯烈氏。或曰当时同名者三人,以管屯田,故称田镇海云。"然犹模棱其辞。今为附考于此,以证王说之确。

② 《新元史》卷一一三《镇海传》。

祖皇帝徇地西土，军饷不继，遂策杖军门，尽以其资归焉。仍数从征讨，下西北诸国如拉朽。廷论以功授官，阿老丁年老不愿仕，特赐田宅留京奉朝请。乌马儿推某道宣慰使，其后招降吐蕃有大功，遂自宣慰拜甘肃行中书左丞。①

中央和地方政府都有商人参予政治。在赋税制度未完全制定以前，政府的税收多由商人包办，由商人和政府合议估定某项税收的全年收入最高额，商人承包此项税收后，或预先交付或于年度完了时照额缴纳，或预定分期缴纳。关于财政及税务行政即全由承包之商人处理，政府不加以过问。此种办法当时名为扑买。太宗时燕京刘忽笃马者阴结权贵，以银五十万两扑买天下差发，涉猎发丁者以银二十五万两扑买天下系官廊房地基水利猪鸡，刘庭玉者以银五万两扑买燕京酒课，又有回鹘以银一百万两扑买天下盐课，至有扑买天下河泊桥梁渡口者。② 其中最活动最为政府所信任的是奥都剌合蛮。《元史·耶律楚材传》：

　　自庚寅（1230）定课税格，至甲午（1234）平河南岁有增羡。至戊戌（1238）课银增至一百一十万两。译史安天合者诣事镇海，首引奥都剌合蛮扑买课税，又增至二百二十万两。楚材极力辩谏，至声色俱厉，言与涕俱。帝曰：尔欲搏斗耶？又曰：尔欲为百姓哭耶？姑令试行之。楚材力不能止，乃叹曰：民之困

---

① 《九灵山房集》卷一九。
② 《元文类》卷五七，宋子贞：《中书令耶律公神道碑》。

穷,将自此始矣。①

译史安天合据宋子贞《中书令耶律公神道碑》作回鹘译史安天合。奥都剌合蛮《神道碑》作回鹘奥都剌合蛮,《蒙兀儿史记·斡哥歹汗本纪》作西域商人奥都剌合蛮。由此知回鹘商人奥都剌合蛮因回鹘译史安天合之介绍,为回鹘商人任首相者田镇海所信任。这一群回鹘商人的财力使元太宗对耶律楚材失去信任,在准许扑买课税后一月,即以奥都剌合蛮充提领诸路课税所官举国家财政大权授之。② 太宗崩后,皇后乃马真氏称制,奥都剌合蛮竟入为执政,《元史·耶律楚材传》:

> 奥都剌合蛮以货得政柄,廷中悉畏附之。楚材面折廷争,言人所难言,人皆危之。后以御宝空纸付奥都剌合蛮使自书填行之,楚材曰:天下者先帝之天下,朝廷自有宪章,今欲紊之,臣不敢奉诏,事遂止。又有旨凡奥都剌合蛮所建白,令史不为书者断其手。

这时镇海已为乃马真皇后所斥罢,奥都剌合蛮就代替了他的地位。一直到定宗元年(1246)乃马真皇后崩逝后,奥都剌合蛮始以奸利被告发伏诛。可是同时引荐奥都剌合蛮的田镇海却又被起复为中书右丞相,政权仍在回鹘商人手中。③

---

① 《元史》卷一四六。
② 《蒙兀儿史记》卷四《斡哥歹可汗本纪》。
③ 《蒙兀儿史记》卷五《古余克可汗本纪》。

在元世祖三十几年的长期统治中,商人在政治舞台上更形活跃。因为屡次向海外用兵的结果,国家财政极为拮据,于是特立制国用使司及尚书省综理国家财政,回鹘人阿合马桑哥、汉人卢世荣先后用事,平时综理全国政务的中书省成为一个有名无实的机关,实权全为尚书省所夺。《元史·阿合马传》:

> 阿合马回纥人也。不知其所由进……为人多智巧言,以功利成效自负,众咸称其能。世祖急于富国,试以行事,颇有成绩。又见其与丞相线真、史天泽等争辨,屡有以诎之,由是奇其才,授以政柄,言无不从。①

据《新元史·阿合马传》:

> 阿合马回纥人。幼为阿勒赤那颜家奴,阿勒赤女察必皇后以为媵臣,执宫庭洒扫之役。世祖爱其干敏,中统三年,始命领中书左右部兼诸路都转运使,委以财赋之任。②

则阿合马为弘吉剌投下人。又:

> 枢密院奏以忽辛同签枢密院事。帝不允曰:彼贾胡,不可

---

① 《元史》卷二〇五。
② 《新元史》卷二二三。

以机务责之。①

忽辛为阿合马子,世祖称以贾胡,其父当然也是投下的斡脱,以其工于心计,所以世祖付以财政上的经理全权。枢密院是最高军事机关,和商人不相干,所以不许忽辛进去。阿合马是商人出身,他当国以后,也用作买卖的方法去创设开发利源的机关和制度:"挟宰相权为商贾以网罗天下大利,厚毒黎民,困无所诉。"②

阿合马失败以后,接着当国的是为桑哥所荐曾在阿合马手下作过官的卢世荣。卢世荣的出身也是商人:

> (至元)二十二年四月(陈)天祥上疏极言世荣奸恶。其略曰:世荣素无文艺,亦无武功。惟以商贩所获之资,趋附权臣,营求入仕,与赃辇贿,输送权门,所献不充,又别立欠少文券银一千锭,由白身擢为江西榷茶转运使……身当要路,手握重权,虽位在丞相之下,朝省大政,实得专之。③

执政后大批地用商人作地方财政官吏:

> 至元二十二年二月壬戌,中书省臣卢世荣请立规措所,经

---

① 《元史·阿合马传》作"世祖不允曰:彼贾胡事犹不知,况可责以机务乎?"《蒙兀儿史记》卷一〇六《阿合马传》作:"汗亦知其非才,曰:彼贾胡事且不知,其可责以机务耶!"和《新元史》所记恰相反。但无论忽辛之为贾胡或不知贾胡事,均可见当时回纥人大抵多经商,故提及回纥人即以贾胡称之。且阿合马为弘吉剌投下人,参前章所论,阿合马父子盖即弘吉剌投下之斡脱也。
② 《元史·阿合马传》。
③ 《元史》卷一六八《陈天祥传》。

营钱谷,秩五品,所用官吏以善贾者为之,勿限白身人。帝从之。①

再接着卢世荣当国的是桑哥,以好言财利事得幸。他也是回纥人,善于放账生息,是一个高利贷的好手:

> 中书省尝令李留判者市油,桑哥自请得其钱市之,司徒和礼霍孙谓非汝所宜为,桑哥不服,至与相殴。且谓之曰:与其使汉人侵盗,曷若与僧寺及官府营利息乎!乃以油万斤与之。桑哥后以所营息钱进,和礼霍孙曰:我初不悟此也。②

阿合马和卢世荣的理财方策是国家专利,什么买卖都做,小至农器,也由官卖,大至国外贸易,也由官家造船给本,令人商贩,官七商三分所得红利,又创办抽牙偿税,官卖酒醋药材,开矿,食盐涨价,目的只在攒钱。只要能剥削得多,就是著名的坏人也让他作官。《卢世荣传》:

> 世荣奏以宣德王好礼并为浙西道宣慰使。世祖曰:宣德人多言其恶。世荣奏彼入状中书,能岁办钞七十五万锭,是以令往。从之。

桑哥则专门和内外官署算账,第一著是钩校中书省,任意殴詈省

---

① 《元史》卷一三《世祖纪》,卷二〇五《卢世荣传》。
② 《元史》卷二〇五《桑哥传》。

臣。又立征理司以治财谷之当追者，以理算为事，毫分缕析，入仓库者无不破产。又偏遣官理算各行省钱谷，用法立威，以刑赏为货而贩之，奸谀之徒，奔走其门，入贵价以买所欲，贵价入则当刑者脱，求爵者得，纪纲大坏，人心骇愕。①

除回纥人以外，在蒙古政府统治下从事商业活动的以民族计有犹太人，有阿剌伯人，有欧洲人。以所信仰的宗教而论，有佛教、道教、也里可温教、回教诸宗派的信徒。除各投下斡脱外，诸教徒从事农商业经营者均受特别优遇。在成吉思汗时代，僧、道、也里可温（Arkaun，即基督教）、答失蛮（Danishmend，回教徒）种田出纳地税，买卖出纳商税，其余差役蠲免。自定宗以后，此项定例不复实行，商税地税均不交纳。至世祖中统五年重提旧制，通令诸教徒依旧纳税。②《元史·世祖纪》：

> 中统四年十二月敕也里可温、答失蛮、僧、道租田入租，贸易输税。③

僧徒及也里可温诸教徒多有经营大商业者，往往倚势不肯纳税：

> 至元三十年，省官人每奏，僧、道、也里可温、答失蛮依买卖百姓体例纳税。当年六月又奏海答儿等管课程的说，做大买卖的是和尚也里可温每，却不纳税呵，哏损着课程，多有执

---

① 《元史》卷二〇五《桑哥传》。
② 《元典章》卷二四《户部》一〇。
③ 《元史》卷五。

把圣旨不肯纳税,降御宝圣旨呵,怎生奏呵,与者在前已了勾当,不是咱每的言语,是成吉思皇帝圣旨,有么道圣旨有来。①

元贞元年令依旧例征地税,商税则概予免除。"和尚、也里可温、先生(道教徒)、答失蛮买卖不须纳税,却不得将合纳税之人等物货,妄作己物,夹带隐蔽。"②但此项优免虽然实行,禁例却仍不为这一特殊阶级所注意:

> 大德四年,省官人每河南省江浙省陕西省官人每奏将来,僧、道、也里可温、答失蛮将着大钱本开张店铺做买卖,却不纳税。他每其间夹带着别个买卖的人呵,难分间多亏兑课程,有么道,说将来呵,僧、道、也里可温、答失蛮自己穿的食的所用的要呵,并寺院里出产的物货卖呵,不纳呵,不宜因而夹带著不干碍的人也者,似这般的每,依例交纳税呵。③

大德间以"国家费用的钱粮浩大,近年以来,所入数少,不敷支用",敕并依旧制纳商税。④ 至大间宣政院又奏免僧、道、也里可温、答失蛮租税,令依旧制征之。⑤ 天历二年又诏僧、道、也里可温、术忽(Djuhud 犹太人)、答失蛮为商者仍旧制纳税。⑥ 此项命令屡屡颁

---

① 《通制条格》卷二九。
② 《元典章》卷二四。
③ 《通制条格》卷二九。
④ 《通制条格》卷二九;《元史》卷二二《武宗纪》。
⑤ 《元史》卷二三《武宗纪》。
⑥ 《元史》卷三三《文宗纪》。

发,可以想见当时诸教徒的势力及其不肯如例纳税的情形。

这一特殊阶级除在内地经商外,并从事于国际贸易,至元三十年所颁布的市舶则法中有这样一条:

> 一、议得和尚、先生、也里可温、答失蛮人口,多是夹带俗人过番买卖,影射避免抽分。今后和尚、先生、也里可温、答失蛮人口等过番兴贩,如无执把圣旨许免抽分明文,仰市舶司依例抽分,如违以漏舶论罪依例断没。①

元代幅员辽广,领地横亘欧亚,海外贸易极为发达。宋末阿剌伯人蒲寿庚官泉州市舶提举,擅蕃舶利者三十年。② 拥海舶甚多,降元后以舟师从征,景炎帝遂不能驻闽,忽遽移粤。③ 世祖时朱清、张瑄以海运起家,田园宅馆遍天下,库藏仓庾相望,巨艘大舶交番夷中。④ 成宗时得罪籍没,命发所籍货财赴京师,其海外未还商舶,至则依例籍没。⑤ 当时著名之海商如回回佛莲:

> 泉南有巨贾南蕃回回佛莲者,蒲氏之婿也。其家富甚,凡发海舶八十艘。癸巳岁(至元三十年,1293)殂,女少无子。官没其家资,见在珍珠一百三十石,他物称是。⑥

---

① 《元典章》卷二二《户部》八。
② 《宋史·瀛国公本纪》。
③ 桑原骘藏:《蒲寿庚考》。
④ 《辍耕录》卷五;《新元史》卷一八三《朱清张瑄传》。
⑤ 《元史》卷二一《成宗纪》。
⑥ 周密:《癸辛杂识续集》下。

如杭州张存：

> 杭州张存至元丙子后流寓泉州，起家贩舶。越六年壬午回杭，自言于蕃中获圣铁一块……遂就进呈。①

如嘉定沈氏：

> 嘉定州大场沈氏，因下番买卖致巨富。一日自番中还，先报家信，有云番船今到何处，发金甲先回。金甲者碓坊甲头也。后因逐一干仆，仆出此书首告，以为玉印未到，金甲先回。沈厚赂官府得理。②

都以下海与贩起家。世祖至元十四年立市舶司于泉州、庆元、上海、澉浦，每岁招集舶商，于番邦博易珠翠香货等物。③ 而以泉州之贸易为最盛，为当时世界第一大港。马哥博罗(Marco Polo)曾记：

> 泉州一港，印度商船来者频繁，输入香料及其他珍异。支那南部商人来此者极众。外国输入之无数珠玉及其他品物，均由彼等分配于南部各处。④

伊本拔都他(Ibn Batuta)亦云：

---

① 《辍耕录》卷二三。
② 《辍耕录》卷二七。
③ 《元史》卷九四《食货志·市舶》。
④ 俞尔考地尔：《马哥博罗》卷二，234—235页。

> 泉州为世界最大港之一,实则可云唯一之最大港。余见是港有大海船百艘,小者无数。①

至元二十一年卢世荣当国,收国际贸易权为国有,设市舶都转运司于杭泉二州,官自具船给本,选人入番贸易诸货,其所获之息以十分为率,官取其七,所易人得其三。凡权势之家皆不得用己钱入番为贾,违者罪之。② 由国家出财资,派舶商往海南贸易,宝货赢亿万数。③ 桑哥失败后,即解除此项禁令,诏有司勿拘海舶,听其自便。延祐元年复立市舶提举司,仍禁人下番,官自发船贸易。④ 从至元三十一年到延祐元年(1294 至 1314)这一期间,私人海外贸易又呈活跃状态:

> 延祐改元,铁木迭儿奏往时富民往诸蕃商贩,率获厚利,商者益众。中国物轻,蕃货反重。⑤

一面官本船也依旧出海贸易,黄溍《松江嘉定等处海运千户杨君墓志铭》:

> 大德五年致用院俾以官本船浮海至西洋。遇亲王合赞所

---

① Hans von Mzik: Reise des Arabers Ibn Batuta durch Indien und China. p. 422.
② 《元史》卷九四《食货志·市舶》,卷二〇五《卢世荣传》。
③ 吴澄:《吴文正公集》卷三二《赵国董忠宣公神道碑》。
④ 《元史·食货志·市舶》。
⑤ 《元史》卷二〇五《铁木迭儿传》。

遣使臣郝怀等如京师,遂载之以来。郝怀等朝贡事毕,请仍以君护送西还……以八年发京师,十年乃至,其登陆处曰忽鲁模斯云……用私钱市其土物白马黑犬琥珀蒲桃酒蕃盐之属以进。①

元统元年中书省臣至请发两艨船下番,为皇后营利。②

在陆路方面,回回商人垄断了中外贸易的大利。皇室的买办珍宝差不多全由回回商人包办,例如泰定帝时之中卖宝物:

> 左丞相倒剌沙当国得君,与平章政事乌伯都剌皆西域人。西域富贾以其国异石名曰瑚者来献,其估巨万。或未酬其值,诏酬累朝所献诸物之值。③

政府无钱还买珠宝的债,至令用番舶货物抵价。《元史·张珪传》:

> 泰定元年奏:中卖宝物世祖时不闻其事,自成宗以来,始有此弊。分珠寸石,售直数万,天下生民膏血,锱铢取之,从以捶挞,何其用之不吝?夫以经国有用之宝而易此不济饥寒之物,又非有司聘要和买,大抵皆时贵与斡脱中宝之人妄称呈献,冒给回赐,高其直且十倍,蚕蠹国财,暗行分用。如沙不丁之徒顷以增价中宝事败,事具吏牍。陛下即位之初,首知其

---

① 《黄文献公全集》卷八。
② 《元史》卷三八《顺帝纪》。
③ 《元史》卷一八二《宋本传》。

弊,下令禁止,天下幸甚。臣等比闻中书乃复奏给累朝未酬宝价四十余万锭,较其元直,利已数倍,有事经年远者三十余万锭,复令给以市舶番货。计今天下所征包银差发岁入止十一万锭,已是四年征入之数,比以经费不足,急于科征,臣等议番舶之货宜以资国用纾民力,宝价请俟国用饶给之日给之。①

如大德间之买红刺:

> 大德间回回富商以红刺一块重一两三钱,中之于官,估直十四万锭。嵌于帽顶之上,累朝每于正旦与圣节大宴则服用之。②

西域贾人之进押忽大珠:

> 西域贾人有奉珍宝议售者,其价六十万锭。省臣平章顾谓(尚)文曰:此所谓押忽大珠也,六十万酬之不为过矣。③

可见回回商人和当时宫廷的关系。此种特殊商人在经济上享有特殊权益,又因种族关系和政治人物发生关联,在社会上形成一种介于贵族和平民之间的特殊阶级,王恽《乌台笔补》记当时回回的情形:

---

① 《元史》卷一七五。
② 杨瑀:《山居新话》。
③ 《元史》卷一七〇《尚文传》。

> 中都路回回人户自壬子年元籍并中统四年续抄,计二千九百五十三户,于内多系富商大贾势要兼并之家,其兴贩营运百色侵夺民利,并无分毫差役。①

当时商人最受政府及贵族所优遇,政府因须利用商人为之流通物货,贵族更须利用商人为之营运生息,故不惜在法律上特设保护商人的条款。元初天下未定,商贾往来多为盗贼所掠夺,政府为保障商人利益和繁荣市面计,制定了一条新法律,如有失盗,令地方赔偿:

> 国初盗贼充斥,商贾不能行,则下令凡有失盗去处,周岁不获正贼,令本路民户代偿其物,前后积累,动以万计。②

民户无所得银,只好仍向回鹘商人借贷,利率是每年的百分之百,第二年加一倍,第三年又连本息加一倍,称为羊羔利,愈久愈多,往往使民户破家荡产,卖妻子还债都还不清。③ 地方政府在不能应付中央征发时,也不能不向回鹘商人想办法,《元史·史天泽传》:

> 甲午(1234)天泽还真定。时政赋繁重,贷钱于西北贾人以代输,累倍其息,谓之羊羔利,民不能给。④

---

① 《秋涧集》八八。
② 《元文类》卷五七,宋子贞:《中书令耶律公神道碑》。
③ 同上。
④ 《元史》卷一五五。

《王珍传》：

> 岁庚子（1240）入见太宗，言于帝曰：大名困赋调，贷借西域贾人银八十锭（锭五十两）及逋粮五万斛。若复征之，民无生理矣。①

《王玉传》：

> 有民负西域贾人银倍其母不能偿，玉出银五千两代偿之。②

即汉人亦有此种高利贷行为：

> 真定富民出钱贷人者，不逾时倍取其息。③

每每利用他们的经济势力，私置刑狱，横行非法。《元史·王磐传》：

> 出为真定、顺德等路宣慰使……郡有西域大贾称贷取息，有不时偿者，辄置狱于家，拘系榜掠。其人且恃势干官府，直来坐厅事，指挥自若。磐大怒，叱左右捽下箠之数十。时府治

---

① 《元史》卷一五二。
② 《元史》卷一五一。
③ 《元史》卷一二五《布鲁海牙传》。

寓城上,即挤诸城下几死,郡人称快。①

太宗十二年(1240)始下令商人失盗由政府代偿并禁止羊羔儿利:

> 十二月敕州郡失盗不获者以官物偿之。国初令民代偿,民多亡命,至是罢之。是岁以官民贷回鹘金偿官者岁加倍羊羔息,其害为甚。诏以官物代还,凡七万六千锭。仍命凡假贷岁久,惟子母相侔而止,著为令。②

至元十九年(1282)定民间贷钱取息之法,以三分为率。③ 中统五年(1264)设置巡防弓手以卫商旅:

> 八月初四日钦奉圣旨,道与中书省:在先遇有失盗,其各官府为无罪赏,并不严行根缉,三月不获,便令本处人赔偿。这般体例,今后革罢,再休行者。仰照依立定罪赏,设置巡捕弓手,防禁捕捉盗贼条格,遍行诸路,一体施行。④

并设立路引制度,一切行旅商民均须于本地觅保给引,方许他处勾当。经过关津并须验引放行,寄住寓店亦须验引明附店历。一切无文引人不许通行。⑤ 又令商贾须于村店设立巡防弓手处住宿,若

---

① 《元史》卷一六〇。
② 《元史》卷二《太宗纪》。
③ 《元史》卷一二《世祖纪》。
④ 《元典章》卷五一《刑部》一三《防盗设置巡防弓手》。
⑤ 《元典章》卷五一《刑部》一三《路人验引夜行》。

有失盗，勒令本处巡防弓手立限根捉。否则，地方政府不负任何责任。① 在这样严密周到的保护之下，元代商业的发达和新资本家的抬头是当然的结果。

五

蒙古人原来是游牧民族，可是到了中国，得了政权以后，一部分留下的贵族都变成中国的地主。次之，色目人在政治上占较优越之地位，自然而然地也拥有极多的土地。除开这一类贵族地主以外，僧道寺院也占据了大部分的土地，数量之多真足骇人听闻。

元代诸帝在即位前均照例先受佛戒：

> 累朝皇帝先受佛戒九次，方正大宝，而近侍陪位者必九人或七人，译语谓之暖答世，此国俗然也。②

以喇嘛为帝师，优奉备至。一般僧侣凭着他们的特殊地位，非法横行，无所不至。寺院所拥有的财产虽藩王国戚亦所不及，历朝赐予之数，赵翼曾替他们约略估计了一下：

> 中统初赐庆寿、海云二寺陆地五百顷。至元六年置大护国仁王寺总管府。二十七年立江南营田提举，专掌僧寺资产。

---

① 《元典章》卷五一《刑部》一三《商贾于店止宿》。
② 《辍耕录》卷二。

元贞初敕上都、大都从前所拨赐大乾元寺、大兴教寺、大护国仁王寺酒店,湖泊官为征收分给。改大承华、普庆寺总管府为崇祥监,立规运都总管领大崇恩福元寺钱粮。大德五年赐兴教寺地一百顷,上都乾元寺地九十顷,万安寺地六百顷,南寺地百二十顷。皇庆初赐大普庆寺腴田八万亩,邸舍四百间。置汴梁平江等处田赋提举司专掌诸寺资产。赐崇福寺河南田百顷,上都开元寺江浙田二百顷,普庆寺益都田七十顷……泰定三年赐殊祥寺田三百顷,大天源延圣寺吉安、临江二路田千顷。天历二年市故宋全太后田为大承天护圣寺永业,市故瀛国公田为大龙翔集庆寺永业。括益都般阳宁海闲田十六万二千九百顷赐大承天护圣寺,遣太禧院监蔚州广灵县银矿岁入归大承天护圣寺……后至元七年又拨山东地十六万二千余顷给大承天护圣寺。①

就中大承天护圣寺前后两次所赐就达三十二万五千顷,以亩计是三千二百五十万亩,这真是一个了不得的数目。其实这统计是有遗漏的,例如大护国仁王寺的财产,在这统计中就无数字说明。至大元年(1308)大护国仁王寺的财产曾经政府派人为之整理,程钜夫替这寺做了一个恒产之碑。我们从这碑文中可以看出当时寺院地主的实况:

> 凡径隶本院,若大都等处者得水地二万八千六百六十三顷五十一亩有奇,陆地三万四千四百一十四顷二十三亩有奇,

---

① 赵翼:《陔余丛考》卷一八《元时崇奉释教之滥》。

山林河泊湖渡陂塘柴苇鱼竹等场二十九,玉石银铁铜盐硝碱白土煤炭之地十有五,栗为株万九千六十一,酒馆一。隶河间、襄阳、江淮等处提举司提领所者,得水地万三千六百五十一顷,陆地二万九千八百五顷六十八亩有奇,江淮酒馆百有四十,湖泊津渡六十有一,税务闸坝各一。内外人户总三万七千五十九,实赋役者万七千九百八十八。殿宇为间百七十五,棂星门十,房舍为间二千六十五,牛具六百二十八,江淮牛之隶官者百三十有三。①

计有水陆田地十万多顷,横贯南北,有山林河泊湖渡陂塘柴苇鱼竹等场,有玉石银铁铜盐硝碱白土煤炭之地,有税务闸坝,有酒馆,有牛具,有宫殿房舍,有民户,更有政府特设的几种机关为之经理财产,这简直是一个具体而微的王国!再参看其他寺院所赐碑文,我们更知道以上所记的还不完备,当时寺院领有的更有碾磨、店舍、铺席、解典库、浴堂、船只、醋曲等项经营,试引一碑作例,如至大二年(1309)山西平遥清虚观圣旨碑:

> 长生天气力里,大福荫护助里皇帝圣旨:军人每根底,城子里达鲁花赤官人每根底,来往的使臣每根底,宣谕的圣旨,月哥台(太宗)皇帝,薛禅(世祖)皇帝,完泽笃(成宗)皇帝圣旨里;和尚,也里可温,先生每,不拣甚么差发休当,天根底祷告祈福祝寿者,那般这有来。如今依着在先圣旨体例里,不拣甚么差发休当,天根底祈福祝寿者,么道……这的每宫观里,

---

① 《雪楼文集》卷九。

他每的房舍,使臣休安下者,铺马祗应休拿者,商税地税休与者,但属宫观的庄田水土园林碾磨解典库店仓铺席浴堂船只竹苇醋曲货,不拣甚么差发休要者,不拣是谁倚气力者,不拣甚么他每的,休夺要者。更这的每道有圣旨么道,没体例的勾当休做者。做呵,他每不怕那。圣旨俺的,鸡儿年九月初五日,龙虎台有时分写来。①

僧道倚有政府的崇奉和保护,就任意吞并小农,强夺田土,著例如世祖时江南释教总摄杨琏真珈攘夺田二万三千亩②,仁宗时白云宗总摄沈明仁强夺民田二万顷③。诸寺院的佃户数目往往多至数万户,或出于特赐,如大护国仁王寺之三万七千五十九户,如至顺二年(1331)之以晋邸部民刘元良等二万四千余户隶寿安山大昭孝寺为永业户。④ 或出于强占,如杨琏真珈之私庇平民不输公赋者二万三千户。⑤ 杭州一地寺院佃户多至五十万户有余⑥,均为杨琏真珈所冒入,直至大德三年(1299)始行革正。⑦ 或出于投献,希图避役,结果一经籍没,农民负担反因而更重,例如白云宗所属之,佃户:

> 湖州豪僧沈宗摄承杨总统之遗风,设教诱众,自称白云

---

① 冯承钧:《元代白话碑》,39页。
② 《元史》卷二二《释老传》。
③ 《元史》卷二六《仁宗纪》。
④ 《元史》卷三五《文宗纪》。
⑤ 《元史·释老传》。
⑥ 《通制条格》卷三《寺院佃户》。
⑦ 《元史》卷二〇《成宗纪》。

宗,受其教者可免徭役。诸寺僧以续置田每亩妄献三升,号为赡众粮。其愚民亦有习其教者,皆冠乌角桶子巾,号曰道人,朔望众会,动以百数。及沈败,粮籍皆没入官,后拨入寿安山寺,官复为经理,所献之籍则有额无田,追征不已,至于鬻妻卖子者有之,自杀其身者有之。僧田以常赋外,又增所献之数,遗患至今,延及里中同役者。①

至顺帝时犹有此弊,《元史·瞻思传》:

> 后至元三年(1337)除佥浙西肃政廉访使事。以浙右诸僧寺私蔽猾民,有所谓道民道人行童者,类皆渎常伦,隐徭役,使民力日耗。契勘嘉兴一路,为数已二千七百。乃建议请勒归本族,俾供王赋,庶以少宽民力。朝廷是之,即著以为令。②

照习惯田和役相连,卖了田地以后即无应役之义务,可是寺院却是例外,结果农民产去而役存,寺院却有产而无役:

> 泰定元年(1324)张珪奏,世祖之制,凡有田者悉役之,民典卖田,随收入户。铁木迭儿为相,纳江南诸寺贿赂,奏令僧人买民田者,毋役之以里正主首之属,逮今流毒细民。臣等议:惟累朝所赐僧寺田及亡宋旧业,如旧制勿征。其僧道典买

---

① 孔齐:《至正直记》卷三《豪僧诱众》。
② 《元史》卷一九〇。

民田及民间所施产业，宜悉役之，著为令……帝不能从。①

除寺院地主以外，元代的世臣制和戍兵制也是农民的磨难之一。元制降臣均令世守其地，《元史·廉希宪传》：

> 自国家开创以来，凡纳土及始命之臣，咸令世守，至今将六十年。子孙皆奴视部下，都邑长吏皆其皂隶僮使，前古所无。②

其横暴情形至于："生杀任情，至孥人妻女，取货财，兼土田。"③官吏素无俸给，只能以剥削农民为生，《元史·陈祐传》：

> 时州县官以未给俸多贪暴，祐独以清慎见称。④

世祖时程钜夫言：

> 江南州县官吏自至元十七年以来，并不曾支给俸钱，真是明白放令吃人肚皮，椎剥百姓。⑤

州县之官或擢自将校，或起自民伍，率昧于从政。甚者专以掊克聚

---

① 《元史》卷一七五《张珪传》。
② 《元史》卷一二六。
③ 《元史》卷一四六《耶律楚材传》。
④ 《元史》卷一六八。
⑤ 《雪楼文集》卷一〇《吏治五事》，"给江南官吏俸钱"。

敛为能,官吏相与为贪私以病民。① 后来虽因汉人的劝告,废世臣制,行迁转法,官吏给俸,可是戍军之患却终元代未除:

> 国制既平江南,以兵戍列城。其长军之官皆世守不易,故多与富民树党,因夺民田宅居室,蠹有司政事,为害滋甚。②

而且兵民分治,民政长官无权约束戍军,戍军更得因而肆虐平民,宋本《绩溪县尹张公旧政记》说:

> 国制用中原兵戍江南列城,非大故不易,而兵若民多异属。万夫长千夫长百夫长恃世守凌铄有司,欺细民,细民畏之过守令。其卒众聚为虐。或讼之有司,举令甲召,其褊裨共蔽,则诺而不至,事卒中寝,民苦无可奈何。③

戍军侵扰平民,小军则又为军官所兼并:

> 汉军征戍岭海之南,岁病而死者十率七八。其所属军官利在危殆之际,必用资财拟指军人北方本家所有孳畜田产,厚息借贷,准折还纳。终至破产,不敢有词。中原军户日蹙,军官日富。④

---

① 《元史》卷一五九《宋子贞传》。
② 《元史》卷九九《兵志·镇戍》。
③ 《元文类》卷三一。
④ 《元文类》卷一五,马祖常:《建白一十五事》。

汉、南人在社会地位上虽被压迫,但在本族则又倚其财力,肆行兼并,侵侮小民,无所不至。南人负担较汉人为轻,故南人多大地主,小民之受压迫亦愈甚:

> 腹里汉儿百姓当着军站喂养马驼,和雇和买一切杂泛差役,更纳包银丝线,税粮差发好生重有。亡宋收附了四十余年也,有田的纳地税,做买卖纳商税,比这的外,别无差发,比汉儿百姓轻有。更田多富户,每一年有三二十万石租了的,占著三二千户佃户,不纳系官差发,他每佃户身上要租子重,纳的官粮轻。①

一部分曾任宋官归附的南人,趁着时局转变的机会,强夺民田,也成为大地主中之一员,如范文虎即是一例:

> 范文虎于宋末及国初所得湖州南浔及庆元慈溪等处田土,皆以豪势夺之者。②

另外一部分地主则利用金钱的力量一变而为现任官吏,作为扩张产业的一种手段,如延祐五年诏书所言:

> 近年间各衙门自奏选用的人,豪霸富户每往往营干了受宣敕的名分。这一等豪霸每在乡里间时,犹自欺凌百姓,把持

---

① 《元典章新集·户部·赋役差发》。
② 《至正直记》二。

官府。更做了受朝命职官么道,却似虎生两翼的一般,官府百姓根底更自把持欺凌。①

旧制诸院及寺监得奏用其僚属者,岁久多冒滥,富民或以赂进,有至大官者。②末年财政窘迫,地主更乘机活动,参预中央和地方的政治生活:

> 至正乙酉间,江南富户多纳粟补官,倍于往岁……先是三宝奴作相日,富户杂流皆可入官,有至贵受宣命秩高品者。讨人嘲诗有"茶盐酒醋都提举,僧道医工总相公"之句。至乙未丙申间,国家无才识之人,当朝而行纳粟之诏,许以二万石者正五品,于附近州县常选内委付,则诗人亦不暇嘲而天下事可知矣。③

一经入仕,便得以乡绅资格交结官府,剥削平民。以下所引大德八年的江西宣抚报告,可以代表当时地主压迫农民的情形:

> 江西福建道奉使宣抚呈:巡行至江西,据诸人言告,有一等骤富豪霸之家,内有曾充官吏者,亦有曾充军役离职者,亦有泼皮凶顽者,皆非良善。以强凌善,以众害寡,妄兴横事,罗织平民,骗其家私,夺占妻女,甚则害伤性命,不可胜言。交结

---

① 《元典章新集·吏部·重惜名器》。
② 《元史》卷一七五《敬俨传》。
③ 《至正直记》卷四。

官司,视同一家,小民既受其欺,有司亦为所侮,非理害民,纵其奸恶,亦由有司贪猥,驯至其然。①

或则百计千方,交结官府,把持政事,为害地方,如大德十一年杭州路达鲁花赤札儿忽儿歹所言:

> 把持官府之人,处处有之。其把持者杭州为最。每遇官员到任,百计钻刺,或求其亲识引荐,或赂其左右吹嘘,既得进见,即中其奸。始以口味相遗,继以追贺馈送,窥其所好,渐以苞苴,爱声色者献之美妇,贪财利者赂之玉帛,好奇异者与之玩器。日渐一日,交结已深,不问其贤不肖,序齿为兄弟,同席饮宴者有之,下棋打双陆者有之,并无忌惮。彼此家人妻妾不避其嫌疑,又结为姊妹,通家往还,至甚稠密。街坊之人见其如此,遇有公事,无问大小,悉皆投奔嘱托关节,俗号猫儿头,又曰定门。贪官污吏吞其钩饵,惟令是听,欲行即行,欲止即止。稍有相违,发言告诉,被其指勒,拱手俯听,是非颠倒,曲直不分,民之冤抑,无所申诉。②

次则令子孙跟随官员,以为隐避差徭,武断乡曲之计:

> 江南三省所辖之地,民多豪富兼并之家,第宅居室衣服器用,僭越过分。逞其私欲,靡所不至。重其财贿,结托上下,专

---

① 《元典章》卷五七《刑部》一九《禁豪霸》。
② 同上。

> 令子孙弟侄辈华裾骏马,从朝至暮,相随省官,窥伺所欲,竞为趋陷,要一奉百,侈其贪心,使之亲爱如骨肉,出入无禁忌,举动郎中舍人之称呼,求干省官咨保充宣使知印译史并院务钱谷站赤,多闻影避差徭,欺凌路府州县,倚仗权势,莫敢谁何。以致间谍同僚不和,官府失政,每每皆然。又有一等恃势小人,挟旧仇,报私怨,致伤人命者有之。威福自专,豪强难制,侮弄省官,有同儿戏。递相仿效,渐以成风。①

结果是一切差役,都由贫农承当,地主置身事外,贫者因而愈贫,富者因而愈富,例如虞集所记之湖州地主:

> 湖富家私田跨郡邑,赀无算。援结大官贵人如平交,气势出守令上远甚。析其户役为数十,其等在最下,赋役常不及已,而中下户反代之供输,莫敢何问。②

《元史·崔彧传》:

> 大都高赀户多为桑哥等所容庇,凡百徭役止令贫民当之。③

至元二十八年所颁影占富户不交当差禁令亦是说明此种情形:

---

① 《元典章》卷五七《豪富户子孙跟随官员》。
② 《道园学古录》卷一五《户部尚书马公墓碑》。
③ 《元史》卷一七三。

> 江浙行省所辖地面宽阔，人民众庶，事务繁多，军民弊病多端，户口贫富不同，诸衙门及权势之家将富上民户恃势影占，不当差役，却令供办草料柴薪蔬菜等物，或投充祗候面前私自占役。凡有公家差役，交无力小民替代，迤渐靠损。①

再次则投充王府宿卫，避免徭役。② 如孔齐所记即其一例：

> 荆溪、句容、金坛等处富户，有避良民之籍而妄投河南王卜邻吉耳养老户计者，及其有势之时，可附可倚，颇称所欲。③

这一群地主背后有政治势力的保障，国家的法律和制度在他们看来，全为约束贫农而设，和他们不相干。如余姚张甲之擅制一方：

> 余姚有豪民张甲，居海滨为不法，擅制一方，吏无敢涉其境。④

高阳土豪之私征通行税：

> 高阳土豪擅据沙河桥，取行者钱，人以为病。⑤

---

① 《元典章》卷五四《刑部》一六。
② 《元史》卷一二五《忽辛传》。
③ 《至正直记》卷三。
④ 《元史》卷一八四《王都中传》。
⑤ 《元史》卷二〇三《孙威传》。

铅山豪民之私造伪钞：

> 铅山素多造伪钞者，豪民吴友文为之魁。远至江淮、燕蓟莫不行使。友文奸黠悍鸷，因伪造致富，乃分遣恶少四五十人为吏于有司，伺有欲告之者辄先事戕之。前后杀人甚众，夺人妻女十一人为妾。民惧其害，衔冤不敢诉者十余年。①

亳州豪民之强占民田：

> 有豪民强占民田为己业，民五十余人诉于盖苗，苗讯治之，豪民咸自引服。②

清苑豪民之占据水利：

> 县西有塘水，溉民田甚广，势家据以为碓，民以失利来诉，（县尹耶律）伯坚命毁碓决其水而注之田，许以溉田之余月，乃得堰水置碓，仍以其事闻于省部，著为定例。③

而最为农民病害的是江浙一带地主之擅侵湖地，与水争利，一有水旱，便即成灾。例如练湖之泛溢：

---

① 《元史》卷一九二《林兴祖传》。
② 《元史》卷一八五《盖苗传》。
③ 《元史》卷一九二《耶律伯坚传》。

> 练湖在镇江,元有江南之后,豪势之家于湖中筑堤围田耕种,侵占既广,不足受水,遂致泛滥。

吴淞江之壅塞:

> (吴淞江)宋时设置撩洗军人,专掌修治。元既平宋,军士罢散,有司不以为务。势豪租占为荡为田,州县不得其人,辄行许准,以致湮塞不通,公私俱失其利久矣……至元三十年以后,两经疏辟,稍得丰稔,比年又复壅蔽,势家愈加租占,虽得征赋,实失大利……水旱连年,殆无虚岁。①

淀山湖之时有水灾:

> 世祖末年参政暗都剌言:此湖在宋时委官差军守之。湖旁余地不许侵占,常疏其壅塞以泄水势。今既无人管领,遂为势豪绝水筑堤,绕湖为田,湖狭不足潴蓄,每遇霖潦,泛溢为害。②

浙江也有同样情形:

> 浙多湖泊,广蓄泄以备水旱。率为豪民占以种艺,水无所

---

① 《元史》卷六五《河渠志》。
② 同上。

居积,故数有水旱。①

地主们对于水旱灾荒不负责任,开垦所得的利益全归地主,而因开垦湖地所引起的水旱灾荒却全部落在农民头上!农民没有财力,更没有任何政治关系作后盾,除了忍受以外,是没有地方可以控诉的。

在这由贵族(包括皇室、诸王、公主、驸马、勋臣诸蒙古色目人)、僧侣(包括僧、道、也里可温、答失蛮、白云宗诸宗派)、商人、地主所组成的统治势力之下,他们瓜分了全国最多而且最好的土地,他们拥有全国国富的绝大部分,他们有政府或私人的官吏为之管理财富,他们有各种军队为之保障安全,维持秩序,他们有若干万的佃奴为之耕种劳作。在反面,占全人口最多数的农民,却只领有最少数的土地,他们要按时纳赋税,应徭役,他们要忍受一切非人的困苦和压迫,为这一统治集团服役。

六

蒙古人习于游牧的生活,对于农业是不理解而且是不肯尊重的。历朝虽然都设有劝农的官吏和屡布重农的诏令,不过只是纸上的虚文。他们看畜牧重于农桑,看战士重于农民。诸贵族都自有牧地,大抵多系强占民田所致:

---

① 《元史》卷一五六《董士选传》。

> 今王公大人之家,或占民田近于千顷,不耕不稼,谓之草场,专放孳畜。①

《元史·郑鼎传》:

> 安西旧有牧地,围人恃势冒夺民田十万余顷,讼于有司,积年不能理。②

劝农官的设置也只是给农民添上一种不必要的麻烦,替官吏开一条生财大道:

> 劝农者先期以告,鸠酒食,候郊原,将迎奔走,络绎无宁,盖数日骚然也。至则胥吏童卒,杂然而生威,路遣征取,下及鸡豚,名为劝之,其实扰之,名为扰之,其实劳之。③

常平仓和义仓同样是装点门面的名辞,实际上并无所蓄④,名存而实废⑤。

税粮和科差都是农民对政府所应尽的义务。大地主是有方法避免这种义务的,因之实际上对政府负责的只是中农以下的农民和佃农,他们并且还要替地主们尽双重义务,地主们所故意避免的

---

① 《钦定续文献通考》卷一《田赋一》,赵天麟:《太平金镜策》。
② 《元史》卷一五四。
③ 张养浩:《忠告牧民省事条》。
④ 《元史》卷二〇五《卢世荣传》。
⑤ 《元文类》卷四〇《经世大典序录》。

一切赋役,都须由他们分担。税粮的法则有江北江南之别,江北采唐租庸调法,征丁税地税,江南采两税法,征秋税夏税。科差分丝料包银二种,丝每二户一斤,银汉户四两。① 税粮和科差大体以土地和人口为主而分配,可是在实际上元代从未精确地调查过所有的土地和人口,世祖至元七年定赋役册,《元史。杨湜传》:

> 时用壬子旧籍,定民赋役之高下。湜言贫富不常,岁久浸易,其可以昔时之籍而定今之赋役哉。廷议善之,因俾第其轻重,人以为平。②

可见这次定制是没有经过实际的丈量的。后来曾遣使到各处核实民田,也并未切实奉行:

> 延祐元年平章章闾言:经理大事,世祖已尝行之,但其间欺隐尚多,未能尽实,以熟田为荒地者有之,惧差而析户者有之,富民买贫民田而仍其旧名输税者亦有之。由是岁入不增,小民告病。③

如虎都铁木禄之奉使江西核田,竟置此项使命不理:

> 大臣奏核实江南民田,汉卿奉诏使江西,以田额旧定,重

---

① 《元史》卷九三《食货志》。
② 《元史》卷一七〇。
③ 《元史》卷九三《食货志·经理》。

扰民不便,置不问。①

延祐元年平章章闾所请,遣官经理,以章闾等往江浙,尚书你咱马丁等往江西,左丞陈士英等往河南,令民以其家所有田自实于官。然期限猝迫,贪刻用事,富民黠吏,并缘为奸,以无为有,虚具于籍者往往有之,于是人不聊生,盗贼并起。② 赣州农民蔡五九乱起,只好又停止土地呈报:

> 延祐二年八月丙戌赣州贼蔡五九陷汀州宁花县,僭称王号,诏遣江浙行省平章张驴等率兵讨之。乙未台臣言:蔡五九之变,皆由昵匝马丁经理田粮与郡县横加酷暴逼抑至此。新丰一县撤民庐千九百区,夷墓扬骨,虚张顷亩,流毒居民。乞罢经理及冒括田租。制曰可。③

末年贾鲁议重正经界,也以困难太多,不能成为事实,《元史·贾鲁传》:

> 迁中书省检校官。上言:十八河仓,近岁沦没官粮百三十万斛。其弊由富民兼并,贫民流亡。宜合先正经界。然事体重大,非处置尽善,不可轻发。④

---

① 《元史》卷一二二《虎都铁木禄传》。
② 《元史》卷九三《食货志·经理》。
③ 《元史》卷二五《仁宗纪》。
④ 《元史》卷一八七。

在这情形下,地主可以任意藏匿田土,躲避税粮,如《元史·燕公楠传》所记:

> (至元)三十年复为大司农,得藏匿公私田六万九千八百六十二顷,岁出粟十五万一千一百斛,钞二千六百贯,帛千五百匹,麻丝二千七百斤。①

农民则为严刑所迫,只能虚报塞责:

> 先是朝廷令民自实田土,有司强以峻法,民多虚报以塞命。其后差税无所于征,民多逃窜流移者。②

在户口方面,也有同样情形。天下初定时,诸将多虚报户数以要利。《元史·董俊传》:

> 先是戊子岁(1228)朝于行在,诸将献户口各增数要利。吏请如众,(董)俊曰:民实少而欺以数多,他日上需求无应,必重敛以承命,是我独利而民日困也。③

太宗七年(1235)籍户口时,贤明的官吏故意少报,《元史·董文炳传》:

---

① 《元史》卷一七三。
② 《元史》卷一二二《塔海传》。
③ 《元史》卷一四八。

> 岁乙未以父任为藁城令……朝廷初科民,令敢隐实者诛,籍其家。文炳使民聚口而居,少为户数。众以为不可。文炳曰:为民获罪,吾所甘心。民亦有不乐为者,文炳曰:后当德我。由是赋敛大减,民皆富完。①

反之则以多报为功:

> 岁乙未籍民户,有司多以浮客占籍,及征赋逃窜殆尽。②

土地和户口都未有精确的调查册籍,所定的赋役自然不能公平。地主借此为利,中农以下的自耕农和佃农则因之破产失业,发生农民逃亡的现象。例如崇安县:

> 崇安之为邑,区别其土田,名之曰都者五十。五十都之田,上送官者为粮六千石,其大家以五十余家而兼五千石,细民以四百余家而合一千石。大家之田连跨数都,而细民之粮或仅升合。有司常以四百之细民配五十大家之役,故贫者受役旬日而家已破。③

如衢州路:

---

① 《元史》卷一五六。
② 《元史》卷一九一《谭澄传》。
③ 《元史》卷一九二《邹伯颜传》。

> 先是为郡者于民间徭役,不尽校田亩以为则,吏得并缘高下其手。富民或优有余力,而贫弱不能胜者,多至破产失业。①

江北行包银法,初定户赋银六两,以张晋亨之抗议减为四两,他的理由是:"五方土产各异,随其土产为赋,则民便而易足,必责输银,虽破民之产有不能办者。"②再以史天倪之请以银与物折,仍减其元数,定为二两。③ 农民负担虽已减轻三分之二,但在实际征收上则农民须付出减定额之十倍。④ 当时农民的困苦情形,庚申年(1260)四月初六日所颁诏书曾有叙述:

> 爰自包银之法行,积弊到今,民力愈困。朝廷之制本欲利民,而反害民,非法之弊,乃人弊之也。加之滥官污吏,夤缘侵渔,科敛则务求羡余,辅纳则暗加折耗,以致滥刑虐政,暴敛急征,使农夫不得安于田里者,为害非一,吾民安得不重困耶?⑤

延祐五年(1318)始征江南包银⑥,民贫有不能输者,有司以责之役户⑦,而南北俱困。

除对政府的负担外,公田和官田的制度也使农民感觉痛苦。公田以给职官俸米,无公田的地带,官俸也照例落在农民肩上成为

---

① 《元史》卷一九二《白景亮传》。
② 《元史》卷一五二《张晋亨传》。
③ 《元史》卷一四七《史天倪传》。
④ 《元史》卷一八四《王都中传》。
⑤ 《元典章》卷三《均赋役》。
⑥ 《元史》卷一八五《汪泽民传》。
⑦ 《元史》卷一八四《王克敬传》。

一种附加税：

> 荆湖多弊政，而公田尤甚。部内实无田，随民所输租取之，虽水旱不免。①

官田则多成贵族私产，扰害更甚：

> 天下官田岁入所以赡卫士，给戍卒。自至元三十一年以后，累朝以是田分赐诸王、公主、驸马，及百官、宦者、寺观之属，遂令中书省酬直海漕，虚耗国储。其受田之家，各任土著奸吏为庄官，催甲斗级，巧名多取。又且驱迫邮传，征求饩廪，折辱州县，闭偿逋负，至仓之日，变鬻以归，官司交怨，农民窘窜。②

农民以农产品易银交纳包银及日常生活必需品，在交易时每受贵族及官吏之侵暴，一面又受商侩之剥削，例如前文所引之平原分地情形。《元史·朵尔直班传》所记之辽阳农民，所受此种苦痛亦其一例：

> 出为辽阳行省平章政事……至官询民所疾苦，知米粟羊豕薪炭诸货皆藉乡民贩负入城，而贵室僮奴、公府隶卒争强买之，仅酬其半直。又其俗编柳为斗，大小不一，豪贾猾侩得以

---

① 《元史》卷一二〇《立智理威传》。
② 《元史》卷一七五《张珪传》。

高下其手,民咸病之。①

政府则算入锱铢,甚至田器亦由官卖：

> 中统三年阿合马奏以礼部尚书马月合乃兼领已括户三千兴煽铁冶,岁输铁一百三万七千斤,就铸农器二十万事,易粟输官者凡四万石。②

苛税至及白骨,《元史·王磐传》：

> 入谒宰相,首言方今害民之吏,转运司为甚,至税人白骨,宜罢去之,以苏民力。③

农民不能安生,只得出于逃亡一途,一有灾荒,流移更甚。宋子贞《中书令耶律公神道碑记》：

> 太宗戊戌,天下大旱蝗。初籍天下户得一百四万,至是逃亡者十四五,而赋仍旧,天下病之。公奏除逃户三十五万,民赖以安。④

《元史·刘秉忠传》：

---

① 《元史》卷一三九。
② 《元史》卷二〇五《阿合马传》。
③ 《元史》卷一六〇。
④ 《元文类》卷五七。

> 天下户过百万,自忽都那颜断事之后,差徭甚大,加以军马调发,使臣烦扰,官吏乞取,民不能当,是以逃窜。①

《崔斌传》:

> 至元二十年上疏言时政曰:内地百姓流移江南,避赋役者已十五万户。去家就旅,岂人之情!赋重政繁,驱之至此。②

除四散流移外,农民只能将田土投献于贵族、寺院或地主的名下,自降为佃户,避免政府的苛削:

> 国初溧阳之民,有以田土妄献于朱(清)、张(瑄)二豪者,遂为户计,一切科役无所预焉。是时朱、张首以海运为贡道,至于极品,天子又以特旨谕其户计,彼无敢挠之者,权豪奢侈可谓穷于天下。或两争之田,或吏胥之虐者皆往充户计,则争者可息,虐者可免,由是民皆乐而从之也。不数年朱、张皆构祸,借其户口财产,以数百万计,后立朱、张提举司以掌之,向者附势之人皆受祸,而投户计者隶为佃籍,增租重赋,倍于常民,受害不浅,虽悔无及矣。③

---

① 《元史》卷一五七。
② 《元史》卷一七三。
③ 《至正直记》卷三《势不可倚》。

一隶佃籍,生活便不同常人。所交田租往往超过正赋数倍,至元二十二年二月诏曾明说:"江南有地土之家,召募田客,所取租课,重于公税数倍,以致贫民缺食者甚众。"①江南地狭人稠,大地主又特多,大部分的农民都须佃地主田地耕种:

> 蛮子百姓每,不似汉儿百姓每,富户每有田地,其余他百姓每无田地,种著富户每的田地。②

地主的剥削较政府更利害,所生男女均须为地主服役:

> 江南富户,止靠田土,因买田土,方有地客,所谓地客,即系良民。主家科派,其害甚于官司差发。若地客生男,便供奴役,若有女子,便为婢使,或为妻妾。③

佃户随田土而转移,或典或卖,其身份和奴隶无异:

> 至元十九年峡州路判官史择善呈:本路管下民户,辄敢将佃客计其口数立契,或典或卖,不立年分,与买卖驱口无异。间有略畏公法者,将些小荒远田地,夹带佃户典卖,称是随田佃客,公行立契外,另行私立文约。④

---

① 《元典章》卷三《圣政》二《减私租》。
② 《元典章》卷三《圣政》二《减私租》。
③ 《元典章》卷五七《刑部》一九。
④ 《元典章》卷五七《刑部》一九。

峡州路的典卖随田佃客制度和江南之"因置田土,方有地客"相同。可见这是当时普遍流行的习惯。江南佃户子女须为地主服役,峡州路的佃户婚姻则须得地主许可:

> 佃客男女婚姻,主户常行拦当,需求钞贯布帛礼数方许成亲。其贫寒之人,力有不及,以致男女怨旷失时,淫奔伤俗。①

佃户在法律上的地位和奴婢娼相等,《元典章·刑部四》有杀奴婢娼佃一条,诸杀伤杀死为伴娼女,放良驱殴死他人奴婢,良殴死他人奴婢,主殴死佃户,江南豪户殴死佃户均杖一百七。在这制度下,佃户的生命毫无保障,如《元典章》所记傅汝明为佃客李小三不送文字,用棒打伤身死,私和埋葬。②《典章新集》"富豪打伤佃户"条:

> 饶州路鄱阳县豪民陶孟方因被盗金银等物,不即告官,诬指佃户程万二等为盗。同兄陶仁寿等僭设官府,非理用刑,将各家夫妇六人凌虐拷打,损伤肢体。

在平时则受地主致命之剥削,度非人之生活。大德八年诏佃户不给田主借贷,说明佃户的困苦情形:

> 江南佃民多无己产,皆于富家佃种田土,分收子粒,以充

---

① 《元典章》卷五七《刑部》一九。
② 《元典章》卷四二《刑部》四。

岁计。若值青黄未接之时,或遇水旱灾荒之际,多于田主之家借债贷粮,接缺食用,候至收成,验数归还。有田主之家,或于立约之时便行添答数目,以利作本,才至秋成,所收子粒,除田主分受外,佃户合得粮米尽数偿之,还本利更有不敷,抵当人口,准折物件,以致佃户逃移,土田荒废。①

政府也知道佃户私租之重,曾屡次下令减租,如至元二十三年诏"田主所取佃客租课,以十分为率,减免二分"。至元三十一年诏"诸色户计秋粮减三分"。但在实际上所免的是地主,佃户私租却仍须照样缴付地主。如至元三十一年十月初五日减私租诏所言:

> 如今税粮免三分呵,免了地主每的有。地主却问佃户全要呵,于穷百姓每无益有。在前先皇帝江南免二分地税时也道,已免了的二分,地主每都却休转问佃户们要者道来。如今依那体例里,佃户每的三分也不交要呵,怎生说将来有,奏呵,有体例休交要者,圣旨了也。②

自由农和佃农都属于民户。此外还有儒户和匠户的生活值得我们注意。儒户是曾受教育的知识分子,政府因为很受这一阶级的帮忙,所以给以特别待遇。在开国时代即令儒人免奴籍,《元史·耶律楚材传》:

---

① 《元典章》卷一九《户部》五。
② 《元典章》卷三《圣政》二《减私租》。

> 儒人被俘为奴者亦令就试，其主匿勿遣者死。得士凡四千三十人，免为奴者四之一。①

《廉希宪传》：

> 国制为士者无隶奴籍。京兆多豪强，废令不行。希宪至悉令著籍为儒。②

《高智耀传》：

> 时淮蜀士遭俘虏者皆没为奴。智耀奏言以儒为驱，古无有也。陛下方以古道为治，宜除之以风厉天下。帝然之，即拜翰林学士，令循行郡县区别之，得数千人。③

自此凡占儒籍者一切徭役均得蠲免，复其家。④ 儒户身份的取得，以通文字为标准，中统四年令：

> 不经分拣附籍漏籍儒人，或本是儒人，壬子年别作名色附籍，并户头身故，子弟读书。又高智耀收拾到驱儒，仰从实分拣，能通文字者依例免差，不通文字者收系一例当差外，诸色

---

① 《元史》卷一四六。
② 《元史》卷一二六。
③ 《元史》卷一二五《高智耀传》。
④ 《元史》卷一七三《叶李传》，卷一七〇《雷膺传》。

人户下子弟读书深通文字者止免本身杂役。①

这也只是蒙古政府羁縻汉人知识分子的一种策略,在实际上,儒人并不被朝廷看重,儒户的社会地位只是比其他户计较受优待而已。《经世大典序录·入官条》说:

> 择吏之初颇由于儒。而所谓儒者姑贵其名而存之耳。其自学校为教官显达者盖鲜……其以文学见用于朝廷,则时有尊异者,不皆然也。②

匠户也和儒户一样,世守其业,身份地位略和普通民户不同。蒙古人文化落后,却最重视工业,在行军作战时,被屠地带唯工匠得幸免残杀。《元史·孙威传》:

> 威每从战伐,恐民有横被屠戮者,辄以搜简工匠为言而全活之。③

刘因记武遂杨翁遗事:

> 保州屠城,惟匠者免。予冒入匠中,如予者亦甚众。或欲精择能否,其一人默语之曰:能挟锯即匠也。拔人于生,挤人

---

① 《元典章》卷一七《户部》三一《儒人户》。
② 《元文类》卷四〇。
③ 《元史》卷二〇三。

于死,惟所择,事遂已。而凡冒入匠中者皆赖以生。①

此种以工匠幸免之俘囚,均列入匠籍:

> 合刺廉直多巧思。为初建金玉局使,奏释所获宋间谍钳钛输作者及渡江所俘童男女,皆教以工事,世守其业。②

刘因《浑源孙公(威)先茔碑铭》:

> 前后所领平山安平诸路工人,皆俘虏之余。③

金人南徙,迁诸州工人实燕京。④ 灭宋后,大批地籍江南民为工匠,凡三十万户。选其有艺业者十余万户为匠户。⑤ 至元十六年籍人匠四十二万,立局院七十余所,每岁定造币缟弓矢甲胄等物。⑥ 以工艺的性质论,有兵器之工,玉工,金工,木工,抟埴之工,石工,丝枲之工,皮工,毡罽之工,画塑之工,等等,《经世大典序录·工典总叙》诸匠条说:

> 国家初定中夏,制作有程,乃鸠天下之工,聚之京师,分类

---

① 《静修文集》卷二一。
② 揭傒斯:《揭文安公集》卷一三《陕西等处行中书省平章政事吕公墓志铭》。
③ 《静修文集》卷一六。
④ 《静修文集》卷一七《洺水李君墓表》。
⑤ 《元史》卷一六七《张惠传》。
⑥ 王恽:《秋涧集》卷五八《浙西道宣慰使行工部尚书孙公神道碑铭》。

> 置局，考其程度而给之食，复其户，使得以专于其艺。故我朝诸工制作，咸胜往昔矣。①

在首都，在地方，在诸王投下，都分别设有诸色人匠总管府，及提举司管理造作。② 匠户有专门的匠籍，和普通户籍不同。

黄溍《茶陵州判官许君墓志铭》：

> 改赣州路录事。纹锦局吏窜毁匠籍而牵连追呼，滥及民伍。君白于郡，发架阁旧籍证之，其弊以绝。③

匠户免除普通徭役，所以一般地主也往往投充，借以避免差役，王恽《便民三十五事》：

> 各处富强之民，往往投充人匠，影占差役，以致靠损贫难户计。④

七

在蒙古、色目人统治之下，奴隶使用成为一种普遍的制度。奴隶的由来大部分是战争时所掠得的俘虏，蒙古军制：

---

① 《元文类》卷四二。
② 《元史·百官志》。
③ 《黄文献公集》卷八。
④ 《秋涧集》卷九〇。

> 凡攻大城,先击小都,掠其人民,以供驱使。乃下令曰:每一骑兵必欲掠十人,人足备则每名需草或柴薪或土石若干,昼夜追逐,缓者杀之,追逐填塞,壕堑立平,或供鹅洞炮座等用,不惜数万人,以此攻城壁,无不破者。①

在战争时利用俘虏作战地工役,在平时则利用奴隶供给军需:

> 蒙古汉军分戍江南,全籍各家驱丁,供给一切军需。②

或使习手工业,陆文圭《武节将军吕侯墓志铭》:

> 侯连岁出征,夫人躬自蚕织,家僮数十人称工艺廪食之,无惰游者。以故资用丰裕。③

或责其租赋,《元史·张雄飞传》:

> 荆湖行省阿里海牙以降民三千八百户没入为家奴,自置吏治之,岁责其租赋。④

《宋子贞传》:

---

① 《蒙鞑备录》。
② 《元典章》卷三四《兵部》一。
③ 《墙东类稿》卷一二。
④ 《元史》卷一六三。

> 东平将校占民为部曲户,谓之脚寨。擅其赋役,几四百所。①

奴隶在事实上是家产的一部分,替主人工作是他们的本分。如不工作须给主人以相当的农产品或金钱:

> (蓨县民)翟彝自其大父因河南乱被掠为人奴,岁纳丁粟以免作。②

同时也等于一件货物,随时可以买卖,在市场上有一定的价格。姚燧《故提举太原盐使司徐君神道碑》:

> 民奴有严姓者,主利多值,鬻其男女六七于商胡。③

程钜夫《黄志尹墓志铭》:

> 丰城黄志尹以学行文章为后林李户部客。戊寅秋九月俘于兵,鬻于长安郑子诚家。④

《元史·羊仁传》:

---

① 《元史》卷一五九。
② 《元史》卷一八五《吕思诚传》。
③ 《牧庵集》卷一八。
④ 《雪楼文集》卷一八。

> 羊仁，庐州庐江人。至元初，阿术兵南下，仁家为所掠，父被杀，母及兄弟皆散去。仁年七岁，卖为汴人李子安家奴。力作二十余年，子安怜之，纵为良。仁踪迹得母于颍州蒙古军塔海家，兄于睢州蒙古军岳纳家，弟于邯郸连大家，皆为役，尚无恙。乃遍恳亲故，贷得钞百锭，历诣诸家求赎之，经营百计，更六年乃得遂。大小二十余口，复聚居为良。①

吴澄《故善人申屠君墓表》：

> 宋平，家蓄奴虏余二百指，或以直购，勿许。悉纵为民，思复故乡者给以行橐。②

良民之被掠为驱口者，或由他人代赎，或自出资赎身，主人由此可得一批进款，实际上也等于卖奴，让奴隶用金钱来赎取他的自由。《元史·张惠传》：

> 至元元年冬迁参知政事，行省山东，以银赎俘囚三百余家为民。③

《虞集传》：

---

① 《元史》卷一九七。
② 《吴文正公集》卷三四。
③ 《元史》卷一六七。

>父汲尝再至京师，赎族人被俘者十余口而归，由是家益贫。①

《王忱传》：

>颍州朱喜尝俘于兵，既自赎，主家利其赀，复欲以为奴。忱为正之。②

在举行奴隶买卖时，须立印有指纹之契约：

>凡今鬻人皆画男女左右食指横理券为信，以其疏密判人短长壮少。③

此项契约须呈官投税，称为红契：

>红契买到者则其元主转卖于人，立券投税者是也。④

奴隶经用金钱自赎或得主人解放而获得自由者谓之放良，亦须立有契约：

---

① 《元史》卷一八一。
② 《元史》卷一五一。
③ 《牧庵集》卷二二《浙西廉访副使潘公神道碑》。
④ 《辍耕录》卷一七。

自愿纳财以求脱免奴籍,则主署执凭付之,名曰放良。①

所立契约称为良书,所放奴隶称为放良民户。奴隶一经放良,立即恢复平民身份,须和其他平民同样为国家服务,《元典章·放良民户》条规定:

诸良书该写任便住坐或为良者,即依良书收系当差。诸良书该写如遇抄过为良或作户者,仰依良书另立户名收系当差。诸放良户年限未满,或赎身钱未足者,仰合属官司籍记收户,候限满钱足,至日科差。②

良民的反面是奴隶,亦称驱口:

今蒙古、色目人之臧获,男曰奴,女曰婢,总曰驱口。盖国初平定诸国日,以俘到男女匹配为夫妻,而所生子孙,永为奴婢。亦曰家生孩儿。③

驱口为军前所掠,其主权属于驱口之主人。归顺民户称为投拜户,其主权属于中央政府。元初常因驱口和投拜户之分别发生争执。诸将滥占驱口,耶律楚材奏籍其寄留诸郡者为民:

---

① 《辍耕录》卷一七。
② 《元典章》卷一七《户部》三。
③ 《辍耕录》卷一七。

> 时诸王大臣及诸将校所得驱口,往往寄留诸郡,几居天下之半。公因奏括户口,皆籍为民。①

太宗六年(1234)定驱口别居即为民户之制:

> 不论达达、回回、契丹、女真、汉儿人等,如是军前虏到人口,在家住坐做驱口。因而在外住坐于随处附籍,便系是皇帝民户,应当随处差发。主人见更不得认识。如是主人认识者断按打奚罪戾。②

至元二年(1265)定驱口与投拜户之别:

> 上都、北京、西京、隆兴、平滦五路户计为有争差,至元二年中书省钦奉圣旨,据纳陈驸马、帖里干驸马、头辇哥国王、锻真、忽都儿五投下户计,仰差官与各投下头目各州县管民官,勾唤元主并驱户一同对证得,委系各人出军时马后稍将来的人口,达达数目里有呵,分付本投下者,于当差额内除豁。如对证得委系好投拜人户及在外投属或本投下收底人户,作民当差,钦此!③

河南初破时,俘虏不堪虐待,逃亡极多,下令严禁,《元史·耶律楚

---

① 《元文类》卷五七,宋子贞:《中书令耶律公神道碑》。
② 《元典章》卷七《户部》三一《驱良蒙古牌甲户驱》;《元史》卷一〇三《刑法志》"户婚"条。
③ 《通制条格》卷二。

材传》：

> 时俘获甚众，军还，逃者十七八。有旨：居停逃民及资给者灭其家，乡社亦连坐。由是逃者莫敢舍，多殍死道路。楚材从容进曰：河南既平，民皆陛下赤子，走复何之。奈何因一俘囚，连死数十百人乎！帝悟，命除其禁。①

为驱后仍是逃亡相继，大德五年蒙古都万户府言：

> 驱丁往往逃匿寺观为道为僧，或于局院佣工，或为客旅负贩。纵有贩获，鼓众夺去。请遍行诸路排门粉壁，远年近日应有在逃驱丁，拘刷得见，问取根脚，就发给属官司给主，不致消乏军力。②

后来又定缉获逃驱，赏以拐带的财物三分内一分之制③，屡屡申令，可见驱户逃亡的情形并不因禁令之严而减少。

元初制官吏不给俸禄，只就功劳大小分配抄掠所得。城邑破时先入者有掳掠之优先权，《元史·赵迪传》：

> 赵迪，真定藁城人也……真定既破，迪亟入索藁城人在城中得男女千余人，诸将欲分取之，迪曰：是皆我所掠，当以归

---

① 《元史》卷一四六。
② 《元典章》卷三四《兵部》一。
③ 《通制条格》卷二〇《获逃驱》。

> 我。诸将许诺。迪乃召其人谓曰:吾惧若属为他将所得则分奴之矣,故索以归之我。今纵汝往,宜各遂生产,为良民。众感泣而去。①

诸将俘掠之多者如阿里海牙所占多至数万户,《元史·张雄飞传》:

> 荆湖行省阿里海牙以降民三千八百户没入为家奴。②

《世祖纪》:

> 至元十七年命相威检核阿里海牙、忽失帖木儿等所俘三万二千余口,并放为民。③

《相威传》:

> 至元十九年,又奏阿里海牙占降民一千八百户为奴。阿里海牙以为征讨所得。有旨:果降民也,还之有司。若征讨所得,令御史台籍其数以闻,量赐有功者。④

驱口只限于征讨所得,一般大将却都贪利喜功,滥以良民为俘虏:

---

① 《元史》卷一五一。
② 《元史》卷一六三。
③ 《元史》卷一〇。
④ 《元史》卷一二八。

> 是时江南新附,诸将市功且利俘获,往往滥及无辜。或强籍新民以为奴隶。(雷)膺出令得还为民者以数千计。①

《陈祐传》也说:

> 至元十四年,时江南初附,军士俘虏温台民男女数千口,祐悉夺还之。②

《董文炳传》:

> (兵)次台州,(张)世杰遁。诸将先俘州民。文炳下令曰:台人首效顺于我,我不暇有,故世杰据之,其民何罪!敢有不纵所俘者以军法论。由是得免者数万口。③

袁桷《户部尚书马公(煦)墓碑》:

> 湖广省臣托俘虏之借,私孥其人万家,无所诣诉,官亦莫敢正。公按还之为民。④

《元史·聂炳传》:

---

① 《元史》卷一七〇《雷膺传》。
② 《元史》卷一六八。
③ 《元史》卷一五六。
④ 《清容居士集》卷三五。

> 峒瑶寇边,湖广行省右丞秃赤统兵讨之……悍卒所至掠民为俘。炳言于秃赤,释其无验者数千人。①

地方官吏也不顾朝廷禁令,强抑良民为奴隶。如《元史·王利用传》:

> 都元帅塔海抑玉山县民数百口为奴,民屡诉不决。利用承檄复问,尽出为民。②

《袁裕传》:

> 南京总管刘克兴掠良民为奴隶。后以矫制获罪,当籍孥产之半,裕言于中书,止籍其家。奴隶得复为民者数百。③

《赵世延传》:

> 至大元年改四川肃政廉访司,军官或抑良为奴,世延除其弊而正其罪。④

《张础传》:

---

① 《元史》卷一九五。
② 《元史》卷一七〇。
③ 同上。
④ 《元史》卷一八〇。

宣慰使失里贪暴,掠良民为奴,础劾黜之。①

各地的富豪地主亦有同样行为,《张文谦传》:

> 至元三年,诸势家言有户数千当役属为私奴者,议久不决。文谦谓以乙未岁户帐为断,奴之未占籍者归势家可也。其余良民无为奴之理。议遂定,守以为法。②

《李德辉传》:

> 中统三年起为山西宣慰使。权势之家,籍民为奴者,咸按而免之。复业近千人。③

奴隶的另一来源是犯罪籍没者的家属。《元史·纯只海传》:

> 朝廷遣使以(王)荣妻孥赀产赐纯只海家。纯只海给荣妻孥券,放为民。④

据《元史·世祖纪》、《成宗纪》及《刑法志》的记载,凡官吏溺职者,将校临阵退缩者,国民违犯酒禁者,赠亲女得官者,以匿名书惑众者,尤其是谋反者,除身受刑戮外,妻子并没官为奴。也有一部分

---

① 《元史》卷一六七。
② 《元史》卷一五七。
③ 《元史》卷一六三。
④ 《元史》卷一二三。

是出于投靠，自愿为奴，托庇于贵族或地主之下，以保全生命或避免徭役为目的的。前者例如《元史·董俊传》所记：

> 南征时，人多归俊愿为奴者。既全其家，归悉纵为民。①

《李德辉传》：

> 兵后，孱民多依庇豪右，及有以身佣借衣食，岁久掩为家奴。悉还遣之为民。②

后者例如大德十一年十二月至大改元诏书所记：

> 近为汉人南人军站民匠等户，多有投充怯薛歹鹰房子等名色，影避差徭，滥请钱粮，靠损其他人户。已自元贞元年为始分拣，今后除正当怯薛歹蒙古色目人，毋得似前乱行投属。其怯薛歹各枝儿官员亦不得妄自收系，违者并皆治罪。

又至大四年三月十八日登极诏书：

> 诸色人户各有定籍，近者脱脱收聚康礼，劫立军卫，滥及各投下并州郡百姓诸色驱奴人等多至数万，已经散遣。今后各投下诸色人等，并遵世祖皇帝以来累朝定制，不得擅招户

---

① 《元史》卷一四八。
② 《元史》卷一六三。

计,诱占驱奴,违者治罪。

以上所说的奴隶可分为官奴和私奴二种,官奴称为孛阑奚,又作阑奚,由收括阑奚官专管。世祖时以收括阑奚官也先阔阔出擅易官马及阑遗人畜,乃废此官,以诸路管民官兼领收括阑奚。私奴隶于诸宫中及诸王贵戚功臣者则称名怯怜口,亦作怯怜口,乃蒙古语 Gerün kümün 之音译,意为家之人,家之子。①

在普遍的使用奴隶风气之下,奴隶的买卖市场日形发达。此种由市场所买得之奴隶,大抵多为良民,或困于生活,自动鬻身,因法律禁止抑良为贱,往往冒用过房义子等名义:

> 北方诸色目人等,或因仕宦,或作商贾,或军人应役,久居江淮迤南地面,与新附人民既相习熟,将南人男女以转房乞养为名,亦有依照本俗典雇之例,聊与价钱,诱至收养,方到迤北,定是货卖作驱,是使无辜良民,永陷驱役,无所赴诉。②

元贞元年地方官吏报告:

> 两浙良民因值缺食,将亲生男女得价,虽称过房乞养,实与货卖无异。将来腹里转卖为驱奴,致使父子离散……吴越之风,典妻雇子,成俗久矣……江淮被灾,典卖过房男女,有司

---

① 《元典章》卷二《圣政一·重民籍》。另详《孛阑奚及怯怜口考》。
② 《元典章》卷五七《刑部》一九,"典雇男女"。

不为赈济,以致如今腹里亦与中原无异。①

延祐三年三月廉访司言:

> 中原江南州郡近年以来,良家子女假以乞养过房为名,恃有通例,公然辗转贩卖。致使往往陷为驱奴。②

在初期,奴隶的出产地是江南,渐渐地中原腹里也有良民卖为驱口的趋势。到中期,统治者的蒙古人也有被买卖为奴隶的事实:

> 延祐七年(1320)十一月至治改元诏书内一款:回回、汉人、南人典买蒙古子女为驱者,诏书到日分付所在官司应付口粮收养,听候具报开申中书省定夺。③

这时离成吉思汗创业不过一百年,离世祖统一中国不过只有四十年,蒙古贵族已经不能维持他们的统治者地位,他们的族人也同样地被典卖作被征服民族的驱奴了。这一批由政府收赎的蒙古驱奴有三千户,中央特别设立了一个宗仁卫来安置他们:

> 至治二年(1322)右丞相拜住奏:先脱别铁木叛时,没入亦乞列思人一百户,与今所收蒙古子女三千户,清州彻匠二千户

---

① 《元典章》卷五七《刑部》一九,"典雇妻妾"条。
② 《元典章》卷五七《刑部》一九,"过房人口"条。
③ 《元典章》卷五七《刑部》一九,"禁典卖蒙古子女"条。

合为行军五千,请立宗仁卫以统之。于是命右丞相拜住总卫事。①

市场上另一部分奴隶,则多为专业奴隶买卖者所掠诱而来。奴隶使用的风气一盛,市场供不应求,于是专以掠售良民为职业的暴徒乘机大肆活动。字术鲁翀《参知政事王公(忱)神道碑》:

> 至元二十四年,时南北混一,无俚凶慝,略民子女,转卖四方。公谓此徒于圣天子仁覆天下之政,梗害非小,请严立法禁,从之。遂著令甲。②

程钜夫《梁国何文正公神道碑》:

> 河南无赖业掠卖良民,悉捕治之。③

《元史·赵世延传》:

> 至元二十九年出佥江南湖北道肃政廉访司事,严常、澧掠卖良民之禁。④

孔齐记溧阳有奸民以此为业:

---

① 《元史》卷九九《兵志·宿卫》。
② 《菊潭集》卷二。
③ 《雪楼文集》卷八。
④ 《元史》卷一八〇。

> 国初兵革之后,居民荒业。至元间有一奸民,曾为北兵掠去,后复归径来山丰登庄寄住,每掠卖良民子女,投北转卖为奴婢。①

良民被掠卖为奴婢,历朝均有极严之法令,通行制裁。至元三十一年诏强掠者以强盗例科断,断人归本家,和诱者各断一百七下。大德八年六月令诸掠卖良人为奴婢者一人断一百七,流远。二人以上处死。和同相卖为奴婢者各断一百七。假以过房乞养为名因而货卖为奴婢者杖九十七。②

末年贵族社会中又流行一种养外国婢仆的风气:

> 北人女使必得高丽女孩童,家僮必得黑厮,不如此,谓之不成仕宦。③

同时奴隶也是一种国际商品,虽然没有正式记载可以说明这一事实的存在,但由下列禁令的反面,至少可以推断当时确曾有奴隶输出海外。《元史·刑法志》:

> 诸下海使臣及舶商,辄以中国生口宝货戎器马匹遗外番者,从廉访司察之。④

---

① 《至正直记》卷三。
② 《元典章》卷五七《刑部》一九。
③ 叶子奇:《草木子》卷三下《杂制》。
④ 《元史》卷一〇五《禁令》。

又：

> 诸市舶金银铜钱铁货男女人口丝缎匹金绫罗米粮军器等不得私贩下海。违者舶商船首纲首事头火长各杖一百七,船物没官。①

元代列朝各地所有的奴隶总数及其和全人口的比例,虽然没有一种记载可以说明,但从零碎的史料中,也可看出这是一个蓄奴最盛的时代。例如至大二年乐实所言江南地主：

> 江南平垂四十年,其民止输地税商税,余皆无与。其富室有蔽占王民奴使之者动辄百千家,有多至万家者。②

商人如吴澄所记申屠君蓄家奴二百指③,陆文圭《巽溪翁墓志铭》：

> 从计然之术,研得其精,为大区广陵市中,家僮数百指,北出燕齐,南抵闽广,懋迁络绎,资用丰沛。④

官吏蓄奴多者如平章政事车世安家僮不啻万指⑤,宁晋县令李让蓄

---

① 《元史》卷一〇四《食货》。
② 《元史》卷二三《武宗纪》。
③ 《吴文正公集》卷三四《故善人申屠君墓表》。
④ 《墙东类稿》卷一三。
⑤ 《吴文正公集》卷四一《平章政事车公墓志铭》。

家僮数百指①,史天祥于乙未括户时,纵其奴千余口为民②,王玉出家奴二百余口为良民③,王善放家僮五百人为民④,参知政事张德润献其家人四百户于皇太子⑤。将帅如前引阿里海牙等之蓄奴数万户,寺院如大护国仁王寺之有户口数万,举一可以类推,奴隶数目之多当可想而知。

奴隶的身份在最下层,其价值几等于牛马,陶宗仪曾很感慨地说:

> 刑律私宰牛马杖一百,殴死驱口比常人减死一等,杖一百七,所以视奴婢与马牛无异。夫今之奴婢,其父祖初无罪恶,而世世不可逃,亦可痛矣。⑥

其实这还是统一定制以后的改革,在初期,奴隶的生死全凭主人喜怒,政府从不过问:

> 太宗时法制未定,奴有罪者主得专杀。布鲁海牙知其非法而不能救,尝出金赎死者数十人。⑦

定制以后,因定法过轻,奴隶的生命还是无所保障。旧例奴婢有罪

---

① 《秋涧集》卷六〇《宁晋县令李公墓碣铭》。
② 《元史》卷一四七《史天祥传》。
③ 《元史》卷一五一。
④ 同上。
⑤ 《元史》卷一三《世祖纪》。
⑥ 《辍耕录》卷一七。
⑦ 《元史》卷一二五《布鲁海牙传》。

不请官司而杀者杖一百,无罪而杀者徒一年。若有愆罪,决罚致死者勿论。奴主大都是贵族或地主,纸面上的条文并不能约束他们对奴隶的任意处置。例如张歹儿打杀驱妇燕粉儿案:

> 卫辉路申到东平路住坐探马赤张歹儿不合于至元五年七月十五日为失了马匹,用铁箸强打死驱妇燕粉儿,私下立与李留住全家放良文字。法司拟若依杀驱断罪,涉似太重,合无依准放良,将犯人免罪。部准拟呈省准。①

燕粉儿是无罪被杀的,凶手和法司都以放良李留住全家为打死燕粉儿的赎罪条件。关于处置有罪驱奴:

> 昔剌为驱妇乞赤斤无夫有孕,用劈柴殴打,因伤致死,暗行埋葬。部拟量决二十七下。

又:

> 杨珍为放良驱户邢粉儿年限未满逃走,捉获打死,部拟杖七十七下。②

私宰牛马杖一百,杀死驱奴却只杖二十七、七十七下,不但是与牛马无异,简直是不如牛马,这三件案子可以充分地表明奴隶在元代

---

① 《元典章》卷四二《刑部》四《打死无罪驱》。
② 同上。

的社会地位。至于私自处刑,那更是为所欲为:

> 在都富势之家,奴隶有犯,并不经官言理,往往用铁枷钉锁,又有擅自刺面者。①

主人犯罪则奴隶被强逼为主人替死:

> 海盐多豪民杀人,率遣奴偿死。②

奴隶有财产,则即为主人所没收:

> 奴或致富,主利其财,则俟少有过犯,杖而锢之,席卷而去,名曰抄估。③

甚至平民先世曾隶奴籍者,亦往往为势豪诬陷抄占:

> 息民汪清占息民籍已再世矣。兵豪诉帅府曰:吾亡奴也。即驰骑数十杀清灭口,取其妻孥赀产。清子成逸出,赴民有司诉之,兵民文移往来,数年不决。诣王忱诉之,稽清占籍以岁壬寅,其奴亡以甲辰,白之镇南王府,诬者乃屈。④

---

① 《元典章》卷五七《刑部》一九《禁富豪擅锢奴隶》。
② 《清容居士集》卷三〇《郑照磨墓志铭》。
③ 《辍耕录》卷一七。
④ 《菊潭集》卷二,宇术鲁翀:《参知政事王公神道碑》。

逃奴如被发现,则并没其亲族及家赀。《元史·张雄飞传》:

> 宗王公主有家奴逃渭南民间为赘婿,主适过临潼识之,捕其奴与妻及妻之父母皆械系之,尽没其家。雄飞与主争辩,辞色俱厉。主不得已,以奴妻及妻之父母家赀还之,惟挟其奴以去。①

婚姻则只可自相婚嫁,例不许聘娶良家,若良家愿娶其女者听。②其女从夫为良人。③ 反之,良家妇女如愿与人奴为婚,即为婢奴。④驱女之婚姻须由主人主持,至少亦须得其同意:

> 至元十二年五月中书省御史台呈:阿台驱户杨仲椿不曾由问本使,将女金蝉许与朱得林长男为妻,受讫羊酒。都省议得杨仲椿既是阿台驱户,合令朱得林由问阿台许聘,依理下财成亲。⑤

最后,奴隶的市场价格,据《元史·赵孝妇传》:

> 以次子鬻富家得钱百缗。⑥

---

① 《元史》卷一六三。
② 《辍耕录》卷一七。
③ 《元史·刑法志·奸非》。
④ 《元史·刑法志·户婚》。
⑤ 《通制条格》卷三《驱女由使嫁》。
⑥ 《元史》卷二百。

这是一个青年奴隶的价值,太老的和小孩价格自然不同,女奴虽然不知道价钱,大概总要比男奴不值钱一点吧!

二十四年十一月九日下午九时

(原载《社会科学》第一卷第三期,1936年4月)

晚明仕宦阶级的生活

一

晚明仕宦阶级的生活,除了少数的例外,(如刘宗周之清修刻苦,黄道周之笃学正身)可以用"骄奢淫佚"四字尽之。田艺衡《留青日札》记:"严嵩孙严绍庚、严鹄等尝对人言,一年尽费二万金,尚苦多藏无可用处。于是竞相穷奢极欲。"《明史·严嵩传》记鄢懋卿之豪奢说:"鄢懋卿持严嵩之势,总理两浙两淮长芦河东盐政,其按部尝与妻偕行,制五彩舆,令十二女子昇之。"万历初名相张居正奉旨归葬时:"真定守钱普创为坐舆,前舆后室,旁有两庑,各立一童子供使令,凡用舁夫三十二人。所过牙盘上食味逾百品,犹以为无下箸处。"这种闹阔的风气,愈来愈厉害,直到李自成、张献忠等起来,这风气和它的提倡者同归于尽。

其实,说晚明才有这样的放纵生活,也不尽然,周玺《垂光集·论治化疏》说:"中外臣僚士庶之家,靡丽奢华,彼此相尚,而借贷费用,习以为常。居室则一概雕画,首饰则滥用金宝,倡优下贱以绫缎为袴,市井光棍以锦绣缘袜,工匠役之人任意制造,殊不畏惮。

虽朝廷禁止之诏屡下,而奢靡僭用之习自如。"①周玺是弘正时人(？—1508),可见在16世纪初期的仕宦生活已经到这地步。风俗之侈靡,自上而下,风行草偃,渐渐地浸透了整个社会。堵允锡曾畅论其弊,他说:"冠裳之辈,怡堂成习,厝火忘危,膏粱文绣厌于口体,宫室妻妾昏于志虑,一筵之费数金,一日之供中产,声伎优乐,日缘而盛。夫缙绅者士民之表,表之不戒,尤以成风。于是有纨袴子弟,益侈豪华之志以先其父兄,温饱少年亦竞习裘马之容以破其家业,挟弹垆头,吁庐伎室,意气已骄,心神俱溃,贤者丧志,不肖倾家,此士人之蠹也。于是又有游手之辈,习谐媚以蛊良家子弟,市井之徒,咨凶谲以行无赖之事,白日思群,昏夜伏莽,不耕不织,生涯问诸馈来,非士非商,自业寄于亡命,狐面狼心,冶服盗质,此庶人之蠹也。如是而风俗不致颓坏,士民不致饥寒,盗贼不致风起者未之有也。"②

二

大人先生有了身份有了钱以后,饱食终日,无所用心,自然而然会刻意去谋生活的舒适,于是营居室,乐园亭,侈饮食,备仆从,再进而养优伶,召伎女,事博弈,蓄姬妾,雅致一点的更提倡玩古董,讲版刻,组文会,究音律,这一集团人的兴趣,使文学、美术、工艺、金石学、戏曲、版本学等部门有了飞跃的进展。

---

① 《垂光集》卷一。
② 《堵文忠公集·救时十二议疏》。

八股家幸而碰上了机会,得了科第时,第一步是先娶一个姨太太,(以今较昔,他们的黄脸婆还有不致被休的运气)王崇简《冬夜笺记》:"明末习尚,士人登第后,多易号娶妾。故京师谚曰:改个号,娶个小。"第二步是广营居室,作大官的邸舍之多,往往骇人听闻,田艺蘅记严嵩籍没时之家产,光是第宅房屋一项,在江西原籍共有六千七百四间,在北京共一千七百余间。① 陆炳当事时,营别宅至十余所,庄园遍四方。② 郑芝龙田园遍闽粤,在唐王偏安一隅的小朝廷下,秉政数月,增置仓庄至五百余所。③

士大夫园亭之盛,大概是嘉靖以后的事。陶奭龄说:"少时越中绝无园亭,近亦多有。"④奭龄是万历时代人,可见在嘉隆前,即素称繁庶的越中,士大夫尚未有经营园亭的风气。园亭的布置,除自己出资建置外,大抵多出于门生故吏的报效。顾公燮《消夏闲记》卷上说:"前明缙绅虽素负清名者,其华屋园亭佳城南亩,无不揽名胜,连阡陌。推原其故,皆系门生故吏代为经营,非尽出己资也。"王世贞《游金陵诸园记》记南京名园除王公贵戚所有者外,有王贡士杞园、吴孝廉园、何参知露园、卜太学味斋园、许典客长卿园、李象先茂才园、汤太守熙召园、陆文学园、张保御园等。《娄东园亭志》仅太仓一邑有田氏园、安氏园、王锡爵园、杨氏日涉园、吴氏园、季氏园、曹氏杜家桥园、王世贞弇州园、王士骐约园、琅玡离薋园、王敬美澹园等数十园。园亭既盛,张南垣至以叠石成名:"三吴大

---

① 《留青日札》。
② 《明史》卷三〇七《陆炳传》。
③ 林时对:《荷牐丛谈》卷四。
④ 《小柴桑喃喃录》下。

家名园,皆出其手。其后东至于越,北至于燕,召之者无虚日。"①

对于饮食衣服尤刻意求精,互相侈尚。《小柴桑喃喃录》卷上记:"近来人家酒席,专事华侈,非数日治具,水陆毕集,不敢轻易速客。汤饵肴蔌,源源而来,非惟口不给尝,兼亦目不周视,一筵之费,少亦数金。"平居则"耽耽逐逐,日为口腹谋"。张岱《陶庵梦忆》自述:"越中清馋无过余者,喜啖方物。北京则苹婆果、黄鼠、马牙松;山东则羊肚菜、秋白梨、文官果、甜子;福建则福橘、福橘饼、牛皮糖、红腐乳;江西则青根、丰城脯;山西则天花菜;苏州则带骨鲍螺、山查丁、山查糕、松子糖、白圆、橄榄脯;嘉兴则马交鱼脯、陶庄黄雀;南京则套樱桃、桃门枣、地栗团、窝笋团、山查糖;杭州则西瓜、鸡豆子、花下藕、韭芽、元笋、塘栖蜜橘;萧山则杨梅、莼菜、鸠鸟、青鲫、方柿;诸暨则香狸、樱桃、虎栗;嵊则蕨粉、细榧、龙游糖;临海则枕头瓜;台州则瓦楞蚶、江瑶柱;浦江则火肉;东阳财南枣;山阴则破塘笋、谢橘、独山菱、河蟹、三江屯蛏、白蛤、江鱼、鲥鱼、里河鲚。远则岁致之,近则月致之,日致之。"②衣服则由布袍而为绸绢,由浅色而改淡红。范濂《云间据目钞》记云间风俗,虽然只是指一个地方而言,也足以代表这种由俭朴而趋奢华的时代趋势。他说:"布袍乃儒家常服,周年鄙为寒酸,贫者必用绸绢色衣,谓之薄华丽。而恶少且从典肆中觅旧段旧服翻改新起,与豪华公子列坐,亦一奇也。春元必用大红履,儒童年少者必穿浅红道袍,上海生员冬必穿绒道袍,暑必用纻巾绿伞,虽贫如思丹,亦不能免。稍富则绒衣巾,盖益加盛矣。余最贫,尚俭朴,年来亦强服色衣,乃知习俗

---

① 黄宗羲:《撰杖集·张南垣传》。
② 张岱:《陶庵梦忆》卷四《方物》。

移人,贤者不免。"明代制定士庶服饰,不许混淆,嘉靖以后,这种规定亦复不能维持,上下群趋时髦,巾履无别。范濂又记:"余始为诸生时,见朋辈戴桥梁绒线巾,春元戴金线巾,缙绅戴忠靖巾。自后以为烦俗,易高士巾素方巾,复变为唐巾晋巾汉巾褊巾。丙午(1606)以来皆用不唐不晋之巾,两边玉屏花一双,而年少貌美者加犀玉奇簪贯发。"他又很愤慨地说:"所可恨者,大家奴皆用三镶宦履,与士官漫无分别,而士官亦喜奴辈穿着,此俗之最恶者也。"

三

士大夫居官则狎优纵博,退休则广蓄声伎,宣德间都御史刘观每赴人邀请,辄以妓自随。户部郎中肖翔等不理职务,日惟挟妓酣饮恣乐。[①] 曾下饬禁止:"宣德四年八月丙申,上谕行在礼部尚书胡濙曰:祖宗时文武官之家不得挟妓饮宴。近闻大小官私家饮酒,辄命妓歌唱,沉酣终日,怠废政事。甚者留宿,败礼坏俗。尔礼部揭榜禁约,再犯者必罪之。"[②] 妓女被禁后,一变而为小唱,沈德符说:"京师自宣德顾佐疏后,严禁官妓,缙绅无以为娱,于是小唱盛行,至今日几如西晋太康矣。"[③] 实际上这项禁令也只及于京师居官者,易代之后,勾栏盛况依然。冰华梅史有《燕都妓品序》:"燕赵佳人,颜美如玉,盖自古艳之。矧帝都建鼎,于今为盛,而南人风致,又复

---

① 《明宣宗实录》卷五六。
② 《明宣宗实录》卷五七。
③ 《野获编》卷二四。

袭染熏陶,其色艳宜惊天下无疑。万历丁酉庚子(1597—1600)其妖冶已极。"所定花榜借用科名条例有状元榜眼探花之目。称妓则曰老儿,茅元仪《暇老斋杂记》卷四:"近来士人称妓每曰老,如老一老二之类。"同时曹大章有《秦淮士女表》,萍乡花史有《广陵女士殿最序》。余怀《板桥杂记》记南京教坊之盛:"南曲衣裳妆束,四方取以为式。"崇祯中四方兵起,南京不受丝毫影响,依然征歌召妓:"宗室王孙,翩翩裘马,以及乌衣子弟湖海宾游,靡不挟弹吹箫,经过赵李,每开筵宴,则传呼乐籍,罗绮芬芳,行酒纠觞,留髡送客,酒阑棋罢,堕珥遗簪,真欲界之仙都,升平之乐国也!"①

私家则多蓄声伎,穷极奢侈。万历时理学名臣张元忭后人的家伎在当时最负盛名。《陶庵梦忆》卷四《张氏声伎》条记:"我家声伎,前世无之。自大父于万历年间与范长白邹愚公黄贞父包涵所诸先生讲究此道,遂破天荒为之。有可餐班,次则武陵班……再次则梯仙班……再次则吴郡班……再次则苏小小班……再次则平子茂苑班……主人解事日精一日,而僕僮伎艺则愈出奇愈。"阮大铖是当时最负盛名的戏曲作家,他的家伎的表演最为张宗子所称道。同书卷八记:"阮元海家优讲关目,讲情理,讲筋节,与他班孟浪不同。然其所打院本又皆主人自制,笔笔勾勒,苦心尽出,与他班卤莽者又不同。故所扮演本本出色,脚脚出色,出出出色,句句出色,字字出色。"士大夫不但蓄优自娱,谱制剧曲,并能自己度曲,压倒伶工。沈德符记:"近年士大夫享太平之乐,以其聪明寄之剩技。吴中缙绅留意音律,如太仓张工部新、吴江沈吏部璟、无锡吴进士澄时俱工度曲,每广座命伎,即老优名倡俱皇遽失措,真不减

---

① 余怀:《板桥杂记》。

江东公瑾。"①风气所趋,使梨园大盛,所演若《红梅》、《桃花》、《玉簪》、《绿袍》等记不啻百种:"括其大意,则皆一女游园,一生窥见而悦之,遂约为夫妇。其后及第而归,即成好合。皆徒撰诡名,毫无古事可考,且意俱相同,毫无足喜。"乡村每演剧以祷神:"谓不以戏为祷,则居民难免疾病,商贾必值风涛。"②豪家则延致名优,陈懋仁《泉南杂志》:"优伶媚趣者不吝高价,豪奢家攘而有之,婵鬓傅粉,日以为常。"使一向被贱视的伶工,一旦气焰千丈。徐树丕《识小录》记吴中在崇祯十四年(1641)奇荒后的情形:"辛巳奇荒之后……优人鲜衣美食,横行里中。人家做戏一台,一本费至十余金,而诸优犹恨恨嫌少。甚至有乘马者,乘舆者,在戏房索人参汤者,种种恶状。然必有乡绅主之,人家惴惴奉之,得一日无事便为厚矣。"优人服节有至千金以上者。③ 男优之外,又有女戏:"十余年来苏城女戏盛行,必有乡绅主之。盖以倡兼优而缙绅为之主。"④亦有缙绅自教家姬演戏者,张岱记朱云崃女戏,"西施歌舞,对舞者五人,长袖缓带,绕身若环,曾挠摩地,扶旋猗那,弱如秋乐;女官内侍,执扇葆璇盖、金莲宝炬、纨扇宫灯二十余人,光焰荧煌,锦绣纷叠,见者错愕"⑤。刘晖吉女戏则以布景著:"刘晖吉奇情幻想,欲补从来梨园之缺陷;如唐明皇游月宫,叶法善作,场上一时黑魆地暗,手起剑落,霹雳一声,黑幔忽收,露出一月,其圆如规,四下以其羊角染五色云气,中坐常仪,桂树吴刚,白兔捣药。轻纱缦之内,燃

---

① 《野获编》卷二四。
② 汤来贺:《梨园说》。
③ 黄宗羲:《南雷集子·刘子行状》。
④ 《识小录》卷二。
⑤ 《陶庵梦忆》卷二。

赛月明数株,光焰青黎,色如初曙,撒布成梁,遂蹑月窟,境界神奇,忘其为戏也。"①

四

士大夫的另一种娱乐是赌博。顾炎武《日知录》记:"万历之末太平无事,士大夫无所用心,间有相从赌博者。至天启中始行马吊之戏,而今之朝士若江南山东几于无人不为此。有如韦昭论所云穷日尽明,继以脂烛,人事旷而不修,宾旅阙而不接。"甚至有"进士有以不工赌博为耻"的情形。吴伟业又记当时有叶子戏:"万历末年,民间好叶子戏,图赵宋时山东群盗姓名于牌而斗之,至崇祯时大盛。有曰闯,有曰献,有曰大顺,初不知所自起,后皆验。"②缙绅士大夫以纵博为风流,《列朝诗集小传》记:"福清何士壁跅弛放迹,使酒纵博。""皇甫冲博综群籍,通挟凡击毬音乐博弈之戏,吴中轻侠少年咸推服之。""万历间韩上桂为诗多倚待急就,方与人纵谈大噱,呼号饮博,探题立就,斐然可观。"此风渐及民间,结果是如沈德符所说:"今天下赌博盛行,其始失货财,甚则鬻田宅,又甚则为穿窬,浸成大伙劫贼,盖因本朝法轻,愚民易犯。"③

自命清雅一点的则专务搜古董,巧取豪夺:"嘉靖末年海内宴安,士大夫富厚者以治园亭教歌舞之际,间及古玩。如吴中吴文恪

---

① 《陶庵梦忆》卷五。
② 《绥寇纪略》卷一二。
③ 《野获编补遗》卷三。

之孙,溧阳史尚宝之子,皆世藏珍秘,不假外索。延陵则稽太史应科,云间则朱太史大韶,携李项太学,锡山安太学华户部辈不吝重资收购,名播江南。南部则姚太史汝循、胡太史汝嘉亦称好事。若辈下则此风稍逊,惟分宜严相国父子、朱成公兄弟并以将相当途,富贵盈溢,旁及雅道,于是严以势劫,朱以货贿,所蓄几及天府。张江陵当国亦有此嗜。董其昌最后起,名亦最重,人以法眼归之。"①年轻气盛少肯读书的则组织文社,自相标榜,以为名高。《消夏闲记》下:"文社始于天启甲子张天如等之应社……推大迄于四海。于是有广应社,复社,云间有几社,浙江有闻社,江北有南社,江西有则社,又有历亭席社,昆阳云簪社,而吴门别有羽朋社,武林有读书社,山左有大社,佥会于吴,统于复社。"以讥弹骂詈为事,黄宗羲讥为学骂,他说:"昔之学者学道者也,今之学者学骂者也。矜气节者则骂为标榜,志经世者则骂为功利,读书作文者则骂为玩物丧志,留心政事者则骂为俗吏,接庸僧数辈则骂考亭为不足学矣,读艾千子定待之尾,则骂象山阳明为禅学矣。濂溪之主静则盘桓于腔子中者也,洛下之持敬则曰是有方所之学也。逊志骂其学误主,东林骂其党亡国,相讼不决,以后息者为胜。"②老成人物则伪标讲学,内行不修。艾南英《天佣子集》曾提及江右士夫情形:"敝乡理学之盛,无过吉安,嘉隆以前,大概质行质言,以身践之。近岁自爱者多而亦不元仰愧前哲者。田土之讼,子女之争,告讦把持之风日有见闻,不肖视其人皆正襟危坐以持论相高者也。"③

---

① 《野获编》卷二六。
② 《南雷文案》卷一七。
③ 艾南英:《天佣子集》卷六《复陈怡云公祖书》。

仕宦阶级有特殊地位,也自有他们的特殊风气。《小柴桑喃喃录》卷下说:"士大夫膏肓之病,只是一俗,世有稍自脱者即共命为迂为疏为腐,于是一入仕途,则相师相仿,以求入乎俗而后已。如相率而饮狂泉,亦可悲矣。"在这情形的社会,谢肇淛说得最妙:"燕云只有四种人多,奄竖多于缙绅,妇女多于男子,倡伎多于良家,乞丐多于商贾。"①

一九三四年一月二十二日

(原载《大公报·史地周刊》,第三十一期,1935 年 4 月 19 日)

---

① 《五杂俎》卷三。

《朝鲜李朝实录》中之李满住

明陈继儒序、董复表编王世贞《弇州史料》文中开头一段说：

> 唐郑惟忠尝云："自古文人多，史才少。"予谓史非乏才也，史之难，难于料耳。史才无料，如良贾不操金，大匠不储材，虽郑卓、公输立窘矣。

史料和史的关系虽然已有若干人郑重地指出，但仍有若干可贵的史料被故意埋没，使后人困于钩稽，明清之际关于建州的史实就是一个好例。

过去研究建州史的学者所能得到的史料只是几部禁毁幸免的明人著作和朝鲜方面的记载，其中最主要的是《明实录》。最近北平图书馆得到一部影印本《朝鲜李朝实录》，记建州初期史实极详尽，从此我们可以拿中国、朝鲜两方实录来对勘会证，重新来写明清史中关于建州的一部分的记载了。过去我曾把这书中涉及中国、朝鲜和朝鲜与建州、建州与明的史料辑录为《朝鲜李朝实录中之中国史料》一书，体例一仍原书。今更从史料中录出李满住事迹为此文，中国方面材料大体上在稻叶君山《清朝全史》和孟心史先生的《清朝前纪》中均已引用，而此等材料所记载李满住之事迹，亦已大致见于《李朝实录》中。此不再引。

一、李满住之家世

李满住在建州史中是一个著名的领袖,假如把建州史分成两期,以努尔哈赤代表后期,无疑地李满住是前期的代表人物。

满住祖父阿哈出,明赐姓名李思诚,父释家奴,明赐姓名李显忠,在朝鲜李太祖朝服属于朝鲜。《李朝太祖实录》卷八四年(公元1395)十二月癸卯条纪事:

> 自上即位,野人酋长远至,移阑、豆漫,皆来服事,常佩弓剑入卫从征伐。如女真则斡朵里豆漫夹温猛哥帖木儿,火儿阿豆漫古论阿哈出……等是也。上即位量授万户千户之职,使李豆兰招安女真,纳赋服役,无异于编户。

但未久复生反测,故太宗壬午二年(公元1402)十二月复有遣使招安之举:

> 己巳遣判军资监事辛龙凤招安吾都里、兀良哈等以其不附也。(《太宗实录》卷四)

同时明廷亦遣使招抚:

> 三年五月辛未三府会议女真事,皇帝敕谕女真,吾都里、兀良哈、兀狄哈等招抚之使献贡。女真本属于我,故三府会

议。其敕谕用女真书字不可解,使女真说其意译之而议。(同上书卷五)

太宗四年三月甲戌辽东千户王可仁(修)奉敕招谕女真至朝鲜,为设建州卫之计。时阿哈出入朝,为明帝言猛哥帖木儿,明廷即遣使王教化的经朝鲜赍敕招谕。(同上书卷七)

阿哈出一名於虚乙主,即於虚出。① 其女为明成祖妃:

> 太宗四年(公元1404)十二月庚午辽东总旗张孛罗小旗王罗哈时等至,上就见于太平馆。孛罗等奉帝敕谕授参政於虚出于建州卫者也。初帝为燕王时纳於虚出女,及即位后除建州卫参政,欲使招谕野人,赐书慰之。(《太宗实录》卷八)

同书六年(公元1406)二月己卯条记:

> 大明立建州卫,以於虚出为指挥,招谕野人。(同上书卷

---

① 於虚乙主和於虚出为同一名之异译。即阿哈出。据1462年满住上朝鲜书契"永乐二十年太宗皇帝谕父於虚乙主曰"语,似於虚乙主为满住之父,然阿哈出子释家驭,於虚出子亦名时家奴,释家奴即时家奴,阿哈出当即为於虚出,则书契所言当为祖父之略词,或为译文之误也。据《实录》满住原住奉吉古城,於虚出则住凤州。考凤州为元开元路。开元在元魏称勿吉,钬吉,即奉吉之转音。《世宗实录》二十一年九月节日使李思俭《闻见事目》记明廷斥满住等有"今尔等又要般回凤州牧猪地面居住"之语,则凤州亦即勿吉,即奉吉古城,亦即元开元路。原为阿哈出释家奴父子所住地,至满住始被逼徙地也。至於虚出、时家奴二名上冠以金之称号,则建州自称为金之遗民,冠以金者表其为金后裔或即以金为姓,用于部落中以明共其于贵族,其对明廷则固仍用赐姓也。《实录》记阿哈出事与李满住恰相衔接,无一事及于释家奴,似是释家奴早死,满住即继相继祖领部,或释家奴无能,部人不附而以其子统部也。

一一)

三月丙申条记:

> 通事曹显启曰:"帝授於虚出参政子金时家奴为建州卫指挥使,阿古车为毛怜等处指挥使,阿难把儿逊为毛怜等处指挥佥事。"(同上)

金时家奴即释家奴。妻康氏,曾于明宣德六年正月入朝明廷贡马(《明宣宗实录》卷七五)。於虚出住凤州,同书十一年(公元1411)四月丙辰条:

> 凤州即开元,金於虚出所居,於虚出即帝三后之父也。(同上书卷二一)

显忠弟莽哥不花即阿古车,亦内附于明,官建州卫指挥。(《明宣宗实录》卷一三)妻金阿纳失里曾于明宣德九年四月入朝明廷贡马(同上书卷一一〇)。子撒满答失里继之领毛怜卫官都督(《世宗实录》卷六四、六六)。明正统十年三月奏愿居京自效,从之,赐名曰忠。(《明英宗实录》卷一二七)

满住之初露头角在明永乐末年,时已为中卫酋长,计其年当在二十以上(《世宗实录》卷二四)。至明成化三年被诛,大概这老酋长死时的年龄当在六十岁左右。满住有弟名阿古乙,《世祖实录》己卯四年(公元1459)五月辛丑条:

> 武忠等将率满住、古罗哈等四人赴中朝,满住病以其弟阿古乙代遣。(《世祖实录》卷二〇)

有三妻,一出斡朵里(吾都里),一出兀良哈,一出火剌温(扈伦)(《成宗实录》卷六四)。有八子:

> 十一年十月丙戌,礼曹条录野人卖土所言以启:李满住住平原无草木之地,子八人曰古纳哈、豆里、阿具、罗歹、毛屎那、多非那、刘时哈,一人名不记,凡子孙二十余人。(《世祖实录》卷四〇)

这是满住死前一年的事。其诸子可考者长子有李古纳哈,即果剌哈:

> 满住管下王田保,今年七月随同满住长子果剌哈及管下人八名前来婆猪江旧居地面打围。(《世宗实录》卷一二三)

官兀良哈(建州中卫)都督(《世宗实录》卷三〇)。据野人卖土的报告,在公元1429年时满住管下不过三百人,马四十余匹,归古纳哈管领(同上书卷四六)。

有季子甫乙加大(甫古大),满住妾所出,满住死后,屡谋兴兵报复:

> 睿宗元年五月乙巳召廷臣议野人事,上问曰:"满住之子,今存者有几?"韩明浍等对曰:"但有妾子甫古大。"上曰:"其

能招来乎?"明浍对曰:"今必不肯来。然甫古大未能收集部落,安能为患。"(《睿宗实录》卷三)

以部落残破,不能为朝鲜患。后乃勾引火剌温诸部野人屡犯朝鲜边境。

> 成宗乙未六年(公元1475)六月丁未金硕启曰:"李满住季子因其母娶妻火剌温,欲报父仇积有年纪。"(《成宗实录》卷一二九)

自明成化十年十二月至十一年正月突至理山等镇昌洲等口子侵掠失利。《成宗实录》记:

> 建州贼寇边屡矣,而兵至二千未有如今日者。李满住子酋长甫加大者火剌温娶女所出也。建州卫虽卷地而来不可得二千余人,其请火剌温兵明矣。(同上书卷一三〇)

次序不明者有亦当哈,《世宗实录》卷一二三记己巳三十一年(公元1449)二月壬申正朝使李光齐赍回明延敕谕内有:"顷者建州卫都督李满住男亦当哈来朝"之文。

有打肥剌(多非那),明成化三年与其父同被朝鲜所杀。(《世祖实录》卷四四)

有古郎巨,《文宗实录》卷九:

> 元年(公元1451),八月甲戌下谕书于平安道都节制使曰:

满住欲于九十月间遣其子古郎巨来献土物。

有伊澄巨,《世祖实录》卷一六:

四年(公元1458)五月庚戌平安道观察使元孝然驰启野人李满住子伊澄巨等十二人到满浦欲上来。

有阿具,《世祖实录》卷一七:

七月辛亥建州卫野人都督李满住子都万户阿具等来献土物。

有毛只乃(毛屎那),《世祖实录》卷四四:

丙戌十二年(公元1467)十一月辛巳平安道观察使吴伯昌驰启:"李满住子毛只乃来告曰:兀良哈阿邑可末乙彦率军四百名继多浪哈而去。"

有李豆里(李豆伊)即都乻(《端宗实录》卷二),《明实录》作都喜。李豆里与朝鲜关系最深,满住诸子中豆里与古纳哈常奉命向朝鲜报告寇变声息,颇得朝鲜信任。《明实录》记:"正统九年十二月癸酉授建州卫都督佥事李满住子都喜为副千户,从满住奏请也。"豆里为兀良哈童速鲁帖木儿婿,明景泰六年(公元1455)五月由童速鲁帖木儿之介求上京朝见修好,闰六月入见:

> 己酉世祖见豆里于议政府,豆里曰:"速鲁帖木儿使人言朝鲜异于昔日,故我父遣我朝见。"世祖曰:"汝父得罪先王,然今革面归顺,何不容受。"自后豆里及古纳哈、阿具、伊澄哥等连续来朝,皆满住子也。(《鲁山君日记》卷一四)

世祖十三年(公元1468)四月与其子雪胡赤追获逃奴斜住(汪仲武)于高沙里堡,返家中途为斜住所击杀(《世祖实录》卷四六)。豆里子弓之加茂于明成化五年(公元1469)六月入朝于明,受命继父为建州都督并赐印。道使朝鲜通好(《成宗实录》卷五)。其弟达罕都督继之①复遣使与朝鲜通好。达罕明人记载称完者秃,《成宗实录》卷一四二:

> 十三年(公元1482)六月癸亥平安道观察使驰启:"建州卫都督李完者头即达罕遣指挥李买驴持印信呈文到满浦镇,请平安道入朝,且请边邑互市。"

同书卷一五八:

> 十四年九月戊戌礼曹启:"本曹饷建州卫野人李达罕子李多之哈等。仍问曰:乃祖豆伊(里)向我国倾心效顺,特著诚款,汝知之乎?"答曰:"何不知之,目今之来欲追祖父之迹耳。"

---

① 弓之加茂,事迹但一见,达罕则《实录》记其事迹极多。弓之加茂于1469年左右袭职,正在明成化三年役后。达罕则至1482年始见于《实录》,同为李豆里子,李满住孙,名字无相同处,当未必是同一人。且弓之加茂曾遣使朝鲜修好,1483年达罕子入朝,朝鲜人谓"乃翁都督未尝通款",则弓之加茂与达罕为兄弟相承甚明。

又语曰:"乃翁都督未尝通款,前送嗣子,克修前好,良用嘉悦。"答曰:"我父岂不欲来朝纳款,今送我辈,其意可知。"

明成化三年之役满住子漏网者,据《成宗实录》除甫乙加大外有孛儿哈歹(卜儿阿歹),孛儿哈歹或即甫乙加大,甫乙加大为朝鲜所称之名,在奏报明廷文件中则称孛儿哈歹,或原为二人,亦未可定。《成宗实录》卷九:

> 二年三月丙申移咨辽东云:"建州卫野人李满住子孛儿哈歹说称,曩在丁亥年朝廷征讨建州卫时分,朝廷将俺父亲与兄杀害,已于辽东总兵官根前告说欲要报复间,适因中朝敕招同类三百余人入去,待本人等回还,四五月间草长马肥,前去朝鲜江边口子抢掳设法等因。……"

同书卷一七:

> 三年(公元1472)四月乙酉建州卫野人左卫酋长卜哈秃右卫酋长李忘哈大语进贺使成任曰:"李满住小子卜儿哈歹今离旧居西就卜哈秃所居近地,与旧居相距一日程。"

九年作贼辽东失利,自蒲州移住东良北无乙界等处(《成宗实录》卷九二)。后为家人所杀,同书卷一一〇:

> 十年(公元1479)闰十月己未承文院参校郑孝终上疏请罢兵曰:"夫建州酋长李满住等诚心投化,素无仇怨,今以丁亥之

战,嚓喻至今,累次来犯,岂非为害之甚也。甲怒乙移而代人受敌,臣未知其可也。况今满住之子孛儿哥反为家人所杀,则是为百年之运而我民去一仇家矣。"

有柳时哈即刘时哈,成宗十六年(公元1485)十一月曾充都督达罕使节到朝鲜交聘(同上书卷一八五)。满住诸子多受朝鲜官,如《鲁山君日记》一四:

(明)景泰六年(公元1455)闰六月甲寅以指挥佥事豆里为都万户。

《世祖实录》卷一七:

四年(公元1459)八月壬戌以野人都督李古纳哈知中枢院事,李阿具同知中枢院事,依例给禄。

满住诸孙有:甫当可,古纳哈之子(《世宗实录》卷三〇);时应巨(《世祖实录》卷四六);甫罗充,豆里之子(同上书卷四四);时波右,甫乙加大之子(《成宗实录》卷一一〇)诸人。伾行有歹因哈,当是阿古乙之子。(同上书卷七五)
满住之戚属有凡察,凡察为童猛哥帖木儿之弟,猛哥帖木儿及其子权豆并为七姓野人杨木答兀所杀,满住即娶权豆之寡妇。《世宗实录》卷八九:

二十二年(公元1440)六月丁亥满住欲娶权豆之妻已定

媒妁。

跋扈一时之建州左卫酋长童猛哥帖木儿之子童仓为满住婿,右卫酋长班车为满住妻弟。满住死后,其孙弓之加茂、达罕相继领中卫,左卫酋长为童仓之子吐老,右卫则班车之子甫花土、罗下二人分领之。(《成宗实录》卷一五八)

二、李满住的住地及建州左卫之西徙

建州介于三大国之间,西有新兴的明,北有蒙古,南有朝鲜。建州在势力强盛时,乘虚入寇,或助明攻蒙古,或联蒙古寇明边,或乘明之敝,抄掠边境,或南下向朝鲜攻击;在势衰时,便卑辞求内服,同时受三国的官职,乞取赏赐粮食。

满住部落原住奉吉古城,因迭被蒙古军队入侵,明永乐癸卯(公元1423)得明廷许可移住婆猪江,世宗六年(公元1424)满住率管下指挥沈时里哈、沈者罗老、威舍歹、童所老、盛者罗大等一千余户南徙定居(《世宗实录》卷二四)。婆猪江亦作拨猪江,蒲州江,亦作蒲州,这四个名称在李朝各朝《实录》中到处互用。

满住势力的壮大和建州左卫之移住婆猪江是有相当的关系的。明宣德八年(公元1433)原住斡木河之建州左卫童猛哥帖木儿父子为七姓野人所杀,部落残破,朝鲜乘机拓境,加以压迫。李满住就利用这机会招引左卫西徙,因为他屡被朝鲜征讨,兵力不能抵抗,想移居草河地面又不能得明廷允许,只能远徙浑河,流离失所,犹恐朝鲜相逼,窜居山谷,不能安业。婆猪江土地肥沃,如能吸引

左卫来住,兵力一充,便可合而抵抗。所以他就极力拉拢左卫领袖,和童猛哥帖木儿遗族联姻:

> 世宗二十年九月庚午以童仓将求婚于满住,传旨令边将责问之。(同上书卷八二)

又娶权豆(阿谷)的寡妇:

> 二十二年六月丁亥马边者、卞孝文奉书承政院曰:"千户马波罗来言:凡察、童仓等皆无叛离之心,但童权豆收养子指挥老古赤父母皆在李满住部落,满住欲娶权豆之妻,已定媒妁,指挥大也吾乃权豆妻之同产也,故此三人与前日资产被夺斡朵里三十余人同谋,数请凡察等徙居李满住部落。"(《世宗实录》卷八九)

凡察自其兄死后,即入明朝见,受继兄统部之命,惧忽剌温侵掠求徙朝鲜境内被拒,朝鲜又移宁北镇于斡木河,益反侧不安(同上书卷六五)。乘入朝时到婆猪江李满住家留连累日,密相计议,为移居之备(同上书卷六四)。一面奏请明廷求允移住,世宗十七年二月明廷许之,其敕书曰:

> 敕谕建州卫都指挥李满住等,今建州左卫都督凡察等欲率领部下大小官民人等及百户枣火等五十家俱来尔处居住,已敕其同毛怜卫都指挥郎不儿罕等一同前来居住,特谕尔等知之,故谕。(同上书卷六七)

又怕朝鲜阻留不放,奏请明廷敕谕朝鲜勿阻(同上书卷八〇)。朝鲜方面闻讯极惶急,即奏请明廷勿许移住,理由是:

> 比来童仓、凡察等所居地方切近本国后门,其被虏人口容易逃来,益生恨心,欲要搬移。见今李满住等仇嫌本国,往来作耗,两相结构,曾未解忿。倘若本人等与李满住一处聚居,同心作贼,本国边患益滋不绝。(同上书卷八〇)

同年五月明廷许朝鲜所请(同上书卷八一)。朝鲜大喜,极力招抚左卫,诱引来朝,授童仓等高爵。满住见事不成,立奏明廷揭破朝鲜用意,明廷得息降敕朝鲜仍令左卫西徙浑河:

> 敕曰:"今得建州等卫都指挥李满住奏:都督凡察、指挥童山自永乐年间归顺朝廷,开设衙门,降给印信,屡蒙恩赏,升授重职,听令管领部属在边自在居住,已有年矣。今凡察等不思出力报效,背国负恩,听朝鲜国王招引去见,受其鞍马衣服等物,就本国邻近地方相参住坐。又令毛怜卫都指挥郎不儿罕及凡察男阿哈答等来诱引李满住等前去朝鲜国一同居住,并本国收留逃叛杨木答兀下人口。然此事未知虚实,俱置不问。已遣人赍敕往谕凡察等即将带原管人民及挟同都指挥李将家指挥佟火儞赤等家属并各人部下大小人口与收逃叛杨木答兀下人口,俱来辽东附近浑河头与李满住一处完聚。"(《世宗实录》卷八四)

朝鲜遣使陈奏,斥李满住所言为"虚捏",并说童仓等已安生乐业,请勿搬移。明廷又听其请,但令朝鲜敕戒童仓等安分守法,勿作非为(同上书卷八五)。但是凡察已决心和满住合伙,再具奏请求移居,明廷先入朝鲜之诉,不许其请。朝鲜节日使李恩俭《闻见事目》记其经过说:

> 凡察遣指挥童答察儿奏云:"皇帝再敕朝鲜使我与李满住一处居住,今朝鲜尚不解送,且禁打围不得自由,请遣使于朝鲜,使我如敕解送与李满住一处居住。"皇帝不允其奏,敕凡察曰:"往者建州卫指挥李满住等屡奏搬取尔等移来辽东浑河头一同居住,已遣敕谕朝鲜国王禁约彼处军民不许阻当,仍差人护送出境,听尔等搬移前来。既而得朝鲜国王奏李满住等虚捏奏请,妄称尔等欲移来同住。朕惟四海一家,彼此皆朕人民,况朝鲜国王世守礼法,必不敢擅自拘占,已谕其若果凡察、童山等在镜城地面安生乐业,仍听尔等在彼居住,不必搬移。今尔等又奏要搬回凤州放猪地面居住,缘在此在彼均是朝廷官属,兹特遣敕往谕尔等遵奉朝命仍在彼居住,朝鲜国王必能抚恤尔等不致失所。今尔等须守本分以安生理,朝廷或有敕召尔等来朝,或有征伐调遣,尔等须即听命前来效力不违,庶见尔等敬天事大之诚。"(同上书卷八六)

明廷既不许移住,朝鲜又专事侵逼,童仓、凡察等只能举族逃去。次年(公元1440)四月咸吉道都节制使金宗瑞报告童仓、凡察等率麾下举家逃去,被朝鲜军队追截,弃其资产马畜,只着破衣逃脱,麾下四十余人被获(《世宗实录》卷八九)。六月间率管下三百

余户逃至婆猪江,住白头山西南亐多干之地。(同上书卷九〇)

世宗二十三年(公元1441)正月明廷敕许同住。朝鲜自此多树一敌。李满住则自此一跃而综三卫,发纵指示,为明和朝鲜的大患。

公元1424年满住从回波江、方州(元开元路)一带避鞑靼和兀狄哈的侵耗移住婆猪江多回坪一带(同上书卷二五)。世宗十五年(公元1433)四月朝鲜分兵七道来伐(同上书卷六〇),满住被箭,妻小被杀(同上)。被掳六十四口(同上书卷三一)。部族流离四散,惧逼复移居开原辽东近地之虎狼卫(同上书卷六七)。十年后似又移住于秋子河城,《世宗实录》卷一一二,二十八年(公元1446)五月己丑条:

> 平安道监司启:百户张乙敬追茂昌入寇野人至罗里乃洞,得野人柏皮书,使人译之,其文曰:"重治海子领兵将军卫斯何处重治上文书,前者随皇帝归顺效力,二家为一家,忽刺温亐知介毛同古等掳掠之,故吾百姓尽了,是以报复而来。"译者曰:"重治李满住领兵中轴也,卫斯何处乃满住时居秋子河城也。海子未详。"

明景泰元年(公元1450)十二月蒙古脱脱不花王侵海西,海西建州等处逃避一空,《文宗实录》卷六:

> 脱脱兵三万于腊月二十三、四日间到海西,执不刺吹杀之,其部落降者不杀,不顺者皆杀之。指挥刺塔以下一二百人逃奔黑龙江松林等处。建州卫李满住闻脱脱王杀掠海西人,

奔窜山林。脱脱不穷进,还于海西,海西、建州等处一空。

满住逃回婆猪江,童仓、凡察逃于东分水领八渡河极南(《文宗实录》卷七)。满住使人示意于朝鲜,谋入居白头山北南罗尔夫尼卫或庆源地训春(同上书卷八)。据被掳逃来唐人唐贵、张顺等之报告,满住所逃之地距婆猪江二日半程,距前居浑河十日程:

> 满住曾居浑河,今年三月畏达达及辽东军马,率部下移居浑河迤南十日程枉天地面。自枉天以南二日程地名五未何吾,五未以南半日程地名婆猪江。自婆猪江至枉天道路不险,其间虽有川河,人马皆可通行。五未西边有兀剌山城,满住管下人等常言山城险阻,西不畏辽东,北不畏达达,唯南边朝鲜军马甚可畏,然避乱之地莫如此处,今年秋后当来居于此。(《文宗实录》卷九)

这是文宗元年(公元1451)八月辛未的报告,两天后朝鲜政府又得报告,确实知道满住的新住址:

> 甲戌下谕书于平安右道都节制使曰:"今来左道都节制使启本节该:李满住管下金纳鲁等六名到江界地面满浦,问其来由,则曰脱脱兵马击海西卫杀虏人物,因此满住不得宁居,今年三月还居兀剌山城瓮村。"
> 凡察子甫下土则移居瓮村迤北十五里吾毛水之地。充尚则移居瓮村。上项满住管下一千七百余户,充尚、甫下土管下共六百余户。……(同上书卷九)

满住所居地据另一报告为凡儿弥河,其迁徙原因为惧明征伐:

> 满住及童卜化秃(凡察之第三子)等尝假称达子,屡寇辽东,俘虏边氓。畏其来讨,自原居苏子河移住凡儿弥河阿坡里等处。(同上书卷一二)

苏子河为浑河支流,凡儿弥河阿坡里当是兀剌山城附近地名。和朝鲜的江界渭原相距才二、三日程。瓮村亦名雍村。十年后又移居距雍村一日程地(《世祖实录》卷二九),距满浦百余里。北距火剌温地面三、四日程,南距兀剌山城二日程(同上书卷三九),距里山八日程,所住地名所老非罗多。(同上书卷四〇)

明成化三年(公元1467)明和朝鲜合兵攻建州,朝鲜大将康纯、鱼有沼、南怡于九月二十五日渡鸭绿江分道进,二十九日攻建州东北婆猪江李满住等所居诸寨,三十日攻吾弥府诸寨,斩李满住及其子古纳哈、打肥剌等二百八十六级,生擒满住、古纳哈之妻等男妇共二十三名口。(同上书卷四四)

婆猪江即今佟佳江,兀剌山城在婆猪江左岸怀仁附近,吾弥府当即上述之五未何吾,与朝鲜之满浦相对。

三、明与朝鲜两属下之李满住

满住部族介于三大国之间,在四十年酋长生活中,管领着不满二千户的部落,朝鲜和辽东的边民不断地被他的部族所袭击,使两国政府不能不设法羁縻,减轻边患。他的办法是:寇明则亲蒙古,寇朝鲜则又亲明;在另一方面他又自居后台的策士,指使其他部族向明和朝鲜侵略,功成则坐地分赃,失败则脱身事外;又时时向被侵掠者献殷勤,博取赏赐,有时且举发他自身所指使的寇变,先期告密。他的失败是同时得罪了两个大国,又不能得第三者的障庇,在明和朝鲜双方夹击下,无地退避,终于束手被灭,建州为之骤衰。

满住招引左卫同住,这件事在朝鲜固是失策,极力挽回终于失败。在明廷一方面,从得到朝鲜恳切的请求后,在同样的情况下也认识到让三卫合住厚集敌力之非计,下敕禁止(《世宗实录》卷八六)。

> 二十一年(公元 1439)九月壬申吾都里毛多赤来告曰:"闻忽剌温野人赴京师者言,凡察等奏请移居婆猪江,帝览奏大怒,令考其前此开阳城等处虏掠事迹比之,遂不准所请。"

在这样的情形下,满住能勾结凡察和素来亲朝鲜的童仓举族逃来同住,这真是一件不容易的事情。

李满住在明人和朝鲜人的心目中都认为是一个可怕的邻居,公元 1459 年朝鲜王曾和明使陈嘉猷有过这样的谈话:

> (明责朝鲜交通野人,擅授官职)上令金何答曰:"古纳哈、童仓曾受本国之职,李满住子四五人频频来往,其子一人前月来还。此辈人面兽心,若不许来,即生边衅,不得已而待之,有自来矣。"嘉猷曰:"朝廷亦知此辈易生衅端,此辈与畜生一般,今年受职,明年又欲受职,欲心无穷,朝廷所知。"(《世祖实

录》卷一六)

明之不敢痛绝,也是怕引起边衅。世宗二十三年(公元1441)四月明廷谕朝鲜敕书中有这样的话:

> 彼凡察、李满住辈朝廷不过异类畜之,饥穷来归则矜闵而刍豢之,所不绝之者亦意彼得所止,则或者不肆窜窃于王之境,非有厚彼之施也。(《世宗实录》卷九二)

这不过是一种外交辞令,口说是为朝鲜其实还是为自己边境的安全。

满住对明比较地肯低首下心,除例贡外有时会自告奋勇地卖力气,听指使。例如捕土豹:

> 世宗十四年(公元1432)十二月满住承圣旨入深远处,捕土豹。(同上书卷五八)

出兵扈从:

> 二十九年(公元1447)六月通事金辛回自辽东启:"达达也先太师屯兵黄河,冬月欲攻海西野人,辽东阅军隄备。建州李满住曾往北京,自请扈从,闰四月挈家赴京。"(同上书卷一一六)

擒送边寇:

文宗二年(公元1452)三月戊午明使金宝告都承旨姜孟卿曰:"皇帝招致李满住、童仓而不招卜哈秃,卜哈秃慊之,抢夺辽东牧马十七匹而去。皇帝敕满住等拿卜哈秃以来,否则当擒杀汝辈。满住督卜哈秃赴京,卜哈秃不去。满住曰见咎于尔犹可也。若得罪皇帝,则我辈无所逃矣。遂拿卜哈秃而归。"(《文宗实录》卷一二)

同时又出兵掠扰,有时听蒙古人指使,有时则假装蒙古军入寇。有明确记载可考的如下列几次:

(明)景泰元年(公元1450)四月壬辰,时鞑靼脱脱王屯兵广宁、辽东近地,也先屯大同城外,李满住诸种野人皆投于彼,声言将击辽东以及朝鲜。(《文宗实录》卷一)

这次寇边当时即被明廷发觉,降敕朝鲜谨备:

八月甲戌敕曰:"近得镇守辽东总兵等官奏报,四月二十六日以来开原、沈阳等处各报达贼入境抢掠人畜,及攻围抚顺千户所城池。审得各贼系是建州、海西、野人女真头目李满住、凡察、董山、刺塔为北房迫胁,领一万五千余人马前来为寇,当被守备官军追击出境。又称再添人马前来攻击……云云。"(同上书卷二)

被利用的结果是脱脱攻海西,满住惧不敌奔窜山林。(同上书卷六)

同书又记：

> 满住及童卜花秃等尝假称达子，屡寇辽东，俘虏边氓。（同上书卷一二）

明欲调兵征剿，始各畏惧，将其所抢人口送回赴京服罪（同上）。《世祖实录》卷二乙亥（公元1455）八月辛亥条：

> 七月二十二日总兵官曹义与通事朴枝言曰："野人李满住要结三卫达子假称也先兵马，横行作贼。"

世祖七年（公元1462）八月复联蒙古入寇，《实录》卷二九：

> 壬午谢恩使金系熙、姜希颜先遣通事张有诚启闻见事目："五月二十九日还到宁远卫，指挥盛光云：达贼与建州、毛怜等卫野人连结，今在沙河北长城外二十里之地。"

次年复入寇，报杀海西人之仇，《世祖实录》卷三一：

> 癸未（公元1463）十月乙巳成吉道都节制使康纯驰启："建州李满住、童山等送箭于毛怜卫，约合兵欲寇中国或寇朝鲜。"又千秋使宣烟等闻见事件云："去年马鉴奉敕将往海西到开原卫，海西人拒而不纳。适海西人猎开原长城外，开原人杀之，因是海西人连结建州卫横逆不入贡。今武忠奉敕往海西招抚，又往建州卫招抚。"

十一月戊午康纯驰启:"蒲州人与火剌温相应发兵,谋寇辽东及甲山、义州等处。"

世祖十二年(公元1467)十月蒙古军逼广宁,野人等围开原(《世祖实录》卷四四)。据唐人终信的报告满住部落曾被明兵攻杀:

十月二十五日野人入通远堡杀掳人畜,指挥刘英出战死之。贼分屯夫乙原里、深浦、双岭,往来剽掠,邓御史领千余兵战琥珀洞不胜而还。胡参将王指挥亦到开州追战。又宋参将、朱参将领兵直到李满住所居,执满住问其子等所在,仍攻杀所管三屯,缚致满住及家属于胡参将、王指挥在处。(同上)

自后入寇不绝,明廷下令禁止贸易:

十三年(公元1468)正月戊寅野人李豆里来信,建州卫居人等剽掠中原,故不得贸易于辽东地面。(同上书卷四五)

但建州部族仍出没辽阳,三月间海西卫千余兵屯于白塔,毛怜卫千余兵屯于连山,建州卫五百余兵屯于通远堡(同上)。明廷不堪其扰,遂定与朝鲜夹攻之计。

建州在明廷的眼光中是桀骜不驯的属夷,在朝鲜人看来也是如此。明廷用赏赐爵禄羁縻,朝鲜人也用同样的手段去对付。但是在事实上,朝鲜又是明的属国,在两属的情势下,不可避免地引起明廷的猜嫌。朝鲜世祖即位后极力招徕建州,建州野人相率来

朝。明景泰七年(公元1456)二月李满住、充尚(童仓童山)均请由平安道入朝,当时朝鲜君臣曾有如下的讨论:

> 丁巳上谓大臣曰:"李满住请由平安道之路来朝,许之否?"韩确启曰:"中朝禁我国不与此辈交通,向者野人之来中朝必闻,况满住有名,不可招来。且开平安道之路使彼知夷险适直亦不可。"上曰:"中朝之与我国,虽敕之如此,野人入朝则馈遗甚厚,此中国之深谋也。古人云以蛮夷攻蛮夷,中国之势,此即今日中国之谋也。在我国固当待之以厚,岂可陷于中国之术乎?"(《世祖实录》卷三)

建州先处朝鲜东北,例由咸镜道入朝,后西徙婆猪江,朝鲜为国防的关系,仍要他们绕一个大圈子由咸镜道出入。韩确和明帝室缔姻,是一个亲明派,世祖则颇有野心,主极力招抚之说,形迹既露,建州部人遂向明告密:

> 己卯(公元1459)二月己巳奏闻使金有礼驰启:"广宁百户黄英密与臣言:建州都指挥李兀哈、童火儞赤(佟火尔赤)等诉于总兵官曰:都督童仓今秋到朝鲜,朝鲜国王每日赐宴,又赐鞍马衣服弓剑,度其势必有招抚之意。总兵官曰:汝等闻诸何处?李兀哈等曰:我辈眼所共见。仍告赏赐物件。总兵官即与太监奏达,秘不宣。遣经历童成前去童仓处所窥觇情伪。"(同上书卷一五)

满住和童仓同请入朝,而此告密不及满住,其为满住所指使无

疑。至少告密的是满住部下,不能说满住和这次告密无关。同年四月明使陈嘉猷、王轼赍敕来责问,禁止交通。据明使口头之言:

> 朝廷意以为此二人(古纳哈、童仓)曾受朝廷都督职事,殿下又加授职,于理未安。(同上书卷一六)

则实为宗主权之争执。同年七月复降敕严责,敕云:

> 王以为钦遵敕谕事理,许其往来。但(明)宣德、正统年间以王国与彼互相侵扰所降敕谕,故欲令释怨息兵,各保境土,未尝许其往来交通,除授官职。且彼既受朝廷官职,王又加之,是与朝廷抗衡矣。(同上书卷一七)

朝鲜自此不敢公然招纳,敕边将不许交通:

> 八月乙卯谕平安道观察使都节制使曰:"若李满住、童仓等使送到满浦等处,当谕以上国诰敕交通之意,以杜频频往来。"(同上书卷一七)

满住对朝鲜的态度也和对明同样的狡诈,在遭天灾或歉收时则卑辞叩边乞粮:

> 世宗七年(公元1425)正月辛卯平安道监司驰报:"野人李满住等百七十三名到江界,童修甫答等二百六名到闾延俱以请粮为辞,留连不还。"令小给回程粮,如不还归,则严兵设

备,临机应变。(《世祖实录》卷二七)

朝鲜为之疲弊:

> 十七年(公元1435)十二月庚子兵曹启:"婆猪江野人托以乞粮而来,若许留则相续不绝,供亿之弊不少。且谲计难测,阳为归附,阴縻粮饷。乞令给粮遣还,后有出来者并不许留。"从之。(同上书卷七〇)

有警则遣使预报,如:

> 十七年正月丁亥建州卫都指挥李满住遣使来报:"忽剌温千余骑欲侵犯朝鲜,已启行矣。"(同上书卷六七)

果然两天后间延即被围攻。如:

> 世祖庚辰(公元1460)十一月甲辰建州卫李满住遣人驰报:浪孛儿罕亲党火剌温可昌哈率千余兵欲犯边。(同上书卷二二)

不到几十天,间延果然被寇。其子古纳哈、豆里尤为朝鲜所信任。世祖七年(公元1461)自八月十日至九月四日凡五次报变,至以贼房发兵时日来告(同上书卷二六)。丙戌(公元1466)二月世祖谕边臣有"豆里告变,未尝不实"之语(同上书卷三八)。时时遣使朝贡输诚。壬午(公元1462)十二月满住以他部赵三波等屡犯朝鲜,

惧并被攻剿,上书乞自效,其书契曰:

(明)永乐二十年太宗皇帝谕父於许乙主曰:"达达侵扰,汝是皇亲,若被掳则名誉不美,汝可移居蒲州地,朕当谕朝鲜国王。"(明)永乐二十二年移住。(明)宣德七年火刺温兀狄哈毛都古入寇大国。宣德八年四月十九日大国发兵七道入攻,尽杀父子兄弟妻子,掳六十四口,后乃遣还。满住犹不敢报,移居开原、辽东近地。达达之兵侵中国,又侵我等,我还蒲州江。(明)天顺五年赵三波奏于皇帝曰叔父浪孛儿罕无罪被杀于朝鲜,欲要报复,帝为止之。又曰今上抚恤小人之子,特受高职,赐之鞍马,报恩无路,只欲直心效力。(《世祖实录》卷二九)

同时却又乘机不断入寇,世宗十五年(公元1433)四月朝鲜向明廷奏请讨伐,奏曰:

窃详婆猪江、斡木河等处地面散处野人等类与叛人杨木答兀结为群党,掳掠辽东、开元等处人民,买妇及本国边民为奴使唤。前头被掳人口等不胜艰苦,自永乐二十一年以后连续逃来本国,共计五百八十名口,审问根脚,委系上国军民,节次差官解送五百六十六名口,内有本国人口仍令安业。因此野人等积年含愤,侵扰本国边境,为害不少。今来婆猪江住野人等稔恶不悛,纠合同类野人四百余骑,于各人面上刺做忽刺温野人貌样,突入边郡江界、闾延等处杀害军民男妇,劫掠人口牛马财产,孤人主子,寡人之妻,其为酷害尤甚。不但轻蔑本国,乃敢为欺罔朝廷,诈称忽剌温地面野人等抢去人口头匹,夺下拘留在卫。臣窃谓忽剌温地面与本国相去夐远,本无仇嫌,乃缘婆猪江等处野人等诱引前来,托为贼首,本非忽剌温野人造意作耗。即日本人等又欲作耗窥伺边郡,事若仓卒,难以应变。著令边将部领军兵前去,从宜设策及机处置。(《世宗实录》卷六〇)

奏章未发时朝鲜已敕平安道都节制使崔闰德率军进攻,三月二十七日命三军节制使李顺蒙等分兵七道,四月十九日昧爽行师,射伤李满住,杀死其妻小,俘虏其部下一百七十五名而还(同上)。十七年(公元1435)正月七月九月建州复连续入寇(同上书卷六七)。十二月癸卯满住又遣使来献土宜,并辨寇盗为忽剌温野人所为,与本人无涉(同上书卷七〇)。十八年二月癸丑明敕备兵剿灭,敕曰:

所奏建州卫都指挥李满住稔恶不悛,屡请忽剌温野人前来本国边境劫杀等事具悉。盖此寇禽兽之性,非可以德化者,须震之以威。敕至王可严敕兵备。如其再犯,即剿灭之,庶几边民获安。(《世宗实录》卷七一)

十九年(公元1437)七月丙午条:

传旨平安道监司,俟机潜灭婆猪江李满住。(同上书卷七八)

以都节制使李葳为大将,九月初七日分兵三道:上护军李桦领一千八百十八人向兀剌山南红拖里;大护军郑德成领一千二百三人向兀剌山南阿闲皆自理山越江;李葳与间延节制使洪师锡、江界节制使李震领四千七百七十二人向瓮村、吾自岾、吾弥府等处,自江界越江。三路军皆获捷,焚搜古音闲、兀剌山城及阿闲地面、吾弥府,凡杀获贼六十名(同上)。满住被剿,使部下扬言恐吓报复,将害朝鲜入朝使臣于东八站路(同上书卷七五)。一面远遁浑河,窜居山谷,不能安业,粮饷匮乏,其管下人或持土物往来开原买卖觅粮,或往辽东觅保寄住(同上书卷八二)。时左卫童仓、凡察等受朝鲜旨来招抚,满住即具奏明廷诘斥其背国负恩,请依前敕勒令移来同住(同上书卷八四)。

三卫合住后,满住势力复振,时邻时寇,二十三年(公元1441)闰十一月满住、凡察使人来朝(同上书卷九四)。又入贡明廷,自陈敬遵朝命,安分守法(同上书卷九六)。明景泰五年(公元1454)十一月遣使乞赐鞍马(《端宗实录》卷一二)。世祖二年(公元1457)二月遣使请由平安遣入朝(《世祖实录》卷六)。朝鲜亦曲意抚纳,令边将加意接待(同上书卷一六)。但令避明使耳目。己卯(公元1459)三月丁未:

> 谕平安道观察使元孝然都节制使具致宽曰:"野人来服,我国之上策,卿等独知,然上国所恶。故使臣回还间,建州卫野人来朝者勿许上送。给行粮盐酱送还。"(同上书卷一五)

此后三卫小酋时时入侵,满住一面使人告密,一面又阴为谋主。壬午(公元1462)三月癸丑条:

咸吉道都观察使康孝文据钟城节制使申兴智呈驰启:"阿赤郎耳住兀良哈吾同古到钟城告曰:女真毛尼可到吾家言曰吾等及同里住火剌温兀狄哈都督尼应可大、汝罗豆等率兵五十将入寇平安道,去二月到李满住家议之。满住曰:江水解冰,且前年秋入寇,以此平安人皆入保城内,势难攻城。又汝等马瘦,待草长农民布野入寇为可。遂还养马练兵。"(《世祖实录》卷二八)

时野人赵三波阿乙豆等声言报仇,掠扰不已。朝鲜不能忍受,决心一网剿灭(同上书卷三三)。李满住等得息大惧,数遣使请入朝被拒,不得已将家财妻孥并移山幕,每日出后下本家,申时还山幕,远处土田不得耕获(同上)。满住子豆里得朝鲜许可移居皇城平,以朝鲜待遇甚薄,复归故居(同上书卷三四)。乙酉(公元1465)二月豆里入朝于明,请敕朝鲜勿攻。明为降敕令朝鲜勿妄兴兵。(同上书卷三五)

朝鲜政府早定征伐之计,边将积极备战,建州人来往边境者见满浦屯集大军船艘,知迟早不免被攻,欲先事图之,通部厉兵秣马,克日入寇(同上)。丙戌(公元1466)秋冬之间,建州毛怜诸部连寇明境,次年明使来约夹攻,遂一举而灭建州。

四、李满住之灭亡

世祖十二年(明成化三年,公元1467)五月兀良哈大举寇义州,

朝鲜君臣大愤：

> 戊辰上召宗宰及诸将谓曰："野人千余兵杀掠我人畜以去，将坐受其辱乎？声罪致讨乎？"群臣相顾莫敢言。上曰："卿等难其事不言耶？"都总康纯对曰："固当大举讨之，但时方盛夏，弓力解弛，雨水涨溢，恐不得利而还。当俟秋高马肥，分道而入，火其委积，使其无所资，则虏可歼矣。"众议纷纭，御札示之曰："今野人既凌中国，又侮我国，是非宏图远略，专以好乱无知，见利则贪耳。无体统故无纪纲，小败则逃散，小胜则分赃，此敌情也。近野人趋附于我，故中朝忌之，我国事事从敕，故信之。到今如此，故欲攻之。攻之利：则效力中国也；边警永息也；备御益固也；使不得农作也。害：则未知雨水也；虚备粮饷也；代人受敌也；疲于奔命也。"申叔舟、韩明浍曰："虏今得利于我，颇有骄心，无所备戒，乘其不意击之为便。"上颇然之。(《世祖实录》卷四二)

遂定策以绫城君具致宽为都体察使，康纯、吴子庆、鱼有沼、崔适、李克均等为裨将，领精兵一万五千，分五道进攻。(同上)
八月庚戌得辽东左都御史李秉、总兵武靖伯赵辅移咨云：

> 建州三卫世蒙国恩，授与官职以荣其身，拨与土地以安其居。迩者悖逆天道，累犯辽东边境，致廑圣虑，特命当爵等统调大势官军，将以捣扫其巢穴，绝其种类，以谢天神之怒，以雪生灵之忿。但缘建州后路与朝鲜国地方相连，虑有残贼败走，遁入彼国边方逃命投生。已经议奏敕朝鲜国王随机设备，截

其后路,倘遇建州穷寇,奔遁到彼,就便截杀。(同上书卷四三)

朝鲜即更命右参赞尹弼商为平安道宣慰使,令节制诸军进攻。

九月丙子明廷复敕朝鲜遣偏师相应剿灭建州。辽东遣百户白颙来告师期。世祖预敕诸将缓几,勿与明将争功。康纯、南怡等所领军于二十四日渡江,二十五日与鱼有沼军会于皇城平,约勒兵二十七日行军,分二道入攻。(同上)

明军方面:总兵官韩斌参将周浚等领一万三千兵,九月二十日先发向通远堡草河口;总兵裴显都指挥夏霖等领一万三千兵,二十二日发向咸场;都御史李秉太监黄顺大总兵官赵辅为中营,倾二万六千兵,二十四日发向牙笏关;总兵官王英参将黄端等领一万三千兵发向抚顺所;参将孙璟副总兵武忠少监魏良等领一万三千兵发向铁岭卫。(《世祖实录》卷四四)

明和朝鲜用十万以上的兵力夹击建州,明军后期未至,朝鲜军则直抵窟穴,一举成功。十月壬寅朝鲜政府得到捷报:

> 主将康纯奉书于承政院以启曰:"臣领兵九月二十六日与右厢大将南怡自满浦入攻婆猪江。斩李满住及古纳哈、豆里之子甫罗充等二十四名;擒满住、古纳哈等妻子及妇女二十四口;射杀未斩头一百七十五名;获汉人男一名女五口,并兵械器仗牛马;焚家舍积谷。退阵以待辽东兵,累日无声息,故本月初二日还师,初三日渡江。又左厢大将鱼有沼自高沙里入攻阿弥府。斩二十一级;射杀未斩头五十;获汉女一口,并兵仗器械牛马;焚家舍九十七区。亦与辽东兵不遇。"(同上)

满住被杀,建州余部逃散,世祖复谕诸将:

> 凯旋之后,伺贼复穴,即更整军士,须期殄灭建州,然后乃已。

终以饷刍不继,不能复举,罢兵而还。凯旋后世祖和康纯有过一次这样的谈话:

> 十一月辛巳上谓右议政康纯曰:"即征建州,砍白木而书之,然乎?"纯对曰:"然"。上曰:"书云何?"对曰:"朝鲜大将康纯领兵一万攻建州。"上曰:"攻字未快,灭字最好。"(同上)

事实上满住被杀时部属不过五六十家。《成宗实录》卷八五:

> 八年(公元1477)十月庚申武灵君柳子光上劄子曰:"丁亥年臣亦从征建州,满住部落五、六十家,人丁稀少,生理可惜。"

被剿后遗民不过数百人:

> 六年(公元1475)二月壬午谕鱼有沼曰:"建州之贼于前年十二月二十二日寇理山,今正月二十三日寇昌州,二十五日寇碧团,退屯于距碧团十五里之地。或曰三千余骑,或曰四千余骑,或曰八千余骑,以此观之,虽不至八千,亦不下三、四千,

实非小贼。李满住种落才数百耳,必是并左右卫、普花秃、童仓种落而又请兵于诸种也。"(《成宗实录》卷五二)

又七年二月乙未条:

> 建州贼寇边屡矣。而兵至二千未有如今日者。建州卫虽卷地而来不可得三千余人。(同上书卷六四)

由此可知,满住父子虽被朝鲜所杀,其本部实力仍然存在。事后遗部纷纷寇边,仍为明和朝鲜的威胁。明成化四年(公元1468)冬野人复犯辽东,边将集兵谋讨伐,使海西野人及蒙古人往谕降,建州三卫野人头目七人闻命即来投顺,明廷即命罢兵(《睿宗实录》)。五年四月筑长墙,自抚顺千户所至朝鲜碧潼江边,设堡置墩戍守(同上)。朝鲜方面亦惧野人遗种报复,事后即派重臣巡边(《世祖实录》卷四四)。成宗七年(公元1476)八月复立仇宁万户(《成宗实录》卷七〇),备建州入侵。建州自后数衰数盛,一百二十年后而有努尔哈赤崛起。

一九三四年九月二十日于清华大学

(原载《燕京学报》十七期,原名《关于东北史上一位怪杰的新史料》)

读史杂记
——《明史》

所谓官修之正史中,自来学者多推崇《明史》。阳湖赵氏曾谓:"近代诸史,自欧阳公《五代史》外,《辽史》简略,《宋史》繁芜,《元史》草率,唯《金史》行文雅洁,叙事简括,稍为可观。然未有如《明史》之完善者。"推其理由为:

(一)修史时间极长,屡经更定,无简略草率之弊。

(二)纂修者大都为一时硕学耆宿。(如李清、汤斌、姜宸英、郑江、刘献廷、毛奇龄、汪琬、万言、吴志伊等均被罗致。学贵专家,《明史·食货志》出于潘耒,《流贼》、《土司》、《外国传》出毛奇龄手,《艺文志》成于黄虞稷、尤侗,《礼志》成于金德嘉,《后妃》、《诸王》、《开国功臣》传出于汪琬,《地理志》出于徐乾学,《历志》出于吴志伊、汤斌,《隐逸传》出于严绳孙,《五行志》成于倪灿、吴志伊,汤斌撰《太祖本纪》,徐嘉炎撰《惠帝本纪》,朱彝尊撰《成祖本纪》,姜宸英撰《刑法志序》……其他撰人可考者亦不下数十家,虽不必成于一人手,要其集众腋,聚精华,且经黄宗羲高弟万斯同所订定裁量,虽经王鸿绪窜乱,大体仍自可观。)

(三)立传存大体。

(四)去前朝未远,见闻尚接,故事原委,多得其真。

(五)事详文简。

訾《明史》者亦以为：

（一）修史时间太长,时作时辍,主持者不一其人,无一贯宗旨,每多矛盾。

（二）适当逊国遗臣负嵎海角,王孙饮泣路隅之际。清帝屡兴文字诏狱,钳禁过甚,忌讳过多。难成信史。

（三）清帝崇朱学,廷臣因学派门户之偏见,所撰志传,未免抑扬。

（四）搜访漏落,弘光迄永历终事多不备,即有记载,亦多失实。

（五）嘉靖后之明清关系多失真相。

两者相衡,各有所当。"甘井近竭,招木近伐,灵龟近灼,神蛇近暴"（《墨子·亲士第一》）。《明史》之所以被推崇,亦即其所以被谤訾,世无绝对的善,物固莫能两全也。

年来碌碌,穷日夜读史,尤致力于有明一代。有所得辄笔之书。诵读既深,间取并时同事诸载籍校读之,信手未黄,则又叹其难读,盖非惟讹字脱文,遍地都是,抑且纪一事而缺佚,述一事而两歧,或则重出,或则偏据,亥豕鲁鱼之失固可委之手民,而套句误记,则不能不归咎于当时主持者之疏陋。《明史》优劣短长,学者时有论及,校雠考证之学,惟长洲王颂蔚曾辑史馆订正《明史》之残册为《明史考证》一书,顾王书所辑,只以当时以新定译名施诸旧刊,于史实虽少有考订,大部仍属文字上之一二剪裁,于史实无裨。不贤识小,爰董理所记著于篇。录《明史杂记》第七：

一、缺佚

卷二百八十五《赵壎传》：

> （洪武）三年重开史局，仍以宋濂、王袆为总裁，征四方文学士朱右、贝琼、朱廉、王彝、张孟兼、高逊志、李懋、李汶、张宣、张简、杜寅、殷弼、俞寅及壎为纂修官，先后纂修三十人，两局并与者，壎一人而已。

按洪武二年之元史纂修官为汪克宽、胡翰、宋僖、陶凯、陈基、曾鲁、高启、赵汸、张文海、徐尊生、黄篪、傅恕、王锜、傅著、谢徽、赵壎十六人（见同传），合三年之纂修官十四人为三十人。

但赵壎以一人而预二次史局，前后二次纂修官之总数固为三十人，如以《元史》之纂修者总数而论，则实为二十九人，《明史》所记人名总数似有脱误。

考所遗一人为王廉，朱彝尊《曝书亭集》卷六十二有传：

> 王廉字希阳，青田人，侨居上虞，洪武二年用学士危素荐授翰林编修，明年与修元史，又明年偕典簿牛谅使安南还，改工部员外郎，固辞，出为渑池县丞，十四年擢陕西左布政使，无子，卒葬杭州之西山。

二、误文

卷三《太祖本纪》三：

（洪武）十五年十一月戊午置殿阁大学士，以邵质、吴伯宗、宋纳、吴沉为之。

故宫出版乾隆四十二年重纂本纪文同，按宋纳即宋讷，纳为讷之讹文。卷一三七有传。吴伯宗吴沉传亦见《明史》卷一三七。惟邵质无考。

按王鸿绪《明史稿·本纪》三仅云：

十一月戊午仿宋制置殿阁学士。

不著四人姓氏。考王稿《太祖纪》原出汤潜庵手，检拟《明史稿》卷三：

戊午初置殿阁学士，以礼部尚书刘仲质为华盖殿大学士，翰林学士宋讷为文渊阁大学士，检讨吴伯宗为武英殿大学士，典籍吴沉为东阁大学士。

则邵质原作刘仲质。《明史》卷一一一《七卿年表》：

> 洪武十五年壬戌二月刘仲质任礼部尚书,十一月改大学士。

北平图书馆藏《太祖高皇帝实录》亦作刘仲质。《仲质传》附见《明史》卷一百三十六《崔亮传》:

> 刘仲质字文质,分宜人。洪武初以宜春训导荐入京,擢翰林典籍。奉命校正春秋本末。十五年拜礼部尚书……是年冬改华盖殿大学士,帝为亲制诰文。

诸书所言,一一具合。是则汤稿原不误,且备详历官,足资考订。王鸿绪妄为删节,冀自附于"文省事增"之义。史馆诸臣据一别本又增详四人名氏,而误"刘仲"为"邵"。《七卿年表》与《刘仲质传》撰人非一,以卷帙多,总裁不能遍校,故有此失耳。

三、套句

卷二百八十五《赵壎传》附《乌斯道传》:

> 傅恕字如心,鄞人。与同郡乌斯道郑真皆有文名……斯道字继善,慈溪人……子缉亦善诗文。洪武四年举乡试第一,授临淮教谕。入见赐之宴,赋诗称旨。除广信教授。自号荥阳外史。

校《明史稿》原传，"缉"作"熙"，"子缉亦善诗文"下，"洪武四年"上有"真字千之"四字。与《明史》不同。

按《明史》与《明史稿》俱误。张时彻《宁波府志·文学传·乌斯道传》：

> 子熙光，字缉之，为国子监丞，亦以诗文擅名。

《慈溪县志·文苑传》文同。据是则《明史》作缉固误，《明史稿》作熙亦误。

《四库全书总目》卷一百六十九《别集类》二十二：

> 《荥阳外史集》七十卷，两淮盐政采进本。
> 明郑真撰。真字千之，鄞县人。成化《四明郡志》称其研穷六经，尤长于春秋，吴澄尝策以治道十二事，皆经史之隽永，真答之无凝滞。洪武四年乡试第一，授临淮县教谕，升广信府教授。

则《明史稿》"真字千之"四字，乃承上文郑真而言。"洪武四年"以下所述俱郑真事。乌熙光事迹仅"子熙光亦善诗文"一句。《明史》落此四字，张冠李戴，"洪武四年"下一段便都成乌熙光事迹矣。

四、重出

郑定事见卷二百八十六《林鸿传》：

> 郑定字孟宣，尝为陈友定记室。友定败，浮海亡交广间。久之还居长乐，洪武中征授延平府训导。历国子助教。

卷一百二十四《陈友定传》又载：

> 郑定字孟宣，好击剑，为友定记室。及败，浮海入交广间，久之还居长乐，洪武末累官至国子助教。

二传所差仅一二字，其文并出朱彝尊《曝书亭集》卷六十三《林鸿传》。惟省去"授延平府训导"下"历齐府记善"五字而已。

五、互异

刘香事迹卷二百六十五《施邦曜传》与二百六十《熊文灿传》互异。《施传》云：

> 刘香李魁奇横海上，邦曜絷香母诱之，香就禽。

《文灿传》则云：

> 郑芝龙合广东兵击香于田尾远洋。香胁（洪）云蒸止兵，云蒸大呼曰："我矢死报国，急击勿失！"遂遇害。香势蹙自焚溺死。

六、矫诬

胡惟庸之获罪，传闻异辞。《明史》卷三二四《占城传》：

> 洪武十二年贡使至都，中书不以时奏。帝切责丞相胡惟庸汪广洋，二人遂获罪。

以惟庸之获罪为不纳贡使。卷三二二《日本传》：

> 先是胡惟庸谋逆，欲藉日本为助，乃厚结宁波卫指挥林贤，佯奏贤罪，谪居日本。令交通其君臣。寻奏复贤职，遣使召之。密致书其王借兵助己。贤还，其王遣僧如瑶率四百余人，诈称入贡，且献巨烛，藏火药刀剑其中。既至而惟庸已败，计不行。帝亦未知其狡谋也。越数年其事始露，乃族贤而怒日本特甚，决意绝之，专意以防海为务。

则又以为私通日本谋逆。卷三〇八《胡惟庸传》：

> 惟庸既死，其反状犹未尽露，至十八年李存义为人首告，免死安置崇明。十九年林贤狱成，惟庸通倭事始著。
>
> 二十一年蓝玉征沙漠，获封绩……讯得其状，逆谋益大著。

则其罪状又有"通虏"一条，且与"通倭"、"谋逆"二事之发觉俱在惟庸死后。此三事俱莫须有。余曾撰《胡惟庸事件》一文力辟其诬。《明史》惟据官书——大诰——之属，笔为定论，实为矫诬。

七、事伪

卷一百三十六《陶安传》：

> 安坐事谪知桐城，移知饶州。陈友定兵攻城，安召吏民谕以顺逆，婴城固守，援兵至，败去。

攻饶者据朱国桢《开国臣传·陶安传》："信州贼萧明攻饶安"，作萧明。汤斌《拟明史稿》卷一《太祖本纪》一：

> 至正二十五年冬十月癸丑信州贼萧明犯饶州。

此事《明史·本纪》削去不书。按《陶安传》出汪琬手，《汪氏传家集钝翁续稿》卷三十八正作："信州盗萧明攻饶安。"与朱汤二书合。考史是时友定据有八闽，仅一遣兵攻明处州，为胡深所败，即闭境自守,岂能越浙攻饶?《明史》之误明甚。

八、简略

卷二百八十六《林鸿传》:

> 王偁字孟敭,父翰仕元抗节死,偁方九岁。父友吴海抚教之。洪武中领乡荐,入国学。陈情养母。母殁,庐墓六年。永乐初用荐授翰林检讨,与修大典。学博才雄,最为解缙所重。后坐累谪交阯,复以缙事连及,系死狱中。

详述偁行历。卷一百二十四《陈友定传》:

> 王翰字用文,仕元为潮州路总管。友定败,为黄冠,栖永泰山中者十载。太祖闻其贤,强起之,自刎死。有子偁知名。

详述翰事迹。二传互为详略。

按二传俱出朱彝尊手。见《曝书亭集》卷六十三《王偁传》,翰传附。《明史》析之为二,以翰始终为元臣,附《陈友定传》。以偁为文士,附《林鸿传》。

考原传:

> 偁中洪武二十三乡试。

《明史》作：

> 洪武中领乡试。

以一"中"字易去肯定之年月，颇嫌简而无当。原传：

> 留永福山中为道士者十年。

《明史》易为：

> 为黄冠，栖永泰山中者十载。

据《明史·林鸿传》"永福王偁"之文，参以原传知偁以父入闽故占籍永福，则"永泰山中"为"永福山中"之讹明甚。

九、偏据

卷二百八十五《戴良传》：

> 太祖初定金华，命与胡翰等十二人会食省中，日二人更番讲经史陈治道，明年用良为学正，与宋濂叶仪辈训诸生。太祖既旋师，良忽弃官逸去。
>
> 元顺帝用荐者言授良江北行省儒学提举。良见时事不可为，避地吴中依张士诚。久之，见士诚将败，絜家泛海抵登莱，

欲间行归扩廓军,道梗,寓昌乐数年。洪武六年始南还。变姓名隐四明山。

　　太祖物色得之,十五年召至京师,试以文,命居会同馆,日给大官膳,欲官之,以老疾固辞。忤旨。明年四月暴卒,盖自裁也。

此出黄存吾《闲中今古录》。《曝书亭集》卷六十三《良传》与之多异,仅言:

　　元末以荐授淮南江北等处行中书省儒学提举,时太祖兵已定浙东。良乃避地吴中。久之絜家浮海至胶州,欲投扩廓(王保保)军前,不得达。侨居昌乐。
　　洪武六年变姓名隐四明山,十五年征入京。

　　是良在洪武十五年前未尝见明太祖,始终为元遗臣。全祖望《鲒埼亭集外编》卷十八《九灵先生山房记》力辩其十五年前曾仕明之诬,《明史》偏信野乘,引为信史。实不足取。且即如《明史》所言,是戴良在明祖初定金华时已侍讲幄,应深知其才否,何以十五年召见时又试以文?且良如前已受官学正,何以后又不肯屈节?即其所述,已数矛盾,何明史馆臣之轻信也!

十、舛夺

　　卷二百八十三《湛若水传》:

> 湛氏门人最著者永丰李怀,德安何迁……怀字汝德,南京太仆少卿。

按李怀,黄宗羲《明儒学案》卷三十八作吕怀:

> 号巾石,嘉靖壬辰进士。著有《律吕古义》《历考》《庙议》诸书。

《明史》卷二百八十二《唐伯元传》:

> 伯元受业于永丰吕怀。

卷二百八《洪垣传》又附有《吕怀小传》:

> 吕怀,广信永丰人。亦若水高弟子,由庶吉士授兵科给事中,改春坊左司直郎,历右中允。掌南京翰林院事。每言王氏之良与湛氏体认天理同旨。其要在变化气质。作心统图说以明之。终南京太仆少卿。

是则《湛若水传》之李怀即吕怀,"李"为"吕"之误字。
《湛》《洪》二传详简虽不同,如律以《明史》传中涉另一人而有传者即以"另有传"三字了之,不复赘其仕履之例,则此亦属重传。

一九三三,三,一四,晚十二时旧稿重写

《清华周刊》编者按

辰伯先生治明史有年,此文虽仅涉及校勘学一方面,数量上仅寥寥十条,然颇多创获。用力之勤,令人拜服。惟篇中将《明史》之误,分为十项,各立名目,并系以例证;分合编次,似尚可斟酌。鄙意以为本篇既将《明史》之误,依其性质而分类,则性质相似者,应并入一类,性质大同小异者,可并入一纲,而分为二子目,然后各系以例证,以示各种"典型的错误"(Typical Errors)。如是则本篇后段,可分为四纲,九子目。兹列表以明之:

(甲)脱落字句:

(1)脱落单辞如原文"一、缺佚"所举之误脱一人名。
(2)脱落句语如"三、夺句"所举之脱落"真字千之"一语。

(乙)疏忽致误:

(3)文字错误如"二、误文"所举之误以刘仲质为邵质,又"十、舛夺"所举之误以吕怀为李怀。
(4)事实错误如"七、事伪"所举之误以萧明之事为陈友定事。

(丙)考据不精,仍前之人误而未改。

(5)误据前人诬造之语如"六、矫诬"之胡惟庸事。
(6)误据野史传闻失实之语如"八、偏据"之戴良事。

(丁)体例未善:

(7)重出如"四、重出"及"十、舛夺"后段所举之例。

(8)互异如"五、互异"所举之例。

(9)简略如"八、简略"所举之例。

依上表所列以批评《明史》,则丁项为史例未善,以证其识之陋;丙项为考据未精,以证其学之疏;甲乙两项,由于手民之误,或由于撰者之忽,其失较轻。私意以为如此分类,较原来十项并列,不相统属,似为稍胜。不知辰伯先生亦以为然否?

(原载《清华周刊》,第三十九卷第三期,1933年3月29日)

《明史》小评

在官修之正史中,自来学者多推崇《明史》,以为"近代诸史自欧阳公《五代史》外,《辽史》简略,《宋史》繁芜,《元史》草率,惟《金史》行文雅洁,叙事简括,稍为可观;然未有如《明史》之完善者"①。理由是(一)修史时间极长,从康熙十八年至乾隆四年,历时凡六十年②;(二)纂修者多系一时专门学者,如朱彝尊、毛奇龄、汤斌、吴志伊、汪琬、万斯同、姜宸英、刘献廷、李清等——遗老如黄宗羲,顾炎武虽被罗致而不就,但亦与有相当关系③;(三)立传存大体④;(四)去前朝未远,故事原委,多得其真⑤;(五)事详文简。

反面的批评以为《明史》不能算尽善尽美,因为(一)清帝钳禁太甚,致事多失实;(二)因学派门户之偏见,致颠倒失实;(三)搜访之漏落;(四)明清关系多失真相⑥;(五)弘光迄永历之终,事多

---

① 赵翼:《廿二史劄记》卷三一"明史"。
② 《廿二史劄记》卷三一,《明史》。清修《明史》起顺治二年,未几罢。至康熙十八年开馆重修,规模极大。
③ 《鲒埼亭集》卷一一《梨洲先生神道碑文》;卷一二《亭林先生神道表》。
④ 《廿二史劄记》卷三一,《明史》立传多存大体。
⑤ 《廿二史劄记》卷三一《明史》条。
⑥ 参看孟森《清朝前纪》及故宫博物院《明清史料》。

失实。①

其他褒扬的和贬责的批评，百数十年来聚讼纷纭，而大要不过如上二说。关于《明史》本身的评价和缺失，在这篇短文中我们不能一一详论。我在此所要指出的是《明史》不是一部完好可读的史籍。我们纵不能把它重新改造，至少也应该用清儒治学的精神，替它再逐一校勘一遍，补缺正误，方不致贻误学者。

《明史》因修纂时间过长，从顺治二年数起有九十五年，如从康熙再开史局数起也有六十几年。中间不知道更换了多少总裁，多少批纂修。不由一手始终其事，所以纪传志表，往往牴牾。并且卷帙过多，替它逐一审校一过也不是一件容易的事。我们如将一切明代史籍，清人传述，和汤斌、尤侗、汪琬、朱彝尊、杨椿、毛奇龄一班人所撰的史稿，黄宗羲、全祖望、王夫之一般人所撰的诗文集，和《明史》一一互校，便可发见《明史》有若干部分有脱文断句，有若干部分有讹字误文，有若干部分重复，有若干部分漏落。这些小问题向来不被人注意，粗心一下读过去也就算了。可是我们如要可信的史实，要利用这些史料时，便非先费一番工夫，作几次辛苦的校读工作不可。

为要引起一般学者对这一小问题的兴趣，以下试约略举出几条《明史》中较为显著的错误，作为例证。

（一）脱文　卷二八五《赵埙传》附《乌斯道传》："傅恕字如心，鄞人，与同郡乌斯道郑真皆有文名……斯道字继善，慈溪人……子缉亦善诗文，洪武四年举乡试第一，授临淮教谕，入见赐之宴，赋诗称旨，除广信教授，自号荥阳外史"。这一段小传，我们如不参校旁

---

① 《国学论丛》一卷四期，陈守实：《明史抉微》。

书,便一辈子也不会明白它的错误,以为荥阳外史即是乌缉的别号,"子缉"下一段都是乌缉的传文了。但试一检王鸿绪《明史稿》①的传文,乌缉又作乌熙,"子缉亦善诗文"下"洪武四年举乡试第一"上有"真字千之"四字。这样一来,"洪武四年"以下一段便都成为郑真的小传,和乌氏父子毫不相干了。按张时彻《宁波府志·文学传·乌斯道传》:"子熙光,字缉之,为国子监丞,亦以诗文擅名"。《慈溪县志·文苑传》所载完全相同。由此可知斯道子名熙光,字缉之,《明史》作名缉固然错了,《明史稿》作名熙也不能算不错。《明史稿》"真字千之"四字是承上文"与同郡乌斯道郑真皆有文名"说的。《明史》疏忽,落此四字,便张冠李戴②,闹了笑话。

（二）错误 卷三《太祖本纪》三:"十五年十一月戊午置殿阁大学士,以邵质、吴伯宗、宋纳、吴沉为之。"故宫出版乾隆四十二年重纂《明史本纪》文同。按宋纳即宋讷,纳为讷之讹文。卷一三七有《吴讷传》。吴伯宗吴沉传同见卷一三七。王鸿绪《明史稿·本纪》三只说:"十一月戊午仿宋制置殿阁学士"。邵质不见《明史》及其他诸书,竟不知他到底是什么人。考王氏《明史稿·太祖本纪》的撰人是汤斌。检《拟明史稿》卷三:"戊午初置殿阁学士,以礼部尚书刘仲质为华盖殿大学士,翰林学士宋讷为文渊阁大学士,检讨吴伯宗为武英殿大学士,典籍吴沉为东阁大学士"。据此,邵

---

① 《明史稿》五百卷原出万斯同手,殁后为王鸿绪所盗,攘为己撰。见全祖望《鲒埼亭集》、钱大昕《潜研堂集》、魏源《古微堂集》诸书。
② 郑真字千之号荥阳外史的证据,是《四库总目》:《荥阳外史集》七十卷(两淮盐政采进本)——明郑真撰。真字千之,鄞县人,成化《四明郡志》称其研究六经,尤长于《春秋》。吴澄尝策以治道十二事,皆经史之隽永,真答之无凝滞。洪武四年乡试第一,授临淮教谕,升广信府教授。

质原作刘仲质。证以《明史》卷一百十一《七卿年表》,"洪武十五年二月壬戌刘仲质任礼部尚书,十一月改大学士",再考北平图书馆所藏《太祖高皇帝实录》,"洪武十五年十一月始仿宋殿阁之制,置大学士官,同拜命者宋讷、吴伯宗、吴沉、刘仲质四人",都足证明《明史本纪》所说的邵质实即刘仲质。《仲质传》附见《明史》卷一三六《崔亮传》:

> 刘仲质字文质,分宜人。洪武初以宜春训导荐入京,擢翰林典籍,奉命校正《春秋本末》。十五年拜礼部尚书……是年冬改华盖殿大学士,帝为亲制诰文。

刘、仲、邵三字毫无瓜葛,这断不能委为当时手民之误。并且有《七卿年表》的本证在,我们实在想不出错误的由来。

(三)事误 卷一三六《陶安传》:"安坐事谪知桐城,移知饶州。陈友定兵攻城,安召吏民谕以顺逆,婴城固守。援兵至,败去"。按安传出汪琬手,陈友定兵攻城一事,《汪氏传家集钝翁续稿》卷三八《陶安传》作"信州盗萧明攻饶安"。汤斌《拟明史稿》卷一,《太祖本纪》一:"至正二十五年冬十月癸丑,信州贼萧明犯饶州,知府陶安败之"。这一件事,《明史本纪》削去不书。考当时情势,陈友定据有八闽后,只有一次派兵攻明方的处州,被胡深打败,从此就关门自守,自顾还来不及,哪儿还有能力来向外发展,并且是越浙攻饶!朱国祯《开国臣传》亦作"信州贼萧明攻饶安",就是汪琬撰史稿的根据。《明史》改作陈友定,显然是一个严重的错误。

(四)重出 郑定事迹见卷二八六《林鸿传》:"郑定字孟宣,尝为陈友定记室。友定败,浮海亡交广间,久之还居长乐,洪武中征授延平府训导,历国子助教"。卷一二四《陈友定传》又说:"郑定字孟宣,好击剑,为友定记室。及败,浮海入交广间,久之还居长乐。洪武末累官至国子助教"。这两篇传文相差不过几个字,并出朱彝尊《曝书亭集》卷六三《林鸿传》,不过省去历延平府训导下"历齐府纪善"五字而已。

（五）矛盾　胡惟庸得罪被杀,党案牵连十几年,被杀的武官文臣知识分子富豪平民有好几万,是明初一件大事。不过他的获罪之由,却传闻异辞,莫衷一是。①《明史》卷三二四《外国·占城传》以为"洪武十二年贡使至都,中书不以时奏。帝切责丞相胡惟庸汪广洋,二人遂获罪"。卷三二二《日本传》又以为"先是胡惟庸谋逆,欲借日本为助,乃厚结宁波卫指挥林贤,佯奏贤罪,谪居日本,令交通其君臣,寻奏复贤职,遣使召之。密致书其王借兵助己。贤还,其王遣僧如瑶率兵卒四百余人诈称入贡,且献巨烛,藏火药刀剑其中,既至而惟庸败,计不行,帝亦未知其狡谋也。越数年,其事始露,乃族贤而怒日本特甚,决意绝之,专意以防海为务"。这就是说,胡惟庸的罪状是谋反。其实,细按当时记载,便可知这一段史迹出于太祖亲定的《大诰》,一面之辞,不可信。况且遍查日本史乘和僧徒传纪,就根本没有如瑶这个人。胡惟庸在十二年九月下狱,次年正月处刑。在这短时期中也不能做出这些布置。日本来华商舶,据日方记载和《名山藏》、《吾学编》、《皇明驭倭录》诸书,他们大抵多是海贼,好就做买卖,不好就沿海抢掠,带军器以防海贼为名,不算是一件违禁的事,用不着把它藏在大烛中。并且南京是当时首都,大都督府所在,四百多日本人也不济事！胡惟庸即使太

---

① 作者另撰有《胡惟庸党案考》一文,可参看。

笨,也不致笨到这个地步。卷三〇八《胡惟庸传》又说:"惟庸既死,其反状犹未尽露,至十八年李存义为人首告,免死安置崇明。十九年十月林贤狱成,惟庸通倭事始著。二十一年蓝玉征沙漠,获封绩……讯得其状,逆谋益大著"。据此则通倭通虏谋反三事都发见在惟庸死后的几年中。那么,所谓胡党的罪案,到底是一些什么呢?又如封绩,《明史》说他是"故元遗臣",其实,据当时的口供《昭示奸党录》所载,他不过是一个不识字的奴才,连北方都从来没有去过。一生没做过官,硬安排他是遗老,明史馆的纂修官未免太"神经过敏"了吧!

（六）简失　卷二八六《林鸿传》:"王偁字孟敭。父翰,仕元抗节死,偁方九岁,父友吴海抚教之。洪武中领乡荐,入国学,陈情养母。母殁,庐墓六年。永乐初用荐授翰林检讨,与修大典,学博才雄,最为解缙所重。后坐累谪交阯,复以缙事连及,系死狱中"——详说王偁的事迹,于他父亲的事只以一语了之。在卷一二四《陈友定传》又附有王翰的小传:"王翰字用文,仕元为潮州路总管。友定败,为黄冠,栖永泰山中者十载。太祖闻其贤,强起之,自刎死。有子偁知名"——述王翰事详悉,于他的儿子王偁,也只带及一语。按这两传都出朱彝尊手。见《曝书亭集》卷六三《王偁传》,翰传附及。《明史》把它分开来,以翰为元臣仕闽,故附《陈友定传》。以偁有文名,故附入《文苑·林鸿传》中。互为详略,煞费苦心。可是我们如细读朱氏原传,则似《明史》务为简略,颇失史意。如原传"偁中洪武二十三年乡试",《明史》简作"洪武中领乡荐",把一肯定的史实简成模糊,简得没有道理。原传"留永福山中为道士者十年",《明史》作"为黄冠,栖永泰山中者十载",把道士译成黄冠,把年译成载,雅是雅了,可是有什么大道理呢!并且《明史》还把这一句改错了。《林鸿传》中明说"永福王偁",参以原传,我们知道王偁以其父入闽故,所以占籍永福,则永泰山中为永福山中之讹明甚。

(七)互异　关于海盗刘香的下落,《明史》卷二六五《施邦曜传》和卷二六〇《熊文灿传》不同。《施传》说:"刘香李魁奇横海上,邦曜絷香母诱之,香就禽"。《文灿传》则以为"郑芝龙合广东兵击香于田尾远洋,香胁(洪)云蒸止兵,云蒸大呼曰:'我矢死报国,急击勿失!'遂遇害。香势蹙,自焚溺死"。

(八)缺漏　关于两次纂修《元史》的纂修官,《明史》卷二八五《赵埙传》说:"三年重开史局,仍以宋濂、王神为总裁,征四方文学士朱右、贝琼、朱廉、王彝、张孟兼、高逊志、李懋、李汶、张宣、张简、杜寅、殷弼、俞寅及埙为纂修官。先后纂修三十人,两局并与者埙一人而已"。按二年修《元史》之纂修官,据同传为汪克宽、胡翰、宋僖、陶凯、陈基、曾鲁、高启、赵汸、张文海、徐尊生、黄篪、王锜、傅著、谢徽、傅恕、赵埙十六人。合三年之纂修官十四人为三十人。可是赵埙以一人而参与前后两次史局,实际上只能算是一人。所以两次的纂修官的总数,据《明史》只有二十九人,和三十人之数不合。

按所缺一人为王廉,朱彝尊《曝书亭集》卷六二有传。"王廉字希阳,青田人,侨居上虞,洪武二年用学士危素荐授翰林编修,明年与修《元史》。又明年偕典籍牛谅使安南还,改工部员外郎。固辞,出为渑池县丞。十四年擢陕西左布政使。无子,卒葬杭州之西山"。大约是当时馆臣不留心,偶然忘了王廉的名字,又无法凑成三十人,便把赵埙算成两人,抵三十人的数额了。

(九)偏据　卷二八五《戴良传》:"太祖初定金华,命(良)与胡翰等十二人会食省中,日二人更番讲经史,陈治道。明年用良为学正,与宋濂叶仪辈训诸生。太祖既旋师,良忽弃官逸去。元顺帝用荐者言,授良江北行省儒学提举。良见时事不可为,避地吴中,依张士诚。久之,见士诚将败,挈家泛海抵登莱,欲间行归扩廓军。道梗,寓昌乐数年,洪武六年始南还,变姓名隐四明山,太祖物色得之。十五年召至京师,试以文,命居会同馆,日给大官膳,欲官之,以老疾固辞,忤旨。明年四月暴卒,盖自裁也"。此出黄存吾《闲中录》。《曝书亭集》卷六三《良传》与之多异。"元末以荐授淮南江北等处行中书省儒学提举。时太祖兵已定浙东,良乃避地吴中。久之挈家浮海至胶州,欲投扩廓军前,不得达,侨居昌乐。洪武六年变姓名隐四明山。十五年征入京……"这样说是戴良在洪武十五年前不但没有做过明朝的官,并且也没有见过太祖,始终是元遗臣。十五年后被征,强迫他投降做官,所以自杀明志。全祖望《九灵先生山房记》也力辩其仕明之诬,说良在十五年前和明绝无关系。竹垞谢山谙熟明代掌故,所说都有根据。《明史》却偏信一家之说,引为信史,这种不阙疑不求真的态度,实不足取。

（十）字讹　卷二八三《湛若水传》:"湛氏门人最著者永丰李怀,德安何迁……怀字汝德,南京太仆少卿"。按李怀,黄宗羲《明儒学案》卷三八作吕怀,"号巾石,嘉靖壬辰进士,著有《律吕古义》、《历考》、《庙议》诸书"。《明史》卷二八二《唐伯元传》:"伯元受业于永丰吕怀"。卷二〇八《洪垣传》又附有吕怀小传:"吕怀,广信永丰人,亦若水高弟子,由庶吉士授兵科给事中,改春坊左司直郎,历右中允,掌南京翰林院事,每言王氏之良知与湛氏之礼认天理同旨,其要在变化气质,作《心统图说》以明之,终南京太仆少卿"。这样,《湛若水传》中之"李怀"可信为即《洪垣传》中之"吕怀",李为吕之讹。揆以《明史》传中涉及另外一人,如这人有专传时,即以"自有传"了之,不更述其字号籍贯行历之例,这也不能不说是重传了。

二月十七日,于清华大学

(原载《图书评论》,第一卷第九期,1933年5月)

《金瓶梅》的著作时代及其社会背景

要知道《金瓶梅》这部书的社会背景,我们不能不先考定它的产生时代。同时,要考定它的产生时代,我们不能不把一切关于《金瓶梅》的附会传说肃清,还它一个本来面目。

《金瓶梅》是一部现实主义作品,所集中描写的是作者所处时代的市井社会的侈靡淫荡的生活。它的细致生动的白描技术和汪洋恣肆的气势,在未有刻本以前,即已为当时的文人学士所叹赏惊诧。但因为作者敢对于性生活作无忌惮的大胆的叙述,便使社会上一般假道学先生感觉到逼胁而予以摈斥,甚至怕把它刻板行世会有堕落地狱的危险,但终之不能不佩服它的艺术的成就。另一方面一般神经过敏的人又自作聪明地替它解脱,以为这书是"别有寄托",替它捏造成一串可歌可泣悲壮凄烈的故事。

无论批评者的观点怎样,《金瓶梅》的作者,三百年来却都一致公认为王世贞而无异辞。他们的根据是:

(1)沈德符的话:说这书是嘉靖中某大名士做的。这一位某先生,经过几度的附会,就被指实为王世贞。

(2)因为书中所写的蔡京父子,相当于当时的严嵩父子。王家和严家有仇,所以王世贞写这部书的目的是(甲)报仇,(乙)讽刺。

(3)是据本书的艺术和才气立论的。他们先有了一个"苦孝说"的主观之见,以为像这样的作品非王世贞不能写。

现在我们不管这些理由是否合理,且把他们所乐道的故事审查一下,看是王世贞作的不是。

一、《金瓶梅》的故事

《金瓶梅》的作者虽然已被一般道学家肯定为王世贞(他们以为这样一来,会使读者饶恕它的"猥亵"描写),但是他为什么要写这书? 书中的对象是谁? 却众说纷纭,把它归纳起来不外是:

  甲、复仇说 对象(1)严世蕃
          (2)唐顺之
  乙、讽刺说 对象——严氏父子

为什么《金瓶梅》会和唐顺之发生关系呢? 这里面又包含着另外一个故事——《清明上河图》的故事。

(一)《清明上河图》和唐荆川

《寒花盦随笔》:

> "世传《金瓶梅》一书为王弇州(世贞)先生手笔,用以讥严世蕃者。书中西门庆即世蕃之化身,世蕃亦名庆,西门亦名庆,世蕃号东楼,此书即以西门对之"。"或谓此书为一孝子所作,所以复其父仇者。盖孝子所识一巨公实杀孝子父,图报累累皆不济。后忽侦知巨公观书时必以指染沫,翻其书页。孝子乃以三年之力,经营此书。书成黏毒药于纸角,觇巨公外出时,使人持书叫卖于市,曰天下第一奇书,巨公于车中闻之,即

索观,车行及其第,书已观讫,啧啧叹赏,呼卖者问其值,卖者竟不见,巨公顿悟为所算,急自营救已不及,毒发遂死。"今按二说皆是,孝子即凤洲(世贞号)也,巨公为唐荆川(顺之),凤洲之父忬死于严氏,实荆川赞之也。姚平仲《纲鉴絜要》载杀巡抚王忬事,注谓"忬有古画,严嵩索之,忬不与,易以摹本。有识画者为辨其赝。嵩怒,诬以失误军机杀之"。但未记识画人姓名,有知其事者谓识画人即荆川,古画者《清明上河图》也。

凤洲既抱终天之恨,誓有以报荆川,数遣人往刺之,荆川防护甚备。一夜,读书静室,有客自后握其发将加刃,荆川曰:"余不逃死,然须留遗书嘱家人。"其人立以俟,荆川书数行,笔头脱落,以管就烛,佯为治笔,管即毒弩,火热机发,镞贯刺客喉而毙。凤洲大失望!

后遇于朝房,荆川曰:"不见凤洲久,必有所著。"答以《金瓶梅》,实凤洲无所撰,姑以诳语应耳。荆川索之急,凤洲归,广召梓工,旋撰旋刊,以毒水濡墨刷印,奉之荆川。荆川阅书甚急,墨浓纸黏,卒不可揭,乃屡以纸润口津揭书,书尽毒发而死。

或传此书为毒死东楼者。不知东楼自正法,毒死者实荆川也。彼谓以三年之力成书,及巨公索观于车中云云,又传闻异词耳。

这是说王忬进赝画于严嵩,为唐顺之识破,致陷忬于法。世贞图报仇,进《金瓶梅》毒死顺之。刘廷玑的《在园杂志》也提到此事,不过把《清明上河图》换成《辋川真迹》,把识画人换成汤裱褙,

并且说明顺之先和王忬有宿怨。他说：

明太仓王思质（忬）家藏右丞所写《辋川真迹》，严世蕃闻而索之。思质爱惜世宝，予以抚本。世蕃之裱工汤姓者，向在思质门下，曾识此图，因于世蕃前陈其真赝，世蕃衔之而未发也。会思质总督蓟辽军务，武进唐应德、顺之以兵部郎官奉命巡边，严嵩觞之内阁，微有不满思质之言，应德领之。至思质军，欲行军中驰道，思质以已兼兵部堂衔难之，应德怫然，遂参思质军政废弛，虚縻国帑，累累数千言。先以稿呈世蕃，世蕃从中主持之，逮思质至京弃市。

到了清人的《缺名笔记》，又把这故事变动一下：

《金瓶梅》为旧说部中四大奇书之一，相传出王世贞手，为报复严氏之《督亢图》。或谓系唐荆川事。荆川任江右巡抚时有所周纳，狱成，罹大辟以死。其子百计求报，而不得间。会荆川解职归，遍阅奇书，渐叹观止。乃急草此书，渍砒于纸以进，盖审知荆川读书时必逐页用纸黏舌，以次披览也。荆川得书后，览一夜而毕，蓦觉舌木强涩，镜之黑矣。心知被毒，呼其子曰："人将谋我，我死，非至亲不得入吾室。"逾时遂卒。

旋有白衣冠者呼天抢地以至，蒲伏于其子之前，谓曾受大恩于荆川，愿及未盖棺前一亲其颜色。鉴其诚许之入，伏尸而哭，哭已再拜而出。及殓则一臂不知所往，始悟来者即著书之人，因其父受缳首之辱，进鸩不足，更残其支体以为报也。

(二)汤裱褙

识画人在另一传说中,又变成非大儒名臣的当时著名装潢家汤裱褙。这一说最早的要算沈德符的《野获编》,他和世贞同一时代,他的祖、父又都和王家世交,所以后人都偏重这一说。《野获编补遗》卷二《伪画致祸》:

> 严分宜(嵩)势炽时,以诸珍宝盈溢,遂及书画骨董雅事。时鄢懋卿以总鹾使江淮,胡宗宪、赵文华以督兵使吴越,各承奉意旨,搜取古玩,不遗余力。时传闻有《清明上河图》手卷,宋张择端画,在故相王文恪(鏊)胄君家,其家钜万,难以阿堵动。乃托苏人汤臣者往图之,汤以善装潢知名,客严门下,亦与娄江王思质中丞往还,乃说王购之。王时镇蓟门,即命汤善价求市,既不可得,遂嘱苏人黄彪摹真本应命,黄亦画家高手也。

> 严氏既得此卷,珍为异宝,用以为诸画压卷,置酒会诸贵人赏玩之。有妒王中丞者知其事,直发为赝本。严世蕃大惭怒,顿恨中丞,谓有意绐之,祸本自此成。或云即汤姓怨弇州伯仲自露始末,不知然否?

这一说是《清明上河图》本非王忬家物,由汤裱褙托王忬想法不成功,才用摹本代替,末了还是汤裱褙自发其覆。顾公燮《消夏闲记摘抄》作《金瓶梅缘起王凤洲报父仇》一则,即根据此说加详,不过又把王鏊家藏一节改成王忬家藏,把严氏致败之由,附会为世蕃病足,把《金瓶梅》的著作目的改为讥刺严氏了:

太仓王忬家藏《清明上河图》,化工之笔也。严世蕃强索之,忬不忍舍,乃觅名手摹赝者以献。先是忬巡抚两浙,遇裱工汤姓流落不偶,携之归,装潢书画,旋荐之世蕃。当献画时,汤在侧谓世蕃曰:"此图某所目视,是卷非真者,试观麻雀小脚而踏二瓦角,即此便知其伪矣。"世蕃恚甚,而亦鄙汤之为人,不复重用。

会俺答入寇大同,忬方总督蓟、辽,鄢懋卿嗾御史方辂劾忬御边无术,遂见杀。后范长白公允临作《一捧雪》传奇,改名为《莫怀古》,盖戒人勿怀古董也。

忬子凤洲(世贞)痛父冤死,图报无由。一日偶谒世蕃,世蕃问坊间有好看小说否?答曰有,又问何名,仓卒之间,凤洲见金瓶中供梅,遂以《金瓶梅》答之,但字迹漫灭,容钞正送览。退而构思数日,借《水浒传》西门庆故事为蓝本,缘世蕃居西门,乳名庆,暗讥其闺门淫放,而世蕃不知,观之大悦。把玩不置。

相传世蕃最喜修脚,凤洲重赂修工,乘世蕃专心阅书,故意微伤脚迹,阴擦烂药,后渐溃腐,不能入直,独其父嵩在阁,年衰迟钝,票本批拟,不称上旨,宠日以衰。御史邹应龙等乘机劾奏,以至于败。

徐树丕的《识小录》又以为汤裱褙之证画为伪,系受贿不及之故,把张择端的时代由宋升至唐代,画的内容也改为汴人掷骰:

汤裱褙善鉴古,人以古玩赂严世蕃必先贿之,世蕃令辨其真伪,其得贿者必曰真也。吴中一都御史偶得唐张择端《清明上河图》临本馈世蕃而贿不及汤。汤直言其伪,世蕃大怒,后御史竟陷大辟。而汤则先以诖谪遗戍矣。

余闻之先人曰《清明上河图》皆寸马豆人,中有四人樗蒲,五子皆六而一犹旋转,其人张口呼六,汤襐裼曰:"汴人呼六当撮口,而今张口是采闽音也。"以是识其伪。此与东坡所说略同,疑好事者伪为之。近有《一捧雪》传奇亦此类也,特甚世蕃之恶耳。

(三)况叔祺及其他

梁章钜《浪迹丛谈》记此事引王襄《广汇》之说,即本《识小录》所载,所异的是不把识画人的名字标出,他又以为王忬之致祸是由于一诗一画:

> 王襄《广汇》:"严世蕃常索古画于王忬,云值千金,忬有临幅绝类真者以献。乃有精于识画者往来忬家有所求,世贞斥之。其人知忬所献画非真迹也,密以语世蕃。会大同有房警,巡按方辂劾忬失机,世蕃遂告嵩票本论死。"

> 又孙之騄《二申野录》注:"后世蕃受刑,弇州兄弟赎得其一体,熟而荐之父灵,大恸,两人对食,毕而后已。诗画贻祸,一至于此,又有小人交构其间,酿成尤烈也。"

按所云诗者谓杨椒山(继盛)死,弇州以诗吊之,刑部员外郎况叔祺录以示嵩,所云画者即《清明上河图》也。

综合以上诸说,归纳起来是:

(1)《金瓶梅》为王世贞作,用意:(甲)讥刺严氏;(乙)作对严氏复仇的《督亢图》;(丙)对荆川复仇。

(2)唐荆川谮杀王忬,忬子世贞作《金瓶梅》,荆川于车中阅之中毒卒。

(3)世贞先行刺荆川不遂,后荆川向其索书,遂撰《金瓶梅》以毒之。

(4)唐、王结怨之由是荆川识《清明上河图》为伪,以致王忬被刑。

(5)《金瓶梅》为某孝子报父仇作,荆川因以被毒。

(6)汤裱褙识王忬所献辋川真迹为伪,唐顺之行边与王忬忤,两事交攻,王忬以死。

(7)《清明上河图》为王鏊家物,世蕃门客汤臣求之不遂,托王忬想法也不成功,王忬只得拿摹本应命,汤裱褙又自发其覆,遂肇大祸。

(8)严世蕃强索《清明上河图》于王忬,忬以赝本献,为旧所提携汤姓者识破。

(9)世蕃向世贞索小说,世贞撰《金瓶梅》以讥其闺门淫放,而世蕃不知。

(10)世贞赂修工烂世蕃脚,不能入直,严氏因败。

(11)王忬献画于世蕃,而贿不及汤裱褙,因被指为伪,致陷大辟。

(12)王忬致祸之由为《清明上河图》及世贞吊杨继盛诗触怒严氏。

以上一些五花八门的故事,看起来似乎很多,其实包含着两个有联系的故事——《清明上河图》和《金瓶梅》。

二、王忬的被杀与《清明上河图》

按《明史》卷二〇四《王忬传》:"嘉靖三十六年(公元 1557)部臣言蓟镇额兵多缺,宜察补。乃遣郎中唐顺之往核。还奏额兵九万有奇,今惟五万七千,又皆羸老,忬与……等俱宜按治。……三十八年二月把都儿辛爱数部屯会州挟朵颜为乡导……由潘家口入渡滦河,……京师大震。御史王渐、方辂遂劾忬及……罪,帝大怒……切责忬令停俸自效。至五月辂复劾忬失策者三,可罪者四,遂命逮忬及……下诏狱……明年冬竟死西市。忬才本通敏,其骤拜都御史及屡更督抚也,皆帝特简,所建请无不从。为总督,数以败闻,由是渐失宠。既有言不练主兵者,帝益大恚,谓忬怠事负我。嵩雅不悦忬,而忬子世贞复用口语积失欢于嵩子世蕃,严氏客又数以世贞家琐事构于嵩父子,杨继盛之死,世贞又经纪其丧,嵩父子大恨,滦河变闻,遂得行其计。"

当事急时,世贞"与弟世懋日蒲伏嵩门涕泣求贷,嵩阴持忬狱,而时为漫语以宽之。两人又日因服跽道旁遮诸贵人舆搏颡请救,诸贵人畏嵩,不敢言"。(《明史》卷二八七《王世贞传》)

王忬死后,一般人有说他"死非其罪"的,也有人说他是"于法应诛"的,他的功罪我们姑且不管,要之,他之死于严氏父子之手,却是一件不可否认的事实。

我们要判断以上所记述的故事是否可靠,第一我们先要研求王忬和严氏父子结仇的因素,关于这一点最好拿王世贞自己的话来说明。

《弇州山人四部稿》卷一二三《上太傅李公书》：

> ……至于严氏所以切齿于先人者有三：其一乙卯冬仲芳兄（杨继盛）且论报，世贞不自揣，托所知向严氏解救不遂，已见其嫂代死疏辞懃，少为笔削。就义之后，躬视含殓，经纪其丧。为奸人某某（按即指况叔祺）文饰以媚严氏。先人闻报，弹指唾骂，亦为所诇。其二杨某为严氏报仇曲杀沈錬，奸罪万状，先人以比壤之故，心不能平，间有指斥。渠误谓青琐之拝，先人预力，必欲报之而后已。其三严氏与今元老相公（徐阶）方水火，时先人偶辱见收葭莩之末。渠复大疑有所弃就，奸人从中构牢不可解。以故练兵一事，于拟票内一则曰大不如前，一则曰一卒不练，所以阴夺先帝（嘉靖帝）之心而中伤先人者深矣。预报贼耗，则曰王某恐吓朝廷，多费军饷。虏贼既退，则曰将士欲战，王某不肯。兹谤既腾，虽使曾参为子，慈母有不投杼者哉！

以上三个原因：(1) 关于杨继盛；(2) 关于沈錬；(3) 关于徐阶。都看不出有什么书画肇祸之说。试再到旁的地方找去，《明史》卷二八七《王世贞传》说：

> 奸人阎姓者犯法，匿锦衣都督陆炳家，世贞搜得之。炳介严嵩以请，不许。杨继盛下吏，时进汤药。其妻讼夫冤，为代草。既死，复棺殓之。嵩大恨。吏部两拟提学，皆不用。用为青州兵备副使。父忬以滦河失事，嵩构之论死。

沈德符《野获编》卷八《严相处王弇州》：

> 王弇州为曹郎，故与分宜父子善。然第因乃翁思质（忬）方总督蓟、辽，姑示密以防其伎，而心甚薄之。每与严世蕃宴饮，辄出恶谑侮之，已不能堪。会王弟敬美继登第，分宜呼诸孙切责以"不克负荷"诃诮之，世蕃益恨望，日谮于父前，分宜遂欲以长史处之，赖徐华亭（阶）力救得免，弇州德之入骨。后分宜因唐荆川阅边之疏讥切思质，再入鄢剑泉（懋卿）之赞决，遂置思质重辟。

这是说王忬之得祸，是由于世贞之不肯趋奉严氏，和谑毒世蕃，可用以和《明史》相印证。所谓恶谑，丁元荐《西山日记》曾载有一则：

> 王元美先生善谑，一日与分宜胄子饮，客不任酒，胄子即举杯虐之，至淋漓巾帻。先生以巨觥代客报世蕃，世蕃辞以伤风不胜杯杓，先生杂以诙谐曰："爹居相位，怎说出伤风？"旁观者快之。

也和《清明上河图》之说渺不相涉。

现在我们来推究《清明上河图》的内容和它的流传经过，考察它为什么会和王家发生关系，衍成如此一连串故事的由来。

《清明上河图》到底是一幅怎样的画呢？李东阳《怀麓堂集》卷九题《清明上河图》一诗描写得很清楚详细：

宋家汴都全盛时，四方玉帛梯航随，清明上河俗所尚，顷城士女携童儿。城中万屋罨罿起，百货千商集成蚁，花棚柳市围春风，雾阁云窗粲朝绮。芳原细草飞轻尘，驰者若飚行若云，红桥影落浪花里，捩舵撒篷俱有神。笙声在楼游在野，亦有驱牛种田者，眼中苦乐各有情，纵使丹青未堪写！翰林画史张择端，研朱吮墨镂心肝，细穷毫发夥千万，直与造化争雕镌。图成进入缉熙殿，御笔题签标卷面，天津一夜杜鹃啼，倏忽春光几回变。朔风卷地天雨沙，此图此景复谁家？家藏私印屡易主，赢得风流后代夸。姓名不入《宣和谱》，翰墨流传藉吾祖，独从忧乐感兴衰，空吊环州一抔土！丰亨豫大纷彼徒，当时谁进流民图？乾坤颒仰意不极，世事荣枯无代无！

钱谦益《牧斋初学集》卷八五《记清明上河图卷》:

嘉禾谭梁生携《清明上河图》过长安邸中，云此张择端真本也。……此卷向在李长沙家，流传吴中，卒为袁州所钩致，袁州籍没后已归御府，今何自复流传人间？书之以求正于博雅君子。天启二年壬戌五月晦日。

按长沙即李东阳，袁州即严嵩。据此可知这图的收藏经过是:
(1)李东阳家藏；
(2)流传吴中；
(3)归严氏；
(4)籍没入御府。
一百年中流离南北，换了四个主人，可惜不知道在吴中的收藏家是谁。推测当分宜籍没时,官中必有簿录,因此翻出《胜朝遗事》所收的文嘉《钤山堂书画记》,果然有详细的记载,在《名画部》宋有:张择端《清明上河图》。

> 图藏宜兴徐文靖(徐溥)家,后归西涯李氏(东阳),李归陈湖陆氏,陆氏子负官缗,质于昆山顾氏,有人以一千二百金得之。然所画皆舟车城郭桥梁市廛之景,亦宋之寻常画耳,无高古气也。

按田艺蘅《留青日札》严嵩条记嘉靖四十四年(公元1565)八月抄没清单有:

> 石刻法帖三百五十八册轴,古今名画刻丝纳纱纸金绣手卷册共三千二百零一轴。内有……宋张择端《清明上河图》……乃苏州陆氏物,以千二百金购之,才得其赝本,卒破数十家。其祸皆成于王彪、汤九、张四辈,可谓尤物害民。

这一条记载极关重要,它所告诉我们的是:
(1)《清明上河图》乃苏州陆氏物。
(2)其人以千二百金问购,才得赝本,卒破数十家。
(3)诸家记载中之汤裱褙或汤生行九,其同恶为严氏鹰犬者有王彪、张四诸人。

考陈湖距吴县三十里,属苏州。田氏所记的苏州陆氏当即为文氏所记之陈湖陆氏无疑。第二点所指明的也和文氏所记吻合。由苏州陆氏的渊源,据《钤山堂书画记》:"陆氏子负官缗,质于昆山顾氏。"两书所说相同，当属可信。所谓昆山顾氏，考《昆新两县合志》卷二〇《顾梦圭传》：

> 顾懋宏字靖甫，初名寿，一字茂俭，潜孙，梦圭子。十三补诸生，才高气豪，以口过被祸下狱，事白而家壁立。依从父梦羽蕲州官舍，用蕲籍再为诸生。寻东还，游太学，举万历戊子乡荐。授休宁教谕，迁南国子学录，终莒州知州。自劾免。筑室东郊外，植梅数十株吟啸以老。

按梦圭为嘉靖癸未（公元1523）进士，官至江西布政使。他家世代做官，为昆山大族。其子懋宏十三补诸生。嘉靖四十一年（公元1562）五月严嵩事败下狱，四十四年三月严世蕃伏诛，严氏当国时代恰和懋宏世代相当，由此可知传中所谓"以口过被祸下狱，事白而家壁立"一段隐约的记载，即指《清明上河图》事，和文田两家所记相合。

这样，这图的沿革可列成下表：

（一）宜兴徐氏；

（二）西涯李氏；

（三）陈湖陆氏；

（四）昆山顾氏；

（五）袁州严氏；

（六）内府。

在上引的史料中，最可注意的是《钤山堂书画记》。因为文嘉家和王世贞家是世交，他本人也是世贞好友之一。他在嘉靖四十四年（公元1565）应何宾涯之召检阅籍没入官的严氏书画，到隆庆二年（公元1568）整理所记录成功这一卷书。时世贞适新起用由河南按察副使擢浙江布政使司左参政分守湖州。假如王氏果和此图有关系，并有如此悲惨的故事包含在内，他决不应故没不言！

在以上所引证的《清明上河图》的经历过程中，很显明安插不下王忬或王世贞的一个位置。那么，这图到底是怎样才和王家在传说中发生关系的呢？按《弇州山人四部稿续稿》卷一六八《清明上河图》别本跋：

> 张择端《清明上河图》有真赝本，余均获寓目。真本人物舟车桥道宫室皆细于发，而绝老劲有力，初落墨相家，寻籍入天府为穆庙所爱，饰以丹青。
> 赝本乃吴人黄彪造，或云得择端稿本加删润，然与真本殊不相类，而亦自工致可念，所乏腕指间力耳，今在家弟（世懋）所。此卷以为择端稿本，似未见择端本者。其所云于禁烟光景亦不似，第笔势遒逸惊人，虽小麄率，要非近代人所能办，盖与择端同时画院祗候，各图汴河之胜，而有甲乙者也。吾乡好事人遂定为真稿本，而谒彭孔嘉小楷，李文正公记，文徵仲苏书，吴文定公跋，其张著、杨准二跋，则寿承、休承以小行代之，岂惟出蓝！而最后王禄之、陆子傅题字尤精楚。陆于逗漏处，毫发贬驳殆尽，然不能断其非择端笔也。使画家有黄长睿那得尔？

其第二跋云：

> 按择端在宣政间不甚著，陶九畴纂《图绘宝鉴》，搜括殆

尽,而亦不载其人。昔人谓逊功帝以丹青自负,诸祗候有所画,皆取上旨裁定。画成进御,或少增损。上时时草创下诸祗候补景设色,皆称御笔,以故不得自显见。然是时马贲、周曾、郭思、郭信之流,亦不致泯然如择端也。而《清明上河》一图,历四百年而大显,至劳权相出死构,再损千金之值而后得,嘻!亦已甚矣。择端他图余见之殊不称,附笔于此。

可知此图确有真赝本,其赝本之一确曾为世贞爱弟世懋所藏,这图确曾有一段悲惨的故事;"至劳权相出死构,再损千金之值而后得"。这两跋都成于万历三年(公元1575)以后,所记的是上文所举的昆山顾氏的事,和王家毫不相干。这一悲剧的主人公是顾懋宏,构祸的是汤九或汤裱褙,权相是严氏父子。

由以上的论证,我们知道一切关于王家和《清明上河图》的记载,都是任意捏造,牵强附会。无论他所说的是辋川真迹,是《清明上河图》,是黄彪的临本,是王鏊家藏本,或是王忬所藏的,都是无中生有。事实的根据一去,当然唐顺之或汤裱褙甚至第三人的行谮或指证的传说,都一起跟着不存在了。

但是,像沈德符、顾公燮、刘廷玑、梁章钜等人,在当时都是很有名望的学者,沈德符和王世贞是同一时代的人,为什么他们都会得捕风捉影,因讹承讹呢?

这原因据我的推测,以为是:

(1)是看不清《四部稿》两跋的原意,误会所谓"权相出死力构"是指他的家事,因此而附会成一串故事。

(2)是信任《野获编》作者的时代和他与王家的世交关系,以为他所说的话一定可靠,而靡然风从,群相应和。

（3）是故事本身的悲壮动人，同情被害人的遭遇，辗转传述，甚或替它装头补尾，虽悖"求真之谛"亦所不惜。

次之因为照例每个不幸的故事中，都有一位丑角在场，汤裱褙是当时的名装潢家，和王、严两家都有来往，所以顺手把他拉入作一点缀。

识画人的另一传说是唐顺之，因为他曾有疏参王忬的事迹，王忬之死多少他应负一点责任。到了范允临的时候，似乎又因为唐顺之到底是一代大儒，不好任意得罪，所以在他的剧本——《一捧雪》传奇中仍旧替回了汤裱褙。几百年来，这剧本到处上演，剧情的凄烈悲壮，深深地感动了千万的人，于是汤裱褙便永远留在这剧本中做一位挨骂的该死丑角。

三、《金瓶梅》非王世贞所作

最早提到《金瓶梅》的，是袁宏道的《觞政》：

> 凡《六经》、《语孟》所言饮式，皆酒经也。其下则汝阳王《甘露经酒谱》……为内典。……传奇则《水浒传》、《金瓶梅》为逸典。（《袁中郎全集》卷一四，十之《掌故》）

袁宏道写此文时《金瓶梅》尚未有刻本，已极见重于文人，拿它和《水浒》并列了。可惜袁宏道只给了我们一个艺术价值的暗示，而没提出它的著者和其他事情。稍后沈德符的《野获编》卷二五《金瓶梅》所说的就详细多了，沈德符说：

袁中郎《觞政》以《金瓶梅》配《水浒传》为外典,予恨未得见。丙午(公元1606)遇中郎京邸,问曾有全帙否?曰第睹数卷甚奇快,今惟麻城刘延白承禧家有全本,盖从其妻家徐文贞录得者。又三年小修(袁中道,宏道弟)上公车,已携有其书,因与借抄挈归。吴友冯犹龙见之惊喜,怂恿书坊以重价购刻。马仲良时榷吴关,亦劝予应梓人之求,可以疗饥。予曰:"此等书必遂有人板行,但一刻则家传户到,坏人心术,他日阎罗究诘始祸,何辞置对?吾岂以刀锥博泥犁哉!"仲良大以为然,遂固箧之。未几时而吴中悬之国门矣。然原本实少五十三回至五十七回。遍觅不得。有陋儒补以入刻,无论肤浅鄙俚,时作吴语,即前后血脉,亦绝不贯串,一见知其赝作矣。

闻此为嘉靖间大名士手笔,指斥时事,如蔡京父子则指分宜,林灵素则指陶仲文,朱勔则指陆炳,其他各有所属云。

关于有刻本前后的情形,和书中所影射的人物,他都讲到了,单单我们所认为最重要的著者,他却只含糊地说了"嘉靖间大名士"了事,这六个字的含义是:

(1)作者是嘉靖时人;

(2)作者是大名士;

(3)《金瓶梅》是嘉靖时的作品。

几条嘉靖时代若干大名士都可适用的规限,更不妙的是他指这书是"指斥时事"的,平常无缘无故的人要指斥时事干什么呢?所以顾公燮等人便因这一线索推断是王世贞的作品,牵连滋蔓,造成上述一些故事。康熙乙亥(公元1696)刻的《金瓶梅》谢颐作的序便说：

> 《金瓶梅》一书传为凤洲门人之作也。或云即出凤洲手。然洋洋洒洒一百回内，其细针密线，每令观者望洋而叹。

到了《寒花盦随笔》、《缺名笔记》一些人的时代，便索性把或字去掉。一直到近人蒋瑞藻《小说考证》还认定是弇州之作而不疑：

> 《金瓶梅》之出于王世贞手不疑也。景倩距弇州时代不远，当知其详。乃断名士二字了之，岂以其诲淫故为贤者讳欤！（《小说考证》二，96 页）

其实，一切关于《金瓶梅》的故事，都只是故事而已，都不可信。应该根据真实史料，把一切荒谬无理的传说，一起踢开，还给《金瓶梅》以一个原来的面目。

第一，我们要解决一个问题，要先抓住它的要害点，关于《清明上河图》，在上文已经证明和王家无关。次之就是这一切故事的焦点——作《金瓶梅》的缘起和《金瓶梅》的对象严世蕃或唐荆川之被毒或被刺。因为这书据说是作者来毒严氏或唐氏的，如两人并未被毒或无被毒之可能时，这一说当然不攻自破。

甲、严世蕃是正法死的，并未被毒，这一点《寒花盦随笔》的作者倒能辨别清楚。顾公燮便不高明了，他以为王忬死后世贞还去谒见世蕃，世蕃索阅小说，因作《金瓶梅》以讥刺之。其实，王忬被刑在嘉靖三十九年（公元 1560）十月初一日，殁后世贞兄弟即扶柩返里,十一月二十七日到家,自后世贞即屏居里门,到隆庆二年(公元1568)始起为河南按察副使。另一方面严嵩于四十一年五月罢相,世蕃也随即被刑。王忬死后世贞方痛恨严氏父子之不暇,何能觍颜往谒贼父之仇?而且世贞于父死后即返里屏居,中间无一日停滞,南北相隔,又何能与世蕃相见?即使可能,世蕃已被放逐,不久即死,亦何能见?如说此书之目的专在讽刺,则严氏既倒,公论已明,亦何所用其讽刺?且《四部稿》中不乏抨责严氏之作,亦何庸写此洋洋百万言之大作以事此无谓之讽刺?

再次,顾氏说严氏之败是由世贞贿修工烂世蕃脚使不能入直致然的,此说亦属无稽,据《明史》卷三〇八《严嵩传》所言:

> 嵩虽警敏,能先意揣帝指,然帝所下手诏语多不可晓,惟世蕃一览了然。答语无不中。及嵩妻欧阳氏死,世蕃当护丧归,嵩请留侍京邸,帝许之,然自是不得入直所代嵩票拟,而日纵淫乐于家。嵩受诏多不能答,遣使持问世蕃,值其方耽女乐,不以时答,中使相继促嵩,嵩不得已自为之,往往失旨。所进青词又多假手他人不能工,以是积失帝欢。

则世蕃之不能入直是因母丧,嵩之败是因世蕃之不代票拟,也和王世贞根本无关。

乙、关于唐顺之,按《明史》:"顺之出为淮扬巡抚,兵败力疾过焦山,三十九年春卒。"王忬死在是年十月,顺之比王忬早死半年。世贞何能预写《金瓶梅》报仇?世贞以先一年冬从山东弃官省父于京狱,时顺之已出官淮扬,二人何能相见于朝房?顺之比王忬早死半年,世贞又安能遣人行刺于顺之死后?

第二,"嘉靖中大名士"是一句空洞的话,假使可以把它迁就为王世贞,那么,又为什么不能把它归到曾著有杂剧四种的天都外臣汪道昆?为什么不是以杂剧和文采著名的屠赤水、王百谷或张凤翼?那时的名士很多,又为什么不是所谓前七子广五子后五子续五子以及其他的山人墨客?我们有什么反证说他们不是"嘉靖间的大名士"?

第三,再退一步承认王世贞有作《金瓶梅》的可能(自然,他不是不能做)。但是问题是他是江苏太仓人,并且是土著,有什么保证可以断定他不"时作吴语"?《金瓶梅》用的是山东的方言,王世贞虽曾在山东做过三年官(公元1557—1559),但是能有证据说他在这三年中,曾学会了甚至和土著一样地使用当地的方言吗?假使不能,又有什么根据使他变成《金瓶梅》的作者呢?

前人中也曾有人断定王世贞绝不是《金瓶梅》的作者,清礼亲王昭梿就是其中的一个,他说:

> 《金瓶梅》其淫亵不待言。至叙宋代事,除《水浒》所有外,俱不能得其要领。以宋、明二代官名羼杂其间,最属可笑。是人尚未见商辂《宋元通鉴》者,无论宋元正史!弇州山人何至谫陋若是,必为赝作无疑也。(《啸亭续录》卷二)

作小说虽不一定要事事根据史实,不过假如是一个史学名家作的小说,纵使下笔十分不经意,也不至于荒谬到如昭梿所讥。王世贞在当时学者中堪称博雅,时人多以有史识史才许之,他自身亦以此自负。且毕生从事著述,卷帙甚富,多为后来修史及研究明代掌故者所取材。假使是他作的,真的如昭梿所说:"何至谫陋若是!"不过昭梿以为《金瓶梅》是赝作,这却错了。因为以《金瓶梅》为王世贞作的都是后来一般的传说,在《金瓶梅》的本文中除掉应用历史上的背景来描写当时的市井社会奢侈放纵的生活以外,也丝毫找不出有作者的什么本身的暗示存在着。作者既未冒王世贞的名字,来增高他著述的声价,说他是赝作,岂非无的放矢。

四、《金瓶梅》是万历中期的作品

小说在过去时代是不登大雅之堂的,尤其是"猥亵"的作品。因此小说的作者姓名往往因不敢署名,而致埋没不彰。更有若干小说家不但不敢署名,并且还故意淆乱书中史实,极力避免含有时代性的叙述,使人不能捉摸这一作品的著作时代。《金瓶梅》就是这样的一个作品。

但是,一个作家要故意避免含有时代性的记述,虽不是不可能,却也不是一件容易的事。因为他不能离开他的时代,不能离开他的现实生活,他是那时候的现代人,无论他如何避免,在对话中,在一件平凡事情的叙述中,多少总不能不带有那时代的意识。即使他所叙述的是假托古代的题材,无意中也不能不流露出那时代的现实生活。我们要从这些作者所不经意的疏略处,找出他原来所处的时代,把作品和时代关联起来。

常常又有原作者的疏忽为一个同情他的后代人所删削遮掩,这位同情者的用意自然是匡正作者,这举动同样不为我们所欢迎。这一事实可以拿《金瓶梅》来做一例证。

假如我们不能得到一个比改订本更早的本子的时候,也许我们要被作者和删节者瞒过,永远不能知道他们所不愿意告诉我们的事情。

幸而,最近我们得到一个较早的《金瓶梅词话》刻本,在这本子中我们知道许多从前人所不知道的事。这些事都明显地刻有时代的痕迹。因此,我们不但可以断定这部书的著作时代,并且可以明白这部书产生的时代背景,和为什么这样一部名著却包含有那样多的描写性生活部分的原因。

(一)太仆寺马价银

《金瓶梅词话》本第七回页九至十有这样一段对话:

> 张四道:"我见此人有些行止欠端,在外眠花宿柳,又里虚外实,少人家债负,只怕坑陷了你!"
>
> 妇人道:"四舅,你老人家,又差矣!他就外边胡行乱走,奴妇人家只管得三层门内,管不得那许多三层门外的事,莫不成日跟着他走不成!常言道:世上钱财倘来物,那是长贫久富家。紧着起来,朝廷爷一时没有钱使,还问太仆寺支马价银子来使。休说买卖人家,谁肯把钱放在家里!各人裙带上衣食,老人家倒不消这样费心。"

在崇祯本《金瓶梅》(第七回第十页)和康熙乙亥本第一奇书(第七回第九页)中,孟三儿的答话便删节成:

> 妇人道:"四舅,你老人家又差矣!他少年人就外边做些风流勾当,也是常事。奴妇人家,那里管得许多。若说虚实,常言道,世上钱财倘来物,那是长贫久富家。况姻缘事皆前生

分定,你老人家倒不消这样费心。"

天衣无缝,使人看不出有删节的痕迹。

朝廷向太仆寺借银子用,这是明代中叶以后的事,《明史》卷九二《兵志·马政》:

> 成化二年以南土不产马,改征银。四年始建太仆寺常盈库,贮备用马价。……隆庆二年,提督四夷馆太常少卿武金言,种马之设,专为孳生备用,备用马既别买,则种马可遂省。今备用马已足三万,宜令每马折银三十两解太仆,种马尽卖输兵部,一马十两,则直隶山东河南十二万匹,可得银百二十万,且收草豆银二十四万。御史谢廷杰谓:"祖制所定,关军机,不可废。"兵部是廷杰言。而是时内帑乏,方分使括天下逋赋,穆宗可金奏,下部议。部请养、卖各半,从之。太仆之有银也自成化时始,然止三万余两。及种马卖,银日增。是时通贡互市,所贮亦无几。及张居正作辅,力主尽卖之议。……又国家有兴作赏赉,往往借支太仆银,太仆帑益耗。十五年,寺卿罗应鹤请禁支借。二十四年,诏太仆给陕西赏功银,寺臣言先年库积四百余万,自东西二役兴,仅余四之一。朝鲜用兵,百万之积俱空。今所存者止十余万。况本寺寄养马岁额二万匹,今岁取折色,则马之派征甚少,而东征调兑尤多,卒然有警,马与银俱竭,何以应之!章下部,未能有所厘革也。崇祯初,核户、兵、工三部借支太仆马价至一千三百余万。

由此可知太仆寺之贮马价银是从成化四年(公元1468)起,但为数极微。到隆庆二年(公元1568)百年后定例卖种马之半,藏银始多。到万历元年(公元1573)张居正作首相尽卖种马,藏银始达四百余万两。又据《明史》卷七九《食货志三·仓库》:

> 太仆,则马价银归之。……隆庆中……数取光禄太仆银,工部尚书朱衡极谏不听。……至神宗万历六年……久之,太仓、光禄、太仆银括取几尽,边赏首功向发内库者亦取之太仆矣。

则隆庆时虽曾借支太仆银,尚以非例为朝臣所谏净。到了张居正死后(公元1582),神宗始无忌惮地向太仆支借,其内库所蓄,则靳不肯出。《明史》卷二一三《张居正传》载居正当国时:

> 太仓粟充盈可支十年。互市饶马,乃减太仆种马,而令民以价纳,太仆金亦积四百余万。

在居正当国时,综核名实,令出法行,所以国富民安,号称小康,即内廷有需索,亦往往为言官所谏止,如《明史》卷二二九《王用汲传》说:

> 万历六年……上言……陛下……欲取太仓光禄,则台臣科臣又言之,陛下悉见嘉纳,或遂停止,或不为例。

其用途专充互市抚赏,《明史》卷二二二《方逢时传》说:

> 万历五年召理戎政。……言……财货之费，有市本有抚赏，计三镇岁费二十七万，较之乡时户部客饷七十余万，太仆马价十数万，十才二三耳。

到了居正死后，朝政大变，太仆马价内廷日夜借支，宫监佞幸，为所欲为，专以货利导帝，《明史》卷二三五《孟一脉传》说：

> 居正死，起故官。疏陈五事：言……数年以来，御用不给，今日取之光禄，明日取之太仆，浮梁之磁，南海之珠，玩好之奇，器用之巧，日新月异。……锱铢取之，泥沙用之。

不到十年工夫，太仆积银已空；《明史》卷二三三《何选传》：

> 光禄太仆之帑，括取几空。

但还搜括不已，恣意赏赐，如《明史》卷二三三《张贞观传》所记：

> 三王并封制下，……采办珠玉珍宝费至三十六万有奇，又取太仆银十万充赏。

中年内外库藏俱竭，力靳内库银不发，且视太仆为内廷正供，廷臣请发款充军费，反被谯责。万历三十年时：

> 国用不支，边储告匮，……乞发内库银百万及太仆马价五十万以济边储，复忤旨切责。(《明史》卷二二〇《赵世卿传》)

万历时代借支太仆寺马价银的情形,朱国桢《涌幢小品》卷二说得很具体:

> 太仆寺马价隆庆年间积一千余万,万历年间节次兵饷借去九百五十三万。又大礼大婚光禄寺借去三十八万两。零星宴赏之借不与焉。至四十二年老库仅存八万两。每年岁入九十八万余两,随收随放支,各边年例之用尚不足,且有边功不时之赏,其空虚乃尔,真可寒心。

明神宗贪财好货,至为御史所讥笑,如《明史》卷二三四《雒于仁传》所载四箴,其一即为戒贪财:

> 十七年……献四箴。……传索帑金,括取币帛,甚且掠问宦官,有献则已,无则谴怒,李沂之疮痍未平,而张鲸之赀贿复入,此其病在贪财也。

再就嘉靖、隆庆两朝内廷向外库借支情况作一比较,《明史》卷二〇六《郑一鹏传》:

> 嘉靖初……宫中用度日侈,数倍天顺时,一鹏言:今岁灾用诎,往往借支太仓。

《明史》卷二一四《刘体乾传》:

> 嘉靖二十三年……上奏曰：又闻光禄库金自嘉靖改元至十五年，积至八十万，自二十一年以后，供亿日增，余藏顿尽。……隆庆初进南京户部尚书，……召改北部，诏取太仓银三十万两，……是时内供已多，数下部取太仓银。

据此可知嘉、隆时代的借支处只是光禄和太仓，因为那时太仆寺尚未存有大宗马价银，所以无借支的可能。到隆庆中叶虽曾借支数次，却不如万历十年以后的频数。穆宗享国不到六年（公元1567—1572），朱衡以隆庆二年九月任工部尚书，刘体乾以隆庆三年二月任户部尚书，刘氏任北尚书后才疏谏取太仓银而不及太仆，则朱衡之谏借支太仆银自必更在三年二月以后。由此可知在短短的两三年内，即使借支太仆，其次数决不甚多，且新例行未久，其借支数目亦不能过大。到了张居正当国，厉行节俭，足国富民，在这十年中帑藏充盈，无借支之必要，且神宗慑于张氏之威棱，亦无借支之可能。由此可知《词话》中所指"朝廷爷还问太仆寺借马价银子来使"必为万历十年以后的事。

《金瓶梅词话》的本文包含有万历十年以后的史实，则其著作的最早时期必在万历十年以后。

（二）佛教的盛衰和小令

《金瓶梅》中关于佛教流行的叙述极多，全书充满因果报应的气味。如丧事则延僧作醮追荐（第八回，第六十二回），平时则许愿听经宣卷（第三十九回，第五十一回，第七十四回，第一百回），布施修寺（第五十七回，第八十八回），胡僧游方（第四十九回），而归结于地狱天堂，西门庆遗孤且入佛门清修。这不是一件偶然的事实，假如作者所处的时代佛教并不流行，或遭压迫，在他的著作中决不能无中生有捏造出这一个佛教流行的社会。

明代自开国以来,对佛道二教,初无歧视,后来因为政治关系,对喇嘛教僧稍予优待,天顺、成化间喇嘛教颇占优势,佛教徒假借余光,其地位在道教之上。到了嘉靖时代,陶仲文、邵元节、王金等得势,世宗天天在西苑玄修作醮,求延年永命,一般方士偶献一二秘方,便承宠遇。诸宫僚翰林九卿长贰入直者往往以青词称意,不次大拜。天下靡然风从,献灵芝、白鹿、白鹊、丹砂,无虚日。朝臣亦天天在讲符瑞,报祥异,甚至征伐大政,必以告玄。在皇帝修养或作法事时,非时上奏的且得殊罚。道士遍都下,其领袖贵者封侯伯,位上卿,次亦绾牙牌,跻朝列,再次亦凌视士人,作威福。一面则焚佛牙,毁佛骨,逐僧侣,没庙产,熔佛像,佛教在世宗朝算是销声匿迹,倒尽了霉。

到隆、万时,道教失势了,道士们或贬或逐,佛教徒又承渥宠,到处造庙塑佛,皇帝且有替身出家的和尚,其煊赫比拟王公(明列帝俱有替身僧,不过到万历时代替身僧的声势,则为前所未有)。《野获编》卷二七"释教盛衰"条:

> 武宗极喜佛教,自列西番僧,呗唱无异。至托名大庆法王,铸印赐诰命。世宗留心斋醮,置竺乾氏不谈。初年用工部侍郎赵璜言,刮正德所铸佛镀金一千三百两。晚年用真人陶仲文等议,至焚佛骨万二千斤。逮至今上,与两宫圣母首建慈寿、万寿诸寺,俱在京师,穹丽冠海内。至度僧为替身出家,大开经厂,颁赐天下名刹殆遍。去焚佛骨时未二十年也。

由此可知武宗时为佛教得势时代,嘉靖时则完全为道教化的时代,到了万历时代佛教又得势了。《金瓶梅》书中虽然也有关于道教的记载,如六十二回的潘道士解禳,六十五回的吴道士迎殡,六十七回的黄真人荐亡,但以全书论,仍是以佛教因果轮回天堂地狱的思想作骨干。假如这书著成于嘉靖时代,决不会偏重佛教到这个地步!

再从时代的习尚去观察,《野获编》卷二五《时尚小令》:

> 元人小令行于燕、赵,后浸淫日盛。自宣、正至成、宏后,中原又行《锁南枝》、《傍妆台》、《山坡羊》之属,李崆峒先生初自庆阳徙居汴梁,闻之以为可继国风之后。何大复继至,亦酷爱之。今所传《泥捏人》及《鞋打卦》、《熬髲髻》三阕为三牌名之冠,故不虚也。自兹以后,又有《耍孩儿》、《驻云飞》、《醉太平》诸曲,然不如三曲之盛。嘉、隆间乃兴《闹五更》、《寄生草》、《罗江怨》、《哭皇天》、《乾荷叶》、《粉红莲》、《桐城歌》、《银纽丝》之属,自两淮以至江南,渐与词曲相远,不过写淫媟情态,略具抑扬而已。比年以来又有《打枣竿》、《挂枝儿》二曲。其腔调约略相似,则不问南北,不问男女,不问老幼良贱,人人习之,亦人人喜听之,以至刊布成帙,举世传诵,沁人心腑。其谱不知从何来,真可骇叹!又《山坡羊》者,李、何二公所喜,今南北词俱有此名,但北方惟盛爱数落《山坡羊》,其曲自宣、大、辽东三镇传来。今京师妓女惯以此充弦索北调,其语秽亵鄙浅,并桑濮之音亦离去已远,而羁人游婿嗜之独深,丙夜开樽,争先招致。

《金瓶梅词话》中所载小令极多,约计不下六十种。内中最流行的是《山坡羊》，综计书中所载在二十次以上（见第一、八、三十三、四十五、五十、五十九、六十一、七十四、八十九、九十一诸回）；次为《寄生草》（见第八、八十二、八十三诸回）；《驻云飞》（见第十一、四十四诸回）；《锁南枝》（见第四十四、六十一诸回）；《耍孩儿》（见第三十九、四十四诸回）；《醉太平》（见第五十二回）；《傍妆台》（见第四十四回）；《闹五更》（见第七十三回）；《罗江怨》（见第六十一回），其他如《绵搭絮》、《落梅风》、《朝天子》、《折桂令》、《梁州序》、《画眉序》、《锦堂月》、《新水令》、《桂枝香》、《柳摇金》、《一江风》、《三台令》、《货郎儿》、《水仙子》、《荼蘼香》、《集贤宾》、《一见娇羞》、《端正好》、《宜春令》、《六娘子》……散列书中，和沈氏所记恰合。在另一方面，沈氏所记万历中年最流行的《打枣竿》、《挂枝儿》二曲，却又不见于《词话》。《野获编》书成于万历三十四年（丙午，公元1606），由此可见《词话》是万历三十四年以前的作品，《词话》作者比《野获编》的作者时代略早，所以他不能记载到沈德符时代所流行的小曲。

（三）太监、皇庄、皇木及其他

太监的得势用事，和明代相终始。其中只有一朝是例外，这一朝代便是嘉靖朝。从正德宠任刘瑾、谷大用等八虎，坏乱朝政以后，世宗即位，力惩其敝，严抑宦侍，不使干政作恶。嘉靖九年（公元1530）革镇守内臣。十七年（公元1538）从武定侯郭勋请复设，在云贵、两广、四川、福建、湖广、江西、浙江、大同等处各派内臣一人镇守，到十八年四月以彗星示变撤回。在内廷更防微极严，不使和朝士交通，内官因之奉法安分，不敢恣肆。根基不厚的大珰，有的为了轮值到请皇帝吃一顿饭而破家荡产，无法诉苦。在有明一代中嘉靖朝算是宦官最倒霉失意的时期。反之在万历朝则从初年冯保、张宏、张鲸等柄用起,一贯地柄国作威,政府所有设施,须先请命于大珰,初年高拱任首相,且因不附冯保而被逐。张居正在万历初期的新设施,新改革,所以能贯彻实行,是因为在内廷有冯保和他合作。到张居正死后,宦官无所顾惮,权势更盛,派镇守,采皇木,领皇庄,榷商税,采矿税。地方官吏降为为宦寺的属下,承其色笑,一拂其意,缇骑立至。内臣得参奏当地督抚,在事实上几成地方最高长官。在天启以前,万历朝可说是宦官最得势的时代。

《词话》中有许多关于宦官的记载,如清河一地就有看皇庄的薛太监,管砖厂的刘太监,花子虚的家庭出于内臣,王招宣家与太监缔姻。其中最可看出当时情形的是第三十一回西门庆宴客一段:

> 说话中间,忽报刘公公、薛公公来了。慌的西门庆穿上衣,仪门迎接。二位内相坐四人轿,穿过肩蟒,缨枪队喝道而至。西门庆先让至大厅上,拜见叙礼,接茶。落后周守备、荆都监、夏提刑等武官,都是锦绣服,藤棍大扇,军牢喝道,僚掾跟随,须臾都到了门口,黑压压的许多伺候,里面鼓乐喧天,笙箫迭奏。上坐递酒之时,刘、薛二内相相见。厅正面设十二张卓席,都是帏拴锦带,花插金瓶,卓上摆着簇盘定胜,地下铺着锦茵绣毯。

> 西门庆先把盏让坐次,刘、薛二内相再三让逊:"还有列位大人!"周守备道:"二位老太监齿德俱尊。常言三岁内宦,居于王公之上,这个自然首坐,何消泛讲。"彼此逊让了一回。薛内相道:"刘哥,既是列位不首,难为东家,咱坐了罢。"

> 于是罗圈唱了个喏,打了恭,刘内相居左,薛内相居右,每

人膝下放一条手巾,两个小厮在傍打扇,就坐下了。其次者才是周守备,荆都监众人。

一个管造砖和一个看皇庄的内使,声势便煊赫到如此,在宴会时座次在地方军政长官之上,这正是宦官极得势时代的情景,也正是万历时代的情景。

皇庄之设立,前在天顺、景泰时代已见其端,正德时代达极盛期。世宗即位,裁抑恩幸,以戚里佞幸得侯者著令不许继世。中惟景王就国,拨赐庄田极多。《明史》卷七七《食货志》一说:

> 世宗初命给事中夏言等清核皇庄田,言极言皇庄为厉于民。自是正德以来投献侵牟之地,颇有给还民者。而宦戚辈复中挠之。户部尚书孙交造皇庄新册,额减于旧,帝命核先年顷亩数以闻,改称官地,不复名皇庄。诏所司征银解部。

由此可知嘉靖时代无皇庄之名,只称官地。《食货志》一又记:

> 神宗赉予过侈,求无不获。潞王、寿阳公主恩最渥,而福王分封,括河南山东湖广田为王庄,至四万顷,群臣力争,乃减其半。王府官及诸阉丈地征税,旁午于道,扈养厮役,廪食以万计,渔敛惨毒不忍闻,驾帖捕民,格杀庄佃,所在骚然。

由此可知《词话》中的管皇庄太监,必然指的是万历时代的事情。因为假如把《词话》的时代放在嘉靖时的话,那就不应称为管皇庄,应该称为管官地的才对。

所谓皇木,也是明代一桩特别的恶政,《词话》第三十四回有刘百户盗皇木的记载:

> 西门庆告诉:"刘太监的兄弟刘百户因在河下管芦苇场,撰了几两银子。新买了一所庄子。在五里店拿皇木盖房。……"

明代内廷兴大工,派官往各处采大木,这木就叫皇木。这事在嘉靖万历两朝特别多,为民害极酷。《明史》卷八二《食货志》六说:

> 嘉靖元年革神木千户所及卫卒。二十年宗庙灾,遣工部侍郎潘鉴、副都御史戴金于湖广四川采办大木。
>
> 二十六年复遣工部侍郎刘伯跃采于川、湖、贵州。湖广一省费至三百三十九万余两。又遣官核诸处遗留大木,郡县有司以迟误大工,逮治褫黜非一,并河州县尤苦之。
>
> 万历中三殿工兴,采楠杉诸木于湖广、四川、贵州,费银九百三十余万两,征诸民间,较嘉靖年费更倍。而采鹰平条桥诸木于南直浙江者,商人逋直至二十五万。科臣劾督运官迟延侵冒,不报。虚縻乾没,公私交困焉。

按万历十一年慈宁宫灾,二十四年乾清、坤宁二宫灾,《词话》中所记皇木,当即指此而言。

《词话》第二十八回有女番子这样一个特别名词。

> 经济道:"你老人家是个女番子,且是倒会的放刁……"

所谓番子,《明史·刑法志》三说：

> 东厂之属无专官,掌刑千户一,理刑百户一,亦谓之贴刑,皆卫官。其隶役悉取给于卫。最轻黠狡巧者乃拨充之。役长曰档头,帽上锐,衣青素褡褵,系小绦,白皮靴,专主伺察。其下番子数人为干事,京师亡命诓财挟仇视干事者为窟穴,得一阴事,由之以密白于档头,档头视其事大小,先予之金。事曰起数,金曰买起数。既得事,帅番子至所犯家左右坐曰打桩,番子即突入执讯之,无有左证符牒,贿如数,径去。少不如意,榜治之名曰干榨酒,亦曰搬罾儿,痛楚十倍官刑。且授意使牵有力者,有力者予多金,即无事,或靳不予,予不足,立闻上,下镇抚司狱,立死矣。

番子之刺探官民阴事为非作恶如此,所以在当时口语中就称平常人的放刁挟诈者为番子,并以施之女性。据《明史》在万历初年冯保以司礼监兼厂事,建厂东上北门之北曰内厂,而以初建者为外厂,声势煊赫一时,至兴王大臣狱,欲族高拱。但在嘉靖时代,则以世宗驭中官严,不敢恣,厂权且不及锦衣卫,番子之不敢放肆自属必然。由这一个特别名词的被广义地应用的情况说,《词话》的著作时代亦不能在万历以前。

（四）古刻本的发现。

两年以前《金瓶梅》的最早刻本,我们所能见到的是康熙三十四年（乙亥,公元1695）皋鹤草堂刻本张竹坡批点《第一奇书金瓶梅》,和崇祯本《新刻绣像金瓶梅》。在这两个本子中没有什么材料可以使我们知道这书最早刊行的年代。

最近北平图书馆得到了一部刊有万历丁巳序文的《金瓶梅词话》,这本子不但在内容方面和后来的本子有若干处不同,并且在东吴弄珠客的序上也明显地载明是万历四十五年(丁巳,公元1617)冬季所刻。在欣欣子的序中并具有作者的笔名兰陵笑笑生(也许便是作序的欣欣子罢)。这本子可以说是现存的《金瓶梅》最早的刊本。其内容最和原本相近,从它和后来的本子不相同处及被删改处比较的结果,使我们能得到这样的结论,断定它的最早开始写作的时代不能在万历十年以前,退一步说,也不能过隆庆二年。

但万历丁巳本并不是《金瓶梅》第一次的刻本,在这刻本以前,已经有过几个苏州或杭州的刻本行世,在刻本以前并且已有抄本行世。因为在袁宏道的《觞政》中,他已把《金瓶梅》列为逸典,在沈德符的《野获编》中他已告诉我们在万历三十四年(丙午,公元1606)袁宏道已见过几卷,麻城刘氏且藏有全本。到万历三十七年袁中道从北京得到一个抄本,沈德符又向他借抄一本。不久苏州就有刻本,这刻本才是《金瓶梅》的第一个本子。

袁宏道的《觞政》在万历三十四年以前已写成,由此可以断定《金瓶梅》最晚的著作时代当在万历三十年以前。退一步说,也决不能后于万历三十四年。

综结上文所说,《金瓶梅》的成书时代大约是在万历十年到三十年这二十年(公元1582—1602)中。退一步说,最早也不能过隆庆二年,最晚也不能后于万历三十四年(公元1568—1606)。

五、《金瓶梅》的社会背景

《金瓶梅》是一部现实主义小说,它所写的是万历中年的社会情形。它抓住社会的一角,以批判的笔法,暴露当时新兴的结合官僚势力的商人阶级的丑恶生活。透过西门庆的个人生活,由一个破落户而土豪、乡绅而官僚的逐步发展,通过西门庆的社会联系,告诉了我们当时封建统治阶级的丑恶面貌,和这个阶级的必然没落。在《金瓶梅》书中没有说到那时代的农民生活,但在它的描写市民生活时,却已充分地告诉我们那时农村经济的衰颓和崩溃的必然前景。当时土地集中的情形,万历初年有的大地主拥田到七万顷,粮至二万石。(张居正《张文忠公集书牍》六《答应天巡抚宋阳山论均粮足民》)据万历六年全国田数七百一万三千九百七十六顷计算,这一个大地主的田数就占全国田数的百分之一。又如皇庄,嘉靖初年达数十所,占地至三万七千多顷。夏言描写皇庄破坏农业生产的情形说:

> 皇庄既立,则有管理之太监,有奏带之旗校,有跟随之名目,每处动至三四十人。……擅作威福,肆行武断。……起盖房屋,架搭桥梁,擅立关隘,出给票帖,私刻关防。凡民间撑架舟车,牧放牛马,采捕鱼虾蛰蚌莞蒲之属,靡不括取。而邻近土地,则展转移筑封堆,包打界至,见亩征银。本土豪猾之民,投为庄头,拨置生事,帮助为恶,多方掊克,获利不赀。输之官闱者曾无十之一二,而私入囊橐者盖不啻十八九矣。是以小

民脂膏，吮剥无余，由是人民逃窜而户口消耗，里分减并而粮差愈难。卒致莱毂之上，生理寡遂，闾阎之间，贫苦到首，道路嗟怨，邑里萧条。

公私庄田，跨庄逾邑，小民恒产，岁朘月削，产业既失，税粮犹存，徭役苦于并充，粮草苦于重出，饥寒愁苦，日益无聊，展转流亡，靡所底止。以致强梁者起而为盗贼，柔善者转死于沟壑。其巧黠者或投存势家庄头家人名目，恣其势以转为善良之害，或匿入海户陵户勇士校尉等籍，脱免徭役，以重困敦本之人。凡所以魇民命脉，竭民膏血者，百孔千疮，不能枚举。（《桂洲文集》卷十三《奉敕勘报皇庄及功臣国戚田土疏》）

虽然说的是嘉靖前期的情况，但是也完全适用于万历时代，而且应该肯定，万历时代的破坏情形只有比嘉靖时代更严重。据《明史》《景王潞王福王等传》：景恭王于"嘉靖四十年（公元1562）之国，……多请庄田，……其他土田湖陂侵入者数万顷"。潞王"居京邸，王店王庄遍畿内，……居藩多请赡田食盐无不应，……田多至四万顷"。福王之国时，"诏赐庄田四万顷，……中州腴土不足，取山东、湖广田益之"，尺寸皆夺之民间，"伴读承奉诸官假履亩为名，乘传出入，河南北、齐、楚间所至骚动"。潞王是明穆宗第四子，万历十七年之藩；福王是明神宗爱子，万历四十二年就藩。三王的王庄多至十数万顷，加上宫廷直属的皇庄和外戚功臣的庄田，超经济的剥削，造成人民逃窜，户口消耗，道路嗟怨，邑里萧条，强梁者起而为"盗贼"，柔善者转死于沟壑的崩溃局面。

除皇庄以外，当时农民还得摊派商税，如毕自严所说山西情形：

> 榷税一节，病民滋甚。山右僻在西隅，行商寥寥。所有额派税银四万二千五百两，铺垫等银五千七百余两，皆分派于各州府。于是斗粟半菽有税，沽酒市脂有税，尺布寸丝有税，赢特骞卫有税，既非天降而地出，真是头会而箕敛。(《石隐园藏稿》卷五《嵩祝陛辞》疏)

明末侯朝宗描写明代后期农民的被剥削情况说：

> 明之百姓，税加之，兵加之，刑加之，役加之，水旱灾祲加之，官吏之渔食加之，豪强之吞并加之，是百姓一而所以加之者七也。于是百姓之富者争出金钱而入学校，百姓之黠者争营巢窟而充吏胥，是加者七而因而诡之者二也。即以赋役之一端言之，百姓方苦其穷极而无告而学校则除矣，吏胥则除矣，……天下之学校吏胥渐多而百姓渐少，……彼百姓之无可奈何者，不死于沟壑即相率而为盗贼耳，安得而不乱哉。(《壮悔堂文集·正百姓》)

农民的生活如此。另一面，由于倭寇的肃清，商业和手工业的发达，海外贸易的扩展，国内市场的扩大，计亩征银的一条鞭赋税制度的实行，货币地租逐渐发展，高利贷和商业资本更加活跃，农产品商品化的过程加快了。商人阶级兴起了。从亲王勋爵官僚士大夫都经营商业，如"楚王宗室错处市廛，经纪贸易与市民无异。通衢诸绸帛店俱系宗室。间有三吴人携负至彼开铺者，亦必借王府名色"。(包汝楫《南中纪闻》)如翊国公郭勋京师店舍多至千余区。(《明史》卷一三〇《郭英传》)如庆云伯、周瑛于河西务设肆邀商贾,虐市民,亏国课。周寿奉使多挟商艘。(《明史》卷三〇〇《周能传》)如吴中官僚集团的开设囤房债典百货之肆,黄省曾《吴风录》说:

> 自刘氏、毛氏创起利端,为鼓铸囤房,王氏债典,而大村名镇必张开百货之肆,以榷管其利,而村镇之负担者俱困。由是累金百万。至今吴中搢绅仕夫,多以货殖为急,若京师官店六郭开行债典兴贩屠酤,其术倍克于齐民。

嘉靖初年夏言疏中所提到的"见亩征银",和顾炎武所亲见的西北农民被高利贷剥削的情况:

> 日见凤翔之民,举债于权要,每银一两,偿米四石,此尚能支持岁月乎!(《亭林文集》卷三《病起与蓟门当事书》)

商人阶级因为海外和内地贸易的关系,他们手中存有巨额的银货,他们一方面利用农民要求银货纳税的需要,高价将其售出,一方面又和政府官吏勾结,把商品卖给政府,收回大宗的银货,如此循环剥削,资本积累的过程,商人阶级壮大了,他们日渐成为社会上的新兴力量,成为农民阶级新的吸血虫。

西门庆所处的就是这样一个时代,他代表他所属的那个新兴阶级,利用政治的和经济的势力,加紧地剥削着无告的农民。

在生活方面,因此就表现出两个绝对悬殊的阶级,一个是荒淫无耻的专务享乐的上层阶级,上自皇帝,下至市侩,莫不穷奢极欲,荒淫无度。就过去的历史事实说："皇帝家天下"，天下的财富即是皇帝私人的财富，所以皇帝私人不应再有财富。可是在这个时代，连皇帝也殖私产了，金花银所入全充内帑，不足则更肆搜括。太仓太仆寺所藏本供国用，到这时也拼命借支，藏于内府，拥宝货作富翁。日夜希冀求长生，得以永保富贵。和他的大臣官吏上下一致地讲秘法，肆昏淫，明穆宗、谭纶、张居正这一些享乐主义者的死在醇酒妇人手中，和明神宗的几十年不接见朝臣，深居宫中的腐烂生活正足以象征这个时代。社会上的有闲阶级，更承风导流，夜以继日，妓女、小唱、优伶、赌博、酗酒，成为日常生活，笙歌软舞，穷极奢华。在这集团下面的农民，却在另一尖端，过着饥饿困穷的生活。他们受着十几重的剥削，不能不在水平线下生活着，流离转徙，一遭意外，便只能卖儿鬻女。在他们面前只有两条道路：一条是转死沟壑，一条是揭竿起义。

西门庆的时代，西门庆这一阶级人的生活，我们可以拿两种地方记载来说明。《博平县志》卷四《人道》六《民风解》：

……至正德、嘉靖间而古风渐渺，而犹存什一于千百焉。……乡社村保中无酒肆，亦无游民。……畏刑罚，怯官府，窃铁攘鸡之讼，不见于公庭。……由嘉靖中叶以抵于今，流风愈趋愈下，惯习骄吝，互尚荒佚，以欢宴放饮为豁达，以珍味艳色为盛礼。其流至于市井贩鬻厮隶走卒，亦多缨帽细鞋，纱裙细裤，酒庐茶肆，异调新声，泊泊浸淫，靡焉勿振。甚至娇声充溢于乡曲，别号下延于乞丐。……逐末游食，相率成风。

截然地把嘉靖中叶前后分成两个时代。崇祯七年刻《郓城县志》卷七《风俗》：

> 郓地……称易治。迩来竞尚奢靡，齐民而士人之服，士人而大夫之官，饮食器用及婚丧游宴，尽改旧意。贫者亦椎牛击鲜，合飨群祀，与富者斗豪华，至倒囊不计焉。若赋役施济，则毫厘动心。里中无老少，辄习浮薄，见敦厚俭朴者窘且笑之。逐末营利，填衢溢巷，货杂水陆，淫巧恣异，而重侠少年复聚党招呼，动以百数，椎击健讼，武断雄行。胥隶之徒亦华侈相高，日用服食，拟于市宦。

所描写的"市井贩鬻""逐末营利"商业发展情形和社会风气的变化，及其生活，不恰就是《金瓶梅》时代的社会背景吗？

我们且看西门庆和税关官吏勾结的情形：

> 西门庆叫陈经济后边讨五十两银子来，令书童写了一封书，使了印色，差一名节级，明日早起身，一同去下与你钞关上钱老爹，叫他过税之时，青目一二。（第五十八回）
>
> 西门庆听见家中卸货，吃了几钟酒，约掌灯以后就来家。韩伙计等着见了，在厅上坐的，悉把前后往回事，说了一遍。西门庆因问钱老爹书下了，也见些分上不曾？韩道国道："全是钱老爹这封书，十车货少使了许多税钱，小人把缎箱两箱并一箱，三停只报两停，都当茶叶马牙香，柜上税过来了。通共十大车，只纳了三十两五钱钞银子，老爹接了报单，也没差巡捕拦下来查点，就把车喝过来了。"
>
> 西门庆听言，满口欢喜，因说："到明日少不得重重买一分

礼,谢那钱老爹。"(第五十九回)

和地方官吏勾结,把持内廷进奉的情形:

  应伯爵领了李三来见西门庆。……李三道:"今有朝廷东京行下文书,天下十三省,每省要万两银子的古器,咱这东平府,坐派著二万两,批文在巡按处,还未下来。如今大街上张二官府破二百两银子,干这宗批要做,都看有一万两银子寻。……"西门庆听了说道:"批文在那里?"李三道:"还在巡按上边,没发下来呢。"西门庆道:"不打紧,我这差人写封书,封些礼,问宋松原讨将来就是了。"李三道:"老爹若讨去,不可迟滞,自古兵贵神速,先下米的先吃饭,诚恐迟了,行到府里,乞别人家干的去了。"西门庆笑道:"不怕他,设使就行到府里,我也还教宋松原拿回去就是,胡府尹我也认的。"(第七十八回)

当时商人进纳内廷钱粮的内幕:

  李三黄四商量向西门庆再借银子,应伯爵道:"你如今还得多少才勾?"黄四道:"李三哥他不知道,只要靠着问那内臣借一般,也是五分行利。不如这里借着,衙门中势力儿,就是上下使用也省些。如今找着,再得出五十个银子来,把一千两合用,就是每月也好认利钱。"

  应伯爵听了,低了低头儿,说道:"不打紧……管情就替你说成了。找出了五百两银子来,共揍一千两文书,一个月满破

> 认他五十两银子,那里不去了,只当你包了一个月老婆了。常言道秀才取添无真,进钱粮之时,香里头多上些木头,蜡里头多挽些柏油,那里查账去!不图打点,只图混水,借着他这名声儿,才好行事。"(第四十五回)

西门庆不但勾结官吏,偷税漏税,营私舞弊,并且一般商人还借他作护符,赚内廷的钱!

在另一方面,另一阶级的人,却不能不卖儿鬻女。《词话》第三十七回:

> 冯妈妈道:"爹既是许了,你拜谢拜谢儿。南首赵嫂儿家有个十三岁的孩子,我明日领来与你看,也是一个小人家的亲养孩儿来,他老子是个巡捕的军,因倒死了马,少桩头银子,怕守备那里打,把孩子卖了,只要四两银子,教爹替你买下吧!"

这样的一个时代,这样的一个社会,农民的忍耐终有不能抑止的一天。不到三十年,火山口便爆发了!张献忠、李自成的大起义,正是这个时代这个社会的必然发展。

这样的一个时代,这样的一个社会,才会产生《金瓶梅》这样的一部作品。

一九三三年十月十日,于北平

(原载《文学季刊》创刊号)

吴晗先生学术年表[*]

1909 年（清宣统元年）

8 月 11 日，吴晗（原名吴春晗）出生于浙江省义乌县苦竹塘村。

1915 年

时值家中宴客，有感而发，作诗一首，展露文学才华。

1916 年

进入金华县傅村育德私立小学。

1921 年

进入金华第七中学，结识好友千家驹。

1925 年

从金华第七中学毕业。

时值第一次国共合作，吴晗并未与多数同学一样参与政治运动，于当年 7 月从中学毕业后返回苦竹塘村。

1927 年

因不满父亲包办的婚姻，离家出走，向朋友借钱，前往杭州参加考试，进入之江大学（杭州基督教学院）预科。同年北伐军进入杭州，宣传排外革命思想，具有基督教背景的之江大学受到影响。

---

[*] 本年表由赵克生撰写。

1928 年

之江大学关闭,吴晗前往上海,进入中国公学预科班,当时校长为胡适。

1929 年

正式进入中国公学社会历史系。

1930 年

完成论文《西汉经济状况》,由胡适介绍,将文稿售给大东书局,得 80 元稿费。

8 月,适逢胡适离开中国公学,吴晗也由上海前往北平,原计划直接转学至燕京大学,但因英文成绩为丙等而难遂心愿。

秋,由顾颉刚介绍到燕京大学日文编考部做编目工作,当洪煨莲的助手。

1931 年

8 月,以转校生的身份考入清华大学。原本同时报考清华大学和北京大学,但因数学成绩为零分,不被北大录取,清华大学不考数学,故而得以顺利考入。进入清华大学后,开始主攻明史。

秋,吴晗购买一套崇文本《明史》,开始点读,并依照老师胡适的指导,抄写数千张卡片。同年完成《胡应麟年谱》。

在清华大学期间,吴晗对《金瓶梅》和《山海经》产生兴趣,陆续在《清华周刊》1931 年第 4、5 期发表《清明上河图与〈金瓶梅〉的故事及其演变》《西王母与西戎》两篇文章。

1932 年

时值日军大举进攻上海,吴晗有感国难当头,使用笔名"辰伯"。当年学术上的成就包括在《清华周刊》1932 年第 1 期发表的《西王母的传说》《说〈水浒传〉》《乌斯道传》《陈宪章传》《过去种种》，在《清华周刊》第 2 期发表的《〈日本图纂〉》，在第 5 期发表的《感事（诗）》，在《清华周刊》第 9、10 期发表的《〈清明上河图〉与〈金瓶梅〉的故事及其衍变补记》、《两浙藏书家史略》，在《文学月刊》1932 年第 1 期发表的《西王母与牛郎织女的故事》。

1933 年

在《清华周刊》1933 年第 3 期发表《读史札记——明史》，第 8 期发表《战国诸子的历史哲学》；在《读书评论》1933 年第 5 期发表《〈明史〉小评》。

1934 年

吴春晗正式改名吴晗。当年由清华大学毕业，并留校担任助教，专讲明史。在吴晗之前，全国各大院校并不专门开设明史课程，明史成为专门课程自吴晗始。在清华期间，受到顾颉刚、胡适、傅斯年等学者的提携。在《文学季刊》1934 年第 1 期发表《〈金瓶梅〉的著作时代及其社会背景》，在《清华学报》1934 年第 1 期发表《胡应麟年谱》，并由清华学报和商务印书馆出版抽印本和单行本。

1935 年

为天津《益世报》副刊《史学》撰写发刊词。在《大公报·史地周刊》发表《晚明仕宦阶级的生活》。在《中国近代经济史研究集刊》1934 年第 2 期发表《清华大学所藏档案的分析》。在《燕京学报》1934 年第 15 期发表《胡惟庸党案考》，在第 17 期发表《关于东北史上的一位怪杰的新史料——〈李朝实录〉中之李满住》。在《大公报·史地周刊》1935 年第 5、6 期发表《晚明流寇之社会背景》，在第 13 期发表《明代的锦衣卫和东西厂》，在第 17 期发表《明代的殉葬制度》，在《清华学报》1935 年第 3 期发表《明成祖生母考》，在第 4 期发表《明代靖难之役与国都北迁》。在《天津益世报·史学》

1935 年第 3 期发表《烟草初传入中国的历史》,在第 12、13 期发表《明代之农民》。梳理朝鲜《李朝实录》中关于明代中国的材料,写成《〈朝鲜李朝实录〉中之中国史料》一书。

1936 年

在《清华学报》1936 年第 1 期发表《十六世纪前期之中国与南洋》,在第 2 期发表《元帝国之崩溃与明之建国》,在《清华周刊》1936 年第 5 期发表《十四世纪之纺绩工厂》。在《禹贡》1936 年第 1 期发表《南人与北人》。在《天津益世报·史学》1936 年第 24 期发表《廷杖》,在第 44 期发表《元明两代之匠户》。在《南京中央日报·史学》1936 年第 3 期发表《明初卫所制度之崩溃》。在《社会科学》1936 年第 3 期发表《元代之社会》。同年为罗尔纲《太平天国史纲》作序。

1937 年

在《越风》1937 年第 1、2 期发表《后金之兴起》。撰写成《王茂荫与咸丰时代的新币制》和《明代的军兵》。

"七七事变"爆发,吴晗辗转南下到云南大学历史系任教,因才学出众,被破格提升为教授。

1938 年

在《云南大学学报》1938 年第 1 期发表《明代之粮长及其他》。

1939 年

与袁震在昆明正式结婚。写成《投下考》一文。

1940 年

开始撰写有关明太祖朱元璋的传记。

秋,前往四川叙永的西南联大分校任教。

1941 年

西南联大关闭叙永分校,吴晗和袁震夫妇前往战时陪都重庆。

在《清华学报》1941 年第 1 期发表《明教与大明帝国》。在《文史杂志》1941 年第 11 期发表《宋官制杂释》,在第 12 期发表《明初之南京旅馆业》、《明初之杭州织工业》、《注籍》。

1942 年

在《文史杂志》1942 年第 1 期发表《路引》,在第 2 期发表《当铺》、《明成祖仁宗景帝之死及其他》。好友、历史学家张荫麟去世,吴晗在《人文科学学报》第 2 期发表《记本社社友张荫麟先生》以示哀悼。

1943 年

3 月,完成《〈元史·食货志·钞法〉补》一文。

4 月,在《人文科学学报》1943 年第 1 期发表《记大明通行宝钞》。

7 月,经周新民、潘光旦介绍,在昆明加入中国民主同盟。

为影射蒋介石,写成《明太祖》又改名《从"僧钵"到"皇权"》(即后来的《朱元璋传》)一书,以痛斥朱元璋谋杀功臣、大搞特务统治等罪行,批评蒋介石。

1944 年

《明太祖》由重庆胜利出版社出版,改名《由"僧钵"到"皇权"》出版。在《昆明正义日报·新论衡周刊》发表《三百年前的历史教训》。在《文史杂志》1944 年第 28 期发表《钱牧斋之史学》。

1945 年

2 月,在重庆《新华日报》发表《论晚明"流寇"》。

12 月,云南发生"一二·一"惨案,吴晗写成《"一二·一"惨案与纪纲》，发表于《昆明民主周刊》1945 年第 20 期。

1946 年

5 月，西南联大停办。吴晗因妻子袁震病重而来到上海，获悉李公朴、闻一多被暗杀的噩耗，挥泪写下《哭公朴》、《哭一多》。返回北平，住在清华园西院十二号。

1948 年

秋，吴晗夫妇取道上海、天津，辗转来到石家庄，受到中共领导人毛泽东、周恩来的接见。毛泽东对《朱元璋传》提出修改意见。

1949 年

1 月，北平和平解放，吴晗以军管会代表的身份，参加了北京大学、清华大学的接管工作，并先后担任清华大学历史系主任、文学院长等职务。

11 月，吴晗访问苏联，途中得悉被任命为北京市副市长的消息，立即给周恩来总理发电报表示不任此职，周恩来在其回国后亲自找吴晗谈话，要其顾全大局。

1950 年

2 月，在《中国青年》1950 年第 32 期发表《我克服了"超阶级"观点》。

10 月新华书店出版发行《访苏印象》一书。

1953 年

任中华全国青年联合会副主席。以后还历任中国科学院历史研究所学术委员，中国科学院哲学社会科学部学部委员，北京市政协副主席等职务。

1954 年

主持改绘杨守敬的《历代舆地图》、标点《资治通鉴》和二十四史中"前四史"等工作。在《新建设》1954年第11期发表《元末红巾起义》。

1955年

与中科院院长郭沫若、文化部部长沈雁冰等六人联名上书国务院,建议挖掘明十三陵中的长陵。周恩来总理批准同意成立长陵发掘委员会。后因定陵已经出现部分颓坏而决定先行挖掘定陵。

在《历史研究》1955年第3期发表《明初社会生产力的发展》,自印出版《朱元璋传》(油印本)一书。

1956年

定陵挖掘工作开始,吴晗经常亲至现场,协助解决人工、资金等问题。

三联书店出版《读史札记》一书,收录解放前后撰写的多篇文章。

1958年

秋,倡议为青少年编写一套比较全面系统的课外历史通俗读物,进行爱国主义和历史唯物主义教育。邀请大批热心普及历史知识的专家、教授,组成《中国历史小丛书》编委会,由李侃负责具体编辑和出版。

吴晗倡议将明末清初谈迁撰写的《国榷》出版,中华书局承担此项任务。

写成《谈谈"厚古薄今"和"古为今用"的问题》一文,于《文史教学》1959年第1期发表。

1959年

鉴于大跃进时期出现的各级官员虚报成绩、浮夸成风,毛泽东提出要学习明代著名清官海瑞"刚正不阿、直言敢谏"的精神。吴晗积极响应号召,随即发表《海瑞骂皇帝》(载于《人民日报》)、《清官海瑞》(载于《北京日报》)、《论海瑞》(载于《人民日报》)。

1960 年

写成《海瑞罢官》,于《北京文艺》1961 年第 1 期发表。在《文汇报》发表《谈历史剧》一文,希望历史学家与戏剧家合作,用艺术的形式表达中国文化遗产,藉以教育观众。《灯下集》由三联书店出版。

1961 年

发表了《谈历史剧》(载《文汇报》)、《关于历史剧的一些问题》(载《北京晚报》)、《再谈历史剧》(载《文汇报》)、《论历史剧》(载《文学评论》)。在《中国青年报》发表《谈骨气》一文。《海瑞罢官(改定本)》由北京出版社出版。

1964 年

在《人民日报》发表《朱元璋的队伍和政权的性质》、《明初统治阶级内部的斗争》。

1965 年

《朱元璋传》由三联书店出版。

12 月,吴晗在《北京日报》和《人民日报》发表《关于〈海瑞罢官〉的自我批评》,称"在思想认识上,主观地要突出海瑞好的一面,越写越片面,把海瑞的历史地位评价过高了"。并且"认识到这不止是一个学术性问题,不只是一个历史人物评价问题,而是一个阶级立场问题"。

1966 年

1 月,在《北京日报前线》发表《是革命还是继承?——关于道德讨论的自我批评》。

吴晗在"文化大革命"中被认为反毛泽东路线,遭到批斗。

1968 年

3月,经康生、谢富治批准被捕入狱。

1969 年

10月11日早晨,在狱中去世,死因不明。骨灰也不知所踪。

1978 年

中国共产党第十一届三中全会召开,决定对"四人帮"造成的冤假错案进行平反。撤销原中央专案审查小组办公室对邓拓、吴晗、廖沫沙所做的错误结论,恢复他们的政治名誉,恢复邓拓、吴晗的党籍。

从创造到普及:吴晗先生的学术贡献

张显清　赵克生

吴晗先生(1909—1969)以明史研究的卓越成就而享誉学林。由学术而政治,最后蒙受奇冤,其间的是非荣辱,任凭世人评说。作为吴晗后学,我们对先生最好的纪念也许就是:揭示先生治史之进路,阐发先生学术之创造,表彰先生普及史学之贡献。

一

1931年秋,吴晗考入清华大学历史系,插班二年级。此时的清华历史系主任蒋廷黻正在进行历史课程改革,改变以往"史家以治某书为始,也以治某书为终,结果我们有某书的注疏考证,而没有一个时代或一个方面的历史"的现象,决心起用能讲一时代或一方面历史的年轻教师,取代那些只能讲授传统学问的教师。① 由于胡适对吴晗的器重,同时也因为吴晗有《胡应麟年谱》这样的学术表现,蒋廷黻有意吴晗将来留校,从事明史教学。蒋廷黻这一安排深

---

① 蒋廷黻:《历史学系概况》,《清华周刊》第41卷第13、14期(1934年6月1日),第23页。

得胡适赞许,在写给吴晗的信中,胡适说:"蒋先生期望你治明史,这是一个最好的劝告。"力劝吴晗放弃先前的汉代研究,改治明史,因为明代的材料多,容易整理,对于初学者而言,"只要脚踏实地,但肯勤劳,自然有功。凡立一说,进一解,皆容易证实,最可以训练方法。"①吴晗欣然接受蒋、胡两先生的建议和安排,随即投身于明史学习。

胡适并不精于明史,但在无人可以为师的情况下,他以通家之才,不仅给吴晗指明将来的学术方向,还给出一个循序渐进、科学合理的治明史的方法,使吴晗受益匪浅。胡适说:

> 应先细细点读《明史》,同时先读《明史纪事本末》一遍或两遍。《实录》可在读《明史》后用来对勘。此是初步工作。于史传中之重要人的姓名、字、号、籍贯、谥法,随笔记出,列一表备查,将来读文集、杂记等书便不感觉困难。读文集中之碑传,亦须用此法。
>
> 已读得一代全史之后,可以试作"专题研究"之小论文(Monographs);题目越小越好,要在"小题大做",可以得训练。千万不可作大题目。
>
> 札记最有用。逐条必须注明卷册页数,引用时可以复检。许多好"专题研究"皆是札记的结果。②

针对吴晗初治明史,胡适向他传授的都是切实可行、易窥门径

---

① 苏双碧编:《吴晗自传书信文集》,中国人事出版社1993年版,第75页。
② 同上书,第75—76页。

的经验之谈。概括而论,就是以《明史》为根本,了解一代史实之全貌;以《明史纪事本末》为补充,把握重要史事之前后发展;以《明实录》为参照,理解史实的繁简、差异;渐次扩大史料的范围,以至于文集、杂记等等。前后次序分明,而中心在《明史》。欲通一代之史,必先读一代全史,这是一个打基础、立根本的过程,治史必须先因而后创,没有对旧史的充分了解,就不可能创立新说。因而,胡适要求吴晗在读完一代全史之后,可以作一些小而专的研究,训练自己处理史料的方法。

吴晗听从胡适的教诲,随后买来了一部《明史》,逐日点读。准备读完《明史》之后,"再照(胡)先生指示的逐步做去"。一段时间之后,吴晗从《明史》中读出了许多问题,"其中最叫人疑心的一个是胡惟庸事件……这事叙述得非常可疑,关系非常重大,中日诸记载又均有矛盾"。① 吴晗以胡惟庸事件为中心,排比不同史料,考证事件之真相,最后成《胡惟庸党案考》一文。吴晗自己对这篇文章始终看重,认为是他明史研究三部曲的第一部。三部曲的第二部是关于建州史研究,这也是由读《明史》而发现问题:"因为清修《明史》,把它自己祖先这三百年间的历史都隐没了,篡改了,歪曲了,为的是好证明清朝的祖先从来都没有臣属于明朝,没有受过明朝的封号,进一步强调建州地区从来不属于明朝的版图等等政治企图。"②吴晗因此决心重写建州史,以补历史的空白。

读史之时,抄写札记,这是胡适传授的另一个治学方法。札

---

① 苏双碧编:《吴晗自传书信文集》,第76页。
② 吴晗:《谈迁与〈国榷〉》,收入《吴晗史学论著选集》(第三册),人民出版社1988年版,第130页。

记,本是清代学者治学的手段,梁启超曾说:"大抵当时好学之士,每人必置一'札记册子',每读书有心得则记焉……推原札记之性质,本非著书,不过储著书之资料。"①实际研究中,学者通常是发现有价值的问题,再以此问题为中心罗列同类或相关的材料,比较、研究而立一说,最后证实,一篇论文就完成了。札记实是一种困知勉行的功夫,高明者喜用,初学者更应时时抄札,惟如此学问才能日积月累,不断进步。胡适得清代学术之遗风,自然十分熟悉札记的功用,故谆谆告诫吴晗"札记最有用",要他读史之时,须作札记,分为若干专题,亦即读史的过程中,要对史料作专史或专题式的分类和整理,以备将来作研究之用。这种专题研究,胡适极其重视,认为它是史学进步必不可少的条件。吴晗一遵师法,做了几千张卡片,准备了札记簿。一边点读《明史》,一边按类填写卡片,复杂问题就写到札记簿上。从此,笔记本和卡片箱是吴晗治学的两大宝物。李埏先生曾是吴晗任教云南大学时的学生,据他回忆,吴晗在云南大学时,曾举"靖难之役"为例,向他传授札记之法,让他见识储满札记的卡片箱。由明史、明实录、李朝实录到野史小说,吴晗在离开清华大学前积累了几万多张摘抄资料的卡片和大量的札记。最著名的要数抄录《朝鲜李朝实录》中的中国史料,连续四五年时间,先后抄了80本(后由中华书局出版,共有十二册)。这些材料既为吴晗自己重写建州史准备了条件,也为后来其他学者研究东北历史、中朝关系史提供了参考。

札记是吴晗研究论文写作的基础。吴晗曾说,他写作时一般

---

① 梁启超:《清代学术概论》之"十七",《梁启超史学论著四种》,岳麓书社1998年版,第65页。

先根据札记而作资料长编,由长编而成论文,由论文而成专书。《记明实录》是吴晗1940年写的一篇长文,20世纪90年代之前,这篇文章是关于《明实录》整体研究"最深入最权威的著作",①而此文就是根据"数十百条"札记而成。吴晗关于明初历史的论文写作无不依靠札记而成,最后在论文的基础上融合贯通,写成《朱元璋传》。吴晗一生学术成就得益于札记,故"多读多抄"就成为他的一贯主张,指导学生,教育大众,随处点化,入手处都离不开"札记法"。②

胡适在传授治学之道时,还特别要求吴晗:"治明史不是要你做一部新明史,只是要你训练自己作一个能整理明代史料的学者。"时过境迁之后,这句话易生误解。近年来,有些学者在回顾吴晗学术的时候,就对胡适的治学方法提出批评,以为他要吴晗只搞考据。胡适所谓的整理史料,其实就是运用包括考证、比较等科学方法研究传统学术,搞考据只是手段,考据之中自有"义理"。否则,上文"立说"之言则不可解释。胡适之所以要求吴晗"不要做一部新明史",是因为胡适不赞成将学术与任何"主义"联系起来,主张治史学以实事求是为重要,防止初涉史坛的吴晗走上凌虚蹈空的一途,以"主义"来剪裁历史,这样成就的"新明史"当然是要不得的。时间证明,旧史学越高明,新史学才能越有实效。民国时期胡适、陈寅恪、傅斯年,再晚一辈如吴晗等人,或专注于史料的搜集与整理,或埋头于专史的计划与撰写,其成就不可谓小。半个多世

---

① 陈学霖:《〈明实录〉与明初史事研究》,转自谢贵安:《明实录研究》,湖北人民出版社2003年版,第6页。
② 吴晗:《漫谈资料工作和研究工作》,收入《吴晗史学论著选集》(第三册),第271页。本文涉及到的吴晗论著,除加说明外,皆引自《吴晗史学论著选集》。

纪之后，我们一不注意，就会发现自己当下所进行的研究，民国学人早已开始。因此，我们不能片面苛评考据或史料整理之类的治史之道。

　　对于自己的治学方法，吴晗从不讳言深受胡适的影响。20世纪40年代，虽然吴晗与胡适师生关系日渐疏远，直至断交，其原因在立场，不在治学方法。建国以后，吴晗开始在中国科学院、北京师范学院等单位指导研究生或青年教师学习明史，采取的仍然是自己学生时代亲身体验的学习方法。对于一些业余的历史爱好者，吴晗则把这一套专业学习的方法通俗地表达为"多读多抄"、"打好基础"。①

　　上述二点之外，先生治明史还有没有其他心得？细绎先生留下来的文字和他人回忆先生的文章，我们发现《明史》之外，另一本工具书颇为先生重视，那就是《四库总目》，全称《四库全书总目提要》。1931年，吴晗在写给胡适的一封信中说："基本应用书如《明通纪》、《明鉴》、《四库总目》之非自备不可。"时先生经济拮据，欲廉价卖稿而购之。② 李埏在一篇回忆吴晗的文章中也提到有关《四库总目》的事情：

　　　　（1940年）一晚，我提出一部书的时代问题和自己对这问题的想法向他质疑。他说："你没有看《四库提要》吧？那里已经谈到了。"……他说："这书，你应当有一部。这是进入史籍

---

① 夏鼐、苏双碧等：《吴晗的学术生涯》，浙江人民出版社1984年版，第6页。
② 苏双碧编：《吴晗自传书信文集》，第80页。

宝藏的津梁门径,案头必备。"①

1962年,吴晗在一次新闻工作者如何学习历史知识的讲话中,再次提到学习历史要学会查阅文献的本领,掌握目录学这把钥匙。他说:"过去的藏书家把他们所收藏的或见到的书籍分门别类,编出目录,有的还给每一本书写了内容提要,如《四库全书总目提要》,有分类,有提要……目录学方面的书上千种,不必都看,选一种重要的看看就行……经常翻阅(《四库全书总目提要》),熟悉它的分类情况,需要查用的时候就很方便了。"②清朝乾隆时期,为了编修四库全书,在全国范围内征调各种古籍,所收文献最为齐全,虽然许多被禁毁,最后完成的四库全书只是所征调文献的一小半,但四库馆臣对未收入四库全书的古籍都作了的内容提要,清代以前主要书目(明代文献最多)都包括进去了。对于治明史的学者,《四库总目》就是查照文献的指南,故吴晗一入清华就措意此书,后每每金针度人,把此书当作史苑之津梁,诱导后进。

若干年前,随着《四库全书存目丛书》、《四库全书禁毁丛书》等大型丛书的出版,笔者苦于明代文献繁多,难有一整体了解,尝试着按照吴晗先生的方法,用了一个暑假的时间细读了《四库全书总目提要》,特别致力子部、集部文献,注意其内容特点、著者为官经历等方面,丹黄一遍,豁然开朗,收集史料的眼界大大地变宽了。摩挲厚厚两册大书,感叹良久,深深服膺吴晗先生舍其余而独重《四库总目》,可谓得其要领,直接而实用。

---

① 北京市历史学会编:《吴晗纪念文集》,北京出版社1984年版,第102页。
② 苏双碧编:《吴晗自传书信文集》,第184页。

综上，吴晗治史是以《明史》为根本，以专题为起点，以札记为手段，以《四库总目》为索引。这些方法既有师承，亦有独造，融会贯通，富有成效，不仅揭示吴晗本人为学之进路，也是吴晗学脉传承之心法。

或许有人会问：电子检索时代，这些方法还有意义吗？电子检索确实是一种高效的资料采集手段，但不要忘了它只是点式抓取，很少有整体感；它可以完成非常具体的关键词搜索，但同义异形的其他表达却常常遗漏。治史首先需要对历史有一种整体的关照，既要有时间序列的前后贯通，又要能把握史实之间的相互联系，这样的历史感显然不能靠电子检索来获得。而且，电子检索的作用因人而异，对于那些有过系统史学训练的学者，其作用是如虎添翼；对于初入史门者，其作用似有实无，因为他们的"根本"未立。我们坚信电子检索不能代替系统、扎实的专业训练。从这一角度讲，吴晗治史方法具有超越时代的意义，可以为今天历史系研究生的专业培养提供参考。

二

吴晗勤奋好学，善疑求真，又得名师指导，在明史研究方面多所创获，成绩斐然。1945年顾颉刚著《当代中国史学》，称明史的研究"以吴晗、王崇武二先生的贡献为最大。"[①]此时，吴晗才三十几岁，英姿勃发，驰骋史坛，羡煞我等后学。

---

① 顾颉刚：《当代中国史学》，辽宁教育出版社1998年版，第85页。

回顾20世纪的明史研究,吴晗首先是一位开辟榛莽的拓荒者。30年代,明史研究刚刚起步,文献零落,人才匮乏。由于反满和中日关系恶化等政治原因,关于明朝的研究主要集中在明末和晚明史、明代东北史、以抗倭为主的中日关系史、郑和下西洋、以传教士为中心的中欧关系史等五个方面。① 此外,还有钱穆、嵇文甫等对明代思想史、钱基博等对明代文学的专门研究,真正意义上对明朝一代的政治、经济、军事、社会生活等广泛而深入的研究很少。吴晗后来说,那时无人研究明史,清华大学历史系没有老师懂明史,他的明史研究是靠自学,就是针对这样的情况而言。不过,对于吴晗来说,明史研究领域的空白就是他学术创造的新天地,具有无比的魅力。数年之后,吴晗不仅成为清华大学历史系第一位讲授明史和明代社会史的教师,而且在当时明史研究的几个热点问题上都发表了重要的见解。例如,1934年,吴晗有《晚明流寇之社会背景》,从经济关系和阶级关系分析了明末的农民的反抗斗争,给明末历史的研究吹来清新之风;1936年吴晗参加了对郑和下西洋性质的讨论,提出了"国际贸易说",又发表了《十六世纪前之中国与南洋》,这篇长文对自秦汉至明嘉万时期的中国与南洋的关系作了系统的考察,尤其是对明代的对外关系作了更为深入具体的论述。他还从经济、政治、文化、华侨等方面论述了永乐、宣德之间努力向南洋发展的积极意义,特别对华侨开拓南洋的巨大贡献给予了充分的肯定和颂扬。这些研究使吴晗成为明朝中外关系史研究的代表人物;1935年、1937年,吴晗取域外史料,先后发表的《〈朝鲜李

---

① 南炳文:《辉煌、曲折与启示:20世纪中国明史研究回顾》,天津人民出版社2001年版,第3页。

朝实录〉中之李满住》、《后金之兴起》，皆为明代东北边疆研究的代表作。

当然，吴晗最具创造性研究主要体现在明代政治、军事、社会史方面。他不仅在这些方面开拓出新课题，进行了具有深度的研究，而且这些问题对于明史研究的展开有着重要意义，得到了后来学者的广泛认同，纷纷追踵其后。（1）政治方面，他第一次对元明更迭和明朝建国作了最为系统的研究。他的《胡惟庸党案考》用缜密的考据揭示了这一大案对于明初政治的影响，奠定以后关于朱元璋、明代中枢政体变迁、建文逊国等研究的基础。他的《明代靖难之役与国都北迁》，论述了太祖定都南京——封建诸王——靖难之役——成祖重用"厂、卫"——成祖迁都北京等历史事件之间的内在联系和因果关系。由"靖难"和迁都而生发出的两京制度、漕运和"金花银"、亲王守边到皇帝守边的边疆政策变化等问题，都是涉及有明一代政治、经济、军事的重大问题，历来受到众多学者的重视。比如，范德、万明等学者对两京制的研究，其实是在吴晗研究基础的深化。（2）军事方面，吴晗《明初卫所制度之崩溃》论述了明代的军卫法以及军兵逃亡、卫所制度崩溃的原因。他于1937年发表的《明代的军兵》一文，系统地考察了明朝社会政治、经济背景，分析了京军与卫军的废弛，募兵的兴起与国家财政状况的关系，揭示了明代的社会基本矛盾，表现了很高的史识，功力最深，分量最重。尤可注意的是，吴晗的军事史研究，隐含着许多论题，如关于军屯、军户的研究，关于边防政策的演变，关于边镇经济，关于明代国家财政问题等。以后，王毓铨、于志嘉、南炳文、李龙潜、赵轶峰等人对这些问题各自都有更加精专的探讨，而他们的学术回顾无不追溯到吴晗先生相关的军事史研究。（3）社会方面，吴晗的

《元明两代之"匠户"》《晚明流寇之社会背景》《晚明仕宦阶级的生活》《明代之农民》是研究明代地主、农民和农民反抗斗争的论文。论述了明代地主阶级的形成、政治经济特权、剥削方式和奢靡的生活。这些文章接触到了明代的社会经济结构、阶级关系、阶级矛盾、农民起义、历史发展趋向等问题,至今仍有重要价值。在现代史学家中,他是最早研究这些课题者之一。吴晗把《金瓶梅》看作一部现实主义小说,以历史证小说,认为它描写的是万历以后的社会情况,进而通过小说观察明代后期各阶层的社会生活。把这种文史互证的方法引入明史研究,吴晗是先行者,开启了以后明史学界对诸如三言、二拍等小说的重视和研究。

综合分析吴晗先生的明史研究之后,我们发现这些研究有的是当时热点问题,有的是吴晗自己开辟的新领域,在面上已相当广泛。令我们感到疑惑的是,吴晗对于内阁、巡按、督抚等重大问题一笔带过,没有留下专题性著述。从研究的次序上讲,他在《胡惟庸党案考》中,已经提到此案的结果在政治方面就是永废丞相,分权六部、五府等衙门,接下来理应重点研究中枢机构的新变化。但是,吴晗把重点放在其他重大事件、社会集团(军、民、匠、士)方面,展开系列的政治、军事、社会史研究。他以考据为手段,但又在考据之外给予明代重大史事通透的解释,广博之中,另具深刻。这样的学术取径,源自吴晗怎样的史学思想呢?

吴晗的明史研究是新史学思潮的一大硕果。20世纪初期,自梁启超揭帜"新史学",赓续者不断,史学革命遂成潮流。吴晗师辈中,胡适、陈寅恪、顾颉刚、傅斯年等都是新史学的积极倡导者,诸贤学术虽不尽相同,却有共同的主张:社会的、民众的历史应该反映时代变迁、文化进退和民生苦乐;扩充史料,用比较的方法来处理史料;研究问题要"小题大做"、"以小见大"。吴晗史学的精进受惠于新史学的滋养,仅数年时间他就成长为新史学第三期的中坚。1934年5月,吴晗等人组织了"史学研究会",旨在"对中国新史学的建设尽一点力量"。一年后,他们主办了《益世报·史学专刊》,由吴晗主笔、集体讨论形成的《发刊词》阐明了他们新史学的主张:

> 我们应该从大处着眼,小处着手,就各人的兴趣和所学,向每一个问题作广博深湛的检讨,我们认为帝王英雄的传记时代已经过去,理想中的新史乃是社会的、民众的。

宣言延续了梁启超以来的"新史学"精神,要写出社会民众史,治史方法因此亦有新变化:

> 我们既不轻视过去旧史家的努力,假如不经过他们的一番披沙拣金的工作,我们的研究便无所凭借;我们也尊重现代一般新史家的理论和方法,他们的著作在我们看,同样有参考价值。我们不愿依恋过去枯朽的骸骨,也不肯盲目地穿上流行的各种争奇夸异的新装。我们的目标只是求真。

这里的旧史家当指固守考据之学者,新史家则为注重科学方法、运用理论解释历史的学者。吴晗等人折中新、旧,欲集合各家所长,创立一种包容更广的新史学。[①]

[①] 转自陈锋:《两极之间的新史学:关于史学研究会的学术史考察》,《近代史研究》2006年第1期。

新史学思想主导下,吴晗的明史研究选择一种实证与诠释并重的治史方法。考据仍是一种手段,但不是目的。吴晗理解的考据是一种"剥笋式的考据",它"穷究其底,不肯以问题本身的解决为满足,还要问为什么如此。"①考据的结果只是问题的提出,只是学术创造的开始。一方面,吴晗信奉胡适的"大胆的假设,小心的求证"为座右铭,撰写了大量考据文章;另一方面,他又超越了考据学的任务,而能通过考据阐明社会历史问题,论述历史的发展趋向,由史实考证进入史事重建,像《胡惟庸党案考》、《〈金瓶梅〉的著作时代及其社会背景》皆是如此。

新史学思想主导下,吴晗致力于一种社会的、民众的新明史研究,重新选择传统政治史的问题和研究路径。梁启超曾说,旧史偏重政治,而政治又偏重中枢,遂致极重要之史迹阙而不载。② 作为新史学的后劲,吴晗当然不会回到旧的政治史研究上去,而把眼光下移,关注广泛的社会阶层,关注民生经济,寻求一种从社会的、民众的视角解读明代政治的轨迹。准确地说,主要从阶级关系和经济关系着手。先看阶级关系,在吴晗那里,"阶级"更接近于一个中性词,脱去了道德、政治色彩,实质上就是"集团"。《明代之农民》、《晚明"流寇"之社会背景》都是将农民作为一个社会集团进行整体考察的。在《胡惟庸党案考》中,吴晗也注意到朱元璋与士大夫集团之间的紧张关系,把它作为胡案发生的一个原因。因此,阶级分析不再将目光停留在个人身上,而更注意个体的集合,关心

---

① 夏鼐、苏双碧等:《吴晗的学术生涯》,第 155 页。
② 梁启超:《中国历史研究法》,《梁启超史学论著四种》,第 110 页。

个人与集团、集团与社会之间的关系。① 当吴晗把阶级关系作为分析明代政治的概念,明代政治史的主角就不会只是帝王将相,明代政治史的重点就不再是中枢机构。他把明代政治史研究引向一个更加多元、动态的新境界,读者由此可以看到各色群体的登场,各种权力关系的交织。再看经济关系。吴晗对历史的经济解释有着浓厚兴趣,经济解释具有的深刻"洞察力",使之成为吴晗研究明史的有效分析工具。例如,在探索地主与农民的关系时,他比较明确地认识到土地关系在封建经济形态中的重要地位。他指出,"农民人数最多,和土地的关系最切"。封建国家为了把农民"禁锢在土地上","使之永远不能离开其所耕种的土地",制定了黄册等制度。农民和土地相联系,是"统治阶级的基础"。由于"土地兼并","土地分配因之愈加不均,地主和贫农的关系也愈趋恶化"。农民叛乱是由地主阶级残酷的剥削压迫造成的,是封建经济制度本身的必然产物。这种分析摆脱了旧史一贯的"朝廷立场",直指历史的根源。《明代的军兵》的深刻之处,也在于把军与兵的变迁和明朝军饷、国家财政的关系联系起来,从看似简单的军制演变中揭示明代历史的大变局。

史家治史,讲究"横通"和"直通"。所谓"横通",就是要把握某一史事与同一时期其他史事的关系,给予合理的解释;所谓"直通",就是要于纵的方面把握某一史事产生的源与流。通俗地说,前者即"左顾右盼",后者为"瞻前顾后"。吴晗的明史研究重分析,"横通"和"直通"兼而有之。吴晗曾说:

---

① 陈锋:《两极之间的新史学:关于史学研究会的学术史考察》,《近代史研究》2006 年第 1 期。

> 研究专史、断代史，必须建立在熟悉通史的基础上，几千年历史发展的概况，主要事件的变化、发展，应该首先弄清楚。对通史缺乏了解，研究专史是不可能的。同样，研究一个专题问题，一个历史人物，不了解一个时代的历史，也研究不好。①

因为有"横通"，吴晗的明代政治史研究、军事史研究、社会文化史研究往往融为一体，畛域不再，上文所述已略见，兹不赘。而吴晗明史研究的"直通"之妙，向不为学者所重视，直到近年海内外学者有"宋元明变迁"的新主张②，吴晗那种以明史为中心、元明清一线贯通的研究模式才被重新认识。著名元史专家、南开大学李治安教授如是说：

> 关于元代及明前期的社会变动，几乎无人问津。国内外元史学者研究具体问题较多，但对元王朝给予中国古代后期社会的深重影响注意不够。即使有所涉及，也只限于军制、分封制、对外关系等具体问题。而明史学者除了吴晗、王毓铨、郑克晟等，很少涉及元代。③

李先生提倡历史研究的长时段，意欲打破王朝分期，注意历史发展

---

① 苏双碧编：《吴晗自传书信文集》，第229页。
② 这一问题源自美国学者史乐民（Paul Jakov Smith）和万志英（Richard von Glahn）主编的《中国历史上的宋元明变迁》，国内学者如葛兆光、李伯重、赵世瑜等人都有回应。
③ 李治安：《论题：元代及明前期的社会变动》，《历史教学问题》第1期。

的连续性,实为灼见。因为元、明之间在政治体制、钞法、工商业、户等和赋役等方面有共通性,要了解明代,必须上溯元代,元史研究与明史研究之间的相关性不容忽视。作为一位明史专家,吴晗的明史研究是以元史研究为先导,他的《元代之社会》《元帝国之崩溃与明之建国》是1935年写的两篇文章,系统阐述元、明易代的问题,指出元朝的崩溃是由于长期的阶级矛盾、民族矛盾和统治集团内部矛盾的结果,"与其说是被汉族用武力推翻,不如说是元帝国的自然崩溃。"政权更迭之后,明初政治设计始终不脱元朝的影响,或惩元之弊,乱世用重典;或明承元制,官制兵制和教育制度皆有所保留。吴晗以上的分析为理解明初政治提供了清晰的思路。在《明教与大明帝国》一文中,吴晗为了解释明朝国号的由来,自元明而上,对明教问题作了通史性梳理。这种跨朝代、长时段的考镜源流,在许多专史或断代史研究中都会遇到,治史者欲追踪史事的来龙去脉,必须在专史之外别具通史的见识,把某个问题作一纵向比较,才能抓住其特点,求得前后一贯之解释。吴晗对明代钞法的研究就体现了这个特点,他写《记大明通行宝钞》之前,先写了《元代之钞法》,对元代钞法有一个基本的看法:元代钞法以金银或丝为钞本,符合金融规律,施行状况总体不错,其大坏在元末。接着分析明代钞法始终未得善法,其原因在于明朝"仅承其(元朝)制度之表面而忽其本根",不知钞本、钞额之道理,推行一种"无本、无额、有出无入之不兑换现钞"的钞法,故明代钞法不行,一系列禁止民间用金银、物货交易的措施最终失败。吴晗对明代钞法的研究并不就此打住,他继续深入,论明代官俸折钞导致官俸之薄,由官俸之薄再论明代官场贪污的成因。吴晗这一研究涉及的皆为明代重要问题,而眼光是自元朝而下,一代史家深邃的历史通感于此可见焉。

三

吴晗集中研究明史的时间主要在20世纪三四十年代,他定位于学界的身份是明史专家、大学教授。建国以后,随着吴晗涉足政治,他由学者逐渐变为社会活动家,工作重点不再是教学和研究明史,也很少发表专业论文。但是,吴晗那种学者的本色仍在,他对史学的挚爱之情不减。在新时期,他抱着"把知识普及给人民"的强烈责任感,呕心沥血,为普及历史知识做出了杰出贡献。

50年代以后,吴晗全身心投入到历史普及,形成了一套关于历史通俗化和历史普及的理论和方法,成为普及历史知识的积极倡导者。首先,他对学习和普及历史知识的重要性有深刻的认识。他指出:

> (历史学)在提高的指导下普及,在普及的基础上提高,两者不可偏废的,必须两条腿走路。单有提高,没有普及,只是少数人提高了,大多数人还是一清二白,这是不符合我们党和国家的要求的……必须把提高了的东西普及给全国人民,要使人人懂得点自己的和别的国家的历史,掌握社会发展的规律,认识自己的前途,并通过历史的学习,更加热爱自己的祖国,热爱党,热爱人民,信心百倍地投身到社会主义事业的建设洪流中去。①

---

① 吴晗:《论历史知识的普及》,收入《吴晗史学论著选集》(第三册),第418页。

吴晗从政治的高度强调了史学普及的意义,而为大多数人的史学普及同时也是新史学的精神。因此,吴晗找到了一个政治与学术结合点,明确了新时期史学工作者重要的文化责任。其次,吴晗对普及历史知识的方法和途径有整体切实的规划。他认为,要做好普及,就必须通俗,道理要讲透,文字要让人尽可能地读懂;要深入浅出,化艰深的道理为日常说话,谁都听得进去,不要把简单的事物说得使人莫测高深。吴晗在史学普及的实践中,总结出两条经验性的标准:一是写好的文字先给小孩子读,他们读懂了而且有兴趣,就算通俗易懂;一是写好的文字交给外行读,比如史话之类的专业读物,外行人读懂了,才算达到通俗的地步。① 这两个标准使我们想起白居易的诗、柳永的词,老妪能解,市井传诵,它们的艺术价值并不因为通俗而有丝毫的减少。可见,通俗不是低俗,通俗其实是一种大雅希声的平实,一种洗去铅华的纯净。当然,通俗的程度因职业、年龄、文化程度等方面的差别而有所不同,这种不同决定了历史知识普及必须是多途径、有层次的。吴晗提出,标点古籍(如《资治通鉴》、二十四史)以供高级干部和史学工作者参考,出版史话和历史小丛书以供一般的工农兵阅读,编写故事性教科书以供儿童学习。此外,吴晗还注意到百姓的历史知识通常得知于戏剧,编写历史剧也是普及的一个好方法。

  大约从1955年,吴晗按照以上的思路开始组织、实施历史知识的普及工作。为了把知识普及给人民,他以极大的热忱,不辞辛

---

① 吴晗:《论历史知识的普及》,收入《吴晗史学论著选集》(第三册),第422—423页。

劳,做了大量组织协调工作。标点《资治通鉴》和《续资治通鉴》、标点二十四史、改绘杨守敬《历代舆地图》是新中国成立后毛泽东主席提出的三大史学工程,而吴晗则是实施这三大工程的主要组织者。谭其骧先生曾深情回忆吴晗在改绘杨守敬《历代舆地图》中付出的心血:"吴晗同志是("杨图")委员会的主要负责人……我相信没有他的认真负责主持其事,这么多的单位这么多的人(其中包括好几位学术界的知名之士),是组织不到一起来齐心协力,花这么多时间干这件艰巨的工作的。每次开会,多数由他亲自主持,尽心尽力协调各单位之间的意见分歧,尽可能解决实际工作中的障碍与困难。"①《中国历史小丛书》、《外国历史小丛书》、《地理小丛书》、《语文小丛书》、《中国历史常识》等是"文革"前编纂出版的几部大型通俗性丛书,而吴晗则是它们的发起者和主编。吴晗这个主编可不是不管事的老板派头,凡事亲躬,一丝不苟。《中国历史常识》是1963—1965年之间出版的一套八册的丛书,吴晗作为主编,整个编辑过程,包括编辑方案的制订,初稿的审阅和讨论,编辑加工稿的审订等工作,他都一一过问和参加了。对于一些细节,他也不肯放过,例如,对书中一些生僻字,要求编辑不仅用汉语拼音标注,还要用汉字注音(即用同音字),因为当时许多农村读者没有学过拼音。② 针对当时一些学者只搞研究,把"写通俗文章,写普及知识的小册子"看成低人一等,他写文章、做报告,呼吁各方面学者、专家能写一些通俗文章、通俗读物,把知识普及给人民。吴晗的工作是有效的,在小丛书的编委会里既有一批熟悉教育的中学

---

① 北京市历史学会编:《吴晗纪念文集》,第37—38页。
② 同上书,第220—221页。

教师，又有一批专家学者，其中不乏像邓拓、侯仁之、邱汉生、周一良、何兹全等名家。在吴晗的精心布置和领导下，各类历史丛书都取得了极大成功，发行量之高，读者面之广，罕有与之相媲美者。为了普及历史知识，他还主持出版了《明经世文编》、《国榷》、《海瑞集》等古籍，对北京市小学历史教材进行改革试点，主持编写了《历史剧拟目》。他所组织的这些普及项目，是新中国社会主义文化建设的重要组成部分，必将彪炳史册。

吴晗是普及历史知识的倡导者、组织者，更是一位真诚实践者。史学普及是 20 世纪新史学的应有之义——新史学不仅要研究社会的、大众的历史，而且要服务于大众。梁启超提出史学著述的"生人本位"，史学不是为死人树碑立传，不是供少数人专享，而是为全体国民涵养个性。① 胡适也说，把学术里已经不成问题的部分整理出来，交给社会。此时，蔚然成风的新史编撰正是新史学催生的史学普及运动，旨在时局危艰之际，传播中华文化，振作国民之志气。受新史学的影响，吴晗早年就有志于史学通俗化和史学普及，他曾和好友张荫麟商讨中小学历史课本的写作，"大要皆以可读为主"。他的《明太祖传》写得"生动翔实"，建国后，吴晗将此书进行改写为《朱元璋传》，保留了通俗、生动的神韵，颇受读者的好评。吴晗把它作为他明史研究三部曲之一，因为这本书代表了他在普及史学知识和追求史学通俗化方面的成就。吴晗的《明史简述》是 60 年代他在中央党校的讲演稿，反映了吴晗对明史的整体看法，娓娓道来，简洁明了，是一本普及明史知识的好读物。由于繁多的政务，五六十年代，吴晗难有大块时间作专题研究，但他的

---

① 梁启超：《中国历史研究法》，《梁启超史学论著四种》，第 137 页。

笔一直没有停过,在工作的缝隙间,吴晗还撰写了《海瑞的故事》、《民族英雄于谦》和许多普及性史学论文、散文、杂文,这些文字主要收录在《历史的镜子》、《史事与人物》、《灯下集》等专辑里,成为吴晗新时期学术成就的标志。

吴晗普及历史知识的理论和实践,为史学和社会结合树立了良好的典范,也为通俗史学的健康发展提供了有益的借鉴:真正通俗的史学一定不是宫廷秘史、离奇典故和无端戏说,仅靠商业操作、媒体包装是不能打造出令人满意的精品。真正通俗的史学一定是深入浅出、喜闻乐见、启迪心智的精神盛宴,它需要专业的知识、严肃的态度、科学的规划和真诚的情感来成就。

纵观吴晗一生,学术始终是他生命的主轴,前后可分为两个阶段。前一个阶段是"为学术而学术",致力于学术的传承和创造,为20世纪明史研究开辟新天地。后一个阶段是"还学术于社会",尽心于历史知识的通俗和普及,为新中国的文化事业谱写新篇章。两个阶段同样精彩,两种贡献同样辉煌。